劉枝萬與水沙連區域研究

潘英海 主編

airiti press
華藝學術出版社

劉枝萬序

　　遙遠內山秘境的「水沙連」雖然自清初就聞名於世，但其境域隨時代遞嬗而遊移不定，自從道光年間屢次議開此地，直到嘉慶末年郭百年事案後，劃界遷民，封禁番境，豎立禁碑於南北二口。南碑豎於風谾口，即今集集鎮洞角，北碑豎於龜仔頭坪，即今國姓鄉龜仔頭，此乃官獻明確認定之境域，等於日治後期之能高與新高兩郡範圍。惟其中心，乃土著原住民與新遷入平埔族互動的埔里盆地，如同各種族的交叉點，甚至是大熔爐，致使一座小山城漸成漢番雜處的新社會，而為臺灣中部撫民理番重鎮。

　　其實，各種族在短期內密集移住同一地區，是移民史上極其罕見的跡象，所以自從日治初期即受學界所囑目，被認為是研究人類學的絕佳田野，伊能嘉矩、鳥居龍藏等碩學接踵而抵，終日治半世紀，累積不少成果。

　　我於戰後還鄉，目睹故土蛻變，乃擬撰鄉土志以保存文獻史料，未幾因為新設南投縣，受聘纂修縣志，自然擴大範圍，撰成若干篇，然而尚未竟功即因將研究目標轉向民間信仰，以致與故鄉漸趨疏遠，未能纂成邑志，不勝遺憾。

　　憶昔，埔里真是一座極富地方色彩的寧靜小山城，如今卻發展成都邑，加以擁有暨南國際大學，並設歷史學系與人類學研究所，而就地將水沙連當做區域研究對象，人文薈萃，新秀輩出，乃可喜趨勢也。

　　2008年10月由暨大人類學研究所及臺灣打里摺文化協會、新故鄉文教基金會共同舉辦第一次水沙連區域研究學術研討會，設定主題為我與水沙連區域研究，個人深覺愧不敢當，畢竟這個領域我雖然涉獵甚早，惟因各種因素而未能持續個人的研究，只能以昔時粗淺的成果留下微不足道的記錄而已，反觀研討會中各位碩學之士的論文，對水沙連區域研究的各項議題，都有很不同於往昔的視野和深入的探討，令我有耳目全新的感受。由於不同學科領域的加入和新史料的陸續出土，使水沙連區域的研究變得更為豐富、更有趣味。

　　風燭殘年，感慨無量，謹向各位衷心感謝。

劉枝萬
2009年12月4日

主編序:「多元族群融合」與「臺灣主體性」的歷史見證

　　臺灣是個多元的社會,族群文化多元,生態環境也多元。水沙連,位處臺灣的地理中心區域,是臺灣族群文化與生活環境的縮影。

　　日治時期學者伊能嘉矩認為,水沙連係指分布於彰化地方山邊的平埔族群的 Arikun 族人(平埔族群洪雅的一支),對該方面內山生番之他稱 Tualihen 或 Soalian,譯音訛為「沙連」,同地因有日月潭之湖水,而加添「水」字所稱呼者。另一種說法為:世居日月潭地域的邵族稱「水」為「s′aðum」,轉譯為漢音時會變成「salum」即「沙連」,所以「沙連社」就是「水社」,又因為該地有大湖日月潭,故加上「水」字而稱為「水沙連」。

　　不論是那一種說法,水沙連雖然深居內山,卻因為特殊的地理環境,很早就受到注意。其後隨著此一地區的開墾,水沙連的地理範圍屢有變動,故有狹義與廣義之分。狹義所稱的「水沙連」,概指今南投縣的埔里鎮、魚池鄉、水里鄉、國姓鄉、仁愛鄉等行政轄區的範圍,亦被通稱為「大埔里地區」。廣義的「水沙連」,則泛指現今臺灣南投縣竹山鎮、鹿谷鄉、集集鎮、水里鄉、信義鄉、魚池鄉、埔里鎮、仁愛鄉、國姓鄉、中寮鄉等鄉鎮,即烏溪上中游和濁水溪上中游地區。

　　根據現有的文獻記載,水沙連一詞最早出現於 1647 年的荷蘭文獻。當時居住在水沙連一帶的族群主要為現今被稱為邵族、布農族、賽德克族、泰雅族等官方認定的原住民族群。至於閩粵之河洛人與客家人則要到明末清初以後才遷入水沙連地域的南邊,即濁水溪中游南岸。當時,鄭成功在把荷蘭殖民者趕出臺灣之後,將臺灣視為反清復明的根據地,大量招募大陸移民來臺開荒墾殖。竹山鎮的社寮,就是鄭成功部將林圯(福建同安人)率所屬兵將二百餘人赴斗六門開墾,然後再東進到竹山鎮社寮一帶駐兵屯墾,並將原來居住與當地的布農族逐到東埔蚋以東。1668 年布農族來襲,林圯與所屬部將被殺殆盡。之後,先民前仆後繼,續墾新土,形成聚落。居民為紀念林圯開拓之功,遂以「林圯埔」名之。

　　戰爭,展開了「水沙連」地域拓墾與人群互動的序幕。往後,「水沙

連」地域社會的形成都與族群之間的戰爭脫不了關係。例如：清領時期雍正四年（1726）發生的「骨宗事件」、乾隆五十一年（1786）發生的「林爽文事件」、嘉慶十九年（1814）發生的「郭百年事件」都對「水沙連」地域造成重大的影響。

學者指出：嘉慶十九年間（1815）發生的「郭百年事件」，是導致中部平埔族群遷移埔里的直接因素。姚瑩的〈埔里社紀略〉對此事件有詳細的記載。熊一本的〈條覆辦番社議〉提及：「道光三、四年間，慮被漢人佔奪，招引熟番，開墾自衛，熟番勢盛，漸逼生番他徙，二十年來，熟番已二千餘人，生番僅存二十餘口」。

換言之，道光三年（1823）開啟了中部平埔族群入墾埔里盆地之始。從當時平埔族群入埔開墾的原始史料有道光三年（1823）的《公議同立合約字》、道光四年（1824）的《思保全招派開墾永耕字》、道光八年（1828）的《望安開墾永耕字》與《承管埔地合同約字》，以及道光三年至道光十一年間（1823-31）的《分墾美蘭罩分名次總簿》，我們可以看出當時平埔族群的分批遷移是有組織的，這些族群包括：道卡斯族（Taokas）、巴宰海族（Pazeh）、葛哈巫族（Kahavu）、拍瀑拉族（Papora）、洪安雅族（Hoanya）、巴布薩族（Babuza）。

清同治十三年（1874），一場臺灣南部的戰爭——「牡丹社事件」，意外地讓清朝政府重視「水沙連」地域。在欽差大臣沈葆楨的建議下，清廷於光緒元年（1875）開展了「開山撫番」的政策，將當時的彰化縣埔里地區單獨設立埔里社廳，並改「北路撫民理蕃同知」為「中路撫民理蕃同知」，移駐埔里。埔里成為清末「理蕃」的中心，北部客家也藉著「伐樟熬腦」的國際經濟形勢入墾「水沙連」。

清末「甲午戰爭」之後，清日簽署《馬關條約》（1895），臺灣割讓給日本，水沙連地域進入新的歷史一頁。日治時期大正九年（1920）的薩拉矛事件、昭和五年（1930）的霧社事件、昭和六年（1931）的第二次霧社事件是近代在水沙連發生的戰爭，重整了水沙連地域的人群關係。民國三十四年（1945）中日戰爭結束後，發生二二八事件，在埔里的「烏牛欄之役」（1947）也見證了族群之間的衝突。

民國三十八年（1949）國共戰爭之後，中華民國退守臺灣。民國五十

年（1961）異域孤軍來臺，大部分被安置於仁愛鄉的清境（原名見晴）農場，這群滇緬邊疆的游擊隊及少數民族（傣族、哈尼族、擺夷、拉祜族、苗族、瑤族等）的眷屬們胼手胝足，從沒水沒電的原始森林開始，造就了清境農場的美麗奇蹟。民國五十四年（1965），當時的行政院長蔣經國先生，下鄉巡視，眼見此處景緻清幽，氣候宜人，山勢雄偉，感於此處「清新空氣任君取，境地優雅是仙居」，於是將原名「見晴」改為「清境」，也象徵著水沙連地域走進「多元文化、族群融合」的嶄新歷史。往後，水沙連地域歷經暨南國際大學設校（1995）、集集大地震（1999）、國道六號通車（2009）等重要事件，更將水沙連地域與臺灣整體社會連結成一體。

　　水沙連的歷史不僅如此。我們還必須將沒有文字記載的歷史納入，包括在水沙連地域生活各個人群的活在記憶中的口述歷史以及埋在地下的歷史。就埋在地下的歷史而言，近年考古學者透過史前遺址文物，發現在水沙連地域距今4,500多年以前就開始有史前人類在此地活動的蹤跡。

　　考古學者根據物質文化的傳統在相對地層的分布狀態，認為曾有三個史前物質文化傳統在此地出現，由早至晚分別為：
1. 牛罵頭文化（約 4,500-3,300 B.P.）
2. 大馬璘文化（約 3,300-1,700 B.P.）
3. 褐色細砂陶文化（推測應為距今 2,000 年內鐵器時期的物質文化傳統）。

　　其中，最能代表水沙連地域的史前文化是大馬璘文化。大馬璘遺址是日治初期所發現的遺址。從發現至今，共經歷了13次考古發掘工作。每一次的調查及考古發掘的資料都顯示，大馬璘遺址的地下資料是相當豐富而多元的。

　　2009年暨南國際大學人類學研究所曾接受南投縣政府文化局委託，執行「大馬璘遺址射箭中心開發基地範圍內影響評估考古探坑發掘研究計畫」，共計挖掘出的一萬餘件考古文物，是臺灣重要的史前文物。南投縣政府亦於2009年9月間召開遺址審定會議，將該遺址訂為「縣定」遺址，未來亦有機會成為「國定遺址」。

　　大馬璘文化早期，出現長方形的地下凹室，並伴隨淺橢圓形灰坑的家戶空間配置現象，使用的陶器絕大多數是具有中部營埔文化特徵的灰黑色陶器，以及少量具有東部卑南文化特色的陶器。

大馬璘文化中期，開始出現大量臺灣玉的原料、廢料、半成品與加工品，亦出現短軸切面呈現 H 字形的大型石板棺，再漸漸由短軸切面呈現ㄩ字形的石板棺取代的變遷現象，並開始以砌石結構來區隔空間的配置形態，灰坑變得又圓又深，並發展出以在地材料製作的大馬璘式陶器，數量上開始與營埔及卑南文化特徵的陶器抗衡。

大馬璘文化晚期，開始出現小型石板棺，大馬璘式陶器成為主流，玉器加工技術越顯精緻，出現少量琉璃珠。

考古學者發現大埔里地區的大馬璘文化出現 50 多處的製玉工廠，是東部與西部人來人往的中心。同時，考古學者從大馬璘文化晚期出現北部盛行的鐵，以及南部才有的琉璃珠，推測水沙連地區也是南北貨物流通的所在地。因此，有考古學家認為大馬璘文化代表了新石器時代晚期水沙連地區的高科技中心，是當時臺灣最繁華的地區。

要之，大馬璘文化的出現是在時間的過程中，將牛罵頭文化的淺橢圓灰坑形態、營埔文化的陶器與深圓灰坑形態、卑南文化的製玉技術與石板棺還有砌石結構等要素，在適應水沙連在地環境後（在地化），發展出屬於大馬璘文化獨有的「合成文化」。

大馬璘文化的物質文化傳統亦反映了交換方式、意義與關係的多元。其交換行為的意義不只是停留在物質的實用性與罕見性上，同時也反映物質交換背後所隱含的關係象徵，因為必須要有比實用價值更為深切的象徵信念，才能維繫大馬璘文化長期體現的臺灣東西交通以及南來北往的史前文化互動，也因此大馬璘文化的出土遺物不但具有物質傳統的特殊性，更具有類似促使庫拉圈（Kula ring）循環互動的特殊象徵意義。

整體而言，水沙連地域的多元生態、多種人群、多樣的物質文化，借用人類學「文化合成／合成文化」及「文化生態」的概念，可以說明水沙連地區的獨特性。當我們回顧水沙連地域昔日數千年以來的歷史，我們發現水沙連地域人群互動與戰爭，在不斷的「和解」與「合成」過程中不斷「新生」。如果我們將「水沙連」視為理解臺灣社會形塑的隱喻（metaphor），水沙連的區域研究也隱喻著臺灣整體的縮影，其意義在於「多元族群融合」與「臺灣主體性」的歷史見證。

2008 年 10 月暨南國際大學人類學研究所、臺灣打里摺文化協會、新故

鄉文教基金會，在與劉枝萬先生諮詢之後，以「劉枝萬與水沙連區域研究」為名共同舉辦水沙連區域研究的學術研討會，一方面為了肯定劉枝萬先生在水沙連地域研究的先驅貢獻，另方面也希望能開展代表地方學與區域研究的「水沙連學」。

　　本書從經費到修訂文稿、從編排到出版專書，歷經艱辛，不足為道。但，要特別感謝兩個單位與個人。先要感謝的單位是，在整個編輯作業過程中表現出耐心、細心與專業的「華藝學術出版社」編輯群。另外，要感謝蔡金蓉小姐從當年（2009）第一次處理、編排修訂稿時，到本書現在的付梓過程，一直是隨傳隨到，且不辭勞苦地做為華藝、作者與主編之間的溝通橋樑。沒有她們，本書的出版還不知道要再延宕到何時。

目次

i	劉枝萬序
iii	主編序：「多元族群融合」與「臺灣主體性」的歷史見證
1	劉枝萬博士的學術貢獻與啟示／林美容
11	口述傳記──《學海悠遊》之幕後記錄／丁世傑
31	地方知識的傳承與轉化──劉枝萬先生的「鄉土史」／林蘭芳
71	劉枝萬先生的平埔族研究／邱正略
93	水沙連的早期史論──從荷蘭文獻中的水沙連談起／翁佳音
115	從考古學研究談水沙連區域的形成／劉益昌
147	南投地區的語言分布／洪惟仁、程士毅
191	西部平埔族群入墾埔里後之聚落形成／簡史朗
219	以「噶哈巫」為名──家族的詮釋與社群認同／黃美英

目 次

247	平埔族群拓墾眉社群傳統領域的初探／鄧相揚
281	輕叩巴宰古歌謠之門——悲壯的 Tapatnan 歌謠與 Taran 開國神話／賴貫一
329	日治時期「隘」與「隘勇線推進」初探（1895-1920）——以南投地區為例／鄭安晞
363	初構賽德克族的口傳歷史——日治文獻與部落耆老口述歷史分析／郭明正 Dakis Pawan
383	從賽德克族的文化觀點及傳統信仰探討日治時期的衝突／沈明仁 Pawan Tanah
405	狩獵、山林與部落「產業」——走進一對賽德克父子的生命史／邱韻芳
443	潭南村布農族 921 震災後的社區發展與文化傳承：文化多樣性的保護與促進／廖志輝、王麗玲
463	從全球化脈絡下的「原住民知識」論述探討原住民族教育資源教室之實施——以德化國小邵族民族資源教室為例／潘英海

目 次

485　龍華派普渡儀式之研究——以埔里地母廟為例／梅慧玉

515　鸞務再興——戰後初期埔里地區鸞堂練乩、著書活動／康豹（Paul R. Katz）、邱正略

553　附錄一：劉枝萬先生年表

559　附錄二：劉枝萬先生著作目錄

劉枝萬博士的學術貢獻與啟示

林美容
慈濟大學宗教與人文研究所教授

劉老師、潘所長、各位前輩、各位朋友，我很榮幸可以在這一場與水沙連區域研究及劉枝萬博士有關係的研討會發表我的報告。最近跟日本首都大學渡邊欣雄教授通信，因為他 10 月底要來臺，我跟他講說我完成劉枝萬博士的口述史與業師劉斌雄先生紀念論文集以後，就離開民族所了。因為從事劉枝萬先生的口述歷史，才深深的瞭解到他的一生，以前可能只是瞭解片面，現在則對他的一生有較為縱貫性的理解，並對於劉博士深感佩服。我跟渡邊老師說：「劉枝萬與劉斌雄先生學問上的精純度，還有學問上的廣度，是我所深深不及的。」然後，渡邊老師回信給我說：「這兩位劉先生，根本不是我們可以拿來比較的。」所以可能是我有點妄自尊大吧！

首先交代一下我跟劉老師結緣的過程，我是在 1982 年加入中研院民族所，那時候劉先生已經在民族所 18 年了，他是 1964 年加入民族所的。當我進民族所的前一兩年有接觸過原住民魯凱族的調查之外，後來則主要在從事漢人的研究，在研究過程當中，常常跑田野、寫東西，如有什麼問題一定去跟劉先生請教，所以我自己覺得非常的幸運能得到劉老師的指導。當我做土地公廟調查、或在草屯、在彰化做調查，每次有什麼問題就向他請教，劉老師非常的熱心，甚至提供他個人的資料。所以我在學問上的啟蒙、研究上的方法、思考的一些角度、思想的傾向都有受其啟發。可能大家不知道，劉枝萬先生以前寫過南投祭祀圈的文章，可是沒有正式發表，他也給我看過，所以我的祭祀圈理論也有受到劉枝萬先生的影響。

因為我與劉枝萬先生是南投縣的同鄉，他是埔里人、我是草屯人。當我進行劉先生口述歷史訪問時才知道他是埔里的客家人，他的母親是客家，他的父親是福佬，而且他是客家人裡面第一代不會講客家話的。我跟他認識之後一直以為他是福佬人，從來我只知道業師劉斌雄先生是客家人，殊不知劉枝萬先生也是，因此做了這個口述史訪問之後，才知道他是第一代的福佬客，也是因為南投同鄉的關係，所以就覺得備感親切。另外一個重要的因緣，是因為我的求學、研究的過程也受到劉斌雄先生的啟發，常常不管民族所的辦公室怎麼搬，他們兩個的辦公室都是在旁邊，因為有劉斌雄先生的關係，劉斌雄先生和劉枝萬先生又是至交的朋友，所以劉枝萬先生也特別照顧我，是故我在民間信仰方面的研究，真的很受到劉枝萬先生的啟發，特別是以前我在做草屯鎮研究時，從事開發史研究，一定要瞭解

平埔族,平埔族看來看去都是劉老師做過的,他的《埔里鄉土誌稿》有很多平埔族的資料,他的《南投縣文獻叢輯》裡面關於開發方面的沿革志也是有很多平埔族的東西。講到漢族的研究,我開始做草屯的祭祀圈,劉枝萬先生在文獻叢輯裡面的宗教篇稿,都有很詳細的記錄可供參考,所以我覺得好像有人在前面開路了,因此做起來就比較順暢,在這裡也要特別感謝劉先生!

今天要講劉先生的學術貢獻,我想很多人都應該比我更清楚,特別是劉先生的學問領域非常多元,涉及平埔族的研究、考古學的研究、鄉土的研究,我們今天的研討會好像比較強調鄉土史,區域研究方面,也包括平埔族的研究、考古學的研究,通通在內,所以他研究的範疇非常廣,然而他在國際學界比較知名的研究是在道教與民間信仰的研究。關於劉枝萬先生學問的發展歷程,我在這裡簡單說明其重要的轉折點。劉先生在 1946 年 2 月就從日本回到臺灣,他小時候就在日本留學,做小留學生,1946 年回到臺灣在埔里的初級中學擔任歷史教員,展開他的鄉土研究,係以他的故鄉埔里為出發點,然後慢慢的擴及日月潭、臺中、彰化等中部地區,進行很廣泛的研究調查,所以鄉土史的研究對於他的學問觸發是非常重要的,這個跟劉先生在日本時代所受的教育有密切的關連,因為他在埔里公學校是讀小學,學校的教育很注重鄉土,學校培養學生要愛國、愛民,一定要從自己的鄉土開始,所以鄉土觀念非常濃厚,我們可以從他在各地——不只是埔里,包括中部地區的田野裡面奔波、收集資料,這都是基於一片愛鄉愛土的情懷所展開的鄉土研究,這應該跟他在日本時代所受的教育有很大的關連。

劉枝萬先生學問歷程的一個重要的轉折點,就是進入南投縣文獻委員會擔任文獻研究的工作,這個時期其重要研究成果,如《南投縣文獻叢輯》中的很多內容,實際上便等於是一門博物學的內容,並搜羅當時許多的風土人情,其寫了好幾冊這樣的書,因此對於南投縣的研究非常突出。以當時的條件來講,南投縣是臺灣最窮的一個縣,看起來人才也沒有很多,很多的文獻人才是在臺南市,臺南市的人看到南投有這樣豐碩的成果出來,而且幾乎都是劉枝萬先生主筆,因此非常驚訝、也非常感佩,所以他跟文獻界很多朋友的深交,也是因此而開始的。之後他之所以能夠進入臺灣省文獻委員會正是因為他在南投縣文獻會時期做出很多豐碩的成果。特別是

他的《南投縣文獻叢輯》中的宗教篇稿，應該是開啟他後來民間信仰與道教的研究，甚至到了省文獻會以後展開全臺灣寺廟的調查，都有密切的相關。於文獻會時期，劉先生做的文獻工作歷經十三載，包括南投縣文獻會、省文獻會還有後來短暫的省立博物館時期，我們在口述歷史書中有一個章節有做說明。為什麼劉先生有這個能力去做文獻工作？因為他讀大學的時候，專攻的就是東洋史，他在日本讀了東京府立的精思中學，然後進入日本中央大學的預科，然後再進入早稻田大學文學部史學科，讀了一年還沒有畢業，日本戰敗，在戰敗後的第二年年初，他就回到臺灣。他在大學讀的就是東洋史，東洋史的範圍非常廣，其中以史學的訓練比較多，所以跟我們人類學比較來說，我們人類學家不太會做文獻的工作，可是劉先生他有這個基礎，這麼多的文獻，包括官方的、地方誌文獻以及民間的文獻，他都廣泛的收集，因此他對於資料的採集還有運用都有他的專長。等他到了省文獻會工作以後，可能對大家來講是功德一件，他對全臺灣的寺廟還有教堂、教會做了普查性的工作，這一項調查資料，現在我們有放在中研院民族所自建的資料庫裡面，叫做宗教調查資料庫，連同日本時代的寺廟臺帳資料都已經掃描數位化，放在民族所的這個資料庫裡了。

　　至於後來他從省立博物館被我們民族所的所長凌純聲先生邀請到民族所擔任研究人員，也是有其因緣，現在可能沒辦法細說，與他對土地公廟的研究有關，也牽涉到李宗侗教授被中研院凌所長請來演講，李宗侗博士就提到受到劉枝萬先生的協助。所以劉先生跟凌純聲所長的交往也是很早，凌純聲所長非常提拔他、看重他，當他一到民族所的時候就做了松山慈祐宮媽祖廟建醮的研究，這本松山祈安建醮祭典的民族所專刊，也是他學問上重要的一座里程碑。1968年他回到了睽違了22年（1946-68）的日本，他很多以前留學的東西都還寄放在日本的東京，再回去參加了日本國際性的人類學與民族學的研討會，所以他把這本松山建醮的專刊給了日本道教研究的元老福井康順教授，我剛聽劉先生講，福井康順是日本的和尚，他的兒子福井文雅也是和尚，可是他們做道教的研究。福井康順看了劉老師這本松山建醮非常的欽佩與訝異，因為他們都是研究中國史的道教，但沒想到臺灣還留有活生生的道教，由於書中有很多的文章以及圖片，讓他們感受到道教的活力在臺灣，這也是福井教授看重劉先生的原因之一。

劉枝萬先生的道教研究也因此逐步的累積，1969年因為國科會的獎助，他又到日本訪問了一年，這也是他後來能夠取得博士學位的一項原因，劉先生是在1977年拿到博士學位，1975年他升任民族所的研究員。他跟我們的歷程很不一樣，因為他拿的是論文博士，所以他是先升等了研究員才拿到了博士，當我去民族所的時候，沒有人告訴我劉枝萬先生是博士，因為業師劉斌雄先生並不是博士，所以我一直不清楚他是博士。直到有一年他拿他的博士論文出版成書送我，也就是民族所出版的《中國民間信仰論集》修改成日文的兩大冊，博士論文正式出版是在1980年代，1977年拿到博士學位，書是比較慢出版的，直到他送我書時，我才知道原來他是博士。所以劉枝萬先生是一個非常謙卑、客氣、不張揚的人，不會說我多有名、有多麼厲害，這樣踏實的人格也影響到他做學問的研究態度，因此能夠在很多方面，包括研究的範疇、研究的領域都建立起先行者的角色，這是不可忽略的。

　　因為自己的研究是比較在於民間信仰方面，道教方面我沒有涉及，所以將重點擺在劉枝萬先生在民間信仰研究的特色，第一個就是他善用文獻史料，剛剛已經提過。我們訪問劉枝萬先生時，其曾提及中研院傅斯年圖書館的藏書是從大陸漂洋過海而來，有很多寶貴的文獻，他並說那時中研院臺籍的學者沒有幾個，劉枝萬、劉斌雄還有自然科學那邊可能也有幾個，傅斯年圖書館的書沒有幾個人在用，可是他天天跑去使用那邊的文獻史料，特別是道藏，那麼寶貴的東西都沒有什麼人在用，所以史語所的圖書館員都認識他。劉先生會用很多的史料、經典、道藏來從事他的研究，這種文獻的功夫真的是我們後輩要學習的，歷史學也許還可以做到這種文獻的工夫，我們人類學的可能就沒有辦法了。另外一個特色就是他對於基礎的調查、重要性有他的理解。他很重視基礎調查，其在埔里從事研究也是如此，後來做中部地區碑文的調查研究，然後出版古碑文集的書，以前交通這麼不方便，他一步一腳印，四處去採集石碑，把那些碑文做記錄、辨識，就以前的交通和技術，那是很難做到的，可是他開啟了這個研究，對後來研究者提供有價值的資料，並不怕費工夫，也不怕人家說你只是收集資料，這點比較不怕人家講話的精神，我還有繼承一點，因為我也做了很多關於基礎調查的資料，不管是曲館、武館或寺廟的調查都是這樣，這些方面真

的是受到劉枝萬先生的啟發。基礎資料的重要性，我想是以前臺灣主流學界比較不看重的，覺得好像做學問就要先有一個什麼理論，引用西方的研究理論，不重視基礎資料的調查，可是劉枝萬先生就比較不是這樣，民間信仰的研究如果沒有很多基礎資料的瞭解是做不好研究的，例如研究寺廟要知道村莊的範圍在哪？村莊的主要人口姓什麼？祖籍主要來自哪裡？這些都有助於寺廟歷史和發展內容的瞭解。

　　另外，我覺得劉枝萬先生的研究，不只是在民間信仰方面，其他很多領域方面也有這樣的特色，田野功夫很紮實，最經典的代表就是松山建醮的研究。對於建醮的過程，當他去看的時候已經過了籌備期，已經開始在做了，但他還是要去問事前怎樣籌備。後來他做了很多其他地方，北部也做，南部也做，建醮的整個過程、醮期間鉅細靡遺的儀式紀錄等，甚至現在的人把此書拿來做範本，有些地方太久沒有建醮，不知道如何建醮，就拿劉先生的松山建醮研究當範本，來進行建醮儀式的安排。劉先生拿的是東京教育大學文學部民俗科的文學博士，從這博士學歷來看的話，他是民俗學的學者，民俗學很注重鉅細靡遺的紀錄以及口述訪談。劉先生有關民間信仰或道教的研究，有一位日本的學者松本浩一說，他這種是民眾角度的道教，比較是站在民眾角度的，很多道教研究學者，也許是站在研究道士角度的建醮，然而劉先生會注重建醮和地方的關聯：地方怎麼組織？怎麼籌備？諸如此類的資料均有詳細的紀錄，這些紀錄對我們人類學者來講，是更有吸引力的資料，同時他對道士的研究也不忽略，他跟北部松山建醮的道長：何鏗然道長，以及後來南部研究的臺南陳榮盛道長，還有很多的道長，劉先生都能夠得到他們的信賴和認可，因此做起田野比較方便。這其實是田野的倫理，不是說我是教授，好像我要什麼資料你就要給我，當我們進行訪問的時候，就是要尊重被我們訪問的人和他們的職業，在不打擾他們做儀式的情況下做訪問，我自己進行劉先生口述歷史研究的時候，也重新學習到很多。

　　我們接下來講一點值得提出來的研究特色——「比較民俗學」的視野。比如說劉先生的《中國民間信仰論集》，中國也講、臺灣也講，對於中國文獻史料的使用都很在行，因為他受的訓練是東洋史的訓練，以前東洋史就是等於中國史研究，所以他的視野是比較寬廣的，不像我主要是做臺灣，

主要的著重點在臺灣,就比較沒有中國的視野,可是他不止有中國的視野,也有亞洲的視野,這個和他在日本的經驗有密切的關係,他在日本不只瞭解日本的文化,與很多留學日本的韓國籍學生也都有交往,因此後來在學界和一些韓國的民俗學者也都有交流。日本的學術界裡,於民俗學方面柳田國男這一派是很強調日本的民俗學;可是有另外一個學派,比較具寬廣的視野,也是劉先生比較推崇的學派,就是南方熊楠所屬之學派。又如劉先生博士論文的指導業師就是直江廣治教授,雖然是做中國民俗學,但他也是有比較的視野;又譬如說日本一個人類學者、開山的元老石田英一郎,他寫了有關日本河童的考證文章,其已放在整個世界的架構下,非單單只講日本的河童,劉先生寫了他這本書的書評,他很訝異石田英一郎竟然讀到了這篇書評,且在世界民族學會議主動找劉先生向他致謝。所以劉先生的閱讀是非常廣泛,也很有比較的視野,這個是值得提出來的。

　　最後我要說明的是劉枝萬博士的學術對後輩學者的啟示,我自己覺得第一個可以講的是他純學者的形象。在我的書中前言有講到,他絕對是百分之百的學者,沒有漏掉百分之一;不像我這樣的學者──搞過行政,擔任過民族所的主任,也搞過街頭運動,還要教書,還有很多的社會參與。劉先生就是沒有,他整個一生就是很清楚:他的重心就是在做學術研究,這樣的純學者的典範,現在已經很少了,臺灣以後會不會出來這樣的學者,實在是很難預料,真的是前無古人,後無來者。像業師劉斌雄先生,他也是純學者,可是他在民族所也擔任過所長,雖是被趕鴨子上架,但至少做過。然而劉先生就是一直維持他純學者的學術風範,這個著實是很讓人感佩的,對於那一些參與面比較廣的後輩學者,可能也有一點點的啟示作用。另外,我覺得劉枝萬先生的為學是比較謙虛的、很尊重學界的前輩,他的腦袋裡都是那些大學者的著作和教導;他的典範就是這些大學者,所以很自然就慢慢走這些大學者的路,如今其也成為現在我們所景仰的大學者。劉先生紮根於田野的學術,真的是一步一腳印、信而有實,旁人比較不容易對他有所批駁,因為他的理論是建立在紮實的資料上,所以我自己也覺得很榮幸,雖然學術不一定做得出什麼東西來,但有一段時間我也是勤跑田野的,關於田野功夫的重要性,希望大家能多多利用這個機會跟他學習。

　　最近當我們完成劉先生口述歷史之後,他決定將他所有的藏書,蒐藏

道教、民間信仰文物捐出來給民族所，他並希望我來幫忙這件事。在思考這件事情的過程當中，雖然圖書可以放在圖書館，但有很多的研究資料，例如：筆記、卡片、相片、幻燈片等，民族所應該要有個特別的地方將其典藏起來，以便供大家使用閱覽。那時候我有個特別的感覺，劉枝萬先生研究的過程當中是一個沒有電腦的時代，雖然現在電腦如此發達，但劉老師還是沒有使用電腦。所以他很多的研究筆記都是一筆一筆紀錄，他的著作從最早的埔里鄉土誌稿，然後臺中、彰化史話、日月潭史話都是鋼板刻印的，他是一筆一筆這樣刻畫下來他的著作，就這樣開始了他的學術生涯，所以這是一個代表沒有電腦時期的學者研究風範。而我們這個時代，是在我們學術的後半段開始使用電腦，照理來講，我們的研究成果應該是要比劉枝萬先生多很多。你只要想想看劉枝萬先生寫清代臺灣的寺廟，他整理清代所有的方志中有關寺廟的資料整理出來然後發表，當時是用眼睛逐本閱讀的，我們現在使用這些清代的方志時，在史語所的臺灣文獻叢刊的資料庫裡頭都有，因此我們只需在電腦打一個檢索詞進去，所有的相關資料都會跑出來。然而以前不是，是要用眼睛仔細去看、去查，然後再一筆一筆把它記下來。所以我覺得民族所有這樣一個典藏劉枝萬先生的文物、研究資料的一個場所的話，就可以代表一種沒有電腦時代的研究，我們要懷舊過去的歷史──有這樣一段歷史，學者做研究是不用電腦的。這也引起我的感慨，照理我們應該是要做的比劉先生還要多才對，因為文獻的使用比過去方便，現在找文獻資料也比較快了，我想這也是劉先生給予我們的啟示。

另外，我要特別講的一點是劉枝萬先生的一生為學是受到日本的學風、日本的學術之傳統影響很大，他在日本從十幾歲留學開始，從 1937 年到 1945 年在日本 8 年。1966 年時日本的宮本延人教授來臺大教課一學期，劉老師但任他的翻譯，那一學期等於是有親炙宮本教授的機會。宮本教授曾經說過他一生也是很廣泛的，以前的學者就是這樣，他說他的考古學部分宋文薰老師繼承了，他的民族學部分劉斌雄老師繼承了，他的民俗學部分劉枝萬老師繼承了。日本的學術傳統，我們都可以在劉枝萬先生的著作中感受到。

據我所知日本學者酒井忠夫以及天理大學的森田明已經準備對劉先生

這本口述歷史寫書評介紹，日本學界已經開始在注意這本書，這個也是我託劉枝萬先生的福，雖然是劉先生口述，但也是透過我們採訪所記錄下來。這本書能夠出版，也非常感謝丁世傑先生的參與，沒有他的參與，沒有他那細膩的文筆，以及與劉老師的交心，這本書也做不出來了。因為我自己實在是太忙，所以丁世傑先生對這本書的貢獻也是很大。最後我要講的是，雖然日本的學術傳統、研究學風對劉先生的研究影響很大，更重要的是因為這樣的影響，劉先生的研究成果已經樹立了臺灣自己本身的學術傳統，這樣一個傳統已經建立起來，透過以上的報告我希望今天能夠與大家分享，這一學術傳統劉先生把它奠基了，我們後來的人要如何繼續耕耘下去，而有一個豐富的成果，則是我對自己以及學界所懷抱的期望。

口述傳記——
《學海悠遊》之幕後記錄

丁世傑
桃園縣政府文化局聘用人員

一、前言
二、自傳、他傳與口述歷史
三、記憶的選擇、編排與結構化
四、性格與風格的對應
五、結語

一、前言

　　2005 年 3 月間，林美容老師首次向筆者提及國史館有意從事劉枝萬先生（1923-）口述歷史之事，不過，她與張炎憲館長幾次向劉先生探詢意願，皆遭婉拒。筆者雖非臺灣民俗研究者，但此前已聞劉枝萬之名，讀過他的《臺灣民間信仰論集》，略知其於醮祭研究的本領。當年底，林老師再度提起，表示劉先生已經鬆口，願意接受訪談，希望筆者能為她分擔，我想如能藉此機會認識劉先生，也該是人生美好的回憶。

　　起初，國史館計劃全書以 15 萬字計，約進行十多次訪談即可結束，筆者也以為從事口述歷史不難，不過需耗時整理錄音抄本而已。正式訪談前，為了能對劉先生多些認識，我們尋找閱讀相關文獻，擬訂訪談大綱，展開準備工作。2006 年 4 月下旬進行首次訪談，爾後約每兩週一次，每次訪談 2 至 3 小時。幾次下來，發現「口述歷史」（Oral History）這一科目實在比想像中的複雜許多，嚴重挑戰筆者先前的想法，原來它也是一門學問。訪談期間，由於劉先生性格嚴謹、敘述保守，加以年歲老邁、敘述緩慢，以致進度嚴重落後，時常感覺被時間追著跑；而在訪談及抄本製作上，在說與不說、收與不收之間，檯面下也和劉先生展開多次緊繃的心理戰，其學者性格在互動過程中投射無遺，縱使他善於體諒，也壓抑不住內心的焦慮。最後，耗費許多功夫，比預期的時程延宕許久，劉枝萬口述歷史《學海悠遊》，終於順利在 2008 年 5 月二次政黨輪替、張炎憲館長卸任前夕問世。

　　出版前夕，林老師曾要筆者寫篇「序文」，略抒感想，但認為既有老師的〈前輩學者的風範〉，也就作罷。其實，當時筆者有意寫篇關於與劉先生互動的「後記」，記錄我倆訪談共事的過程，因他晚年深居簡出，兩年來我們加上逢年過節探訪他超過五十回，經他溫雅的琢磨，確實學習不少；其次，能夠成為口述歷史的訪問對象，對於受訪者也該是值得記載的人生大事，但這段過程並未見於訪談記錄。另一方面，《學海悠遊》是一部採取口述歷史法所完成的傳記，其綜合了自傳、傳記、口述歷史各體特質，與嚴格意義的口述歷史同中有異，不可等量齊觀，筆者同時希望透過訪談者的現身說法，從幕後受訪者與訪談者的互動切入，交代其最終以此面貌呈現的經過，這或許有益讀者解讀此書。現在，《學海悠遊》既已完成，該是反

思討論上揭問題的時刻，本文旨在以《學海悠遊》為例，探討「口述傳記」（Oral Biography）編纂的若干問題，權充缺席的後記。

二、自傳、他傳與口述歷史

　　傳記乃用以記述個人生命故事的文體，其體裁依據寫作主體的不同，主要可分為「自傳」（Autobiography）與「他傳」（又名人物傳記，Biography）兩類。自傳是作者書寫自我的歷史，書中主角與作者同一，除以第一人稱「我」為敘述觀點外，亦可採取第三人稱「他」的角度書寫，如採第三人稱，則形成「自傳小說」，是作者將自我經驗客體化的產物，但最常見的形式為第一人稱敘述，「回憶錄」多屬此類，只是坊間所見的回憶錄並不全然是由傳主自己寫成，也常見他人代為操刀。無論如何，自傳的產生是傳主對於自己的生命經驗具有某種自覺性，認為自我的歷史有其值得記述的意義與價值，而勇於自我表述，由於傳主是書寫的主體，因此傳主可以在傳中兼融議論、抒情、敘事等元素於一爐，在寫作上擁有最大的自由。

　　至於他傳則是傳主與作者的角色分離，是他人以第三人稱觀點記述傳主的人生，常見的名人傳記屬於此類。雖然人物傳記強調歷史真實的一面，只是作者在表現上亦常帶有文學虛構的性質，而形成一種傳記文學。不同於自傳必寫於傳主生前，人物傳記亦可成於傳主身後，由後人為前人立傳。理想上，一位傳記作者應基於對傳主的深度認識，在不偏不倚追求真實、保持寫作自由的精神下，於敘述中表達對傳主的客觀評價，從而體現作者自我的主體性，不受傳主的束縛。因此，有別於自傳獨語的單一主體，在人物傳記中，不僅可以看到屬於傳主的故事，也可聽到發自作者立場的評論聲音，而具有雙重主體的特質。

　　一般說來，無論是自傳、回憶錄或他傳，能夠成為傳主通常都是高社會階層的政經領袖或知識階層的人，其前提條件就自傳而言，是傳主需具備相當的文字能力，並有足夠的意願、體力與記憶力去完成冗長的撰述工作，至於若要成為他人書寫的對象，則需具備相當的成就，方能被檢選，所以能成為傳主者畢竟是少數。其次，傳記亦是史料，但這類傳記代表的

通常是主流歷史，且多有單向性、選擇性敘述的傾向，一本公開出版的傳記，往往難以見到不利傳主的記錄，反倒常有隱瞞事實、歪曲歷史或自吹自捧的現象，這些由少數人所代表的主流歷史、且經過篩選建構而成的傳記，反映的社會歷史內容畢竟有限。為了彌補以往傳記的歷史缺陷，1980年代已降，臺灣出現許多以口述歷史法所完成的訪談傳記，雖然其中有許多仍沿襲過去，以高社會階層的人為關注對象，但畢竟已開啟以邊緣族群、農民、勞工、老人或婦女為書寫主體的傾向，試圖從這些過去備受壓抑、無法發聲的人身上發掘故事，建構其生命史，並以其立場重新詮釋歷史，糾補過去的謬誤與空白。

和常規傳記相較，口述傳記在身分上是一種尷尬的文體。許多人總認為，口述傳記是訪談者在忠於受訪者語意的原則下，以第一人稱的觀點記錄受訪者的話語，訪談者在此扮演的只是轉錄受訪者話語的工具角色。由於口述資料依靠受訪者提供，如果這時又將訪談者的問話刪除，則整部作品聽到的唯有受訪者的單一聲音，所以雖然口述傳記也如同他傳是由別人操刀，但因為求忠於口述真實，不容許訪談者個人評論觀點的涉入，以致在口述歷史上，訪談者充其量是「口述史家」，絕無法被稱為「作者」，不允許成為作者應該具備的評論聲音在書中出現，導致了訪談者的主體缺席，這使得口述傳記呈現的整體風格，乍看之下無異於自傳。所以，口述傳記恰是一種介於自傳與他傳之間的文體。造成這種尷尬的癥結，在於學術上受訪者對於內容承擔最終的責任，而要求訪談者必須忠於口述真實（許雪姬 2002:43）。[1]

然而事實上，在口述歷史中訪談者的主體並沒有消失，不過是轉換另一種形態存在。「口述歷史」依照唐諾・里齊（Donald A. Ritchie）的定義，指的是一位準備完善的訪談者，在訪問前針對其所關注的主題，設計一系列中心問題，向受訪者提出，由受訪者陳述，並且以錄音、錄影或製作成抄本（transcribed），記錄彼此的問與答，它不包括其他非經由訪談者

---

[1] 參與口述歷史的訪談雙方，雖是共享著作權，但其責任歸屬分為兩面：以著作權法而言，因訪談是由訪談者擬定問題展開，故著作權歸訪談者，由其承擔法律責任；然從學術立場論之，訪談者只是忠實記錄受訪者的說法，故責任應由受訪者承擔。

與受訪者對話而來的記錄形式（Ritchie 1997[1995]:34）。在口述歷史的訪談過程中，強調的是訪談者就事先設計的問題主動探究，協助受訪者搜尋記憶，以雙向對話的互動方式留存歷史資料，這種要求訪談者深度參與的雙向互動方式，是口述傳記的價值往往能夠超越單向性敘述之自傳的重要原因。換言之，訪談者的主體沒有消失，其正表現於受訪者的口述之中。

上揭關於口述歷史的定義，還牽涉到另一種口述傳記身分上的尷尬。口述歷史依據其計劃目標，大致可分為主題式與傳記性質訪談兩種，主題式訪談側重在受訪者所曾經參與過的事件或某段人生特殊經驗上，基本上其所設計的問題延展自訪談者預設的思考模式，代表訪談者希望獲取的資料，訪談聚焦於主題而有專題化的優點；至於傳記式訪談旨在披露受訪者的一生，為了發掘更多的故事，過程中最好鼓勵受訪者盡情地去鋪陳、解說自己的故事，而非將其回答擠進預設的問題裡，但其弊病是敘述經常容易流於天馬行空，漫無條理。依照口述歷史的定義，訪談抄本的製作應以一問一答的形式呈現，才更能還原訪談情境，提升史料價值，但是問答稿的形式也許適用於主題式訪談，卻難以應用於傳記訪談上，因為此法難以故事化完整再現受訪者的人生，可讀性不高，也因如此，人物傳記的訪談才多採用自述稿的形式呈現。自述稿是將訪談者的問話隱藏，並把受訪者原本雜亂無章的話語，加以重組、歸納、編排，改寫成一部通順流暢、具備故事性的作品，從而加深了口述歷史的自傳性。這種經過改寫的訪談記錄雖使讀者易於解讀，卻引發了口述傳記是否也是口述歷史、是否亦可當成史料的爭議（莊樹華 1999:27；Ritchie1997[1995]:108）？[2]

這個問題乃著眼於口述傳記作為史料價值的信度，因為訪談者在整稿製作的過程中，可能為求可讀性，摻入非訪談的素材或論點而成為一種「作品」，可是無論訪談者添加多少東西，也不可能成為這部「作品」的「作者」。事實上，無庸置疑地，口述傳記是口述歷史的一類，是一種運用口述歷史方法所完成的傳記，只是因為它不是主題式訪談，所以較不適用問答

---

[2] 在美國，口述歷史抄本比錄音更為人們所接受，但其抄本多以問答稿的形式呈現，以求其真實，而在加拿大則與此相反，有些學者甚至反對抄本，認為抄本扭曲、破壞了訪談的真實性，而採取「聽聞歷史」（Aural History）。但臺灣的口述歷史不僅重視抄本，為求易使大眾理解，亦多以自述稿呈現。

稿形式，但如果採用自述稿，也非端賴訪談資料即可完成，其中勢必會加入許多非經由訪談者與受訪者對話而來的資料，但我們卻不能因此說它不是口述歷史、不具備史料價值，重點在於尺度的拿捏。這些問題後續還會討論到。

問答稿因能呈現訪談者的問題，尚有訪談者的主體聲音，然一旦換成自述稿，則連一點微弱的聲音也消失，那麼過程中訪談者究竟扮演何種角色？與受訪者的關係如何？是否只是複述受訪者的話語，而沒有自己的主體性？口述歷史是以對話的互動方式進行，理想上訪談者與受訪者應是互為主體的關係，在傳記訪談上，訪談者的主體性雖沒有喪失，卻是隱藏在受訪者之下，而不如主題式訪談醒目。這不單是因字面上彼此對話的消失，訪談者需模擬受訪者的角度說話，更重要的是兩者的關係正類似於傳記作家之於傳主。傳記作家為要展演傳主的人生，不僅需瞭解傳主的生平事蹟，更要對其內心世界或性格特質有深入的認識，口述傳記也是一樣，訪談者需能走入受訪者的內心，才能在繁雜的口述資料中辨析取捨，為受訪者的敘述詮釋其核心語意，但差別在於他不能像傳記作家，在作品中添加個人主觀的看法與想像，所以才說是主體的隱藏。由此角度觀之，口述傳記實與自傳極為類似。

在主題式訪談上，訪談者對於受訪者心理特質的瞭解，不如在傳記訪談上重要。因為主題式訪談是基於訪談者預設的問題意識，以問題塑造受訪者的回應，兩者傾向對等、互為主體的關係；但是傳記訪談卻比較傾向以受訪者為主體，隱藏在主體下的訪談者，其職能主要先在聆聽受訪者敘說的故事，並去感受受訪者的心理，再針對特定問題進行提問。一旦訪談者能將受訪者的心理特質內化為撰述標尺，當面對龐雜無章的口述資料，使其成為內容取捨、形式編排及資料增補的依據，便能使傳記整體再現受訪者的生命故事及精神氣質，這種對於傳記性的強調，不是口述歷史而是屬於傳記範疇的課題（莊樹華 1999:26）。[3]

---

[3] 有學者認為，在口述歷史中訪談者是主體，或與受訪者應是平等的關係，但往往某些口述歷史著作，訪談者常淪為受訪者的記錄，沒有置喙的餘地，這是「口述歷史」與「口述傳記」的差別。對此，筆者認為確實指出了訪談者與受訪者的關係，但卻忽視了「口述傳記」隱藏在受訪者主體下訪談者的主動性。

以本文討論的《學海悠遊》為例，受訪者劉枝萬是一個極為不善表述自我的人，這和他內斂含蓄、謙虛謹慎，以及深受實證主義影響的學者性情有關，這是為什麼著作等身的他，針對自己的學術只寫過一篇 500 字的感性短文（〈《臺灣中部古碑文集成》後記〉），更不要說是自傳，因為這些文章在他看來，都不無有自吹自捧的虛浮色彩，而無益學術。不善表述、要求嚴格的學者性格，使得劉先生縱使在自己的故事面前，也如同面對學術，敘述過程相當節制保留。自我設限造成的選擇性記憶，考驗著訪談者如何與其互動，以及撰述上運用的敘事策略。《學海悠遊》不是訪談的問答記錄，也不是劉先生講什麼或沒講什麼，我們便概括承受，基於口述資料及對劉先生性情的認識，我們做了許多延展性的工作，目的在使此書更能透顯傳主的生命情態，因為若不如此，此書恐怕難產。

　　綜上所述，口述傳記是口述歷史、自傳與他傳的合成體。在方法論上，它採取口述歷史法徵集傳主資料，在主體論上，雖然表面上沒有訪談者的主體位置，卻要求訪談者效法傳記作家，對受訪者進行深度認識，透過傳記建構受訪者的主體性，傳記性的強調是主題式口述訪談所未企及的，只不過在表現法上，訪談者個人對於受訪者的評論觀點只能隱身，未能像傳記作家形諸於外，而回歸於單一主體的自傳敘事風格。延伸以上的討論，以下筆者將以《學海悠遊》為例，闡述口述傳記編撰的實務問題。

三、記憶的選擇、編排與結構化

　　由於是採取傳記訪談法，旨在披露受訪者的一生，因此在訪談展開前，我們依據劉枝萬兒童到老年的年代順序，擬定了一份訪談大綱給劉先生，這份大綱聚焦於他的學者角色，代表對他學問追尋歷程的關注。嚴格說來，這份編年式的訪談大綱不同於主題式訪談所設計的問題，而是用來提醒劉先生訪談按照年代順序進行，請他就每個章節底下的內容，於訪談之前做好準備工作，自由發揮，而劉先生也相當配合，每次訪談總會設定幾個講述主題。因此，我們的訪談操作模式，是先以開放性的問題開場，鼓勵受訪者主動敘說，再針對細部特定忾的問題進行後續的提問追蹤（Ritchie

1997[1995]:155）。⁴ 選擇這樣的方法是因為劉先生畢竟是學者，相對於訪談一般大眾常遭遇不知所云的難處，學者受訪者比較容易進入訪談情境。

　　訪談學者雖有如此的優勢，但在實際操作上也遭遇了幾個難題。首先是敘述的凌亂無條理，這是所有口述歷史均會面臨的問題。談話本來就比文字更鬆散沒有系統，況且對於老年受訪者來說，更無法要求敘事邏輯的連貫性。有時在某個主題內出現跳躍式的敘述，前後無法銜接，如果中間穿插訪談者的問話，則常見攔腰斬斷或流於漫談的離題狀況，有時是話題彼此獨立，缺少顯著的關聯性，有時甚至缺乏人、事、時、地的交代。這使得收集到的口述資料顯得破碎，難以取捨連綴成篇，增加抄本製作的難度。

　　其次是自我設限的問題。在劉先生的心理有一道用以區隔公、私領域兩個世界的圍牆，他不主動吐露私人的情感思想與日常生活。不願講述私領域是人之常情，端看篩選的標準，倘若設限的範圍過大，便可能降低口述歷史的價值。例如在傳記訪談中，受訪者的身世背景相當重要，它是人格養成的原初階段，必須有清楚的交代，但對於家世及幼年家庭生活，劉先生卻往往掠過，我們主動問起多次，他也是輕描淡寫，就連婚姻大事及婚後家庭生活也不例外。⁵ 與拒談私生活有關的是個人主觀的內心世界，劉先生對於人世動盪有著頗深的感觸，但無論怎麼詢問，他都鮮少做出深刻的剖析，不願坦承人生起伏與心境轉折的歷程，答案自然無法令人滿意。劉先生以為這是屬於無關學術的兒女情態而不願多談，但它們可能才是口述歷史的珍寶，導致這樣的結果源自他內斂含蓄的性格，也可能與男性主義的思維有關（陳怡真 2003:228）。⁶

　　令劉先生最感興趣的是公領域的記憶，這是一個有別情感的理性世界，

---

⁴ 使用開放性問題進行訪談，被視為是將權力下放給受訪者的做法，這使得訪談者和受訪者之間的權力關係獲得一定的制衡。

⁵ 《學海悠遊‧劉枝萬先生訪談錄》的匿名審查者指出：「第一章劉枝萬的家庭似乎可以再增加。」事實上，我們提問過多次，包括家境、祖父母、雙親、兄弟自幼分離之事，甚至觸及童年母親亡故對成長的影響，但劉先生都以三言兩語帶過，無法獲得更詳細的資料。

⁶ 在口述歷史訪談上，偏重公領域、迴避私領域的現象，可謂普遍。例如，陳怡真撰寫《澄懷觀道‧陳奇祿先生訪談錄》也遇到同樣的問題。

是指有關追尋學問的旅程。童年在故鄉埔里的看戲經驗、霧社事件以及上公學校，都是因為與日後的學術有關才被檢選出來。但在公領域又有一道設限的圍牆，區隔「日本」與「中國」。在訪談上，劉先生花了相當多的時間講述他的兩次「日本經驗」，一次是日治時期負笈日本求學的記憶（1937-1946），一次是戰後與日本斷聯22年後，1968年至1990年代與日本學界的交流經驗，兩次日本經驗佔了訪談時間近三分之二，可謂偏愛。相形之下，戰後國民黨統治時期，除初期（1946-49）交會日本、中國知名學者外，其餘自1952年開始的南投縣及臺灣省文獻委員會時期、1965至1989年的中央研究院時期，敘述的可謂極少，尤其是中研院時期。這段期間有關中國籍學者，除交代對他有知遇之恩的前輩如凌純聲、衛惠林等人外，同輩或後輩的鮮少提及，縱使我們問起要求說明，他雖有批判卻也不願多談，這對照他提及的眾多日本學者，實有天壤之別。在中研院被中國籍學者壓迫，給劉先生帶來了許多不愉快的回憶，這種面對記憶的選擇性本身，正反映了國民黨統治下戰後第一代臺籍知識份子被壓抑的處境，而揚善隱惡也顯示了劉先生深受傳統價值觀的影響；相反地，從對日本經驗的偏愛，可明顯看出其學術師承的系譜。

　　上面幾點問題所以被提出，首先是因錄音抄本的製作，無論採用問答稿或自述稿形式，敘述絕不能沒有條理章法，無法迴避口述資料的篩選與編排問題，口述傳記對此要求更高。因為口述傳記展演受訪者的生命，篇幅較長，為了增加可讀性，必須借用敘事形式，也就是講故事的方式，強化其故事性，這是基於讀者接受的問題。在訪談上，受訪者負責與過去的自己、與現場的訪談者對話，至於讀者是否能夠接受，不是他必須考慮的，但訪談者除與受訪者對話外，在抄本製作時還需設想讀者的存在。訪談者是溝通受訪者與讀者的橋樑，他必須成功地轉述受訪者的話語給讀者，而過程中的編排程序，將使原本雜亂的口述資料具備可讀性，拉近受訪者與讀者的距離。

　　同樣的，自我設限亦將削弱傳記的可讀性。縱使是學者傳記，也不應偏重描述學問的追尋歷程，應加入更多日常生活、個人心境的表達，這不是窺探隱秘，畢竟公、私領域本來就有密切的關連，且微觀的私領域有時更能反映宏觀的社會變遷。這是希望口述傳記不僅針對學術圈的讀者，也

能包含一般大眾，做到雅俗共賞，亦即在堅守記錄歷史本位之餘，也能兼顧文學性，寫出內在真實。

其次，自我設限也恐削弱訪談的史料價值。從 1952 年進入南投縣文獻委員會到 1989 年自中央研究院退休，是劉先生處身學術體制的時期，但這重要階段的訪談份量卻不及總數的九分之一，特別是講到中研院民族所的 25 年間，劉先生在說明進入民族所的機緣後，以導讀其日文論文〈台灣の道教〉的方式，一篇帶過自己在民族所階段的研究，旋即又進入 1968 年展開的與日本學界的交流，而把在臺灣的研究業績放入他所鍾情的日本經驗中，這種處理方式令人突兀。在國民黨威權統治下，身為戰後臺灣本土第一代人類學家，劉先生的學術經驗有其特殊的歷史意義，他說到在民族所遭受中國當權派學者的打壓，話中雖有憤懣，卻輕描淡寫，不多談自己如何在一個異己的環境中，隱忍沉默地堅持自己的理想。在口述歷史的專業上，有些敏感問題受訪者可以選擇不說，但訪談者卻不能不問，只是無論我們如何旁敲側擊，均難突破。期間我們曾想訪談劉先生的友人，從不同角度建構這段歷史，只是畢竟深知這段歷史的人稀少，因而作罷。

在第一階段訪談中，我們試著讓劉先生從兒時一直講到晚年時刻，重新全面性瀏覽自己的一生。如前所述，在這段生命回顧的過程中，我們採取有別於主題式訪談的傳記模式，即是不將預設的問題拋給受訪者，而先以受訪者的自由敘述為重，訪談者扮演聽眾，只適時發問導引，之後再針對所關心的以及敘述中忽略、矛盾或模糊的特定性問題，進入提問追蹤（倪鳴香 2004:28-29）。在第一階段訪談中，每次訪談結束後，我們便將錄音整理為逐字稿，有時提問是在逐字稿整理出後，下次訪談時才進行。

製作抄本是口述歷史計畫花費最多時間的部分，而逐字稿是製作抄本的初級步驟，如何再將瑣碎雜亂的逐字稿處理轉化成可讀性高的自述稿，則是一項相當繁複的工程。首先，我們將逐字稿拆解，依照主題歸類編排，等到某一人生階段的訪談告一段落，再把該時期收集來的訪談資料全面改寫，同時擬定細節標題，而成自述初稿。其次，由於談話會有許多時空跳躍的部分，所以並非同一時期的訪談資料，均能被歸在同一章的敘事裡，無法放入的部分則抽出保留，等待適宜的時機出現再放入改寫；相反地，有些後到的訪談資料其實應歸於之前的章節，此時便需再修改已完成的初

稿，如此循環往復。例如第一章〈殖民地童年〉中的「看戲的童年」，篇幅雖不長，卻整合不下十次的訪談資料始成。

自述稿具有一定的敘事結構，是以情節化的方式統合受訪者敘說的生命事件，使事件彼此間具備故事性的關聯。以情節化統整敘事，筆者發現，口述的凌亂無條理只是表象，其實在劉先生的心理有一敘述的核心結構，這個框架決定他的敘述內容，因為有此結構存在，所以無論他敘述的多麼凌亂，大抵都有脈絡可循，也因如此，他經常一再重複某些事情而未必自覺。筆者以為，有別於一般口述歷史，傳記訪談的抄本製作，首重於協助受訪者建立其語言敘事結構，此一敘事邏輯的梳理，對於老年受訪者尤其重要，它可在原本錯綜複雜的人生中建構一種秩序，進而延伸成為後續訪談追蹤的依據（蔡篤堅 2007:118-119）。[7] 這是為何《學海悠遊》定稿後，一次劉先生對筆者說道，整個訪談過程是從「茫茫渺渺」逐漸走向清晰。受訪者身歷人生其境，對於許多經驗，往往由於事過境遷，本身未必能夠掌握彼此間的來龍去脈，但透過口說互動，旁觀的訪談者便能幫他釐清。而以此方式改寫的文稿，曾被質疑是否還屬口述歷史（呂芳上、吳淑瑛 2002:32）？其實，只要忠於口述原意，在不扭曲、不斷章取義、不妄加揣測、不添加訪談者主觀看法的原則下所進行的編組改寫，均屬合情合理，況且文稿最終仍要給受訪者審定，取得授權同意。

在抄本製作上，文獻查詢與考證也是一項重要工作。由於談話本身的侷限，或人事年湮代遠，訪談時劉先生常有遺忘而無法詳述的情況，或發生記憶誤差的現象，此時如有相關文獻可查詢，需協助修訂、交代細節，使內容完善；其次是人物生卒年的補充，訪談必然提及許多人物，而學術上「歷史世代」頗為重要，因此我們盡可能找出所有人物的生卒年，使他們與劉先生對照，以呈現彼此的世代關係，也藉此喚醒劉先生的記憶。例如，日本早稻田大學文學部史學科教授西村真次（1879-1943）為日本知名海洋史家，劉先生在提及西村真次時，以為自己曾受教於西村，但查詢西村的卒年後，始發現在他進入早稻田大學就讀前，西村已過世，劉先生應

---

[7] 蔡篤堅將此敘事結構的建立，稱之為「敘事增能取向」（narrative empowerment approach）的口述歷史。

是久仰大名而造成認知錯誤。諸如此類的補充、考證與修訂工作,本為口述歷史的基本功夫,不再贅述。

四、性格與風格的對應

　　和國史館簽約有時間限制,但劉先生口述緩慢,我們不忍給他壓力,卻又唯恐萬一,因此第一階段的訪談工作完成時,已比預定的時程延宕許久,計花費一年兩個月(2006.4-2007.6),訪談 28 次,不僅過了合約交稿期限,份量也比履約的短少許多(約少三分之一)。在口述歷史倫理上,為了尊重受訪者,訪談抄本整理出後,必須給受訪者審查才能定稿出版,因此訪談工作隨即進入第二階段的審稿。其實每章初稿完成後,我們曾考慮是否便給劉先生過目,雖然這樣有提醒記憶、回饋後續訪談的效果,但因擔心他一絲不苟的做事方式,會讓進度繼續落後而作罷。

　　理想上,一份好的訪談記錄,受訪者通常會尊重訪談者,不會在內容上做大幅度的修改。然而,縱使我們在訪談記錄上確實下了功夫,每章均修改不下十餘次,素質雖稱不上完美,卻也自信不至於有重大的瑕疵,但在交稿給劉先生審查後,我們依舊膽戰心驚,唯恐他用治學的高標準看待,那麼難產是可以預期的。結果一如所料,稿子被他改得面目全非,隨處可見他將不滿意的段落劃 ×,並在遣詞用語上字斟句酌。被刪除的段落有的索性割棄,有的補述重寫,有的甚至自己動手。這種修改法,令筆者頗不以為然,因為內容既是親口所述,為何又自我推翻?敘述風格在不背離原意的原則下,是否應當尊重訪談者的書寫方式?如果將口語體改成文雅的書面體文字,則口述歷史和書寫歷史有何特別的不同?而口述歷史一旦加入非訪談資料,又是否已背離了這門學科的精神?這些問題均一再挑戰著受訪者與訪談者之間的平等關係。劉先生說訪談初稿的水準不夠,那語氣雖無責備之意,但焦慮之情溢於言表,而焦慮則顯示了受訪者與抄本的距離。

　　每次審稿訪談,劉先生均會針對當次審閱的部分提出修改意見,幾次下來,筆者不斷自問,是否該照他指示的修改?如果尊重受訪者,訪談者沒有置喙的餘地,則訪談者只是工具,喪去應有的主體性。其實在口述歷

史的抄本製作上，受訪者與訪談者總是存有歧見，要透過不停的溝通，瞭解受訪者到底要求到什麼程度，而訪談者能整到什麼程度，最後在兩者之間取得平衡（沈懷玉 2002:12）。最後，我們決定部分接受劉先生的修改意見，在用語方面接受雅化原則，但以我們的筆法修改，至於內容則斟酌調整，不接受全盤刪除，而是在忠於真實的原則下，推敲用語、轉換寫法，試探其接受度。這是一種與受訪者互動的溝通法，也是一種訴求受訪者認同、又不喪失訪談者立場的折衷法，目的在讓受訪者瞭解口述歷史是雙方共同參與製作的產物。而在對於稿子的修改中，有幾個問題值得討論。

第一，劉先生審稿時從未更動敘事結構，他是依循既有的結構，修改細部內容，抄本初稿如說有成功之處，是架構了一個受訪者與訪談者溝通互動的平臺，讓彼此的對話從散漫走向聚焦，使訪談議題更加集中；而且，如能從正面的角度面對審稿的挫折，其實透過修補稿子，也同時可修正、深化訪談者對受訪者的認識，或許第一階段訪談只能算是默契磨合期，兩者的關係經過這個階段才逐漸靠近。第二，由於之前對於受訪者沒有深入的認識，所以對於口述內容的理解也就流於不求甚解的浮面，淪為受訪者說什麼便記什麼，或訪談者將自己的想像投影到受訪者上，而沒能延伸思考受訪者話語的精髓，形成所謂的學術虛構（卓遵宏 2001:195）；深入認識受訪者對口述傳記尤其重要，畢竟傳記體現人的存在與定位，是個體自我的展現，它要求訪談者如同傳記作家一般認識傳主，不僅在傳記中描述現實經驗，也深入表現內心世界，俾傳記成為展現主體的媒介。第三，口述傳記的可讀性不僅針對讀者，也在拉近與受訪者的距離，使受訪者能夠接受，為求如此，訪談者在某種程度上就必須妥協，但這不表示訪談者對受訪者的迎合，或訪談者主體的喪失，事實上如前所述，口述傳記與口述歷史、自傳、他傳相較，有其文體的特殊性，其訪談者的主體性本就隱而未顯，與受訪者的關係難有真正的對等，雖然隱藏在受訪者下，訪談者卻能因對受訪者的深入認識，於傳記中協助其展現主體。

由於有這樣的認知，未待劉先生審查完畢，我們決定抽回剩餘的稿件，再次大規模改寫。這次改寫基於心境揣摩，試圖深入劉先生的內心去理解其所敘述的人生經驗背後代表的動機想法，這種心境揣摩類似所謂的「移情」。移情是使自己超越主觀的一廂情願去體驗他人的經驗，從通過對他人

經驗的體驗，進而理解他的想法，努力達到精神上的同一（嚴建強、王淵明 2001:208-209）。可是，為了避免移情可能產生的虛構，我們並不去揣摩屬於情感的部分，除非劉先生自己提起，否則絕不寫入，而僅限於理性的思維本身，這一方面是因主觀情感本是劉先生鮮少著墨的，一方面誠如柯林伍德（R. G. Collingwood）所認為的，情感因素有其歷史情境的限制，無論如何我們難以再生活一遍。一旦訪談者將自己假想成受訪者，用受訪者的想法思考問題，則可能超越原先對口述內容的不求甚解或主觀投射而深入理解，將此一揣摩受訪者想法的模式，應用於訪談抄本的改寫上，獲得較大突破的為第四、五章。

如前所述，第四章〈文獻工作十三載（1952-1964）〉與第五章〈民族學研究所時期（1965-1989）〉是劉先生學術的重要時代，是他的學術從摸索、轉折邁向成熟進而起飛，從地方走向臺灣進而跨入國際的階段，但對這段重要的 37 年，他的交代卻極簡要，只佔總訪談量的九分之一。我們不知道劉先生若看到這般不成體系的稿子作何感想？又能怎麼修改？這不是篇幅長短的問題，而是這段期間他在許多研究面向上均是先驅者，他不辭勞苦奔波於田野，奠定臺灣民俗學的基礎，也使日本學界受益，這段歷史彌足珍貴，但其中偏有許多細節交代不清，沒能梳理出清晰的演變輪廓。在口述歷史上，訪談者的職責是否只是忠實記錄受訪者的話語？受訪者沒說的，縱使問不出所以，明知事關重大，但只要以附記的形式帶過便可規避？這是筆者面對 37 年的大片空白，腦中不斷浮現的疑惑，或許敏感的人事批判可以留白，唯獨不能迴避這段期間的學術。口述歷史是受訪者與訪談者雙方共同參與製作的產物，製作良窳的責任理由雙方共同承擔，最後我們決定背離訪談的實境，以非訪談資料填補這段空白，而根據就在於對劉先生學術精神的認識。

自講述童年經驗開始，劉先生便多次以「質實剛健」讚揚日本人的處事態度，這句話容易理解，但在口述脈絡中有著更深的意涵。從學術精神上看，質實剛健意味從事實而非從理論出發，反對抽象概念的闡述，強調科學的實證主義精神，而在學術倫理上，則是反對吹噓浮誇的學風。基於這樣的信念，他不僅欣賞日本的務實學風及學術倫理，如果檢視他對臺灣學界若干歪風的批判，會發現也是基於同樣的標準。他深深以此信念自律，

所以當說到戰後初從日本歸臺從事田野調查時，特別強調在交通險阻的年代治學全賴雙腳的艱辛，這正是一種質實剛健的精神，他的狂走鄉野更曾使歷史學家方豪將其視為「畏友」（方豪 1969:760）。日本殖民教育不僅陶冶了劉先生的「鄉土意識」，也影響其治學精神，可以說，他的學術全立足於田野之上。[8] 但是對於田野調查的艱辛，劉先生只提《臺灣中部古碑文集成》（1954）一書，所幸他的著作留下了許多田野線索，我們於是抓住實證主義的核心思想，幫他填補了第四、五章的學術空白。

目前《學海悠遊》第四章中的「臺灣省文獻委員會時期（1956-1962）」、「挖歷史的考古工作（1947-1959）」兩節，以及第五章中的「臺灣民間信仰研究」、「臺灣道教研究」兩節，裡頭許多關於他 1950 至 70 年代的田野蹤跡，是我們梳理自劉先生的田野論文而成，增補後的篇幅較原版本多出一倍。筆者以為，當劉先生以〈台灣の道教〉一文帶過自己在民族所階段的研究，正是想向我們說明田野調查的點滴，那麼我們何不替他把過程交代清楚；誠如有些口述史家所認為的，訪者者也須是詮釋者，為受訪者的敘述做出第一道詮釋，不只探討那些說出來的，也要找出那些沒有表達出來的意思（Ritchie 1997[1995]:47-48）。

整體上，「臺灣省文獻委員會時期」上承南投縣文獻委員會時期的宗教調查，旨在說明劉先生主持的戰後臺灣首次宗教調查。「挖歷史的考古工作」則在說明戰後之初劉先生與宋文薰、劉斌雄的考古學相遇，爾後三人分飛，劉先生走向宗教民俗研究，而之所以離開涉入最早的考古界，誠然與省文獻會的臺灣宗教調查有關，這是劉先生學術的重大轉折，日後他也因此進入民族所。至於「民族學研究所時期」則延伸省文獻會的宗教調查，深入鑽研臺灣道教與民間信仰，並終以此領域踏上日本學術舞臺。這是劉先生學術大致的演變軌跡，也是我們在《學海悠遊》中嘗試建立的敘事結構。總而言之，第四、五章的敘述主題在突顯日本教育的質實剛健精神，

---

[8] 劉枝萬鄉土意識的日本啟蒙，參閱《學海悠遊・劉枝萬先生訪談錄》頁 90-91。筆者於訪談錄中漏記一點，劉枝萬於戰後初期從事鄉土研究時，即揭櫫「現代教育須從鄉土出發」的主張，從他當時發行的幾本著作之「刊行的話」（如《臺灣日月潭史話》〔1951〕、《臺中彰化史話》〔1952〕），都可以看到其指明研究用意在「增加本省同鄉的鄉土意識」的話。

對戰後劉先生學術的影響,他用這種埋頭苦幹的愚人精神走過壓抑的年代,堅持在一條「太陽照不到的道路」為臺灣民俗學的奠基而努力。

在民族所的敘事策略上,既然劉先生不願多談其他學者,我們索性幸不再過問,免得給予套口供的壓力,碰觸內心的傷口,況且縱使說了,也未必能夠收錄。因此,文中除感謝凌純聲所長等人的提攜外,幾乎不見他與臺灣學界的交往,劉先生把一生精華的「心力」與「體力」留給臺灣的田野,我們的文字理當比照處理,於是我們把場景拉向臺灣的田野,在田野上作文章,塑造其走出學院、勤跑田野的「純學者」形象,如此便埋伏日後其臺灣研究受日本學界重視的因緣。同時,也以註腳方式做如下說明:

> 田野工作需消耗相當多的體力,回想我(按:林美容)初至民族所與兩位劉先生相處,發現劉斌雄先生的身體狀況比劉枝萬先生好。但後來劉斌雄先生接任所長之職後(1982-1988),其體力與身體狀況就慢慢變得比劉枝萬先生差。劉枝萬先生曾向我們透露,雖然田野「消耗體力」,但寄情田野,卻可使他遠離許多「消耗心力」的麻煩事。(林美容、丁世傑、林承毅 2008:165)

整體上,我們力求呈現客觀的田野事實,至於情感陳述,除非劉先生主動說起,否則絕不寫入,這是一種基於劉先生為人處事的處理手法,我們相信田野自會說話,彰顯屬於他的主體性,同時也為臺灣民俗學留下一點歷史資料。所以,雖然民族所時期提到的學者極少,但只要比較後續提到的眾多日本學者,一經對比,「少」自然有了「多」的意義。法國阿爾都塞(Luis Althusser)的「徵候閱讀」(symptomatic reading)指出,文本的空白最能感受到意識形態的存在,閱讀是要拋開偽裝,從隱藏的一面去理解真正的用意,因為沒有說出來的和已說出來的話同樣重要(李超宗 1989:243)。《學海悠遊》的匿名審查者雖認為全書寫出了劉先生學術生涯的演變,卻也看到了這樣的問題:

> 在中研院民族所的敘述,只看到劉枝萬一個人的訪問研究,好像毫無友人。到日本去的時候,1968 年 9 月的參加國際會議、1969 到 1970 年一年的訪問研究,敘述相當多,也介紹相當多日

本的研究狀況，同好也相當多，也參加相當多的國際會議。是因為臺灣缺少研究者？或是臺灣籍的學者在中研院的孤單？

問題的答案主要是臺灣籍的學者在中研院所遭受的打壓，而其帶來的不愉快的回憶，縱使事過境遷也諱莫如深。林蘭芳指出，在戰後威權政治籠罩下的學術環境中，劉先生是屬於「抗議型」學者，但張隆志持不同意見，認為劉先生對於學問的熱愛，使其超越當時的學術體制，應以「超越型」學者視之。[9] 兩者的看法均言之有理，但超越是「原型」，抗議則是受壓迫後所增生的「變型」，超越的本身其實正隱含著抗議的精神。因為劉先生是源於對學問的熱愛而走向學術，他一向尊敬治學認真踏實的學者，其中原沒有中國與日本學者之別，他反對的是當時臺灣浮誇的學閥風氣，在這般情境下，他走出學院、寄情田野，往學問的領域鑽研，此舉便有沉默抵抗的意味，在超越中帶有抗議的精神；同樣地，訪談上對於某些敏感人事的迴避處理，也可依此面向解讀。因此，劉先生的「純學者」形象有兩種涵義。

最後，抄本初稿除進行上述的改寫，我們還針對劉先生「溫和主義」的性情，在許多小細節上做了手腳。例如，將非必要的「！」符號去除，把「非常」、「很」這些激烈用語改為「頗為」；有關人際交往部分，為了讓記錄焦點更凸顯，依據與主題的關聯性進行刪減，並非所有提起的人皆入列，縱使是名人也不例外，其中褒譽者記名，批判者雖不刪除，但為避免紛爭而匿名，且措辭斟酌再三，點到為止；至於文字力求凝煉，去繁就簡，非必要的能刪就刪，不可諱言地，這多少是受到劉先生文風的影響。一般認為，口述歷史在文字化上應有別於書面歷史，採用口語體寫作，但筆者以為在口述傳記上，文筆風格亦有助於凸顯受訪者的主體精神，這也是口述傳記有別於一般口述訪談而需顧及的重要範疇（陳怡真 2003:230）。[10]

再次改寫後的訪談抄本送交劉先生複審，這次的版本令他比較滿意，

---

[9] 林蘭芳及張隆志的看法，為 2008 年 10 月 18 日二人於暨南國際大學召開之「2008 年水沙連區域研究學術研討會：劉枝萬先生與水沙連區域研究」上所提出，兩位教授的意見啟發，謹此申謝。

[10] 陳怡真在撰寫《澄懷觀道‧陳奇祿先生訪談錄》時，也試圖模仿受訪者文章的口氣，基本上這是從口述傳記的角度思考進而有的想法。

被修改的幅度比前次降低許多，有些曾被刪除的部分經過改寫安插，也獲得同意收錄，其中第四、五章新增的非訪談資料，經過確認，也引發劉先生更多的補述靈感。口述傳記未必需全然收錄訪談資料，只要非訪談資料是在可接受的合理範圍內，未嘗不可視為對於受訪者的書面提問，它同樣是一種互動對話的方式，試探受訪者與訪談者合作的可能性。[11] 總計審稿階段歷時 4 個月（2007.7-10），訪談 12 次，三審定案。

五、結語

　　由於與一般口述歷史抄本的製作方式有別，筆者將劉枝萬先生口述歷史訪談錄《學海悠遊》定位為「口述傳記」；口述傳記是採取口述歷史法所完成的人物傳記，它綜合了自傳、他傳以及口述歷史各體的特質。本文旨在以《學海悠遊》為例，探討口述傳記編撰的若干問題。

　　在表現法上，口述傳記雖以自述法呈現，但因為是透過受訪者與訪談者的雙向互動所完成，在相互激盪、觸發的過程中，能避免自傳的記憶單向性、選擇性敘述的缺點，挖掘出更多的口述資料，甚至因為有旁觀訪談者的整理及查考，能減少記憶誤差的現象。在主體論上，口述傳記訪談者的主體雖隱藏在受訪者下，不如在主題式訪談上鮮明，又不若傳記作家可在寫作上針對傳主做出個人主觀的評論，但它同樣要求訪談者主體的移情涉入，在互動中對受訪者深入認識，將訪談資料情節化以建立敘事結構，為受訪者複雜的人生尋找秩序，這使得訪談者的角色近似於傳記作家。在方法論上，口述傳記旨在敘寫受訪者的生命故事，訪談者雖也必須在事前做好準備功課，但未必需像主題式訪談設定系列問題，採取問答的訪談模式，不如先以開放的心態，先讓受訪者自由敘述，訪談者轉為傾聽者，再

---

[11] 許雪姬指出：「受訪者陳述者有所不足，而相關資料在已出版的刊物中呈現，即應加以補充，使受訪者的訪問記錄更具可看性。」許雪姬，〈近年來臺灣口述史的評估與反省〉，《近代中國》第 149 期（2002.6），頁 41。但尺度如何拿捏，頗有爭議。以唐德剛寫的胡適口述歷史為例，口述與非口述資料各佔 50%，所以書名為《胡適口述傳記》，至於另一本李宗仁口述歷史，口述與非口述資料分佔 15% 與 85%，因此名為《李宗仁回憶錄》，這兩本口述歷史的先趨都因加入過多的非口述資料，甚至滲入訪談者的個人意見，而被認為不是口述歷史。

進入特定性問題的提問；其次，口述傳記難以單靠受訪者的口述就能完成，基於對訪談資料的深度解讀，加入適度的非訪談資料是必須的，它是訪談者提問的一環，也是一種彼此互動對話的方式。

　　《學海悠遊》是雙方經歷一年六個月的對話、溝通、協調甚至交戰的產物，迫於時間因素，其中有許多細節處理的未盡人意，專業口述史家看《學海悠遊》，也定能挑出許多缺失。2007年10月交稿後，我們仍請求國史館在進入編輯出版作業之前，能准予繼續修稿，不過最晚需趕在2008年5月張炎憲館長去職前出版。從交稿到編輯出版的這段時間，隨著與劉先生的互動，又有一些陳年舊事出土，不斷有新資料加入，如果時間允許，口述歷史抄本在定稿後，應該再給雙方多些時間沉澱、溝通再行出版，這樣或許對於一些事，劉先生願意鬆口。回想整個訪談過程，我們不斷地摸索，試著找出一個能適用劉先生個案的操作方法，依照口述傳記的訪談模式，原先設定最後能進入傳主統整階段，引導他對自己的生命進行自我的整體評論，因為劉先生一生閱歷豐富，文章常有一針見血的透徹，自然希望他將自身過往的經歷概念化，化為某種人生信念與態度，以遺後人，可惜他畢竟不善抽象表述。末章中「一年級的時代感」，是我們掇拾劉先生的隻字片語而成，未成體系，殊為可惜。劉先生做事一絲不苟，深深地感染了我們，但願這本書沒有讓他失望。

參考書目

方豪
    1969   方豪六十自定稿。臺北；臺灣學生書局。

呂芳上、吳淑瑛
    2002   口述歷史在臺灣的發展：背景、演變和檢討 —— 以中研院近史所口述歷史為例的討論。近代中國 149:28-37。

李超宗
    1989   新馬克思主義思潮。臺北；桂冠圖書。

沈懷玉
    2002   口述訪問稿與資料的整理。近代中國 149:8-16。

林美容、丁世傑、林承毅 編
    2008   學海悠遊・劉枝萬先生訪談錄。臺北；國史館。

卓遵宏
    2001   為什麼要做口述歷史。臺北文獻 136:183-197。

許雪姬
    2002   近年來臺灣口述史的評估與反省。近代中國 149:38-45。

倪鳴香
    2004   敘述訪談與傳記研究。教育研究月刊 118:26-31。

莊樹華
    1999   中外口述歷史某些面相之比較 —— 口述歷史座談會。文化視窗 14:14-27。

陳怡真
    2003   關於陳奇祿先生的口述歷史。國史館館刊 35:219-232。

蔡篤堅
    2007   由變動瞬間的感知邁向追尋永恆的實踐：口述歷史與臺灣主體地位的形塑。臺灣史學雜誌 3:111-139。

嚴建強、王淵明
    2001   西方歷史哲學。臺北；慧明文化。

Ritchie, Donald A.
    1997[1995]   大家來做口述歷史，王芝芝譯。臺北；遠流出版。

地方知識的傳承與轉化——
劉枝萬先生的「鄉土史」

林蘭芳
暨南國際大學歷史學系助理教授

一、前言
二、地方知識的萌芽——日治時期鄉土教育運動之影響
三、地方知識的來源——日治時期日籍學者埔里研究之奠基
四、地方知識的轉化：戰後鄉土史書寫的諸面相
五、結語

一、前言

　　何謂地方知識？劉枝萬的「鄉土史」與地方知識的傳承與轉化有何關係？家鄉埔里如何形塑、影響劉枝萬的歷史意識？他從書寫埔里鄉土史展開的歷史研究與著述，呈現出歷史意識何種流變與轉化？凡此都是本文想要解答的課題。

　　臺灣歷史上，有清一代由各府縣廳所修纂的地方志，可視為傳統歷史書寫對地方知識的建構，這種有俾地方治理、官方行政之參考的方志書寫，到日治時期仍有其餘緒，但內容上已加上官方的調查統計數據，所以地方行政層級的州廳，皆大致編有「地方管內概要」、「地方事務成績提要」，還有由各地方學校教師所調查累積的街庄志、鄉土志（許雪姬、劉素芬、莊樹華2003:119）。[1] 是以地方志、街庄志、鄉土志，皆為匯聚地方知識的寶庫。

　　日治時期的另一種累積地方知識的方法，是殖民者所引進的新式的學科，如人類學、民族學、考古學或農學、理學、工學、醫學等，不論是研究臺灣特有動植物、熱帶醫學、南島民族等深具臺灣特色的學術探求，皆在日本學術研究上別開生面。在這股新式學術風潮引領之下，埔里由於位處臺灣地理中心，加上族群複雜多元，不斷吸引人類學者、考古學者進入埔里來研究，終使埔里一地成為人類學知識的寶庫、人種學研究的博物館，從而根本性的改變有清一代「埔里番地」的名號。

　　從清到日治時期，傳統與新式學術兼具的埔里地方知識，已隱然形成一脈知識系統。劉枝萬曾提及：埔里此一臺灣萬山中的小盆地，曾經歷許多民族鬥爭和融和之過程，被稱為人類學研究之寶庫，動、植物分布受地理環境影響甚具特色，過去特殊的政治環境亦遺留許多史蹟，如此富於地方特色之埔里，其學術上之研究賴先人效勞者頗不少。論及埔里最初保存地方文獻之舉，他認為清末生員王廷楷主修之《埔里社廳采訪冊》為創舉，此為官撰之纂修事業（劉枝萬 1951-1952:4, 6）。日治時埔里地方人士為保存記錄，據說有烏牛欄潘踏宇著《埔里社の歷史沿革》，但已散佚無存。住

---

[1] 王世慶先生即指出，日治時期學校老師及行政單位都很重視基層地方志，所以才有一些街庄志、鄉土志等出現，但光復後囿於經費及人才短缺，修志養成過程因而中斷。

埔里多年的日人芝原太次郎，主要自伊能嘉矩著作採取資料編成《鄉土埔里社》一書，其採訪之耆老在民國三十六年（1947）之際多已故去（同上引:9-10）。

劉枝萬在民國四十年（1951）編纂《臺灣埔里鄉土志稿》，就是承續前人相傳而來的地方書寫，加入形塑埔里地方知識的歷史行列，並展開他個人的學術之路。所以，出身「埔里」的劉枝萬，以其所受日本早稻田大學東洋史學科所受的訓練，從書寫故鄉開始，步上學術研究之路。

綜觀劉枝萬的學術成就，其早期研究成果多集中在鄉土史範疇，之後經過考古學轉向民俗學研究，三者之間連續發展，交融合一。歷史學家張炎憲指稱劉枝萬為「臺灣民俗學的奠基者」，指出他從在南投縣為編纂縣志而從事地域研究，進行實地調查，因此不限於歷史，民俗學、考古學各分野，都不得不涉獵（劉枝萬、林美容、丁世傑、林承毅 2008:314, 316）。雖然他自我定位為民俗學者，但以其學術發展脈絡來看，在走入民俗學研究之前，實以歷史學的研究為重，所以說劉枝萬的學術活動是從歷史學出發，因受日本學風影響，對民俗學早就萌生興趣，後漸次發展成民俗研究（同上引:142, 266）。[2]

青年劉枝萬當年選擇學習歷史，其實得承受較大的社會壓力。他指出不論日治時期或戰後初期，學習或是研究歷史的人，容易被世俗視為無用之人，或受社會輕視，被認為是不務正業的閒人。但他走上這條別人認為沒有前途的路，卻因個人對歷史有濃厚興趣而能樂在其中。從杏壇轉任省文獻委員會時，他認為很幸運得以從事歷史文獻工作，四處進行田野調查（同上引:265, 340）。從歷史文獻出發，印證田野調查紀錄，就成為推動劉枝萬學術生涯前行之兩輪。

本文分析方法是用劉枝萬的歷史著作闡明他的歷史意識以及他作為史家的「技藝」。主要的分析資料為他編著、編纂的「史」類著作，如「史話」、可為作史之資的「志稿」，以及建構歷史所需之碑刻史料、「挖歷史」的考古資料。符合上述原則的資料，大致是從民國三十四年（1945）至

---

[2] 他比較早期同行於考古學路上三位夥伴後來的發展，「後來劉斌雄走向民族學，我則走向民俗學，只有宋文薰留在考古學終成一大家」。

四十五（1956）的 12 年之間，劉枝萬從埔里出發而及於中部臺灣鄉土史的成果：《臺灣埔里鄉土志稿》（1951）[3]、《臺灣日月潭史話・附霧社事件》（1951）、《臺中彰化史話》（1952）、《臺灣中部古碑文集成》（1954），以及《南投縣志稿》。

　　本文除以劉枝萬早期歷史作品為討論依據外，民國九十七年（2008）由國史館出版、林美容主訪的《學海悠遊——劉枝萬先生訪談錄》一書，更是不可或缺的參考資料。《學海悠遊》記錄著劉枝萬諸多童年經驗、個人觀察與學術心得，吾人得以藉夫子自道瞭解他的心曲，進而觀察學者身處時代變局中的自我因應之道。綜觀這本和他早年歷史著作相距半世紀以上的訪談錄，今昔對照，可發現到他在時間長河中不忘強調鄉土史的用心，或許這個不變的堅持與愛，正是他學術泉源不斷湧現的關鍵。

　　全文的架構，除前言、結語外，重點有三。

　　首先，討論日治時期鄉土教育運動對劉枝萬的影響。「鄉土史」是他直到晚年仍念茲在茲的重點，為何他的信念如此強烈，必有其內在的歷史因緣。

　　其次，埔里地區從清領時期的番地，到日治時期成為人類學寶庫，本文擬分析日治時期日籍學者對埔里的學術業績，如何成為劉枝萬的知識來源。此處考察要點有二：一是考古學者、人類學者在埔里的考古業績，二是歷史文獻對埔里之研究與記載。這兩點對出身埔里、學習歷史的劉枝萬，具有何種意義？他如何繼承這些研究成果，作為日後個人研究的基礎？

　　第三，面對戰後新政權主倡中華民族主義至上的意識形態，劉枝萬如何書寫臺灣鄉土，個人書寫有何調整與因應之道？當時他所書寫的鄉土史，有時代寓意？

二、地方知識的萌芽——日治時期鄉土教育運動之影響

　　劉枝萬生於大正十二年（1923），於昭和五年（1930）4月進入埔里公

---

[3] 《臺灣埔里鄉土志稿》第二卷完稿於 1952 年。

學就讀（同上引:24），入學之際適逢臺灣鄉土教育運動[4]熱潮，對他一生發生不可忽視的影響。

鄉土教育注重在地特色，地方的宗教祀典是學生親近鄉土的重點。劉枝萬追憶，他就讀埔里公學校時，學校會配合埔里恆吉宮的媽祖祭典，在媽祖聖誕日放假一天，讓學生去看戲、迎媽祖，老師還會在課堂上解釋媽祖升天成神的傳說，足見當時日本人仍舊尊重臺灣人的風俗習慣與宗教活動。中日戰爭發生後，日本才改採日本化的壓制政策，禁絕漢文及漢人傳統的宗教文化（同上引:29）。

到底日治時期日本在臺灣所推動的鄉土教育，是何種面貌？論者研究指出，日治時期臺灣的鄉土教運動是殖民母國鄉土教育運動的一環。在明治維新西化的浪潮下，有些日本學者恐懼大和民族的特色即將消失，而將眼光投向常民文化，即一般百姓所生息其間的農山漁村，期藉由提振本土文化，對抗外來思潮，並藉鄉土教育發掘傳統日本文化，探求民族文化之全貌。參與此一鄉土教育運動者有自由民權主義者，也有馬克斯主義者，在日本文部省和農林省大力推動下，日本政府成功地以鄉土教育為核心，改革學校教育，提倡社會教育，組織青年團控制社會青年，透過「農山漁村更生運動」組識社會大眾，運用「振興鄉土」口號凝聚人心。

此外，日本內地所主張的鄉土教育運動中，另有地方文化教育之分權思想，但隨著軍國主義及法西斯思想之擴張，分權思想受到官方壓制，只留下「愛鄉土──愛國家」之鄉土教育。後來此一愛鄉愛國熱潮，也於昭和十二年（1937）七七事變爆發後，為日本提供良好之社會基層控制網絡，有助其社會動員，達成戰時統制之目的（詹茜如 1993:19）。這是日本鄉土史教育的起源與轉變。

臺灣的鄉土教育始於日治初期的小學教育與師範學校教育，公學校亦逐年加重鄉土教育成分。大正九年（1920）臺灣實施地方制度改正之後，為使人民更瞭解本身生活之自然人文環境，特別規定地理科應教授與日本及臺灣本島有直接關係之自然人文知識。大正十一年（1922）總督府標榜

---

[4] 對此一運動之研究，1990 年代有詹茜如（1993）；吳文星（1997）。及至 2007 年，學者另有新一波的討論，如許佩賢（2007），以及林初梅（2007）。

日臺共學，依《新臺灣教育令》規定，公學校首度設置日本歷史科，以日本歷史為主，未提及鄉土史教學。大正十三年（1924）師範學院教諭久住榮一與藤本元次郎倡議，公學校地理科教材應包括鄉土地理、日本地理及外國地理三部分，鄉土地理如日常所見之地理環境，對於自己所屬郡市、街庄與州廳之地理應詳加敘述，並認為直觀教學法最適合地理教學，各學校應編纂鄉土志，使兒童瞭解鄉土真象，涵養愛鄉心（詹茜如 1993:28；林初梅 2008:78）。[5]

以上的議論，直到昭和初年（1925-28）才有進一步之發展，鄉土教育方成為學校教育主流，獲得學校、地方政府、民間支持，引發臺灣全島性鄉土教育熱潮。鄉土教育落實到各科目的教學上，以昭和三年（1928）臺南師範學校附屬公學校具名的「公學校各科教授——各學年的主眼點及教育」的內容來看，他們主張學校第五年教學重點，在使學生瞭解本島地理以喚起國民自覺，鄉土既為基礎教育之取材對象，應仔細觀察鄉土自然與人文關係，詳述地方產業和臺灣文化經濟在日本帝國之地位。而他們主張在分科教育上，理科應以理科知識批判實際生活之迷信成分，養成愛鄉土、發展鄉土之胸襟；商業科應學習鄉土商業實況，以教授日常生活所需之商業知識為主，特別留意臺灣簿記記帳方式、社會實際運作之必需知識，重視實習（詹茜如 1993:29）。

不過，全臺灣只有臺中州大規模、有計畫地推動鄉土教育，並於昭和五年（1930）提出「教育更新五箇年計畫」，[6]以改善教育內容，動員州下全體學校職員，推進「教育實際化運動」。該運動風靡全臺，以 5 年（昭和五至十年，1930-36）為臺灣鄉土教育蓬勃發展期，實際上以鄉土教育為核心，由地方政府倡導，負責推動與監督。其實施方式主要為鄉土調查、編纂鄉土讀本、各科教材鄉土化三大部分（同上引:30-31）。而在推動鄉土教育運動過程中，不論是設置鄉土教室、調查鄉土和編纂鄉土讀本的做法，實帶有濃厚臺灣鄉土之色彩，讓學童經由觀察週邊環境來認識鄉土（林初

---

[5] 當時日本內地即主張，地理、歷史、理科為直觀教學之初步，以此為基礎特設鄉土科。

[6] 第一年以公民科、地理科、理科及農業科為主要發展目標，修身、算術、話方、讀方、歷史、家事裁縫為輔；第二年反省第一年成果；第三年進入實化化主流，以德育訓練為中心；第四年以學校經營之實際化為研究主題；第五年則為過去 4 年努力之總檢討。

梅 2008:102）。此外，論者亦指出，鄉土教育讀本之內容豐富，資料之搜集調查，範圍廣泛而徹底，可比美於地方志（詹茜如 1993:169）。

臺中州推動的鄉土運動熱潮所形成的時代氛圍，最早為昭和五年（1930）臺中州初等教育界發表「教育實際化」之研究目標，受「現代教育須從鄉土出發」、「從鄉土出發而歸於鄉土」之教育思潮所影響，各地方熱心開始鄉土調查。臺中州能高郡，在昭和六年（1931）動員郡下所有公學校與小學校教職員，利用暑假共同調查鄉土材料，從教育的觀點合編《鄉土調查》一卷，由埔里公學校油印，作為推廣鄉土教育的書籍（劉枝萬、林美容、丁世傑、林承毅 2008:90）。此時是埔里公學校二年級學生的劉枝萬，身處鄉土教育運動風潮裡，深受影響。

根據劉枝萬在戰後的說法，此一鄉土調查工作及至昭和七年（1932）最顯活躍，「但由於調查不徹底，方法不嫻熟，頗似有統計書之觀」（劉枝萬 1951-1952:9-10）。即使這份《鄉土調查》未盡完善，但它與所有 1930 年代出現的中部地區之鄉土志，同為劉枝萬於戰後編撰《臺灣埔里鄉土志稿》的重要參考資料。翻查劉枝萬著作中經常引用之書目，有長居埔里的日本人芝原太次郎於昭和五年（1930）所著之《埔里社》、杉目妙光出版於昭和九年（1934）的《臺中州鄉土地誌》（劉枝萬 1960:11），以及昭和六年（1931）豐原公學校編輯的《豐原鄉土志》（油印本）、昭和八年（1933）大甲公學校編輯的《鄉土概觀》等，皆為劉枝萬著作之取材來源。

劉枝萬於民國三十五年（1946）4 月進入埔里初級中學擔任歷史教員，從學生變成老師的他，即相當重視學生的鄉土教育。他說，「依照教育脈絡，戰後我所從事的鄉土教育乃延續日治時代而來，旨在取法日本愛護鄉土的精神，從培養學生的鄉土愛，擴大而為愛臺灣的情操」（劉枝萬、林美容、丁世傑、林承毅 2008:90-91）。為了進行鄉土教育，劉枝萬課餘常帶學生到田野進從實地調查，他自稱「鄉土教育激起我研究鄉土的興趣。……擔任教員因緣際會開啟我的鄉土研究。當時我設定的研究區域是先從家鄉埔里出發，漸次擴及南投、臺中、彰化，亦即日治時代的臺中州」（同上引:91）。由此足見，源於日治時期的鄉土教育運動之影響，促使他戰後在家鄉杏壇推動鄉土教育，一方面傳播臺灣之愛給下一代，一方面銘刻臺灣之愛於鄉土史的書寫中。

三、地方知識的來源——日治時期日籍學者埔里研究之奠基

劉枝萬曾指出，清治時期無人在埔里做過有關史前時代的考古學研究，蓋因此學問當時尚未成熟之故，而日治初期伊始，埔里即成為新興學科人類學的研究寶庫，經過日籍學者將近 50 年的學術積累，不論族群研究、考古挖掘，皆成為發劉枝萬對話、深化、繼承的知識來源。

（一）考古的深化：對日籍學者考古業績的再挖掘

早年的學科分制，考古為歷史學之一環，考古學家得以先民留下的遺址、地下遺物，建構出史前史。日治時期曾在臺灣進行考古的國分直一，於 1970 年討論歷史研究與考古學方法時，曾指出考古學者最得是歷史學者，而在判定遺物、遺跡之機能時，考古學者援用民族學和民俗學之處甚多（國分直一 1970:2-3）。由此足見，不同學科間，實有相互援引與發明之處。

臺灣由考古學所建構的史前史，始於日治時期。劉枝萬在民國四十年（1951）指出，「近來考古學為一新興科學而長足進步，尤其日本輩出新進專家，迄第二次世界大戰終戰前，遂在臺灣遺下不少成績」（劉枝萬 1951-1952:116）。全臺散布的日治時期所發現的考古遺址，是戰後來自中國大陸的考古人員所需面對的學術業績。考古學者石璋如即指出，有發掘大陸安陽考古經驗的史語所人員於民國三十七年（1948）底抵臺，第二天就去了臺北的圓山遺址，這是由日本人發現發掘的遺址（陳存恭、陳仲玉、任育德 2002:319）。

單就包括埔里盆地在內的南投地區之史前遺址來看，「自從日據初，即為學界所矚目，終日據時期約半世紀間，其被發現 154 處」。這 154 處考古遺址，經劉枝萬整理如下：遺址之發現者有鳥居龍藏、森丙牛（森丑之助）、移川子之藏、芝原太次郎、甲野勇、廣江清、臺中教育博物館、杉山直明、青木三次、尾崎秀真、齊藤良秀、岡野警部、鹿野忠雄、山田金治、吉見左吉、河野廣道、笹尾宗晴、長野義虎等人。至於遺址所在地，配合戰後的行政區劃而觀，分布地區為：埔里鎮 19 處、魚池鄉 18 處、水里鄉 7 處、集集鎮 6 處、竹山鎮 5 處、名間鄉 5 處、南投鎮 1 處、草屯鎮 1 處、國姓鄉 7 處、仁愛鄉 28 處、信義鄉 57 處（劉枝萬 1960:9-10）。

在南投多處仍待繼續挖掘的考古遺址中,劉枝萬著手挖掘的重點為大瑪璘遺址、軍功寮遺址,而其考古工作實與蒐集修志史料息息相關。民國四十至四十五年(1951-56),劉枝萬任職南投縣文獻委員會,由於要纂修縣志,而修縣志之前非搜羅原始史料不可,所以特別強調考古工作,同時他也認為南投縣開發較晚,且多處山地,史前遺址尚未遭嚴重破壞,除可發掘舊址,尚須加強新遺址之發現(劉枝萬、林美容、丁世傑、林承毅訪問紀錄 2008:134)。

埔里「大馬璘」考古遺址,為臺灣史前史重要遺址之一,劉枝萬在民國三十六年(1947)11 月 23 日經過簡單試掘(劉枝萬 1951-1952:122-123)。此次乃屬接續戰前日籍學者兩度對大馬璘遺址挖掘的第三次。

第一次為昭和十三年(1938)1 月 17 日,由淺井惠倫首度試掘,其考古報告指出,「臺灣島之先史考古學必要性無須再說,特別是埔里盆地對臺灣島之 Indonesian 族之起伏消長有重要關係。如皆知埔里盆地在歷史時代曾有埔眉蕃住居,但吾人可想像史前曾有 Indonesian 族住居,研究埔里盆地即可轉而闡明高山蕃族與平地蕃族之關連」(同上引:116-117)。

第二次的發掘,與第一次挖掘相距月餘,時間為昭和十三年(1938)2 月 25 日至 3 月 3 日,挖掘地點為大馬璘謝添發所有地內及其他地方,主要以淺井惠倫試掘成績為基礎的再度發掘,發掘者為金關丈夫、淺井惠倫、宮本延人(同上引:118-119)。

對大馬璘遺址的第四次挖掘,是劉枝萬第三次發掘後的兩年。該次考古挖掘由中央研究院歷史語言研究所主辦、林氏學田[7]贊助經費,從民國三十八年(1949)11 月 10 日起籌備,同月 12 日全體團員到達埔里,14 日正式開始發掘,至 12 月 1 日完全結束,12 月 2 日返臺北,往返經過 22 日。這一次是戰後大規模的集體挖掘,由陳紹馨任團長,工作人員包括:石璋如、高去尋、潘愨、陳奇祿、何廷瑞、宋文薰、劉斌雄(陳存恭、陳仲玉、任育德 2002:335, 520)。參與者有戰後甫至臺灣的大陸考古學者,以及臺灣出身的學者。

據參與該次挖掘工作的石璋如指出,大馬璘位在埔里附近的臺地之上,

---

[7] 當時板橋林家的林氏學田乃林熊祥、林衡道父子所主持。

之前何廷瑞等人到埔里調查，由於遺址附近有國校，他們在學校休息，順便考察大馬璘。當時劉枝萬尚未進中研院民族所，老家在埔里，對於考古、民族學興趣盎然，聽說中研院史語所組團來調查就常去看，他們調查之後，覺得大馬璘遺址值得發掘（同上引:336, 339）。挖掘工作在星期天休息，劉枝萬曾帶他們去看看日月潭，坐船，簡單看看，就趕緊回去準備工作；也因為不算太遠，就當日步行來回（同上引:341）。

劉枝萬指出，第四次的發掘規模可說勝過日治時期的發掘，成績可觀，其中有若干遺物，如石斧以及部分陶器等，的確曾受大陸黑陶文化之影響（劉枝萬 1951-1952:122-123）。戰後，日籍學者國分直一曾對劉枝萬說：大馬璘遺址與其說是先史時代聚落舊址，不如說是共同塋地，蓋因先史時代人普遍的情形，都是墳墓與聚落處在不同的地方（同上引:109, 145）。

除大馬璘遺址之外，劉枝萬任職臺灣省文獻委員會採集組長時，為加強採集業務，曾進一步挖掘南投縣軍功寮遺址。民國四十七年（1958）12月及翌年 4 月，劉枝萬率同組員並由南投縣文獻委員會同仁及中央研究院劉斌雄等襄助，開始發掘，所獲不少。當時臺灣省文獻委員會主任李騰嶽，為該遺址調查報告所撰〈序〉文表示：「自鹿野忠雄及金關丈夫教授發表，吾臺出土之繩紋陶器、黑陶及部分石器之先史文化層，為屬於中國大陸系或與東南亞各地古文化層有極密切關係見解以來，其確實性與日俱增。劉君此次之從事，有助填滿所謂『空白地帶』之一部，並更進一步證實其與大陸及東南亞各地之關係」（李騰嶽 1960）。李騰嶽的意見，說明劉枝萬所從事的考古工作，可接續填補日人未竟之調查，但考古的使命在於證明，到底臺灣史前史時代是與東南亞關係深或與中國大陸關係深。

此種尋找臺灣史前時代與中國大陸的關係，是戰後考古工作的主要目的之一。以曾任臺灣省文獻委員會主任委員林熊祥的說法來看：本省之為地，一則淪於荷蘭，再則人陷於日本，文化繁複不純，求諸太古文化以確定本省之文化主流屬我，尤為當前急務。前年聞李玄伯（李宗侗）先生言，中部地帶發掘，得有器如鬲者，則我民族文化之被本省，由來尚矣（林熊祥 1960）。此種說法，已直接將臺灣的史前時代和中國大陸連結，亦可看出戰後地方文獻機關使命之所在。

戰後蟄居埔里的劉枝萬，一方面基於興趣，一方面因為地緣關係，

得以接近日本留下的考古業績之一的大馬璘遺址。繼之，由於戰後初期發掘大馬璘遺址的緣分，劉枝萬得識金關丈夫與宮本延人兩位日本學者，並結識董作賓、石璋如、高去尋諸位中國學者，這是他與中央研究院結緣的發端。此外，由於考古工作所結識的臺籍學者陳奇祿、宋文薰、劉斌雄等人，皆關乎劉枝萬往後的學術活動（劉枝萬、林美容、丁世傑、林承毅 2008:133）。

（二）文獻的繼承與增補：對日籍學者作品的引用

劉枝萬歷史著作中對於日籍學者作品的引用，主要以埔里研究為核心的諸多考古、族群、歷史等研究業績，可視為其對日治以來埔里研究的學術繼承。

劉枝萬指出，日軍佔領臺灣後，許多學者來臺研究，使埔里從清治時期「彰化縣歸化之蕃社」，一躍成為自然科學研究之對象，尤受當時日本新興人類學界及考古學界之重視。當時學者如伊能嘉矩、鳥居龍藏、森丑之助等研究埔里蕃社之文章散見於東京人類學會雜誌（1900-1920）之刊載（劉枝萬 1951-1952:8）。[8]

考古方面，劉枝萬常引用金關丈夫、國分直一、馬淵東一、臺灣帝國大學等的研究成果（臺北帝國大學土俗人類學研究室 1935；金關丈夫 1945；金關丈夫、國分直一 1949；馬淵東一 1954；劉枝萬 1960:64）。臺北帝國大學南方土俗研究室出刊的《南方土俗》，刊載不少有關埔里先史時代遺跡及平埔族之研究，移川子之藏曾利用古文書研究埔里熟蕃聚落（劉枝萬 1951-1952:10）。劉枝萬也提及，對烏牛欄平埔族之研究，日治末期和戰後初期，臺灣人王清木、徐淵智、余錦發、邱雲鵠等皆有相關論文發表（同上引:9-10）。

歷史方面，劉枝萬注重日治初期進入埔里日本人的記載。例如笹儀之助從明治二十八年（1895）10月24日至次年（1896）4月22日，詳細考察兵馬倥傯之「生蕃地埔里社」，其所著《臺灣視察日記》、《臺灣視察結

---

[8] 森丑之助出入埔里再到「蕃地」調查的時間為：明治三十四年（1901）6、7月，明治四十年（1907）7、8月，明治四十一年（1908）1月，明治四十三年（1910）3月。

論》，實為埔里地方日治初期之真相，是為地方文獻之一（同上引:7-8），後經劉枝萬譯出，刊載於《南投縣志稿》。

就歷史著作而言，日治初期即進入埔里日籍學者伊能嘉矩，應為劉枝萬的主要對話對象，尤其伊能嘉矩所著《臺灣文化志》、《臺灣蕃政志》，對埔里文化之研究貢獻不少。劉枝萬接續伊能的著作，進一步論述埔里鄉土史，不論在引史之引用與對話，或是同一主題的後續研究，都可以看到史家劉枝萬對前輩學者的繼承、修正與刪補，也令吾人見識到劉枝萬的考據功夫。

在史料的引用上，道光元年（1821）的《公立合同約字》，初見於伊能嘉矩〈埔里社平原之熟番〉一文，後又轉載於《臺灣蕃政志》。劉枝萬考其來源，可能是明治三十年（1897），伊能抵埔里時採訪所得者，但其採集經過及其原樣，劉枝萬說「除伊能本人外，竟不得知。適民國四十二年〔1953〕，著者於臺大圖書館閱覽伊能文章時，偶而發現其抄本一件……但非伊能筆蹟，並附以日譯文，墨書於藍色十一行和紙，亦非伊能手筆，想係採集當時託里人代為抄錄者」（劉枝萬、石璋如 1983:49-50）。

伊能嘉矩未曾得見，移川子之藏後來新發現的史料有：道光四年（1823）的《承管埔地合同約字》、《思保全招派開墾永耕字》，以及道光八年（1828）《望安招墾永耕字》。「思」字，原為埔里水頭陳石來所藏；「望」字，原為大湳潘沙摸所藏。劉枝萬指出，這兩件均係昭和六年（1931）移川子之藏抵達埔里採訪所得，曾為文發表於《南方土俗》雜誌上（同上引:61）。另外，劉枝萬所獲贈的新出土史料為《分墾蛤蘭圖分名次總簿》，該分史料原由羅萬俥所藏，芝原太次郎借去未還。民國三十五年（1946）劉枝萬往訪臺灣大學醫學解剖學研究室金關丈夫博士，獲贈該份文書照相軟片 24 張，據說為該校學生陳維霖（埔里人）所拍攝者，因技術不佳，模糊不清（劉枝萬 1951-1952:196-208）。劉枝萬斷定「分」字「文雖已殘，可稱為上乘之文獻」，所以他摹寫字跡模糊的史料，「體例悉從原樣」，刊布於〈南投縣沿革志開發篇稿〉（同上引:89）。

〈南投縣沿革志開發篇稿〉一文篇末所列參考書目（同上引:330-332），除清治時期臺灣各縣志、廳志及採訪冊等外，主要有漢日文計 54 種，漢文 17 種，餘為日文資料 37 種，包括明治二十九年（1896）雲林辦務署

的《舊雲林縣制度考》，明治三十三年（1900）守備混成旅團的《臺灣史料》、昭和六年（1931）埔里公學校《鄉土調查》等。在 37 筆日文資料中，伊能嘉矩的主要作品有 4 筆：1.〈埔里社平原之熟蕃〉,《蕃情研究會誌》第 2 號（1899 年）；2.〈臺灣築城沿革考〉,《臺灣慣習記事》第 3 卷第 6 號（1903 年）；3.《臺灣蕃政志》（1904 年）；4.《臺灣文化志》（1928 年）（臨時臺灣舊慣調查會 1911）。

伊能嘉矩在劉枝萬書寫中的經典地位，不僅在於文獻之引用，尚有對伊能說法之繼承與補充、史料之辯證等多層次的對話。以劉枝萬〈平埔族之分布〉一文來看，他在民國四十七年（1958）新訂平埔族人口、戶數表，在數據上皆根據伊能嘉矩提供者，再參酌自己歷年調查所知的「今部落名」、「原社名」綜合得成（劉枝萬、石璋如 1983:94）。

再引〈南投縣沿革志開發篇稿〉一文，伊能所提「眉番女 Avon 者（於 1897 年約 60 歲）之嫁與北投社平埔族，居住枇杷城，伊能嘉矩曾向她詢及平埔族歷史」（同上引:32），乃是針對伊能口訪人物的再確認。至於伊能嘉矩未曾發掘而關乎埔里開墾之新史料，《承管埔地合同約字》及《分墾蛤美蘭鬮分名次總簿》，劉枝萬得藉以補充伊能的說法，如伊能曾指出的頭人 Hhai 者，劉認為似可擬為「陳海」，伊能所謂 Vutsuneyen 者，劉認為恐係指巫春榮（同上引:45-46）。

就撰述體例而言，劉枝萬《臺灣埔里鄉土志稿》仿效伊能嘉矩《臺灣文化志》的篇目，同樣列有〈修志始末〉一節（劉枝萬 1951-1952:9-10）。凡上所列，都可以看出伊能嘉矩的著述乃是劉枝萬師法、取材的重要寶庫。

（三）私淑日籍學者：隱而未顯的日本學統

研究埔里的多位日籍學者延續積累所形成的學問傳統，劉枝萬可視為此一學統中的一員。不過因為劉枝萬撰寫《臺灣埔里鄉土志稿》時間已在戰後，故應算是異時空的學問傳承，隱而未顯。

劉枝萬指出，埔里作為人類學研究的寶藏，自日治初期便引起日人學者的注意。原因是埔里這個小盆地實是一座民族的博物館，匯聚了許多民族生活其中，特別是自臺中地區遷徙而來的平埔族。被埔里吸引而來的一流學者，最早的是伊能嘉矩（1867-1925），他在明治三十年（1897），亦

即日本領臺兩年後,即來到埔里從事人類學研究;明治三十三年(1900)鳥居龍藏(1884-1947)也到埔里調查,發現大馬璘遺址,隨後臺北帝國大學文政學部「土俗人種學研究室」主任移川子之藏教授(1884-1947)也到埔里做過研究。昭和十三年(1938),淺井惠倫(1895-1969)、金關丈夫(1897-1983)、宮本延人等日人學者前到埔里挖掘大馬璘遺址。因為這些學者重視埔里,所以劉枝萬認為埔里研究還要繼續,如要從事埔里的鄉土研究,得由瞭解前人學者的研究入手(劉枝萬、林美容、丁世傑、林承毅 2008:92)。

日治時期研究埔里的日籍學者,戰後劉枝萬曾親炙的有金關丈夫、宮本延人。由於金關丈夫為戰後臺灣大學的留用日人,劉枝萬為瞭解埔里研究所以曾前去請教。劉枝萬尊重金關對學問的高度熱忱,其與宮本延人二人,都不存有輕視臺灣人之心,所以贏得臺灣人的敬重(同上引:94)。至於劉枝萬與宮本延人相識,乃是戰後宮本再到埔里,由宋文薰帶領來找劉枝萬,原因是日治時期到日本內地攻讀歷史的人極少,除劉枝萬之外,尚有慶應義塾大學畢業的陳荊和(1917-95),物以稀為貴,宮本和宋二人想認識劉枝萬(同上引:96)。這樣的認識就此開啟師生情誼。

戰後初期,宮本延人晚年回憶中,將劉枝萬等三人(劉斌雄之於民族學,劉枝萬之於民俗學,宋文薰之於考古學)均視為他的學生,為其戰前三項研究領域之戰後繼承者。劉枝萬自稱雖未正式受教宮本門下,然就學術系譜,或所謂之「學統」而言,他作為宮本先生之學生,誠屬當然(同上引:142)。民國五十五年(1966),臺灣大學考古人類學系曾延請時任日本東海大學教授的宮本延人擔任客座教授,為期一學期。宮本延人授課時間由劉枝萬擔任隨堂通譯,將日語口譯為北京話給學生聽,所以劉枝萬在臺大當了一學期的兼任講師(同上引:188-189)。劉枝萬認為宮本沒有殖民者的姿態,肯為臺灣人設想,雖然沒有直接受教於宮本,不過宮本視劉枝萬為其在臺學生之一,「這份提攜之情,我深深的放在心底」(同上引:97-98)。

伊能嘉矩,其人是劉枝萬所未能得見,其著作、手稿等則是劉枝萬熟悉的對象,如上一小節斷述。所以伊能有關埔里的書寫,常為劉枝萬所引用,如「臺灣大學圖書館將所藏故伊能氏遺稿合訂而成之《臺灣叢書附錄》第五冊」(劉枝萬 1952:257),在在顯示其與伊能接近的線索。

就在伊能嘉矩逝世50年的民國六十四年（1975），劉枝萬到日本參加紀念柳田國男誕生百年紀念的國際學術研討會。會議結束後，主辦單位安排進行田野調查，調查團分兩班，一班去琉球，一班去民俗學聖地——日本東北的遠野。劉枝萬為了遊歷伊能嘉矩故鄉，而且已經去過琉球，因而選了遠野（劉枝萬、林美容、丁世傑、林承毅 2008:228）。他說，尋至伊能嘉矩之墓時，只見其家族墓，沒有伊能嘉矩個人墳墓，當時遠野市尚未為伊能設置紀念館，如今則已有伊能嘉矩紀念室，以紀念這位被稱為臺灣學始祖的人類學家（同上引:229）。這份行至墓前向伊能致敬的衷曲，淡淡點來，令人回想劉枝萬在歷史作品中默默與伊能嘉矩多方對話的場景。

四、地方知識的轉化：戰後鄉土史書寫的諸面相

劉枝萬本諸愛鄉土之心，承續日治時期對埔里研究的知識來源，戰後時期即展開對鄉土史的書寫，將地方的知識轉化，以開啟下一輪的地方知識。以下茲分就《臺灣埔里鄉土志稿》（1951）、《臺灣日月潭史話》（1951）、《臺中彰化史話》（1952）、《臺灣中部古碑文集成》（1954），以及《南投縣志稿》來討論，探究劉枝萬的歷史意識、史觀，以及文獻、田野調查互證的功夫。

（一）初寫鄉土史：《臺灣埔里鄉土志稿》（1951）[9]

劉枝萬自道撰述此書之意義：「著者此研究雖然不值以言修志，但願藉之追尋時代遞嬗之過程，亦非無益之舉」（劉枝萬 1951-1952:4）。並認為「撰本志為保存地方文獻」（同上引:4）。值得追問的是，在戰後初期的時局裡，為何撰寫故鄉的歷史？

羅萬俥於民國三十六年（1947）10月8日為該志稿所寫的序或許可以給我們一些解答，他看到了劉枝萬的愛鄉之心，期待全臺各處皆如埔里有個劉枝萬來書寫我鄉歷史，以彰顯臺灣文化之所在：

---

[9] 《學海悠遊》稱成稿時間為1951年，但該志稿第二卷所註脫稿時間為1952年12月26日（頁262），是以卷一或許完稿時間，以羅萬1947年10月8日所寫的序來看，應該是甚早就完成。

> 劉君枝萬，埔里人也。修業於日本東京早稻田大學東洋史科，專攻東洋史科，專攻史學。……劉君教學之餘，搜羅資料，編修埔里鄉土志，於茲有年。……處此公教人員薪津棉薄，所入不克一飽，精神生活，日趨廢頹之社會環境中，劉君居然能以全副精神，從事蒐集、研究、調查、考證等等煩瑣工作，完成此書，不禁令人肅然起敬。況劉君與余同鄉，此書亦可謂之為愛鄉熱情之表現，故余衷心更加一層之感動，應有所異於人者也。……蓋志為史料，如此志書，若能各城鎮縣市皆具，則史家足徵其史，而貢獻於我臺文化者，必不淺焉。（羅萬陣 1951）

劉枝萬藉著述所欲追尋的時代遞嬗，正是史家追索社會變遷的用意。戰後政權轉換下臺灣的變化，正可以具體而微的故鄉埔里為例來呈現變遷的歷史，以收以小見大，以部分觀全體之效。

劉枝萬認為，鄉土地域之人文地理稱為「鄉土地理」較為恰當（劉枝萬 1951-1952:1-2）。他說道，中國民族性每每強調鄉土意識之強韌性，保存地方文獻為鄉土意識貢獻於文化的一例，惟先人研究鄉土亦由此愛鄉心出發。鄉土研究雖是重要工作，實為「言易行難」之舉。不祇學術方面頗煩雜，世人往往忽略其實際價值。然而真正有價值之研究，決非一朝可成，須持有恆心，以客觀的科學研究態度，始可達到其目的（同上引:11）。戰後初期的這段話，參照他晚年的說法，可知其微言大義之所在。

晚年的劉枝萬，他在《學海悠遊》口述訪談錄中，直接批判：臺灣在鄉土資料的調查、收集與編纂的重視程度上，與日本實有天壤之別。在戰前，日本之鄉土研究已蔚為風氣，各地方為自己的鄉土編纂地方志，水準之高，數量之多，可能是世界第一。日本的各級行政區劃——都、道、府、縣、市、町、村，都有地方紀錄，即使最貧窮的縣如沖繩，所編縣志的分量也相當於臺灣本地的省通志（劉枝萬、林美容、丁世傑、林承毅 2008:328-329）。所以，兩相對照，實可看出當時號稱強調鄉土意識的民族，卻毫不重視鄉土之歷史！

目前筆者所見兩卷《臺灣埔里鄉土志稿》，[10] 卷一計 5 章：〈緒論〉、〈地理〉、〈先史時代〉、〈埔眉蕃占據時代〉、〈平埔族（熟番）之移住〉。卷二計 3 章：〈漢族之移住〉、〈滿清治下之理番設施〉、〈日治初期之經營〉。全書共計 8 章，作者自言「本書自第三章起至第八章為止，將按節詳細檢討本地方治亂興亡及民族鬥爭之過程，至於吾人檢討之態度，須揚棄狹義的民族觀念，必須具有冷靜客觀的頭腦、科學的眼光，始得正確」（劉枝萬 1951-1952:106）。又說，「欲以時間性觀察研究鄉土歷史，由過去而知現在，由現今推求將來，須著眼鄉土人類關係。所謂生活關係，即人類與自然之關係，因時間性與空間性之不同，適應及控制自然有分別，以此為出發點，為研究之重心。至於時代偉人英雄戰績、忠臣名士孝子烈女義僕異人士豪惡霸之奇聞，雖有時記載竹帛以增讀此之感慨，但於歷史研究本質上無重大價值」（同上引:104）。

依據上述史觀著述，劉枝萬注重在地人群之互動，過去歷史常為帝王將相偉人踵事增華，這已不是劉枝萬心儀的歷史書寫方式。此外，他強調「須揚棄狹義的民族觀念」，就其本義究何所指？曾經歷過日本統治的臺灣，不論在實物、制度、文化等各方面，實存留諸多日本統治過程的痕跡，戰後初期甫從中國轉進臺灣的國民黨政府，以其抗日之歷史經驗和高昂的中華民族主義心態，如何面對真實的臺灣歷史？以王世慶任職於臺灣省文獻委員會的經驗來說，他指出文獻會送內政部審查的稿件，如提到臺灣某地，不在臺灣前面加上「我國」兩字，往往會被批以意識型態有問題（許雪姬、劉素芬、莊樹華 2003:126）。所以，同處臺灣之不同人群，基於不同歷史經驗所形塑的歷史意識，唯有客觀地就時間、空間的演進著手，才能跳出窠臼，不致陷於「狹義的民族觀念」中。

劉枝萬以「鄉土」之名書寫家鄉，篇目列有「日治初期之經營」，先以「抗日」情節起始，繼以日軍侵佔、進剿番地、漢人引領日軍等角度切入，

---

[10] 《臺灣鄉土志稿》，根據葉春榮的說法，計有 5 卷，另附圖 1 卷，但印行的部分，只有第一、第二卷，以及附圖 1 卷，以手寫鋼板油印。第一至第三卷，作者已經完成手稿，但是一直未印行。葉春榮，〈埔里與地方志──介紹劉枝萬《臺灣埔里鄉土志稿》〉，《臺灣史料研究》5 號（1995 年 2 月），頁 59-60。目前筆者所見惟有卷一、卷二。

引用當時一手資料,建構出清末到日治初期埔里「時代遞嬗」的歷史細節,隱然評點影響埔里的歷史人物。

如就《臺灣埔里鄉土志稿》之撰寫體例來看,實承自伊能嘉矩《臺灣文化志》的綱目體。該志稿以「正文」為綱,以「附記」與「按」為目,正文字體大,附記與按字體小,約正文字體之半。「附記」與「按」之內容,有時為說明註,有時為補充之資料,有時為史料來源的故事與經過。

試舉「按」為劉枝萬追索史料之例。如「關於平埔族移住埔里之古文書,現今殆散佚實可惜。著者歸省後,曾調查其下落,始知陳石來已逝世,其子陳萬興繼承家業,但該文書不知下落。據說芝原太次郎曾攜去臺中圖書館,現在見於該館古文書目錄」(劉枝萬 1951-1952:183)。其實這份文書就是前述《分墾哈美蘭分名次總簿》。

劉枝萬亦在「按」的形式中,發揮他考據文書出現年代的精準定位。劉枝萬推斷《分墾哈美蘭分名次總簿》出現的年代,為光緒九年(1883)2 月,但尚不能得知該總簿所本之底本究為何種文獻。何以得以斷定為光緒九年(1883)2 月?因為平埔族移住埔里大體於道光年間業已告終,故該總簿之記載不得不視為表示分割埔地之年代。況且距離光緒九年(1883)不久的光緒十四年(1888),劉銘傳之土地清丈工作將到達埔里地方,為應付土地清丈亦要具有種種證件,再加上該總簿提及「巫股係北投社番,可能居住枇杷城」,然該總簿不傳於平埔族而落於羅(金水)家手中,羅家係枇杷城漢人豪族,是時所兼併土地當然不少,為應付清丈工作,是種證件亦未嘗無有作用(同上引:212-213)。

除史料的考證之外,對歷史事件的說法,劉枝萬會比較前人研究成果再以田野調查所得加以補證。例如,談及埔里先住種族埔番、眉番,與移住種族平埔族之交涉,此實與漢番交涉相關,為民族交涉之重大事件。以下試以埔里 17 甲餘的「大肚城公田」的土地紛爭為例,說明劉枝萬綜合性折衷說何以出現。

最早是伊能嘉矩指出,「大肚城公田」原由埔里社之化番澳漏所開墾,澳漏死後,移住熟番羅國忠乘機企圖私佔,彰化熟番潘三彪聞之,主張其父潘維和開闢有功,兩者相爭數年無法解決,屢結黨徒釀起鬥擾,官府諭飭之而渠等不從,斷然充公處分始得解決。

其次為芝原太次郎接續伊能之說，在故事情節中加入「吳根向埔蕃租耕」之說，該公田後由有力六人共同管理，但因此股田地為埔里最佳者，收獲豐富，故覬覦者不時有之，常釀紛爭。於是官方乃以充公，出租谷 500 石招耕，其中 200 石仍給埔蕃、300 石充為蕃學費。

最後的折衷說，是劉枝萬加上口頭採訪方式所提出。劉枝萬在民國四十年（1951）往訪當時生在大肚城最年長的 79 歲漢人陳眉，陳眉指出，羅洪（或為伊能所指之羅國忠）與潘三彪爭地權正酣時，開鑿灌溉此股田地之茄苳腳埤圳漢人吳根（當時住大肚城公館）者，主張自己對該股田良田化有功，故有地權，遂參加紛爭，使局面更趨複雜，以致官方沒收充公，始得解決事案（同上引:228-229）。

除了採訪耆老佐證歷史外，劉枝萬祖父的口述，自是他幼年時所耳濡目染者。「清治末年埔里理番與兵備一般情形，見諸胡傳《臺灣日記》。渠係當事者親自勘查此地，故所記切中時弊，……尤其當時文恬文嬉，武備廢弛，殆瀕於有名無實之實際情形，加以識破無遺。余祖父（粵籍，已故）年青時，曾身當隘勇，余童年屢聽其回憶譚，今閱胡傳日記，不勝感懷繫之」（同上引:172）。這段文獻與親人口述的對照，劉枝萬亦是用「按」的形式來表達。

劉枝萬對於一手史料非常重視。古文書之外，他撰寫《臺灣埔里鄉土志稿》所使用的特別資料有：1. 手抄本《平埔蕃調查書》（明治四十三年〔1910〕），藏於省立臺北圖書館。2.〈埔里街役場檔案〉，關於庶務書類冊。埔里公學校編，《鄉土調查》（昭和六年〔1931〕）。3. 芝原太次郎著，《鄉土埔里社》。4.《能高郡役所及埔里街役場檔案》，履歷書綴。5.《埔里地政事務所檔案》，沿革誌。6. 芝原太次郎輯，《埔里社と霧社》，稿件（同上引:197-198, 258, 260）。另使用到孫爾準所著《婆娑洋集》，劉枝萬即特別指出，「本書係楊氏習靜樓所藏海內孤本，謹謝楊氏美意。」（同上引:91）。習靜樓即是戰後任教於臺灣大學歷史系楊雲萍的書齋名。

（二）編著史話二部

1.《臺灣日月潭史話·附霧社事件》，臺灣史話第一輯（1951）

此書脫稿時間為於民國四十年（1951）8月6日，實早於《臺灣埔里鄉土志稿》下卷脫稿於翌年12月26日的時間。全書計87頁，頁1-63為〈日月潭史話〉，佔全書四分之三的篇幅，頁64-87為〈霧社事件〉，佔全書四分之一的篇幅。

先參看此書卷首〈發刊的話〉：

> 十六世紀葡萄牙海船東航，當其經過臺灣海峽，遠眺島上的山水秀麗樹木青蔥，船員們都不禁有些嚮往。他們遂把此地命名為福爾摩沙，意思是美麗的島，此後臺灣遂以風景之美見知於世界。……在此小島上，許多種族所織成的歷史，也像它的自然景觀一樣的秀麗幽邃。所以，編者謹就島上富於史蹟的地方，選出幾個，按照史話的形式加以介紹。這個用意，不外乎在增加本省同鄉的鄉土意識及做為外來遊客們的伴侶而已。（劉枝萬1951）

這段發刊的話，幾乎就是目前臺灣史教科書中的西來東人發現臺灣的開場白，但劉枝萬的寓意，乃以富於史蹟意義之日月潭的歷史，來增加眾人的「鄉土意識」，並將之列為《臺灣史話》第一輯。

為何書寫《臺灣日月潭史話》？劉枝萬在書中提及，「故鄉的溫柔風光，時常清灑著我們心底的煩憂，而賦給我們對它的許多愛慕與幻想」（同上引:48）。藉對日月潭風光景物之描摩，寫下、留下時代見證，從文字吐露對故鄉的愛，清理個人的時代苦悶。是啊，不同的人生階段，面對著不同的政權，不變的故鄉溫柔的風光，正是永恆的心靈寄託。

《臺灣日月潭史話》是部日月潭通史，涉及的時間從古代到戰後時期。劉枝萬先說明日月潭的地理形勢、潭水由來，再說明居住過日月潭畔的種族自何處來、移到何處去。早期日月潭畔族群行蹤的歷史面貌模糊不清，直到清治道光三十年（1850）左右才稱其為化番，日治時期被規範在普通行政區的治理之下，和臺人一樣皆為保甲民。至於戰後時期，劉枝萬於民國四十年（1951）指出，「這幾年來，書報上概稱他們為高山同胞，雖然不能看成錯

誤，實在並不恰當」（同上引:6）。所謂的不恰當，是指當時新乍來到臺灣的所謂統治者，抑或是主流媒體，未能清楚區分平埔族與高山族之別。

有清一代至戰後歷代文人雅士對日月潭有諸多詩文記載，劉枝萬擇錄入書。而日治時期的日月潭，不能不提日月潭水力發電工程之影響，另附帶提及日月潭附近兩家日人（商辦）經營的大規模茶園。到了日治末期，日月潭「潭邊會引起人們注目的、一種特異的人文景觀，是涵碧樓傍邊的林間學校，這是大戰中以『日本精神鍊成道場』而出現的。」及至「臺灣光復以後……臺胞關心那有名的文武廟，外人們所新奇的，恐怕是那卜吉社兩位健美多姿的公主了」（同上引:39-40）。所以，劉枝萬以日月潭畔重點景物之替換，鈎勒出「時代之遞嬗」的精髓。文武廟為戰後新建，統治者改變，奉祀的神祇也得更換，至於卜吉社公主所代表的意涵，更是日月潭觀光化的縮影。

本書中採錄了多首卜吉社流傳的歌曲、附譜，以及拼音的歌詞，例如《新屋告竣祝宴歌》、《划船歌》、《請來遊歌》、《和睦歌》、《酬神》、《歡迎歌》、《耕作歌》、《追擊敵人歌》、《凱旋歌》、《聽鳥語而返》、《出草歌》、《拔牙歌》、《看護歌》、《杵音》等 14 首歌曲（同上引:44-47）。可以看出劉枝萬選取史料入書的角度新穎。

《臺灣日月潭史話》所參考的 67 筆資料中，洋文書 5 本，計英文 3 冊、德文 1 冊、法文 1 冊（同上引:63）。William Campell 的兩本作 *Missionary Success in Formosa* 以及 *Sketches from Formosa*，W. A. Pickering *Pioneerinng in Formosa*，這些經典著作，如今尚是臺灣史學子案頭的書目。中文的著作，除清治時期的地方志及文人全集 5 冊之外，尚引用連雅堂的《臺灣通史》、《臺灣詩乘》，以及陳學明的作品《阿里山日月潭和嘉南大圳》、方豪的〈臺北江頭之地名學的研究〉一文，戰後報刊則使用了新生報的 2 種資料。之外的 44 筆參考作品，皆為日文之著作。從中可以看到劉枝萬經常使用的杉山靖憲的《臺灣名勝舊蹟誌》，伊能嘉矩的《臺灣蕃政志》、《臺灣文化志》、《大日本地名辭書》，直接和日月潭相關的則是山本柳塘的《臺灣日月潭》，虔島信次的〈日月潭の珠仔嶼〉，日文報章雜誌上對日月潭的描寫，皆在其參考之列。至於鄉土史的代表著作杉目妙光的《臺中州鄉土地誌》，如前所述，是作者經常參考的作品（同上引:60-63）。

《臺灣日月潭史話》所附「霧社事件」部分，劉枝萬認為霧社事件是民族運動，具有近代革命的色彩（劉枝萬 1951-1952:84；劉枝萬、林美容、丁世傑、林承毅 2008:20）。劉枝萬注重埔里受到重視與研究的學術意義，他認為日本殖民政府在理蕃政策成功後，埔里漸喪失地方色彩，由政治都市變質為經濟都市的同時，學術研究似乎無顯著成績，反而是日月潭、埔里成為著名觀光場所，文人詩文多，但未探討此地之本質。待大正十九年（1930）發生霧社事件，顯示日本殖民政策之破綻，以此為契機，埔里復受世人政治面向上的注意，而引發諸多有關研究（劉枝萬 1951-1952:9）。

戰後第六年，劉枝萬即呼籲：「『霧社事件』在臺灣史上的意義是不可忽視的。可是自從事件發生以來，到現在為止的 20 年間，關於它的整個研究，還沒有問世。原來對於一個戰事的研討，需要多方面來觀察並加以研究，才能得到正確的答案。尤其本事件和日治時代的所謂『理蕃政策』有著重要而且微妙的關係。溯其前因，不能不涉及清治末期。考其後果，則應該提到日本在於國際上的立場。另一方面，高山族本身各社的相互關係，也是有關本事件的重要事項。由事後遷移川中島的殘餘高山族眾所傳的口碑裡，說不定也可能得到任何線索」（劉枝萬 1951:87）。此一呼籲，可以看到劉枝萬觀察歷史事件，一方面注意長時間裡縱向的政策延續，又注意到被鎮壓者之觀點的周延性。

劉枝萬所參考的資料，有雜誌、報紙、書籍等近 90 筆資料，以及「特別文件」有三：霧社附近各警察官吏駐在所《須知簿》、埔里街役場《霧社事件關係書類》、芝原太次郎舊稿《埔里社と霧社》（同上引:87）。

從《臺灣日月潭史話・附霧社事件》的書寫方式，可以看到劉枝萬從日文過渡到中文的努力。例如言及明治三十三年（1910）日人以一千多人的討伐隊，抄沒槍枝 1,200 枝，日人相信高山族的反抗，會因此一蹶不振，不能再起，但是霧社事件的突然發生，使日人「神魂顛倒」（同上引:66），[11]即是例證。紀年方式方面，作者原本採取清治時期的紀年以「西元在前，年號在後」的方式，但是日治時期在時間上和中華民國紀年相重疊的部分，作者直書「民國幾年」。例如談及霧社一帶高山族，由於反抗日本帝國主義

---

[11] 應是膽顫心驚之意。

之統治,乃發生了「民國十九年〔1930〕的驚天動地的霧社事件」(同上引:65)。如果按照作者一貫的寫法,應是1930年(昭和五年)的模式,但紀年方式無法一致,大概是碰到中華民國就得自我改寫,以免政治不正確。在句讀方面,以日文所使用的逗點「、」和句點「。」為主。凡此都可以看到作者日文書寫的習慣仍在,是在適用中文書寫的階段。

2. 臺灣史話第二輯《臺中彰化史話》上卷(1952)

被視為臺灣史話第二輯的《臺中彰化史話》,卷首〈刊行的話〉的第二段話和《臺灣日月潭史話・附霧社事件》一書〈刊行的話〉完全一樣,新增加的第一段話為:

> 在我國的民族性裡,「鄉土意識的強韌性」是常被強調的。愛戀家鄉懷思故土的心情,原是人類的天性。……漫長的我們歷史中,雖然發生過許多天災兵燹,但是地方文獻仍然綿綿不斷地被保存下來。現在我們會看得見許多「方志」,當然就是我們祖先給我們遺留下來的一筆莫大的文化遺產。這些「方志」不稍說是記載一個地方疆域、沿革、古蹟、險要、人物、掌故、物產和風俗等事蹟的書傳。憑此,先人可以把往時的事情流傳於後世,一方面也可以使我們藉此明瞭過去在這個鄉土上面遞嬗的人文活動。鼓勵我們更熱烈地愛戴自己的鄉土。晚近,歐美的所謂「鄉土研究」的目的,大概也不外乎此意。由此看來,現代「教育實際化」的研究目標,都曾受了「現代教育須從鄉土出發」或者「從鄉土出發而歸於鄉土」等口號的影響,似乎是大有道理。……(劉枝萬1952)

第一、第二輯臺灣史話同時都提到的話語,是劉枝萬心中美麗的Formosa意涵的重覆呈現,而「增加本省同胞的鄉土意識」亦是他念茲在茲的重點,故再復斯言。

至於新增的第一段話所稱,祖先所留下的方志是筆莫大的文化遺產,除可藉之瞭解鄉土遞嬗之人文活動,亦可令吾人更熱愛鄉土。所以,「臺灣史話」的鄉土之愛,換言之就是臺灣之愛。至於文中所提及的「晚近,歐美所謂鄉土研究」一節,從本文第一節所闡述的「地方知識的萌芽——日

治時期鄉土教育運動之影響」，可以瞭解當時的口號正是：「現代教育須從鄉土出發」或者「從鄉土出發而歸於鄉土」！所以在1950年代，劉枝萬將「日本」置換成「歐美」，談「鄉土」得上溯「我國民族性裡鄉土意識的強韌性」，以間接、幽微的方式，表達他的臺灣鄉土愛。

《臺中彰化史話》全書架構計有11個部分：一、〈說在前面〉，二、〈島瞰圖的速寫〉，三、〈最早的人們〉，四、〈一片蠻荒〉，五、〈文明的曙光〉，六、〈漢人的新天地〉，七、〈中部的大動亂——大甲西社番變〉，八、〈先住民的輪廓——平埔族〉，九、〈一個小王國——岸裡社〉，十、〈臺灣的大禹——林先生〉，十一、〈荒土漸成田園〉。全書主軸討論臺灣中部地區由於漢人移入與原住民族所產生的互動，亦注重水利與農耕的重要性。

「人人皆知，敘述歷史是一樁極為麻煩的事。因為一個現象的進行，並不能單獨而行，而是按著歷史的遞嬗，互相關聯的進行著。那把許多史事，一年接一年的紀載下來的，有所謂『編年史』，這是一個笨拙的寫法，當然不能採用。現在我想把演化的整個歷史，分成幾個階段，以事件為主地，大體上按照時間的流動，敘述下去。這樣的寫法，也許可以瞭解整個時代的發展過程」（劉枝萬1952:7-8）。這段話說明，劉枝萬所採取的是專題式的「紀事本末體」。

《臺中彰化史話》的參考資料多以清治時期的彰化縣志為主，偶而提及日治時期，未見引用資料出處。如記載彰化縣的沙山鄉，提及「日治時期日政府曾由其本國招致農民來此，從事農耕，成立沙山村」（同上引:55），此事或為成長於日治時期的劉枝萬所耳聞。從書寫體例來看，只有正文和引文，字體同樣大小，引文以低正文兩格來表現。由於本書為油印抄寫，從兩種字體可看出是兩個人的謄錄，除劉枝萬的筆跡外，另一筆跡應該就是其最佳助理劉師母——許品蓮女士。

《臺灣埔里鄉土志稿》（1951）、《臺灣日月潭史話》（1951）、《臺中彰化史話》（1952），這三部作品對劉枝萬的意義有二。

第一，這三部具有「日本式中國白話文」特質的鋼版油印作品，是他的練習之作，讓他逐漸擺脫「以日語思考，再語譯成中文」的方式，改用福佬話思考（劉枝萬、林美容、丁世傑、林承毅2008:105），再以白話時文的漢文書寫方式。他個人除了隨著改朝換代，日文及日語在公共領域變

為無用，必須重新學習中文及北京話，以符教書之需之外（同上引：104-105），又平順地以中文書寫走上學術研究之路。

第二，這三部作品是他在埔里從事鄉土研究的成果，也是他日後研究的基石。他認為經由這三部作品，收集、保存與編纂鄉土資料的基礎工作，對他個人後續的研究極為重要，因為他離開埔里到南投縣文獻委員會編纂縣志，就是在原先鄉土研究的基礎上加以擴大，從《埔里鄉土志稿》拓展為《南投縣志稿》；《臺灣日月潭史話》則隱含研究日月潭的伏筆；《臺中彰化史話》，則演變成《臺灣中部古碑文集成》（1954）（同上引：106）。

（三）編纂史料：《臺灣中部古碑文集成》（1954）

《臺灣中部古碑文集成》是劉枝萬戰後第一部正式出版的著作，也是戰後第一部的古碑文集成。劉枝萬自稱，「認真說來，古碑文的田野調查從我在埔里時即展開，直到我前往南投縣任職後依舊持續。中部碑文調查是我個人在南投縣委員會之外，自行完成的一件調查工作」。該書調查範圍從埔里、南投擴及中部地區，「算是正式踏出自己學術生涯的第一步，研究視野頓時開闊許多，當時的心情有種豁然開朗的快感」（同上引：113, 115）。

《臺灣中部古碑文集成》〈後記〉中，劉枝萬甚為看重，仍重刊於《悠游學海》的附錄中：

> 余幼年即離鄉背井，久寓異地，罕聞故里事，然思念桑梓之情，未嘗無時不眷眷於懷也。光復後，即倉卒促歸里，目睹故土萬象蛻變，已非疇昔，不勝感慨繫之。尤恐將來世情動盪，文物史蹟亦隨之毀沒，乃不揣譾陋，廣集史料之應傳久遠者，雖屬斷簡殘編亦未嘗棄之，此事於茲有年矣。晚近修志之聲澎湃四起，各地紛紛成立文獻委員會，殊屬欣慰。適邑令囑余以纂修邑事，惟古人修志比諸作史，余本淺學短才，曷敢率爾操觚。顧以愛鄉一念之殷，又自念風塵碌碌，一事未成，於是願竭鄙誠而膺之，以期對鄉黨有所貢獻。茲以古碑文編成是書，蓋因各邑修志，文獻缺乏，古碑文之輯，殊屬焦眉之急也。區域概限於臺灣中部，即指今臺中市臺中縣彰化縣南投縣等一市三縣而言。此地大體相當於清治時之彰化縣，日據時之臺中州，而其所呈

現歷史跡象，自別具一格。碑文之為史料，雖屬零細，但多可資該地史事之考證，其所有價值固有忽視者。然鄉人多不解其價值，不但任其荒廢，有時反而加以毀滅。又因分布區域頗廣，寒村僻地間亦有之，以致搜集異常艱鉅。本書所錄，自非完善，掛一漏萬，在所難免。幸得臺灣大學（考）古人類學系標本陳列室及省立臺中圖書館，不吝供給資料。稿成，承高曉梅、楊雲萍、方杰人諸先生賜予審閱，多所改正，謹此表示衷心敬意。（劉枝萬 1954:360）

這篇〈後記〉非常重要，值得全文照引。一方面我們看到「修志比諸作史」的隱喻，第二「愛鄉一念之殷……以期對鄉黨有所貢獻」，第三碑文之史料，光復後「不但任其荒廢，有時反而加以毀滅」。所以碑文可以作為修志、作史之資料，他以自己專業眼光來搶救史料，更是愛鄉之心的具體表現，讓我們看到日治時期「鄉土教育運動」對劉枝萬所產生的歷久彌新的影響力。面對「鄉人」不解碑文價值者，他個人就是一步一腳印的調查紀錄，為其能力所及的中部臺灣留下修史之資的珍貴資料。

《臺灣中部古碑文集成》計分 5 部分：前、後為「凡例、分布圖」以及「後記」，中間 3 章為「概說」、「本文」、「解說」，條理清楚曉然。

劉枝萬這部作品，蘊含甚多他的學術功夫。一是文獻之調查，二是實地之踏查，三是歷史考證之精。在文獻踏實部分，清領、日治時期的文獻，皆在搜求之列，而實地踏查又有助於歷史考證之功，環環相扣。

劉枝萬展開臺灣中部古碑文的調查之前，他瞭解有日治時期臺大所調查而藏於考古人類學系的 47 軸（重複 1 軸），尚有臺中圖書館亦藏拓本 29 軸，「摹拓甚工，字跡尚明。猶憶此等拓本原為臺中教育博物館所搜集，於余東渡時尚藏於該館，至於何時移交圖書館則不得確知。」總計已有 76 軸拓本。從他說法中可知，劉枝萬赴日本念中學時，他就已知道已有調查古碑的成果。至於戰後劉枝萬親訪古碑，不唯只以拓本為足，「余於光復後返國，為調查此項工作，裹糧襆被，狂走諸邑，荒川古剎，足跡殆遍，歷年所得，現存已失總共 138 基」（同上引:201）。

劉枝萬所得的 138 基碑碣，實從文獻所知，加上親自實地踏查而得者。從清代文獻來看，劉枝萬指出：臺灣中部最早搜集碑碣加上採錄者，

最早似應舉道光十年（1830）修彰化縣志，該志共收 20 碑（藝文志 19、規制志 1）；其次為光緒二十年（1894）編修之雲林採訪冊，沙連堡所收碑碣有 6，並略加解說，「惜僅錄其目，未載原文，且恐多係依據傳聞而錄者，以致所云高寬不符原碑，固無足道也。」

　　日治時期的文獻，劉枝萬認為：日治初期舊慣調查會對資料之搜集整理研究，不遺餘力，在該會完成的龐大報告書，收有 5 基碑碣，但內容偏重土地水利的事業方面；後來伊能嘉矩編成《臺灣文化志》（1928），對碑碣資料盡量加以善用，「惜其資料來源除抄襲先人舊記外，似少親睹原碑，以致錯誤失實在所難免」；杉山靖憲所編《臺灣名勝舊蹟誌》（1916）所收雖有 13 基，「但亦似非悉目驗原碑，仍係依據傳聞或抄襲錄者，致錯誤走樣比比皆是，故不堪信賴……久而久之，竟以訛傳訛」（同上引:196-197）。[12]

　　上述所引，可知劉枝萬認為，不論是清治或是日治時期諸種有關碑碣之蒐集與記載，多依據傳聞抄錄，為免以訛傳訛或是錯誤引用，劉枝萬以實地踏查親見原碑，是以田野調查之功，糾謬、導誤為正。但是實地從事碑文踏查，劉枝萬不敢居首功，他指出，昭和十一年（1936）臺北帝國大學文政學部在史學科內所成立的「臺灣史料調查室」，已由松本盛長領導，著手實地調查採訪全島史蹟史料。當時摹拓碑碣情形，曾刊載於 1936 年的《南方土俗》，又刊載於《史學科研究年報》第 4 輯（1937 年）。劉枝萬閱後得知兩文大同小異，其錄述要點如次。

　　1936 年 6 月，開辦臺灣史料調查室於文政學部史學科內，以史學科教員畢業生學生等 17 人，著手有關臺灣資料之搜集整理，並調查採訪島內之史蹟史料。按過去一年之成績，田野調查工作 18 次，得拓本 120 餘，攝成史料照片竟達 600 多幀。就調查地域言，於 1936 年完成臺北臺中新竹三州之過半，1937 年正擬調查該三州之未勘查地域以及臺南高雄兩州（同上引:198）。

　　劉枝萬對此一史料調查活動的評價是，「由此可見當時活動相當積極，所得成績亦相當可觀。是等拓本裝潢後，概藏於現臺灣大學文學院考古人

---

[12]〈後記〉，原發表於《文獻專刊》第 5 卷第 3、4 期合刊，作為「特輯」。

類學系。余經目驗後，始知其仍美中不足，難免稍有瑕瑾。蓋觀其調查路線僅限於鐵路附近主要城市，未能深入於鄉村，搜集地域未得普遍，且為時短促，工作過於勉強，摹拓技術較差，致有字跡模糊不精（清），甚至未及親睹全碑而紙拓已殘斷片，間亦有紙張不足匆促作罷者」（同上引:199）。

是以，就在臺灣史料調查室的基礎上，劉枝萬經交叉比對確認而得的138基中，以碑碣之分布地區，得出彰化縣有67基最多，南投縣以31基居三，臺中縣有32基居次，臺中市有8基最少。以鎮觀之，則鹿港鎮最多。清治時臺灣中部人文跡象之發達是由北而南，另竹山一地碑碣多，由於背山控水（濁水溪），為遷入水沙連隘口，控制內山重鎮，遠於明鄭時期早已開發就緒，故碑碣之多，可謂別具一格。再以有清一代各朝所得碑碣之數量，康熙有6碑，雍正1碑，乾隆時期25碑，及至道光年間有35碑最多，故臺灣中部之實際開發始於斯時。以性質來分，碑碣雖有一碑兼具兩種以上性質者，劉枝萬分為10類，究中以廟祠寺觀的42基居首，頌德旌節的4基最少，撫番界址的17居次，田賦租糧15基居次（同上引:206-207）。

另外，劉枝萬將尚有本文的132個碑文分別介紹，其記載的源頭除來自清代的方志之外，日治時期的日本學者分別記載者，劉枝萬亦分別一一加以考訂，錯、漏、脫、增字皆一一糾繆。

舉其要者，以第5號「岸里社南界址碑」而言，此碑拓本由於是松本盛長單人佇立薄暮趕拓者，故摹拓欠佳，此碑為平埔 Pazehe 部族岸里社番之勢力曾波及臺中盆地西緣大肚山麓之一傍證，闡明臺灣中部平埔族史蹟及漢番關係之重要性自不待言。此碑發現經過，劉枝萬引1936年11月6日《臺灣日日新報》〈臺中通訊〉之記載：二百多年前，岸裡社熟番潘家一族，占據臺中州豐原郡神岡庄岸里大社，其地廣可十數方里，經常擁有數百壯丁，其極稱榮耀史蹟，經屢載該報，成為研究鄉土史蹟之資料（同上引:335）。

又如第11號「留養局碑記」，則引臨時臺灣舊慣調查會第一部調查第三回報告臺灣私法附錄參考書第一卷下頁292，指出該碑最早見於彰化縣規制志，臺灣府志藝文志亦有收錄，日治時期《臺灣全誌》所收在內容上亦有舛誤，李騰嶽《臺灣省通志稿政事志衛生篇》第一冊269頁踏襲之（同上引:338）。

第12號的「水圳杜訟碑」，豐原公學校編《豐原鄉土誌》（1931，油

印本）頁63載有該碑照片，松本長盛曾判定年代為乾隆二十年代（1750s），劉枝萬亦指出，1935年8月17日《臺灣日日新報》副刊《臺日畫報》附錄一道憑空捏造之碑文（同上引:338）。

第23號「勅建天后宮碑記」，原碑已失。碑文載於彰化縣志藝文志，該碑應建於乾隆五十三年（1788）6月，而彰化縣志祀典志所載建碑年月為乾隆五十五年（1790），劉枝萬說「疑誤」。並引《臺灣文化志》中卷頁406言此碑所建來由，杉山靖憲《臺灣名勝舊蹟誌》頁447，則對碑文內容記錯誤之處有五：「放洋」誤作「於洋」，「雖曰」誤作「雖日」，「報功」誤作「報效」，「告藏厥工費金」誤作「告藏厥上費」，「輸誠」誤作「輪誠」（同上引:340）。

第92號「賢德可嘉」碑，在鹿谷鄉車輄寮路旁，高198公分，廣60公分，砂岩，字跡整齊。解說載於《臺灣名勝舊蹟誌》，但「傅氏」誤作「傳氏」，「賢德」誤作「堅德」，「布政銜」誤作「布政街」，「林鳳池」誤作「林鳳屯」（同上引:352）。

除校正碑文之誤外，劉枝萬有時以口訪追蹤碑碣下落。第59號「龍山寺重修碑」，碑文俱失，碑名載於木村定三所篇《鹿港之史蹟》（1935，油印本），據龍山寺守廟翁云，「曾在此廟內，但不知何時失落」（同上引:347）。

此種蒐集碑碣、碑文以擴充臺灣史研究的作法，民國四十七年（1958）劉枝萬在著作中多加引用。如其〈南投縣沿革志開發篇稿〉一文，不乏引用碑文來討論歷史的成例。如「德山岩石碑」、「賢德可嘉」碑、「佑我開山」匾、「德遍山陬」碑、「永濟義渡碑記」等（劉枝萬、石璋如1983:213, 217, 223, 228, 247）。方豪亦賴之撰成〈臺灣養鴨與匪亂〉一文。

方豪對該書讚譽有加，「1954年3月25日，埔里劉枝萬先生以所輯《臺灣中部古碑文集成》稿示余，裒然成冊。枝萬畢業於日本早稻田大學，素有志於史學，於鄉土文獻尤為關心，年來成稿極富，皆以篇幅太多，無能出資刊印者，枝萬皆以油印餽贈同好，一切胥自任之，其好學與苦幹之精神，余實敬佩無已，視為畏友焉」（方豪1969:760）。劉枝萬實肄業於日本早稻田大學，然終獲博士學位，自具有常人所不及的研究愛與精神。

《臺灣中部古碑文集成》出版後，受到影響、刺激的就屬臺南縣文獻委員會的成員。臺南縣文獻委員會，從民國四十四年（1955）5月至民

國四十六年（1957）3 月，以 23 個月的時間，採集散在臺南縣山陬海濱、沉沒於溝底、被棄置於橋下的 112 件石碑，石暉陽每有發現，隨即會同吳新榮、江家錦、莊松林、盧嘉興等人前往採集。這百餘方石碑，從明鄭到光緒十四年（1888），只缺康熙年間石碑外，其餘各代皆有之（施懿琳 1999:186-187）。劉枝萬認真踏實的榜樣，引起同好的仿傚，讓臺灣更多的石碑史料，在有志者的努力下，有更全面的發掘。

（四）修志比諸作史：《南投縣志稿》

劉枝萬纂著的《南投縣志稿》的原稿多發表在《南投縣文獻叢輯》，後由成文出版社影印出版。由成文版本來看，總計：沿革、地理、生物、政志、住民、風俗、教育、產物、人物、學藝、革命等 11 卷。

11 卷志稿之中，全志由劉枝萬個人所著的有教育、人物二志，其餘各志分篇撰寫的有：《沿革志》8 篇中的〈開發篇〉、〈南投縣濁水溪南岸社寮臺地史前遺址〉兩篇，另與劉斌雄合纂〈日月潭考古報告〉；《地理志》7 篇中的〈南投縣地名考〉、〈南投縣人文景觀〉、〈南投縣名勝古蹟〉3 篇；《生物志》有動植物兩篇，〈植物篇〉由劉瑞棠、[13] 劉枝萬兩人合著。《風俗志》一志有〈宗教〉、〈南投縣婚喪禮俗〉兩篇，劉枝萬所撰〈宗教篇〉所佔篇幅近全志之八成；《學藝志》7 篇，〈南投縣修志始末〉一篇為劉枝萬的作品，其餘 5 篇是他所輯校、翻譯的史料，如校正《雲林縣采訪冊》，翻譯伊能嘉矩的《埔里社林圯埔地方誌》、黃玉振的《化番六社志》、今村平藏的《蠻煙瘴雨日記》、長野義虎的《番境探險譚》（劉枝萬、石璋如 1983:1-3）。[14]

從《南投縣志稿》的多篇作品中，我們可以看到幾個現象：1. 日治時期的出現，從不同篇章中記載夙為禁忌的日治時期。2. 紀年的問題。3. 從開發與革命的角度來看待臺灣歷史人物的評價。

---

[13] 臺灣大學森林系教授。

[14] 原刊於《南投縣文獻叢輯（二十六）》：南投縣地方民俗文物展覽紀念專刊，1978 年版。另參見陳哲三（2008）一文，頁 5-7 亦將原刊於《南投縣文獻叢輯》與《南投縣志稿》十一卷的篇目加以整理對照。該文發表於「方志學理論與戰後方志纂修實務國際學術研討會」（國史館臺灣文獻館主辦，2008 年 5 月 31 日 -6 月 1 日）

《南投縣志稿》當時南投縣文獻委員會主任委員李國楨（時任縣長）的〈卷頭言〉，文中指出，南投地處內山，全臺適中之區「凡此先人慘澹經營之功，文化遞嬗涵育之跡，當應有記以垂來者也……文獻日久則佚，是故採集保存於未亡，以供整理研究於他日……冀能益增鄉土之瞭解，激發邦國之愛心」（同上引:1）。該篇〈卷頭言〉或為劉枝萬代筆，因參照〈南投縣沿革志開發篇稿〉，[15]劉枝萬的撰述目的，在於「凡此先人慘澹經營之功，文化遞嬗涵育之跡，本文將作檢討之旨，在於此焉。」（同上引:9），兩文遣詞用句實有雷同之處。

以下茲以《南投縣人物志稿》為主，試著闡述劉枝萬對歷史人物的評價。從他評價影響地方枯榮的關鍵人物，再觀察劉枝萬的史觀為何。

從該志稿的結構體例來看，計分7章：〈拓墾〉、〈良吏〉、〈先烈〉、〈武功〉、〈節孝〉、〈鄉賢〉、〈其他〉。從〈節孝〉、〈鄉賢〉、〈其他〉等來看，多是為造福鄉里的人物，或是修橋、設義渡，或是興學或有助公眾利益的人物，符合「有功於世者，久而人益思之」的特質。其中所列的諸人物傳中，從〈拓墾〉、〈良吏〉這兩章來看，實隱含開發史觀，劉枝萬擇之入傳者多是對開發南投縣的有功人物，如〈拓墾〉一章所列18人中有13人事蹟加註《事見本志開發篇》；[16]〈良吏〉一章列傳的19人中11人加註有《事見本志開發篇》。[17]足見劉枝萬選擇的入傳人物，實與地方開發緊密相連。

〈拓墾〉18人，為林杞、劉國軒等明代部將列前，其餘尚有葉初、池良生、劉幸予、許萬生、楊東興、程志成、王伯祿、陳嬉、林評、廖阿禮、張天球、天賜嬸、田成發、王增榮、陳坑、鄭勒先。其中天賜嬸為唯一之女性，且為平埔族（原住民）女性，她是嫁給漢人杜天賜（或作杜天水）的日月潭水社番女，對平埔族抵抗山番有功，使移居埔里的平埔族安居樂業，清末埔里業戶捐貲建祠於埔里社街南郊，曰「埔里社開基番女天賜嬸神位」。[18]

---

[15] 原刊於《南投文獻叢輯》（六），南投縣文獻委員會（1958）。
[16] 劉枝萬，《南投縣人物志稿》，收於劉枝萬、石璋如纂（1983:3741-3750）。
[17] 同前註，頁3751-3773。
[18] 同前註，頁3748。

〈良吏〉19人，依時期區分，大抵有兩類：一為清中葉前言論上主張開發埔里的官吏，如藍鼎元、胡邦翰、李宜青、成履泰、鄧傳安、姚瑩、方傳穟、朱懋、熊一本、史密、劉韻珂、徐宗幹；[19]一為清末積極治臺施行開山撫番政策之後與埔里相關連的官吏，如沈葆楨、劉璈、夏獻綸、吳光亮、林朝棟、劉銘傳、王九齡。[20]所以劉枝萬心目中的良吏是要對埔里有開發、有貢獻者。與第一章的取材近似，亦多《事見本縣志開發篇》的附記。

　　其中值得討論的是三、四兩章所選取的〈先烈〉與〈武功〉。〈先烈〉一章所選取的諸「先烈」，不同於中華民國成立前為抗清不惜拋頭顱、灑熱血的「革命先烈」，而是與南投地區相關揭竿抗清、抗日官府的人。抗清分子，劉枝萬有單人列一傳或二人、多人列一傳者，單人一傳有林爽文、戴潮春、楊慶章三人，二人列一傳有：張丙及黃城、陳勇及黃馬，多人列一傳為：洪欉、洪瑤、洪益，以及陳水仙、陳細條、陳發、劉德杓，還有石阿漏、施茂、田榮、李林基；抗日分子，只列出劉乾、莫那鹿島（莫那魯道）兩人。

　　上述所有抵抗官府的〈先烈〉列傳，皆可見於《南投縣志稿的革命志》。劉枝萬談到林爽文之變，指出「鄭兼才之言曰：『林爽文之變，實激之使起。』則此後張丙之變、戴潮春之變，又孰非激之使起哉。而論者乃輒為臺人好亂，何其倶也。」[21]此種官逼民反的事變，劉枝萬並不是站在清朝廷這一邊，所以將抗清者認為是為臺灣民眾伸張官府不義的代言人。我們不禁要問，戰後劉枝萬所經歷的228事變，人民的激憤，「孰非激之使起哉？」

　　至於抗日的劉乾則是明治四十四年（1911）因竹林事件而起，劉提議「抗暴」，眾人踴躍「加盟」，從大正元年（1912）3月22日正式起事至同月30日就逮，4月7日在林圯埔的臨時法院就地正法，「眾人從容就義。」[22]昭和五年（1930）10月27日高山族的泰雅族起事，在日軍強大火力下以原始武器抵抗，不肯投降，莫那鹿島率親信「一齊自縊成仁」。[23]劉枝萬以「就義」、「成仁」來定位對殖民政府的反抗者。

---

[19] 同前註，頁3751-3765。
[20] 同前註，頁3766-3773。
[21] 同前註，頁3776。
[22] 同前註，頁3787。
[23] 同前註，頁3788。

由於《人物志稿》發表於民國五十一年（1962），[24] 成書時間尚是國民黨政府主政以大中國思想為主的時代，所以書寫抗清者的歷史，採用「官逼民反」的立場尚無違反政治正確之虞，但不能將日本人入傳。而在紀年的部分，劉枝萬直書1911年（明治四十四年），不必載明清宣統年號，但到1912年，劉枝萬的記載就改成1912年（民國元年，明治四十五年）；1930年的紀年亦寫成1930年（民國十九年，昭和五年）。[25] 以紀年的方式來看，劉枝萬可以不理會清朝時代，但進入中華民國時期，他在紀年方面就得顧慮面面俱到。

再細看《南投縣教育志稿》，實則日治時期最費筆墨。該稿原刊於《南投文獻叢輯》（十），出版於民國四十九年（1960）6月20日。以〈凡例〉來看：1. 本志旨在記述南投縣境教育事業，故著重境內事蹟，至縣外有關跡象，務期簡略。2. 本志所載，遠起清代，近迄民國四十年（1951），共分3篇，依時代分別清代、日據以及光復後三時期。3. 簡述清代，因資料奇缺，縣境原係番境，教育事業興起較晚。又因資料奇缺，祇得簡述。4. 本縣近代教育起自日據初，故詳述之，俾明其殖民地差別教育之實況。5. 本縣為光復後所建，以迄本志斷代，為期短暫，故著重「量之發展」而述之。[26] 從全稿總數333頁來看，第一篇的清代篇幅30頁，第三篇光復後之教育篇幅52頁，二者相加只占總頁數的四分之一弱，日治時期之教育則占全志四分之三強的篇幅。以引用資料來看，清代的14筆資料中，清代方志與文集4筆，戰後1筆，其餘9筆為日治時期資料；[27] 光復後教育所引用的多為教育統計類資料。[28]

劉枝萬所撰的〈南投縣風俗志宗教篇稿〉，原刊於《南投文獻叢輯》（九），出版於民國五十年（1961）6月3日，後收於《南投縣志稿》（八），文分7章：第一章緒論，主要說明南投地方清代寺廟之蓬勃，也說明日治

---

[24] 原為《南投文獻叢輯》（十），出版時間為1962年6月30日，由南投縣文獻委員會出版。

[25] 劉枝萬，《南投縣人物志稿》，收於劉枝萬、石璋如纂（1983:3786-3787）。

[26] 劉枝萬，《南投縣教育志稿》，收於劉枝萬、石璋如纂（1983:2091）。

[27] 同前註，頁2938。

[28] 同前註，頁3241。

時期的宗教政策，二至六章分別為道教、佛教、民間信仰、儒教的祠堂、基督教，第七章再討論日人之宗教，分別說明國家神道和佛教。對基督教的說明是從清代到光復後，所以是時序、主題兼而有之的宗教研究。該宗教篇稿與劉枝萬之後的民間信仰研究息息相關。此時劉枝萬對日治時期的紀年，仍以西元為主，先附民國年代，再附日治年號，如1925年（民國十四年，大正十四年）。[29]

此一〈宗教篇稿〉的雛型就是原列於《臺灣埔里鄉土志稿》第三卷第十一章的內容。如同葉春榮指出的，劉枝萬所論述的不只包括漢人、原住民宗教，甚至是日本人宗教，並記下政權交替下埔里宗教寺院的轉手，如日本人所建的能高神社，戰後改為中山紀念堂，日本佛教真言宗埔里布教所改為城隍廟、能高寺改為基督教的禮拜堂（葉春榮 1995:63）。所以日後劉枝萬進入中央研究院民族所，他所研究的民間信仰，其實早有前因，從他撰述《臺灣埔里鄉土志稿》，就已將對宗教的觀察載入。這也正是論者指，劉枝萬不論編撰鄉土志或撰述縣志，內容皆有涉及風俗、信仰者，所以後來他轉向民俗學與道教研究似非偶然（劉枝萬、林美容、丁世傑、林承毅 2008:265, 340）。足證劉枝萬的學術與著述，皆為其早年關懷種子的後續萌發。

五、結語

日治時期殖民當局提倡日本國族主義，但亦推展鄉土教育運動，因此強調日本國族主義外，也重視臺灣特色。劉枝萬幼年時期深受鄉土教育運動的影響，未曾忘懷本身立足的臺灣鄉土。戰後雖然日本國族主義退場，臺灣人的鄉土之愛卻不曾消泯。埔里子弟劉枝萬從書寫家鄉埔里出發，提升埔里在學術研究中的地位，開闢地方知識的新紀元，更創造出個人的學術天地。

但是戰後臺灣的文化環境卻不利臺灣研究，隨著日本政權的離去，國民黨政府在文化上，以中華民族主義取代日本國族主義。王世慶在2003年

---

[29] 劉枝萬，〈南投縣風俗志宗教篇稿〉，收於劉枝萬、石璋如纂（1983:2566）。

時曾提及，1950、60年代的研究風氣，不似現在百家爭鳴，雖然政府不曾明文禁止那些專題不能研究，但在白色恐怖的陰影下，學者在從事研究時都會自動設限，不去碰觸禁忌及敏感話題。受過日本教育的他們若能研究日治時期的專題，在閱讀日文史料或史料收集上，都有其便利，然卻因時局敏感，使得學者除抗日外較少處理日治時期的課題，而更多人只願研究清代等專題（許雪姬、劉素芬、莊樹華 2003:112）。

在這種時代氛圍下，除抗日問題外，也關心日治時期宗教、教育問題的劉枝萬，在研究上有其自處及因應之道。編纂南投縣志時，他定以「志稿」之名，即為規避思想檢查。依據當時內政部公布的「地方志修纂辦法」，志書編纂應送內政部審定，如果名為志稿，在行政程序上就可省去送審這一關。就當時政治情勢而言，劉枝萬自認纂修的南投縣志如果全部送交中央主管機關（內政部），通過比例不高，蓋當時的審查原則，是必須在志書中宣揚中華民族精神或愛國情操。縱然南投縣志沒有送到中央審定，但在文獻委員會內部已獲通過，「這些書雖說由我苦心編修，但卻是在縣府資源的協助下始完成，所以不能只算是我個人的著作，而也是屬於公有的智慧財產」（劉枝萬、林美容、丁世傑、林承毅 2008:112）。

從劉枝萬個人學問的內在脈絡來看，他由鄉土史而走向民俗學，有其一貫的發展。研究方法上，從1950年代開始，不論史料調查、考古挖歷史，或是撰述志稿時依憑口頭採訪，都可以看到他兼採文獻和田野的研究方法。現今歷史人類學乃擷取人類學進入田野之特長，以田野資料補證、糾繆文獻之不足。此種深具價值的研究方法，劉枝萬很早即已展開。田野方法在劉枝萬的學術研究中居於重要的地位，他自道：「我在修鄉土志的時候，需要做田野，編縣志時，也需要做田野，在臺灣省文獻委員會任採集組長，更需要常常做田野；到民族所服務，也是要做田野。所以，從過去到現在，我一直以田野工作為中心，所寫的作品，完全是第一手資料，這和我所受日本教育中『質實剛健』的學風是有關的。而由第一手資料所構成的作品，別人很難推翻」（同上引:331）。所以，劉枝萬進入臺灣此一廣袤的田野，發揮日本的學術訓練之長，以穩健紮實的方式，一步一腳印在艱苦訓練的實地田野調查上，建立其民俗研究（同上引:338-339）。

強調地域特色也是劉枝萬的為學法門，他做民俗研究，往往強調臺灣

獨具之特色:「由於現在學術進步神速,民俗學部門也不例外,愈來愈注意地域性研究,以期襯托出其特色。臺灣海島向被視為中原文化的邊陲,亦即因臺灣民俗已經變容,並非大陸原貌的延長,所以臺灣民俗學應視為獨立的部門,比較妥當」(同上引:341)。

強調臺灣文化的特殊性之外,劉枝萬的時代觀察所採用的比較觀點,也常常發人深省。他比較臺灣和韓國的殖民統治和後來歷史發展的影響,他曾說:「由於韓國是以一個完整的國家被日本人占據,不像臺灣是分割自中國的母體,所以戰後韓國人比臺灣人幸運,不受外來政權統治,因唯有自己認識自己、管理自己,進而掌握自己的前途。」「韓國人雖仇日且厭惡日本人,卻也因知日本所長,保留其優點,並向其學習,再試圖超越之。反觀臺灣,卻非如此,國民黨政府來臺之後,因曾在中國大陸與日本交戰,民族主義作祟,仇視日本,而臺灣曾是日本的殖民地,便把在臺灣的日本文化均視為『殖民遺毒』,極力清除與日本相關的一切事物,導致戰後臺灣的發展力遜於韓國」(同上引:103)。

他再進一步補充說,朝鮮原是一個獨立的國家,日本離開,教學人才一空,本國的年輕學者馬上升任教授,補上日本人留下的空缺,快速完全轉換。反觀戰後臺灣,日本人一撤走,外省籍教授便來遞補、接替,臺灣學者則沒有升補的機會(同上引:329)。人才之外,文化也是一種斷裂的轉換,戰後臺灣,大陸政權一來,馬上強調中華民族精神,一概抹去日本色彩,代以中國大陸文化;加上其後的國際冷戰背景,臺灣留學的對象變成美國,仍是一種大陸文化(同上引:330)。對這樣的歷史轉換,劉枝萬的內心相信是感慨萬千。

在文化轉換的過程中,1947 年是一個值得注意的轉捩點,使 1945 年的少數延續有更大的翻轉。劉枝萬觀察,戰後初期臺灣研究的風氣曾風行一時,這是因為人心在戰爭結束後放輕鬆了,對於回歸祖國有所期待的同時,也熱愛鄉土,想建立「新臺灣」。當時在臺灣地方上做田野工作的人,多是日治時期留下來的地方研究者。以臺南為例,莊松林、吳新榮等人都曾在《民俗臺灣》寫過文章。但 228 之後,一切就都走樣了。文獻會逐漸變質為行政機關,研究臺灣的熱潮也一時消沉下來,因為出路差,大學生想做臺灣研究的人也極少。至解嚴後,臺灣人意識才又明顯覺醒,臺灣研究再度興盛(同上引:331)。

如就學術與政治、史學與世變的觀點，來全盤評估、思索劉枝萬的學術業績，我們似乎可借用張炎憲的看法：

> 臺灣史的學術傳承如何建立？臺灣前輩如何跨過兩個政權的漫漫長夜，才能建立起自己的地位，展現自己的才華？戰後臺灣學術界多由中國來的學者所掌握，因此造成臺灣學術的源頭是來自中國、而中國的學術比臺灣進步的觀念。其實，這是片面之言，只道出部分事實，而不是全貌。臺灣受到日本殖民統治五十年，日本學者來到臺灣研究，建立起學術研究的基礎，臺灣人無形中受其影響，也建立起與日本學術界的傳承關係。劉枝萬先生就是其中一例。在1950年代的白色恐怖年代，臺灣研究被壓制、被歧視，那一代的臺灣人如果堅持做自己想做的事，往往會被監視與排斥。得有炙熱的心、赤子的熱誠，默默耕耘的決心，才能耐得住寂寞，始終如一。劉枝萬有那份臺灣人以緘默、努力來完成自己的追求，證明自己的存在，向灰暗時代抗議的精神。(同上引:iv)

當然，劉枝萬是諸多默默奉獻者之一，另外也有人在中央的學術殿堂努力，亦有人在地方靜靜地耕耘。劉枝萬的愛鄉土、歷史素養育成於日治時期，但知遇於戰後來臺的中國人類學研究者凌純聲。由於戰後兩岸隔絕，來臺的人類學者失卻在中國田野的研究場域，自然而然的將眼光調整到臺灣，也有利於劉枝萬得以進入學術最高殿堂從事臺灣田野工作，藉此研究臺灣、書寫臺灣。

劉枝萬在戰後的時局中，透過技術規避與調整，用科學性、超越狹隘民族主義的學術研究成果，來奉獻給心所愛的臺灣。這像是灰暗的時代中，一種沉默的抵抗與堅持。有為者亦應如此，不論時代是多麼沉鬱，學術都足以展開書寫的翅膀，為人們帶來希望與光芒。

參考書目

方豪
    1969   臺灣養鴨與匪亂。刊於方豪六十自定稿,上冊,方豪編,頁 760-762。(作者自印)

吳文星
    1997   日治時期臺灣鄉土教育之議論。發表於「鄉土史教育學術研討會」,中央圖書館臺灣分館主辦,臺北,4 月 25-26 日。

李騰嶽
    1960   序。刊於南投縣軍功寮遺址調查報告,劉枝萬著。臺北;臺灣省文獻委員會。

林初梅
    2007   台灣における鄉土教育思潮とアイデンテイテイ形成——鄉土觀、歷史觀、言語觀摸索。東京;一橋大學言語社會研究科博士論文。
    2008   「鄉土」與「國土」的雙重課題:日本統治時期臺灣鄉土教育之鄉土觀探討。刊於跨域年青學者臺灣史研究論文集,薛化元、若林正丈、松永正義編,頁 69-104。臺北;稻鄉出版社。

林熊祥
    1960   序。刊於南投縣軍功寮遺址調查報告,劉枝萬著。臺北;臺灣省文獻委員會。

金關丈夫
    1945   台湾先史時代に於ける北方文化の影響。刊於台湾文化論叢,第 1 輯,国立国会図書館編,頁 1-16。臺北;清水書店。

金關丈夫、國分直一
    1949   臺灣先史時代靴形石器考。人文學論叢 1。

施懿琳
    1999   吳新榮傳——臺灣歷史名人傳。南投;國史館臺灣文獻館。

馬淵東一
    1954   高砂族の移動及び分布。民族學研究 18(1-2):123-154。

國分直一
    1970   鄉土史研究考古學。刊於鄉土史研究講座:鄉土史研究と考古学,第 1 卷,敏雄古島、太郎和歌森、礎木村編。東京;朝倉書店。

陳存恭、陳仲玉、任育德
    2002   石璋如先生訪問紀錄。臺北;中央研究院近代史研究所。

許佩賢
    2007 「愛鄉心」と「愛國心」の交錯。發表於日本臺灣學會第 9 回學術大会報告論文集，6 月 2 日。

陳哲三
    2008 一甲子的接力——南投縣志纂修始末。刊於方志學理論與戰後方志纂修實務國際學術研討會論文集，國史館臺灣文獻館編輯組編，頁 205-228。臺北；國史館臺灣文獻館。

許雪姬、劉素芬、莊樹華
    2003 王世慶先生訪問紀錄。臺北；中央研究院近代史研究所。

葉春榮
    1995 埔里與地方志——介紹劉枝萬著「臺灣埔里鄉土志稿」。臺灣史料研究 5:59-65。

詹茜如
    1993 日據時期臺灣的鄉土教育運動。臺灣師範大學歷史研究所碩士論文。

臺北帝國大學土俗人類學研究室
    1935 臺灣高砂族系統所屬の研究。東京；刀江書院。

劉枝萬
    1951 臺灣日月潭史話‧附霧社事件。(作者自印)
    1951-1952 臺灣埔里鄉土志稿，卷一。(作者自印)
    1952 臺中彰化史話，上卷。(作者自印)
    1954 臺灣中部古碑文集成。臺北；新文豐出版公司。
    1960 南投縣軍功寮遺址調查報告。臺北；臺灣省文獻委員會。
    1983 南投縣教育志稿。刊於南投縣志稿（九），劉枝萬、石璋如纂。臺北；成文出版社。

劉枝萬、石璋如
    1983 南投縣志稿。臺北；成文出版社。

劉枝萬、林美容、丁世傑、林承毅
    2008 學海悠游——劉枝萬先生訪談錄。臺北；國史館。

臨時臺灣舊慣調查會 編
    1911 臺灣私法（第一卷）附錄參考書（中）。神戶；臨時臺灣舊慣調查會。

羅萬俥
    1951 序。刊於臺灣埔里鄉土志稿，卷一，劉枝萬編著。(作者自印)

劉枝萬先生的平埔族研究

邱正略
暨南國際大學歷史學系兼任助理教授

一、前言
二、探尋劉枝萬的平埔族研究
三、與伊能嘉矩、洪敏麟的平埔族研究做比較
四、幾項論點商榷
五、結語

一、前言

　　劉枝萬先生（為行文簡要，本文以下不再加冠「先生」二字敬稱）1912 年出生於埔里，是道地的埔里人，也曾經做過最道地的研究，雖然最令人熟知的研究領域在於臺灣民間信仰研究，戰後初期所進行的宗教調查記錄仍是研究地方民間信仰不可多得的珍貴資料。[1] 不過，更令人津津樂道的則是有關故鄉埔里的鄉土研究，年輕時所撰寫的《臺灣埔里鄉土志稿》可稱得上是地方史研究的典範之作。由於埔里盆地正是清代道光年間臺灣中部平埔族集體遷移的目的地，《臺灣埔里鄉土志稿》當中也大篇幅介紹這一段集體遷移活動，因此，劉枝萬的平埔族研究也是其研究生涯中不可忽略的重要成果之一。

　　《臺灣埔里鄉土志稿》原本的計畫是包括五卷共 19 章，以及第六卷的「地圖及相片」，目前已經出版的僅一、二卷。不過，依葉春榮的說法，第三卷以後的手稿大部分亦皆已發表，或者是融入《南投文獻叢輯》當中由其所撰寫的文章。因此，要把劉枝萬已經發表關於南投縣的著作裡，與埔里有關的部分合起來看，才能瞭解《臺灣埔里鄉土志稿》的全貌（葉春榮 1995:59-65）。

　　對於《臺灣埔里鄉土志稿》一書的介紹文章已有多篇，包括高志彬、林麗華，《臺灣文獻書目解題》，第一種方志類（六）（中央圖書館臺灣分館特藏資料編纂委員會 1990:107-119）、葉春榮，〈埔里與地方志——介紹劉枝萬著《臺灣埔里鄉土志稿》〉（葉春榮 1995:59-65）等，本文就不再詳述，僅集中焦點來探討劉枝萬有關平埔族研究的部分。更具體來講，是集中於討論中部平埔族遷移埔里及拓墾的歷程。

　　為避免淪於一味地奉承推捧，本文擬採取列表簡單比較方式，來考察劉枝萬與之前的伊能嘉矩（1867-1925）以及後來的洪敏麟之平埔族研究；在史料運用、議題討論及觀點陳述上有何異同，以突顯劉枝萬的平埔族研究有哪些傳承與開創之處，藉此對於劉枝萬的平埔族研究做出個人粗淺的評價。

---

[1] 有關劉枝萬較早期的研究成果，可以參考王詩琅（1978: 50-53）。

二、探尋劉枝萬的平埔族研究

要探討劉枝萬的平埔族研究,可以從兩項主要著作著手,首先是《臺灣埔里鄉土志稿》,其次是《南投縣志稿》。由於這兩項著作的撰述時間可說是相接續的,[2] 後者有關平埔族的論述,絕大多數直接轉引自前者,不過,在《風俗志——宗教篇》、《人物志》、《革命志》等方面還是有些新增。因此,本文仍以《臺灣埔里鄉土志稿》做為主要討論的著作。

(一)《臺灣埔里鄉土志稿》

《臺灣埔里鄉土志稿》雖然是一部介紹埔里的地方史專著,其內容也有很大的篇幅涉及臺灣中部平埔族集體遷移行動,以及當時的官方政策討論過程;還有遷移之後的發展情形。以篇章而論,兩冊共 8 章的內容當中,與平埔族最密切相關的是第五章〈平埔族(熟蕃)之移住〉,第六章則是官方議開埔里社的過程,第四、七、八章當中也都涉及一些與平埔族有關的議題。葉春榮於介紹劉枝萬的《臺灣埔里鄉土志稿》時,提到書中有三個特點,包括 1.「全面性的描述」、2.「文獻與田野採訪並重」、3.「當地人修志」。就平埔族有關議題的論述內容,筆者初步認為《臺灣埔里鄉土志稿》有以下幾個特點:

1. 史料運用多元:劉枝萬除了充分運用清代的地方志、官方文書、遊記之外,也引用伊能嘉矩、芝原太次郎等人所採集的口碑,還有日治時期官方調查的資料,最值得稱道的是運用了許多本地收藏的古文書,尤其是《思保全招派開墾永耕字》等多件埔里開發初期極具代表性的古文書,史料的運用相當多元。

2. 完整的史料呈現及豐富的論述見解:書中將許多重要文件、古文書的內容全文抄錄,尤其在第六章、第七章各節對於較重要的文件史料,不僅採取全文抄錄的方式呈現,並且闡述個人的見解於後,兼顧史料的完整性,也提供個人的解讀及分析意見。

---

[2] 《臺灣埔里鄉土志稿》脫稿於 1952 年 12 月 26 日,《南投縣志稿》則是從 1954 年著手編纂。

3. 有細心的比較：對於兩件相關的史料有很細心的比較，雖然從《東槎紀略》〈埔里社紀略〉當中即可知道臺灣道方傳穟的〈開埔里社議〉一文內容是參考姚瑩（1785-1853）的意見，略為修改措詞所寫成。但劉枝萬還是細心地將兩文內容逐項比較，讓讀者更能夠簡便地瞭解之間的關聯及差異（劉枝萬 1951-1952:2:31-35）。此外，就連《臺灣詩乘》當中所收錄石岱洲的〈水沙連番界雜作〉6 首，都能經過比對而懷疑是抄襲自藍鼎元的詩作（同上引 :2:85-86）。

4. 有校訂功夫：由於同一篇文章轉引或收錄於不同書本中，由於傳抄及印刷的關係，難免造成一些文字出入，劉枝萬讀過不同的版本後，常將校訂的差異結果列表置於註釋當中，尤其是在第五章。例如比對《臺灣全誌》本的《彰化縣志》《藝文志》所載版本與連橫的《臺灣詩乘》所收錄吳性誠的〈入山歌〉之間的出入（同上引 :2:18-19）、比對伊能嘉矩《臺灣蕃政志》所引用的〈埔里社紀略〉與《治臺必告錄》中所收錄的〈埔里社紀略〉差異之處（同上引 :2:87-88）、比對《彰化縣志》所收錄的〈蠡測彙鈔〉與《治臺必告錄》所收錄的〈蠡測彙鈔〉差異之處（同上引 :2:89），此充分顯露其耐心校訂功夫。

5. 具有懷疑及批判精神：劉枝萬對於史料的內容或既有說法並非照單全收，處處可見其個人見解，充滿批判精神，可參閱表 1 所列舉數項。

表1　《臺灣埔里鄉土志稿》批判論述概覽表

卷別	頁數	批判的議題及出處	批判論述
卷一	174	連雅堂《臺灣通史》云：「永曆……廿四年（1670），沙轆番亂，左武衛劉國軒駐半線，率兵討，番拒戰，熸之，殺戮殆盡，僅餘六人匿海口，大肚番恐，遷其族於埔里社，逐之至北港溪，觀兵而歸。」	此記載過於潦草而不得要領，……，連雅堂不書其出典，實為遺憾。
	174	《臨時臺灣舊慣調查》報告云：「一七四九年（乾隆十四年）臺灣鎮某使臺南地方蕃人四百名移住五城堡地方。」	但無明示其論據，不足措信。

表1 《臺灣埔里鄉土志稿》批判論述概覽表（續）

卷別	頁數	批判的議題及出處	批判論述
卷二	50	熊一本《條覆籌辦番社議》當中提到「設開墾之時，任聽粵人聚墾一處，漳泉兩籍又各聚墾一處，是開墾之時已伏分類之勢，……，必當悉心區，方昭善後。」（頁43）	熊一本是種見解卻忽略本地方與西部平原自有迥異之特殊性，似乎屬於杞人憂事。
	58-59	城隍廟之石碑「彩鳳閣懷善堂記」當中以道光二十七年（1847）史密為埔里之開祖。	未免過於獨斷。
	61	史密《籌辦番地議》內容。	史密所云：「熊謂髮無還理」等語，卻不見諸熊一本《條覆籌辦番社議》，未知其出典何在。
	144	《鹿港鄉土志》云：「理蕃分府之統轄區域係臺灣中部一帶，埔里社番每年由頭目領導來徼索取蕃餉，分府廳舍後面有義倉數溜，貯穀以備飢荒。」	是種顛倒是非說法，固未足措信，姑存一說，以資參考。
	147	伊能嘉矩提到「光緒十三年（1887）新添設臺灣府，改舊府為臺南府，新任臺灣知府程起鶚，舊臺灣知府吳本杰補臺南知府。」	論據何在，未免十分可疑，前後關係互相矛盾，不攻自破。
	153	劉錦藻、趙泉澄、袁克吾三人對於埔里社設廳的時間說法各異。	三說似皆誤，埔里社之設廳，當在光緒十年（1884）。

說明：本表所列各項僅是筆者從《臺灣埔里鄉土志稿》內容擷取其中一部分較受筆者注意之論述，並未涵蓋全部之論述。

（二）《南投縣志稿》

《南投縣志稿》共分為十一志，劉枝萬參與撰寫的篇章高達八志之多，其中《七、教育志》、《九、人物志》、《十一、革命志》更是由其獨力完成。其餘篇章則是與其他人合撰；或者是分別撰寫一部分。為方便讀者瞭解《南投縣志稿》的整體架構及撰寫者，筆者整理一份簡要的篇章概覽表（參考表2），從表中可以看出劉枝萬所負責撰寫的篇章之多，無其他參與撰寫者能出其右。不過，本文所關注的主題「平埔族」之篇章〈五、住民志〉〈六、平埔族篇〉的撰寫者並非劉枝萬，而是洪敏麟（參考表2）。雖然如此，從其他由劉枝萬所撰寫的篇章當中還是可以看到非常豐富的平埔族研究成果。為能清楚比較《南投縣志稿》當中劉枝萬與洪敏麟的平埔族研究之差異及特色所在，下一章的比較表當中也將洪敏麟的研究納入比較。

表 2　《南投縣志稿》內容劉枝萬撰寫篇章概覽表

志別	篇別	撰寫者	備註
一、沿革志	開發篇	劉枝萬	
	南投縣行政區域之沿革	許以仁	
	南投各鄉鎮之沿革		
	南投縣考古誌要		
	南投的史前文化	石璋如	
	南投縣濁文溪南岸社寮臺地史前遺址	劉枝萬	
	洞角遺址發掘簡報	劉斌雄	
	日月潭考古報告	劉斌雄、劉枝萬	
二、地理志	地形篇	林朝棨	
	地篇	林朝棨	
	南投縣地名考	劉枝萬	
	氣候篇	王洪文	
	土壤篇	陳春泉	
	南投縣人文景觀	劉枝萬	
	南投縣名勝古蹟	劉枝萬	
三、生物志	動物篇	梁潤生	
	植物篇	劉棠瑞、劉枝萬	
四、政事志		許以仁	
五、住民志		衛惠林、丘其謙	
	總說		
	泰雅族		
	曹族		
	布農族		
	日月潭邵族	陳奇祿	
	平埔族	洪敏麟	
六、風俗志	宗教篇	劉枝萬	
	南投縣婚喪禮俗	洪秀桂	
七、教育志	清代教育篇		《南投文獻叢輯》(八)所刊之〈教育志稿〉作者為劉枝萬。
	日據時期之教育篇		
	光復後之教育篇		

表2 《南投縣志稿》內容劉枝萬撰寫篇章概覽表（續）

志別	篇別	撰寫者	備註
八、產物志	林業篇	郭寶章	
	農業篇	王洪文、王蜀璋	
	礦業篇	王洪文	
九、人物志		劉枝萬	
十、學藝志		林文龍	
	南投縣修志始末	劉枝萬	
	雲林縣采訪冊	倪贊元	
	埔里社林圮埔地方誌	伊能嘉矩	
	化番六社志	黃玉振	
	蠻煙瘴雨日記	今村平藏	
	番境探險譚	長野義虎	
十一、革命志		劉枝萬	

說明：本表參考《南投縣志稿》總目、《南投文獻叢輯》整理完成。

　　如上所述，劉枝萬於《南投縣志稿》中有關平埔族的論述，絕大多數直接引自《臺灣埔里鄉土志稿》，因此，以下僅就新增部分作簡要介紹。

　　在〈風俗志——宗教篇〉當中（劉枝萬、石璋如 1983:8），至少有下列六項與平埔族有關：

1. 生番空庄由平埔族所奉祀的媽祖，原是起源自大肚社番巫阿新賀己於大肚溪口拾獲之漂流神像，隨著族人遷入時攜帶過來奉祀，原本建有公廟興安宮，該廟於 1917 年埔里大地震之後，因廟宇倒塌而改為輪流奉祀於爐主家，目前奉祀情況不明（同上引:8:2645）。

2. 目前稱得上是埔里地區信仰中心的媽祖廟「恒吉宮」，是同治十年（1871）由大肚城生都阿托、房里庄張世昌、枇杷城庄余清源、牛眠山庄潘進生等首要平埔族頭人共同倡建（同上引:8:2646-2647）。

3. 烏牛欄庄有一間年代久遠的「福德爺廟」，是起源於同治七年（1868）由烏牛欄社番莫武葛所倡建，並於日治時期 1906 年由烏牛欄庄民莫善慶首倡，結合平埔族、漢人組成福德會（同上引:8:2674）。

4. 枇杷城也有一間年代久遠的「小福德廟」，起源於光緒十年（1884）由東角總理平埔族人余清源所倡建（同上引:8:2677）。
5. 第三節「開拓神」的「2. 地方開拓者」介紹一間宗祠（竹山林氏宗祠）及兩間小祠，其中一間小祠即是奉祀與平埔族遷移有關的傳說人物所興建的天賜嬤祠（同上引:8:2693）。
6. 第六章〈基督教〉的第二節長老教「1. 清代之平埔族傳教」，主要是介紹日治初期烏牛欄庄平埔族的基督教信仰概況，以及基督教傳入岸裡大社及埔里的過程（同上引:8:2737-2744）。

從上述 1-4 項可以看出平埔族遷入埔里之後，也帶來了漢人信仰。天賜嬤祠的奉祀可以說是埔里的地方特殊信仰，雖然主祀神與平埔族的遷移傳說有關，但倡建者並非平埔族人，也沒有成為平埔族人的共同信仰。至於烏牛欄庄的基督教信仰，一方面顯示出平埔族除了漢人信仰以外的另一種新接納，另一方面，這種新的接納也某程度地左右了這群平埔族在日治初期的民心動向。或許也是導致這群平埔族於日治初期傾向於支持日本人立場的背後動因之一，讀者可以從《革命志》「臺人之抗日篇」當中的「埔里社之役」一節所述過程清楚看出此一親日傾向（同上引:12:4215-4225）。

在《人物志》當中（同上引:11），與埔里地區平埔族有關的人物傳有 8 位，包括第一章〈拓墾〉的田成發（同上引:11:3748）、第六章〈鄉賢〉的黎朗買奕（同上引:11:3808）、巫春榮（同上引:11:3809）、潘踏必里（同上引:11:3812-3813）、第七章〈其他〉的「2. 宗教」的潘開山與潘加包兩人（同上引:11:3828-3829），還有第七章〈其他〉的「5. 土霸」當中的徐戇棋（同上引:11:3834）、余清源（同上引:11:3836）。

在《革命志》，當中（同上引:12），《拒清篇》第四章〈清末小亂〉除了介紹所謂「南北拚」的埔里平埔族分類械鬥（同上引:12:4194-4195），也提到余清源與施九緞一案之關係（同上引:12:4198-4200）。〈臺人之抗日篇〉當中的「埔里社之役」一節更是清楚描述日治初期前兩、三年埔里的概況（同上引:12:4215-4225）。

三、與伊能嘉矩、洪敏麟的平埔族研究做比較

伊能嘉矩可以稱得上是平埔族研究的開山大師，主要論述都納入所撰的《臺灣蕃政志》一書。後來的研究者多立基於伊能嘉矩的研究成果繼續擴張，許多論點也都延續伊能嘉矩的說法，劉枝萬也不例外。不過，劉枝萬有關平埔族的研究也有荊創之處。為能瞭解劉枝萬研究中的傳承與創新之處，並且讓讀者能夠一目了然。筆者採用列表比較方式，來看伊能嘉矩、劉枝萬與洪敏麟的平埔族研究。表3是比較三人的史料運用情形，表4則是比較三人的研究議題及論點差異。惟需先述明的是，表中所選擇的項目只是筆者認為比較重要的部分，並不能涵蓋三人所有相關的研究議題及論點。以下就從兩個比較表來進行補充說明。

（一）史料運用

在史料運用上，雖然伊能嘉矩已經廣泛運用古文書於其研究中，但是有關埔里地區的重要古文書的運用，可以說是劉枝萬開先河。最主要的有4

表3　伊能嘉矩、劉枝萬、洪敏麟平埔族研究史料運用比較表

史料運用 \ 研究者	伊能嘉矩	劉枝萬	洪敏麟
清代地方志	∨	∨	∨
清代官方文書、遊記	∨	∨	∨
古文書（諭示、土地契約）	∨	∨	∨
《思保全招派開墾永耕字》、《望安招墾永耕字》、《承管埔地合同約字》、《分墾蛤美蘭鬮分名次總簿》等埔里地區開發初期古文書		∨	∨（只引用《墾蛤美蘭鬮分名次總簿》）
口碑	∨	∨	
日治時期官方調查資料		∨	
日治時期人口統計資料			∨

說明：本表參考伊能嘉矩《臺灣番政志》、劉枝萬《臺灣埔里鄉土志稿》、洪敏麟〈平埔族篇〉《南投縣志稿》（第七冊）內容整理完成，羅列的比較要項暫時忽略比較三人對於各該項史料引用的頻繁程度。

表 4　伊能嘉矩、劉枝萬、洪敏麟平埔族研究議題及論點比較表

議題＼研究者觀點	伊能嘉矩	劉枝萬	洪敏麟
官方政策：議開水沙連	從郭百年事件介紹至劉韻珂的《奏開番地疏》（番184-234）。	與伊能嘉矩相近，但討論更為詳細（埔卷二3-93）。	以平埔族為主題，故未討論官方政策。
中部平埔族大遷移之因	一、漢移民漸增，侵佔平埔族土地，導致不得不向他處移動。二、漢人礙於禁令，先令平埔族潛入開墾，企圖俟其墾成，再混入侵佔（番302-303）。	一、直接原因是不堪生存競爭，間接原因，是漢人的教唆煽動，說法與伊能相近，進一步的說明是「漢人佔墾惹出流弊是導致平埔族5大遷移的主因」（埔卷一175-176）。二、周密的民族政策，以平埔社番居中，以對抗布農、泰雅族（南2083）。	土地競爭失敗，生存困難，大舉入墾埔里盆地（平2337）。
漢人與平埔族之間地權關係	漢人侵佔番地，方法有二，積極手段與消極手段（番300）。	與伊能嘉矩說法相同（埔卷一179-180）。	平埔族將族產的土地租、售給漢人，在銀幣的攻勢下逐漸失去土地（平2454）。
原居地介紹、率領入埔頭人名字	列表整理（番306-308）。	簡述各社原鄉所在地（埔卷一192-193），並且列表整理（埔卷一224-227）。	以地圖表示，並且逐社介紹（平2341-2358）列表整理，（平2416-2418）。
新居地聚落型態		簡述各族的聚落分布（埔卷一73-74）。	以單族聚落為主，並以地圖標示分布情形（平2339-2354）。
對《公議同立合約字》的解釋	進入埔里的平埔族所訂的第一份公約（番317-318）。	與伊能嘉矩說法相同（埔卷一180-181、213-216）。	與伊能嘉矩說法相同（平2365）。
亢五租的由來及演變	道光年間平埔族移入開墾時所約定，至光緒年間改為定額租1,000石，歸官收取，成為官租（番444-446）。	引用愛蘭黃家所收藏之諭示、古文書說明其變遷，並介紹日治時期的對亢五租的處理（埔卷二176-194）。	
對「打里摺」的解釋		僅註明「蕃語、親密、同族之意」（埔卷一190）。	入墾埔里盆地平埔族以「打里摺」（番親）之觀念而立有合約字，以共同對付漢人與高山族（平2340）。

表 4　伊能嘉矩、劉枝萬、洪敏麟平埔族研究議題及論點比較表（續）

觀點＼研究者＼議題	伊能嘉矩	劉枝萬	洪敏麟
平埔族人口變遷			利用清代文獻及日治時期臨時戶口調查統計資料介紹平埔族人口變遷（平 2383-2403）。
生活與文化等介紹			有大篇幅介紹，包含〈社會與家庭體制〉、〈藝術與娛樂〉、〈生活方式〉、〈固有物質文化〉、〈宗教習俗〉、〈傳說及語言〉等 6 章，佔整篇的一半篇幅（平 2415-2510）。
移住埔里的主力及先鋒		北投社（埔卷一 210；南 134）。	
口碑所述的移住情形	分述各社移入時間、原因及帶領入埔頭人名字（踏 171-194）。	引用伊能嘉矩調查的口碑（埔卷一 218-224），及芝原太次郎調查的口碑（埔卷一 155-157）。	
漢人鄭勒先入埔事蹟	約40年前左右（1857左右）泉籍漢人鄭勒先帶領部下到埔里來交易，採蕃俗、改蕃名，而獲得平埔族接納（踏 182）。	引用伊能嘉矩調查的口碑（埔卷二 98-100）。	

說明：

1. 本表為行文順暢，「觀點」欄中並非依照研究者所述原文抄錄，而是簡述該段論點大要，「熟番」一詞也統一改為「平埔族」。
2. 「觀點」欄中「（ ）」內文字是指該論點引自相關論著的簡稱及頁碼。各簡稱所代表之著作如下：

　「番」：伊能嘉矩著、溫吉編譯，《臺灣番政志》，南投：臺灣省文獻委員會，1999 二版。

　「踏」：伊能嘉矩著、楊南郡譯註，《臺灣踏查日記》（上），臺北：遠流，1996。

　「埔卷一」：劉枝萬編著，《臺灣埔里鄉土志稿》（一），自印油印版，1952。

　「埔卷二」：劉枝萬編著，《臺灣埔里鄉土志稿》（二），自印油印版，1952。

　「南」：劉枝萬、石璋如等纂，《南投縣志稿》共十二冊，臺北：成文，1983（據 1954、1978 排印本影印）。

　「平」：洪敏麟，〈平埔族篇〉，《南投縣志稿》第七冊，臺北：成文，1983（據 1954、1978 排印本影印）。

件,即《思保全招派開墾永耕字》(道光四年〔1824〕3月)、《望安招墾永耕字》(道光八年〔1828〕10月)、《承管埔地合同約字》(道光八年〔1828〕10月)等三份契字,以及《分墾蛤美蘭鬮份名次總簿》(以下簡稱為《分墾簿》)(劉枝萬1951-1952:1:183-208)。前三份契字說明平埔族入埔初期與埔社番交涉過程,《分墾簿》則是詳載開墾初期幾次刊分土地的歷程,以及所有參加初期土地刊分的各社番姓名。劉枝萬除了對於這三份契字及《分墾簿》的取得由來加以說明(同上引:180-212),[3]也參考移川子之藏的研究,嘗試對這些史料進行解讀。伊能嘉矩並沒有使用到這幾份古文書,洪敏麟主要也只有引用到《分墾簿》,對於《思保全招派開墾永耕字》、《承管埔地合同約字》等契字皆只有點到而已,並未對契字內容進行分析或說明(同上引:7:2344)。此外,劉枝萬也充分利用愛蘭黃家所收藏的古文書於本書中,舉凡官方諭示、各類土地契約、墾照、丈單、過戶印單等等皆有援引,可以說是開啟運用古文書於地方史研究的第一人,以近二十年來臺灣史研究開始重視古文書運用的風潮來看,劉枝萬可謂是古文書研究的先驅者。

口碑的運用上,伊能嘉矩於明治三十年(1897)第一次到埔里進行將近一個月的調查,採集到不少的口碑。劉枝萬除了引用伊能嘉矩所採集的口碑外(同上引:1:218-222),也引用芝原太次郎所採集的口碑,例如對於枇杷城人余芳所做的訪談(同上引:1:155-156)。[4]還有《臺灣高砂族系統所屬之研究》當中高山族對於埔里地區住民描述的口碑(同上引:1:151-153)。

劉枝萬在史料運用上比較特別的是採用了一些日治時期的官方調查資料,例如《高砂族調查書》、《臺中縣下移住民調查書》等(同上引:1:164;2:122-123)。洪敏麟在史料運用上比較特別的則是引用了日治時期的一些人

---

[3] 據劉枝萬所述,《思保全招派開墾永耕字》、《承管埔地合同約字》原為水頭社陳石來所藏,《望安招墾永耕字》為大湳社潘沙模所藏。《分墾簿》原為萬仲所藏,這些資料皆輾轉流至臺中圖書館,有可能目前仍存於該館。目前可以看到的《分墾簿》內容,是劉枝萬依據陳維所拍的軟片中猜讀出來的。

[4] 芝原太次郎對余芳的訪談,當時記載寫成「余風」,詳見芝原太次郎,〈昔の埔裏社(上)〉《民俗臺灣》第一卷第四期(臺北:東都書籍臺北支店,1941),頁36。本段口碑記載與芝原太次郎所發表之文章內容差異頗大,依余芳死於1940年研判,由劉枝萬親自口訪的可能性似乎不高。筆者推測此口碑可能引用自芝原太次郎所著《鄉土埔里社》(稿本),惟筆者並未見過此稿本。

口統計來探討平埔族的人口變遷。例如大正四年（1915）第二次臨時戶口調查統計、昭和五年（1930）第五次臨時戶口調查統計……等（劉枝萬、石璋如 1983:7:2383-2412）。

（二）研究議題及論點比較

從表 4 所列出的 13 項議題可以初步看出，劉枝萬的論述有不少是延續伊能嘉矩的觀點，包括議題二、三、六、十二、十三等。比伊能嘉矩更深入探究的議題為「一、官方政策：議開水沙連」與「五、新居地聚落型態」。對於官方討論水沙連是否開發拓墾的文件，除了全文收錄之外，也在每篇文件之後，發表長短不一的個人見解（以下將此類見解稱為劉枝萬的「史論」）（劉枝萬 1951-1952:2:23-24, 30-31, 46-52, 58-61, 74-80）。

與伊能嘉矩、洪敏麟相較，最值得稱道的是「七、亢五租的由來及演變」，引用愛蘭黃家所收藏之諭示、古文書，清楚說明亢五租的變遷，並介紹日治時期對亢五租的處理。

對於所接觸的史料及前人的論著，劉枝萬並不是一概接收，而是充滿批判精神。茲將《臺灣埔里鄉土志稿》當中一些批判的論述簡要整理成表 1 供參閱，不再一一羅列。

四、幾項論點商榷

（一）《公議同立合約字》的歷史定位

劉枝萬於《臺灣埔里鄉土志稿》卷一的最後一節，也就是第五章〈平埔族（熟蕃）之移住〉的「5. 自立安固公議各社約字」當中，引用伊能嘉矩的說法，認為《公議同立合約字》是「平埔族移住埔里盆地時，各社代表為杜絕再次受侵佔之虞，協商立約」（同上引:1:213），並且認為這份契約與《思保全招派開墾永耕字》等三份契約及《分墾簿》「可為三幅對而表示當時平埔族移住埔里狀態之直接資料，當然在此連名之人名中，重複者不少」（同上引:1:215）。以時間排列，《公議同立合約字》就成為平埔族遷入埔里初期所訂定的第一份契字。過去一直沒有人懷疑過這一個說法，筆者於 16 年前（1992）撰寫碩論時，首度提出懷疑，並於去年（2007）撰文

詳細申論（邱正略 2007:11-53）。此外，洪麗完、張家榮等於論文中也持相同見解（洪麗完 2003:83-86；張家榮 2004:166）。

　　由於伊能嘉矩並未看到劉枝萬所看到的《思保全招派開墾永耕字》等確為平埔族入墾埔里初期所訂定的契約，在有限的史料掌握下，以所採集到的這份契約具代表性的契字做為中部平埔族大遷移活動所訂立的契約是可以理解的，或許，道光三十年（1850）的《均份給契付據字》也是促使伊能嘉矩對於自己的論點深信無疑的有利證據（詳見下文）。雖然伊能嘉矩在明治三十年（1897）進入埔里調查時，所採集到的口碑中已有不少各社帶領入埔的頭人名字，但當時是用羅馬拼音的方式記錄，後來也沒有嘗試將這些帶領入埔的頭人名字還原成漢字，進一步與《公議同立合約字》當中簽名的頭人名字進行比對。如果伊能嘉矩嘗試去做這項比對，就會發現符合的名字極少。劉枝萬引用《臺灣蕃政志》時，雖然直接認為「連名之人名中，重複者不少」，也許也並未仔細比對《公議同立合約字》與其他契約中的人名是否果真有許多重疊，因此就延續了伊能嘉矩的說法。筆者嘗試進行上述兩項比較，得到的結果如下：[5]

1. 契字中的關係人與口碑所述的頭人名字幾乎不符：伊能嘉矩採集到的口碑約有十多位帶領入埔的頭人名字，筆者初步比對出 7 名確定的頭人，這 7 名確定的頭人名字都出現在道光八年（1828）的《承管埔地合同約字》當中，足見這些口碑是可信的，不過，他們的名字皆沒有出現在《公議同立合約字》當中。

2. 契字當中的關係人出入很大：《公議同立合約字》中簽名的關係人共 53 人，其中只有田成發、李加蚋、愛箸武澤、阿四老六萬等 4 人在隔年的《思保全招派開墾永耕字》當中出現。若再參考手抄本《熟蕃戶口及沿革調查綴》當中的記載，在總通事巫春榮之前擔任總通事的羅良也出現在《公議同立合約字》當中（邱正略 2005:252）。另外，道光八年（1828）的《承管埔地合同約字》當中有 2 人可能與《公議同立合約字》相同，包括北投社的黎朗買奕可能就是北投社社主朗買奕，還有林斗六。

---

[5] 有關這兩項比對，請參閱邱正略（2007:11-53）。

由上述比較結果，已可推斷《公議同立合約字》並非是入埔初期各社群帶領的頭人所簽下的契約，在《公議同立合約字》當中簽名的絕大部分關係人可能並沒有遷來埔里。另有一個疑問可供大家思考，就是《公議同立合約字》的主導番社岸西社與岸裡社為何在《分墾簿》當中沒有分得土地？此一現象的合理解釋就是岸西社與岸裡社並未積極參與道光四年（1824）及八年（1828）入墾埔里的行動，阿里史社與北投社才是入墾埔里的主要參與番社。

伊能嘉矩的手稿當中除了《公議同立合約字》之外，尚有另一份《均份給契付據字》，[6]該契約內容提到「道光三年（1823）間有埔水社生番頭目阿蜜等計六社并榮四股九股社番列頭目等相率親到岸裡社公議……。」或許因此讓伊能嘉矩對於岸裡社在平埔族大遷移的主導地位有更肯定的看法，也因此確立其認定《公議同立合約字》是平埔族集體遷移埔里時所訂立的第一份契約。不過，《均份給契付據字》訂定於道光三十年（1850），雖然岸裡社扮演著平埔族跨部落的號召或協調角色是可以接受的事實，但從平埔族遷移埔里後的土地開發、刊分及聚落發展歷程來看，岸裡社確實並未積極參與。

至於《公議同立合約字》當中所提到的「界內山後東南勢溪頭茅埔」究竟是指何處，筆者曾依據地圖上的方位與舊地名，猜測地點可能是今日臺中縣東勢鎮的大茅埔。晚近，張家榮於其碩論〈清代北投社社史研究——以社址、社域變遷為中心〉當中提出另一個可能，認為應該是指今日臺中縣太平市裡的茅埔一帶（張家榮 2004）。筆者雖然無法確定「茅埔壹所」到底是不是今天仍然叫做「茅埔」的一個地方。不過，如果有一處地點果真留下原來的稱呼，還是不能忽略它就是契約所指地點的可能性。從日治時期的臺灣堡圖上可以看到，在東勢南方「大茅埔」的更南方還有一處叫做「溪頭」的舊地名，地點正好位於太平市的茅埔與東勢的大茅埔之間。「界內山後東南勢溪頭茅埔壹所」似乎有可能就在這個區域附近。筆者以為，如果這個地點爭議一時仍難獲得定論，應該再把焦點放到契約內容各項要點當中去推敲思考。

---

[6] 臺大圖書館收藏《伊能嘉矩手稿》，題名「岸西社原通事潘阿沐土目潘德慶等同立合約字」。

（二）平埔族遷移的原因之一是「漢人的教唆」？

在「議題二」，劉枝萬延續伊能嘉矩的說法，認為平埔族遷移的原因之一是「漢人的教唆」，此說法可能是援引自《東槎紀略》〈埔里社紀略〉當中提到一段「……招附近熟番，潛往復墾，而漢人陰持其後，俟熟番墾成，溷入為侵佔之計。」以今日可見的證據重新檢視此論點，確有值得商榷之處。

首先，並非沒有漢人隨著平埔族一起入墾埔里，只是人數一直很少，以道光廿一年（1941）臺灣道熊一本（1778-1853）〈條覆籌辦番地議〉一文中即提到「至於漢奸私墾，實亦不免；但查六社內只埔社間有漢人私墾，雜於熟番之中，不出十戶，人尚無多」（丁曰健 1984:230）。此時距平埔族入埔已近二十年，這些漢人應是在西部原鄉時即與某些平埔族番社建立良好關係，因此可以一起遷入，但不見得是扮演上述「教唆者」的角色，由此也可以看出，入墾埔里的平埔族可能並無強力排拒漢人入墾的公約。[7] 由此延伸，回頭看《公議同立合約字》所附的「毋許引誘漢人在彼開墾」、「毋許僱雇漢人在地經營」等「排漢條款」似與遷入埔里的實況不符。筆者以為，除非能夠證明平埔族入墾埔里時送給埔社番的大批禮物是由漢人所提供，否則很難認定平埔族的大遷移行動的背後推力是「漢人的教唆」。

（三）「打里摺」的本意及用法

「打里摺」即「番親」之意，似乎已經是眾人皆知的常識，不過，「打里摺」一詞的由來及用法，似乎很少人注意。從表4可以看出，三人雖然都有提到過「打里摺」一詞。伊能嘉矩可能因為沒有看到《思保全招派開墾永耕字》及《望安招墾永耕字》，只有在《蕃語調查手冊》當中提到過「打里摺」一詞，註明為「眉蕃呼熟蕃」（伊能嘉矩 1998:24）。劉枝萬於《臺灣埔里鄉土志稿》使用過《思保全招派開墾永耕字》、《望安招墾永耕字》，對於「打里摺」一詞，括弧說明是「蕃語、親密、同族之意」。但也未再進一步擴大延伸解釋，由此亦可看到劉枝萬論述態度的嚴謹。劉

---

[7] 平埔族強力排拒漢人的公約僅見於《公議同立合約字》當中，至於《承管埔地合同約字》當中所列之公議條規八件，並無排拒漢人混入的相關約定。

枝萬對於「打里摺」一詞，括弧說明是「蕃語、親密、同族之意」（劉枝萬 1951-1952:1:190）。應該是援引自移川子之藏於〈承管埔地合同約字より觀たる埔里の熟蕃聚落（一）〉的說明：「平埔打里摺（蕃語にして親しい、同族、なと意）」（移川子之藏 1931:19）。洪敏麟對於「打里摺」的解釋則是「入埔之平埔族人，雖語言風俗各異，以『打里摺』（意番親）互稱，在共同集團之認知下，從事拓墾。」（洪敏麟 1984:23）。是否真是如此，必須從「打里摺」一詞的出處談起。

「打里摺」一詞，其實只出現在道光四年（1824）的《思保全招派開墾永耕字》及道光八年（1828）的《望安招墾永耕字》當中，訂立契約的主角是埔社番。筆者不厭其煩地試著統計這四份契約當中族群間的稱呼用法。在《思保全招派開墾永耕字》當中，「番親」用了2次，指的是思貓丹社，「打里摺」用了6次、「平埔打里摺」用了7次，指的都是平埔族。《望安招墾永耕字》當中，「番親」用了1次，指的是思貓丹社，「眾番親」用了2次，指的是平埔族，「打里摺」用了8次、「平埔打里摺」用了7次，指的都是平埔族。

相對地，道光三年（1823）的《公議同立合約字》與道光八年（1828）的《承管埔地合同約字》都是平埔族之間所訂立的契約，這兩份契約當中卻都沒有使用過「打里摺」一詞。《公議同立合約字》當中用過「番親」1次《承管埔地合同約字》當中，用過「番黎」、「社番」、「社眾」各1次，「眾番」用了10次、「平埔番」用了8次（含1次「平埔眾番」），這些稱呼都是指平埔族。「蛤美蘭番親」，使用10次，是對於埔社番的稱呼。「思貓丹社番親」使用1次，是對於水社番的稱呼。

由上可知，「打里摺」是埔社番語，表示「番親」之意，是埔社番對於平埔族的他稱，並非平埔族人的自稱。既然是「他稱」，平埔族本身並不以此互稱，因此，「打里摺」也不是平埔族之間的一種「通稱」，而是埔社番對於平埔族的「專稱」。今日「打里摺」一詞被沿用為表示「平埔族」的一種稱呼並無可厚非，因為名詞的用法及意義本來就會隨著時間的推演而改變，例如「番」字本是清代官民對於少數民族的一種稱呼，後來臺灣的平埔族也以此自稱（例如「大肚番」、「東螺番」、「我番」等）。「出草」一詞本是指原住民打獵的意思，後來變成「獵人頭」的意思。

（四）埔里盆地內到底有沒有屯田？

劉枝萬引用《東槎紀略》〈埔裏社紀略〉的紀載，提到「水裏埔裏二社內，有屯田一百餘甲，其番自耕田亦有百餘甲，未墾荒埔無數。」（劉枝萬 1951-1952:2:5）。雖然並沒有強調埔里也是番屯制的一部分，但文字敘述看起來似乎埔里也被納入番屯制的範圍，並且有屯田，也就是養贍埔地。不過，從熊一本的《條覆籌辦番社議》當中提到「並擬擇地設屯，即在埔社熟番內挑選精壯數百名分調各處，給以牛犁自墾，作為屯兵」（丁曰健 1984:229），史密的《籌辦番地議》當中提到「第一要籌，在於設屯挑丁」（同上引:254），徐宗幹（1796-1866）的《議水沙連六番地請設屯丁書》當中已經明白提到「水沙連等社生番出力協勦林逆案內，奏請挑取埔、水、田頭等社番 90 名；彼時以該番尚未薙髮改熟，未便設屯，僅按年賞給口糧租穀，隨餉支放各在案。」（同上引:275-276）。由此可以推知番屯制實施時，埔里社番只給口糧而未有屯田。也因此，徐宗幹於中央不同意地方官員的開墾建議時，才會提出設屯之議。

（五）劉韻珂（1792-1864）〈奏開番地疏〉、〈奏勘番地疏〉的先後順序

《臺灣埔里鄉土志稿》第六章「漢人之移住」將劉韻珂的〈奏開番地疏〉排在〈奏勘番地疏〉之後，從本章架構來看，如果是以時間先後順序介紹，顯然是前後顛倒，似乎並未瞭解此二份奏疏的關聯。劉枝萬在〈奏勘番地疏〉之後所發表的史論，第一段就提到「本奏疏……實係官為閩浙總督之貴所奏者。……高官顯要竟敢然企圖實地勘查事，蓋屬未曾有之舉。」（劉枝萬 1951-1952:2:74）。這樣的描述很容易被誤解為此勘查之舉是閩浙總督劉韻珂主動前來，其實劉韻珂是因為接納下屬的意見，先上奏〈奏開番地疏〉一文，獲批示「此事大有關係；著該督於明年二、三月渡臺後，將該處一切情形，親加履勘，悉心體察，籌及久遠，據實奏明」（同上引:2:62）。也就是說，劉韻珂是奉朝廷的指示前來勘察，因此，將這段指示抄錄於〈奏勘番地疏〉的開頭。

欲介紹劉韻珂這兩份奏疏，應先介紹〈奏開番地疏〉，才能瞭解整件事

的來龍去脈。此項前後顛倒的失誤並非起源於劉枝萬，而是伊能嘉矩，《臺灣蕃政志》當中也是先介紹〈奏勘番地疏〉，然後再介紹〈奏開番地疏〉（溫吉 1999:214-234）。研究者偶有不察，便步此後塵，將錯就錯。

五、結語

本文主要探討劉枝萬有關平埔族的研究，更精準地講，是有關臺灣中部平埔族集體遷移入墾埔里盆地的研究。因此，並非全面地檢視《臺灣埔里鄉土志稿》及《南投縣志稿》的研究成果。不過，在拜讀過程中還是發現許多令筆者深感佩服的論點，茲簡要列舉兩項：

（一）族群關係方面，漢人進入埔里，閩粵兩籍所採的路線不同，定居埔里時所從事的謀生方式也有異，閩籍多經商，粵籍多務農，而且，埔里地區並沒有閩粵分類械鬥的現象，這可說是臺灣漢人移民史的特例（劉枝萬 1951-1952:2:3）。

（二）糾正平山勳以為姚瑩的《東槎紀略》〈埔里社紀略〉當中所提到的「昔蘭人之法」所說的「蘭人」是荷蘭人的說法，認為應該是指噶瑪蘭人，更貼切地講，是指在噶瑪蘭開墾的漢人。雖然大家都熟知王世慶曾撰專文糾正此舊說（王世慶 1999:469-501），劉枝萬糾正此舊說的時間明顯更早（劉枝萬 1951-1952:2:4-6）。

不過，劉枝萬在史料的運用及詮釋上也不是沒有錯誤，例如引用謝添發所收藏嘉慶十八年（1813）訂定的《現租銀字》與嘉慶二十一年（1816）訂定的《磺底銀字》兩份外地訂定的契約，誤解讀為在埔里所訂定的契約（同上引:2:100-102）。

劉枝萬完成《臺灣埔里鄉土志稿》的時候才 29 歲，就時代環境與研究條件而言，能夠有此創舉，實屬不易。50 多年後的今天，重新回顧這件代表作的史料運用及論述觀點，還是令人深感佩服。筆者雖然對於劉枝萬的平埔研究也提出一些挑剔，但這並不削減劉枝萬在平埔族研究、埔里鄉土史研究的開創之功以及展現的成果。

如今時空環境改變，研究條件與 50 年前相較，已經非常便利，隨著

《臺灣總督府公文類纂》、《專賣局檔案》等官方檔案開放線上閱覽、埔里地區的古文書專輯陸續出版，研究日治時期埔里地區的歷史；乃至於埔里的平埔族在日治時期的歷史，逐漸成為可能。借助劉枝萬以及許多前輩的研究基礎，加上水沙連研究群的推波助瀾，將陸續有更多的生力軍投入埔里地區、水沙連地區的研究，期許未來能夠展現出更豐碩的研究成果。筆者僅以不成熟的本文，對於埔里鄉土研究的先驅者劉枝萬先生表達最高的敬意。

參考書目

丁曰健
    1984   治臺必告錄。臺北；大通書局。

王世慶
    1999   結首制與噶瑪蘭的開發——兼論結首制起自荷蘭人之說。刊於中國海洋發展史論文集，第七輯，湯熙勇主編，頁469-501。臺北；中央研究院中山人文社會科學研究所。

中央圖書館臺灣分館特藏資料編纂委員會 編
    1990   臺灣文獻書目解題，第一種方志類（六）。臺北；中央圖書館臺灣分館。

王詩琅
    1978   劉枝萬兄的業績和近著。臺灣風物 28(1):50-53。

伊能嘉矩
    1996   臺灣踏查日記（二），楊南郡譯註。臺北；遠流出版事業股份有限公司。
    1998   蕃語調查手冊，森口恒一編，張曦中譯。臺北；南天書局。

邱正略
    2005   《熟蕃戶口及沿革調查綴》譯註（南投廳埔里社堡部分）。暨南史學 8:245-280。
    2007   古文書與地方史研究——以埔里地區為例。刊於臺灣古文書與歷史研究學術研討會論文集，逢甲大學歷史與文物管理研究所及臺灣古文書學會編校，頁11-53。臺中；逢甲大學出版社。

洪敏麟
    1984   臺灣舊地名之沿革，第二冊。南投；臺灣省文獻會。

洪麗完
    2003   從十九世紀大遷徙活動看臺灣中部「平埔熟番」意識之萌芽。刊於族群意識與文化認同：平埔族群與臺灣社會大型研討會論文集，中央研究院民族學研究所編，頁53-128。臺北；中央研究院民族學研究所。

移川子之藏
    1931   承管埔地合同約字より觀たる埔里の熟蕃聚落（一）。南方土俗 1(2):11-19。

張家榮
    2004   清代北投社社史研究——以社址、社域變遷為中心。東海大學歷史學系碩士論文。

溫吉 編譯
    1999   臺灣番政志。南投；臺灣省文獻委員會。

葉春榮
    1995   埔里與地方志——介紹劉枝萬著《臺灣埔里鄉土志稿》。臺灣史料研究 5:59-65。

劉枝萬
    1952-1953   臺灣埔里鄉土志稿。(作者自印)

劉枝萬、石璋如
    1983   南投縣志稿。臺北；成文出版社。

水沙連的早期史論——
從荷蘭文獻中的水沙連談起

翁佳音
中央研究院臺灣史研究所副研究員

一、前言
二、清代初期漢語文獻中的「水沙連」
三、荷蘭人初見水沙連
四、三個水沙連早期歷史問題討論
附論：番社社名拼音校訂

一、前言

　　目前，探討南投縣水沙連地區族群關係的研究者中，確實有些人很用心地利用了已經出版的三冊《臺灣城日誌》（熱蘭遮城日誌）[1]中譯文進行論述，也獲得一定程度的新發現與新見解。[2]這正表示，研究水沙連地區的近代初期歷史（16至18世紀初），縱使無法直接運用荷蘭東印度公司未刊檔案，甚至是不熟悉荷蘭文文獻，研究者依然可作出難以取代的貢獻。我認為，其中關鍵，在於研究者能否詳熟水沙連的人文地理、族群與地方史，以及是否將研究對象放在長期、連續歷史之層面來考察。以我個人之例，由於花費太多時間放在學習、揣摩荷蘭文獻的語意，雖然浪得學術圈內「懂得『古？』荷蘭文」之謬譽與虛名，然對各地早期史事的探討，還是不得不請教當地的研究者。

　　本文寫作出發點，原本是應暨南國際大學人類學研究所之邀來介紹荷蘭文獻及檔案有關水沙連的記載，以饗研究同好。不過，由於我個人學養與時間限制，力有未逮，迄今猶無法通讀未出版檔案中有關水沙連的記載，勉強介紹，恐難逃掛一漏萬、遺誤學界之罪衍。強行撰寫介紹荷蘭時代的水沙連文獻與歷史，錯誤結論之處，也許會比釐清的事實來得多，如此反而非一件美事。所以，這裡我採取傳統史學箚記方式，先提出一些我個人方法學上的老套觀點，進而運用古典文獻學的考證作業，修訂及考核漢語與荷語文獻中之錯謬與曖昧處。最後，我嘗試在中外文獻與檔案解讀基礎工作尚未完備之前，先提出個人對水沙連地區的歷史初步考察與觀點，再拋出若干敏感的歷史議題，看看能否得到水沙連的專家學者之認同，繼續開展日後可以共同討論的範疇。

---

[1] 《臺灣城日誌》Blussé, van Opstall and Ts'ao（1986-2000），即江樹生譯註的《熱蘭遮城日誌》（臺南：臺南市政府，2000-2010），此資料本文一律簡稱為《日誌》。又，本文中，我僅引用原荷文的冊數與頁碼，如DZIII，表示原荷文日誌第三冊；DZIV表示第四冊；未能附上中譯本的頁數，一方面是因我以前閱讀該日誌做筆記時，僅記荷文，目前無時間再去核對中譯本頁碼，請讀者諒解；另一方面，則是荷文本與中譯本的頁數，畢竟相差不到幾頁，讀者還是可從中判斷而推知中譯本的頁碼。

[2] 如簡史朗（2006），〈相逢水沙連——族群關係與歷史〉一文，對水沙連地名釋義、範圍，以及族群的關係，已較前人有進一步發現。

二、清代初期漢語文獻中的「水沙連」

　　我既言個人迄今仍未通讀荷蘭東印度公司有關臺灣檔案，卻主張這與不熟悉荷語文獻的研究者一樣，探究早期歷史的熱情並不會因而被澆熄。我前面說「方法學上的老套觀點」，簡單說，就是「倒推、追溯法」。工業革命未到來之前的近代初期傳統社會，其變遷的速度相當緩慢，這大概是無疑義的歷史認識前提。也因此，我主張擺脫政權更替的分期觀點，把 16 到 18 世紀初的臺灣歷史視為一個「長期結構」，或一個研究對象的時間範疇（翁佳音 2008）。講具體一點，或可這麼說：如果要瞭解荷蘭時代的原住民族族群狀況，以及漢人的社會，直接運用荷蘭史料，固然最理想，[3] 但從歷史結構、連續理論角度，仔細研究稍後的清初歷史，其實亦可逆推稍前的明鄭、荷蘭時代之可能面貌。如果我這個觀點無大誤，那麼清代初期的文獻的重要性，與再解讀的必要性，就不言而喻了。

　　清代第一本臺灣方志，可舉大約於康熙二十四年（1685）稍後，亦即滿清帝國擊潰鄭氏王朝兩、三年之後，由臺灣知府蔣毓英主編的《臺灣府志》。書中〈扼塞〉項提到：[4]

> 北路之斗六門，自二重埔而進，至於林驥，環溪層拱，有田可耕，為野番南北之咽喉，路通哆囉滿、買豬抹、里（sic. = 黑）沙晃等種，匪人每由此出入。半線以東，上接沙連三十八社，控弦持戟者二千餘人。三十四年秋，土官單六奉令至郡，今去而不可復問者，恃其險遠，謂非我所能至也。（蔣毓英、陳碧笙 1985:117）

---

[3] 但這又面臨兩難狀況，直接運用荷蘭史料，通常無力再專注於中文史料的考究。或許這個原因，目前荷蘭時代的研究文章，通常是巨視而少微觀；往往是參與現代學術議題的論文，而非以瞭解地方只實（wie es eigentlich gewesen）為取向。

[4] 引文中的標點，是我個人視文脈而重新斷句。漢籍文獻的重新標點與版本校刊，雖嫌老舊無聊，恐怕也是今後仍須持續下功夫的一門大學問。近幾年，由老友吳密察教授組織專家學者校訂出版的大部叢書《臺灣史料集成》，可謂是執行這個課題的盛大事業，功不可沒。我說今後仍須持續，並非負面批評，而是重複申明學問精益求精之不可避免。例如，引文的「買豬抹、黑沙晃」山名，在該集成的《清代臺灣方志彙刊》第一冊中，還是沒被校正過來（臺灣史料集成編輯委員會 2004:264）。

這一段是紀錄今天雲林縣林內與南投竹山等地區的早期史事。文中的「哆囉滿」，就是荷蘭文獻中著名的產金地點 Tarraboangh，自中村孝志比定為花蓮立霧溪南邊的花蓮新城，似乎在學界已成顛撲不破的定論。然而，我曾仔細核對荷蘭與清代的文獻，確定哆囉滿是在花蓮溪一帶，這是題外話，我另文討論。至於「買豬抹」、「黑沙晃」兩座山脈，在清代非常有名，於各類方志上也有不同的寫法，相當於現在的哪一座山，還有待進一步的考訂。不過，綜合方志圖文所載，大致可推定是在宜蘭蘭陽溪中上游兩側的山脈。無論如何，清初官方文書已指出：17 世紀中後期，非法之徒的「匪人」，每每由臺南以北的雲林縣進入南投竹山，進而翻山越嶺，「路通哆囉滿」，到東部的宜蘭、花蓮，當時的情況甚至是「姦民趨利如鶩，雖欲限之，安得一一而限之！」（周鐘瑄 1962:111）。可惜，這個臺灣近代初期史上的人物東西交通現象，似乎還是現行歷史敘述版本不太願意注目的另一面事實。

　　《臺灣府志》很清楚講述從今雲林縣林內鄉的重要歷史地點「斗六門」，沿著濁水溪先越過阿拔泉溪（今清水溪），便進入竹山鎮鎮內舊地名「二重埔」一帶。走到在這裡，已經「有田可耕」。民間傳說，或一般通俗讀物常講的「明鄭部將」林圯（驥）開墾竹山（林圯埔）一帶，官方史書證明了傳說有部分的可靠性。

　　換言之，清初文獻已透露「沙連」是西部臺灣橫越中央山脈的中途之站，而且，「沙連」的外圍土地也已有漢人開墾。上述「沙連」記事，後來亦出現於《諸羅縣志》的〈兵防志〉：「永沙連內山三十八社，控弦數千；康熙二十四年〔1686〕秋，土官奉調入郡，一去而不可問」（同上引:121）。

　　《臺灣府志》與《諸羅縣志》文字互相比對後，可發現文字上稍有年代（三十四年／二十四年）、地名（沙連／水沙連）與人名（土官單六／土官）的差異，或是某些字句被省略。這些看似不甚重要，然若仔細思索，倒是可看出暗藏若干有意義的史事，這留待第四節再討論。至少，從最早的清代方志觀之，在當時官民的認識裡，沙連或水沙連，位於斗六門、半線（今雲林、彰化一帶）之東，共有 38 社。稍後的清代方志或文獻中，亦有寫成三十六、二十五，以及二十四社或二十餘社者。這些社或社名的精確位置與範圍，可能得花一點時間去討論，本文暫略不論。

這裡，也許有必要先稍微瞭解清代所謂的「水沙連」或「沙連」之範圍，如此作業，將有助於我們理解荷蘭時代的水沙連場域。《諸羅縣志》卷一封域志山川項，記云：「……水沙連內山（內社十：蠻蠻、貓丹、毛碎、決裏、哈裏難、斗截、福骨、買薛〔買薛買？〕、平了萬、致霧）」（周鍾瑄 1962:9；臺灣史料集成編輯委員會 2004:1:80）。[5]

十社中前七社，如稍後論述，分布於清代文獻所區分的「南港」與「北港」之中。最後三社「買薛、平了萬、致霧」，「致霧」社，應是屬眉一帶溪的霧社系統；平了萬，其他方志或作「平拉萬社」，應為今濁水溪最上游的萬大社系統，自稱 Perugawan（臺北帝國大學土俗人類學研究室調查 1935:2:73）；買薛，或作「買薛買」，也許仍是與萬大社系統有關的 Shimiul 社，都是屬於所謂的「北港」番社。然而，《諸羅縣志》的社數記載前後不一，〈封域志〉寫成「十社」，但〈兵防志〉作「三十八社」，敘述稍嫌模糊。也許 18 世紀 20 年代初的文獻《臺海使槎錄》，可以提供較清楚的圖像。該書是「康熙六十年（1721），阿里山、水沙連各社乘亂殺通事以叛」後，黃叔璥以巡臺御史身分來臺處理善後事宜，其中有列舉相關番社，提及：「水沙連社地處大湖之中，……惟南北兩澗沿岸堪往來，外通斗六門。竹腳寮，乃各社總路隘口，通事築室以居焉」（黃叔璥 1957:123）。

又有以下一段文字：

> 水沙連、集集、決里、毛碎、蠻蠻、木靠、木武郡……名為南港。
> 加老望埔、描里眉、斗截、平了萬、致務……名為北港。
> ……阿里山各社土官毋落等、水沙連南港土官阿籠等就撫……水沙連北港土官麻思來等亦就撫。

上引資料，大致上可視為是 18 世紀初之前的水沙連內外歷史圖像。清人（主要是臺灣漢人）當時的地理認識中，「水沙連」有狹、廣兩義。細節這裡不談，但可粗略由此推知狹義的水沙連，是今日月潭一帶；廣義的水沙連地域至少又區分成「南港」與「北港」兩個區域。若考察其所記

---

[5]「買薛」文叢版作「羅薛」，我根據文建會版及其他方志勘正。

境內眾番社社名，無疑可推定「南港」包括今南投濁水溪南北兩岸的布農族；「北港」則涵蓋布農、泰雅族。有趣的是，清代中期之後，廣義的水沙連再細分成「三港」，除南、北兩港外，又有「中港」。文獻云：「南港番性柔馴；中港番族貧溺，六社即在其內；北港生番較為蕃蔗」（洪安全 1994:146-147）。[6] 中港就是狹義的水沙連，主要的族群，即今天日月潭人數極少的邵族。（參見圖1）

要而言之，我們可確定當時地理知識，是以今南投縣竹山鎮內舊地名竹腳寮（或稱「社寮」）一地為水沙連之「隘口」。換句話說，經過南投竹山鎮竹腳寮（社寮）隘口後的南投縣境內，甚至臺中縣南邊部分，就是（至少在文獻上是）傳統廣義的水沙連範圍。

圖1　北部武崙族分布圖
資料來源：臨時臺灣舊慣調查會（1915）。

---

[6] 閩浙總督劉韻珂奏，道光二十七（1847）年，《清宮月摺檔臺灣史料（一）》。

三、荷蘭人初見水沙連

　　既然清初漢籍文獻對處於中部深山內水沙連區域的番社記載，已擺脫朦朧而逐漸輪廓清楚，多少反應至遲在清初水沙連與外界已有交涉的現象。然而，由於明鄭時代與臺灣本島直接有關文獻缺乏，通常只如上述，僅言有林圯這號人物開發今天的竹山鎮，但經緯語焉不詳，史事前後有矛盾。因此，我所主張的「倒推、追溯法」應可派上用場。水沙連與外界接觸，絕非一朝一夕所能形成。清初文獻提到的南、北港兩區地理概念或他者認識，也許在明鄭之前的荷蘭時代已經存在。

　　幸運的是，荷蘭時期不可或缺、四大鉅冊的《臺灣城日誌熱蘭遮城日誌》史料，在江樹生教授鍥而不捨譯註下，中譯本業已完成，大大方便不諳荷語的研究者。以下，我就用清代文獻來回溯以及考定《臺灣城日誌》的社名與記事。清初，西部平地進入水沙連深山的入口，是「斗六門」。斗六門，顧名思義，是斗六一帶入山之門。「斗六」（taó-lak），在《日誌》中，有 Talak 社在地點與音聲上最為接近，然而它卻是嘉義民雄舊地名「打貓」（Dovoha）的另外一名。[7] 進而與民雄打貓（斗六）有種族或語言親近性的 Talack Baijen 社，一名 Arisangh。[8] Talack Baijen 的 Baijen，在虎尾語（Favolangse taal）裡，意指「東方」，因此，此社名或可漢譯為「斗六東」。斗六東，今天雲林林內鄉內仍有這個舊地名（林茂村）；清代為斗六東隘、斗六門隘（諸家 1965:110）。換言之，清初進入水沙連的口隘，就在雲林的林內鄉，就是東斗六，荷蘭文獻上的 Talack Baijen。

　　從荷蘭文獻，尤其是《臺灣城日誌》，我們可以看到，1640 年代以來，荷蘭東印度公司已在臺南確立統治基礎，進而在往北、往東臺灣的「擴張」過程中，荷蘭人開始看到臺南以北的諸羅山、打貓，迤北至今苗栗縣境內嘉志閣社（Calikas/Kalican）的淺山地帶以及深山水沙連番社群。若經古典考證學問辯證，我們進一步可以發現這一南北條狀區域，山內山外各族群常「越界」活動。就「南港」方面，布農族巒（蘭）番（Tackapul）或北

---

[7] DZII, p. 469.
[8] DZIII, p. 376.

鄒族豬母朥（Tivora）在嘉義縣竹崎鄉阿拔泉（Apaswangh）社爭鬥；鄒族的豬母朥番會威脅「南港」的布農族巒番（Serrien Talaoom）；布農族郡社番（Sivikon, Souvakongh, Sivokoagers）在荷治後期，亦已和漢人有接觸。[9]

根據上述《日誌》資料，水沙連區域的原住民，是由濁水溪溪谷出來，與西部平原族群有所交涉。至於水沙連區域北部，即所謂「北港」，稍後將會談到，這一地帶的番人，是在1645年第二次地方會議，經由今南投草屯北投社（Thausa Mato，草屯）番人引介下，開始走出山區，到臺南赤崁地方參加一年一度的地方會議。當年，出席地方會議的番社中，有如下兩社，即：Kakar Sakaley、Kakar Tachabou。

這兩個番社，長期以來似乎一直被學者等閒視之，也未被正確考訂。這裡，恐怕讀者得先耐心駐足，容我證明一下古典文獻學的校訂與考證之重要性，如此才有辦法繼續進行後面的討論。Kakar Sakaley，雖一時還無法確定地點，但下一段會指出大約地點；另外一個Kakar Tachabou社，主要社名Tachabou，《日誌》上還有其他種種拼法，有點混亂，不過，如果細心從檔案各處所記之字體相互參校、吟味之後，可判定Cachabou，或Kachabouw才是屬於較正確的拼法。[10]

Cachabou或Kachabouw番社名的音聲，與今天南投埔里平埔族Pazehe的Kaxabu亞族幾乎完全相同。進一步，我們還可從《日誌》中看到Tachabou與Sachalay（Sakaley）、Baroch三個社合稱：Kakar。[11] 三社中的Baroch，就是漢語番社名或地名的猫羅（Bālô），位於彰化八卦山東側，今彰化芬園鄉一帶。不僅如此，若依《日誌》所載歷次地方會議名單，三社都排列於彰化市一帶的阿束社（Asok）及與南投縣的北投社（Tausamato）之間。所以，這三社幾乎可安全推定是沿八卦山東側而居的番社。也就是說，從地理上判斷，三社應該是位於大肚溪中游猫羅溪南岸的番社群。其中的Kachabouw（= Kakar Tacheybau）社，有一段時間，還與八卦山西麓

---

[9] DZII, pp. 264, 506; DZIII, pp. 309, 312, 472, 507.
[10] 姑舉1647年番社戶口表的拼音一例為證，*Kakar Kachabouw* kakar kachabouw，見：Beschrijvinge aller Formosaensche dorpen, huijsen en zielen onder het Compagnies gehoorsaemhetjt staende. Tayouan, 24 Mart 1647. VOC1170, fol. 642-646。
[11] DZII, p. 387.

的彰化社頭大武郡（Tavocol）社合為一社。[12] 由此推論，Kachabouw 社，在地緣與族群歸屬上，恐怕與彰化的猫羅、大武郡關係密切。也因此，我比較傾向認為現在埔里 Pazehe 平埔族 Kaxabu 氏族，應該就是荷蘭文獻上的 Kachabouw 社，後來部分族人循著烏溪進入南投埔里。

歷屆地方會議的番社名單中，又出現有如下三社：Tausa Talakey、Tausa Mato、Tausa Bata。

相對於上述兩番社以「Kakar」為接頭詞，此三社則冠以「Tausa」。第一個 Tausa Talakey 社，《日誌》謂此社曾被誤稱與誤記為「北 Dosack」社。另一方面，漢人叫這個社為「南投」（Lamtau），這意味著意即「南投」是漳泉系的閩南語地名。其次的 Tausa Mato 社，《日誌》原誤稱「東 Dosack」，社地（或聚落範圍）相當大，漢人則稱它為「北投」（Packtau）。[13] 第三個社 Tausa Bata，僅言原被誤稱為 Tosack。以上 Tausa、Dosack 或 Tosack 等稍互異的荷語拼音，種種資料顯示，可推定就是清代文獻上的「投揀」（taô-sok）社群，屬烏溪中下游北岸或東岸、臺中大里以南，以及南投草屯等番社。1646 年第 3 屆地方會議上，北投（Tausa Mato）大社長老因執行荷蘭東印度公司與牧師所交代任務，協助勸導「Serriënders」與荷蘭人締和之事而受賞。[14]

不過，「Serriënders」並未列席第 3 屆地方會議。1646 年 4 月末的《日誌》裡，提及范布廉（Van Breen）牧師於虎尾　發信給臺南的臺灣城當局，信中指 Serrieu 各社與 Tausa Mato 番人共同控訴 Tivora（豬母勝社）毫無緣由來犯（Blussé, Everts and de Koning Gans 2006:67）。[15] 豬母勝社，從《日誌》各處的記載研判，可推定是今嘉義縣內的鄒族。如此，這「Serrieu 各社」彷彿是指其他番社群了。其實不然。此句是目前出版的文獻稍有誤抄，原檔如下：[16]

---

[12] DZIII, p. 10.

[13] DZII, p. 471; DZIII, p. 121。附帶一提，當時漢人將「Tausa Talakey」、「Tausa Mato」分別命名為「南、北投」，正表示漢人與此地區關係十分密切。

[14] DZII, p. 471.

[15] Resolutien des Casteel Zeelandia, van 27 Maert 1646 tot 9 November 1646, VOC1160, fol. 415r.

[16] VOC1160, fol. 415r; Formosan Encounter, III, p. 67. 尚有其他地方被誤抄，不枚舉。

[手寫字跡：do Vupan Serrien, ende dwoan Tauta mato]

　　《日誌》中的 Serrieus，若核對原檔，可確知是 Serriens 之誤抄。荷蘭檔案中，「n」與「u」兩字母，若稍微不小心，往往有誤抄情形出現。其實，這種情況同樣發生在「C」與「T」；「S」與「L」等字母之間，兩字手寫字母極為相似，經常被誤抄，導致社名、社地成為臺灣史的迷蹤，本文即為此中可徵之例子（並請參見附論例 3 與例 4）。事實上，上舉《日誌》同頁談及彰化芬園鄉一帶的貓羅社與 Sakaleij 社人去斗尾龍岸（Tarranogan，即後來的中部岸裡社），[17] 途中被苗栗嘉至閣番人（Calicanders）獵首，Sakaleij 可惜也被抄成 Sakolen（見：附論例 1），導致我們無法瞭解到底哪裡、哪些社發生問題，以及族群間的往來訊息。荷蘭出版的文獻拼音的再進一步校訂，確確實實是荷蘭時代原住民研究的當務之急，然而，把它放在這裡來談、舉證，一定會讓讀者索然無味，所以，我把它放在附錄，有心的研究者不妨用心參考。

　　Serrien，不只是音近「沙連」，如下所述，由荷蘭文獻與檔案所記錄的該地帶番社名，有些已經可很清楚證明是屬於布農族，以及邵族的部落；所以，Serrien 比訂為漢語音的「沙連」，[18] 應該是沒問題的。事實上，日本時代語言學家所收集的語料中，北投社等番人亦稱住在水沙連地區的原住民為：Salen, Sazalen, Zalen（小川尚義 2006:627）。

　　如上所提，該次地方會議之前，范布廉牧師已經接引三社，打算與東印度公司締結合約，這三社原本答應要下山到臺南參加地方會議，卻沒來，翌年也未出席。[19] 這三社在《日誌》中拼音不一，經校正後（見：附論例 2），是：Serrin Talaoom、Serrin Takikoas、Serrin Moemossa。

---

[17] 我先前論文中，前曾確定 Tarranogan 為「斗尾龍岸番」，且指出其為清代著名岸裡社的前身，不過，學界接受者似乎仍不多。其實，清人尹士俍早已指出：「東北隅為岸里社」（舊傳為斗尾龍岸，最強）、「鄭經率兵剿斗尾龍岸」（即今之岸里社），見其《臺灣志略》（尹士俍 1957:57, 104）。

[18] 這裡的「沙連」一詞，閩南語應該唸成：Soa-lian，或 Sa-lian，與原音「Se-lin」稍有差異。這倒是值得另外再探討的問題。另外，由荷蘭文獻與清蔣毓英《臺灣府志》，可見「沙連」一詞是最原始的地名或社名稱呼，番語是否為「水」之意，亦值得討論。至於「水沙連」一詞，則是後來的修飾名稱。

[19] DZII, p. 471.

Serrien Talaoom，與布農族 Take-banoað（巒番）的 Tanapima 氏族 Tatalom 社有關（臺北帝國大學土俗人類學研究室調查 1935:2:67-68）。Moemossa，比定為清代初期文獻中的「南港」群「毛註社」，大致上無問題，也是屬於布農族巒社群。至於 Takikoas，日本時代的調查有 Take-qowats，謂原係住在濁水溪北岸的水裡坑與頂崁之間，後來無遺種（同上引:2:147-148）。無論如何，這三社照常理判斷，應該是屬於濁水溪中下游的入山一帶，特別是南岸的布農族番社。也因此，《日誌》載有鄒族壓迫這些番社，自無矛盾，同時也合乎布農族的傳說。

　　然而，這樣一來，是不是意味荷蘭時代的「Serrin／沙連」僅指濁水溪南岸的布農族巒社群？答案當然不是。[20]《日誌》等文獻提及 1648 年 4 月底，花德烈（Vertrecht）牧師由虎尾壠發信，云：位於 Thausa Talachey（= Tausa Talakey）溪坑谷（即烏溪上游），以及迄今仍未明的十個 Serriammers 番社番人，出草殺大武郡（Tavocol）番人（Grothe 1887）。[21] Serriammers，與 Serriënders 同屬一族群名，既然在烏溪上游，大致上是屬於清代初期文獻所謂的「北港」番社。

　　不僅如此，第四冊《日誌》的 1658 年 1 月 15 日條中，載有諸羅山政務官魯牛氏（N. Loenius）致臺灣城當局的信，內容提及除了從 Tackiguat 社入山區之外，別無他途。Tackiguat 社由諸羅山走一天半即可以到達，而從該社再行走兩或兩荷里半，或三荷里之路程，亦即 22 公里前後的距離，可到 Tackiwacha。Tackiwacha，可推定是布農族卡社群境域中的一社。信中續云：據傳言，從 Tackiwacha 社再走兩天的路程，可到高山中另外的兩大番社，稱為 Calomban 社和 Vaddiway 社。[22] 這兩社，是布農的卓社群，比定為清代文獻中的「半日至加老望（Calomban）埔，一日至描里眉（Vaddiway）」，也不會有太大的差錯。如此，則已經走入清代文獻中的「北港」範圍了。

---

[20] 濁水溪南岸的陳有蘭溪，也稱「沙里仙」溪；此外，南投、臺中一帶，亦有「沙里興」一名，此兩漢語番地名，與 Serrin 的關係到底如何，恐怕也得研究一番。

[21] DZIII，pp. 36, 41. Grothe（1887）deel VI, p. 62，將「Thausa Talachey」誤抄為「Thausa Calachey」。

[22] DZIV, pp. 288-289.

總之，從本節的古典文獻學整理之後，大體可以如此結論：與清代文獻一樣，荷蘭文獻上首先顯見的，是由雲林林內鄉的斗六東（Talack Baijen），即斗六門，沿濁水溪坑谷進入竹山，經林圯埔之後，濁水溪兩岸的農族區域，已經是沙連。濁水溪南岸的布農族巒番、郡番與丹番是屬於清代所謂的「南港」；溪北岸的卓社番與卡社番，同樣是布農族，則屬所謂的「北港」。這是南邊進入水沙連山區的主要交通之路。至於北邊，則由大肚溪、烏溪坑谷進入今南投縣草屯、南投市一帶的南、北投之後，就已開始接近水沙連境界，屬於所謂的「北港」區域。這是大致情形，區域中的原住民各族、各社分布，是否在荷蘭與清代之間有相當幅度的遷徙，或交替，當然還得等待進一步研究。

四、三個水沙連早期歷史問題討論

　　接下來，我就應用前言所提及的長期結構、時間範疇之理論，稍微從上舉清代初期與荷蘭時代文獻中，整理出個人關於水沙連早期史事的解釋，同時並拋出一兩點有關水沙連，乃至中部地區社會史可能比較有爭議性的歷史解釋，以就教這方面的專家學者。

　　第二節提到蔣毓瑛《臺灣府志》與周鍾瑄《諸羅縣志》兩本清代初期方志在記述水沙連的短短文字中，有著若干出入的記載，並言若仔細探究，應可發掘若干有意義的史事，這裡就進一步舉例說明。

　　首先，《臺灣府志》有「三十四年秋，土官單六奉令至郡」的記事，指出1695年秋天，水沙連的土官曾被臺南的清朝官員叫喚去臺南府城，回水沙連之後，他就仗著地勢險遠，不服從清朝政令了。可是，《諸羅縣志》卻說水沙連土官是在康熙二十四年（1685）被大清官員叫去臺南，前後差十年。年代上的矛盾，已有文獻學及歷史研究者從版本學立場，主張《諸羅縣志》所記的年代為正確，《府志》的三十四年有誤（蔣毓英、陳碧笙1985:2-3, 117-118；臺灣史料集成編輯委員會2004:265）。我大致上同意，不過得補充一些看法。

　　《臺灣府志》雖誤刊年代，但其底稿，不少部分是當時擔任諸羅縣令的季麒光所蒐集或撰寫。季氏是滿清佔領臺灣後的諸羅縣第一任知縣，銜

命調查、整頓戰亂後臺灣的餉稅。也正因此,《府志》此段所云,詳實多於《諸羅縣志》。前者不僅紀錄水沙連負責餉稅的土官名字「單六」,在番社數目之外,還列舉水沙連壯丁數,「控弦持戟者二千餘人。」

（一）我想,敏感的研究者應該會追問：負責向新中國政府交餉稅的水沙連土官「單六」,是哪一族人？是原住民,還是漢人？

要更正確地回答這個問題,我們還是得留意長期結構中的歷史連續面。《臺灣府志》與《諸羅縣志》該段文字,很容易讓人以為水沙連土官是在大清中國佔領臺灣後第三年「今去而不可復問者」,水沙連再變成化外之地,族群關係又得歸零重頭來。事實並非如此。至少,今雲林林內、南投竹山,水沙連南港入口一帶的「大武郡牛相觸二重坡社」,仍須繳交陸餉（＝番餉）。康熙三十二年（1693）,廣義水沙連區域中,又有「木武郡赤嘴社、水沙連思麻丹社、麻咄目靠社、挽鱗倒咯社、狎裏蟬巒蠻社」六個生番社,新「歸附」滿清朝廷,分別繳交 39 兩至 12 兩不等（周鐘瑄 1962:31, 135-136）。

從年代史來看,大清中國佔領臺灣之初（1684 年）,直到雍正四年（1726）的四十餘年之間,水沙連地區依然處於動亂不安狀態。韃靼中國征臺將領中的一位武官,泉州安溪人李日煃,調職任臺灣安平副將時,「時鄭氏餘黨陳辛竄入水沙連,結三十六社番眾倡亂；日火呈以五百人收捕,辛黨悉降」（不著撰人 1960:780）。

所謂的「鄭氏餘黨陳辛」,其他文獻則謂係「水沙連賊陳辛」（同上引:846）,也就是指活動於水沙連的漢人。此亂之後,接著有朱一貴之亂,水沙連地區之番、人亦參與。動亂間歇持續到雍正四年（1726）,巡臺御史索琳的勸捕生番報告中,提到：「……吳昌祚等調領官兵、番壯,……預令曾歷番地社丁林三招引水沙連內決里社……,又令社丁陳蒲同決里社順番先至北港蛤里難等社曉諭……」[23]

另外,浙閩總督高其倬、福建巡撫毛文銓同時具銜奏,亦云：[24]

---

[23]《巡臺御史索琳勸捕生番摺》,收於不著撰人（1972:38-39）。
[24]《浙閩總督高其倬、福建巡撫毛文銓奏聞勸撫臺灣兇番摺》,收於同前註,頁 123-124。

……查水沙連各社番內，惟水裡社番骨宗最為兇惡，而附助為惡者係哈裡難社。一居南港，一居北港；吳昌祚等酌量分為南、北二路……而入……又先遣熟番林三等入山，曉諭各鄰近番社……。

巡臺御使索琳，以及浙閩總督高其倬等官員有關事件報告的公文中，不約而同提到「社丁林三」這個人。而且，林三的族群身分是「熟番」。如果比照這樣官文書脈，同為「社丁」的陳蒲，便也有可能是「熟番」了。不過，我不傾向作如此理解。也許這些人是在番界中經營的漢人，在新中國官員眼光中，是界外違法的「流氓」，是所謂的「匪人」。然而，承認界外有「民」，對地方官而言，是執政上的缺失。因此，官方若把這些活躍於界外的漢人，視為僅是衣著如中華臣民服飾的「熟番」，並不足為怪。

如果上述解釋有合理一面，那麼，《臺灣府志》中的土官「單六」，便有可能是熟番，亦有可能是「匪人」的漢族了。「單六」，應該讀成：Tan-liok 或 Tan-lak。換言之，水沙連負責稅餉的土官，漢人出身的情況最有可能。「單」（Tan）也許就是「陳」（Tân）的漢字音譯。

（二）上述可能遭惹想像力濫用批評的歷史解釋，我仍膽敢提出來，主要用意是要引出一個被一般歷史研究者未曾正視的歷史可能性。此即：早在明鄭之前的荷蘭時代，水沙連內山之內外，已有活躍於附近一帶的漢人。

事實上，由 1656 年荷蘭東印度公司的臺灣贌單中，可發現連深處濁水溪中上游的郡社群布農族（Sivikon）區域，也有贌商慈哥（Tsoeko）承贌。[25] 在公司統治末期，即 1657 年之後，由臺灣城決議錄中，我們會驚訝，原來已有非法漢人到今彰化社頭大武郡（Tavocolse）山谷，甚至沿濁水溪深入南投的郡大溪溪谷（Sivokon）「偷」伐木。[26] 這些人中，有位相當活躍，常負責帶水沙連原住民下山與公司締和的人，名字叫 Keyko 或 Kiko，他是

---

[25] DZIV, p. 51.

[26] Resolutiën van den gouverneur en den raadt van Formosa rakende Coxinia's machinatiën tegen de Compae. Van 10 Meert 1660 tot 14 Febr. 1661, VOC1235, fol. 421v, 429r.

某贌商的「公司仔」（Congsia）。[27] 公司仔，在當時中文語意裡，有多重指涉；在荷蘭文獻中，通常是指勞工。用清代名詞來翻譯，也許相當於「社丁」。當時，臺南的臺灣城當局也知大武郡山谷生產有各種可供作船料，但不適宜建屋的堅硬木材，因此命令 Kiko 帶木材到臺南。[28]

這位荷治末期活躍於水沙連內外的漢人 Keyko 或 Kiko，如果用漢字名字復原，大概是「棋哥」或「驥哥」與「杞哥」之類。從中部漢人的立場，也算是開疆拓土的英雄人物。他與稍後的明鄭時代，開墾竹山林圮埔而於東埔蚋被原住民突擊殲滅的明鄭部將右參軍林圮（Lîm kì），不知有無關連？也許已無直接資料可證明。不，連明鄭部將右參軍林圮這號人物的傳記也甚為怪異。林圮或林圮哥絕對是貨真價實人物，不然不會有「林圮埔」地名流傳於世。但林圮只是被民間傳說為明鄭部將，官方文書並無備載，他入祀臺南延平王祠兩廂，也是將近三百年後的 1960 年代之事（鄭喜夫 1975:70-71, 75；吉田頁伍 1909:97）。更麻煩的是，此人原來無傳，20世紀初，好事文人替他作傳，說他是泉州同安「銅魚館人」，「被殺，所部死者數十人。番去，居民合葬之，以歲時祭祀，名其地為林圮埔……居民數萬，大都林氏子孫……」（許榮等、吳錫璜等 1962[1929]:28:1176；連橫 1962:588）。這樣的傳記，與目前竹山地區漢人居民的祖籍是漳州，有著嚴重矛盾。

無論如何，水沙連一帶內外的「開發」，在中國開疆拓土偉人（expansionists）還未蒞臨 Long stay 之前，從荷蘭文獻來看，就已經有合法，或非法的漢人活躍其中。這也難怪，18 世紀初，臺南府城西岸造船廠一旦開工，彰化社頭一帶便每天有好幾百名師傅、工人入山鋸木（翁佳音 2007:33-38）。南投名間鄉濁水村遺留的示禁碑中，反映水沙連大坪頂採製軍工匠首在 18 世紀初亦利用濁水大溪運樟木等軍工料件（不著撰人 1962a:71-72）。換言之，水沙連一帶的林木之產，應該是 17、18 世紀吸引「匪」及「人」進入的重要經濟原因。

---

[27] DZIV, p. 138.
[28] DZIV, p. 278.

（三）對外來者而言，不論是 16 世紀後半以來的潮州海盜如林道乾、林鳳，或是荷蘭東印度公司、明鄭海上王朝，以及滿州韃靼新中國，水沙連區域如上節所述，豐富的林產吸引著他們。區內的原住民因而甚早便與這些外來者接觸，不管是痛苦或尋常經驗。從本文的長期結構討論，雖然《臺灣府志》與《諸羅縣志》談及水沙連時，僅言由斗六門可進入，甚至可通東臺灣。不過，由荷蘭文獻，可知當時牧師是透過北投社社番招引水沙連番人與公司締和。換言之，當水沙連與外界接觸時，是有南、北兩條道路，不是只有從南邊的斗六門進入；大肚溪與烏溪流域的坑谷，亦可進入（見圖 2）。清雍正四年（1726）水沙連地區民番的反抗，中國鎮壓軍亦「……由北港南投崎抄入番巢之後……，一撥守備鍾日陞等帶兵由南港水沙連之前路竹腳寮……」，[29] 不外反映這個長久以來存在的族群或交通路線。

進一步，從斗六門由竹山進入水沙連的南路，上舉《臺海使槎錄》文中有「惟南北兩澗沿岸堪往來」（黃叔璥 1957:123），此句應解釋成斗六門入內山的「兩澗」（兩條溪水），都是指濁水溪。換言之，由濁水溪沿南岸竹山的竹腳寮（社寮）可進入「南港」今信義鄉的布農族部落；由溪北岸，

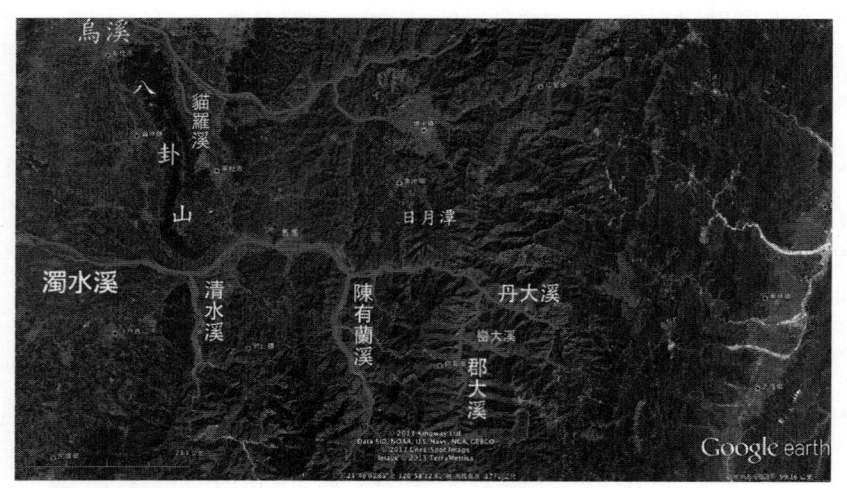

圖 2　水沙連南北通路

---

[29]《巡臺御史索琳勸捕生番摺》云：「可見清初亦知由烏溪進入之徑。」《雍正硃批奏摺選輯》卷一・三九〈巡臺御史索琳勸捕生番摺〉。

大概經由集集、水裏一帶，也可進入水沙連的「中港」，以及埔里盆地；「而以集集街、北投兩路行走，較為平坦」（諸家 1971）。換言之，進入埔里盆地，北邊由草屯、南投市；南邊由集集，這條路線長期存在。一般所論的道光初年中部平埔族遷入埔里，主要就是這兩條傳統道路。至於漢人入居時間，目前所論，都晚於竹山林杞埔。但有趣的是，日治初期傳統漢人文人吳德功之《埔社》一詩，詩云：

埔社有鄉村，漢人數十戶。自言開臺時，隨軍闢疆土；
數姓結比鄰，養育廣生聚。出作而入息，學稼兼學圃；
…………
讀書弗仕進，居家不商賈。春社飲宴會，收穫迓田祖；
釀酒樂酣醉，足蹈且手舞。雖有野番狂，幸無催科苦；
子弟自防閑，約束免官府。結習既成風，免受外人侮。
較密桃花源，問津鮮漁父；渾渾與噩噩，此風如太古。
（吳德功 1970:188）

　　這是「臺灣漢人開發史」的另類傳說。這些早期移居埔里的數十戶漢人，又是傳言為明鄭的部眾，真假姑且不論，但他們守著鄉土，不求仕進與經商，「幸無催科苦」，似乎應是無「籍」之「流氓」，文字歷史不易追蹤。無論如何，若從上述兩條交通路線的背景來思索，不應輕易拒絕這個傳說可能有其真實性一面。

　　總之，水沙連的早期歷史，亦即 16 世紀以來至 18 世紀，若依我所提及的長期結構、連續面考察理論，以及透過中外文獻的再解讀，追溯、前後時代互證、補充，則水沙連似乎仍有一片研究新天新地。

參考書目

小川尚義
  2006 臺灣蕃語蒐錄，李壬癸、豊島正之編。東京；東京外国語大學アジア・アフリカ言語文化研究所。

尹士俍（清）
  1957 臺灣志略，臺灣史料集成編輯委員會。臺北；遠流出版。

不著撰人
  1960 福建通志臺灣府，臺灣文獻叢刊第 84 種。臺北；臺灣銀行。
  1962a 臺灣中部碑文集成，臺灣文獻叢刊第 151 種。臺北；臺灣銀行。
  1962b 臺灣通志，臺灣文獻叢刊第 130 種。臺北；臺灣銀行。
  1972 雍正硃批奏摺選輯，臺灣文獻叢刊第 300 種。臺北；臺灣銀行。

吉田東伍
  1909 大日本地名辭書續編。東京；富山房。

吳德功
  1970 臺灣詩鈔，臺灣文獻叢刊第 280 種。臺北；臺灣銀行。

周鐘瑄（清）
  1962 諸羅縣志，臺灣文獻叢刊第 141 種，臺灣銀行經濟研究室編。臺北；臺灣銀行。

洪安全 編
  1994 清宮月摺檔臺灣史料（一）。臺北；故宮博物院。

翁佳音
  2007 路是人走出來——十七世紀中葉臺灣島內南北交通路線表。歷史月刊 232:33-38。
  2008 荷蘭時代：臺灣史的連續性問題。臺北；稻鄉出版社。

海樹兒・犮剌拉菲 Haisul Palalavi
  2006 布農族部落起源及部落遷移史。臺北；行政院原住民族委員會、國史館臺灣文獻館。

許榮等 修、吳錫璜等 纂
  1962[1929] 同安縣志。臺北；成文出版社影印。

連橫（清）
  1962 臺灣通史，臺灣文獻叢刊第 128 種，臺灣銀行經濟研究室編。臺北；臺灣銀行。

黃叔璥（清）
    1957   臺海使槎錄，臺灣文獻叢刊第4種，臺灣銀行經濟研究室編。臺北；臺灣銀行。

臺北帝國大學土俗人類學研究室調查
    1935   臺灣高砂族系統所屬の研究。東京；刀江書院。

臺灣史料集成編輯委員會 編
    2004   臺灣史料集成：清代臺灣方志彙刊。臺北；行政院文化建設委員會。

諸家
    1965   臺灣輿地彙鈔，臺灣文獻叢刊第216種。臺北：臺灣銀行經濟研究室。
    1971   道咸同光四朝奏議選輯，臺灣文獻叢刊第288種。臺北；臺灣銀行。

鄭喜夫
    1975   臺灣史管窺初輯。臺北；浩瀚出版社。

蔣毓英、陳碧笙
    1985   臺灣府志。廈門；廈門大學出版社。

臨時臺灣舊慣調查會 編
    1915   臨時臺灣舊慣調查會第一部蕃族調查報告書：武崙族前篇。臺北；臨時臺灣舊慣調查會。

簡史朗
    2006   相逢水沙連——族群關係與歷史。網路資源，http://www.twcenter.org.tw/g02/g02_06_02_03_1.htm，2013年3月15日。

Blussé, Leonard, Margot E. van Opstall, and Yung-ho Ts'ao, eds.
    1986-2000   De Dagregisters van het Kasteel Zeelandia, Taiwan 1629-1662. 4 vols. Den Haag: Instituut voor Nederlandse Geschiedenis.

Blussé, Leonard, Natalie Everts, and Margriet de Koning Gans, eds.
    2006   The Formosan Encounter: Notes on Formosa's Aboriginal Society: A Selection of Documents from Dutch Archival Sources, Volume III. Taipei: Shung Ye Museum of Formosan Aborigines.

Grothe, J. A., ed.
    1887   Archief voor de Geschiedenis der Oude Hollandsche Zending. Utrecht, The Netherlands: C, van Bentum.

附論：番社社名拼音校訂

　　嚴格來說，《臺灣城日誌》是荷蘭東印度公司高層職員被規定的工作日誌，與清代的官方編纂方志的性格有類似之處，它不是私人日記，因此有其記錄上的侷限，我們也理所當然無法奢望日誌「主動」紀錄水沙連一般民間史事，而且也不能期待工作日誌所記載或抄寫的地名、社名拼音精確無誤。例如，我對正文中提到的 Kachabouw、Talackey；最近，我在研究《日誌》中貨物，有 Bastas 一詞，百思不解，核對其他檔案與文獻，才知是 Baftas 之誤，然前後已費去不少時間，殊屬可惜。

　　無論如何，後續工作還是有必要，得靠國內專家進行綿密考定日誌所載之地名與番社名，甚至是校訂出版日誌中誤排的拼音。經古典文獻學手法校正後，現在之地點似乎也將呼之欲出。然而，此類繁瑣卻基礎之研究工作，有時是懂荷語的研究者力有未逮之處。尤其是仍未中譯出版的第四冊日誌，其中有疑問之社名、地名抄寫，依我看來，還不算少數，很值得討論。以下，我僅選擇與水沙連有關的幾個社名例子稍做討論。

例1：

《日誌》「苗栗嘉至閣番人（Calicanders）割取猫羅與 Sakaleij 社」的原檔文字如下：

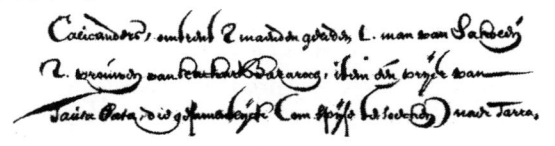

（VOC1160, fol. 415r），Sakaleij 社社名在第一行最後一字。

例2：

Serrien Tala-Oon，《日誌》第二冊（DZII, 471），原檔為：
（VOC1160, fol. 301）。然同年日誌資料，有時卻拼成：Talaoom（DZII, p. 550.），原檔則為：

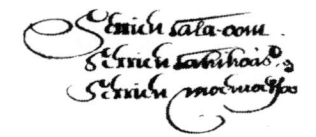

（VOC1164, fol. 561v）。其他資料中，或被拼成：Talavon（1647 年戶口表）（Blussé, Everts and de Koning Gans 2006:3:184），但查該年戶口表之原檔為：*forrier Talavoon*

顯然，此社社名是 Talaoon，《日誌》排印之字不確。

例 3：

《日誌》第四冊（DZIV, p. 274）抄成：Taokyguat，但原檔：*Taokigguat*（VOC1228, fol. 614v），可知是 Tackiguat 之誤。同樣之例，亦有：

2.《日誌》第四冊（DZIV, p. 143）有 Tackiwarwar 社名，似乎又有新社出現，但原檔為：*Leidse van Tacki Warwar*（VOC1222, fol. 138v），可見社名應為：Tackiwanwan。此社與常出現的 Tackiwannan *Tackiwarwar* 社，屬同一社。

3.《日誌》第四冊（DZIV, p. 143）的 Tackturaosa

Tacksu,, raosa

（VOC1222, fol. 138r），勉強可抄成 Tacksuraosa，應為 Tacksuracha，與 *Cacksuradas* 屬同一社的誤寫，並非另外一社。

例 4：

《日誌》第四冊（DZIV, p. 138）有 Tackitoeno 的社名，若核對原檔，此字為：

Tackitoeno（VOC1222, fol. 128v），似乎無誤抄現象，然仔細再觀察，則可發現 Tackitoeno 的「t」，疑似是「l」，「l」上面一橫，應為原稿筆墨不小心漬染造成。畢竟，該處面幾頁後又出現同社異名的 Tackisoeno（DZIV, p. 143），原檔為 *Tackisoeno*（VOC1222, fol. 138r），顯然，「s」是「l」之誤，故原社名是 Tackiloeno。同冊的《日誌》（DZIV, p. 274）就已清晰寫成：Tackiloenon *Tackiloenon*（VOC1228, fol. 614v），亦即完全可確定社名是：Tackiloenon。這個荷

蘭式的拼音,是唸成:Taki-lunon。Lunon 應為布農族語的 ludun,意指「山」(海樹兒・犮剌拉菲 Haisul Palalavi 2006:89),故此社或應可比定屬郡社群。

從考古學研究談水沙連區域的形成 *

劉益昌
中央研究院歷史語言研究所研究員
暨南國際大學人類學研究所合聘教授

一、水沙連區域的定義
二、區域考古學研究歷程與意義
三、當代考古學建立的文化發展史
四、結語

---

* 本文原為發表於「水沙連區域研究學術研討會：劉枝萬先生與水沙連區域研究」的會議論文，由於時隔多年，水沙連區域已有不少新資料出土，得以修正原來觀點，因此針對內容與結論加以修訂，祈讀者諒之。

一、水沙連區域的定義

　　水沙連是本次大會的主題，也是劉枝萬先生早年研究的重要空間領域，所以什麼是水沙連？水沙連區域在哪個範疇？就必須事先定義。幸好歷年來學者已有相當詳細的研究（陳哲三 1988；張永楨 2007），尤其是簡史朗老師在埔社與眉社的古文書選輯導讀之中，都已經對水沙連做過詳細的介紹（簡史朗、曾品滄 2002；簡史朗 2005）。基本上水沙連包括了大、小二個涵意，較小的範疇是指水沙連社，也就是日月潭邵族的水社，較大的涵意是指一個區域的泛稱，這個區域如果從清代初年《諸羅縣志》對於水沙連內山的描述，可以具體將水沙連區域的早期範圍描繪出來，換成今日的地名，是指草屯、南投、竹山、社寮一線的東北方山區，若以地形而言，就是今日烏溪和濁水溪的中、上游部分，而且後世大致以溪流做為水沙連內山族群分為南港、北港的地理因素，南港是濁水溪的中、上游區域，北港則為烏溪中、上游的北港溪和眉溪，至於今日埔里盆地內的南港溪往往被歸於南港的範圍，原因可能在於族群歸類。就清代初年的文獻而言，大致完成於雍正二年（1724）黃叔璥撰述的《臺海使槎錄》，描述的水沙連內山，可以代表清代早期官方對於水沙連的認知。隨後在雍正四年（1726）水沙連區域發生骨宗事件，當時調查此一事件的監察御史索琳，對水沙連內山以南港、中港、北港等三者區分，並將水沙連內山諸番分成三類敘述，此三類隱含著族群類緣與地域分布。中港為南、北投社東側山地到日月潭附近的烏溪和濁水溪之間，都是邵族的傳統領域；南港在濁水溪的中、上游部分，屬於布農族的領域，以陳有蘭溪和鄒族為界；北港位於烏溪上游的北港溪和眉溪北岸，以及濁水溪最上游部分，當屬於今日泰雅族和賽德克族分布領域。北、中、南三港的分法，到道光二十六年（1846）因為水沙連六社番地開墾的問題，清政府再一次界定北、中、南三港，大致和早期的分法沒有差異，只是將卓社和干卓萬社依地緣關係劃歸為中港，這個範圍一直到清代末年沒有改變。

　　從上述清代的界定，可以說明水沙連的領域在今天的草屯、南投、集集以東的山區，北側在烏溪的國姓鄉一帶，向東到仁愛鄉的平靜、萬大、萬豐等村，南側到達信義鄉為止，包括埔里鎮、魚池鄉、中寮鄉的全部，

以及國姓鄉、仁愛鄉、水里鄉、信義鄉、集集鎮的一部分。此一區域就地理範疇而言，屬於濁水溪與大肚溪的中、上游部分，地形為臺灣中央山系（雪山、中央山脈）以西的西部衝上斷層山地濁水溪以北的加裡山山脈最南段，是地質構造上車籠埔斷層以東的山地、埔里盆地群，以及中央山脈西側山地，其中並有大茅埔—雙冬斷層通過，整體地形係以埔里盆地群為中心，周圍圍繞著斷層構造所形成的陡峭山地，從西部平原而言，除了從濁水、大肚溪谷進入之外，少有其他通路得以進入此一區域。因此可說是形勢險要，但自然資源豐富，形成一個完整的自然與人文地理區域。

二、區域考古學研究歷程與意義

雖然有關臺灣考古學的研究歷程，整體可以區分為 5 個段落，[1]但是針對於本次研究主題水沙連地區的考古學研究，可以將日治時期合併，而區分為以下 4 個不同的段落思考。

（一）日治時期（1896-1945）：調查、紀錄

此一階段主要是調查與記錄遺址的階段，直到晚期才有少量針對大馬璘遺址的發掘工作。日治初年派赴臺灣從事學術調查的人類學者，部分調查者在調查原住民族或臺灣歷史，甚或自然資源之餘，從事遺址之調查與記錄工作，水沙連地區最早的遺址記錄，是鳥居龍藏於明治三十三年（1900）寫信給東京的坪井正五郎先生，指出埔里社城外的茄苳腳社、枇

---

[1] 考古學這個學科的學術史而言，可以從學術研究者如何詮釋「當代」所發現的考古遺址說起，因為詮釋一定深受當時社會脈絡與意識型態的影響。假若將臺灣考古學研究的發展歷程，放在社會發展架構中考慮，則不同時期學術研究者關於考古遺址的認知與解釋，可以歸納為以下幾個階段，1.日治前期（1896-1927）殖民地知識體系建構／2.日治後期（1928-45）學術研究的黎明／3.戰後初期（1945-49）傳承與轉變／4.戰後前期（1949-86）民族主義式的學術思考／5.當代（1980-？）多元思維的研究（劉益昌 2004）。其中戰後初期傳承與轉變年代也未必見是 1945-49 年，整體而言可以延續到中國考古學者石璋如先生最後一次教導考古學田野工作為止，大致可以 1960 年代初期為斷限；戰後前期若加上學術研究的方法，也可以稱為科學與民族主義階段。因此在《臺灣全志，卷三：住民志・考古篇》有關學術史的書寫時，則略作修改（劉益昌 2011）。

杷城附近、舊社、烏牛欄高丘、眉溪丘上、史港坑庄等地，都發現石器，而埔里社至集集街沿途，石器幾乎俯拾皆是，其中的烏牛欄高丘就是有名的大馬璘遺址，其後森丑之助（1902，1911a，1911b，1911c）主要進行今日信義、仁愛鄉境內的山地地區調查，也記錄了大量遺址。日治中、晚期遺址發現較少，但移川子之藏、馬淵東一等人，在進行高砂族系統所屬研究之時，仍有相當數量遺址記錄；此外，埔里的芝原太次郎等人，也針對大馬璘等遺址進行採集與記錄（芝原太次郎 1941），這些水沙連地區發現的遺址點，經過劉枝萬先生耙梳記錄，總計日治時期記錄的遺址地點在埔里鎮有 19 處，魚池鄉有 28 處，水里鄉有 8 處，集集鎮有 9 處，名間鄉有 5 處，國姓鄉有 7 處，仁愛鄉有 29 處，信義鄉有 57 處（劉枝萬 1951，1952，1956a:55-72，1956b）。這些遺址之中當然有部分處於較深山區，很難歸屬於今日的水沙連區域，但基本上從族群分布的觀點而言，仍與水沙連區域具有密切關連。

　　這些遺址幾乎是目前水沙連地區記錄的已知遺址，不過日治時期的資料，除了日治末期大馬璘遺址經過臺北帝國大學淺井惠倫、金關丈夫、宮本延人等人較正式的考古發掘之外，其他的遺址地點均為地表調查採集，記錄的方式大都籠統概括（甲野勇 1929；鹿野忠雄 1930，1995a[1946]，1995b[1952]），加上有些遺址地點經過近一個世紀來的變遷或者山地地區原住民遷移，已有許多遺址無法確知其位置，例如埔里盆地以內的遺址，有相當區域今天已經發展成為埔里的市區或密集的住宅區，所以這些遺址點在普查計畫之時，大多無從調查確認（劉益昌、陳仲玉、郭素秋、鄭安晞、吳美珍、林三吉、張彥祥 2004；簡史朗、劉益昌 2004）。

（二）戰後初期（1945-63）：發掘與調查

　　此一階段在臺灣考古學而言，是傳承與轉變的階段，具有安陽考古經驗的中國考古學者在 1948 年底來到臺灣，取代日籍學者成為考古學研究的

教學與指導者，[2]最重要的田野工作地點就是大馬璘遺址。其實此一遺址在戰後初期1947年11月劉枝萬先生曾經進行試掘，隨後宋文薰先生亦曾於大馬璘遺址調查並採集陶片，之後才是大馬璘遺址發掘前的預備調查，以及1949年11月10日至12月2日正式的發掘工作，由安陽考古學者李濟先生領隊，石璋如先生、高去尋先生實際帶隊發掘，並由潘愨先生進行測量，當時參加者還有助教陳奇祿先生以及臺灣大學歷史系大四學生何廷瑞，大三學生宋文薰、劉斌雄，在埔里的劉枝萬先生也參與此次發掘工作（石璋如1953，1956；劉枝萬1956a；石璋如、劉益昌1987）。

另一重大關鍵是南投縣成立南投縣文獻委員會，該會認為在修志之前，必須收集原始資料，而且認為「先史時代的人文事蹟，……亦不可忽略。」因此劉枝萬、劉斌雄二位先生，從1954年開始陸續調查縣內遺址，其中並選擇集集鎮洞角遺址進行發掘，隨後最重要的調查工作在於日月潭畔的全面性調查，調查工作進行中恰好日月潭因久旱不雨，潭面水位下降，得以進行湖畔的全面調查工作，發現數量龐大的石器、陶器，並完成《日月潭考古報告》專書一冊（劉斌雄、劉枝萬1957），是日月潭地區從日治時期頭社壩興建以來，第一次有機會完成的完整調查報告，留下珍貴的調查記錄。

本階段山地地區遺址的調查研究已經近乎消失，但在埔里盆地群與鄰近淺山地區則由戰後第一代考古學者持續進行研究，目的仍在於調查記錄並研究遺址，主要從出土的考古遺物，理解過去人類的文化形貌，但尚未考慮文化體系的建構，當然也無法提出史前時代水沙連區域的範疇存在與否。

---

[2] 二戰之後，經歷留用日籍學者教導臺灣本土第一代考古學者的交替與傳承短暫時期（1945-49），臺灣考古學走入另一個時期，1948年底中央研究院歷史語言研究所從中國遷臺，對臺灣考古學的研究而言，是理論方法與解釋邏輯的重大轉變，以安陽殷墟考古工作為主的學者填補了日籍學者所留下學術空間，初期除了積極介入臺灣的考古學人才培育、知識傳承之外，也參與臺灣考古的研究工作，隨著臺灣大學考古人類學系成立一段時間以後，培養出來的第一代年輕學者與相關研究者，逐漸穩定從事臺灣地區的考古工作，中央研究院歷史語言研究所的考古工作逐步回到以中國安陽殷墟遺址為中心的中原考古研究，但仍維持部分考古學的教學工作直到1980年代初期（劉益昌2000）。

（三）戰後中期（1964-86）：文化體系建構

　　此一階段是臺灣考古學研究戰後時期（1949-86）的後段，以1964年臺灣史前文化史研究計畫執行為界，當時民族主義的思維仍然存在於臺灣考古界，但是以科學的手段做為考古學研究的方法，已經從歐美引入臺灣，在此之前地質學者已經開始使用1950年發明的碳十四年代測定方法，做為絕對年代定年。1964年考古學者也開始使用碳十四年代測定，同時引入孢粉分析，以建立古生態系統。1964-65年，由美國耶魯大學張光直先生與臺灣大學宋文薰先生合作進行「臺灣史前文化史研究計畫」，其中包括植物孢粉分析進行古環境的研究，由美國耶魯大學生物系的塚田松雄教授主持。塚田在日潭的湖底採了深達12.79公尺的一條湖底泥的標本進行孢粉分析，結果在湖底4公尺左右深處的標本，年代經碳十四測定的結果為12,000年前，此一時段湖邊的植物群中次生植物（如臺灣赤楓 Liquidambar formosanus）急遽增加，同時淤泥裡的炭末也開始顯著而持續的增加。到了湖下1.8公尺左右，測定年代為距今4,200年前，次生植物和炭末更為顯著的增加，禾本科植物亦大量增加。另外在頭社盆地第一口井深度約970公分深處，碳十四年代測定約於17,000年前的泥炭層中，發現有竹片，也顯示可能有人類活動的可能。

　　根據以上的研究結果，塚田教授認為距今4,200年左右的變化，應該是顯示穀類農業進入日月潭的現象，而這種現象在年代上亦與繩紋紅陶文化的碳十四年代大體相當。也就是說穀類作物可能在四千多年前進入中部地區，一直伸入到日月潭一帶，因而造成孢粉史上4,200年前的變化。此外，張光直先生亦曾針對12,000年前氣候上的變化形成的原因提出疑問，認為造成該現象的因素可能是大坌坑式繩紋陶文化人在這個區域從事原始農耕而砍伐森林的表現（張光直1977b:413）。由於日月潭區與鄰近區域目前並未發現大坌坑式繩紋陶遺物，因此是否即如張光直先生上述之推測，尚難確認。其後何傳坤（1978）則從天然火災的立場，指出日月潭早期潭底淤泥中的碳屑可能是自然火形成森林火災焚燒後的堆積，而非人類農業耕作造成。

　　1972-74年由張光直先生主持的「臺灣省濁水與大肚兩溪流域自然與

人文史科際研究計劃」（簡稱「濁大計劃」），R. Stamps（尹因印）曾針對埔里盆地的史前遺址做過詳細的調查，在 "An Archaeological Survey of the Pu-li Basin, West Central Taiwan, Republic of China"（埔里盆地考古調查）一文中，總計列出了 28 個遺址點，並在水蛙堀、大馬璘等遺址進行簡單的考古發掘（Stamps 1977）。孫寶鋼先生在魚池鄉進行考古學調查，除了複查早期發現日月潭畔的遺址之外，也對魚池盆地、頭社盆地等區域進行較為詳細的調查工作，發現許多遺物出土地點（孫寶鋼 1977a，1977b），不過尹因印所調查的埔里盆地遺址，除了過去已知的遺址之外，大都未有詳細紀錄地點與地圖標示，引造成日後調查很大的困擾，孫寶鋼的調查也大多以地點標示，因此在近年進行遺址普查時，必須重新確認遺物分布狀態，並進一步確認遺址範圍（黃士強、臧振華、陳仲玉、劉益昌 1993；劉益昌、陳仲玉、郭素秋、鄭安睎、吳美珍、林三吉、張彥祥 2004；劉益昌、簡史朗 2008）。

在此一階段最後，中央研究院歷史語言研究所陳仲玉先生在 1981-87 年間，沿續「濁大計劃」的調查工作，進行濁水溪上游河谷的調查，並選擇曲冰遺址進行 3 次發掘工作。調查過程新發現濁水溪上游 19 處史前遺址，不過部分遺址與日治時期調查資料尚難區分或比對，曲冰遺址所進行的大規模發掘，幾乎將遺址之主要範圍發掘，獲得豐富的文化遺物，以及大量的建築遺存與墓葬，並有相當數量的年代測定結果，得以建構此一遺址的家屋型態與聚落模式（陳仲玉 1994）。由於此一遺址發掘與濁水溪上游河谷之調查研究，係沿襲「濁大計劃」而來，雖然整體發掘報告遲到 90 年代才出版，但仍將此一調查發掘置於本階段敘述。

此一階段由於「臺灣史前文化史研究計畫」以及「濁大計劃」進行濁水溪與大肚溪流域全面性調查與試掘，同時進行絕對年代測定，因此得以建構中部地區較完整之史前文化發展史（宋文薰、連照美 1975；張光直 1977a，1977b；Chang 1959），同時經由「濁大計劃」後續的資料發表與持續的調查研究工作（例如臧振華 1978），得以進一步釐清文化層位的相對關係，配合臺灣其他地區的資料，學者初步建構臺灣完整的史前文化發展體系，中部地區包括牛罵頭、營埔、番仔園三大前後發展的文化體系（宋文薰 1980；黃士強、劉益昌 1980）。此一文化層序可說是臺灣考古學研究

重要的節點，顯示史前文化研究已大致完成應有的層位發展體系。有關水沙連區域的文化層序，大抵配合西海岸中部地區的文化發展體系，建立新石器時代晚期以來的發展，並以營埔文化為名，取代原有之水蛙堀相與大馬璘相等地區性名稱，同時將大丘園文化，依文化年代與年代測定結果置於營埔文化之後，局部與海邊地帶的番仔園文化並行。

(四) 戰後後期 (1987- 迄今)：文化體系再建構與主體研究

前一階段臺灣已經建構各區域的史前文化發展層序，可說初步完成臺灣史前文化發展史的全面架構，不過各文化層間年代間距太大，而且丘陵、山地地區的資料仍然不足，因此從 1980 年代初期開始，學者就已經提出局部修改的看法（例如劉益昌 1986a，1986b），同時將年代間距縮小（例如李光周 1984），並重新思索整體史前文化發展體系，指出以海岸平原為主的史前文化發展體系，並不適用於丘陵山地地區，同時分類體系也過於簡單化，從而建議臺灣考古學界應考慮文化體系的再建構與細緻化，用以做為進一步研究文化變遷的基礎（劉益昌 1995，2002）。

1980 年代初期臺灣本土化運動興起，1987 年臺灣解嚴，帶來社會與文化的變遷，其中最重要的影響在於本土研究不再被視為異端，以在地研究為主的考古學因為公共工程擴大，導致文化資產處理型態的考古工作大幅增加，尤其以 1988-92 年十三行遺址從學術研究轉而為搶救發掘引發的本土化運動，可說是一次文化運動，又可稱為「十三行事件」。在此之後，當時主管遺址的內政部，開始進行一連串的遺址普查（宋文薰、尹建中、黃士強、連照美、臧振華、陳仲玉、劉益昌 1992；臧振華等 1994；臧振華、陳仲玉、劉益昌 1995；臧振華、劉益昌、邱敏勇 1996），同時也進行了相當數量的搶救發掘或環境影響評估。水沙連地區最重要的水蛙堀遺址（何傳坤、鄭建文、陳浩維 1997；鄭建文 1998；劉益昌、郭素秋、戴瑞春、簡史朗、邱水金 1999）、大馬璘遺址（劉益昌 1996；何傳坤、劉克竤、陳浩維 2001；何傳坤、劉克竤 2004），也都遭受農業或建築的損害，因而進行多次的搶救考古發掘。921 地震之後，大馬璘遺址由於埔里基督教醫院、埔里高中一再興建新建築，導致遺址數次進行搶救發掘，日月潭由於地震

後短期水位降低,得以進行環湖調查,同時 Lalu 島也露出部分受湖水侵蝕的文化層,因此進行小規模發掘工作(劉益昌、郭素秋、簡史朗 2001,2004)。南投縣的遺址普查工作,則遲至 2004 年才完成(劉益昌、陳仲玉、郭素秋、鄭安晞、吳美珍、林三吉、張彥祥 2004),這些資料使得學者得以配合臺灣各地區史前文化層序的修正與細緻化,重新思考水沙連地區的史前文化層序,建立以區域史前文化發展過程為核心的層序體系。

由於學術思潮的改變以及史前文化層序逐步完整,水沙連地區的考古學研究逐漸從文化體系建構,進入主題研究的階段,從 1990 年代開始,學者一再提出水沙連區域與西海岸平原地區,以及臺灣東部之間的交通和交換關係體系研究,企圖說明史前時代以來人群透過交換體系,所形成的互動關係與交通動線。其中關鍵的遺址就是前述經過詳細發掘的曲冰、大馬璘、水蛙堀、Lalu 等遺址出土臺灣閃玉質地的各類工具與裝飾品,同時在上述遺址也辨認出不少製造玉器的半成品、廢料以及工具,使得此一研究主題得以開展(劉益昌 2003)。同時中央研究院人社中心的考古學研究專題中心,也在濁大計劃資料及其後 30 年來的基礎之上,進行濁大區域古環境變遷研究計畫,初步以埔里盆地群為核心,配合原先擬成立之中央研究院埔里考古園區,首先進行水蛙堀遺址之古環境研究,主題在於遺址形成過程與週遭環境關係。這些研究成果進一步強化水沙連區域的考古學研究,因而得以提出新的研究方向,思考水沙連人群的特質。

三、當代考古學建立的文化發展史

目前水沙連地區遺址所顯示的史前文化發展過程,經過考古學者調查與研究,大致已經建立從新石器時代中期迄今的發展程序(表1),以下針對水沙連地區的史前文化作一簡要描述,以說明其概況。

表 1　中部濁大區域與大埔里地區史前文化層序比較表

年代			中部濁大地區（平原、丘陵）	大埔里地區
歷史		A.D. 1620	拍瀑拉族／巴布薩族／洪雅族（？）	埔番／眉番／邵族
金屬器與金石併用時代		1,000 B.P.	番仔園文化晚期／內轆文化林厝類型／？	方形石板棺時期
		1,800 B.P.	番仔園文化早期／內轆文化／大邱園文化／？	大馬璘文化末期／拍印紋陶文化
		2,300 B.P.	營埔文化晚期	大馬璘文化晚期
新石器時代	晚	2,800 B.P.	營埔文化中期	大馬璘文化中期
		3,300 B.P.	營埔文化早期	大馬璘文化早期
	中	4,500 B.P.	牛罵頭文化	「繩紋紅陶文化」
	早	5,000 B.P.	大坌坑文化？	大坌坑文化？
		6,000 B.P.		

（一）大坌坑文化晚期與繩紋紅陶文化

雖然 1960 年代以來的孢粉分析結果指出距今 4,000 多年已有人類活動，但遲至 1990 年代水沙連區域並未辨認出繩紋紅陶文化時期的遺址，也未能指出遺址中單一繩紋紅陶文化層，中部地區出現繩紋紅陶時期牛罵頭文化層的遺址集中在海岸平原、盆地的大甲臺地、大甲溪南岸臺地與大肚丘陵西緣、烏溪河口。主要的遺址包括臺中市清水區的牛罵頭遺址，外埔區的麻頭路遺址下層，大甲區水源地以及火葬場遺址下層，臺中盆地南側烏日區下馬厝遺址，大肚區頂街遺址等，近期臺中市西屯區惠來遺址與彰化縣牛埔遺址也有重要的發現。「濁大計劃」時期發掘的南投縣草屯鎮平林遺址、草鞋墩遺址是水沙連鄰近的代表性遺址。至於更早階段的大坌坑文化，中部地區僅在部分遺址發現少量具有大坌坑文化特徵的陶器，得見於牛罵頭遺址、旭光國小遺址、牛埔遺址的牛罵頭文化層下部地層，但未能發現單一文化層。

水沙連地區遲到近年才發現確切的新石器時代中期繩紋紅陶時期文化

層（圖1），但在水蛙堀、大馬璘、坪仔頂、Lalu等遺址發現典型的繩紋紅陶，濁水溪中游洞角遺址下層、陳有蘭溪豐丘二臺遺址以及東埔遺址下層，甚至濁水溪上游的姊妹原遺址，也發現少量的繩紋紅陶，顯示人群已經在此一區域活動。其中埔里盆地的大馬璘、坪仔頂、水蛙堀遺址均出土相當豐富的繩紋陶，顯示當時已有人類居住，而非臨時住所或交換而來的器物。就目前大馬璘遺址、水蛙堀遺址、坪仔頂遺址發掘的狀況而言（劉益昌、郭素秋、戴瑞春、簡史朗、邱水金1999；何傳坤、劉克竑2004；劉益昌、陳仲玉、郭素秋、鄭安睎、吳美珍、林三吉、張彥祥2004；劉益昌、簡史朗、吳美珍、林三吉2004），顯示大馬璘文化層之下具有本文化層，但堆積可能較薄，同時大馬璘文化人的建築往往是由地面向下的建築形式，此一行為極可能導致文化層翻攪而且與大馬璘文化混出，因此無法發現具體的文化層，不過在這個時期已有的年代測定如大馬璘遺址、坪仔頂遺址、豐丘II遺址，大約在距今4,500-3,500年左右，這時候的陶器形制以侈口、鼓腹罐為主，器腹施有繩紋，並發現石斧、石鋤與石刀等石器，顯示當時人的生活是同時兼營漁、獵、採集等活動（張光直1977b:433）。2009年埔里大馬璘遺址進行的調查研究，透過考古探坑試掘以及清理遭受工程破壞的區域，部分探坑發現清晰的繩紋紅陶階段文化層，出現在大馬璘文化層之下，顯示大馬璘遺址的確擁有早期單一的繩紋紅陶文化層堆積（劉益昌、潘英海、鍾國風、黃正璋、張博森2009）。最近在南投縣集集鎮長山頂II遺址則有重要的發現，確認早期「繩紋紅陶時期」已經發現於濁水中游區域（厲以壯、顏廷伃2012）。

　　如果考慮水蛙堀遺址出現的大坌坑文化要素，代表大坌坑文化晚期也在埔里盆地群出現，則年代可能可以早到距今5,000-4,500年前左右，如此可以和臺灣其他區域大坌坑文化晚期階段比擬，也可以說明日月潭底淤泥分析所得較早期可能的人類活動遺跡，可能與本文化有關。[3]

　　除了前述1960年代所進行的分析之外，陸挽中透過日月潭湖泊沉積物重新進行孢粉分析，結果顯示距今6,760-4,040年左右植被產生極大的改

---

[3] 何傳坤（1978）則從天然火災的立場，指出日月潭早期的碳屑可能是自然火的堆積，而非人類農業耕作造成。

變，苦櫧、野桐、黃杞減少，艾屬異常大量增加，碳質碎屑大量增加，顯示出火災破壞後的次生植被組合，推測可能是史前人類山田燒墾造成的火災所致（陸挽中1996），此一年代則顯示部分屬於大坌坑文化階段，部分屬於「繩紋紅陶文化」階段。但目前日月潭及周邊僅發現繩紋紅陶的器物，因此未有直接證據，但是埔里盆地內的水蛙堀遺址，則得見不少具有大坌坑式繩紋陶特徵的陶器，是否顯示在此一時期人類也曾上到日月潭活動，未來如需解決此一問題，仍以水蛙堀遺址之環境研究得以直接獲取證據。

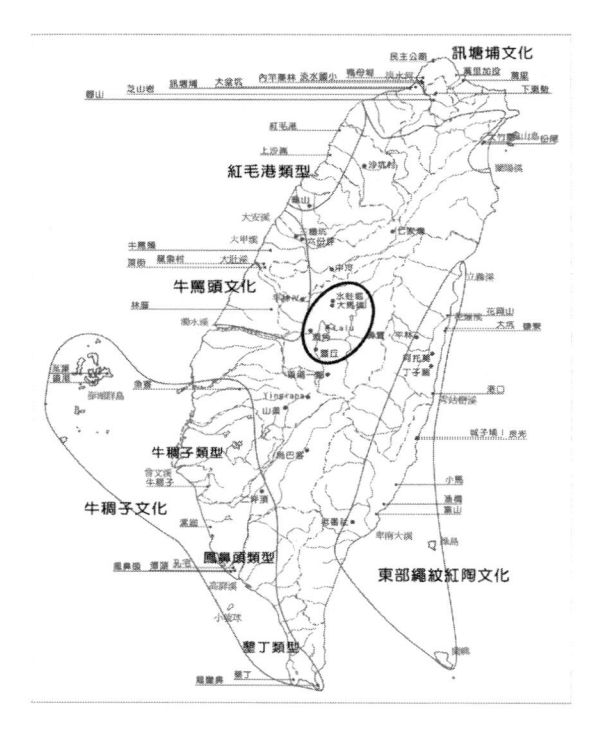

圖1　臺灣新石器時代中期繩紋紅陶階段分布及重要遺址分布圖
資料來源：作者製作。
註：黑色圈內表示水沙連區域。

（二）新石器時代晚期

此一階段大致屬於新石器時代晚期，水沙連區域目前可以確認具有營埔文化、大馬璘文化與東埔一鄰文化早期等3個文化體系，分布在不同區位範疇，以下簡述各文化內涵與地域分布。

1. 營埔文化

本文化是中部地區新石器時代晚期的主要文化，主要分布於濁水溪、大肚溪、大甲溪流域中、下游地區；根據現有碳十四測年結果，年代距今 3,300-1,800 年前，或可延續至距今 1,700 年前（朱正宜 1990；劉益昌 1989，1999a；劉益昌、顏廷仔、林美智 2007:69-70）。喜歡居住於平原及河流中游的高位河階，分布廣、聚落大、佔居時間亦久，和南部地區的大湖文化同為臺灣重要的黑陶文化之一。由於本文化分布區域廣，生態環境從海岸到 1,000 公尺的中低海拔山區，而時間又相當長，因此在時間及區域分布上均略有差異，可以區分為幾個不同類型（劉益昌 1999a:78-88）。

在水沙連區域內本文化主要分布於濁水溪中游南北二岸，尤其以名間、集集、水里等鄉鎮所在的濁水溪北岸區域，得見洞角、集集大山、上楓仔林、大坪頂等重要遺址分布，近年並於草屯鎮東側三層臺的高位河階發現七股遺址，部分學者將此一區域之營埔文化稱為洞角類型，或稱為大坪頂類型（厲以壯 1991），其文化內涵與海岸平原、盆地的營埔文化遺址略有不同，主要在於生業適應型態的不同，因此所擁有的生業工具體系也略有不同。其文化內涵主要以灰黑色夾砂陶為主，並出土大量山田燒墾所需之石斧、石鋤、石刀，以及可能做為狩獵所用的石球、石鏃、矛頭，和捕魚所用的網墜。

2. 大馬璘文化

根據 1990 年代中期以來的研究，筆者及其他學者將埔里地區新石器時代主要的史前文化，歸屬於一個文化體系，初步以較早命名的「大馬璘文化」為名，歷年來並依據 1970 年代濁大計劃所得之文化內涵與年代資料，將大馬璘文化區分為水蛙堀類型（3,600-2,400 B.P.）、大馬璘類型（2,400-1,700 B.P.）。最近筆者根據 2009 年發掘出土的層位證據與文化內涵，依據發展的先後則可以再區分為早中晚末 4 個前後不同的階段或類型。早中晚 3 階段均屬於目前學界所稱之新石器時代晚期，但如依全臺灣整體史前文化發展，其晚階段當可能進入新石器時代末期到金石並用時代早期，最末階

段則已是金石並用時代,因此本節僅討論較早的 3 個階段。[4] 依據筆者 2013 年資料的分期及文化內涵如下述。

大馬璘文化早期階段出土之陶片以具營埔文化要素之灰黑陶為代表,另外有小部分遺物呈現東部史前物質文化要素,也有少量東部地區的文化要素,隨著地層堆積往中晚期階段發展,則有更多大馬璘文化的要素(劉益昌、潘英海、鍾國風、黃正璋、張博森 2009;張博森,2011)。此時期常出現向下打破至生土層甚至礫石層的長方形凹坑現象,推測為半地穴式之居住型態,半地穴居屋之空間內常伴隨火塘現象,且半地穴居屋之空間外常伴隨圓形凹淺狀的灰坑現象,約略可見當時家戶的空間配置模式。此一階段如根據年代測定的結果,大致在距今 3,300-2,800 年之間。

大馬璘文化中期階段出土陶器已有明顯變遷,具有營埔文化與大馬璘文化要素的陶類大致相當,最特殊的是文化層內 38 件戈矛形器中共有 22 件屬於本期或其延續層位,而有 14 件則屬於更晚的晚期階段,只有 2 件出土於中期階段底層,說明戈矛形器製造及使用始於中期階段並延續至晚期(張博森 2011:79),此中特殊武器或獵具明顯只見於大馬璘文化。此一階段地層中石板棺密集出現,並得見大量石材、石廢料密集堆置的區域,其中並伴隨木炭與火燒石,其上方則為清楚的列石結構現象,透過地層相對關係,可知當為長方形石板棺墓葬發展之最早階段,普遍可見東部史前文化要素大量涉入大馬璘地區,並發展出大馬璘文化獨有物質特色之最主要階段,因此常可發現大馬璘文化、東部要素以及營埔文化要素相伴出土,推測此時期內大馬璘遺址上之人群生活同時接受來自東部與西部沿海之史前物質文化要素,並在兩種物質文化基礎上發展出獨有的文化內涵。此一階段如根據年代測定的結果,大致在距今 2,800-2,300 年之間。

大馬璘文化晚期階段出土之陶片類型以大馬璘文化晚期類型之褐色夾

---

[4] 原稱水蛙堀類型較早期的年代(3,600-2,400 B.P.),此為濁大計劃時期測定之 3,600 B.P.,就水蛙堀遺址而言,目前已知當存在一層繩紋紅陶文化階段,此一孤立年代極可能屬於更早一階段繩紋紅陶的年代。至於大馬璘遺址愛蘭公墓地點定年結果經校正後在距今 3,500 年前後,出土文化遺物則少見繩紋,筆者在愛蘭公墓地點略南側的陰陽界附近所做發掘,下層亦少見繩紋陶,但年代測定也在 3,500 年前後,也許這是「繩紋紅陶文化」晚期的素面夾砂紅陶階段。

粗砂陶、中砂陶為主，文化層內亦含有大量之石器，包括打製斧鋤型器、石片器、錛鑿形器、戈矛形器、箭鏃、網墜等。大馬璘文化晚期階段亦延續中期的長方形石板棺的墓葬形式，此一階段如根據年代測定的結果，大致在距今 2,300-1,700 年之間。

就整體大馬璘文化而言，雖得見從「繩紋紅陶文化」（或稱牛罵頭文化）演化的過程，早期階段也具有濃厚的營埔文化影響，但大馬璘文化中、晚期階段受東部史前文化要素影響甚深，呈顯出史前時期某種共通之社會文化概念，而非單純的物質文化採借，可能出現人群移入的現象。

3. 東埔一鄰文化早期

東埔一鄰文化分布範圍北起陳有蘭溪流域、清水溪流域，向南連接曾文溪流域翻越阿里山脈南段到達楠梓仙溪與荖濃溪流域的上游地區，並可能越過中央山脈到達卑南大溪支流新武呂溪上游的利稻、霧鹿等高位河階。此一文化包括歷年來學者研究所稱分布於陳有蘭溪流域的東埔一鄰類型、曾文溪上游的 Yingiana 上層文化、楠梓仙溪與荖濃溪流域的比鼻烏類型，筆者透過比較研究，認為屬於同一文化體系，因此以最早命名的東埔一鄰文化為名（劉益昌 2006），但筆者亦接受使用具有代表性的阿里山鄉 Yingiana 遺址上文化層為代表而稱為 Yingiana 上層文化（何傳坤、洪玲玉 2003:276）。

曾文溪上游的 Yingiana 遺址上文化層以素面粗砂紅褐陶為主，區域內部分文化內涵相同的遺址並發現灰黑色細砂陶和泥質陶。粗砂紅褐陶為手製，大多素面無紋，器型只有侈口折沿鼓腹的圜底罐，並見少量的紡輪，伴隨陶器出土的石器，主要是打製斧鋤形器，磨製錛鑿形器，磨製石刀，磨製石鏃等，其中以砂岩質的打製斧鋤形器為最多，矛鏃形器等次之，遺址中並見相當數量的石板棺，其形制為不規則的砂岩石板或岩塊組合而成的短棺，部分墓葬發現石鋤、石斧、石鏃、玉管、琉璃珠等陪葬品，遺址大多分布於平坦的河階地、角階地或山麓緩坡，由測定的年代得知較早約距今 3,200 B.P.，但明顯集中在距今 2,600-2,000 年之間（何傳坤、洪玲玉 2003:68-71；何傳坤、洪玲玉、劉克竑、張光仁 2012:276-279），但同一區域遺址臧振華等測定的碳十四年代資料在 900-200 B.P.（臧振華、張光仁

1996:380-381），也許在曾文溪上游流域擁有此一文化從較早階段到晚期的發展。

目前所知本文化較早的部分，發現於曾文溪上游的阿里山區，就整個文化體系而言，東埔一鄰文化從中心地帶向外發展，早期 Yingiana 類型是否擴散到陳有蘭溪流域地區，仍需進一步研究，與本次討論關係密切的文化體系為陳有蘭溪流域的東埔一鄰類型，遺址主要分布於流域內較高位河階，就目前所知當屬年代較晚階段。不過近年來自然科學博物館在東埔一鄰遺址 E23 區試掘所得的 2 個年代，校正後的年代範圍接近距今 2,000 年前（何傳坤、王嵩山、嚴新富、黃正璋 2005:140），年代測定的地層屬於最晚的第一文化層，顯示其下的文化層，當屬更早階段可能延伸至距今 2,000 年以上。這也顯示陳有蘭溪流域可能也有東埔一鄰文化從較早階段到晚期的發展的狀態。

（三）金石並用時代早期

此一階段可能屬於新石器時代最晚期轉變到金石併用時期早階段，年代大致在距今 2,000-1,000 年之間，目前可以確認包括大馬璘文化末期、大邱園文化與東埔一鄰文化晚期等 3 個不同文化分布於水沙連地區，另外可能還有「拍印幾何紋陶文化」存在於局部區域。

1. 大馬璘文化曲冰晚期類型

大馬璘文化晚期人群似乎在距今 1,700 年左右離開大馬璘遺址，也逐漸離開埔里盆地群，最後僅剩零散居住的人群，而進入文化衰退的末期階段。末期階段以曲冰遺址為代表，通稱為「曲冰晚期類型」，此一階段指的是曲冰遺址整體發展的最晚期階段，其文化內涵和大馬璘文化之前各期相同，亦使用長方型石板棺，但房屋結構和曲冰遺址興盛時期不同，已經完全不採用板岩為房屋主結構的材料，沒有板岩立柱和 T 形支撐，只用較小塊的板岩圍繞外牆基礎，但地面則使用板岩平鋪，房屋面積在 22-40 平方公尺之間（陳仲玉 1994:65）。根據曲冰遺址的發掘結果所顯示的 23 個碳十四定年的測定數據中，有 4 個晚期的數據經校正後是集中在距今 1,350-750 年之間，其餘的則早於 1,800 年。埔里盆地的水蛙堀遺址也有少部分晚

期的地層發現,由於大部分遺址都未進行測年,目前對於晚期類型的遺址或者是某一遺址是否發展到最晚階段,資料仍然相當稀少。初步將此一類型的年代界定在距今 1,700-700 年之間,不過正確的年代仍需依賴更進一步的研究資料才能確認。

2. 大邱園文化

　　本文化主要分布在濁水溪中游南北二岸,主要的遺址包括大邱園、田寮園、共和以及後溝坑等遺址,日月潭周邊有不少遺址發現這個文化的遺物,Lalu 遺址就是一個明顯的例子。這個文化的陶器以夾粗砂紅褐色陶為主,亦有夾砂紅陶與夾砂灰黑陶,以及少量之磨光黑陶。陶器以素面為主,但有少量之刺點紋與貝紋。陶器器型有鼓腹罐、小型罐、筒型罐、缽、瓶等。石器則見打製石鋤、磨製石斧、石錛、鑿、矛頭、箭頭、石球、圓盤狀器等,少見網墜,田寮園遺址可見少量玻璃管珠,在 Lalu 遺址可見玻璃珠與鐵環和玉器、石器共伴出土,說明這個文化已有少量外來金屬、玻璃等材質的器物進入,但生產工具仍使用石器,所以歸屬於金石並用文化的早期階段,同一階段海岸或平原地區已進入金屬器使用的階段。從田寮園、共和遺址等典型大邱園文化遺址碳十四年代測定結果,大約為距今 2,000-1,000 年左右,日月潭內出土大量本文化典型陶器的 Lalu 遺址,年代亦在本文化後半期階段出現。就時間與文化內涵而言,本文化與中部海岸平原臺地的番仔園文化番仔園類型大約同時,但是分布區域不同的地方性文化(劉益昌、李德仁 1998:7;劉益昌 2000)。

3. 東埔一鄰文化晚期

　　東埔一鄰類型分在於濁水溪上游支流陳有蘭溪流域,主要遺址有東埔一鄰、Saiku、沙里仙、久美、Pakiyana、內茅埔等,遺址通常分布於河流兩岸高位河階上。出土遺物以陶器、石器為大宗。東埔一鄰遺址陶器以紅褐色夾砂陶為主,佔總數的 99% 以上,大都是素面無紋。[5] 陶器的形制

---

[5] 早期發掘資料顯示,有紋飾者僅佔總數的 2.47%,皆為繩紋,紋飾都是拍印而成,單一紋樣構圖,施於頸部以下的器表,但發掘者也懷疑這些繩紋陶片可能是更早的西海岸牛罵頭文化。從當代研究可以說明早期發掘混出於地層中的繩紋陶,當為後期擾亂前期文化層的結果,也是更早期的「繩紋紅陶文化層」(或稱牛罵頭文化),此從地層堆積與碳十四測定年代結果均可以證實(何傳坤、王嵩山、嚴新富、黃正璋 2005)。

以罐形器為主，大都為圜底，但是也有少數帶有圈足或把手，石器則以薄型的打製石鋤為主，並有石鏃、石鑿、石刀等其他工具（高有德、邱敏勇1988:39），筆者調查時在遺址中常見切割的砂岩石材，亦可見板岩所製之玦形耳飾。在調查與發掘過程中，經常可見長方形石板棺露出於地表（劉益昌 2000）。

碳十四年代主要出自東埔一鄰遺址，根據發掘者討論較可信的有 920 ± 90 B.P.、960 ± 210 B.P.、1,200 ± 260 B.P.，校正後在 750-1,460 B.P. 之間（高有德、邱敏勇 1988:39-40），看來年代大致在 1,500 年以內到 700 年之間，至於可以延續到多晚目前尚難肯定。不過，最近自然科學博物館在東埔一鄰遺址 E23 區試掘所得的 2 個年代，校正後的年代範圍分別為 1,700-1,900 B.P.、1,410-1,580 B.P.（何傳坤、王嵩山、嚴新富、黃正璋 2005:140），此一地點與原先發掘地點相同，測定所得年代則較早，且發掘者認為此一地點可能有 3 個不同文化層，除了最底層的繩紋紅陶堆積之外，其餘二層當為東埔一鄰類型的 2 個階段，年代測定的地層屬於最晚的第一文化層。此一結果可能將東埔一鄰遺址東埔一鄰文化層的年代延伸至距今 2,000 年以上。雖然這個文化結束的年代仍然相當晚，不過文化層與現代居於此的布農族之間仍有間隔存在，且文化內涵亦不相同，也許是更早的住民鄒族人或傳說中的 Mumutsu 人所留下的遺物，但也不排除有部分遺址混入布農族早期的文化遺物（劉益昌 2006）。[6]

4.「拍印幾何紋陶文化」

拍印幾何紋陶器與下一階段方形石板棺的資料都相當稀少，目前在水沙連區域內拍印幾何紋陶器，主要發現於日月潭中的 Lalu 島（劉益昌、陳仲玉、郭素秋、鄭安睎、吳美珍、林三吉、張彥祥 2004；劉益昌、郭素秋、簡史朗 2004）、水蛙頭（劉益昌、郭素秋、簡史朗 2001；劉益昌、陳仲玉、郭素秋、鄭安睎、吳美珍、林三吉、張彥祥 2004），以及信義鄉 Tatapancou 遺址、Hosa 遺址、東埔遺址、望鄉遺址（明立國、劉益昌、

---

[6] 若從自然科學博物館 2005 年的發掘資料，推測可知東埔一鄰遺址的文化層，至少包括繩紋紅陶文化／東埔一鄰文化中期／東埔一鄰文化晚期，而且可能還有更晚階段 Bunun 族祖先所留下的文化遺物以及清代清軍營盤的文化遺物。

馬彼得、史添丁 1998:74-76；Treistman 1972），都出土相似的夾砂拍印紋陶。此外在大馬璘遺址較晚階段 Richard Stamps 發掘的梅村路小土墩附近，亦曾出土少量拍印紋陶器，這些遺址目前所知的年代測定結果主要在距今 2,000-1,000 年之間，[7] 但從水蛙頭遺址測定的年代而言，也許可以略晚至 800 年左右才結束（劉益昌、郭素秋、簡史朗 2001）。

本類陶的最大特色是器型幾乎全為中小型的侈口圓腹圜底罐，且器壁偏薄，僅發現 1 件矮圈足，其圈足器的數量遠比年代相當而且同為拍印幾何形紋陶的北部十三行遺址或大安溪上游的砂埔鹿 I 遺址為低，但此種特色卻與大甲溪上游山區七家灣遺址出土的拍印紋陶（劉益昌 1999b:28；劉益昌、陳仲玉、林美智 2000:45）類似。再從二遺址的遺物比較看來，七家灣遺址上文化層的印紋陶質地、製作技術和器型，均與 Lalu 遺址的薄型夾砂拍印紋陶（3a 類陶）相當類似，雖然七家灣遺址的罐口更向外侈，且器身較為寬短，總體仍屬相近。另外從兩個遺址的碳十四年代看來，七家灣遺址出土拍印紋陶的上文化層年代在 1,200-500 B.P.（劉益昌 1999b:52；劉益昌、陳仲玉、林美智 2000:56），前述 Lalu 遺址的年代開始約在 1,600 B.P.，但本類陶盛行可能在 1,100 B.P. 之後，與七家灣遺址上文化層年代範圍的早期部分重疊。雖然二地之間距離似乎相當遠，但從年代以及出土陶器、玻璃器等特質相近，推測兩地的文化應有相當關聯。就目前已知的狀態而言，拍印幾何紋陶文化的年代可以延伸至距今 1,000 年以內，如以臺灣北部、東部北段立霧溪流域盛行的拍印幾何紋陶而言，年代可以晚至距今 500 年以內。也許此一文化體系在水沙連區域也有較晚的堆積，年代可以直接和方形石板棺時期連接。

鹿野忠雄曾於 1931 年 7 月在郡大溪右岸布農族郡大社舊社址發掘一處具有板岩質地短方形石板棺的遺址，此外尚伴隨有其他的陶片與石器，石器中以薄形的打製石斧居多，磨製者較少，但曾出土有偏鋒扁平石斧（錛）

---

[7] Lalu 遺址的地層堆積雖因潭水淹沒無法完整確認，但從出土遺物以及定年資料，可以知道至少具有拍印紋陶階段人群活動，清楚擁有新石器時代最晚階段到金石並用時代早期階段，年代為 2,000-1,000 B.P. 的文化體系，此一文化同時出土大邱園文化典型陶器與拍印幾何紋陶器，可以指出拍印幾何紋陶器文化的人群至少當在距今 1,500 B.P. 進入日月潭地區。

與磨製有穿石斧二類石器，其中又以有穿石斧的形制最為特別。陶片數量不少，紋飾除了拍印網紋與方格印紋外，外表也出現不少以堅硬器具刻劃成的刷紋，這種特徵也常見於布農族的陶器中，器型呈尖底、口緣較長，並於陶罐中發現有小孩的遺骨（鹿野忠雄 1955）。學者一般認為布農族使用帶有方格印紋的陶器，傳式的布農族陶器也大多帶有方印紋（高有德、邱敏勇 1988:40），似乎暗示二者之間的關係。

（四）金石並用時代晚期

此一階段是水沙連區域史前時期最晚階段，盆地群周緣的鄰近地區目前少有遺址發現，不過也許是調查工作進行較少。根據已有的調查資料，埔里盆地及周邊地區似乎存在一群使用短方形石板棺作為墓葬的人群，R. B. Stamps 在埔里盆地周邊調查，曾經發現多處具有方形石板棺的遺址，例如第 45 地點牛洞遺址、第 19 地點蜈蚣崙遺址（Stamps 1977），「臺閩遺址普查計畫（七）」調查結果（劉益昌、陳仲玉、郭素秋、鄭安晞、吳美珍、林三吉、張彥祥 2004），也發現埔里地區有好幾個遺址有「方形石板棺」的田野口述記錄（包括虎頭山、本部溪、中坑、鯉魚堀等遺址）。

這些遺址目前並沒有確切的碳十四定年，不過從整體文化發展而言，當屬水沙連地區年代最晚的史前文化群體，應當是漢人進入埔里盆地群之前，居住在此一區域的人群所遺留的遺址，以相對關係推測其年代大約在距今 700-250 年左右。或許前述的拍印方格紋陶文化可以延長至更晚階段才結束，方形石板棺只是這群人墓葬的表現，臺灣史前時代墓葬形式從短長方形到方形，恰在一千來年以內，也符合從前一階段拍印紋陶人群演化的過程，倘若這群人是水沙連區域以埔里盆地和日月潭為中心最晚階段的文化體系，那麼就可能與邵族的祖先具有密切關係。

（五）歷史時期

水沙連地區史前時代大致在漢人與平埔族群大舉進入之時結束，接續前節已指出拍印幾何紋陶與方形石板棺的年代，也許可以晚到距今三、五百年前，當然這群人不見於歷史文獻記載，從頭社盆地內灣遺址歷史時期甕棺葬的研究，追溯邵族人口傳之喪葬儀禮與文獻紀錄比對結果，我

們指出邵族的葬儀可以歸納為：（一）早期：方形石板棺、屈肢室內葬；（二）晚期：甕棺、屈肢、廣義室內葬（葬於部落邊緣附近）。也許這些喪葬儀禮是連繫歷史文獻與當代人群的關鍵（劉益昌、簡史朗 2008）。

　　1990 年代以來的研究報告中只有《又見大馬璘：1996 年大馬璘遺址出土資料整理報告》（劉益昌 2000）分出「歷史時期」的章節，內含「清代文化層」和「近現代文化層」兩部分，探討清代中葉以來「考古資料裡的埔里」，此一清代的地層中出土的資料，當可從瓷器的年代說明為 19 世紀前半葉遷入埔里的平埔族人帶入的物質文化遺留。埔里盆地及其周緣地區在 17 世紀荷蘭文獻裡已有「Serrien」（沙連）的記載，清代康熙、雍正朝的文獻中即屢屢被以「水沙連內山」的名義提及，清代雍正朝因為圍剿水沙連番而在宮中檔奏摺中被提及的「描里眉社」，經考證就是埔里盆地眉溪以北的「眉社和水眉社」（簡史朗、曾品滄 2002；簡史朗 2005），他們的生活領域即水蛙堀遺址、小埔社遺址、牛眠山遺址、內埔遺址、龍坑遺址的分布區域，這當中水蛙堀遺址、小埔社遺址是已經有正式發掘記錄的遺址，但是在所有的報告中，見不到歷史時代初期和史前時代晚期之間的聯繫關係，資料的付諸闕如，最大的原因當然是歷史時期文化層最淺近，被當代人的耕作及土地利用所毀壞擾動的機會也最大，然而是否也有因為文化層堆積的淺薄不明，而在調查或發掘過程中，或於無意之間被疏忽或跳過的可能？否則以近現代三、四百年來的人類活動，理應在地層中留下痕跡才對。最近頭社盆地內灣遺址出土的甕棺葬，除了甕棺可能來源於番仔田窯的大型甕缸之外，墓葬周圍亦得見清代晚期的陶、瓷器，也許可以說明此一階段受漢文化影響的原住民遺留（劉益昌、簡史朗 2008），當仍可以完整保存於地層之中。

四、結語

（一）水沙連區域形成過程與意義

　　根據前述水沙連區域整體史前文化的發展過程，可以理解最早階段人群活動大致開始於新石器時代早期大坌坑文化轉變為繩紋紅陶階段，此一階段在南部地區得見從大坌坑文化晚期（5,000-4,300 B.P.）逐步發展為新石

器時代中期以繩紋紅陶為主的牛稠子文化（4,300-3,400 B.P.），中部地區雖然尚未發現明顯的大坌坑文化層，但是牛罵頭遺址、下馬厝遺址、牛埔遺址、惠來遺址等分布於大肚溪河口兩岸或鄰近臺地緩坡的新石器時代中期牛罵頭文化遺址，均可發現大坌坑文化的要素，出現於文化層的底部最早階段，顯示此為大坌坑文化轉變為牛罵頭文化的形成階段。臺中盆地東側烏溪河階臺地的草屯平林遺址，也發現同樣的文化要素，水沙連地區則在水蛙堀遺址同樣發現大坌坑文化晚期的要素，說明此一階段人群已經進入埔里盆地群，當時埔里盆地群的環境和目前略有不同，頭社、魚池等盆地以及水蛙堀可能都還是水域沼澤的環境。不過此一階段的文化體系和海岸平原、臺地丘陵地區的文化並無不同，顯示屬於人群移住的狀態，文化也尚未發生變遷。

　　距今 3,500 年前後，牛罵頭文化似乎從繩紋陶器逐漸轉變為紅色素面夾砂陶器，隨後在 3,300 年前受營埔文化影響，形成大馬璘文化的早期階段，同時受到少量東部地區同一階段史前文化的影響，距今 2,800 年前東部製造玉器的花岡山文化帶來新的文化要素，且可能有部分人群移入，帶來玉器的製造技術、長方形石板棺葬具與陪葬風俗，同時的大馬璘文化也明顯出現文化變遷，除了原有的農具以外，適應於埔里盆地群湖沼水域環境的漁具大量出現，武器、獵具也大量出現，逐漸發展出與西海岸平原盆地地區不同的文化體系。至於同一階段平原和丘陵邊緣地區的牛罵頭文化則發展為營埔文化早期階段（頂崁子類型），營埔文化發展出適應於平原地區的農業型態，不但大型農具出現，同時也有象徵農耕儀禮的巴圖型石器，營埔文化位於丘陵邊緣或與大馬璘文化交界地帶的聚落，通常分布於地形險要的高位河階，其居住型態和平原地區營埔文化聚落不同，原因可能在於人群之間的界線或對立狀態所造成的聚落選擇。此外，在濁水溪上游支流陳有蘭溪流域則可能出現東埔一鄰文化的早期類型，此一文化類型極可能從阿里山區順著溪流逐步遷移至今日陳有蘭溪流域，如以東埔一鄰遺址東埔一鄰類型較早的年代為準，大致在距今約 2,000 年左右，就地層堆積而言，其下的層位年代可能更早，而與阿里山區相當。其他更接近阿里山區的陳有蘭溪流域遺址，可能也有較早的年代。上述說明指出至少在距今 3,300-2,000 年之間的新石器時代晚期，水沙連地區擁有 3 個不同的文化體

系,其中以大馬璘文化領有的範疇最為廣大,且為水沙連的中心地帶,營埔文化則在濁水溪、烏溪中游一帶嵌入水沙連區域,至於東埔一鄰文化僅在濁水溪上游支流的陳有蘭溪一帶分布,也在水沙連區域的邊緣地帶。從大馬璘文化的定著發展到逐步形成的大埔里地區人群,可說是此一階段水沙連地區人群最重要的形成過程,這群人和周圍的人群,擁有複雜的往來關係,同時做為中央山脈東西二側交換與交通體系重要的中介。

　　大馬璘文化人群長久居住於埔里盆地群與濁水溪本流上游地區,同時透過交通體系取得玉材,擁有玉器製造的技術,從年代測定結果可知玉器製造至少延續至距今 1,700 年前左右才結束,其結束原因為何,目前雖未有清晰證據,但從周邊大馬璘文化遺址的保存狀態,也許可以推知,赤崁頂遺址似乎原為一處大型之大馬璘文化遺址,但目前只剩下寬約 40-50 公尺的帶狀區域,從遺址形成的觀點而言,此一遺址在形成後可能繼續受到環境變遷的影響,而逐漸崩塌,但亦可能在聚落仍存的階段,就已遭受環境災害,如果從遺址形成過程推測聚落受到環境災害,這可說明為何大馬璘文化在 1,700 多年前突然在埔里盆地消失,且可能遷移到周遭稍高的區域,大茅埔—雙冬斷層所造成的 921 地震難保不發生於史前時期,近期在眉溪發生的大規模土石流事件,也同樣是赤崁頂 II、水蛙堀等眉溪北岸遺址崩塌的主要因素。不過更重要的因素可能在於玉器製造與使用的全面性衰退,從玉器製造中心花蓮地區所顯示的狀態,可知距今 2,000 年前後,原本盛行製造玉器的花岡山文化、平林類型明顯衰退,代之而起的是帶有外來文化要素金屬器、玻璃器、瑪瑙的人群(劉益昌 2003)。

　　距今 1,700-1,500 年前後,埔里盆地到日月潭地區進入一群以橙褐色細砂陶為主的人群,此一文化體系的陶器最大的特徵為器壁較薄,器表並帶有拍印幾何形紋,器型通常以小型圜底陶罐為主,這群人除了製造打製與磨製石器之外,同時擁有與玉器製造相同的切鋸石器技術,而且帶著石板棺埋葬的習俗,這些文化要素除了陶器與大馬璘文化不同之外,整體也與同一時期濁水溪中游的大邱園文化不同,因此無法以大馬璘文化或大邱園文化稱之,目前無法確認是否為此二文化的後裔演變發展而成,但卻與大馬璘文化、大邱園文化的稍晚階段並存於水沙連地區,並至少延續至距今七、八百年前才結束。此一人群的石板棺埋葬,由於資料太少無法確知,

但從水蛙頭遺址殘缺的墓葬看來,似乎為短長方形石棺。此一埋葬型態與臺灣全島石板棺墓葬的形制改變一致,年代也相近,似乎顯示其與更晚階段的方形石板棺具有發展的連貫性。

設若如此,水沙連地區中心地帶埔里盆地群的人群,極可能是這群人的後裔,換句話說,從考古學研究得見的水沙連區域中心地帶的形成,可能是距今 1,700 年前後帶有拍印紋製陶技術的人群,遷入水沙連地區之後,與鄰近的大邱園文化、東埔一鄰文化晚期、大馬璘文化晚期互動產生的結果。

(二)如何形成的水沙連區域

上述透過考古學資料指出,史前文化晚期拍印紋陶文化人群和在地的大馬璘文化晚期與大邱園文化以及東埔一鄰文化之間,由於接觸所導致的人群互動,終於使得水沙連區域的史前晚期文化體系得以形成,但此一形成過程只能說明埔里盆地群地區的結果,卻無法和文獻記載的水沙連區域範疇互相比擬,其原因恐怕在於以日月潭及周邊區域為中心的拍印紋陶文化,目前的研究未能確認其來源,也未能理出在整個沙連區域的狀態,濁水溪中上游以及烏溪上游北港溪流域的文化內涵與文化層序體系均未能建立。雖然區域稍北側的大安溪流域或大甲溪上游,均得見類似的陶器,臺中盆地周邊的八卦臺地與大肚臺地,亦曾發現具有拍印紋陶器的文化體系,甚至同屬水沙連區域的陳有蘭溪流域,也曾發現拍印紋陶文化層,但仍無法說明以日月潭為中心的拍印紋陶文化來源或擴散。

拍印紋陶是否即為方形石板棺人群使用的陶器,雖尚無定論,但逐步演化為日月潭周邊地區具有勢力的邵族人群祖先似乎可以確認,距今 1,000 年以內,濁水溪中游地區的大邱園文化人已經消失或遷移,目前尚未發現其後裔,但從口傳資料而言,至少北岸地區屬於邵族人的傳統領域,說明此一區域所屬可能為邵族,而濁水溪中游不論從原住民口傳、歷史時期文獻記載或者地形資料,都可說明此一區域當為水沙連地區通往西部平原之重要交通孔道。換句話說,在人群的互動與交換體系中,必然扮演重要的地位,也許這是邵族人群在某一時間做為周邊水沙連區域人群代表的重要因素。也是其後歷史初期荷治、清初時期進入水沙連區域的重要孔道,也

是外人認識水沙連之始，進入的路徑大致順著濁水溪、觸口，越過竹山進入濁水溪中游，或者從大肚溪、臺中盆地南側，沿著名間進入濁水溪中游，接著再由今日水里二坪頂上山進入頭社、水社，這一條交通動線是外界連繫水沙連的孔道，也是物質交換的孔道，當然也是外人認識水沙連區域的路徑，也是清代以來形成水沙連區概念的緣由。[8] 可惜的是，長年以來濁水中游區域的考古學研究，未能找到比大邱園文化更晚階段的遺址，烏溪中游也相同未有重要發現，得以直接印證此一區域的連貫性發展有如埔里盆地群。

---

[8] 當然也不可否認可以從烏溪、草屯進入國姓，再進入埔里盆地的可能性。

參考書目

甲野勇
    1929   臺灣臺中州新高郡發見の打製石斧。史前學雜誌 1(1):88-89。

石璋如
    1953   臺灣大馬璘遺址發掘簡報。臺灣大學考古人類學刊 1:13-15。
    1956   南投的史前文化。南投文獻叢輯 4:1-6。

石璋如、劉益昌
    1987   大馬璘。中央研究院歷史語言研究所專刊，89。臺北；中央研究院歷史語言研究所。

朱正宜
    1990   臺灣地區碳十四年代數據輯。田野考古 1(1):95-122。

宋文薰
    1980   由考古學看臺灣。刊於中國的臺灣，陳奇祿等合著，頁 93-220。臺北；中央文物供應社。

宋文薰、尹建中、黃士強、連照美、臧振華、陳仲玉、劉益昌
    1992   臺灣地區重要考古遺址初步評估第一階段研究報告。內政部、行政院文化建設委員會委託中國民族學會。

宋文薰、連照美
    1975   臺灣西海岸中部地區的史前文化層序。臺灣大學考古人類學刊 37/38:85-100。

李光周
    1984   墾丁國家公園所見的先陶文化及其相關問題。臺灣大學考古人類學刊 44:79-147。

芝原太次郎
    1941   昔の埔裏社（上）——はしがき・石器時代の埔裏社・蕃族時代の埔裏社。民俗臺灣 1(4):34-36。

何傳坤
    1978   臺灣日月潭農業起源說及大坌坑式繩紋陶文化。思與言 16(2):48-56。

何傳坤、王嵩山、嚴新富、黃正璋
    2005   臺灣地區世界遺產潛力點：玉山評估計畫總報告。行政院文化建設委員會委託自然科學博物館。

何傳坤、洪玲玉
    2003   嘉義阿里山史前遺址考古學調查與試掘簡報。臺中；自然科學博物館。

何傳坤、洪玲玉、劉克竑、張光仁
    2012   嘉義縣阿里山鄉曾文溪流域考古遺址調查與試掘。臺中；自然科學博物館。

何傳坤、劉克竑
    2004   大馬璘遺址考古發掘報告。財團法人埔里基督教醫院委託自然科學博物館。

何傳坤、劉克竑、陳浩維
    2001   埔里高級中學校舍重建工程暨大馬璘文化遺址發掘保存計畫第一期工作期末報告。南投；埔里高級中學。

何傳坤、鄭建文、陳浩維
    1997   水蛙窟遺址調查暨考古發掘報告。內政部委託中央研究院歷史語言研究所。

明立國、劉益昌、馬彼得、史添丁
    1998   南投縣信義鄉久美社區社區總體營造第二階段規畫案期末報告。行政院文化建設委員會委託臺原藝術文化基金會、久美社區發展協會、mamahavana 社區。

高有德、邱敏勇
    1988   東埔第一鄰遺址：玉山國家公園早期人類聚落史的考古學研究（一），玉山國家公園研究叢刊，1002 號。南投；內政部營建署玉山國家公園管理處。

孫寶鋼
    1977a   魚池鄉的考古遺址。刊於臺灣省濁水溪大肚溪流域考古調查報告，中央研究院歷史語言研究所專刊，70，張光直編，頁 303-326。臺北；中央研究院歷史語言研究所。
    1977b   莊後村、龍泉村與山腳遺址試掘報告。臺灣省立博物館科學年刊 20:197-244。

張永楨
    2007   「水沙連」釋義新探──以古文書和文獻互相印證。刊於臺灣古文書與歷史研究學術研討會論文集，逢甲大學歷史與文物管理研究所、臺灣古文書學會編校，頁 59-91。臺中；逢甲大學出版社。

張光直
    1977a   「濁大計畫」與民國六一至六三年濁大流域考古調查。刊於臺灣省濁水溪與大肚溪流域考古調查報告，中央研究院歷史語言研究所專刊，70，張光直編，頁 1-26。臺北；中央研究院歷史語言研究所。
    1977b   濁水溪大肚溪流域考古──「濁大計劃」第一期考古工作總結。刊於臺灣省濁水溪與大肚溪流域考古調查報告，中央研究院歷史語言研究所專刊，70，張光直編，頁 409-436。臺北；中央研究院歷史語言研究所。

張博森
　　2011　考古遺址之解讀歷程及其文化類緣要素的討論——以大馬璘遺址為例。暨南國際大學人類學研究所碩士論文。

陳仲玉
　　1994　曲冰。中央研究院歷史語言研究所田野工作報告之二。臺北；中央研究院歷史語言研究所。

陳哲三
　　1988　水沙連及其相關問題之研究。臺灣文獻 49(2):35-70。

陸挽中
　　1996　日月潭盆地上次冰盛期以來之湖泊沈積物孢粉分析。臺灣大學地質學研究所碩士論文。

鹿野忠雄
　　1930　臺灣石器時代遺物發見地名表。史前學雜誌 2(2):61-63。
　　1955　臺灣考古學民族學概觀，宋文薰譯。臺北；臺灣省文獻委員會。
　　1995a[1946]　東南亞細亞民族學先史學研究（上）。臺北；南天書局。
　　1995b[1952]　東南亞細亞民族學先史學研究（下）。臺北；南天書局。

黃士強、臧振華、陳仲玉、劉益昌
　　1993　臺閩地區考古遺址普查研究計畫第一期研究報告。中國民族學會專案研究叢刊（二）。內政部委託中國民族學會。

黃士強、劉益昌
　　1980　全省重要史蹟勘查與整修建議——考古遺址與舊社部分。交通部觀光局委託臺灣大學考古人類系。

森丑之助
　　1902　臺灣に於ける石器時代遺跡に就て。東京人類學會雜誌 18(201):89-95。
　　1911a　臺灣に於ける石器時代の遺跡に就て（上）。臺灣時報 19: 17-19。
　　1911b　臺灣に於ける石器時代の遺跡に就て（中）。臺灣時報 20: 7-10。
　　1911c　臺灣に於ける石器時代の遺跡に就て（下）。臺灣時報 21: 23-25。

臧振華
　　1978　南投縣集集鎮田寮園史前遺址試掘。中央研究院歷史語言研究所集刊 49(4):515-562。

臧振華、張光仁
　　1996　曾文溪上游流域史前文化遺址遺物整理及阿里山鄉 Yingiana 遺址試掘簡報，刊於臺灣西部環境變遷及資源管理之研究：曾文溪流域，楊重信、汪中和、陳章波編，頁 373-397。臺北；中央研究院。

臧振華、陳仲玉、劉益昌
　　1995　臺閩地區考古遺址：臺中縣、臺中市。內政部委託中央研究院歷史語言研究所。

臧振華、劉益昌、邱敏勇
    1996   重修臺灣省通志：卷尾膡錄，史前考古，叢談，中央駐臺機關名表。南投；臺灣省文獻委員會。

臧振華等
    1994   九九峰下的史前遺址。中鼎工程公司委託中央研究院歷史語言研究所。（未出版）

厲以壯
    1991   洞角遺址暨相關問題。臺灣大學人類學研究所碩士論文。

厲以壯、顏廷伃
    2012   行政院農業委員會特有生物研究保育中心「新建野生動植物復育及急救園區」基地內遺址調查評估成果報告。行政院農業委員會特有生物研究保育中心委託社團法人臺灣打里摺文化協會。

劉枝萬
    1951-1952   臺灣埔里鄉土志稿。（作者自印）
    1956a   南投縣考古誌要。南投文獻叢輯 4:7-89。
    1956b   南投縣濁水溪南岸社寮臺地史前遺址。南投文獻叢輯 4:91-113。

鄭建文
    1998   水蛙堀遺址及其相關問題之研究。臺灣大學人類學研究所碩士論文。

劉益昌
    1986a   從圓山貝塚遭到破壞想起的……。人間 14:56-63。
    1986b   圓山文化：4,000 年前的臺北人和文化。人間 14:52-55。
    1989   第三史前遺蹟篇。刊於臺中縣志，卷一：土地志，張勝彥編，頁 773-849。臺中；臺中縣政府。
    1995   臺灣北部沿海地區史前時代晚期文化之探討，刊於平埔研究論文集，詹素娟著、潘英海主編，頁 1-20。臺北；中央研究院臺灣史研究所籌備處。
    1996   大馬璘遺址與考古。水沙連 4:28-30。
    1999a   七家灣遺址內涵及範圍研究。臺中；行政院國軍退除役官兵輔導委員會武陵農場。
    1999b   存在的未知：臺中地區的考古遺址與史前文化。臺中；臺中縣立文化中心。
    2000   又見大馬璘：1996 年大馬璘遺址出土資料整理報告。南投；展顏文化事業工房。
    2002   臺灣原住民史·史前篇。南投；國史館臺灣文獻館。
    2003   臺灣玉器流行年代及其相關問題。刊於史前與古典文明，第 3 屆國際漢學會議論文集，歷史組，臧振華主編，頁 1-44。臺北；中央研究院歷史語言研究所。

2004　世變與傳承——史語所在臺灣的考古學研究。刊於中央研究院歷史語言研究所 75 週年紀念論文集，許倬雲等著，頁 73-87。臺北；中央研究院歷史語言研究所。

2006　考古學所見人群互動關係與分布界線：以嘉南平原東側丘陵山地地區為例。刊於建構西拉雅研討會論文集，葉春榮主編，頁 39-60，臺南；臺南縣政府。

2011　臺灣全志，卷三：住民志‧考古篇。南投；國史館臺灣文獻館。

劉益昌、李德仁
　　1998　集集共同引水工程計畫地區遺址實地調查評估計畫報告。臺灣省政府水利處中區水資源局委託中央研究院歷史語言研究所。

劉益昌、陳仲玉、林美智
　　2000　集集共同引水計畫工區內共和遺址搶救發掘及鄰近地區施工監測報告。經濟部水利處中區水資局工程局委託中央研究院歷史語言研究所。

劉益昌、陳仲玉、郭素秋、鄭安睎、吳美珍、林三吉、張彥祥
　　2004　臺閩地區考古遺址：南投縣。內政部委託中央研究院歷史語言研究所。

劉益昌、郭素秋、簡史朗
　　2001　Lalu 遺址與邵族歷史。中央研究院九二一災後重建相關研究計畫執行報告書。（未出版）
　　2004　九二一震災後 Lalu 遺址發掘及其意義。刊於災難與重建——九二一震災與社會文化重建論文集，林美容、丁仁傑、詹素娟主編，頁 405-435。臺北；中央研究院臺灣史研究所籌備處。

劉益昌、郭素秋、戴瑞春、簡史朗、邱水金
　　1999　水蛙窟遺址內涵及範圍研究。南投縣政府委託中央研究院歷史語言研究所。

劉益昌、潘英海、鍾國風、黃正璋、張博森
　　2009　大馬璘遺址射箭中心開發基地範圍內考古探坑發掘研究計畫成果報告書。南投縣政府文化局委託暨南國際大學人類學研究所。

劉益昌、簡史朗
　　2008　南投縣魚池鄉頭社盆地邵族舊社及番仔墓遺址調查研究計畫成果報告書。南投縣文化局委託臺灣打里摺文化協會。

劉益昌、簡史朗、吳美珍、林三吉
　　2004　南投縣埔里鎮烏牛欄橋南臺地坪仔頂遺址搶救發掘報告。南投；南投縣文化局。

劉益昌、顏廷仔、林美智
　　2007　雲林縣考古遺址普查計畫成果報告書。雲林縣政府委託臺灣打里摺文化協會。

劉斌雄、劉枝萬
　　1957　日月潭考古報告。南投文獻叢輯 5:1-63。

簡史朗 編著
    2005   水沙連眉社古文書研究專輯。南投；南投縣政府。

簡史朗、曾品滄 主編
    2002   水沙連埔社古文書選輯。臺北；國史館。

簡史朗、劉益昌
    2004   埔里盆地及周緣地區調查概報。發表於「2004年臺灣考古工作會報」，中央研究院人文社會科學研究中心考古學研究專題中心主辦，臺北，12月4-5日。

Chang, Kwang-chih
    1969   Fengpitou, Tapenkeng, and the Prehistory of Taiwan. Yale University Publications in Anthropology, 73. New Haven, CT: Department of Anthropology, Yale University.

Stamps, Richard B.
    1977   An Archaeological Survey of the Pu-li Basin, West central Taiwan, Republic of China〔埔里盆地考古調查〕。刊於臺灣省濁水溪與大肚溪流域考古調查報告，中央研究院歷史語言研究所專刊，70，張光直編，頁237-302。臺北；中央研究院歷史語言研究所。

Treistman, Judith. M.
    1972   Prehistory of the Formosan Uplands. Science 175(4017):74-76.

南投地區的語言分布 *

洪惟仁
臺中教育大學退休教授
程士毅
文史工作者

一、前言
二、文獻探討
三、研究動機與研究方法
四、南投地區的民族與語種
五、南投地區的語言分布
六、地理分布狀況之分析
七、結論

---

* 本文根據 2008, 10/18-19，在暨南國際大學主辦的「水沙連區域研究學術研討會：劉枝萬先生與水沙連區域研究」上發表的〈水沙連地區的語言分布〉修改而成，修改中承蒙李壬癸院士及簡史朗、鄧相揚兩位先生的指正，謹此致謝。本研究承蒙國科會的資助，計畫編號 97-2410-H-142-005，謹此致謝。

一、前言

臺灣本土語言主要有漢語和南島語，南島語可以分成約 20 種語言或數十種不相通的方言；漢語除華語為標準語外，又有閩南語和客語兩種不相通的語言，這兩個語言之下又各有幾種差異不小的方言。這些語言或方言的分布如何？自小川尚義（1907）以來已經有幾種比較可靠的語言、族群分類。洪惟仁（1992）根據自己的調查，參考前人的文獻，繪製了幾張漢語方言分布圖，不過近年來隨著進一步深入調查及文獻的陸續發表，他也不斷在修正語言方言分布地圖。2006 年洪惟仁就高屏地區進行行政區域達村里級以下的調查，繪製更精細的語言方言地圖，發表〈高屏地區的語言分布〉，本文的提出可以算是近年來後續研究的成果之一。

本文除了對南投地區的語言分布做詳細的描述，並繪製語言分布圖之外，並試圖從語言地理學、語言社會學、南投地區開發史、民族遷徙的觀點對語言分布之所以然進行解釋。

二、文獻探討

臺灣的語言方言分布地圖的繪製起源很早，可以說是亞洲最早發展的地區。第一張語言地圖是小川尚義在《臺日大辭典》（1907）所附的〈臺灣言語分布圖〉（附圖 1），第二張是小川尚義、淺井惠倫《原語による台灣高砂族傳說集》（1935）中所附的〈臺灣高砂族言語分布圖〉（附圖 2）。

戰後運用實際調查資料繪製的地圖有鍾露昇發表《閩南語在臺灣的分布》（1967）繪製了 27 張詞彙的變體分布圖，洪惟仁《臺灣方言之旅》（1992）附錄的〈臺灣漢語方言分布圖〉是戰後第一張根據實際調查所繪製的語言方言分區圖，張屏生 1997 年繪製〈臺灣地區漢語方言分布圖〉。南島語方面有李壬癸 1999 發表《臺灣原住民史・語言篇》，2004 年將附圖重繪成彩色〈臺灣南島民族遷移圖〉。行政院客家委員會報告〈全國客家人口基礎資料調查研究〉（2004）的一些地圖。這幾張地圖縱有詳略、粗細之別，都是涵蓋全臺灣、並且有部分實際調查根據的地圖。

地區性的語言方言分區地圖也有幾張，如顧百里（Cornelius Kubler）

（1978）的澎湖調查，涂春景（1998）的中部客語調查，鍾榮富（2001）書中所附錄的許多分區客語點狀分布圖，洪惟仁（2006）的高屏地區語言分布調查、洪惟仁（2008）的臺北地區閩南語方言分布調查，洪惟仁與張素蓉（2007）的臺中海線閩南語方言分布調查，洪惟仁與簡秀梅（2012）的關廟方言分布調查，張屏生與李仲民（2011）的澎湖白沙鄉方言分布調查，黃菊芳、郭彧琴、蔡素娟與鄭錦全〈漢語方言微觀分布：雲林縣崙背鄉水尾村的客家方言〉（2007）等。但是有關南投地區的地圖至今闕如。

以下介紹的是有關南投地區語言分布的文獻，評介如下。

（一）小川尚義的〈臺灣言語分布圖〉（1907）

日治時代的漢語方言研究主要是詞彙的調查、搜集，有一點語言地理學意義的只有《日臺大辭典》（1907）卷首所附的彩色〈臺灣言語分布圖〉（見附圖1），這是有史以來第一張臺灣的語言地圖，該圖應該是小川尚義所繪製，他把支那語（漢語）分成漳州、泉州、客人3類，所謂「番語」（南島語）分為泰雅、賽德克、布農、鄒、查里仙（魯凱）、排灣、卑南、阿美、雅美（今稱達悟）、賽夏、熟番（平埔族）11種。除「熟番」散布漢語區內，其餘語言各有清楚的分布區。[1]

這張地圖如何繪製，作者沒有說明。根據許世融（2011）的考證，本圖是根據1901年「關於本島發達之沿革調查」有關漢人祖籍人口的調查報告所繪。臺灣漢族的祖籍分類不一定能夠反映語言或方言分類，漳州府內有詔安客，不一定都講閩南語，廣東籍之中潮州人、惠州人大部分是閩南人，並不一定是客家人。洪惟仁比較其與實際之語言分布，發現許多落差，原因是誤認漢人祖籍分類等同於語言分類。地圖反映的不是語言分布狀態，而是祖籍分布狀態。因而斷定小川地圖（1907）並非根據實際的語言調查資料，而是根據漢人祖籍分布資料所繪製。小川地圖繪圖的依據唯一的可

---

[1] 「番」是漢人對於非漢人的通稱，日治時代的正式名稱改為「蕃」，戰後改成「山胞」，分為「平地山胞」、「山地山胞」。近年來經過臺灣南島民族的爭取，正式名稱已經改為「原住民」。本文於傳統名詞仍延用歷史文獻上的名稱，蓋由於保存歷史、行文之便，並無歧視原住民之意。另使用「平埔族群」、「原住民族」作為一般名稱。（歷史文獻用語「熟番」是否改為「熟原住民」，「生番」改為「生原住民」，「番地」改為「原住民地」或新創其他名詞，尚需討論。）

能，應該如許世融（2011）的考證是根據總督府1901年的漢人祖籍調查資料（詳參洪惟仁2014）。

不過基本上祖籍分類或族群分類與語言分類是合轍的，尤其是原住民族的分類是根據語言分類，群分類與語言分類當然是疊合的。因此小川尚義的〈臺灣言語分布圖〉相當程度反映了語言分布的實際，從這一點看來，這張地圖仍然有相當的價值。我們看地圖中有關南投地區的語言分布，除了細節部分有所出入，和我們的調查比較起來大體上相當一致。譬如泰雅、賽德克、布農、客家、漳州話的分布區都標示出來了，不但如此，所謂「熟番」的番社分布點也有清楚的畫出來，埔里地區11點、水里地區（邵族）4點、中寮地區3點、南投市地區2、八卦山2點，這些番社現在除埔里的Kaxabu四庄和邵族兩社苟延殘喘之外都已經消失，被閩南語同化了。

從語言消長史的觀點，這張地圖提供了許多訊息，第一、保留了平埔族語言分布的歷史，第二、比較現今的地圖，一百年前客家話在南投地區的分布大約只限於烏溪以北，還沒有到南港溪。顯然百年來客家話在南投地區的地盤向南擴張了許多。第三、山地南島語的分布雖然和現在差不多，但細節方面有很大的變動，這張圖雖然比較簡略，但也提供了歷史紀錄。

下文將會對這兩個問題詳細討論。無論如何這地圖是很寶貴的文獻。

（二）小川尚義、淺井惠倫的〈臺灣高砂族言語分布圖〉（1935）

真正以實際調查為依據所繪製的第一張語言地圖應該是小川尚義、淺井惠倫《原語による台灣高砂族傳說集》（1935）中所附的〈臺灣高砂族言語分布圖〉（見附圖2）。這張地圖以南島語的分布為主題，南島語的分類比前圖更詳細。依序為 [2] Atayal（泰雅）、Seedeq（賽德克）、Saisiyat（賽夏）、Bunun（布農）、Tsou（鄒）、Kanakanavu（卡那卡那霧）、Saaroa（沙阿魯阿）（以上三種在小川尚義〔1907〕圖上合稱為鄒語）、Rukai（魯凱）、Paiwan（排灣）、Puyuma（卑南）、Amis（阿美）、Yami（雅美）共12種，

---

[2] 以下引文中南島語族名保留原著的拼寫法，加注的漢字譯名主要根據行政院原住民委員會公告的族名。本書正文中採用近年來南島語學界流行的拼法。

相當於清代所謂的「生番」；Sao（邵）屬於清代所謂的「化番」；Kavalan（噶瑪蘭）、Pazeh（巴宰）、Ketagalan（凱達格蘭）、Taokas（道卡斯）、Papora（巴布拉）、Babuza（貓霧）、Hoanya（和安雅）、Siraya（西拉雅）等 6 種屬於清代所謂的「熟番」（平埔族）。各族的部落以符號散佈於地圖上標示，前 12 種原住民的分布區另以土黃色標示。

拿本圖和小川地圖（1907）以及我們根據目前的調查所繪製的語言地圖做比較，發現有幾點值得注意的地方。第一、有關南島語的分布本圖比小川尚義（1907）更加精確。小川地圖（1907）把所有平埔族都歸類為「熟番」，沒有分類，本地圖則指明各社的民族類別，如南投兩社一屬 Hoanya、一屬 Babuza；水里兩社屬於 Sao；埔里 Hoanya 一社、Babuza 兩社、Papora 一社、Pazeh 一社，但沒有把 Kaxabu 四庄標示出來。第二、關於山地原住民族，兩張地圖都標示出賽德克和泰雅的分界，但是本地圖明確地把泰雅族萬大群的分布地點標示出來，可見比小川尚義（1907）更精確。

（三）鍾露昇《閩南語在臺灣的分布》（1967）

1967 年鍾露昇發表《閩南語在臺灣的分布》，是臺灣方言地理學的開山之作。調查詞條只有 27 條，調查人數有 448 人，調查點平均分布於臺灣各鄉鎮，每一個詞彙都作了方言變體分布圖，是臺灣方言變體分布圖的濫觴。

地圖是用藍圖繪製而成，模糊不清，所幸作者對於所調查的語料都有詳細的記音，筆者已將這些語料輸入電腦，並用 ArcView GIS 重新繪製成地圖，使得地圖變得十分精確而清晰。

這 27 張地圖雖然量不夠多，但對於閩南語的方言類型與分部提供相當寶貴的文獻。關於南投縣方言，鍾露昇（1967）調查了草屯、南投、名間、竹山、鹿谷、魚池、埔里等 7 個鄉鎮 16 個人。根據調查語料的方言屬性差不多全部是漳腔，和我們的調查結果一致。

（四）洪惟仁的漢語語言地理學調查（1992-2008）

洪惟仁自 1985 年以來不斷進行臺灣語言方言的調查，沒有間斷。1992 年出版的《臺灣方言之旅》是臺灣閩南語及客語方言調查的一個簡要報告，

書末繪出的兩張地圖〈臺灣的漢語方言分布圖〉及〈臺北地區方言分布圖〉是戰後第一次基本上根據實際的調查資料繪製的臺灣漢語方言分區圖，但於自己沒有調查的地方也參考了小川尚義（1907）的地圖。

洪惟仁（1992）對於南投地區的語言分布有簡單的描寫（主要在頁132-143），把南投縣的閩南語歸類為偏漳腔，與我們此次再調查的結果並無二致。但客語的部分則有一點錯誤，如把東勢至國姓的客語都定性為四縣腔，但2002年繪製修正的地圖已把臺中縣及國姓鄉劃歸大埔腔。

洪惟仁根據新的調查結果不斷地修改，精益求精，新修正的地圖逐年發表於論文中或張貼於個人網站上。最新的版本就是本文所附的附圖3〈臺灣語言方言分布圖2008〉。

（五）涂春景《臺灣中部地區客家客家方言詞彙對照》（1998）

涂春景《臺灣中部地區客家客家方言詞彙對照》（1998）的目的在比較各地客家方言的變體，而不是客家的分布。不過書中也繪製了10張點狀分布圖，可以看出客家話在中部地區的分布點。但是書中並未說明各地鄉鎮客家話的使用情形，沒有標示方言點的確實方位，也沒有標示方言區分布的範圍，不能算是方言地理學的調查，但可以提供一些方言類型判斷上的參考。

地圖上標示的方言點有埔里、國姓、魚池、水里、信義、中寮，根據所紀錄的語料顯示，上述6個客語方言除埔里為海陸客語外，都是四縣客語（可惜沒有大埔客），可以看出四縣客語在南投縣的優勢。基本上是傳統方言學報告，調查點不夠密，受訪者沒有經過過濾，方言代表如何不能確定，不能夠反映方言分布的全貌。但可以做為本文的參考。

（六）李壬癸的南島語研究（1999-2004）

李壬癸1999年發表《臺灣原住民史‧語言篇》，2001、2004、2010逐年修正，多次將附圖重繪成彩色〈臺灣南島民族遷移圖〉。這張圖顯示了南島民族的分布區，也標示了包括平埔族在內的所有原住民的傳統分布區，以及各族遷移的路線。可以算是李先生對於南島語整體研究的結晶之一，李先生一生鑽研南島語的各個方面，並善於把研究成果提供非南島語專家

學習引用。除了《臺灣原住民史・語言篇》之外還有《臺灣南島民族的族群與遷徙》（1997）、《臺灣平埔族的歷史與互動》（2000），這些著作中所做的南島語各方面的介紹，包括南島語語言方言的分類，南島民族遷徙的時間、路徑有深刻而確實的交代，是本研究的重要參考。不過李先生進行的主要是歷時的研究，地圖標示的是過去的狀態。比如上引地圖附上〈十九世紀中葉邵族部落分布圖〉，在日月潭周邊有相當密集的邵族部落，現在只剩日月村的依達邵部落以及水里鄉崁頂村的大坪林部落了。

（七）行政院客家委員會報告〈全國客家人口基礎資料調查研究〉（2004、2008）

〈全國客家人口基礎資料調查研究〉是 2004、2008 兩年由楊文山主持，委託全國意向顧問有限公司調查完成的行政院客家委員會委託計畫報告。研究方法採用電話問卷與深度訪談兩種。雖然主要問題為客家的認同，但也突顯客家比例，事實上也做了各族的認同比較，並分單一認定與多重認定，根據統計量化分級分色，繪製了多張不同族群（客家、福佬、大陸、原住民）的人口分布圖。但這些地圖及其調查數據只能供本研究的參考，因為這份調查研究的目的在於反映族群認同，而非語言使用實況，而族群認同與語言使用有相當落差，且其地理區劃以鄉鎮級為單位，村里的區別無法顯示在地圖上，譬如地圖上只標示埔里有客家話，但是埔里的客家話分布在那裏，並未標示。

（八）張屏生〈臺灣地區漢語方言分布圖〉（1997）

張屏生《臺灣地區漢語方言的語音和詞彙》（1997）冊一卷末附錄了一張〈臺灣地區漢語方言分布圖〉，可以算是多年來在臺灣地區進行廣泛語言調查的成果之一。特色是對於泉州腔有詳細的分類，包括偏泉腔、泉州腔新竹小片、泉州腔鹿港小片、安溪片、同安片、惠安片、新泉州片等，至於偏漳腔只分北漳片、中漳片。

另一個特點是儘量將所知的小語言島畫在地圖上，如臺北縣石門鄉的客語武平腔方言點、桃園新屋鄉客語區長樂腔方言點、赤欄村軍話方言島、大牛欄偏漳片閩南語方言島，客語區豐順腔方言點……等，相當詳細。

這張地圖的細密程度只到鄉鎮，鄉鎮以下的區劃狀況無法顯示，譬如楊梅鎮、關西鎮都劃入海陸客語區，實際上有一半地區講的是四縣腔。

疏漏的地方也難免，如把整個南投縣，除仁愛鄉、信義鄉以外的地區全部劃入「閩南語語區中漳片」，忽略了國姓鄉及周邊鄉鎮相鄰村里的客語分布。

（九）林修澈的〈原住民語言分布圖〉（2006、2007）

林修澈在《族語紮根》（2006:39）書中附錄了一張〈原住民語言分布圖〉（「參見附圖 4」）。這張地圖的繪製過程，根據林修澈〈原住民族語言分布地圖的繪製〉（2009）文中所述，2002 至 2006 年政大原住民族研究中心接受委託統籌編輯教育部九年一貫教育原住民「族語」教材，「為了因應族語教材編寫與印發的需要，初步提出原住民族 40 種話」所繪製的。

這張地圖的精細程度達到村的行政單位，是文獻上最精細的共時的南島語族群語言方言分布地圖。不過本圖的繪製原則帶有母語教學的實用主義與族語復振的理想主義，地圖所反映的不完全是語言使用的實況。有些原住民村已經被漢人大量入侵，在地圖上並沒有充分顯示出來。

林修澈選擇了部分原住民鄉，關於當地的民族分布做了詳細的報導，其中〈原鄉原社‧南投縣仁愛鄉〉（2007）詳細報導了仁愛鄉各村的族群分布情形。

三、研究動機與研究方法

（一）研究動機

從上述的文獻回顧可見，小川尚義（1907）以來，除了林修澈（2006）的地圖參考行政單位能夠達到村級，林修澈（2006）地圖達到村級以下，所有臺灣的語言地圖的精細度只能達到鄉鎮層級以上，村里級以下的分布情形無法反映。

語言地理學調查最精細的應該是鄭錦全院士所領導的研究團隊，利用 GPS 定位、衛星航照圖比對、GIS 地圖繪製等技術進行家戶層次的語言方言分布調查。自 2004 年已經完成調查的鄉鎮有新豐、崙背、新埔、後龍、南庄等客語分布的鄉鎮。

總之臺灣語言地理學的調查，或者過粗，或者過細，在這兩個極端中，本研究折衷的作法，是把精細程度降低到村里以下，但不精細到家戶以下。我們的目的在短時間內繪製完成全臺灣的語言、方言的地理分布，逐戶調查、GPS 定位的方法需要極大的人力、資金、時間，沒有辦法在短時間內完成。衡量實際的情形，我們只能把精細度限制在村里以下自然村層次。本研究的目標有四：

1. 以更精確有效的調查方法紀錄南投地區的語言分布，精細的程度達村里以下。
2. 採用 GIS 軟體，村里級圖層，更準確地繪製本區的語言分布地圖。
3. 呈現當前的語言分布狀態，比對傳統的語言地圖，瞭解本區語言分布的變化。
4. 參照土地開發與民族遷徙的歷史，進行語言社會學的以及語言地理學的分析，對語言分布的實況提出解釋。

（二）調查的方法與過程

　　小川尚義的〈臺灣言語分布圖〉（1907）可以說是第一張相當程度反映臺灣語言分布狀態的地圖，筆者一向推崇備至，也是筆者最常參考的臺灣語言方言分布圖，但對照筆者的調查，也發現與實況不符合的地方。除上述混淆祖籍分類與語言分類造成的誤差之外，另一個問題可能是小川根據的行政單位太大，村里以下的分布細節沒有辦法反應到地圖上（詳參洪惟仁 2014）。小川以來，也很少能夠確實反映村里以下區別的語言區劃地圖。

　　為了解決這個問題，本研究採取實地調查，並把調查範圍縮小到村里。

1. 實地調查

　　本研究所繪製的地圖都重新採取實地調查，其理由有幾個：

(1) 族群是會移動的，語言也會改變，方言會融合，因此語言或方言的分布區隨時在變動，變動的實情不做實際的調查無法確定。即使我們信任小川尚義（1907）及小川尚義、淺井惠倫（1935）地圖的精確性，這兩張地圖出版至今也已經一百多年或七十幾年，語言的地理分布狀態不可能沒有改變，語言或方言不會沒有變化，地圖不能不重繪；其語言屬性不能不作修正。

(2) 既然變動不居是語言的本性，語言或方言的調查必須掌握時效性，為了特定目標，做到什麼程度也需要衡量實際的人力、資金、時間的限制。比如我們要畫一張臺灣的語言方言分布圖，10 年已經太長了，調查的時間如果超過 20 年，語言分布可能發生非常大的變化，如果我們做得太精細，那麼整個臺灣的語言狀況可能要幾百年才做得完，這樣的方法緩不濟急。

(3) 既然每一種調查研究都有限制，當我們能夠突破限制而進行更精細的研究時，對於前人研究的疏漏就可以做修正或補充。比如小川尚義、淺井惠倫（1935）地圖雖然詳細標示了原住民部落的地點及其使用的語言，但沒有標示方言分區，這是因為當時對於南島語方言的研究還不夠精細的緣故。經過近百年的研究，南島語的方言研究已經相當精細，地圖繪製的技術也相當成熟，我們就必須把新的研究成果落實到語言地圖上。小川尚義、淺井惠倫（1935）地圖只分泰雅、賽德克兩種語言，但我們現在瞭解到泰雅語有兩種方言，賽德克有三種方言，我們可以根據新的分類和新的語言地理學調查把方言分布的實況畫出來，這就是一種進步。

(4) 語言分布史的重建是另一個課題。李壬癸的研究對於南島語分布的歷史做出傑出的貢獻；我們從文獻與實地調查也發現日治末期對於原住民進行大規模的遷村。根據這些歷史的研究，我們也可以把原住民部落的地點及語言分布區加以重畫。李壬癸的〈臺灣南島民族遷移圖〉（1999，2004）就是一種歷史重建的地圖，這種歷時的研究是今後臺灣語言地理學必須努力的方向，但歷時的研究必須以共時的研究為基礎。

另一個必須強調的理由是，臺灣的方言調查其實已經相當精細了，但是過去的調查絕大多數都是傳統方言學的紀錄，傳統方言學對於與語言地理學直接相關的方言分類與分布，興趣不大。因此傳統方言學的調查只能提供本研究的參考，無法提供語言地理學或地理語言學足夠的資訊，有關語言地理分布的實況都必須重新調查。

2. 本研究的調查方法

如前所述，由小川尚義的地圖（1907）以下，絕大多數臺灣語言或方言地圖精細的程度只到鄉鎮層級，本研究希望把地圖的精密度提高到村里以下的高精密度。

基於人力、資金、時間的限制，我們不做全臺灣的語言普查，而採用實際下鄉、間接觀察的方法。我們親自下鄉詢問鄉長、鄉民代表、民政課、戶政事務所、警察派出所、村長、村幹事、地方文史工作者等，他們對於地方事務有長期的參與，對地方的語言、方言非常熟悉，他們提供的語種使用訊息，雖然不如語言社會學的調查精密，也達到相當正確的程度。經過這樣嚴密訪查的結果，語言、方言分區的精密度大大提高了。不過關於閩南語的漳州腔、泉州腔，一般受訪者概念模糊，至於漳泉的次方言更是沒有概念，這方面只有依靠更精密的方言調查與方言類型學研究，不能信賴受訪者。

網路資源也是本論文重要的參考之一。各地鄉鎮公所的網站，尤其是原住民委員會官方網站提供相當準確的方言分類與分布的資料，文史工作者的 blog 或個人網站有時也會提供有價值的資料。但是無論如何都要配合實地調查印證。

本文的調查資料根據洪惟仁 2004 年以來調查的結果，但有關南島語的方言分布狀況大部分根據本文共同作者程士毅的調查，程士毅長期居住在南投縣，對於南投縣原住民的分布調查得相當清楚，可信度相當高。

3. 語言方言的分類

本研究既然要把精細程度提高到村里以下的層次，那麼相應的，我們不但對於語言要有清楚的分類，也應該把方言做適當的分類。先把語言及方言的分類確定下來，才能繪製語言方言的分區地圖。

本文有關南島語的分類主要根據李壬癸的研究（參見書目及本文第二之六節的介紹）。有關客語的方言分類根據客委會及鍾榮富（2001）的分類。有關閩南語的方言分類，根據洪惟仁的研究（如〈臺北地區閩南語的方言類型與方言分區〉〔2008〕的分析。但在本文中只分為漳州腔和泉州腔，不做次方言的分類）。

（三）語言分區地圖的繪製

語言分布區的畫定，有三個先天性的難題不好解決：
1. 高山、荒地、田地等無人居住之地難以顯示。
2. 語言混雜的雜居區難以顯示。
3. 語言轉換中的地區難以顯示。

小川尚義、淺井惠倫的（1935）和鍾榮富（2001）所附的客語分布圖以點狀顯示分布狀態可以減少第一個困難，但不能解決其他問題。即使精密如鄭錦全的家戶調查，並以點狀顯示在航照圖上，可以解決第二個難題的一部分，但如為都會區，不同樓層有不同的語言使用，或一戶中有兩種語言的使用，在地圖上也難以顯示。

本文的地圖採取片狀繪製，高山、荒地、田地等無人居住之地都被劃進當地的優勢語言區，並不嘗試解決第一個難題。

至於第二個難題，本文附圖中儘量把雜居的情形呈現在地圖上，零星的存在用符號標示。另在附表中有較詳細的文字說明。但這個問題大部分屬於語言社會學的領域，本文也不期待完全解決。至於第三個難題屬於社會方言學的問題，在本文中不期待解決。

總之，本研究基於經費、人力、時效性以及語言分布地圖先天的限制，無法解決所有的問題，我們所能做的不是解決所有語言或方言使用的問題，而是盡語言地理學的本份，盡最大的努力把語言分區圖做到最精細的極限。

關於地圖繪製的工具，必須在此交代一下。我們 GIS 地圖繪製軟體採用 ArcView 8.1 版，圖層資料採用勤崴公司村里層電子圖資進行地圖繪製。雖然勤崴公司村里層電子地圖精確度很有問題，和我們從全國鄉鎮公所搜集的官方地圖比較，發現有不少錯誤。我們曾經將所有收集來的官方地圖提供給勤崴公司進行修正，效率不盡理想，錯誤仍然不少。本文不得已的辦法是，當錯誤程度影響到語言、方言分界的準確性時，只好修改圖層或用 PhotoShop 進行人工修改了。

（四）本文處理語種分布的原則

本研究調查的重點在客家、原住民族及榮民、滇緬義胞及泉州腔方言的實際分布。因為除了這些少數民族或族群之外，其餘的地區大部分是漳

州腔閩南語的分布區，把這些少數族群的語言或方言的分布區確定下來，其餘的地區可以推斷是漳州腔閩南語區的分布區了。

關於語言區的標示有幾點需要說明：

1. 本文的地圖標示的是傳統的、老年的、優勢的、分布區可以確定的語言或方言。
2. 地圖上標示的語言或方言屬性，以語言佔有率 60% 以上為標區標準，地圖標示的代表色表示該語種為當地優勢語言；30%～60% 標示為雜居區；不及 30% 以符號標示其存在；人口不及 10% 的語言或方言（如高山族部落、平埔族、鶴佬客）為顯示其分布的特別意義外，不特別標示。
3. 人口極少數但仍聚庄居住如邵族，在優勢語言區內用符號標示其所在，不另立特別的語言區。
4. 雜居的雙語區，如國姓地區四縣、海陸、大埔等客家話雜用，分界不明，又與閩南語並用，只標示「閩客並用」（雙色條文），不標示方言。
5. 被同化民族的語種，如所謂「平埔族」、「鶴佬客」，他們都已經改說閩南語，所以我們把這個地區劃入閩南語區，他們的歷史身分儘量用符號標示。[3]

（五）歷史學的解釋

語言地理學如果只做到繪製語言地圖，這樣的研究只達到 Chomsky 所謂「描寫的妥當性」，語言研究可貴的是對於調查成果進行解釋，也就是 Chomsky 所謂「解釋的妥當性」。我把所謂的「解釋」分為歷史的解釋與語言普遍性的解釋。對於語言地理學而言，歷史的解釋比語言普遍性的解釋來得更重要。

臺灣本來是南島語分布區，南島語有二十多個語種，各有分布區，但自 17 世紀起漢人開始大量遷入臺灣，侵奪原住民族的土地，迫使平埔族向內山的邊緣地帶遷徙，或沿北海岸南向宜蘭、花蓮遷徙，或沿南海岸東遷

---

[3] 平埔族和鶴佬客因為已經完全閩南語化，即連他們本人也往往不知道自己的身分，因此其分布更難斷定，因屬歷史問題，不是本文的重點，本文不求詳盡，所以只能儘量標示。

臺東、花蓮，或越過中央山脈遷往東部。至於內山原住民族，因為各族群間的遷移，造成分布區域改變；清末以來的「開山撫番」與拓墾政策，迫使所謂「番界」逐步內縮；加上日治時代總督府的強迫遷徙與混居，戰後國民政府繼續執行遷村政策與榮民的安置，閩南人、客家人的果園開發，民宿、旅館的興建，都造成原住民地盤萎縮。

關於原住民的遷徙史，李壬癸的主要著作《臺灣南島民族的族群與遷徙》（1997）、《臺灣原住民史・語言篇》（1999）、《臺灣平埔族的歷史與互動》（2000）有詳細研究，本文有關這一部分主要根據李壬癸的研究成果。

但歷史研究方面，主要參考劉枝萬《南投縣沿革志開發篇稿》（1958）以及鄧相揚、簡史朗、陳俊傑……等新秀的研究。

自來臺灣最可靠的語言地圖應該算小川尚義在《臺日大辭典》（1907）所附的〈臺灣言語分布圖〉（見附圖1），第二張是小川尚義、淺井惠倫《原語による台灣高砂族傳說集》（1935）中所附的〈臺灣高砂族言語分布圖〉（見附圖2）以及移川子之藏等《臺灣高砂族系統所屬の研究》（1935）所附多張原住民族部落分布圖。拿這這些地圖和我們今天調查結果繪製的地圖一比較，南投地區百年來語言、方言地盤的變化一目瞭然。

但是這兩張圖也可能錯誤或不足之處，我們必須有歷史學的旁證，確認以下的事實：

1. 日治以前的分布狀況：1907年以前的民族分布如何，直到1907年發生了什麼變化，需要歷史的考證。
2. 地圖資訊不足的補充：前兩張圖的語言只劃分到語言層次，沒有方言的資料，比如賽德克有3種方言都沒有顯示，好在移川子之藏等（1935）有精確的分類與紀錄；現在的狀態也有林修澈（2006）的紀錄。但漢語的地圖文獻紀錄反而不明確，主要問題是閩客與閩粵的定義混淆不清，造成閩客界線難以界定。小川尚義（1907）的地圖國姓地區客語分布範圍比現在小，必須經過調查才能知道是小川尚義的錯誤還是歷史的事實。
3. 語言地盤的變化：南島民族的居住地，戰前有殖民當局的強迫遷徙，戰後有華語和閩南語嚴重遷入，語言分布狀態發生大變化，20世紀初期的語言分布實況如何，以後的變化如何，需要歷史考證才能確定。

四、南投地區的民族與語種

南投地區是多民族混居之地，本區內有 4 種漢語，6 種南島語，各有方言。本節將各族群、語種及其分布概況羅列、說明如下。

（一）漢族及漢語

1. 閩南

南投地區最主要的族群是閩南人，漳州腔閩南語佔壓倒性優勢，只有埔里鎮合成里北半部的「新村」說泉州腔。

2. 客家

客家人集中分布在國姓鄉全境，並擴散到周邊鄉鎮村落，如東邊埔里鎮廣成、合成、一心、向善、牛眠、成功、桃米等里；西邊水里鄉新興村；南邊魚池鄉五城村。這裏的客家人是清末及日治時期，由桃竹苗及臺中東勢地區遷來的二次移民，有大埔客、海陸客、四縣客，和閩南人雜居。

3. 榮民

榮民是 1957 年中橫公路完工後建村遷入，主要在仁愛鄉榮興村、翠華村北部華岡社區及大同村仁愛、忠孝、榮光、道班等 4 個新村，今其後裔說華語。

4. 泰緬義胞

泰緬義胞是 1961 年政府安置泰緬邊境雲南移民，組成仁愛鄉大同村博望新村、定遠新村、壽亭新村，合稱「清境農場」，說雲南腔的西南官話。

（二）南島民族及南島語

1. 巴宰

埔里的 Pazih（巴宰）僅存在兩個聚落，一在烏牛欄、大馬璘，另外住在守城份、牛眠山、大湳、蜈蚣崙所謂的「四庄番」自稱（噶哈巫）。Kaxabu 和 Pazih 其實只是方言的差別，差異很小，可以歸為一族（李壬

癸與土田滋《巴宰語詞典》〔2001:2〕)。以下不特別說明時以 Pazih 涵蓋 Kaxabu。

2. 邵

邵族（Thao）是原住民委員會認定的 14 族中人口數最少的原住民族。全國登記為邵族的只有 693 人，但人口嚴重外流，散步各地，集中在魚池鄉水里鄉的邵族人口不及 200 人。語言大量流失，瀕臨絕滅（詳下）。

3. 布農

布農族（Bunun）分布非常廣闊，由南投縣的仁愛鄉南部、信義鄉全境以南到臺東縣延平鄉的中央山脈深山中，但人口主要集中在信義鄉。分為 Takituduh（卓社群）；Takibakha（卡社群）；Takbanuaz（巒社群）；Takivatan（丹社群）；Isbukun（郡社群）等 5 種方言。

4. 北鄒族

鄒族（Taou）總主要分布在嘉義縣阿里山，其次在高雄縣三民鄉，桃源鄉。南投縣信義鄉望美村久美部落的鄒族只有 200 人左右，講 Duhtu 方言。

5. 賽德克族

賽德克（Seediq）主要分布在仁愛鄉沿橫貫公路兩旁眉溪流域及濁水溪上流兩岸。分為 3 種方言：Tkdaya、Toda、Truku。

6. 泰雅族

泰雅族（Atayal）分布在仁愛鄉北部至臺北縣烏來鄉的高山地帶。仁愛鄉北部有兩個泰雅方言 Squliq 和 C'uli'。南部親愛村的萬大部落也屬於泰雅族，孤立成村，雖然講的是 C'uli' 方言，但口音比較特殊。

五、南投地區的語言分布

我們把南投地區分成五區進行說明。

（一）仁愛鄉的語言分布

仁愛鄉屬於傳統所謂的「山地鄉」，原住民族有2種，賽德克人約5千人、泰雅族約4千人、布農族約3千人、漢人約3千人。各族分布的情形約為北泰雅（Atayal）、中賽德克（Sediq）、南布農（Bunun）。漢人散佈在橫貫公路沿線。

泰雅族被賽德克分為兩部分。北部的泰雅分布在本鄉北部和和平鄉相鄰。發祥村（瑞岩、慈峰、梅村、紅香等部落）、力行村（溫泉、新望洋等部落）、翠華村（馬力觀、翠巒等部落）講 Squliq 方言；新生村眉原部落為 C'uli' 方言與 Squliq 方言混雜區；南部親愛村的萬大部落也屬於泰雅族 C'uli' 方言，孤立成村，C'uli' 口音特殊，歸為 C'uli' 方言之下的次方言。

賽德克語主要分布在仁愛鄉沿橫貫公路兩旁眉溪流域及濁水溪上流兩岸，分為三個方言：Tkdaya 分布在最西部的互助村（清流、中原兩部落）及南豐村（眉溪、天主堂兩部落）；Toda 分布在中部的春陽村（春陽部落）、精英村（平靜、平和兩部落）；Truku 分布在東部的合作（平生、靜觀兩部落）、精英村（廬山部落）及及親愛村（松林部落）。

大同村中部是1961年政府安置泰緬邊境雲南移民，組成博望新村、定遠新村、壽亭新村，三者合稱「清境農場」，人口約1千人，說雲南腔的西南官話，其中也有一些女眷講擺夷話，但年輕一代改說華語。其後又有榮民遷入，成立仁愛、忠孝、榮光、道班等4個新村，人數只有約200人，說華語。

中部賽德克族分布區中部橫貫公路開通後，大量漢人入住，分布在公路兩旁。北部的榮興村及大同村中部部分土地是1962年中部橫貫公路開通後，劃歸退輔會分配給榮民，1990年取得所有權，但目前其農場大部分賣給閩南人經營，變成閩南語分布區。但北部的翠華村北部華崗的社區是1957年中橫公路興建完成後，由緊鄰的臺中縣和平鄉福壽山農場遷入的榮民社區，今其後裔說華語，約二百餘人。

又鄰接埔里鎮的南豐村楓仔林、楓林口等地為「鶴佬客」及 Kaxabu 平埔族所佔，但現在都說閩南語，人數約四、五百人。此區可以算是埔里漳腔區的延伸。

布農族分布在南部萬豐、法治、中正 3 個村，屬卓社（Takituduh）群，是布農族最北部的分布區。因為地處高山偏僻之地，故能保存夠完好的傳統語言文化。

　　仁愛鄉的語言分布整體而言，由北而南呈泰雅、賽德克、布農的順序排列，但賽德克語區夾雜著華語、雲南腔華語、閩南語、客語等漢語語言島。參見附圖 4〈仁愛鄉語言方言分布圖〉。

（二）信義鄉的語言分布

　　本鄉屬原住民鄉，原本為布農族語言與鄒族語言傳統分布區，兩族隔著陳有蘭溪為界，日治時代鄒族因疾病與布農族混居等因素大量消失，現在只有極少數人使用鄒語。但日治時代到戰後漢人大量入住，有客家人、「鶴佬客」與閩南人的分布，客家人為海陸客。全鄉漢人人口比例為 55%，原住民人口只佔 45%。各村語言分布情形約如下述。

　　漢人主要分布在本鄉入口陳有蘭溪兩岸較平坦的地區。明德村西部及人和村西北側、同富村與愛國村為閩南語分布區，但愛國村閩客各半，客家人為苗栗與新竹（湖口地區）遷來，以閩南語為主要溝通語言。自強村 80% 為客家人，神木村客家人口佔 95%，多為新竹苗栗的海陸客，曾在阿里山工作，後移至神木村居住，羅娜村的農富坪也有客家人居住，閩客各半。

　　鄒族只有 200 人左右，住望美村久美部落第六、九鄰，講鄒語 Duhtu 方言。

　　其餘村落為布農語的分布區，羅娜村為臺灣最大原住民部落；但豐丘村、新鄉村及羅娜村的河川沖積平原上都是閩南人。東埔村的溫泉區及哈比蘭有三成的漢人講閩南語。

　　布農語分為 5 種方言：Takituduh（卓社群）；Takibakha（卡社群）；Takbanuaz（巒社群）；Takivatan（丹社群）；Isbukun（郡社群）。其在南投縣境內的分布如下表所示（參考李壬癸《臺灣南島民族的族群與遷徙》〔1997:92〕）。

　　整體而言，信義鄉的原住民以布農族為主，只有望美社區有少數鄒族；漢人分布在西南角山區，閩客呈割據局面，西北角平地的漢族閩客混居，

而以閩南語為優勢。本區的語言分布詳參附圖5〈信義鄉語言方言分布圖〉。

（三）埔里及以西的語言、方言分布

南投縣除仁愛鄉及信義鄉為原住民鄉以外，由埔里以西至八卦山脈的廣大地區都是漢語方言的優佔區。這個地區分布著4個語種：閩南語、客語屬漢語方言，邵語、巴宰語屬南島語。

閩南語分布在南投縣埔里以西的絕大部分。方言屬性被歸類為偏漳腔，只有埔里西北端合成里的北部有一個泉州腔方言島，居民於1959年臺中縣清水鎮[4]建清泉崗機場時被集體遷來此地，講泉州腔閩南語，但年輕人已逐漸漳腔化。

客語分布在國姓地區，包括國姓鄉全部，以及周邊鄉鎮各村，如埔里北部的廣成、合成、一心、向善等里，西南部的成功、桃米等里；魚池鄉五城村；水里鄉新興村；中寮鄉清水、內城、和興等村，本文通稱為「國姓地區」。

國姓地區的方言相當複雜，有大埔腔、海陸腔、四縣腔，和閩南語混用。客語方言的分區也不明顯，大抵上依北大埔、中海陸、南四縣的趨勢分布，北部和臺中新社相鄰的長豐、長流、長福以大埔腔為優勢，東北部北港溪流域的北港村一直延續到相鄰的埔里鎮廣成里、合成里、向善里都是海陸腔的優勢區。南部南港里及其相鄰鄉鎮各村以四縣腔為優勢。

國姓鄉的客語因為和閩南語混用的情形嚴重，不但語言成分受到閩南語很大的影響，如v- 都唸成 b - 之類（江敏華 2010:57），日常生活也和閩南語語碼夾雜（code-mixing）或語碼轉換（code-switching），甚至已經改說閩南語，目前已經完成轉移的村有國姓鄉市街的國姓村、石門村，歸入閩南語區。市街周邊（大旗、乾溝）及沿南港溪臺14線公路經過的各村（北山、大石、柑林、福龜）因為閩南語的影響及閩南人的遷入，已經成為閩客語混雜區。整體而言，國姓地區的客語有逐漸萎縮的趨勢。

---

[4] 2010年12月5日臺灣縣市改制直轄市，臺中縣市合併為臺中市，鄉鎮改稱為區，本文成文時尚未改制，為方便計，姑從舊制。

埔里鎮牛眠里、蜈蚣里、桃米里（東半部），草屯鎮東邊的土城里、中原里、北勢里散佈的客家人都已經不使用客家話，成為「鶴佬客」，會說客語的也只在家中使用客家話。國姓地區幾乎是閩南語區中的語言島，閩南語優勢的大環境，逼使客語趨於萎縮。

本區中有兩個邵族的部落，即魚池鄉的日月村及水里鄉的大平林。白樂思說邵語非常獨特，和其他的南島語都不一樣，幾乎可以自成一個語支（branch，參見 Blust 2003:1）。[5] 人口很少，根據 2009 年原住民族委員會公布的資料，登錄為「邵族」民族身分的共 693 人，但人口嚴重外流，散佈各地，實際居住於日月村部落的約有 150 人，居住在大平林部落的約有 40 人，總共不過 200 人。目前能以流利的邵語會話對談的都是七、八十歲以上年紀的老人，中生代和青少年差不多完全以閩南話和國語為主要語言。根據最近簡史朗的調查，目前能夠「精通族語，詞彙豐富，可以完全以族語思考、生活、會話」的邵族 80 歲以上 6 人，70-79 歲 8 人，60-69 歲的 5 人，加上 50-59 歲會說邵語，但已經不使用邵語的 8 人，總共不過 30 人（詳參簡史朗《南投縣志語言篇·邵語》〔2010:239, 242〕）。可見邵語是一個瀕臨絕滅的語言。

南投縣的平埔族集中在埔里鎮內，原有 Hoanya、Babuza、Papora、Pazih 和 Taokas 五族，都已經完全漢化，說閩南語。Pazih 是埔里僅存的平埔族，目前僅存在所謂「四庄番」居住的守城份（守城）、牛睏山（牛眠山）、大湳、蜈蚣崙、牛尾[6]（居民自稱 Kaxabu〔噶哈巫〕），直到最近愛蘭里烏牛欄社區仍有 Pazih 使用者，但 2010 年 10 月 24 日唯一的發音人潘金玉以 96 歲高齡過世，Pazih 已經宣佈語言死亡，Kaxabu 亦瀕臨絕滅，情形比邵族嚴重。[7]

---

[5] 白樂思說，邵族和布農族關係密切，過去許多邵族人抱布農族女孩當小媳婦，進而結婚，因此邵族和布農族相當親密、和諧，許多邵族的老人都同時會說布農語，因此邵語中有不少布農語的借詞，但布農語比較高階，很少布農族人會說邵語（Blust 2003:2）。

[6] 牛尾是晚近由牛睏山（牛眠山）遷去的新部落，因此實際上所謂「四莊番」分布在 5 個部落。

[7] 洪惟仁於 1986 年訪問守城份潘郡乃先生（時年 81 歲）留下這樣的紀錄：「我問他說：『您還能說祖先的語言嗎？』他說：『當然會，只是沒有幾個跟我說了。』我說：『還有幾個？』他說：『不到十個，都是八十歲上下的人了。』潘先生苦笑地說」（洪惟仁 1992:192）。將近 30 年前的八旬老人現在恐怕都已經歸山了。

總體而言，本區以閩南語為主，中間夾雜著國姓地區的客語區，但客語方言混雜，並與閩南語並用；另外邵語、Pazih 語亦成點狀分布，人口極少，並且只有極老的老人使用。本區的語言分布參見附圖 6〈南投縣埔里以西語言方言分布圖〉。

（四）南投地區語言分布綜述

南投地區的語言分布在上一節已經做了詳細的說明，以下參照附圖 7〈南投縣語言分布全圖〉綜述本區各個語言的分布大勢：
1. 閩南語是全境最強勢的語言。人口主要集中在八卦山東麓的平地，包括草屯鎮、南投市、名間鄉、集集、竹山、鹿谷、魚池、水里、中寮及埔里盆地。在這個廣大的分布區內夾著一個客語分布區及魚池、水里兩個邵族部落、埔里的 pazih。
2. 客語主要分布在國姓鄉全境，並擴散到及周邊鄉鎮相鄰的村落。整個客家區正好被夾在閩南語的分布區內。
3. 南島語分布在高山地帶的山地鄉。泰雅語和賽德克語主要分布在仁愛鄉，布農語分布在仁愛鄉南部及信義鄉。

六、地理分布狀況之分析

語言研究除了事實的描述，還要進行所以然的解釋。本節將從語言地理學以及臺灣族群遷徙史的觀點，就以上的語言分布狀況以及語言分布區的變化進行分析。

（一）語言地理學的觀察

如前所述南投地區由八卦山到中央山脈，各族群語言的分布狀況大體是照著閩南語＞客語＞平埔族／閩南語＞南島語的順序排列，但從語言地理學所謂「語言分布連續性」原理來看有幾個問題需要解釋。
1. 仁愛鄉北部有泰雅，有賽德克，但是南部親愛村的萬大部落講的方言屬於泰雅族 C'uli'，卻被賽德克語區隔開，和北部新生村的 C'uli' 失去連續性，成為一個語言島。這種情形是怎麼形成的？

2. 賽德克 Tkdaya 人僻居於互助村的清流部落和中原部落，被包圍在新生村眉原泰雅族和國姓鄉北港村客家梅林社區中間，和其他的賽德克失去連續性，其中有什麼故事？
3. 南島語分布區，主要在仁愛鄉、信義鄉的泰雅、賽德克、布農，但漢語的分布區內仍然有邵語和 Pazih 語，這兩個南島語語言島和其他的南島語區沒有連續性。理由何在？
4. 客語分布區夾在閩南語的中間，由草屯到埔里這條線上夾著一個客語區，閩南語分布區失去了連續性。其理由何在？
5. 信義鄉是布農族的分布區內的神木村是個客語島，同富村以及和東埔村相鄰的溫泉區是閩南語島。這兩個語言島是怎麼形成的？
6. 仁愛鄉中部沿橫貫公路兩旁眉溪流域及濁水溪上流兩岸為賽德克族分布區，但此區的語言相當複雜，說華語的榮民，說雲南腔華語的滇緬義胞錯雜其間，語言分區相當零碎，是如何形成的？

（二）南投地區開發史的解釋

以上從語言地理學的觀點所提出的問題，難以得到語言學的解釋，本節嘗試從臺灣族群遷徙史的觀點做個解釋。

1. 泰雅 C'uli' 分布的斷裂與遷徙

埔里最早的住民是泰雅族和布農族。兩族以眉溪為界，溪南史稱為「埔番」，屬於布農族；溪北史稱為「眉番」，屬於泰雅族，講 C'uli' 方言。

根據劉枝萬《南投縣沿革志開發篇稿》（1958）及廖守臣的研究，國姓鄉烏溪以北、埔里眉溪北岸及眉溪上游蜈蚣崙連續至仁愛鄉眉溪流域，包括現在的霧社在內的廣大地區原是泰雅族 C'uli' 方言（所謂「眉番」）的分布區。但現在的分布區不但萎縮了很多，而且會發生斷裂。這是因為傳統領域被侵佔的結果。

埔里北部的「眉番」原有兩個社，即水眉社與眉社（Pittu，自稱 Muraut），根據簡史朗（2005）及鄧相揚（2008a）的研究，二社所以遷出的原因是自 1823 年埔社引進平埔族入墾以後，又土地被平埔族侵吞，在 1841 年之後平埔族向眉溪以北擴張，眉社土地也被平埔族侵吞。又水眉社

與眉社因出草事件而結怨，遂分道揚鑣，一支向北遷往北港溪，成為今日眉原部落的一部分；開山撫番政策實施之後，國姓鄉烏溪以北的土地又被漢人入侵，後來又遭日人武力驅趕，C'uli' 被迫向北港溪中游遷徙至仁愛鄉西北部的互助村、新生村；1924 年再被日人集中到新生村的眉原部落，與原居於此或遷入的 Squliq 族人混居。另一支於 1850 年以後溯眉溪而上，至濁水溪與萬大溪匯流處與萬大的族人結合。[8] 在此之前 Tkdaya 賽德克族原居於濁水溪上游，強盛後由東向西擴張，入侵霧社地區建立了 Parlan 社（漢名「巴蘭社」），把原居此地的萬大（Plngawan，舊漢名「平了萬」）排擠到濁水溪與萬大溪以南，[9] 切斷其與眉社的連續，萬大遂成為孤立的語言島，所以招引眉社的族人來壯聲勢。

總之，C'uli' 的傳統領域相當廣闊，由眉溪北部至眉溪上游的霧社，後來的萎縮與斷裂是因為傳統領域被平埔族、漢族及賽德克 Tkdaya 族侵佔的結果。

2. 賽德克的方言大風吹

賽德克族有三個亞族：Tkdaya、Toda、Truku，其中最強悍而受迫害最大的是 Tkdaya。根據鄧相揚（2005，2008b），日治以前，Tkdaya 曾經是賽德克族中最強盛的亞族，極盛時期的傳統領域包括今眉溪上游的南豐村、濁水溪上游的大同村、春陽村、精英村廬山部落以南，以及親愛村濁水溪以西、萬大溪以北及萬大北溪流域的區域，稱為「霧社群」或「巴蘭社群」（Paran）。[10]

「霧社群」Tkdaya 原有 Mhebu、Bwaarung、Bukasan、Suku、Gungu（Hogo）、Truwan、Drodux、Parlan、Qacuq、Takanan、Tongan、Sipo、

---

[8] 根據萬大耆老的口述，當時 Tkdaya 的勢力已抵達眉溪中游，為了避免衝突，族人繞道東埔（今埔里鎮麒麟里）後經濁水溪中游與原萬大社人會合。

[9] 根據中原耆老的口述，萬大社的舊址在今仁愛高農的實習農場一帶，但筆者詢問報導人何以霧社街區的位置非常好，Tkdaya 卻沒有在此建立部落？報導人回答該地可能是萬大舊社。因過去採行室內葬，故選擇部落位置時通常會避開已知舊社。

[10] 其一支移居在花蓮縣境木瓜溪流域，稱為「木瓜群」（Puribaw）。「木瓜群」早在清代就因同族 Truku 人的壓迫，被迫遷居到花蓮縣壽豐鄉溪口村與萬榮鄉明利村兩處。1945 年有的再南遷至萬榮鄉見晴、萬榮。

Mwanan 等 13 社。[11] 其沒落是因為經歷「深堀事件」(1896)、「人止關事件」(1902)、「姊妹原事件」(1903)、「五年理蕃計畫」(1910 開始實施)、「薩拉矛事件」(1920)、「霧社事件」(1930)、「第二次霧社事件」(1931) 等事件被日人射殺、轟炸、誘殺、圍剿之後,死傷慘重,勢力大衰。前六社族人原人口數為 1,236 名,經歷了兩次事件之後 Tkdaya 只殘留 298 名老弱婦孺。霧社事件後的 1931 年霧社人被迫遷移到北港溪上游建「川中島」部落,今稱「清流部落」(在今互助村),族人稱為 Alan-Gluban (谷路邦部落)。日人為建霧社水庫,1938 年又將當地殘留的 Parlan、Qacuq、Takanan 等社遷徙到「川中島」對面建立「中原」部落。[12] Tkdaya 原有領域大部分被日人瓜分給親日派的所謂「味方番」的 Toda、Truku 及萬大泰雅族,霧社遂完全沒有 Tkdaya。

Tongan Mudu、Sipo Lipak、Mwanan 三社最早由 Truwan 母社遷居來的地方叫 Tongan Bale (意即弧形凹處),是一個山坳處,故得名。日人先將 Tongan Mudu 與 Mwanan 二社合併,後來為了便於掌控與管理,於 1924 年將 Tongan、Sipo Lipak 兩社遷居至眉溪駐在所附近臺地 (今仁愛鄉資源回收場),並且在日人推展「水稻定耕」的政策下,在南山溪一帶臺地,闢水田,種水稻。1954 年間,Tongan 社族人為就近照顧農地,再集體遷居於南山溪與眉溪的合流處今址。同年 10 月間,原 Sipo 社族人隨天主堂的設立,集體移居於原居地對岸的今址。

3. 埔里地區的語言沖積層

南投地區目前僅存兩種平埔族,即邵族與 Pazih。

邵族原為清代北路同知所轄「水沙連」二十四社中的四社 Tevato、Sinatsuatkki、Sapolo、Simloku (劉枝萬 1958:16)。根據傳說,邵族本來是原居嘉義大埔的鄒族,乾隆時代因追逐白鹿偶然發現日月潭,而舉族遷居於水沙連 (同上引:17),但李壬癸根據語音比較,認為邵族並非鄒族,而更接近於西部平埔族,其遷居日月潭估計已經 800 年 (李壬癸 2000:186)。

---

[11] Bwaarung 與另一部落 Bukasan 原屬 Toda,日治前後加入 Tkdaya,Bukasan 後因遭遇土石流,1925 年併入 Mhebu。Qacuq、Takanan 則於 1931 年先遷居到 Parlan 社附近,1938 年再一起遷居中原。

[12] 根據鄧相揚 (2008a),此處因位於眉原社與川中島社之間,所以日人將此地取名為中原。

邵族的傳統領域包括魚池、水里北至國姓鄉南港溪流域之間的廣泛地區。李壬癸和簡史朗曾經根據實際踏勘，把明治三十九年（1906）〈水社地區圖〉（臺灣日日新報社）重繪成〈未蓄水前日月潭周遭邵族地名對照圖〉（同上引：175），2004又重繪成彩色的〈臺灣南島民族遷移圖〉。可見邵族並不是很小的民族，清代的原始領域更大，包括今集集鎮、中寮鄉的一部分都曾是邵族的領域，但是現在邵族只分布在日月潭日月村一小部及水里鄉崁頂村的大平林，是人口數最少的臺灣原住民。簡史朗解釋說（2010:239）：

> 邵族既然曾經是水沙連地區最具影響力的族群，為什麼她的人口如今卻大量萎縮呢？主要的原因可能和邵族所處的地理位置有關，邵族分布的地區是近三百年來臺灣沿山地帶政經環境變動最激烈的地方，……外來的漢族移民長年累月在這裡進出經營，……邵族人受到政治、經濟、文化的衝擊也最大，早在清雍正三、四（1725、1726）年時，邵族的水社就曾因為出草事件，被清政府以軍隊圍剿過，史稱「骨宗事件」，族勢即受到嚴重打擊。乾隆末年的林爽文事件，邵族各社也被動員軋入搜尋叛黨的陣容，……緊接著嘉慶、道光年間，漢人墾民源源不斷地進入水沙連地區開墾，透過種種政治、經濟、社會、文化等方式，逐漸改變了邵族的傳統社經及文化制度，處於競爭劣勢的邵族人在歷史發展的過程中喪失了土地權，文化也被浸蝕同化了，長期以來與外來人口不對等的婚姻狀況（嫁出多，娶入少）也改變了邵族的人口結構，尤其外來人口帶來的疾病和瘟疫也經常造成人口的大量折損。晚近臺灣社會的工商業發展和都市化也造成邵族人口的大量外流，這些都是造成邵族人口無法成長甚至於逆向萎縮的原因，人口稀少也連帶影響了邵族語言的活力，由於生活周遭的文化氛圍幾乎全部是平地漢人的天下，語言環境極端惡劣，邵族的年輕人幾乎沒有講自己族語的機會，所以邵語的傳承有很大的危機，目前能以流利的邵語會話對談的，都是七、八十歲以上年紀的老人，中生代和青少年差不多完全以臺語（閩南話）和國語為主要語言，邵語長遠來看，不只瀕危，甚至於有變成「死語」的危機。

根據這個分析，可以歸納出邵語分布區萎縮、人口流失的原因有：一、骨宗事件的種族屠殺；二、漢族遷入，不對等的經濟競爭，使邵族失去土地權；三、不對等的婚姻，改變邵族人口結構；四、外來人口帶來的疾病和瘟疫使人口折損；五、近代都市化的結果造成邵族人口外流；六、語言文化的大環境使邵族失去傳承的意願。

以上的分析可以說完全適用於所有臺灣原住民族的命運，差別只是時間先後而已。

綜上所述，埔里有史以來經過三次的族群民族更替，相應於語言的沖積，姑稱為埔眉番時期、平埔族時期、漢化時期。

(1) 埔眉番時期

埔里最早的住民是泰雅族和布農族。兩族以眉溪為界，溪南屬於布農族，史稱為「埔番」；溪北屬於泰雅族，史稱為「眉番」，眉番屬於泰雅族 C'uli' 亞族殆無疑義。傳統的說法，根據傳說埔社屬於布農族 Ta-qaviðan，應該就是布農族丹社群（Takivatan），此族今尚部分存於信義鄉東北的地利村。[13]

「埔番」和「眉番」自古互相征伐。其間漢人不斷偷越私墾，引起原住民反抗，嘉慶二十年（1815）郭百年率漢人入山大肆屠殺，原住民死亡殆盡（參見劉枝萬 1958:33）。

(2) 平埔族時期

郭百年事件後西部平埔族大舉東遷，集中於埔里。自漢人遷入臺灣以後，平埔族在西部備受欺凌，族人被殺、土地被奪，於是生活日苦，不得不遷徙避難。郭百年屠殺事件後，埔里形成廢墟，西部平埔族趁虛大舉東遷埔里盆地。自道光三年（1823）起，陸續遷入者竟達三十餘社（劉枝萬 1958:29），包括道卡斯（Taokas）、巴宰（Pazih）、巴布拉（Papora）、貓

---

[13] 簡史朗認為埔里眉溪以南的「埔番」應為邵族。他和筆者討論中舉出幾個理由來支持他的主張：一、埔社和邵族的地緣關係比跟布農族接近；二、根據和安雅平埔的口述埔社和邵族一樣都有「舂石音」（杵歌）；三、骨宗事件時埔社和邵族具有聯盟關係；四、郭百年事件後埔社是透過邵族引進西部平埔族；五、根據埔社後裔口述，埔社人在日治時代還到日月潭探親。可見邵族人和埔社人是親戚關係，而和布農族只是姻親關係。這個推測極有可能。果然如此則邵族的傳統領域可以推展到埔里盆地眉溪以南。

霧揀（Babuza）、和安雅（Hoanya）等五族，並互相協議，分墾埔里盆地（參見劉枝萬 1958:31-35）。此後，埔里平原儼然成為西部平埔族移民的新天地。但平埔族進一步利用漢人侵吞土地的方法，侵吞了「埔番」和「眉番」的土地。

(3) 漢化時期

　　平埔入墾埔里後，把埔里當成一個逃生的避難所，深恐再蹈西部覆轍，被漢人侵佔，於是訂立《公議同立合約字》，規定「毋許引誘漢人在彼開墾，毋許傭雇漢人在地經營，若有不遵，鳴眾革逐」，表現各族同仇敵愾之情（參見劉枝萬 1958:37）。事實上平埔族之入墾亦屬非法，直到光緒元年（1875）設埔里社廳開始實施「開山撫番」，才正式合法化，當時平埔族六千餘人，漢人已經有了 2,700 人。平埔族在西部時已經習得閩南語、漢文，埔里社廳成立後又成立了 26 所義塾，教授的語言當然是閩南語，同時閩南人大量進入埔里盆地，平埔族的漢化大為促進。

　　到了明治三十年（1897）伊能嘉矩到埔里採訪時，調查各族語言使用，只有 Pazih 族漢番雜用，Papora 族半用番語，其餘各族都只有老人使用，Hoanya 族連老人都只記得十幾個詞。昭和六年（1931）移川子之藏訪埔里，發現平埔族的語言、風俗已經消失殆盡，唯「蜈蚣崙、烏牛欄、大湳等處係迄今仍用番語之部落，此例實屬罕見」（參見劉枝萬 1958:94-95）。

　　以上說明了埔里地區本來是高山族泰雅語、布農語的地盤，1823 年以後被道卡斯（Taokas）、巴宰（Pazih）、巴布拉（Papora）、貓霧（Babuza）、和安雅（Hoanya）等 5 族語瓜分，最後仍蹈西部平原的後塵，全部同化為閩南語的分布區。民族的地盤爭奪，造成一層一層的語言沖積。

4. 國姓地區的語言沖積層

　　國姓地名的由來，據說是因為「國姓爺」鄭成功部將劉國軒追殺大肚番入埔里，「至北港溪畔，乃班師歸，自是北番皆服」（連橫《臺灣通史》）。因為這段歷史只有連橫提到，所以史家對這一個記載都存疑。不過鄭成功佔領臺灣之後，到處殘殺原住民，確是事實。

國姓地區和埔里地區的開發史非常類似，都是語言的沖積史，不同的是插入一段客家沖積層。以下參考陳俊傑《國姓鄉福佬化客家裔漢人的族群關係調查》（2003）的研究與程士毅的田野調查與文獻分析，把國姓地區的開發史分成以下幾個階段。

(1) 泰雅族時期

如前所述，國姓地區烏溪以北北港溪流域是泰雅族的傳統分布區，說的是泰雅語 C'uli' 方言。南港溪流域是邵族的傳統分布區，說的是邵語。

(2) 閩南人移民時期

道光二十七年（1847），閩浙總督劉韻珂巡視水沙連番地是從埔里社回程，平林（今草屯平林里）已經有從草屯進入的漢人居住，並與原住民通婚；咸豐年間（1851-61）「戴潮春事件」平定之後，清軍也曾進入龜仔頭（今福龜村）一帶搜捕戴案餘黨，因聲勢浩大而不了了之，可見此時國姓西部已有漢人入墾。但是光緒元年（1875）清政府實施「開山撫番」，成立埔里社廳。當時的族群成分，根據夏獻綸，《臺灣輿圖·埔里六社輿圖》（1880）記載：「漢民在六社耕墾者有二千七百餘人，內粵籍百數十人，餘俱閩籍」（黃清琦 2010:83）。由此可見，直到清末國姓地區的漢移民仍然以自草屯入墾的閩南人為主，且集中於西部一隅，客家移民潮才剛開始（詳下）。

(3) 客家移民時期

光緒三年（1877）霧峰林家的林朝棟率兵駐屯北港溪堡，一方面駐防止泰雅族下山出草，一方面投資開採樟腦。同時也修築了東勢角至埔里社的隘勇線（約當今省道臺 21 線），客家人才開始由東勢、新社沿大甲溪上游，越山進入北港溪中游來當「腦丁」。光緒十三年（1887）臺灣巡撫劉銘傳奏請成立「臺灣腦磺總局」，旋即在埔里設腦務分局，並在國姓設立東勢角撫墾局水長流分局（今長流村），積極鼓勵樟腦開採。同一時期，埔里平埔族或沿著隘勇線北向、或沿著烏溪西向拓墾，也是由平埔族充當隘勇，保護漢族農民。

此一政策延續到日治中期，吸引了大量的客家移民潮，加入樟腦開採的行業。移民的範圍不止到國姓鄉，國姓鄉周邊鄰接的鄉鎮，包括中寮、魚池、水里山區都是客家腦丁的移民範圍。不過此時戰亂頻仍，製腦事業也並非毫無風險，故根據小川尚義（1907）的地圖，日治時代初期，客家人只擴散到烏溪沿岸交通較為便利之處。南港溪流域及國姓鄉周邊的村落，是後來將泰雅族逼往東方山區後，這些區域被劃入普通行政區域並開放招墾，使得資本家如霧峰林家、鹿港辜家才得以進入開發。廢除大租權之後，埔里新產生的平埔族資本家與日本人結合，開採樟腦或逕行招墾、開發。

　　由此可見國姓地區的客語分布區是19世紀末期才開始形成，插入平埔族與閩南人構成的閩南語區之中。

　　需要解釋的是：

1. 既然國姓地區的樟腦開採吸引了客家移民潮，為什麼沒有吸引閩南移民潮？可能的解釋是埔里和國姓都是移民的新天地，但是埔里盆地的平原比國姓大得多，而且北港溪上游的泰雅族頻頻下山出草，加上山區盜匪盤據，國姓比埔里危險，開發相對也晚的多。臺灣整體的情形都一樣，閩南人先到，優先佔據平原可耕地，餘下不易開墾的山坡地、緊臨番地的危險地區才留給客家人或平埔族，客家人或平埔族成為閩南人和高山族之間的緩衝（參見洪惟仁〈高屏地區的語言分布〉〔2006〕，也就是簡炯仁（1997）所謂的「夾心餅乾原理」。埔里盆地和國姓鄉國姓村、石門村都是閩南語的分布區，埔里盆舷地帶及國姓鄉的山坡地是客語分布區，這種情形只是反映了大臺灣的移民分布趨勢而已。

2. 客家在國姓地區只是相對多數，而非絕對多數。陳俊傑（2003）統計日治時代國姓庄各村的移民祖籍，得到以下的結果（表1，單位%）。

表1　日治時代國姓各村移民的祖籍

日治時代	現今（村）	廣東	福建	熟番	生番	支那
國姓	國姓、石門	66.1	32.3	1	0	0.6
北港溪	北港	77.3	16.4	12	0	1
水長流	長流、長豐、長福、大旗	89.8	9	1.2	0	0
柑子林	柑林	80.9	17.9	1.2	0	0
墘溝	乾溝	69.9	29.5	0.3	0	0.3
龜子頭	福龜	62.4	36	1.3	0	1
平均		74.4	23.5	2.8	0	0.9

　　由表1的數字看來，完全沒有所謂「生番」的高山族；所謂「支那籍」即日治後才移民臺灣的人口也只有0.9%；所謂「熟番」的平埔族，只佔2.8%。其餘絕大多數是漢人，漢人之中客家佔了將近三成，算是客家優佔區，但閩南人也還有將近一成。閩南人在這個地區相對少數，但在整個南投地區而言卻是絕對優勢。也就是說國姓地區的客家人雖然人口佔優勢，但語言卻是弱勢。

　　加上國姓鄉閩客通婚情形相當普遍，陳俊傑（2003）統計國姓庄各村通婚、收養子女的情形非常普遍，完全沒有族群隔閡。客家人和閩南人雜居，並且在語言、文化上接受了閩南語、閩南文化，包容開放的態度導致國姓地區變成客語、閩南語並存的雙語社會。

5. 新移民打破了南島語分布區的連續性

　　從地圖可見，仁愛鄉和信義鄉散佈了一些零星的漢語語言島，這些大部分是戰後遷入的漢人所佔領的區域。前文中對這些零星的漢語島已經交代了產生的理由，這裏再整理如表2。[14]

---

[14] 表中的人口數根據仁愛鄉及信義鄉戶政事務所2007年的統計資料估計，雖然是約數，與實際人口應該相去不遠。

表 2　仁愛鄉及信義鄉漢語島形成時間表

語言	分布區	遷入時間	遷入理由	人口（約）
華語	仁愛鄉翠華村華岡地區	1962	中橫公路完工後建村遷入	260
	仁愛鄉大同村仁愛、忠孝、榮光、道班等新村	1970	由翠華村榮民遷入	200
雲南腔華語	仁愛鄉大同村「清境農場」（博望、定遠、壽亭等新村）	1961	安置泰緬邊境雲南移民	1,000
閩南語	仁愛鄉榮興村及大同村北部	1990	榮民將土地權轉讓閩南人經營果園	90
	仁愛鄉大同村南部霧社地區	戰後	閩南人遷入霧社風景區經營商業與觀光產業、公務員退休後居留。	1,000
	仁愛鄉精英村	戰後	廬山溫泉區經營觀光產業	210
	仁愛鄉南豐村楓仔林、楓林口	日治中期	為「鶴佬客」及 Kaxabu 平埔族遷入開墾	650
	信義鄉陳有蘭溪下游緩坡地，明德村西部、人和村西北側、同富村、愛國村	戰後	經營果園及經商	3,800
	信義鄉愛國村一半，自強村大部分、羅娜村的農富坪	日治後期及戰後	客家人，伐木工和由苗栗與新竹遷來經營果園。	1,600
	信義鄉東埔村	戰後	經營民宿	400
客語	信義鄉神木村	日治後期	新竹苗栗的海陸客。阿里山伐木工人，後移至神木村居住。	950

七、結論

　　本文是一篇有關南投地區語言地理學報告。我們對於南投縣的語言分布進行了精細的調查，所有調查的結果繪製成語言地圖，做為本文的附錄。由地圖上可以明顯的看出，南投縣的語言分布狀況，由八卦山到中央山脈，大抵呈現閩南語＞客語＞閩南語／平埔族語＞高山原住民南島語的次序排列。原住民族南島語分布在高山地區，其餘地區以閩南語漳州腔佔絕對優勢，但客語區夾在其中。

　　南投地區原是南島原住民的原始居住地，但因為三百年來漢人的入侵，南島民族不斷向山地退縮。在這過程中，平埔族一直都扮演著先鋒的角色，但最後仍然不免被閩南語同化的命運。至今除少數的邵族、巴宰族老人之外都已經喪失了族語能力。

客語插入閩南語之間，使烏溪流域的閩南語分布區失去了連續性。這是因為光緒以後實施「開山撫番」政策，和日治時代的開發，使得國姓地區成為樟腦開發區，吸引了大量的客家新移民。但在整個南投縣閩南語優勢的環境下，國姓地區變成閩客語夾雜的雙語社會。

所謂高山族的南島語分布在南投縣東部中央山脈的高山，分布狀況大抵由北而南按泰雅語＞賽德克語＞布農語的順序排列。分布地盤變化最大的是泰雅 C'uli' 方言，最早是 Tkdaya 入侵霧社地區建立了 Paran 社，造成萬大社成為一個語言島。另外埔里眉溪以北的土地被平埔族侵吞，一支向北港溪上游遷徙至眉原部落，另一支遷徙至萬大。但日治時代以後 Tkdaya 開始萎縮，1930 年發生的「霧社事件」，Tkdaya 被定性為「叛番」，土地被瓜分，殘餘的人口被迫遷徙到仁愛鄉最西端，建立清流部落。

戰後，國民政府又把仁愛鄉的部分土地安置給榮民和滇緬義胞，然後部分榮民又把土地賣給閩南人經營果園；另外原住民也把土地長期租給漢人開發為果園或風景區，造成現在仁愛鄉、信義鄉散佈著許多零星的漢語語言島。

南投地區民族及語言的沖積層，由下而上可以分為高山原住民層＞平埔族層＞閩南層／客家層＞官話層（華語／雲南話）。這樣的層次不限於埔里，也是臺灣各地族群、語言層次分布的大勢，但南投地區特殊的歷史過程造就了南投地區不同的面貌。

參考書目

小川尚義
    1907　臺灣言語分布圖。刊於日臺大辭典，臺灣總督府民政部總務局學務課編，卷首附頁。臺北；臺灣總督府民政部總務局學務課。

小川尚義、淺井惠倫
    1935　臺灣高砂族言語分布圖。刊於原語による臺灣高砂族傳說集，臺北帝國大學言語學研究室調查編，卷首附頁。東京；刀江書院。

江敏華
    2010　南投縣志語言篇（客家語）。南投；南投縣政府。

李壬癸
    1997　臺灣南島民族的族群與遷徙。臺北；常民文化出版。
    1999　臺灣原住民史・語言篇。南投；臺灣省文獻委員會。
    2000　臺灣平埔族的歷史與互動，三版。臺北；常民文化出版。
    2004　臺灣南島民族遷移圖。臺北；中央研究院計算中心繪製。

林修澈
    2006　族語紮根：四十語教材編輯的四年歷程。臺北；政治大學原民族語言教育文化研究中心。
    2009　原住民族語言分布地圖的繪製。發表於「臺灣的語言方言分布與族群遷徙工作坊」，臺中教育大學臺灣語文學系主辦，花蓮，3月23日。

洪惟仁
    1992　臺灣方言之旅。臺北；前衛出版社。
    2006　高屏地區的語言分布。語言暨語言學 7(2):365-416。
    2008　臺北地區閩南語的方言類型與方言分區。臺灣語文研究 3:239-309。
    2014　族群地圖與語言地圖的史實鑑定：從小川地圖（1907）說起。臺灣語文研究 8(2):1-34。

洪惟仁、張素蓉
    2007　臺中縣海線地區泉州腔的漸層分布──一個社會地理方言學的研究。刊於社會語言學與功能語法論文集，王旭、徐富美主編，頁 13-43。臺北；文鶴出版。

洪惟仁、簡秀梅
    2012　關廟方言群島「出歸時」現象的漸層分布：漳泉方言的競爭與重整。刊於語言時空變異微觀，語言暨語言學專刊，49，鄭錦全編，頁 173-210。

涂春景
    1998　臺灣中部地區客家方言詞彙對照。臺北；國家文化藝術基金會。

夏獻綸（清）
    1880   臺灣輿圖。
移川子之藏、宮本延人、馬淵東一
    1935   臺灣高砂族系統所屬の研究（共二冊）。東京；刀江書局。
許世融
    2011   語言學與族群史的對話──以臺灣西北海岸為例。臺灣語文研究 6(2):65-95。
張屏生
    1997   臺灣地區漢語方言分布圖。刊於臺灣地區漢語方言的語音和詞彙第一冊，張屏生主編，卷末附圖。臺南；開朗雜誌事業有限公司。
張屏生、李仲民
    2011   澎湖縣白沙 語言地理研究。刊於永不枯竭的井泉：慶祝董忠司教授六十華誕論文集，張屏生主編，頁 191-235。屏東；張屏生。
陳俊傑
    2003   國姓鄉福佬化客家裔漢人的族群關係調查。南投；南投縣文化局。
黃清琦
    2010   臺灣輿圖暨解說圖研究。臺南；臺灣歷史博物館。
黃菊芳、郭礇琴、蔡素娟、鄭錦全
    2007   漢語方言微觀分布：雲林縣崙背鄉水尾村的客家方言。發表於「語言微觀分布國際研討會」，中央研究院語言研究所主辦，臺北；9月 28-29 日。
楊文山 主持
    2004   全國客家人口基礎資料調查研究。行政院客家委員會委託全國意向顧問股份有限公司。
臺北帝國大學土俗人種研究室
    1996   臺灣高砂族系統所屬の研究（共二冊）。臺北；南天書局。（影印二刷）
劉枝萬
    1958   南投縣沿革志開發篇稿。南投；南投縣文獻委員會。
鄧相揚
    2004   尋覓埔里客家桃花園：南投縣埔里鎮客家資源調查報告。南投；南投縣政府。
    2008a   日本統治時代の霧社群（タックダヤ）の部落の変遷。天理臺灣學報 17:19-41。
    2008b   平埔族群拓墾眉社群傳統領域的初探。發表於「2008 年水沙連區域研究學術研討會：劉枝萬先生與水沙連區域研究」，暨南國際大學人類學研究所主辦，南投，10 月 18-19 日。

鍾榮富
    2001   福爾摩沙的烙印：臺灣客家話導論。臺北；行政院文化建設委員會。

鍾露昇
    1967   閩南語在臺灣的分布。手稿。（未出版）

簡史朗
    2005   水沙連眉社古文書研究專輯。南投；南投縣政府。
    2010   南投縣志語言篇・邵語。南投；南投縣政府。

簡炯仁
    1997   屏東平原的開發與族群關係。屏東；屏東縣立文化中心。

顧百里 Cornelius Kubler
    1978   澎湖群島方言調查。臺灣大學中國文學研究所碩士論文。

Blust, Robert 白樂思
    2003   Thao Dictionary〔邵語詞典〕。中央研究院語言暨語言學專刊甲種，5。臺北；中央研究院語言學研究所籌備處。

Li, Paul Jen-kuei, and Shigeru Tsuchida 李壬癸、土田滋
    2001   Pazih Dictionary〔巴宰語詞典〕。中央研究院語言暨語言學專刊甲種，2。臺北；中央研究院語言學研究所籌備處。
    2002   Pazih Texts and Songs〔巴宰族傳說歌謠集〕。中央研究院語言暨語言學專刊甲種，2-2。臺北；中央研究院語言學研究所籌備處。

附表：南投縣境內布農語群分類及分布表

	方言群	區域	村落（社區）
北部方言	Takituduh（卓社群）	仁愛鄉	萬豐村 Ququaz（曲冰）、法治村 Buqiz（武界）、中正村 Qaqatu（過坑）。
		信義鄉	望美村久美社區 Maqavun。
	Takibakha（卡社群）	信義鄉	潭南村 Malavi、地利村 Tamazuan、雙龍村 Isingan。
中部方言	Takbanuaz（巒社群）	信義鄉	地利村 Tamazuan、雙龍村 Isingan、人和村 Luluqu、明德村 Naihumpu、豐丘村 Salitung、新鄉村 Sinapalan、望美村望鄉社區 Kalibuan。
	Takivatan（丹社群）	信義鄉	地利村 Tamazuan。
南部方言	Isbukun（郡社群）	信義鄉	明德村 Naihumpu、羅娜村 Luluna、東埔村 Tumpu、望美村久美社區 Mahavun。

附圖 1：臺灣言語分布圖

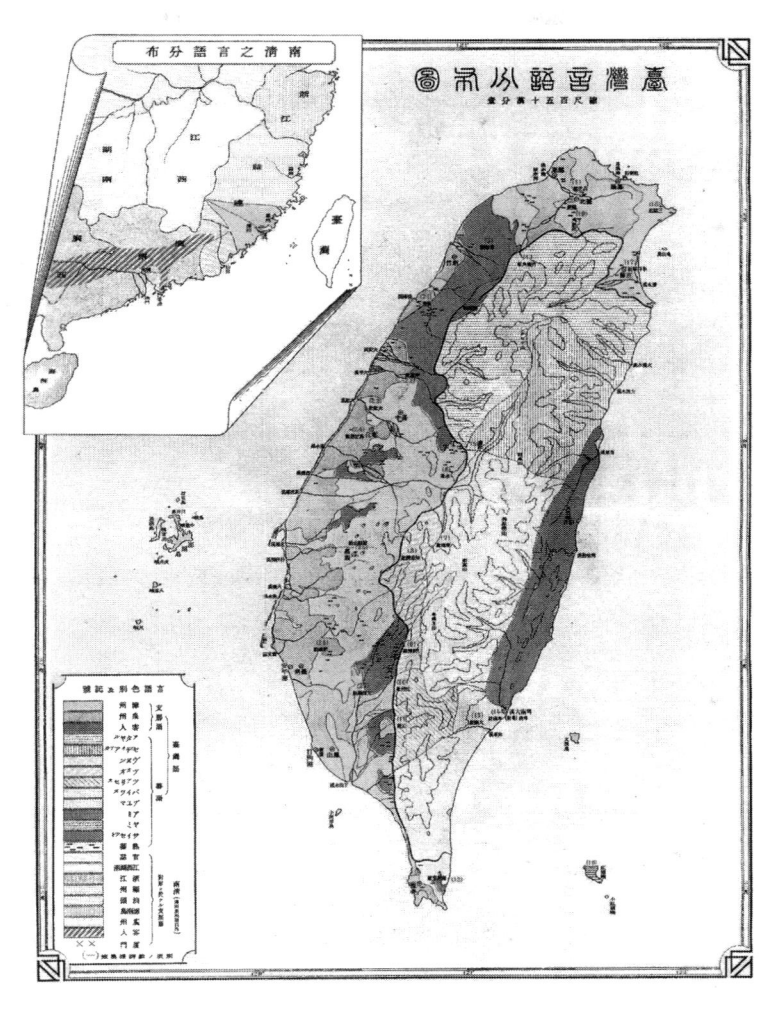

資料來源：《臺日大辭典》（臺灣總督府 1907）附圖，小川尚義繪製。

附圖 2：臺灣高砂族言語分布圖

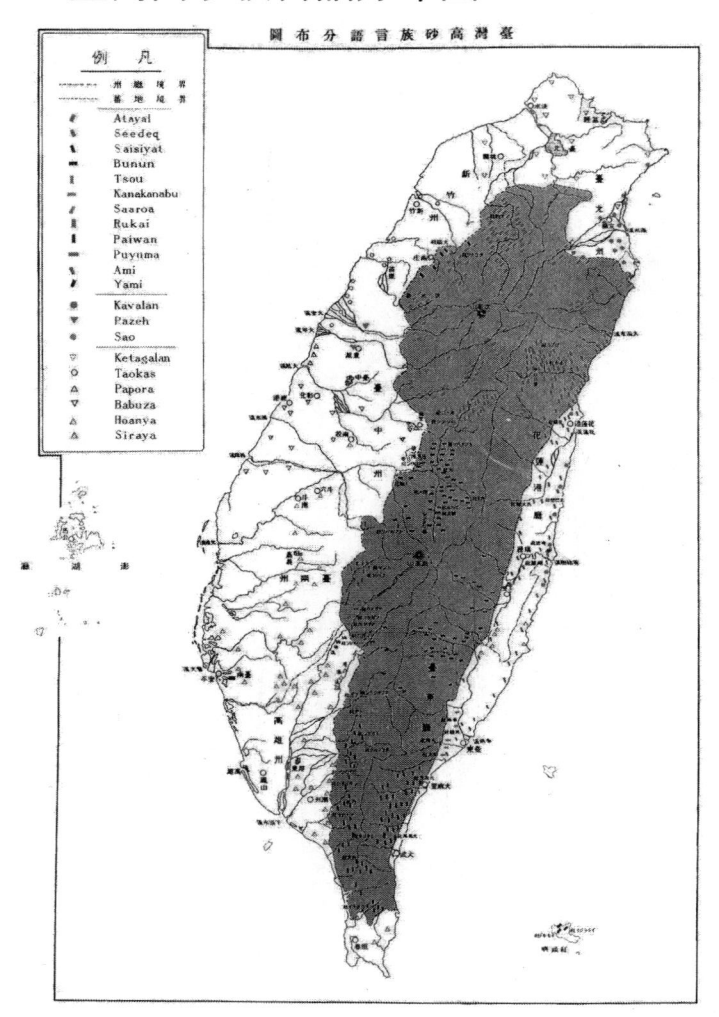

資料來源：小川尚義、淺井惠倫《原語による台灣高砂族傳說集》（1935）附圖。

附圖 3：臺灣語言分布全圖

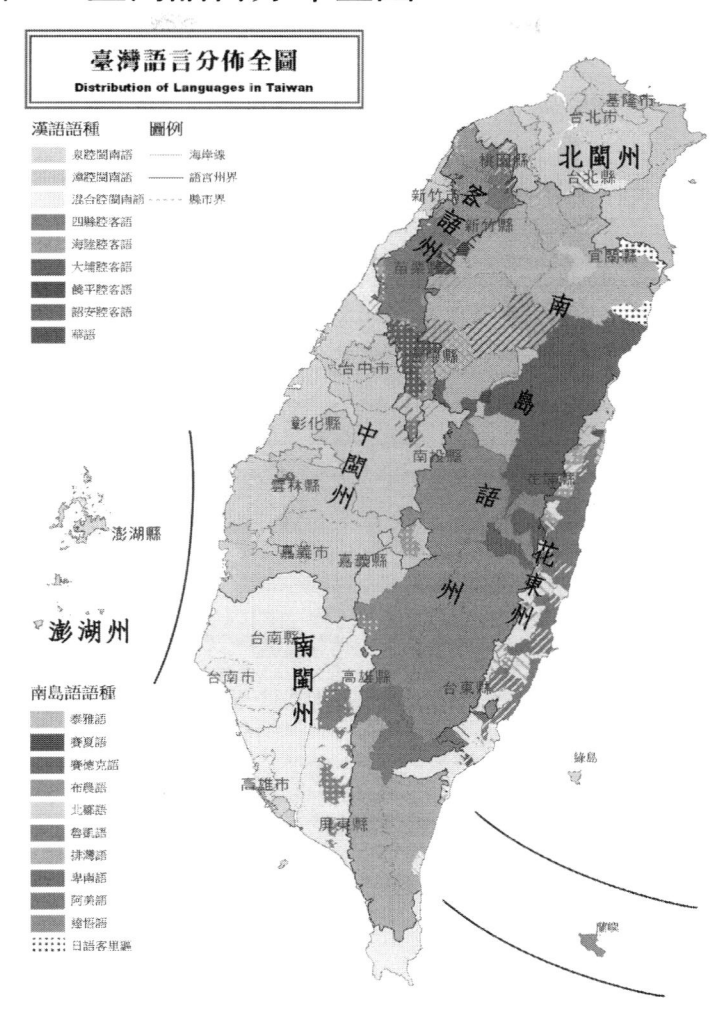

資料來源：洪惟仁繪製（2014）。

附圖 4：仁愛鄉語言方言分布圖

資料來源：洪惟仁繪製（2014）。

附圖 5：信義鄉語言方言分布圖

資料來源：洪惟仁繪製（2014）。

附圖6：南投縣埔里以西語言方言分布圖

資料來源：洪惟仁繪製（2014）。

附圖 7：南投縣語言分布全圖

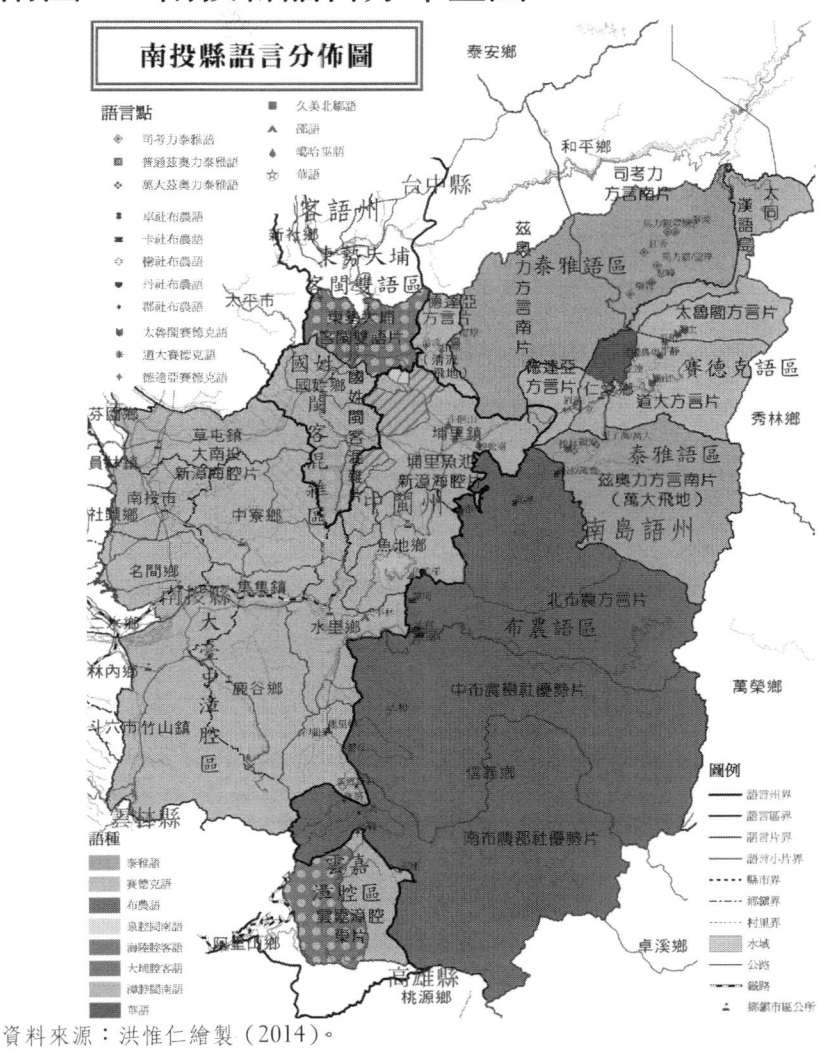

資料來源：洪惟仁繪製（2014）。

西部平埔族群入墾埔里後之聚落形成

簡史朗
政治大學民族學研究所博士候選人

一、前言
二、西部平埔族群入墾埔里的主客觀背景及條件
三、平埔族群集體入墾埔里的模式和過程
四、「墾團及土地鬮分」與「聚落形成」的關係
五、結論

一、前言

　　埔里盆地在清代光緒初年「開山撫番」政策實施之前，屬於封禁的內山番界，官方的立場為不准民人私入開墾，所以大規模開發的時間甚晚，在嘉慶十九、二十年（1814、1815）之間始有漢人墾民以武力強行進入埔里盆地開墾，是為知名的「郭百年武力侵墾事件」，該事件後來被清廷中央派來臺灣巡閱的官員武隆阿偵知，旋即事發，墾民全部被逐出，墾地拋荒，墾務全面中斷。[1] 其後埔裡社因為受到先前武力侵墾的沈重打擊，社毀人亡，子餘社人孤單勢薄，驚惶恐怖之下，基於自保的需求，透過日月潭水社邵族人的引介，招請臺灣西部的平埔族群以「番親」的身分入墾，其原始目的在「互相護衛、同居共守」。道光三年（1823）起，西部平埔社族人即以集體的方式，組成墾團陸續進入埔里盆地開墾，當時參與的社群及人數空前龐大，是史上有名的平埔族群移民潮之一。

　　從清廷領有臺灣以後，平埔族人在西部平原是生存競爭的劣勢族群，來自中國大陸的農業民族透過墾耕、租佃、典借、杜賣等方式，蠶食鯨吞的取得了大量平埔族人的土地，由於土地權的喪失，[2] 平埔族人的生存空間受到極大的擠壓，埔社的招墾對臺灣西部平埔族群而言，無異於打開一條嶄新的生路。

　　平埔族人入墾埔里的方式可以說大部分是學自漢人，他們組織墾團、集資承墾、修築水圳，經營水田、建立聚落，埔里盆地是近代西部平埔族群社會變遷、文化調適的一大實踐場域，一共有五大平埔族群移入埔里盆地，在這裡互動、競爭，埔里盆地對西部平埔族群而言是一個全新的舞臺，他們面對的是一個前所未有的、可供揮灑開創的空間，從土地開墾到鬮分、經營，從原鄉舊社到新聚落的建置，埔里盆地的平埔經驗具有別樹一幟的獨特面貌和內涵，本文嘗試由西部平埔族群進入埔里盆地拓墾的過程，探討有關聚落形成的背景原因和發展脈絡。

---

[1] 事見姚瑩的〈埔里社紀略〉，刊於《東槎紀略》卷一。
[2] 平埔族人雖然仍是名義上的地主，但是只能收取少量、固定數額的大租，並沒有實際的土地使用權（耕作權）。

二、西部平埔族群入墾埔里的主客觀背景及條件

　　西部平埔族群得以入墾埔里盆地可以說是「因緣巧合」，因為在這之前，已經有郭百年等人所組成的漢民墾團先一步入墾，只不過因為當時清朝官方的內山番地政策是封禁的，郭百年等人的開墾行為觸犯禁令，是違法的行為，加上開墾的過程又發生了殘酷的屠社事件，以至於驚動了清廷派來臺灣巡察的要員，諭令徹查案情、究辦相關人員，將侵墾的漢民墾團全部逐出，以漢人為主的侵墾行為未能得逞，然而經過郭百年事件嚴重斲傷的埔裡社，已經失去了自保的能力，亟須有外力奧援加入他們的生活空間以「同居共守」。而在此時，原本分布於臺灣西部平原丘陵一帶的平埔族群，也正面臨著與漢人生存競爭挫敗，即將全面失卻生存資源（尤其是土地權），面臨貧無立錐之地的窘境，兩者基於同為「打里摺番親」的情誼，透過日月潭水社番的媒合引介，西部平埔族群始得以「承墾人」的身分正式入墾埔里盆地。埔社與平埔族群之間其實是互有盤算、各有需求的，當時兩者之間的主客觀背景及條件大抵如下。

（一）郭百年事件後，埔社人單勢孤，惴惴自危之下，主動招請平埔族入墾

　　埔社在郭百年武力侵墾事件中，社眾傷亡慘重，族勢蒙受重大的打擊，最後雖然靠著官府的力量，把越界侵墾的漢人全部逐出，然而在浩劫之後，所剩無幾的社眾，力量實在太單薄，根本無法抵擋來自眉溪以北的賽德克族人和泰雅族人的威脅，同時也害怕如同夢魘般的漢族墾民會再度捲土重來。道光三年（1823）曾親自來水沙連內山視察番地的北路理番同知鄧傳安，對這種危機狀況有深刻的觀察：

> 過埔裡社，見其番居寥落，不及十室。詢之，自被漢民擾害後，社益衰、人益少。鄰近眉裏、致霧、安裏萬，三社皆強，常與嗜殺之沙裏興往來，其情叵測；偪處者實惴惴焉。（鄧傳安 1993:442）

　　除了外人的觀察之外，埔社族人在道光四年（1824）所開立的《思保全招派開墾永耕字》中，對自己的處境也有同樣自述：

緣因前年郭百年侵入開墾，爭佔埔地，殺害社番，死已過半。未幾再遭北來凶番，窺我社慘、微少番丁，遂生欺淩擾害，難以安居。（劉枝萬 1953:43）

在這種心驚膽戰、缺乏安全感的心理基礎之下，終於促成了被埔社認同為「打里摺番親」的平埔族人大舉入墾埔裡社的社域，就埔社而言，其主要目的非常單純，完全是因為社空勢虛，不得不爾的求生之道。至於「充裕番食口糧」應該不是主要的原因，因為以埔社的廣濶社地要贍養刼餘的人口絕對不是問題，埔社要的只是如《思保全招派開墾永耕字》裡所言的──求得安全及自保而已：

本社〔按：即埔裡社〕地廣番少，屢被北番擾害，慮乏壯丁共守此土，如得該親打里摺來社同居墾耕，一則可以相助抗拒凶番，二則平埔打里摺有長久棲身之處，所謂一舉兩得而無虞矣。是以阿密、大舌率同眾子姪等，立即央托思貓丹社土目毛蛤肉、郎觀，並伊耆番棹肉、加達等前去招募平埔打里摺入社通行，踐土會盟，通和社務，使諸凶番以及漢奸不致如前侵界，得以保全安居，散而復聚矣。（劉枝萬 1958:43）

（二）漢人在西部平原丘陵的開發漸趨飽和，已經沒有平埔族群的生存空間

埔裡社招入西部平埔族的時間點，正是臺灣西部平埔族各族群處境最艱難的時候，此時臺灣西部地區的平原、丘陵、淺山，原本屬於平埔熟番的社地及獵場，大部分都已經被大量擁入、源源不絕的漢墾民所承買或贌租殆盡，臺灣西部沿海一帶的土地開發已經漸趨飽和狀態，[3] 而從乾隆末年以來，原意為羈縻平埔熟番、照顧平埔族人生活的番屯制，也因制度本身的若干缺陷，使得平埔族人無暇、無力去親自耕作配發的養贍埔地，只得將養贍埔地又再招佃贌耕。陳陳相因的結果，傳統社地既早已大量流失，

---

[3] 從乾隆末到嘉慶、道光初是臺灣漢人社會械鬥最嚴重的時期，反映此期社會資源競爭的激烈，漢人社會尚且如此，顯示平埔族人的處境必然更為艱困。

不復己有，新得養贍埔地又再度流失，僅有的屯租也被混佔阻抗，平埔族人的生存空間和生活資源已經被過度壓縮，處境可以說艱困到了極點，中部平埔各族的屯弁於道光三年（1823）正月所立的《公議同立合約字》裡講得很清楚：

> 沐等各社番黎僻處臺灣，荷蒙　皇仁入版圖，所有草地歸番掌管，聽番開墾，或招漢人佃，定納大租以充贍養。於乾隆五十三年（1788），社番隨軍有功，設立屯丁，界外山埔歸屯墾種，劃定屯額，收管屯餉，而屯租實在缺額，無如番性愚昧，易瞞易騙，而漢佃乘機將銀餌借所有各社番，田園俱歸漢人買贖殆盡，其大租又被漢佃侵佔，短折隘糧，屯餉有名無實，隘番屯番拐腹赴公，飢寒交迫，逃散四方。（劉枝萬 1958:40）

此時水沙連內山的埔裡社，恰好因為郭百年事件而處於孤立無援、惶惶不可終日的時候，透過日月潭思貓丹社（水社）的居中引薦，西部平埔各族遂以集體入墾的方式大舉進入埔里盆地，展開了埔里發展史上的新頁。

三、平埔族群集體入墾埔里的模式和過程

埔社與平埔族人簽立《思保全招派開墾永耕字》的時間雖然是在道光四年（1824）2月，而實際上平埔族人早在前一年（道光三年〔1823〕）的年初就已經開始籌畫，並且付諸行動了，道光三年（1823）1月由巴宰族（Pazeh）岸西社原通事潘阿沐、土目潘德慶、岸裡社總通事阿沐都滿等人主導，定立《公議同立合約字》，當時參與的族群別、社名、領導者製表如表1。

表1　道光三年（1823）《公議同立合約字》中族群、社群、代表人一覽表

族別	社名	職銜	名字
巴宰族 （Pazeh）	岸西社	原通事	潘阿沐
		土目	潘德慶
	岸裡社	總通事	阿沐都滿
	阿里史社	總隊目	潘後肉
		原通事	潘仕安
		原屯弁	阿四老六萬、潘萬成
	拾八另雲社[4]	副通事	潘文格、打必裏古老
	翁仔社	土目	潘信文、潘貴秀
	烏牛欄社	土目	阿打歪鬥肉、阿四老改旦、潘茅達
	麻裡蘭社	土目	潘秀元
	樸仔籬等社	土目	阿沐阿都奴
洪雅族 （Hoanya）	貓羅社	通事	田成發
		土目	徐明源
		隘首	李甲蚋
	阿罩霧社	隘首	陳國安
	南投社	通事	吳天送
		隘丁首	潘八
	北投社	通事	余貓尉
		土目	金龍
		原屯弁	乃貓詩、羅良、淡連順
		社主	朗買奕、蕭榮
拍瀑拉族 （Papora）	南水二社（南大社、水裡社）	通事	轆仔球
		土目	阿眉錦、烏肉武厘
		業戶	貴仔龜律、上港烏義
	中北大肚	通事	大宇漢泰
		社主	烏鴨九
		土目	愛箸武澤
	貓霧捒社[5]	通事	高光湖、阿六萬興
		土目	蒲氏政
		番差	六萬成
巴布薩族 （Babuza）	阿束社	土目	阿清
		通事	大霞敦
		業戶	大霞敦

[4]「拾八另雲社」即「十八靈魂社」，今豐原市翁子裏水源路680巷10號民宅邊有一「義人祠」，建祠甚早，源於奉祀開發早期因爭水械鬥而犧牲之17人及1隻狗的英靈，此廟對聯為「十八英靈長不泯，千秋義列永傳芳。」所謂拾八另雲社應即此地，並非傳統舊社名，考察其位置，應該是岸裡大社下的一個小村社。

[5] 歷來研究者都將貓霧捒社歸類為Babuza（巴布薩族），如：李壬癸、洪麗完、洪敏麟、康培德、計文德、石文程……等人都做如是觀，但是筆者依據歷史背景、語言、祭詞、姓氏、分布、族群關係、古文書……等具體資料，認為貓霧捒社和所謂的「拍瀑拉四社」（牛罵社、沙鹿社、水裡社、大肚社）應該是屬於同一人群系統的成員，亦即以今天的族群分類而言，貓霧捒社應歸類為「拍瀑拉族」（Papora）之下，此議題因不屬本文闡釋之範圍，容許日後以專文論述。

從這張表可以清楚地看出，號稱平埔族歷史上規模最浩大的移民潮是跨族群的集體行動，參與的平埔族「族別」初看有四大族：巴宰族（Pazeh）、洪雅族（Hoanya）、拍瀑拉族（Papora）、巴布薩族（Babuza），其實應該是五大族共同參與的，因為道卡斯族（Taokas）雖未列名於《公議同立合約字》之中，但是同年的鬮分簿裡已經有道卡斯族的社名和鬮份（日北社 13 份，詳見表 2），臺灣西部的五大平埔族全部到齊。而名單中倡議及主導的人都是各族各社的通事、副通事、土目、社主、業戶、番差、屯弁、隘首等番社中的領導階層，證明這絕非零零星星、臨時起意的個別行動，而是經過充分聯繫、溝通，精心策畫的、縝密設計的集體移民。他們相約要記取在西部平原挫敗的經驗和教訓，開闢出一塊新生地，以之安居資生，如《公議同立合約字》中即清楚地書明：

> 恐各社番丁眾志不一、爭長競短、始勤終怠，爰是公同議立合約，凡我同約番親，須當約束本社番黎竭力開墾，<u>**所有開墾成田成園，按照各社番丁口灶丈量均分**</u>，毋許侵入內山擾動生番、毋許恃強凌弱、毋許引誘漢人在彼開墾、<u>**毋許傭雇漢人在地經營**</u>，若有不遵，鳴眾革逐。（粗黑體和底線為筆者所加）

　　質言之，西部平埔族群入墾埔里盆地的模式，基本上是以番社的原有架構，加上番屯的組織背景所建立起來的、跨族群的合作機制，而在墾團成員的民族意涵上也顯現出十足的排他性——排除漢人加入開墾的行列，連「傭雇漢人」都不被允許，展現現濃厚的、具有排除性的平埔色彩。

　　《公議同立合約字》訂約後的一個月，亦即道光三年（1823）2 月 21 日，已經有洪雅族北投社的先遣墾民由烏溪循著溪谷進入埔裡社，當時有 6 名婦女無懼艱險一起同來，後來為了特別表彰這 6 名勇敢的北投社婦女，日後在刊分「五索份埔地」時，還特別各給了她們一份土地做為獎賞，[6] 這些土地位於今埔里鎮水頭里地段，當地仍留有「查某份」的老地名，典出於此。

---

[6] 見《分墾蛤美蘭鬮分名次總簿》第 18 頁所載，收於劉枝萬（1953:64）。

道光三年（1823）的年中，根據《分墾蛤美蘭鬮分名次總簿》所載，[7]第一批進入埔里盆地內開墾的平埔族，在墾務上已經略見成果，這年他們主要的墾地在埔裡社的舊社址「覆鼎金」一帶，各社的分得的墾地和鬮分情形如表2。

　　道光三年（1823）10月時，平埔族群又再刊分福鼎金社前的「守成份埔地」，其範圍四至為：東至未墾埔地，西至萬斗六，有水溝守成份界，南

表2　道光三年（1823）刊分「福鼎金」之四大鬮及各小鬮份數、鬮分地覽表

大鬮（集團）	小鬮	人數（份數）	鬮分埔地
壹鬮 萬斗六 共62份	1. 貓兒干社	12份	東至守成份車路；西至溪；南至柚仔林；北與大肚份毗連，中定車路二丈為界，從北而南刊分。
	2. 阿束社	7份	
	3. 萬斗六社	43份	
貳鬮 大肚 共65份	1. 貓霧捒社	10份	東至守成份車路；西至溪；南與萬斗六份毗連，中定車路二丈為界；北與阿里史份毗連，中亦定車路二丈為界。
	2. 南大肚社	27份	
	3. 北大肚社	8份	
	4. 中大肚社	9份	
	5. 水裡社	11份	
參鬮 阿里史 共73份	1. 岸裡社	6份	東至守成份車路及福鼎金社崙仔後界；西至溪界；南至與大肚份毗連，中定車路二丈為界；北至與北投份毗連，亦中定車路二丈為界，從南而北開錄分明。
	2. 日北社	13份	
	3. 阿里史社	19份	
	4. 朴仔籬社	10份	
	5. 西勢尾社	14份	
	6. 烏牛欄社	11份	
肆鬮 北投 152份（柴坑眉裡社的份數不明，不計在內）	1. 北投、南投社	15份	東至公埔定南北大車路為界；西至溪界；南至阿里史份毗連，中定車路二丈為界；北至番社溝為界，從南而北刊分。
	2. 仝上	16份	
	3. 仝上	16份	
	4. 仝上	16份	
	5. 仝上	15份	
	6. 仝上	16份	
	7. 仝上	16份	
	8. 仝上	16份	
	9. 仝上	16份	
	10. 仝上	10份	
	11. 柴坑眉裡社	不明	
四大鬮	18社	約370份	

註：本表係根據《分墾蛤美蘭鬮分名次總簿》製作。

---

[7] 見《分墾蛤美蘭鬮分名次總簿》第2頁所載，收於同前註，頁56。

至未墾埔，北至貞華成大車路為界，每坪明丈柒拾戈長，潤二戈半。[8] 這塊墾地本來也應該按照前述四大鬮均分，但是因為除了「萬斗六」大鬮的人全數留下之外，其他各大鬮的成員頗多有逃出的狀況，[9] 所以萬斗六仍然分得一大鬮，而把其他三大鬮合併成一大段，規定「有現人在者有份，無人在此守者不得徒記名字分之。」這塊墾地也因此而被稱為「守成分埔地」，認為「當是時貴在有人保守，若是草地分定，人即逃出，必無成功。」（劉枝萬1958:63），這一次的鬮分連同萬斗六的一大鬮算入共刊分了87份土地，和本年第一次鬮分的370份合併計算，總共已經有457份的刊分單位，亦即已經有457「戶」平埔族核心家庭（或準核心家庭）進住埔社。

從上述土地鬮分的情況和當時草萊初開的氣氛來看，道光三年（1823）應該是西部平埔各族正式入墾埔里的開始，這個時候所開墾的土地都還侷限在埔裡社的原社址「福鼎金」小丘的周邊一帶。[10] 至於居住的聚落，根據鬮分總簿所載：「此福鼎金公存社場宅地壹所，可以築室住居，毋許爭分你我之應份。」[11] 所以是屬於胼墾初時，供各社社眾打寮暫居的「混居型的聚落」，每一個加入墾團的成員，不分族群別或社別，都可以在此「公存社場宅地」築屋居住。

道光三年（1823），鄧傳安任職「北路理番分府」同知，這一年他的層峰上司耳聞有熟番潛入埔裡社，屢次下令重申「封禁」禁令，於是鄧傳安在本年秋季約10月的時候，親自來埔裡社察實，詳細的經過內容寫成〈水沙連紀程〉一文（鄧傳安1993:441），鄧傳安在文中對當時入墾埔里的平埔族描述和前述古契中所呈現的情形頗有出入，據他所述，當時平埔族群在埔里的人數和耕作情形為：

> 今熟番聚居山下〔筆者按：指福鼎金〕者二十餘家，猶藉當日
> 民人佔築之土圍以為蔽，誅茅為屋，器具粗備……明日，以熟

---

[8] 清代臺灣丈量土地的習慣和中國計算「弓步」的方法不同，以長戈柄為丈量工具，1戈為1丈2尺5寸，累積百戈為1甲，換成地畝核算，每甲地等於11畝（出自劉韻珂《奏開番地疏》）。

[9] 逃出的原因雖未明載，但極可能和盆地周邊族群泰雅族及布農族的出草獵首有關。

[10] 有關埔社的社址在「福鼎金」的考證，請參閱：簡史朗、曾品滄（2002:35）。

[11] 見《分墾蛤美蘭鬮分名次總簿》第14頁所載，收於劉枝萬（1953:62）。

番為引導，履勘田園，新墾地不及三十甲，尚未成田，舊墾田十倍於此，早已荒蕪。

然而對照表2，當時住在「福鼎金」山下、埔裡社舊社地的平埔族人已經有5族、18社、457份鬮分單位，鬮分單位或許不代表家戶單位，[12]但是以最保守估計，如果這457份鬮分單位均為核心家庭，每戶人口數以4到5人計算，此時在福鼎金舊社附近聚居的平埔族人口約有1,828人到2,285人之多，這些平埔族人聚居在福鼎金周圍，也算得上是人煙密集、人聲鼎沸了，但是為什麼鄧傳安會曲意掩飾為「只有二十餘家」？身為清廷臺灣番政主管機關首長（北路理番同知）的鄧傳安，對平埔諸族入墾埔里的立場和態度因此非常值得玩味，主要原因或許在於鄧傳安同情埔裡社歷經郭百年武力侵墾事件的摧殘後，社衰勢孤、無力自保的處境，即如〈水沙連紀程〉文中所謂：「埔裡社之孤立自危，不但汲汲招墾，即薙髮為熟番亦所心願，其情可憫。」這種心情使他在處理平埔族「犯禁越入」的態度時，傾向於寬容和妥協：

> 此次越入之熟番，實緣生番〔按：指埔裡社〕招來，異乎當日漢民之強佔者，特以開墾不利於社丁，未免侉張（誇大）其辭以聞於上，當事慮有奸民混入其中，漸次藏垢納汙，不得不察實禁止耳，餘所見已異乎所聞，並逆料熟番之開墾，將來必無成功，不必如往歲實力驅逐，唯諭令具狀，俟歲事既畢，各還本社，可以安番眾而復上官，何多求焉！

鄧傳安及以後繼任的理番同知大抵都沿襲這樣的態度，並沒有對入墾的平埔族人實行強力驅逐，所以接下來我們又可以看到西部平埔族人不斷地、成群結隊地向埔里盆地移入。

道光四年（1824）2月，蛤美蘭社（即埔裡社）在日月潭思貓丹社番（即水社邵族）土目毛蛤肉和郎觀兩人的為中見證下，立出《思保全招派開墾永耕字》，對象為前述入墾的平埔各族，等於是再次追認道光三年（1823）招請平埔族入墾的意願和事實。

---

[12] 鬮份可能有一鬮再細分為幾個小戶為小鬮份，也可能一個大戶佔2個或更多個小鬮份，此處假設每個分鬮均為一個核心家庭的家戶單位。

道光五年（1825）4月初一，平埔族人開墾的範圍擴及舊社福鼎金東邊的「五索份埔地」，從《分墾蛤美蘭鬮分名次總簿》清理出關係的族別、社名和份數如表3。

　　道光五年（1825）平埔族人續墾「布袋城」，刊分共23份。布袋城位於福鼎金小丘附近，參與刊分的社名及位置均未載明。[13]

　　道光七年（1827）3月初四日，原來四大鬮份內的各社，同意再將「柚仔林埔地」刊分給東螺社耕作，此塊墾地從北而南有74戈，分為上、下兩坪，上坪59份，下坪22份。[14]

　　道光八年（1828）10月，立出《承管埔地合同約字》，蛤美蘭社（埔裡社）在這份合約中，接受了西部平埔各族群奉上的約略值價銀五千餘元的禮物，給出番社溝以南的「史老塌埔地」和介於眉溪及番社溝之間的「北大埔」埔地，幾乎把整個埔里盆地核心地帶的社地統統出瞨給平埔族，由平埔各社群承管。這次給墾，埔社只在北大埔的西部邊緣，和史老塌埔地的北部邊緣，保留些許草地主自耕的「生番股地」，其鬮分情形表列如表4、表5（劉枝萬 1953:19-53）。

表3　道光五年（1825）刊分「五索份埔地」之各族群及各社份數一覽表

族別	社名	人數（份數）	鬮分埔地座落範圍
洪雅族（Hoanya）	北投社	102	福鼎金東邊「五索份之埔地」，每垟濶式戈式，長伍拾戈，四至：東至四索份田頭水溝界，西至守成份，中定車路式丈界，南刊至大堀腳界，北至有餘之埔為界，鬮次係從北而南刊分。
	南投社	5	
	萬斗六	7	
拍瀑拉族（Papora）	大肚社	1	
	水裡社	2	
巴宰族（Pazeh）	阿里史	12	
	西勢尾	2	
巴布薩族（Babuza）	柴裡社	18	
	阿束社	3	
	東螺社	1	
道卡斯族（Taokas）	日北社	7	
不明	不明	2	
共計5族	11社	162份	

---

[13] 見《分墾蛤美蘭鬮分名次總簿》第24頁，此處可能有缺頁，所以沒有詳細刊分名單。
[14] 見《分墾蛤美蘭鬮分名次總簿》第24頁所載，收於劉枝萬（1958:67）。

表4 道光八年（1828）10月刊分「史老塌埔地」鬮次及各族群、各社份數一覽表

鬮別	族別	社名	領導者	鬮分地
1連2鬮	洪雅族	北投社	巫春榮、餘八、陳太監、金瑞玉、羅打朗、淡三甲、潘阿旦、巫天來、林門六、鄭瑞能、黃柔佛巴魯、王志明、黎朗買奕、鄭眉奕	東至山腳，西至大車路橫溝，南至山腳，北與萬斗六份毗連。
	巴布薩族	柴坑社	陳連順	
	巴布薩族	東眉社	傳相	
3鬮	洪雅族	萬斗六社	李得恩	東至山腳，西至大車路橫溝，南與北投份毗連，北與阿束份毗連。
	洪雅族	貓兒干社	潘灶生、鄭祿	
	巴布薩族	阿束社	林乞	
4鬮	巴布薩族	阿束社	陳海、林全、羅德、賴歐六	東至山腳，西至大車路橫溝，南與萬斗六份毗連，北與大肚份毗連。
5鬮	拍瀑拉族	南大肚社	愛箸蚋肉	東至山腳，西至大車路橫溝，南與阿束份毗連，北與東柴裡份毗連為界。
		北大肚社	羅愛箸	
		中大肚社	蒲氏上港	
		貓霧捒社	高元	
		水裡社	載烏蚋	
6鬮	巴布薩族	東螺社	歐江河	東至山腳，西至大車路橫溝，南至大肚份毗連，北與西史份毗連為界。
		柴裡社 柴坑／眉裡	王阿丹、潘順大夷	
7連8鬮	巴宰族	阿里史社	潘光明、潘阿四老把連	東至山腳，西至大車路，南至東柴裡份毗連，北與南投份毗連。
		西勢尾社	潘集禮	
		烏牛欄社	潘阿貴	
		朴仔籬社	阿新馬下六、阿西老馬下六	
	道卡斯族	日北社	陳六觀	
9鬮	洪雅族	南投社	吳清、潘陞、葛阿矮	東至山腳，西至大車路橫溝，南與西史份毗連，北與公地毗連為界。
10鬮	公地（草地主）	草地主		公地道光十一年（1831）重刊分史老塌埔地，確定此處為「草地主自耕」。

註：此「史老塌」埔地的四至依鬮分名次簿所載為：「東至山腳，西至四索份，南至山腳，北至番社溝。」即今天埔里鎮枇杷城大排水溝以南，包括杷城里、枇杷里南段、水頭里、同聲里與清新里的一部、麒麟里的北段、珠格里、溪南里等地。

表 5　道光八年（1828）10 月刊分「北大埔」鬮次及各族群、各社份數一覽表

鬮別	族別	社名	領導者	鬮分地
1 鬮	洪雅族	北投社	巫春榮、餘八、陳太監、金瑞玉、羅打朗、淡三甲、潘阿旦、巫天來、林鬥六、鄭瑞能、黃柔、弗巴魯、王志明、黎朗買奕、鄭冒奕	東至車路，西與西史份毗連，南至橫車路，北至溪為界。
	巴布薩族	柴坑社	陳連順	
	巴布薩族	東眉社	傅相	
2 連 3 鬮	巴宰族	阿里史社	潘光明、潘阿四老把連	東與北投份毗連，西與阿束份毗連，南至橫車路，北至溪為界。
		西勢尾社	潘集禮	
		烏牛欄社	潘阿貴	
		朴仔籬社	阿新馬下六 阿西老馬下六	
	道卡斯族	日北社	陳六觀	
4 鬮	巴布薩族	阿束社	陳海、林全、羅德、賴歐六	東與西史份毗連，西與萬斗六份毗連，南至橫車路，北至溪為界。
5 鬮	洪雅族	萬斗六社	李得恩	東與阿束份毗連，西與東柴裡份毗連，南至橫車路，北至溪為界。
	巴布薩	貓兒干社	潘圡生、鄭祿	
	巴布薩族	阿束社	林乞	
6 鬮	巴布薩族	東螺社	歐江河	東與萬斗六份毗連，西與北投份毗連，南至橫車路，北至溪為界。
		柴裡社	王阿丹、潘順大夷	
7 鬮	洪雅族	北投社	巫春榮、餘八、陳太監、金瑞玉、羅打朗、淡三甲、潘阿旦、巫天來、林鬥六、鄭瑞能、黃柔、弗巴魯、王志明、黎朗買奕、鄭冒奕	東與東柴裡份毗連，西與南投份毗連，南至橫車路，北至溪為界。
	巴布薩族	柴坑社	陳連順	
	巴布薩族	東眉社	傅相	
8 鬮	洪雅族	南投社	吳清、潘陞、葛阿矮	東與北投份毗連，西與大肚份毗連，南至橫車路，北至溪為界。
9 鬮	拍瀑拉族	南大肚社	愛著蚋肉	東至南投份毗連，西至公地毗連，南至橫車路，北至溪為界。
		北大肚社	羅愛箸	
		中大肚社	蒲氏上港	
		貓霧捒社	高元	
		水裡社	載烏蚋	

表5　道光八年（1828）10月刊分「北大埔」鬮次及各族群、各社份數一覽表（續）

鬮別	族別	社名	領導者	鬮分地
10鬮	公地	北投社		因為北投社與東螺柴裡社額外出資360銀元，所以公議於北大埔另踏出埔地2段與之。
		東柴裡社		
		草地主		

註：此「北大埔」的四至依鬮分名次簿所載為：「東至山腳，西至鐵砧山、恒吉城，與頂九社、八股毗連交界，南至番社溝，北至眉溪中流為界。」即今虎頭山以西，烏牛欄臺地以東，眉溪以南，枇杷城大排水溝以北的廣大地域，目前是埔里鎮的主要住商精華區。

　　道光十一年（1831）5月24日，刊分福鼎金東邊「四索份埔地」，每埒東西40戈，南北濶2戈，東至九大股界，西至五索份界，南至荒埔界，係由北而南刊分。依據《分墾蛤美蘭鬮分名次總簿》所載，列名的社有：洪雅族的北投社、南投社、萬斗六社、猫兒干社；巴宰族的阿里史社、朴仔籬社；巴布薩族的東螺社、阿束社、柴坑社、眉裏社；拍瀑拉族的大肚社、水裡社；道卡斯族的日北社。總份數為125份，鬮分總簿裡因為有部分社名大概是被蟲蝕水侵，缺漏不明，以故未能做出族別、社名及人數的統計表。

　　道光十一年（1831）6月10日，九大股刊分「史老塌埔地」，基本上和道光八年（1828）鬮分的情形一樣，不過特別批明：「議作十大份均分，九大股應得九份，又刊存埔地一份與蛤美蘭草地主自行耕作」（同上引:71）。

　　道光二十五年（1845）4月，平埔族三大族（巴宰族、道卡斯族、拍瀑拉族）十五社刊分埔里盆地西北側的埔地，這塊埔地的位置緊臨北大埔的西緣，北至赤崁，南抵鐵砧山，西起水尾，東至蘆竹湳，因為是分成八大股拈鬮均分，所以又稱為「八股洋埔地」，[15] 範圍包括現今埔里鎮行政區裡的：（一）「向善里」靠南段的一部，建立的庄社有水尾庄、赤崁庄。（二）「房里里」的全部，建立的庄社有八股庄、日南庄、雙寮庄（由原雙寮崁頂和雙寮崁腳兩庄合組而成）、公田溝庄、房裡庄（又名紅瓦厝庄）。（三）鐵山里的全部，建立的庄社有烏牛欄庄和阿里史庄、大馬璘庄。平埔族在

---

[15] 今鐵砧山北側有名為「八股」之小聚落，可能是開墾初期平埔墾民聚居之處，待考。

埔里盆地眉溪以南、蛤美蘭社（即埔社）領域內的墾殖到此已趨於飽和狀態，大面積、較平坦的地面差不多都已經開墾殆盡。值得注意的是當初鬮分土地的方式是「按鬮次由西向東依次刊分」，以這個次序來比對各大鬮的社名和現今聚落分布的位置，大致可以推斷「聚落的位置」和「鬮分地」之間有非常密切的關連。本鬮書之原件收藏於房里里雙寮社區潘常武先生處，今據潘先生提供之影本謄錄如下（參見表6）：

> 仝立鬮簿合約字阿里史社通事潘明夷，吞霄社通事莫加袍，德化社通事潘吉成，日北社土目陳榮玉，業戶林武力，烏牛欄社頭人阿打歪馬爾，朴仔離社岸裡潘逢秀，社寮潘馬下六，大馬鄰茅格郡乃，日南社頭人南茅，雙寮社土目潘長益，房裡社頭人潘鴛生，大甲東社頭人東馬意等，切我等故居番漢雜處，世風不古，盜賊蜂起劫掠為生，我番軟弱屢被欺凌劫搶，難以安居，是以各社相率入來峇美蘭社同居，一力耕農度活，庶免被其侵侮。茲前年先到新舊昏親集齊，僉議踏出赤崁、鐵砧山、水尾、蘆竹湳壹暨埔地一所，供仗甲數，付我等捌大股鬮內眾番前去用力開墾成業，永遠管耕，永為己業。今經憑鬮拈定，第壹鬮吞霄社應分埔地玖拾肆甲，配出埔底銀玖拾肆元。第貳鬮日北社應分埔地肆拾捌甲，配出埔底銀肆拾捌元。第參鬮阿里史社應分埔地柒拾陸甲，配出埔底銀柒拾陸元。第肆鬮雙寮社應分埔地捌拾貳甲，配出埔底銀捌拾貳元。第伍鬮日南社應分埔地捌拾伍甲，配出埔底銀捌拾伍元。第陸鬮樸仔離社，社寮貳拾陸份，大麻鄰貳拾參份，烏牛欄社拾壹份，水寮、大湳共玖份，岸裡社捌份，共應分埔地柒拾柒甲，配出埔底銀柒拾柒元。第柒鬮大甲東西社貳拾份，大肚社陸份，共應分埔地貳拾陸份，共應分埔地貳拾陸甲，配出埔底銀貳拾陸元。第捌鬮房裡社應分埔地參拾壹甲，配出埔底銀參拾壹元。計共埔底銀伍佰貳拾大元，親交業主，其銀親收足訖，其埔地每名應分壹甲，計共埔地伍佰貳拾甲，又併峇美蘭番社溪埔圳路付捌股鬮內開闢成田，通流灌溉，以及禾埕社地茭園車路，俱各踏明在外，此係公同酌議，各無偏私，口恐無憑，合仝立鬮簿字捌本，各執壹本永遠為炤。即日批明交收埔地銀伍佰貳拾元，應配埔地伍佰貳拾甲，批炤。

道光貳拾伍年乙巳四月　　日立
　　在場通土：雙寮社土目潘長益、北投社通事羅國忠、阿里史社
　　　　　　　通事潘明夷。
　　知見：金心觀、金登榜、蕭春榮、淡毛佛、余成、乃金水、潘
　　　　　助、李春富、王眉、潘灶生。
　　代筆：陳○○

　　道光三十年（1850）元月，眉社頭人斗禮、眉西弄、代毛甲非接受了平埔族人致贈的禮物：鹽300擔、色布300疋、朱呅100丈、大豬10隻、水牛牯10隻、酒10甕，將眉社的社地全部給出予平埔族人贌耕，契中畫定的四至地界為：東至坑內松柏崙，西至赤崁油車坑，南至眉溪，北至大

表6　道光二十五年（1845）刊分「八股洋」埔地鬮次、族別、社名、份數及領導人一覽表

鬮別	族別	社名	面積	領導人	埔底銀	戶數
1	道卡斯族	吞霄社	94甲	莫加袍（通事）	94元	94
2	道卡斯族	日北社	48甲	陳榮玉（土目） 林武力（業戶）	48元	48
3	巴宰族	阿里史社	76甲	潘明夷（通事）	76元	76
4	道卡斯族	雙寮社	82甲	潘長益（土目）	82元	82
5	道卡斯族	日南社	85甲	南茅（頭人）	85元	85
6	巴宰族	樸仔籬社[16]（代表）				
		社寮社	26甲	潘馬下六	26元	26
		大麻鄰社	23甲	茅格郡乃	23元	23
		烏牛欄社	11甲	阿打歪馬爾（頭人）	11元	11
		水底寮社	9甲		9元	9
		岸裏社	8甲	潘逢秀（頭人）	8元	8
7	拍瀑拉族	大肚社	6甲		6元	6
	道卡斯族	大甲東、西社（德化社）	20甲	潘吉成（通事） 東馬意（頭人）	20元	20
8	道卡斯族	房裏社	31甲	潘騖生（頭人）	31元	31
總計	3大族	15社	520甲		520元	520戶

---

[16] 樸仔籬社只是出首為代表而已，鬮分簿上並沒有社眾分得土地，原因如何，尚待考證。

山後、水流北（簡史朗 2005:126-127）。同年 4 月承墾的平埔佃戶頭人聯合署名「甘結字據」，保證分到土地的眾佃「各自搬眷前往居住，要圍堡把守，如有玩佃不遵約束、不力把守者，願將所耕之田聽眾充公，所穫之粟折半均分」（同上引:472-473）。這些來開墾眉溪以北、原屬眉社社域的平埔族共有 3 族 8 社（表 7）。

綜觀西部平埔各族從道光三年（1823）起以集體的方式進入埔里盆地開墾，到道光三十年（1850）為止，整個埔里盆地內的空間，包括眉溪以南、原屬埔社的地域，以及眉溪以北、原屬眉社的地域，大體上都已經完全被平埔族人所承贌分墾殆盡，平埔族群成為整個埔里盆地的主流人群，更由於埔社的持續萎縮，以及眉社的遁入內山，最後終於由平埔族群遞補了埔社和眉社的位置，成為埔里盆地的新主人。

道光年間尚未有今天民族學／人類學的「民族分類」觀念，但是由上述各表所列，平埔族人的心底裡顯然有清楚的「我群或我族」的意識。總歸平埔族人入墾埔里的方式是以「族群別」組成集團，或是以原鄉地緣相近的「族群」聯合起來，以集體的力量先把大面積的荒埔墾出，然後分成數大鬮，每大鬮內部又包含若干小股，鬮得的土地按股數分給所屬的成員分子，平埔族人用這種集體運作的開墾方式，短短幾年之間就把埔里盆地完全墾透，以優勢的人口取代了埔社和眉社的地位。

平埔族人記取了在西部平原喪失土地的經驗和教訓，也以贌墾佃耕的方式，從埔、眉社族人的手中取得了絕大部分土地的永耕權，埔社族人成為只擁有名義上的土地權、卻無實際耕種權、只能坐收番大租的草地主，而眉社最後則是選擇了離開埔里，遁入更深的內山，融入到萬大社群和眉原社群之中。

表 7　道光三十年（1950）元月分墾「眉社」社地一覽表

族別（3 族）	社名（8 社）	領導人	承墾範圍
巴宰族	岸裡社	阿四老六官	東至坑內松柏崙，西至赤崁油車坑，南至眉溪，北至大山後、水流北。即今之牛眠里、福興里、史港里、一新里和廣成里的一部。
	阿里史社	老魯世居	
	社寮社	茅格烏蚋	
	水底寮社	孝鳳	
	山冬冬社	阿馬曷龜乃	
	大湳社	阿四老何老	
洪雅族	北投社	田眉秀	
巴布薩族	東螺社	歐江河	

清末光緒年間，埔裡社極度衰微，屈指可數的人口數對原居地埔里盆地的影響已經無足輕重，日本政權接替了清政府之後，全面實施土地調查，消滅番大租，埔社草地主連名義上的土地權都被取消了，僅存的幾名族人在外來移民族群的人海中失去了蹤影，埔社終於正式地、完完全全地退出了歷史的舞臺。

四、「墾團及土地鬮分」與「聚落形成」的關係

　　道光三年（1823）初，臺灣西部平埔各族初來埔里墾殖時，因為是草萊初創，所以正如鄧傳安所看到的，大抵是「猶藉當日民人佔築之土圍以為蔽，誅草為屋，傢俱初備」（鄧傳安 1993:441）。同年《分墾蛤美蘭鬮分名次總簿》裡也記載著：「……至於此福鼎金公存社場宅地壹所，可以築室住居，毋許爭分是你我之應份。」可見當初剛入墾埔里的各族群、各社平埔人應該是聚居於福鼎金附近，藉著昔日郭百年事件後被逐漢族墾民的土圍暫時居住，此時的聚落應該是聚集式的、混居式的聚落，然後隨著入墾人數的增加，以及耕地墾成後的分鬮，於是以血緣（同族）、地緣（同社、鄰社）的關係，在各自的鬮分地上，選擇適當的地點建立新的「庄社」。

　　將平埔各族群、各社的鬮分地和後來實際形成聚落的位置互相比對，可以發現有「區塊化」的現象，亦即族群背景相同的各社有「聚族而居」的傾向，雖然當時並沒有現代「族別分類」的觀念，但是在「聚落形成」的實際作為上卻有「我族分類和認同」的意識，而且其區塊化分布的狀況居然和日治時代才形成的人類學式「民族系統分類」相符合，具有特殊的民族學意義。埔里盆地的平埔族聚落呈現出具有族群分類意涵的區塊分布如下：
(一) 屬於洪雅族的各社建立的聚落集中在埔里盆地的南半部，亦即從番社溝周邊往南，一直到盆地邊緣的山腳下都是，其中北投社和南投社來得最早、人數也最多，他們的原鄉（今草屯和南投）和埔社距離最近，因為地緣關係，以北投社和南投社為主力的墾團是最早進入埔社地域的平埔族人，建立的聚落也都圍繞在番社溝兩側和覆鼎金周邊一帶。洪雅族各社族人建立的聚落有鹽土、枇杷城、精米宮、文頭股、中心仔、水頭、十一份、牛洞、珠仔山等處。由於洪雅族

在番社溝兩側及覆鼎金和史魯塌埔地的先佔優勢，造成其他族群各社在聚落的營建上不得不往埔里盆地的北半部尋求發展。

(二) 屬於巴宰族的岸裏社群、烏牛欄社群、阿里史社群、朴仔籬社群（大馬璘社）佔居埔里盆地西側的鐵砧山臺地，建立烏牛欄、阿里史、大馬璘等聚落，而另一批的岸裏社群（岸裡社）和阿里史社群（阿里史社）、樸仔籬社群（水底寮社、社寮角社、山冬冬社、大湳社）的巴宰族人也在埔里盆地的東北角，建立了牛眠山、守城份、大湳、蜈蚣崙等「眉溪四庄」聚落，根據道光三十年（1850）4月所立的「具甘結字」顯示，這四個聚落的人群成分還包括了北投社（洪雅族 Hoanya）、東螺社（巴布薩族 Babuza），但是後來的發展似乎是北投社和東螺社將分得的土地再行出典或杜賣給巴宰族各社群的族人，而退回眉溪南岸原埔社地域或另往眉社地域的西北邊緣發展，形成混居式聚落（如福興庄、九欉楓庄），使所謂的「眉溪四庄」以巴宰族的朴仔籬社群為主體，在文化內涵的展現出濃厚的巴宰族／朴仔籬社群色彩。[17]

(三) 屬於拍瀑拉族的南中北大肚社、水裡社和猫霧捒社，在盆地的偏西南處建立大肚城、水裡城等聚落（另一聚落為盆地西南邊緣的生番空）。大肚水裡四社和猫霧捒社從道光三年（1823）起即陸續入墾埔里，建立的聚落與鬮分地的分布呈現正相關：大肚城庄和水裏城庄建在北大埔的鬮分地上，生番空庄則建在與道光三年（1823）的鬮分地隔溪相望的盆弦階地上。

(四) 屬於巴布薩族的東螺社、阿束社、柴仔坑、眉裏社等社在北大埔鬮分地上建立了林仔城、下梅仔腳聚落。二林社和馬芝遴社也在北大埔西側、生番股內由東螺柴裡社多分得的鬮分地上，建立了恒吉城聚落。恒吉城建立的時間很早，道光八年（1828）鬮分北大埔時，西邊的範圍即明示是以「鐵砧山、恒吉城與頂九社八股」毗鄰為界。[18]

---

[17] 眉溪四庄所使用的語言為巴宰語的噶哈巫方言，同樣在農曆11月15日過傳統年，唱同樣曲調的挨煙曲、牽田、抓大魚。

[18] 見《分墾蛤美蘭鬮分名次總簿》第42頁所載，收於劉枝萬（1953:76）。

（五）屬於道卡斯族的各社除了日北社入墾的時間較早之外，其他的房裏社、雙寮社、日南社、霄社等社大批入墾的時間要晚到道光二十五年（1845），開墾地域在埔里盆地的西北隅，建立了房裏、雙寮、日南、水尾、八股、赤崁、公田溝等聚落。

上述平埔族聚落呈現具有族群特色的區塊化分布，證明在沒有族別分類概念的年代裡，人們心中其實本來就存在著一把無形的「族群分類」的尺，不待「民族理論」佐證或人為的「識別分類／民族認定」，人群很自然的依照歷史發展背景、語言、文化、習俗、血脈親緣關係、地緣關係⋯⋯等內化自足的感知，行最自然的族群分類。西部平埔族群入墾並定居埔里盆地的過程中，從開墾集團的組成到鬮次的分配、聚落的形成及分布等，在在都突顯著這樣的特色。

筆者認為埔里盆地的平埔族聚落在剛形成時期可以分成下面三種型態：

（一）純血緣關係組成的聚落（民族聚落）：這種聚落往往以原鄉社名為新聚落的名稱，如：烏牛欄社／庄、大馬璘社／庄、阿里史社／庄、大湳社／庄、水裏城庄、日南社／庄、日北社／庄、双寮社／庄、房里社／庄。但也有不以原鄉社名為名的，如：八股庄（吞霄社）、水尾庄（日北社）。

（二）血緣加地緣關係組成的聚落（民族聚落）：這種聚落是由同族但鄰近的社所組成，新聚落的命名有以較大的社名為名稱的，如：大肚城庄（大肚社、猫霧捒社），也有以全新的名字為聚落名稱的，如：林仔城庄（東螺社、柴裡社）、牛眠山（岸裡社、阿里史社、社寮角社）、守城份庄（社寮社、山冬冬社）、中心仔庄（北投社、萬斗六社）。

（三）由不同族別的社所組成的聚落（混居聚落）：這種聚落是由沒有血緣關係和地緣背景的社所組成，如：珠仔山（北投社、東螺社）。

明治三十年（1897）時，伊能嘉矩受臺灣總督府囑託，進行全臺灣原住民地域做地氈式的調查，8月時在埔里地區停留，對埔里盆地內的平埔族聚落做過詳細的調查，其成果〈埔裡社平原的熟番〉發表於明治三十二年（1899）出版的《蕃情研究誌》第2號，現在將伊能調查的平埔各庄社戶數及人口數整理如表8。

表 8　明治三十年（1897）伊能嘉矩調查原埔里支廳管內熟蕃社戶口表

族別	聚落名稱	組成的蕃社	戶數	人口 男	人口 女	人口 計
洪雅族 Hoanya	枇杷城庄	北投社、阿束社（原各獨立，後合併）	22	50	32	82
	十一份庄	北投社（分上下二社）	10	25	27	52
	鹽土庄	北投社、斗六門社（初由北投社建立，後斗六門自白葉坑移來加入）	5	11	9	20
	水頭庄	北投社、南投社（南北投社自五港泉分移）	20	40	50	90
	文頭股庄	萬斗六社（由中心仔庄之同社人移來）	11	54	28	82
	中心仔庄	萬斗六社、北投社（北投社人數極少）	16	30	40	70
	牛洞庄	南投社	12	32	21	53
	春米宮庄	—	—	—	—	—
	白葉坑庄	北投社、斗六門社	20	30	40	70
	九欉楓庄	北投社	12	23	25	48
	福興庄	—	—	—	—	—
道卡斯 Taokas	房裡庄	房裡社	36	93	86	179
	雙寮庄	雙寮社（分上下兩部落居住）	23	48	43	91
	雙寮崁腳					
	日北庄	日北社	28	55	55	110
	日南庄	日南社	44	101	98	199
	八股庄	吞霄社	33	84	76	160
	下赤崁庄	—	—	—	—	—
	水尾城庄	日北社（由鐵砧山的日北社分移）	18	36	35	71
	頂梅仔腳庄	日北社（由鐵砧山的日北社分移）	10	40	35	75
	頂史港庄	日北社	12	31	30	61
	下史港庄	—	—	—	—	—
	刣牛坑	—	—	—	—	—

表 8　明治三十年（1897）伊能嘉矩調查原埔里支廳管內熟蕃社戶口表（續）

族別	聚落名稱	組成的蕃社	戶數	人口 男	人口 女	人口 計
巴宰 Pazeh	烏牛欄庄	烏牛欄社	65	165	163	328
	大馬璘庄	大馬璘社	37	101	74	175
	阿里史庄	阿里史社	31	77	51	128
	牛睏山庄	葫蘆墩社、麻薯舊社、社寮角社	46	128	125	253
	守城份庄	山頂社	58	168	146	314
	內城庄	—	—	—	—	—
	大湳庄	大湳社	46	114	106	220
	虎仔耳庄	阿里史社	2	5	3	8
	楓仔城庄	阿里史社	7	23	23	46
	蜈蚣崙庄	水底寮社	57	141	106	247
拍瀑拉 Papora	大肚城庄	大肚社	9	21	19	40
	水裡城庄	水裡社	11	23	23	46
	生番空庄	大肚社	18	36	35	71
巴布薩 Babuza	恒吉城庄	二林社、馬芝遴社（原各獨立，後合併）	25	70	70	140
	林仔城庄	東螺社	59	154	144	296
	下梅仔腳庄	阿束社、眉裏社（原各獨立，後合併）	22	70	80	150
	公林庄	—	—	—	—	—
	四角城庄	—	—	—	—	—
總計		25 社	825	2,079	1,898	3,977

註 1：本表係依據明治三十二年（1899）出版的《蕃情研究誌》第 2 號重製。
註 2：春米宮庄、福興庄、下赤崁庄、下史港庄、牛坑庄、內城庄、公林庄、四角城庄等 8 個庄在伊能嘉矩調查時已經存在，但是伊能並沒有寫入調查資料。

　　上列伊能嘉矩的調查及統計資料和實際狀況似乎有很大落差，筆者認為他在戶口數（825 戶）和人口總數（3,977 人）上有低估的現象，無法與古文書中的資料相襯，甚至可以說落差還蠻大的，比如：道光三年（1823）「刊分福鼎金」的鬮分簿上記載的份數就有 370 份之多（相當於 370 戶）；道光五年（1825）「刊分五索份埔地」的鬮分簿中，光是北投社一社就有 102 份（相當於 102 戶），較晚的道光二十五年（1845）刊分「八股洋」埔地的契書中明載的戶數也有 520 戶之多，為什麼平埔族的戶數在伊能嘉矩

的調查中嚴重縮水？原因在哪裡？是平埔族人特意隱藏身分？或是還有其他什麼特別的原因？也是值得再進一步研究的問題。

五、結論

　　影響埔里盆地「平埔族聚落」形成的兩大因素為：一、拓墾過程中墾團的組織及二、墾成之後鬮分地的位置，前者決定將來聚落主要成員的族群屬性，後者決定聚落的位置。

　　道光三年（1823），西部各平埔族群剛進入埔里盆地拓墾的時候，不分族群社別，都以埔社舊社址「覆鼎金」小丘的四圍周邊做為落腳居住的地方，形成暫時性的大型跨族混居式聚落，等到土地墾成，再以拈鬮的方式確定各社分得土地的位置，到這個時候差不多才確定了各族群、社群的聚落將建在何處，埔里盆地的核心地帶（即「史魯榻埔地」和「北大埔埔地」）一直到道光八年（1828）時才墾成鬮分，所以這地區的平埔聚落應該是道光八年（1828）以後才形成，而且因為洪雅族系統平埔族人在盆地南半部的優勢，使得其他族群的平埔人將聚落推往北大埔發展。埔里盆地西北側的「八股洋埔地」則要到道光二十五年（1845）才墾成鬮分，主要墾團成員大部分為道卡斯族系統的平埔族人，八股洋埔地因此也是道卡斯族系統平埔聚落的大本營。至於眉溪北側的眉社埔地，雖然不斷有平埔族人滲透進入開墾，但是正式墾成並且鬮分土地、建立聚落的時間恐怕要更晚一點，一直到道光三十年（1850）才算正式確認，主要成員雖有跨族八社，而最後建立聚落並且擴展成「眉溪四社」的是朴仔籬社群系統的巴宰族人。

　　埔里盆地的「平埔族聚落」有按照族別分布的區塊化現象，亦即有共同族群背景屬性的人群（如共同的歷史記憶、語言、風俗習慣、親屬脈絡……），會聚集在一起而共同營建具有族群特色的聚落，「血緣」（族別）和「地緣」（社別）加上鬮分地位置是埔里盆地平埔族聚落形成的最主要因素。

　　隨著聚落的形成並固定，原先鬮分地距離聚落遙遠以至於耕種不便的問題，可能係透過集體交換或買賣的方式解決，是否因此造成搬遷及形成

跨族社的混居型聚落？有待後續研究釐清。其他如清末執行開山撫番政策之後，漢人大舉移墾遷入是否影響到平埔聚落的組成內涵？又經由古文書耙梳的結果，顯示入墾埔里盆地的平埔族戶數和人口數與日本時代的調查數據有很大的落差，顯示平埔族的身分有被壓抑或隱瞞的現象，其文化及社會的變遷和認同問題都有待後續更深入的探討。

參考書目

姚瑩（清）
  1996 埔里社紀略。刊於東槎紀略，臺灣文獻叢刊第 7 種，[清] 姚瑩著。南投；臺灣省文獻委員會。

劉枝萬
  1953 南投縣志稿，沿革志，開發篇，南投文獻叢輯。南投；南投縣文獻委員會。
  1958 南投縣沿革志開發篇稿。南投；南投文獻委員會。

鄧傳安（清）
  1993 水沙連紀程。刊於彰化縣志，臺灣文獻叢刊第 156 種，[清] 周璽編。南投；臺灣省文獻委員會。

簡史朗
  2005 水沙連眉社古文書研究專輯。南投；南投縣政府。

簡史朗、曾品滄
  2002 水沙連埔社古文書選輯。臺北；國史館。

附錄

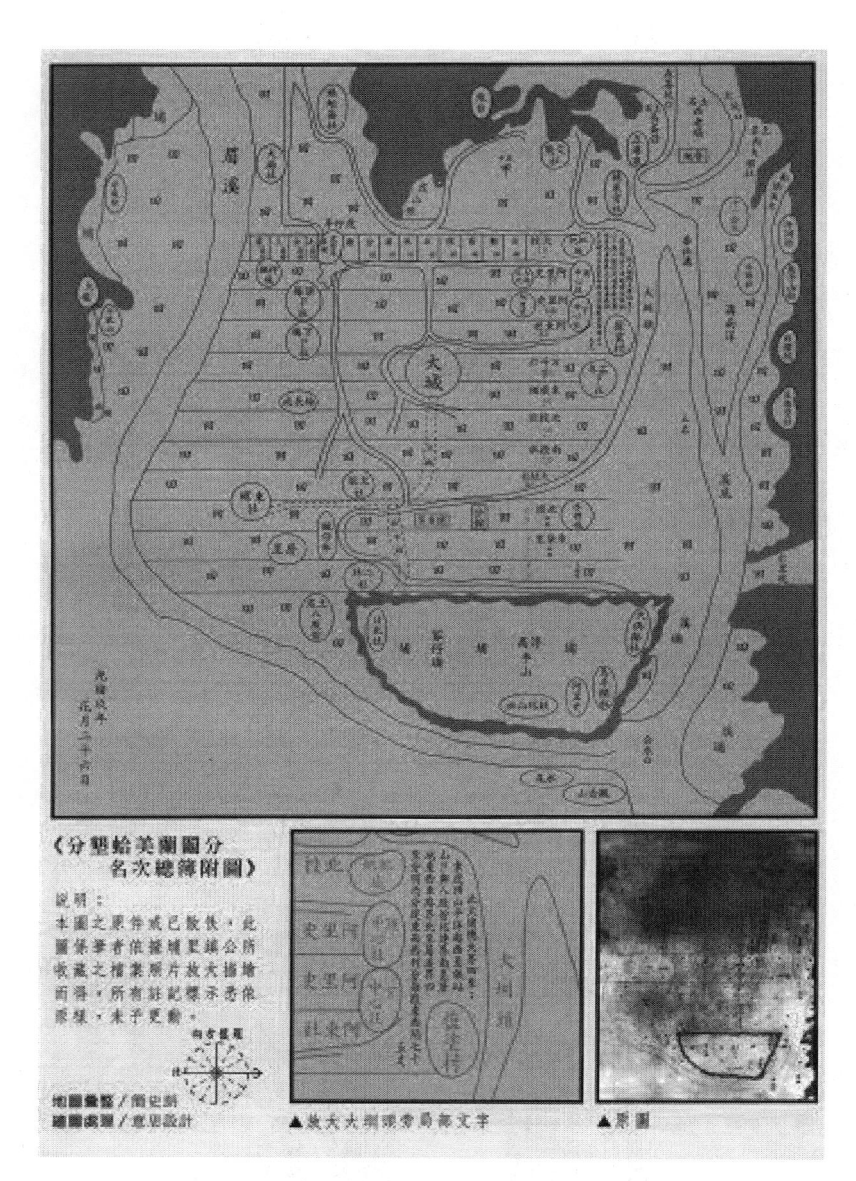

圖 1　分墾蛤美蘭鬮分名次總簿聚落分布圖

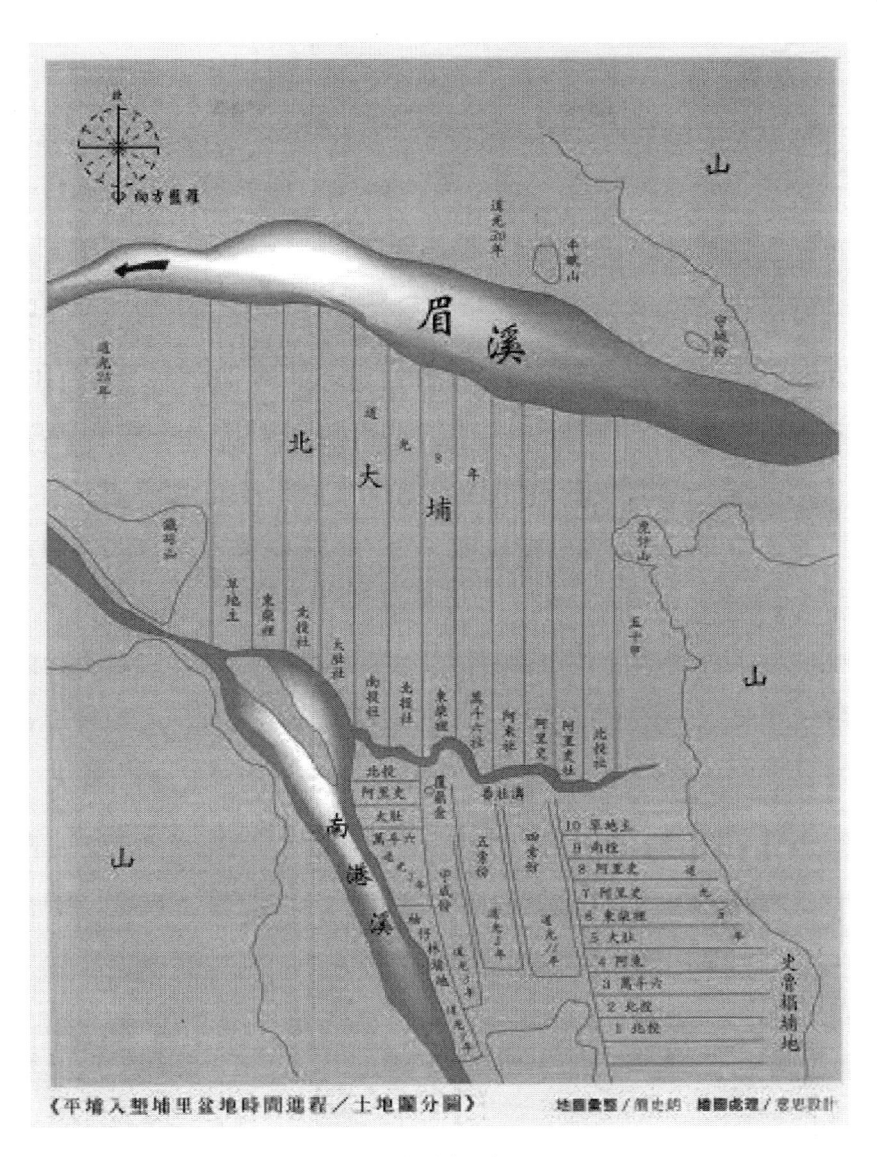

圖 2 平埔族入墾埔里盆地的時間進程和鬮分圖

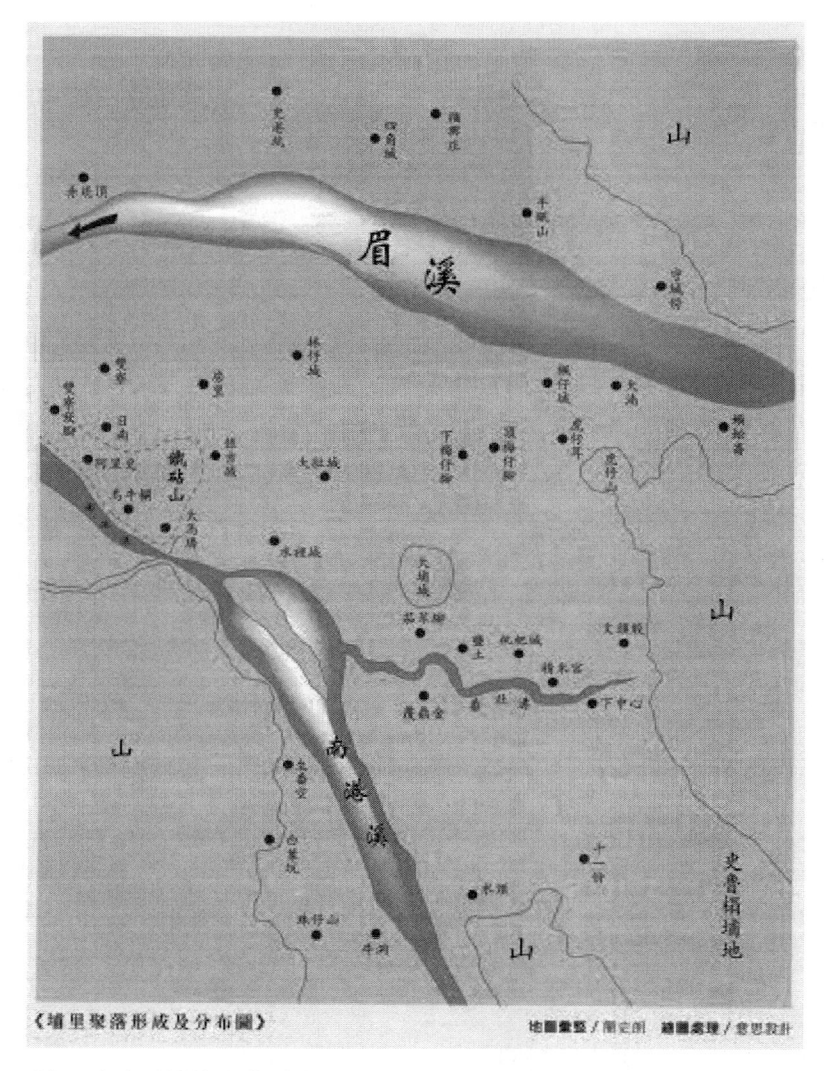

圖 3　埔里盆地平埔族聚落分布圖

以「噶哈巫」為名——
家族的詮釋與社群認同

黃美英
暨南國際大學歷史學系兼任講師

一、歷史文獻回顧

二、近代埔里「巴宰七社」的說法

三、當代的主體詮釋與行動

四、文化復振與族群組織

五、結論

一、歷史文獻回顧

（一）日本學者的 Pazzehe 命名與 Kaxabu 之歸類

清代文獻的分類與記載是生番、化番、熟番之各社名稱，並無記載 Pazeh 或 Kahabu 之名稱。今日有關臺灣原住民群體的名稱分類體系的形成與研究知識建構，始於日本的殖民政治與日本學者群（黃美英 1995:203-210；陳偉智 1998），尤其是伊能嘉矩在 1897 年進行全島蕃人調查，於 1898 年至 1900 年間，透過彙整文獻與田野調查資料提出全臺平埔蕃的分類與修正（伊能嘉矩、粟野傳之丞 1900），其中僅見 Pazzehe，沒有 Kaxabu 之名稱。

鍾幼蘭（1995:37-43）從「族群、歷史與意義」的詮釋與建構，針對大社巴宰族裔個案研究，她指出最早出現「巴宰族」的文字記錄，是在日據時期日本學者伊能嘉矩和粟野傳之丞所著的《臺灣蕃人事情》（1900），該書對臺灣的原住族群進行分類。

伊能的分類與名稱是現有的文字記錄裡，第一次有所謂 Pazzehe（巴宰族）名稱的出現，是由學術研究者透過歷史、語言、體質和文化等客觀性分類指標所做出的分類，其中以語言為最主要的分類指標。

鍾幼蘭指出在清代以前的文獻史料中並沒有「族名」的記錄，事實上多數的文字記錄是以「社名」來指稱這些生活在臺灣平野的原住民族，例如「岸裡社」、「烏牛欄社」、「朴子籬社」等，直到 20 世紀初他們才開始被冠上「巴宰族」的族稱。至今所有主張「巴宰」是他們自稱的研究報告都是在 1900 年之後的研究成果，例如早期的張耀焜（1955）或廖漢臣（1957），或晚期的衛惠林（1981）、張隆志（1991）、洪麗完（1993，1996）等人。研究者會如此主張，除了是透過史料的邏輯連結之外，也因為他們到當地從事研究發現當地人曾如是自稱，例如廖漢臣（1957）的調查指出，清朝總土官阿莫第九代裔孫曾言：該族原有九社，豐原以東五社稱曰 Kakabu，豐原以西稱曰 Pazeh。之後，許多研究者是引用廖漢臣的資料繼續如是類推和指稱。

（二）清代遷埔前的社群

1. 岸裡社與樸仔籬社

近代學者多偏重岸裡社之研究，如戰後的張耀焜編（1955）、廖漢臣（1957）、關口隆正（陳金田譯）（1980[1958]）開啟有關巴宰族社群文史研究之風，1990年代陳炎正（1979，1981a，1981b，1986a，1986b），溫振華（1983），洪麗完（1985，1993，1996），黃富三（1991），陳秋坤（1991，1994），程士毅（1994），施添福（1995），鍾幼蘭（1995）等人的著述皆集中於岸裡社之探討。

張隆志的綜論指出：在清代文獻中的岸裡社，隨著其歷史發展的消長興衰過程，有岸裡五社、七社及九社不同稱呼，又有岸裡大社的總稱，關於上列名稱，歷來學者有不同之看法（張隆志1991:96-98）。張隆志（同上引:95）引伊能嘉矩編《大日本地名辭書續編》（1909[1988]:67-69），並彙整文獻研究、區別鄰近區域的幾大社群名稱及分布如下。

（1）Radhodopuru社（即漢族所稱之岸裡社）

又分為以下九社，分布於今臺中縣神岡鄉大社村、岸裡村、豐原市翁仔里及后里鄉舊社村：

  Diayaodaran社（岸東社）

  Rahododaran社（岸西社）

  Marivu社（岸南社）

  Rutura-toru社（葫蘆墩社）

  Bauwata社（西勢尾社）

  Balithan社（麻裡蘭社）

  Barlafon社（翁仔社）

  Paiten社（岐仔社）

  Pazehfamisan社（麻薯社）

（2）Diayaopuru社（樸仔籬社）[1]

又可分以下五社，分布於臺中縣石岡鄉、豐原市、東勢鎮及新社鄉等地：

---

[1] 也有寫成朴仔離社。

Baruto 社（社寮角社）
Karehut 社（大湳社）
Taraweru 社（水底寮社）
Santonton 社（山頂社）
Papatakan 社（大瑪僯社）

（3）Rarusai 社（阿里史社）

分布於今臺中縣潭子鄉。

（4）Aorang 社（烏牛欄社）

分布於今臺中縣豐原市（安倍明義 1937:27-28）。

究竟樸仔籬社與岸裡社的關係演變如何？程士毅的論文指出最靠內山的樸仔籬社，原本不但與東南山區的水沙連社往來密切，甚至因逼近內山泰雅族眉裏嘓、貓堵貓堵兩社，受其影響而仍「間出殺人」（程士毅 1994:22）。雍正四年（1726）清兵攻打水沙連時，根據監察御史索琳的報告，樸仔籬社「不但係兇番戚屬，亦非循量之番」所以派兵駐紮於岸裡社防其蠢動，因此黃叔璥書中所稱「間出殺人」者，或許是樸仔籬社群而非內山生番（同上引:22）。

但至雍正九年（1731）的「中部番亂」被平定之後，改變了樸仔籬社的發展。程士毅認為岸裡社歸化之初，岸裡社土官阿莫就被委任為總土官，因此在大甲西社叛亂平定之後，原本情勢不穩的樸仔離社群，也因與阿里史社同時參加雍正九年（1731）的叛亂，而被官方納入岸裡社的管轄範圍，整個社群此後開始以岸裡社為主，開始了共同發展的歷程。於康熙五十五年（1716）左右進入岸裡社的張達京，在雍正三年（1725）接任岸裡五社總通事，此時在深獲岸裡社番的信任下，於雍正十、十一年間（1732-33）居間引導各社，與漢人資本家六館業戶簽訂「割地換水」條約，以阿沙巴之地交換其資金與技術，進行樸仔離圳的開墾，開始步入農業發展之途（同上引:29-30）。

鍾幼蘭的論文（鍾幼蘭 1995:69-70）也指出岸裡社從 1716 年到 1790 年之間便藉由一系列的族群摩擦、衝突事件，不斷的擴張其生活領域，這過程大大改寫了臺灣中部的族群互動狀態。岸裡社的崛起、擴張、串連其

他聚落成為一個新跨聚落的社群組織，史稱「岸裡社群」，「岸裡社群」取代以 Quate Ong 為首的社群聯盟。換言之，當岸裡社歸附清廷並與官方合作之後，岸裡社便從一個單獨的小番社，經過數十年的發展，最後擴張成為一個擁有四大社群的跨社群組織，成為臺灣中部平野地區雄霸一方之主。

2. 樸仔籬社群的遷移

溫振華的調查提到有關朴仔籬社的分布與遷徙，朴仔籬社始見於荷蘭戶口表，1648 年稱為 Poalij，1650 年為 Poalij，其社址所在，約在豐原、石岡交界處。康熙五十五年（1716）閩浙總督覺羅滿保上奏「題報生番規劃疏」，獲准歸化，每年納鹿皮 50 張、折銀 12 兩為番餉，此即朴仔籬社由生番成為熟番，成為清朝人民（溫振華 1999:23）。

溫振華更進一步指出，乾隆二十六年（1761）土牛溝的設立，為維持附近地區的安全，成為朴仔籬社的重責，在今新社鄉七分一帶設隘防守，成為社寮角社民的工作。朴仔籬社因守隘，按清例也常給予隘地附近荒埔的開墾權、地權，漢人常承墾埔地，供納隘租。隨著守隘，家眷遷來同住的情形也常有，因此漸漸又形成新部落。山頂社或稱山董社、山凸凸、山冬冬社，至少在乾隆四十四年（1779）的土地契字中已出現。除山頂社外，今新社鄉內的大湳社（或稱加六佛社）與水底寮社，其形成的背景與年代，因無文獻或契字可資參考，故不知其詳。不過，乾隆三十三年（1768）彰化知縣成屢泰禁止人民假冒軍工匠名義私墾採伐的示諭中，提及朴子頂山場有不法奸民冒稱軍工砍伐樟料。乾隆四十五年（1780）彰化知縣張東馨的調查，也提及水底寮辦軍工廠務，有軍工四、五百人，所搭寮數約有百餘間。則水底寮有採樟料之軍工廠應屬無疑，護匠之責當落在朴仔籬社民身上，故水底寮附近守隘，形成水底寮社與大湳社當屬可能（同上引:24）。

由以上研究資料，大致可推知在清代政治及撫番因素下，樸仔籬社與岸裡社番在還沒有移住埔里之前已形成密切關係，方有共同私墾眉社的行動。但也因此關係，導致近代學者將兩大社番皆視為「巴宰」族群，而過去的研究多偏重岸裡社群，較少論及「樸仔籬社」的演變，筆者是希望延續上述的研究，嘗試推溯兩大社番的異同，並進一步從西部原鄉遷移埔里眉社的熟番後裔口述和自稱，理解移住埔里之後的發展與演變勢。

（三）移墾埔里眉社的多元性

1. 岸裡、樸仔籬社熟番私墾眉社 [2]

　　清代文獻有「眉社」、「眉裡社」及「眉番」之相關記載。道光二十七年（1847）閩浙總都劉韻珂之〈奏勘番地疏〉記載「查水沙連內山係總名，而田頭、水裡、貓蘭、審鹿、埔裡、眉裡六社附於中……」。同治、光緒之際，臺灣道夏獻綸的《全臺輿圖》〈埔裏六社說〉「六社者何，曰眉社，曰田頭，曰水社，曰審鹿，曰貓蘭，而以埔裏社為著。」，後代學者咸認為眉番生活於埔里盆地東北隅之眉溪北岸，今之史港坑、牛眠山、乃至守城山一帶。

　　清道光年間，中部熟番諸社移入埔里盆地佃墾，早先範圍主要以埔社番地，未達眉社番地，因為眉番不願招佃開墾，鄧傳安蠡測彙鈔〈水沙連紀程〉記載：「蓋眉裡社之不願開，藉口於社仔社之因招墾而止，其理甚正。」

　　雖然眉番原先是不願招佃開墾，但仍有潛入私墾者，道光二十一年（1841）臺灣道熊一本《條覆籌辦番社議》記載「……又眉社有阿里山熟番百餘人新近潛入該社私墾數百甲，又淡水、岸裡、樸仔籬社熟番數百人，因傳聞開墾，亦由內山潛入埔社私墾……」（邱正略 1992:206-207）。另外，根據《牛眠山林家藏古文書》編號12契字所載：「牛困山草地前經我下九番到處開墾成田後，為丁未年（道光二十七年〔1847〕）劉都憲（劉韻珂）到埔勘驗，將該處民番驅逐盡淨，田地置之荒蕪。越明年粵人來覆又疊被兇番擾害，鎮守不住，仍置拋荒」，由契文可知進入牛困山草地私墾者還有「下九番」（指北投、南投、萬斗六、東眉、阿束等社）及粵人。由此推知道光二十年間（1840）已有熟番進入眉社私墾，但未與眉番訂立契約，因此道光二十七年（1847）遭總督劉韻珂一概驅逐（同上引:207）。

　　上文的「阿里山熟番百餘人」，應是指荷蘭戶口表記載的 Arrissangh，即「斗六門社」或「柴里社」，但此兩社只有柴里社有移入埔里。至於「岸裡社」、「樸仔籬」兩社番私墾眉社，值得進一步釐清此兩社的關聯。

---

[2] 參見筆者撰述「眉社與熟番移墾」辭條，刊於「臺灣原住民族歷史語言文化大辭典」網路版（2004），網址 http://134.208.29.49/

清周鍾瑄的《諸羅縣志》卷二〈規制志‧坊里‧社〉記載（周鍾瑄 1993[1717]:12）：

> （康熙）五十四年新附生番五社：岸裏社、掃捒社、烏牛難社、阿里史社、樸仔籬社：以上各社俱在縣北。

卷六〈賦役志‧陸餉〉記載（同上引:10）：

> （康熙）五十四年，新附生番六社：岸裏社、掃捒社、烏牛難社、阿里史社、樸仔籬社年共納鹿皮五十張，折徵銀一十二兩。

卷八〈風俗志‧番俗‧狀貌〉記載（同上引:154-155）：

> 山高海大，番人稟生其間，無姓而有字。內附輸餉者曰熟番，未服教化者曰生番或曰野番。……岸裏、掃捒、烏牛難、阿里史、樸仔籬番女，繞脣胭皆刺之；點細細黛起，若塑像羅漢髭頭，共相稱美：又於文身之外，別為一種。

以上文獻明載清康熙年間數個番社由「生番」歸附清廷成為「熟番」之初始。

2. 眉社招佃熟番墾耕

劉枝萬從《分墾蛤美蘭鬮分名次總簿》記載道光三年（1823）北投社等18社共同分墾守城份、油仔林一帶的田地，並以覆鼎金之一部分做為公存社場宅地（劉枝萬 1958:82）。此說恐有誤解，因清代埔里盆地名為「守城份」之地多處（邱正略 1992），總簿所載並非指眉溪北岸的守城份（今牛眠里守城社區）。

根據道光三十年（1850）元月，埔社番頭人篤律、眉社番頭人斗禮與熟番佃首潘永成所立《出墾招字據》，內文詳載「聖旨准歸化不准獻土，經六社番眾前往臺灣府秉請招佃墾耕，俾伊收租以贍口糧等情，經蒙徐道臺堂（註：臺灣道徐幹宗）諭准予暫且招佃種地以濟番飢，仍須靜候本司道奏乞恩施等因，但未蒙旨准……六社生番郡回之日攀榮（巫春榮）出首招佃給墾，以免番租無徵等情，該榮（巫春榮）忝屬通事之責、勢出無奈，

以故代為鼎力招佃、備物以向給墾,經送埔眉兩社貨物若干……,送交埔眉社番頭人篤律、斗禮、眉西弄代毛甲非等……」。

此契文明載「給牛眠山草地壹處,東至坑內松柏崙、西至赤崁油車坑、南至眉溪、北至大山後水流北,……,交付潘永成前去管耕招佃開闢、把守隘口,各自備公本開闢成田,每年配納生番租按甲納租丈明甲數每甲納租粟壹百石……」。

另有道光三十年(1850)4月《牛眠山佃戶八社熟番甘結字據》,立契的八社熟番即東螺社番歐江河、水底寮社番孝鳳、社寮番茅革烏蚋、山冬冬社番阿馬業曷龜乃、岸里社番阿四老六官、北投社番田眉秀、阿里史社番老魯世老、大垵社番阿四老何老。八社熟番承耕眉社土地,除了需給付番大租之外,另有防禦生番之責。

咸豐八年(1851)9月的招佃契字載有:「但願該佃首潘永成揀選誠實妥佃安分守己、竭力耕田、把守隘口,防禦兇番,護彼佃人,衛我眉番」。眉社土地的招墾是受到當時的理番同知的恩准而進行招佃的,「各社各界各耕各管」衛惠林(1981:34)。認為眉社土地是以屯丁資格由官方按丁配給的屯兵田地,但邱正略指出此說並不符事實(邱正略 1992:210)。

由上引契文可知眉溪北岸在道光二十年(1840)至道光三十年(1850)眉社番招墾狀況,清政府亦設有眉番正通事管理收租等事務。但眉社招佃耕作之後七年,便有土地直接買賣案例,換言之,該土地雖是眉番招佃熟番耕作,然形同賣斷,只保留部分番大租口糧,佃戶對所得之土地可以自由買賣,無須取得眉社草地主的同意(同上引:211)。在此情勢下,契約雖寫「竭力耕田、衛我眉番」,實際上眉番已逐步流失其原有廣大的土地。

清道光年間中部各社熟番移入埔里,向眉番租佃土地開墾之後,人口及勢力漸增,眉番終至式微。1899年伊能嘉矩到埔里訪問一眉番女性 Avon 謂「因 taritsi(平埔番親之意)大批移入,眉社人不能敵、乃退至北港及霧社萬大一帶,與萬大社合併」(衛惠林 1981:29)。1900年鳥居龍藏(1996:352)[3] 先後到埔里調查,到處找尋結果,發現眉番僅只剩3人,其中一位80歲的 Avon 仍記得眉番母語,但已經沒有子嗣,另兩位二十來歲的

---

[3] 原載《東京人類學會雜誌》第174號臺灣通信14,(1900,明治三十三年)。

年輕男女,是混血,鳥居龍藏為他們拍下埔里眉番最後的身影,今日僅留下「眉溪」之名。

二、近代埔里「巴宰七社」的說法

(一) 七社來源與東西分布

1897年(明治三十年)伊能嘉矩抵埔里進行平埔社群移住的口述傳說訪調,其中有關臺中地方 Pazzehe 移住埔里的記載如表1。

表1 伊能列舉的番社,若對照清代《牛眠山佃戶八社熟番甘結字據》

表1 臺中地方 Pazzehe 移往埔里之記載

原社址	漢稱社名	自稱社名	移住埔里地名	開埔頭人	戶數	人口	使用蕃語
臺中地方	烏牛欄社	Aoran	烏牛欄庄	Atawai mane	65	328	通行
	大馬璘社	Papatakan	大馬璘庄	Taverehe	37	175	通行
	阿里史社	Rarusai	阿里史庄	Tanroakie	31	128	通行
			虎仔耳庄	埔里阿里史社移入	2	8	通行
			楓仔城庄[4]	阿里史社移入	7	46	通行
	葫蘆墩社	Daiya-rotol	牛眠山庄	Taova hara	146	253	通行
	麻薯舊社	Pazzehu-amisan					
	社寮角社	Varrut					
	大湳社	Karahut[5]	大湳庄	Asiro	46	220	通行
	水底寮社	Tarawel	蜈蚣崙庄	Asiro horo	57	247	通行
	山頂社	Santonton	守城份	Karaoho	58	284	通行

資料來源:綜合整理自伊能嘉矩(1899:49),劉枝萬(1951-1952:33-34)。

---

[4] 楓仔城庄居民在五十多年前移住大湳、虎仔耳,今已不存。

[5] 原居新社的「大湳社」,舊名 Karahut,又稱「加六佛社」,即今臺中縣新社鄉的「大南社區」。

的八社熟番（東螺社、水底寮社、社寮、山冬冬社[6]、岸里社、北投社、阿里史社、大杢社），可推測清道光年間移墾牛眠山一帶的熟番佃農的來源其實更為多元。

此外，衛惠林製作的〈埔里巴宰七社早期社區單位及戶口表〉（衛惠林 1981:35），守城份人口來源的原社名另有萬斗六社、北斗社、日北社。

表 1 有關移住埔里的村落中，烏牛欄、大馬璘、阿里史三個村庄位於埔里盆地西北邊的臺地（昔稱烏牛欄臺地、後改稱愛蘭臺地，因地形似船，俗稱船山）。

另位於盆地東北區眉溪兩岸的主要有牛眠山、守城份、蜈蚣崙、大湳四個主要村庄。

（二）亞族與方言群的分類

以往學者研究皆以岸裡社或 Pazeh 為主，較少針對「Kahabu」深入探討，學者多沿用以往的分類，將 Kahabu 歸屬 Pazeh 系統，或視為 Pazeh「亞族」或兩個方言群。

有關埔里方面的研究調查，自伊能嘉矩以降至戰後的文獻（林崇智、洪樵榕 1965）和學者皆將以上各社歸類為 Pazzehe，已故人類學前輩衛惠林的調查研究專書，名為《埔里巴宰七社志》（衛惠林 1981）。衛惠林認為埔里巴宰七社的巴宰族語言包括兩個方言群，在愛蘭臺地的三個舊部落系統、烏牛欄、大馬璘與阿里史的語言自稱為「Pazeh」，眉溪流域的四社牛眠山、守城份、大湳與蜈蚣崙的 Pazeh 族人則自稱為「Kaxabu」，衛教授也是引述廖漢臣而來，認為這並非由埔里七社特創的分歧，而是從豐原、東勢舊社時代即已存在的語群名稱，豐原以東五社自稱曰「Kaxabu」，豐原以西自稱曰「Pazeh」，兩個亞族群語言文化的差異只是在語言音素上 Kaxabu 失去了 r，l 舌尖音而變成無音音素與 a、i、u 等元音相連綴（同上引:83）。

但衛教授的歸類並沒有區分原居地與移居地的不同發展，其中「大馬璘社」原址在今日臺中縣東勢境內，即豐原以東、大甲溪北岸，應屬

---

[6] 後代學者稱為山頂社（Santonton）。

Kaxabu 系統。該社人移居埔里後，才與烏牛欄、阿里史社之移民比鄰居住同一臺地上。進一步而言，我們可以理解的是，經過百餘年的生活互動，埔里愛蘭臺地（舊稱烏牛欄臺地）的三社已有密切融合的結果，所以衛先生的調查才會認為埔里大馬璘社的語言屬 Pazeh 系統。

另外，自稱巴宰族裔潘大和主張將 Kakabu 與岸裡社群視為同源同族人，其著作提出「本族的源流」之論說：乾隆五十六年（1791）朝廷所留下的麻薯屯丁名額得知，敦仔於 1766 年所勸招降東勢角十三社族人，已經被編成樸仔籬社、社寮角社、大瑪僯社、水底寮社與阿都罕社（山頂社），雖然這五個社自稱 Kakabu（意思為肢體，乃指各社的族人都是源出同一根源），但該族的語言卻 99% 與巴宰族語言相同，所以無論從屯丁之編制來看 Kakabu 與本族極可能乃源出相同的始祖（潘大和 1998:12-14）。

李壬癸和林清財於 1988 年曾往埔里守城份採集歌謠，報告指出：「巴則海（Pazeh）是臺灣原住民之一。現存兩種方言都在埔里鎮採集：一稱 Pazeh，主要在愛蘭，另一稱 Kahabu，在牛眠山、守城份、大湳、蜈蚣崙四庄。」李教授是從語言的差異，將 Pazeh 與 Kahabu 視為兩個「方言群」（李壬癸、林清財 1990）。

近年有關埔里的文史介紹、歌謠採集及相關活動，皆以「巴宰族」為名，如風潮有聲出版公司（1998）《南投縣埔里鎮巴宰 Ayan 之歌》，李壬癸記述 1988 年他與林清財在守城份採集兩首 *ayan*，是潘郡乃（時年 82 歲）作的詞，一首搖籃歌、一首飲酒歌，由其子女潘英嬌、潘永歷合唱，另一位是牛眠的潘林阿雙，李教授也寫明是 *kaxabu* 母語。[7]

又如臺灣巴宰文化協會在埔里愛蘭國小舉辦「1999 牽田、走鏢」，參與對象包括埔里愛蘭教會、大湳及牛眠教會的族裔教友，活動統一以「巴宰族群」為名，但今日大湳及牛眠教會的族裔教友大多自稱「噶哈巫」，他們認為自己家族來源並非「巴宰族」。因此，有待釐清「巴宰」和「噶哈巫」的差異存在。

---

[7] 參見《南投縣埔里鎮巴宰 Ayan 之歌》（CD）介紹小冊（1998:17-21），風潮有聲出版公司。另見李壬癸、林清財（1990）。

三、當代的主體詮釋與行動

（一）何謂噶哈巫？

筆者近年在埔里守城、蜈蚣、大湳、牛眠社區進行家族口述史訪問，現今確實仍生存一些自稱 Kaxabu 的後裔，地方上曾出現的譯名有甲哈卜、甲哈撫、甲哈巫等（皆採閩南語音譯），近年在地人士為了籌組協會，便參考 Kavalan 譯為「噶瑪蘭」，共同決議譯為「噶哈巫」（北京語音譯），成為目前通用的自稱寫法。

筆者曾一再詢問當地耆老，究竟 Kaxabu 是什麼意思？是祖先住的地名嗎？但回答都不能肯定是不是地名，只能說「我們這些人的祖先就叫做 Kaxabu，從很久以前傳下來就說是 Kaxabu 人」，至今都不清楚 Kaxabu 母語的原意。至於有一位守城社區的族裔推測 Kaxabu 是「手臂」的意思，是 Pazeh 的手足之意，筆者認為這是因為此家族與 Pazeh 關係密切（母親是埔里愛蘭人），才衍伸出來的說法。

另外有學者提示筆者，「大湳社」舊名 Karahut，又稱「加六佛社」，推測自稱 Kaxabu 的人是否源於 Karahut，因音近而後代有所轉變而來，由於目前已無法從族裔口述得到印証，謹在此感謝他的提示。

值得重視的是，筆者曾訪問仁愛鄉的泰雅人、賽德克人，他們說以前的老人家只知道埔里的 Kaxabu 人，但不知道 Pazeh，他們認為 Kaxabu 就是「會飛的番人」（特殊法術），和山上是不同群體。筆者認為早期山上原住民不清楚 Pazeh，是因為蜈蚣、守城份位於埔里盆地東北邊緣、緊鄰仁愛鄉，是仁愛鄉出入埔里的主要通道，也是清代番屯的理番重鎮，[8] 烏牛欄（戰後改稱愛蘭）因位於埔里盆地西北邊，清代的泰雅人很少接觸到烏牛欄人，所以泰雅人不知有所謂的 Pazeh。另外訪問信義鄉的布農族，也知道 Kahabu，說是巫術很強的人。

筆者訪問今日居住日月潭伊達邵耆老，比較能區分居住愛蘭的 Pazeh 和居住東北區的 Kaxabu，邵的說法是以前祖先還曾遠到 Kaxabu 村庄參加過年活動，也有所謂的「收租」傳說，甚至說曾幫助 Kaxabu 人抵抗山上的「生番」。

---

[8] 清代設蜈蚣崙撫墾局。

上節提及衛惠林視 Kaxabu 與 Pazeh 是同屬巴宰族的不同方言群，潘大和雖提出兩者可能同源說，但 1766 年敦仔招所勸招降東勢角十三社，仍自稱 Kakabu（潘大和 1998:12-14）。此牽涉學者對族群認定和族名的分類，在此筆者認為應先回歸群體自身對祖先傳下來的自稱及其自我認定的選擇。

（二）家族口述與認同意識

過去幾年筆者和暨大學生陸續進行守城、大湳、牛眠、蜈蚣社區近百戶的訪調和老照片蒐集，初步編成專輯一冊（噶哈巫文教協會 2005，2006a，2006b，2007a，2007b；黃美英 2010）。受訪的報導人選擇年齡四十歲、五十歲以上者，較能追溯以上一代的父方與母方的出生地與家族來源，從中也看出戰後呈現較多的異族通婚者，由於報導人的口述紀錄與家族系譜資料繁多，本文大致先歸納五大類型：

第一類：報導人很清楚祖先皆自稱是噶哈巫，和巴宰不同。

第二類：報導人的父母或祖父母有異族通婚者，但認同偏向噶哈巫。

第三類：報導人不確定的父親或母親是否噶哈巫？但覺得遠祖當中極有可能「混」到噶哈巫血統，所以自認也算是噶哈巫的「混血種」。

第四類：報導人雖不確定祖先究竟是噶哈巫或巴宰或其他？但知道四庄有很多噶哈巫，認為噶哈巫和巴宰其實「差不多」，反正都是「番」，「番就是番」，自己生來長得「番模番樣」，出生和成長就在「番仔庄」，「縱使不是番也會變成番」，這也沒什麼好計較和丟臉的。

第五類：選擇「雙重認同」者，此多為異族通婚或收養關係的後代。

另外，值得思考的是，在衛惠林所謂的「眉溪流域聚落群」的幾個社區中，各家族的親屬關係幾乎都是「跨庄頭」的（「庄頭」是當地人常用語）。每每追溯家族親戚，很容易就提到「隔壁庄頭的某某和某某、還有某某就是我的親戚，他們也都是噶哈巫啦！」，筆者探究原因，是因為至日治時代，老人家還是不太願意子女和「非潘姓的」結婚，但是詢問如果是愛蘭那邊的人呢？又說這樣比較沒問題，因為愛蘭也姓「潘」。

清末因漢人移入埔里增多，「漢番」通婚的家庭漸增，婚姻擴大一個家

庭的親屬範圍（王明珂 2003:39）。[9] 埔里噶哈巫家庭與「非潘姓」（意指「非番」）通婚的諸多案例中，例如大湳劉家祖先從竹山來，入贅大湳噶哈巫婦女，其後代劉國興目前是協會理事，他一再宣稱雖然男祖是福佬人，但女祖是噶哈巫。

守城的蔡姓家族、大湳的莊姓家族皆是男祖入贅噶哈巫女祖，婚生子女採「分豬母稅」方式，有從父姓和從母姓（潘）之後代，此類家族也從不否認自己有「噶哈巫」血緣。筆者認為這是因為這些後裔仍居住村莊，在這近二百年歷史的集居型聚落中，世代親屬關係緊密，婚喪喜慶也都需參加，生活互動的頻繁，使家族淵源和記憶不致遺忘，也難以在此社群網絡中自我否認。

近年因協會舉辦之各項活動，恢復日治末期因戰爭而中斷的「番仔過年」，常有旅居他鄉的後代返鄉參加加入協會會員。旅居外地的後代相較之下，比較具有經營行銷想法，在參與會員大會時，提供許多寶貴意見，但因他們無法長期留在埔里協助，使得在地文化事務的發展缺乏現代商業人才的推動（黃美英 2008a）。[10]

例如一位守城潘姓婦女和漢人的婚生女兒，自 18 歲離開埔里，現已中年，最近因母親年老體弱，她想回鄉照顧母親，她的舅舅希望她來擔任噶哈巫協會總幹事，雖然協會大多理事並不認識她，但她向協會理監事強調自己是「噶哈巫」，她很樂意為噶哈巫做事，她更強調現在其他平埔族都要「正名」，噶哈巫也需要去「正名」。由於她長年在臺北工作，對於現代資訊和「族群權益」的關切更甚於偏遠鄉村的居民。

筆者也注意報導人廳堂的祖先牌位，供奉的究竟是否「潘」姓？最有趣的一例是守城一位張老先生，家中廳堂的祖先牌位寫是「歷代張姓」。8年前他和我提起他不是「番仔」，而且說他其實是看不起這些「番仔」，我笑說您長得還真像「番」呢！6 年前他在臺北的四個兒子陸續出狀況，他只

---

[9] 他注意到婚姻關係與影響，除了以父祖輩弟兄關係聯繫在一起的「大家庭」外，在更大的範圍裡，「家族」凝聚更多的家庭。由於普遍「漢化」，因此目前絕大多數羌族村寨中民眾皆有漢姓，有些家庭甚至宣稱可以依字輩排行，追溯至五代或十代之前的祖先。

[10] 關於災後噶哈巫協會的成立、會員大會紀錄與文化重建等紀錄，詳見黃美英（2008a）。

好請道士在宅前「作法」，當晚我全程觀察，道士指示要先請「祖先們」回來，但數次「卜杯」結果，張姓祖先回來了，但道士說「還有一位祖先沒有回來」，張老先生想了很久，才想起以前廳堂供奉兩個祖先牌位，另一個牌位是「姓潘的」，他的父母過世後，他覺得這潘姓牌位恐怕是以前什麼人寄放的，不會是他家族的，所以就另請到佛寺靈骨塔去了。道士要他去申請日本時代的戶籍資料，這樣才能搞清楚是否遺漏祭拜哪一代的祖先，所以後代才會不安。他去申請戶籍謄本，謄本上寫有張姓收養一位潘姓男子，此潘姓男子便改姓張，長大後與守城潘姓女子結婚。他終於明白，如此三代下來，張家其實都是潘姓血統，反而沒有張姓血緣。他向我說，原來他才是真正的「番仔」。

選擇「雙重認同」者，此多為異族通婚或收養關係的後代。例如牛眠社區的，著名書法家陳長陽的生母是道卡斯，但母親被「噶哈巫」收養，他認為養育之恩不能抹滅，所以他選擇「雙重認同」，他是噶哈巫協會第1、2屆至目前第3屆的理事。

在祖先祭祀方面，較具特色的蜈蚣社區「番太祖」，是清代族人從原居地遷移埔里帶來的，由全村人共同祭祀，並採用卜爐主頭家的方式輪流奉祀。早期，山上的「生番」常到蜈蚣崙出草，居民在此威脅下，傳說「番太祖」顯靈驅退「生番」，「番太祖」成為社區共同守護神。至日治時期及戰後外來人口增多的情況下，外來的漢人也參與祭祀活動，且因漢番通婚頻繁，例如耆老林福壽雖是異族通婚後代，他認為「番太祖」已成為漢番通婚後代的「共祖」。

（三）清代佃首與當代領導人 [11]

首先我們訪問清道光三十年（1850）元月，與埔社番頭人篤律、眉社番頭人斗禮合立《出墾招字據》的熟番佃首潘永成的後代。[12] 報導人（男性）生於1942年，據他的清楚敘述：潘永成確實是他的祖先，來自臺中的新社

---

[11] 詳細的報導參見〈守城家族記憶／報導人五〉，刊於黃美英（2010:105-111）。
[12] 另見咸豐八年（1851）9月的招佃契字載有：「但願該佃首潘永成揀選誠實妥佃安分守己、竭力耕田、把守隘口，防禦兇番，護彼佃人，衛我眉番」。

一帶，潘永成之獨子潘進生，潘進生之獨子潘阿敦，潘阿敦之獨子潘萬安，潘萬安生兩男，即報導人與長兄，幾代皆出生牛眠里守城份，他很明確的知道自己是「噶哈巫」後代，也聽說過祖先是進入眉社的「總頭目」潘永成，是清代移墾佃農的領導人。

依他的口述追溯：潘進生是個較強悍的人，當時此地區仍有「眉番」，但常和漢人發生糾紛衝突，潘進生被一位名為 Sasin 的原住民女性（報導人推測可能是眉番）招贅，入贅之後的潘進生企圖心更強，他在兩方都吃得開，眉番這邊沒問題、漢人那邊也壓得住。潘進生甚至發「通行證」給生番和漢人，雙方方可安全進出來往進行鹽、日常用品與鹿皮山產的買賣交易。到了潘阿敦這一代，成為守城擁有土地財富的「望族」，獨子潘萬安也是地方上重要人物，常出面協調庄內事務，仲裁與鄰近村庄之間發生的灌溉水圳的用水糾紛，並制定「輪流供水制」。潘阿敦在日治時代並提供土地做為興建守城「集會所」（俗稱公廳）之需，到他這一代仍備受村人的敬重。

上述報導人是噶哈巫家族深具代表性的領導人物。地震前，筆者剛來守城，還沒認識他，曾詢問守城社區發展協會鄒理事長，希望能否推動有關跨社區的族群組織，鄒理事長邀約許多籌備人士，1999 年 3 月召開首次籌備會議，共推舉報導人擔任籌備委員會主委。1999 年 9 月 20 日晚上在潘主委住宅召開會議，921 凌晨發生大地震，籌備工作因救災重建工作停頓，至 2002 年邀集更多族裔再度召開數度籌備會議，同年 5 月 20 日成立大會，推選第 1 屆第 1 任協會理監事，籌備會潘主委順利當選理事長。

潘理事長的家族和埔里烏牛欄的家族並沒有太多往來，尤其是愛蘭教會的長老潘榮章、潘金英，是關心巴宰族的文史工作者必訪的重要對象，但潘理事長的家族並不相識，直到 2002 年 5 月噶哈巫文教協會成立大會，由牛眠教會（與愛蘭教會同屬臺灣基督長老教會）的長老邀請愛蘭教會長老參與盛會，身為噶哈巫後裔的潘理事長才認識愛蘭巴宰的重要耆老。

四、文化復振與族群組織

（一）傳統祭儀

　　昭和六年（1931）移川子之藏抵埔里作語言學調查時，發現各社保存固有風俗和語言情形更少。當時的蜈蚣崙、烏牛欄、大湳等處，是仍用番語之部落，此例實屬罕見。他們還使用結繩曆，以農曆 11 月 15 日為年節（*parazan* 或 *razum*，即新年之義），其餘如祝年、出嫁、偉人歌（Arowai）、社戲（*maturai*）及舞踏等習俗仍存，惟未幾必定走上絕跡之命運（劉枝萬 1958:95）。

　　人類學者李亦園（1953，1982）在〈臺灣平埔族的祖靈祭〉一文中摘譯明治三十五年（1902）伊能嘉矩的記述：和安雅、貓霧、道卡斯、巴則海的「新年」，除了祭祖，都有少年賽跑（走標）此一共通特色。巴則海族祭祖儀式在稻收穫後的第一個月圓時舉行，其後改用農曆，乃在 11 月 15 日舉行。當祭日將要來臨，族人即開始準備祭品、釀酒、搗炊糕餅。祭日早晨有少年級的跑步比賽，參加賽跑的人絕早起身，不得食用任何食物，全身赤裸，僅在腰際圍一布兜，在社內指定之地點會齊，由長老指揮，以 5 人或 7 人之奇數為一組，作一定距離之賽跑，跑程大約在 2、3 里左右。社中男女老幼齊集於賽跑終點，並插立幾面彩旗，當賽跑到達終點，迎後者便擊鼓打鑼迎接，而優勝者更可以得到彩旗，而被認為是最高的榮譽。賽跑結束後，族人便攜帶酒糕等祭品，把酒糕及鹿肝等供獻於祖靈前，主祭者口唸咒語，祈告祖先來饗。祭祀完畢，乃開始飲宴，全族人圍繞會飲，歌唱舞踊，通宵達旦，長老們並在會中講述部落歷史及英雄事蹟。

　　李亦園認為此儀式活動意義如同阿美族、卑南族的年齡階級制度和入會式，上述平埔族群揉合祖靈祭和入會式兩種禮儀，一方面保存對祖靈的信仰，一方面保存對少年人各種技能的訓練，便有「賽跑型」祖靈祭型態。

　　1969 年人類學者衛惠林在埔里的訪調指出，巴宰族的歲時祭儀未受漢族風俗影響者有二：一個是嘗新祭，另一個是過年祭祖，嘗新祭自他們信奉基督教早已廢棄了。惟過年祭祖的祭儀則一直保持到日據時代後期還未失墜，戰後祭祖儀禮已廢，唯在過新年時還聚集老幼唱歌舞蹈，還唱祭祖

歌曲「挨央」（Aiyen）祭歌藉以表示其不忘祖德，不忘其民族根源的象徵意義。

衛惠林（1981:124）的專書記述巴宰耆老回憶以往的年節祭儀程序大要：

1. 年祭祖籌備大會。
2. 全社男子出漁。
3. 祭禮祖靈：在 11 月 14 日晚間舉行，自土官以下全社各家主婦各用竹簋陳放祭品，包括鹿肉乾、小魚乾、糯米糕、酒等送到會所前祭場集合，並以同祖群（raum musuan）為單位各自組成殺牛小組，各打殺一條牛祭祖靈，而後由祭司帶領合唱挨央祭歌，全社人攜手作輪舞，歌舞到中夜始散。
4. 報新走標（dadal amae pakibaah）：在舊曆 11 月 15 日早晨舉行。凡走標得勝者為部落好漢（lialiak a san），他一輩子受人尊敬，為以後取得部落長老的基礎。這項走標賽跑風俗實為往昔青年成年儀禮（Initiaation ceremony）之遺緒，與東部阿美族卑南族到海邊跑的風俗相似。
5. 全社分組會食。
6. 慶祝走標得勝者的酒宴：走標當天晚上齊聚於得勝者的青年家中酒宴慶祝，再集合於會所廣場男女攜手輪舞、唱挨央歌、通宵達旦。
7. 全社出獵卜年：1 月 18 日全社男性成年人到新參加的青年，再集合齋戒，由耆番領導進山打獵。獵獲抬運回社，在會所前聚食及分配帶回各家共食，是夜男女青年舉行過年最後的歌舞，新年儀典於焉結束。

傳統新年祭儀活動主要是結合了祖靈信仰、農漁生產、社群組織的重要年度祭儀，在稻穀收穫之後，釀酒作粿、以牲禮祭祀祖靈，並以此收穫祭儀象徵新年度之開始。

埔里平埔族群各社的傳統祭儀已中斷半世紀，十多年前埔里鎮公所曾舉辦「牽田、走鏢」活動。此外，地震前基督長老教會謝緯紀念青年營地的賴貫一牧師便積極推動族群活動，除了籌組「打里摺文史工作群」（後來正式成立協會）之外，也嘗試結合臺中縣神岡鄉大社教會、苗栗鯉三義

魚潭教會、以及埔里愛蘭、大湳、牛眠教會，於 1999 年 1 月 2 日（農曆 1998 年 11 月 15 日）在埔里愛蘭國小操場，共同舉辦「巴宰族群第一屆傳統過年牽田走鏢聯誼活動」。由於是教會團體策劃主辦的活動，雖然呼籲「族群大團結」，但社區的非基督徒的族裔參與仍然有限。

（二）災後重建與「番過年」活動（Kahabu *muajau ajm*）[13]

近百年四庄聚落雖有多數漢人移入，但並沒有宗祠，缺乏宗族性的集體祭祖活動。日治時代族裔仍遺留自古農作豐收與祭祖儀式轉型而來的「番仔過年」和「紀念祖先」的母語歌謠，[14] 日治末期因太平洋戰爭、乃至戰後的民生困境而不再舉行，另一方面也因為受漢人影響，各社區也隨之過「舊曆新年」（農曆正月初一），另有因改信基督教而廢棄傳統祭祖儀式，俗稱的「番仔過年」活動已不復存在。

埔里的守城份社區，在地震之後，面對殘破不堪的家園，村人感慨的憶起中斷 50 年之久的「番仔過年」，種種情景依稀存在於耆老的記憶與口述之中，四庄重建團隊遂鼓勵社區人士籌辦一次「烘火團圓迎新年、相挺做伙重建家園」活動，婦女製作「阿拉粿」，阿拉粿是以往祭祖和年節必備的「年糕」。

此後每年舉辦「噶哈巫過年」活動，守城份的潘永曆以母語（Kahabu *muajau ajm*）稱之。2002 年 5 月結合四庄族裔正式成立「南投縣噶哈巫文教協會」，更積極推動族群文化振興及社區總體營造計畫，於 2002 年農曆 11 月 15 日盛大舉辦噶哈巫年節慶典活動，激發族群情感，並在蜈蚣崙社區祭拜「番太祖」，下午在忠孝國小操場舉辦賽跑，晚上「牽田」唱母語歌謠。此後每年照例舉辦噶哈巫年節活動，並邀請社區的舞獅隊、北管樂團

---

[13] 參見噶哈巫協會網站：http://www.kahabu.url.tw/，紀錄片 DVD「噶哈巫風年節祭典」，南投縣噶哈巫文教協會策劃、金三角傳播公司錄製，文建會補助。

[14] 有關「牽田」、「走標的活動」參見黃美英撰（2005）《臺灣原住民族語言歷史文化大辭典》（孫大川主持）網路版辭條 http://134.208.29.49/citing_content.asp?id=441&keyword=牽田、http://134.208.29.49/citing_content.asp?id=442&keyword=走標

參與表演。921 災後舉辦中斷 50 年的年節活動,祭祖的儀式和意涵較少,主要是偏重聯誼歡樂的性質。

(三) 災後重建的社群組織[15]

在今日埔里愛蘭臺地或眉溪四庄聚落,傳統部落組織運作已不存在,但有關群體的「識別」意識,仍存在於「家族淵源」、「番仔庄頭」的「自我認同」方面。地震前,牛眠教會長老潘應玉[16] 也有心籌組噶哈巫協會,「四庄工作室」亦從旁協助,地震後籌備會的運作因而中斷。埔里愛蘭教會巴宰族裔籌組「南投縣巴宰文化協會」。且因地域性的距離,臺中神岡大社與苗栗鯉魚潭的族裔後來另主導籌組「巴宰族文化協會」。

面臨突來的世紀大地震的災害,對於長期處於城鄉差距下的偏遠村庄,是一段艱困漫長的重建過程。相對於知識、經濟能力與社會條件較佳的都會地區,傳統農村聚落最重要的力量,主要是來自代代相承的社群關係與親屬聯繫,以及世代相依的土地與農作生計。因此災後的重建過程,反而激發草根社會的組織與團隊運作,並藉由各項儀式活動,重整農村社群的集體力量,重新凝聚集體意識與情感、重建新家園。

地震後「四庄文史工作室」轉型為「四庄重建工作站」,積極協助各社區爭取民間與政府資源,在守城和蜈蚣社區重建「望高寮」做為文化地標、規劃深具社群歷史記憶、保存生活古物的「守城社區文化館」等。更重要的是籌組跨社區的「噶哈巫文教協會」,秉持草根民主的參與精神,號召四庄人士、成立母語歌謠班之外,並培訓已式微的武館、北管團隊。尤其在南投縣 2002、2003 年,噶哈巫文教協會獲文建會補助,大力推動社區總體造計畫,奠定發展基礎,並舉辦百年首度回新社尋根的盛大活動。[17]

---

[15] 有關災後重建專書兩冊,詳見黃美英 (2008b)。

[16] 原名巴心・郡乃,他也曾積極的去戶政事務所要求改回原名,但戶政所認為他們不是官方認定的原住民,無法更正。

[17] 有關噶哈巫文教協會簡介與相關計畫推展,參見記錄片 DVD《噶哈巫祖居地尋根》、《噶哈巫風雲再起》,南投縣噶哈巫文教協會策劃、金三角傳播公司錄製,文建會補助。另見黃美英 (2008a)。

有關四庄地區原有的民間團體、教會，災後重建團隊的參與，以及族群組織與相關活動，筆者已有論文發表，[18]茲不贅述。

五、結論

（一）從家族到社群

自 1959 年，心理學者 E. Erikson（1959:18-49）提出「歷史」、「社會」、「群體」（group）對個人發展與認同的重要影響，將人的生命週期與社會歷史交織起來。其早期論文即提到：共處一個族群領域、歷史時代或經濟目標的一群人，會接受共同的道德形象引導，成為個人自我發展形成的決定性力量（Erikson 1945）。但在高度複雜異質的社會，群體認同（group identity）也會產生不同的面向，甚至是多重認同（multiple identity）或負面認同。

晚近二十年來，國內外人類學者對族群認同（ethnic identity）乃至後殖民族群的演變等複雜現象，皆已累積頗多的討論，筆者亦曾針對當今噶哈巫的災後重建與族群復振提出論文（黃美英 2005），茲不贅述。本文則有意以臺灣偏遠村莊的家族與社群認同的研究，重新回溯和檢証初始的論點。

王明珂的論著（2003:35-36）也指出在特定的地理環境與經濟生態下，羌族人結為各種不同層次的社會群體，以共同保護、分享與競爭有限的生活環境。這些社會群體及其間的區分，有些是在國家的民族分類與行政劃分下造成的認同與區分體系，有些則沿承當地原有的認同與區分體系。認同與區分也包括在一些社會中由於分工與資源分配產生的階級認同與區分，以及男女性別與不同世代間之認同與區分。

王明珂進一步分析人類社會認同與區分體系中，有許多以「血緣」來凝聚我群並排斥異己。此「血緣」關係可能為真實，也可能為人們的想像或虛構。無論如何，重要的是在這樣的群體中，人們相信彼此有如此的親

---

[18] 有關災後重建的相關論述，詳見黃美英（2004）。相關重建報導參見四庄重建工作站網址：http://puli-village.url.tw/

近關係。我們通常稱此種群體中較低階、小型的為「家庭」、「家族」或「宗族」，較高階的大型群體為「族群」（ethnic group）或民族（ethno）、「民族／國族」（nation nationality）。他在書中則以「族群」泛稱所有這一類以血緣記憶凝聚的人類社會群體。

　　王明珂認為以血緣或擬血緣關係所凝聚的群體都是最重要的。他的研究從羌人最基本的血緣與擬血緣人群單位「家庭」談起，然後由小漸大，由近及遠，最後論及中華民族等群體的認同。

　　個人經驗與家族傳統、社區生活的關係密切，而許多家族的生活領域和親屬、鄰里互動關係構成所謂的社區（或社群）文化。尤其在較為偏遠孤立的村莊（庄頭），家族與親屬連帶較能維持不散，鄰近村莊的親屬群也便於相互支援，較能跨越個別的「庄頭意識」，形成過去流傳的「四庄番」的一種區域意識（regional consciousness）。晚近則有許多後裔也以跨庄頭的親屬群為基礎，重新集結、組織協會，並衍生出較大層面的「族群意識」，以承繼家族傳統的「噶哈巫」為名，重現於當代臺灣社會。

　　換言之，自我的族群認同與識別（ethnic identification）是個人認為己身的生存與該群體有某種特定的關聯，包括有共同祖先或基於共同的社會經驗，或兩者兼而有之，從血緣到地緣群體認同的擴展歷程，不僅牽涉「區域意識」再生產過程的解釋（an interpretation of the process to produce or reproduce region），也是族裔依據他們的歷史與生活與經驗，重現其各種社會行動與文化實踐。

（二）合成文化與地方性的建構

　　從清道光年間西部熟番大量移墾埔里形成三十餘社，可見埔里的多元族群文化之複雜度，但百餘年來的歷史文化並非靜止的一頁。我們若從上述研究基礎可進一步討論一區域群體的文化實踐意涵，此亦可視之為「地方文化」（local cultures）的不斷再生產過程。

　　潘英海（1994b:254-255）認為不同文化團體的接觸，主要是一個「地方化」的過程，地方文化的自我定義與再定義的過程是地方文化因應主流文化，並保持地方文化體自主性的一種文化創新過程，另方面是一種地方文化創新與繁衍的過程，是地方文化為了文化傳承，並維護創新文化的生

產與再生產的過程。因此，我們無法將這種變異的文化體，歸為主流文化或弱勢文化，因為事實上那已是一種新的「合成文化」。

潘英海指出文化合成的動因，基本上在於「人」。人是文化的負載者與創新者，透過人與人的接觸、互動，文化得以傳播、交溶與重組。在頭社村，新生的文化「合成文化」，透過太祖年度祭儀，每年一度將集體的文化意識與文化的歷史意識，書寫又再書寫於當地的集體意識與歷史意識之中。當地的人們會對新生的文化轉化出新的「情感上的意義」（affective significance），因此當地人們並不瞭解合成文化的歷史過程，也無法解釋合成文化存在的原因，但是當地的人們會不斷地在特定的「時間—空間—意義」的文化脈絡下，一再地繁衍新的地方認同與新的主體意識。

潘英海（1994a:306-307）更進一步分析：當文化合成在不同的社會互動過程中，在某個特定的地理生態中，逐漸發展出「地方文化」（local cultures）。

埔里眉溪流域的平埔社群，自清代的農耕收穫與祖靈祭典活動，演變至日治時期的「番仔過年」，嘗試整合各庄頭的「區域意識」和發展族群文化，二次大戰期間中之後，改變為農曆過年初二的敬老晚會等社區活動，逐漸喪失「番族」之文化特色，921地震後重新恢復「番仔過年」，四庄輪流舉辦，甚至標舉「噶哈巫過年」，也曾邀請仁愛鄉泰雅及賽德克婦女前來協助編舞和製作服飾，並嘗試融合許多現代展演型式，展現集體參與的文化意識。

（三）家族世代傳承與持續？

此區居民多為世代務農，過去幾乎未曾閱讀有關的史料及學者的論述，連唯一的大學畢業（政大應用數學系）亦然，他們的出發點其實很單純，只能依據祖先口述的「噶哈巫」家族身分。近年他們接觸的文史學者和政治人物較多，外界常詢問他們為什麼是「噶哈巫」？為什麼不是「巴宰」？甚至質疑究竟有何企圖？反而讓他們感到困惑，第2任理事長潘首燦正值壯年，他總是直率的回應：「噶哈巫就是噶哈巫，祖先就是這麼說，難道還要什麼理由嗎？我的家族不可能是巴宰啦！」

有人認為百年來噶哈巫既然歸類為巴宰，為何還要「分裂」出來？潘

首燦理事長的回應如是說：「我沒讀什麼書，不管古代的書怎麼寫，也不論學者怎麼研究，但是我相信我的父母和阿祖說的，我也相信我太太，我太太是春陽的賽德克，她的父母和族人早就知道我們是噶哈巫，怎麼只有學者和政府總是說我們是巴宰呢？」，首燦在南光國小對面開了一家小店，名為「八棵樹――原住民餐飲文物店」，歡迎各界光臨指教了！

　　雖處在近代臺灣全島平埔各族群意識復振之際，但自稱「噶哈巫」的後裔及其組織，由於地處偏遠與農工人口老化，無法運用網路資源，難以發展出更具擴展性的主體論述，且因青年人口嚴重外流，以及外地人的通婚頻繁，未來能否延續「噶哈巫」家族之名並拓展其行動意義，仍有待未來更深入的觀察研究。

參考書目

王明珂
    2003   羌在漢藏之間：一個華夏歷史邊緣的歷史人類學研究。臺北；聯經出版。

安倍明義 編
    1937   臺灣地名研究。臺北；蕃語研究會。

伊能嘉矩
    1899   埔里社平原之熟番。蕃情研究會誌 2:31-55。

伊能嘉矩 編
    1909[1988]   第三臺灣。刊於大日本地名辭書續編。東京；富三房

伊能嘉矩、粟野傳之丞
    1900   臺灣蕃人事情。臺灣總督府民政部文書課。

李壬癸、林清財
    1990   巴則海族的祭祖歌曲及其他歌謠。民族學研究所資料彙編 3:1-16。
    1998   南投縣埔里鎮巴宰 Ayan 之歌。CD 介紹小冊。臺北；風潮有聲出版。

李亦園
    1953   臺灣平埔族的祖靈祭。中國民族學報 1:125-135。
    1982   臺灣土著民族的社會與文化。臺北；聯經出版。

邱正略
    1992   清代臺灣中部平埔族遷移埔里拓墾之研究。東海大學歷史研究所碩士論文。

林崇智、洪樵榕
    1965   臺灣省通志稿，卷八同冑志。南投；臺灣省文獻委員會。

周鍾瑄（清）
    1993[1717]   諸羅縣志。南投；臺灣省文獻委員會。

施添福
    1995   區域地理的歷史研究途徑：以清代岸裡地域為例。刊於空間、力與社會，黃應貴主編，頁39-71。臺北；中央研究院民族學研究所。

洪麗完
    1985   清代臺中移墾社會中「番社」之處境。東海大學歷史學報 7:243-273。
    1993   岸裡大社土官潘氏家族興替之考察——以鐘藏岸裡文書為中心。刊於中縣開拓史學術研討會論文集，臺中縣立文化中心編，頁188-247。臺中；臺中縣立文化中心。

    1996   大社聚落的形成與變遷（1715-1945）：兼論外來文化對岸裡大社的影響。臺灣史研究 3(1):31-95。

陳炎正
    1979   岸裡社史料集成。臺中；豐原一週雜誌社。
    1981a   岸裡社史話。臺灣風物 31(1):55-61。
    1981b   神岡鄉史。臺中；臺中縣詩學研究會。
    1986a   以岸裡社為例看臺灣早期的開發。刊於臺灣史研究暨史料發掘研討會論文集，金祥卿編，頁135-148。高雄；臺灣史蹟研究中心。
    1986b   臺中縣岸裡社開發史。臺中；臺中縣立文化中心。

陳秋坤
    1991   平埔族岸裡社潘姓經營地主的崛起（1699-1770）。中央研究院近代史研究所集刊 20:1-35。
    1994   清代臺灣土著地權：官僚，漢佃與岸裡社人的土地變遷，1700-1895。中央研究院近代史研究所專刊，第74號。臺北；中央研究院近代史研究所。

陳偉智
    1998   殖民主義、「蕃情」知識與人類學——日治初期臺灣原住民研究的展開。臺灣大學歷史學系碩士論文。

鳥居龍藏
    1996   探險臺灣：鳥居龍藏的臺灣人類學之旅，楊南郡譯註。臺北；遠流出版。

張隆志
    1991   族群關係與鄉村臺灣。臺北；臺灣大學出版委員會。

張耀焜
    1955   岸裡大社與臺中平野之開發。臺灣文獻 1:4-28。

程士毅
    1994   北路理番分府的成立與岸裡社的衰微（1766-1786）。清華大學歷史學系碩士論文。

黃美英
    1995   平埔文化的再現與複製。刊於凱達格蘭族書目彙編，黃美英主編，頁203-210。臺北；臺北縣立文化中心。
    2004   凝聚草根自主力量：埔里眉溪流域聚落群的災後重建。刊於災難與重建：九二一震災與社會文化重建論文集，詹素娟、林美容、丁仁傑主編，頁347-380。臺北；中央研究院臺灣史研究所。
    2005   埔里「四庄番」與「噶哈巫」：地域與族群的認同意識。發表於「2005南投縣平埔族群文化研討會」，南投縣政府文化局、暨南大學歷史系主辦，南投，12月7日。

2008a 春回四庄：噶哈巫的文化重建。臺北；財團法人九二一震災重建基金會。
2008b 壓不扁的生命：埔里四庄的災後重建。臺北；財團法人九二一震災重建基金會。
2010 噶哈巫家族老照片。南投；普羅文化。

黃富三
1991 清代臺灣「番墾戶」之研究：以岸裡社潘家為例。臺灣史田野研究通訊 18:1-2。

溫振華
1983 清代臺灣中部的開發與社會變遷。臺灣師大歷史學報 11:43-53。
1999 大茅埔開發史。臺中；臺中縣立文化中心。

廖漢臣
1957 岸裡大社調查報告書。臺灣文獻 8(2):1-4。

潘大和
1998 臺灣開拓史上的功臣：平埔巴宰族滄桑史。臺北；南天書局。

劉枝萬
1951-1952 臺灣埔里鄉土志稿。（作者自印）
1958 南投縣沿革志開發篇稿。南投；南投縣文獻委員會。

潘英海
1994a 「在地化」與「地方文化」：以「壺的信仰叢結」為例。刊於臺灣與福建社會文化研究論文集（二），莊英章、潘英海編，頁 299-319。臺北；中央研究院民族學研究所。
1994b 文化合成與合成文化：頭社太祖年度儀式的文化意涵。刊於臺灣與福建社會文化研究論文集（一），莊英章、潘英海編，頁 236-256。臺北；中央研究院民族學研究所。

衛惠林
1981 埔里巴宰七社志。臺北；中央研究院民族學研究所。

噶哈巫文教協會
2005 噶哈巫家族的見證——埔里四庄老相片系列報導：第二部‧大湳‧上集。水沙連 32:40-62。
2006a 噶哈巫家族的見證——埔里四庄老相片系列報導：第二部‧大湳庄‧下集。水沙連 34:38-60。
2006b 噶哈巫家族的見證——埔里四庄老相片系列報導：第三部‧守城庄‧上集。水沙連 35:43-59。
2007a 噶哈巫家族的見證——埔里四庄老相片系列報導：第三部‧守城庄‧下集。水沙連 36:51-61。
2007b 噶哈巫家族的見證——埔里四庄老相片系列報導：第四部‧牛眠庄。水沙連 37:19-36。

鍾幼蘭
    1995   族群、歷史與意義：以大社巴宰族裔的個案研究為例。清華大學社會人類學研究所碩士論文。

關口隆正
    1980[1958]   臺中地區移民調查區，陳金田譯。臺灣風物 30(3): 31-50。

Erikson, Erik H.
    1946   Ego Development and Historical Change. The Psychoanalytic Study of the Child 2:359-396.
    1959   Identity and the Life Cycle: Selected Papers. New York: International Universities Press.

平埔族群拓墾眉社群傳統領域的初探

鄧相揚
臺灣打里摺文化協會理事長

一、前言
二、埔眉社的傳統領域與族群關係
三、平埔族群入墾埔里盆地的緣起
四、平埔族群入墾埔里社傳統領域的進程
五、眉社群的歷史記載
六、平埔族群入墾眉社群傳統領域的緣由
七、平埔族群拓墾眉社群的進程
八、眉社群的遭遇與處境
九、結語

一、前言

　　本文試圖詮釋中部地區平埔族群，包括道卡斯 Taokas、巴宰 Pazeh、拍瀑拉（巴布拉）Papora、巴布薩 Babuza、洪雅 Hoanya 等五族，於道光年間入墾埔里盆地的原因，及進入埔里盆地的開發進程及影響，特別著墨的重點是平埔族群在埔里社的傳統領域建立拓墾的基礎後，越過眉溪進入到泰雅族澤熬利亞族眉社群的傳統領域，其開發的形式與建立聚落的情形，以及眉社群的處境及影響。

　　中部地區平埔族群拓墾埔里社的傳統領域，於道光年間係以同血緣的部族集團、或是以原鄉社群為單位進行墾殖，不僅保有族群的文化認同與根源，因而建立同族群或是同社群的聚落，更是立約：「毋許侵入內山擾動生番，毋許恃強凌弱，毋許引誘漢人在彼開墾，毋許傭雇漢人在地經營。」試圖要建立平埔族群的新樂園，此乃以族群或是社群的生存命脈與共生為基礎。

　　道光三十年（1850）在埔眉社正通事巫春榮及阿里史社土目潘永成的招墾下，結合跨族群八社族人，包括巴布薩族東螺社，巴宰族水底寮社、社寮角社、山冬冬（山頂）社、阿里史社、大杗（大湳）社，及洪雅族北投社等八社族人，則是以多元族群及經濟利益為考量，進入眉社群的傳統領域拓墾。

　　巴宰、巴布薩、洪雅諸族八社平埔族人，取得眉社群的開墾、納租字據後，旋在眉社社址附近墾殖，首建牛眠山聚落，並以此為中心，往東邊拓墾建立守城份聚落；往西邊拓墾再建立史港坑、福興庄等聚落。

　　綜觀歷史文獻與現地考察，平埔族人在眉社群拓墾所建立的聚落，係以跨族群、及不同社別所建立的新聚落，有異於平埔族群之前在埔里社所建立的同族群或是同社群的聚落。

　　眉社群的傳統領域被平埔族群八社族群入墾後，享有和埔社共同的「草地租」收入，埔社則融入到平埔社會當中，但保有泰雅族 Gagarux（Gaga、

Gaya）律法的眉社群族人，[1] 為了恪遵 Gagarux，成為「Utux *tmninun*」（生命由祖靈編織而成），則放棄了祖遺廣闊領域，遁入內山，融入到萬大、眉原、霧社等群，而原來連結眉原群、眉社群、萬大群的澤敖利 Ciuli 生活空間環帶，和部落聯盟關係，因平埔族群的拓墾而被切割，出現了中空狀態，形成萬大群 Plngawan 孤立於今霧社一帶，而「眉社」、「水眉社」、「眉番」終成為歷史名詞，這有別於埔里社的民族命運。

二、埔眉社的傳統領域與族群關係

史載清道光以前，埔、眉兩社群為埔里盆地的草地主，承祖管下東至內烘萬霧社，西至內國勝，南至審轆埔，北至小埔社為界之廣闊領域，[2] 其範圍約今埔里鎮全境，及魚池鄉、國姓鄉之一部分，約 180 平方公里左右。埔、眉兩社群的界址以眉溪為界，眉溪以南為埔里社（蛤美蘭社）領域，眉溪以北為眉社群領域，眉社群則有眉社與水眉社（參見圖1）。[3]

埔里社的民族種別定位，學術界眾說紛紜，莫衷一是，有的學者認為是邵族的一支，有的學者認為是布農族的一支，[4] 但埔里社與邵族（思猫丹社）保有結盟關係，曾於雍正四年（1726）共同參予「骨宗事件」，對抗清政府，[5] 且邵族於道光四年（1824）力邀平埔族群入墾埔里盆地，說明了兩者之間關係匪淺；當埔里社勢力一度強盛時，與毗鄰的眉社群、眉原群（眉加臘）、萬大群（平了萬）、霧社群（致霧）勢力相抗衡，迨至嘉慶十九年（1812）之「郭百年事件」，埔里社遭漢人侵墾濫殺無辜，以致勢力衰退。

---

[1] 泛泰雅族的固有文化內涵與特質，有祭團、祭團、共獵共牲，服膺 Utux（祖靈、泛靈）之意涵，澤熬利亞族稱 Gagarux，賽考列克亞族稱 Gaga，賽德克族稱 Gaya。
[2] 咸豐元年埔眉社所立給平埔熟番潘文謙充當佃首所立〈招佃耕字〉。資料來源：黃望家所藏埔社古文書。
[3] 過去學界僅稱眉社，參照熊一本《條覆籌辦番社議》，及道光二十六年（1846）北路理番同知曹士桂《宦海日記》所載，眉溪北岸有眉社與水眉社，故本文以「眉社群」稱之。
[4] 近期洪敏麟、簡史朗等學者認為埔社屬於邵族，鈴木滿男與筆者則認為係布農族的一支。
[5] 思猫丹社為邵族水社番的領導部落，邵族於道光年間有社仔、頭社、水社、猫嚼、審鹿等大小聚落。

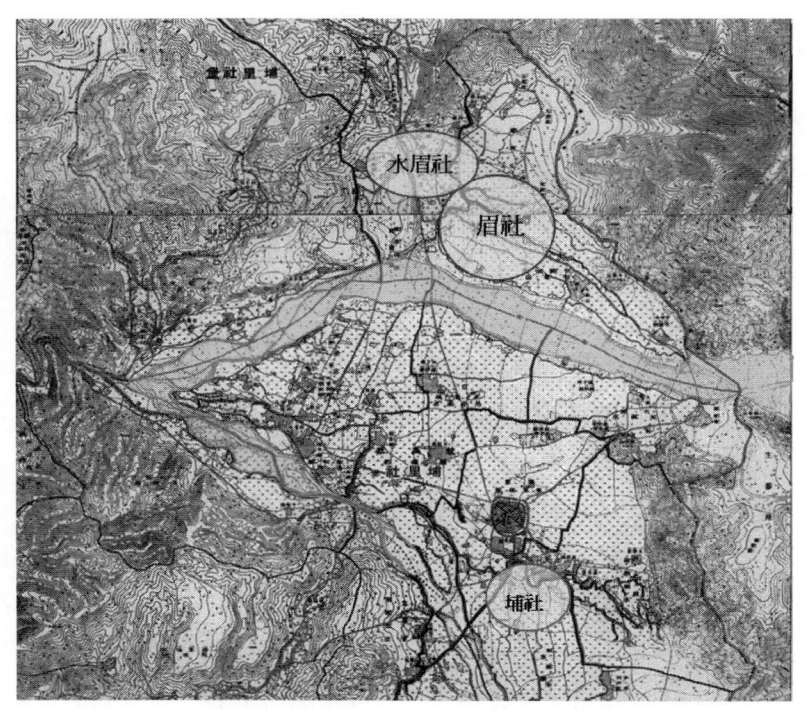

圖1　埔社及眉社群之分布位置

　　眉社群有眉社與水眉社，保有紋面、鑿齒、出草等祖規，文獻稱為「王字番」，學界早已認定為泰雅族的系統，依地緣推論，眉社群與眉原群、萬大群同為泰雅族澤熬利亞族（Ciuli）之一支，三者之間互有結盟關係，清道光年間眉社群仍保有眉溪以北之廣闊領域，眉社址位在今牛眠山至史港坑間，水眉社址約在今史港里獅子頭至小埔社之間。

三、平埔族群入墾埔里盆地的緣起

（一）林爽文事件與屯田之制

　　平埔族群為臺灣原住民族群，學界稱為南島語族，而官方在不同的時期有不同的稱呼，如「熟番」、「平埔番」、「平埔族」等，人類學家則有不同的學術分類，故有七族、八族、九族、十族等族群的分類。居住在中部地區的平埔族群有道卡斯 Taokas、巴宰 Pazeh、拍瀑拉（巴布拉）Papora、

巴布薩 Babuza、洪雅 Hoanya 等族,此五族群於道光年間入墾埔里盆地,是臺灣史上重大的移民事件,此一移民事件的發生,與乾隆五十一年(1786)爆發的「林爽文抗清事件」和其後所設置的「屯田之制」息息相關。

「林爽文抗清事件」爆發後,清廷自大陸派遣大軍前來圍剿,迄乾隆五十三年(1788)始將事件平靖,然流民四處逃竄,加上林爽文的家眷在水沙連被捕獲,清廷恐內山地區,不僅有「生番」盤據,地形複雜,藏奸最易,更體認到平埔熟番饒勇善戰,在事件時隨軍有功,於是設置「屯田之制」,其旨為「以番養番,以番防番」。

水沙連地區設置屯制的情形如下:由於柴裡社,[6] 接近水沙連內山,民番雜處,設一小屯,而北投社乃山口適中要地,設立一小屯,即是水沙連化番屬於柴裡小屯,而南、北投二社,歸屬北投小屯。其養贍埔地,將八娘坑埔地(今名間鄉境)90甲分給水沙連社屯丁90名,每名得1甲,內木柵(今草屯鎮境)埔地3甲分給北投社小屯外委一員,又埔地128甲分給北投社屯丁128名,每名得1甲,虎仔坑(今名間鄉境)埔地約23甲,分給南投社屯丁,每名得1甲左右。自此,設屯兵,立屯弁,發屯餉,俾足衣食,成了乾隆末期的臺灣的重要番務,迨至嘉慶以降,屯政逐漸廢弛。

(二)郭百年事件

水沙連膏腴的土地,久為漢人所覬覦,廣闊未開的沃地,亦使墾民趨之若鶩。嘉慶十九年(1814)至二十年(1815)間,水沙連隘(社)丁首黃林旺,勾結嘉義、彰化二縣人陳大用、郭百年及臺灣知府衙門門丁等,貪婪水沙連膏腴的土地,擁眾入山,企圖侵佔,大肆焚殺,使得水沙連地區陷入一片哀號,族人流離失所。

郭百年等擁眾入山之初,先於水沙連界外社仔(即今水里鄉之社仔)墾番埔三百餘甲,由社仔侵入水裏社(水社),再墾四百餘甲,後侵入沈鹿(今新城),築土圍,墾五百餘甲,三社番弱莫敢較,後挺進埔里盆地,濫殺無辜。郭百年等大規範的侵略行動,計在邵族的境域開墾一千二百餘甲

---

[6] 柴裡社又稱斗六門社,原社址在今雲林縣斗六鎮忠孝、仁愛、四維等里。

的田地，更在沈鹿社建有土城，在埔里社建有布袋城（布袋裝土為壘）和彰化城。

郭百年事件發生時，臺灣鎮道微有所聞，派人前往偵察，還報祇是「野番自與社番鬥耳」，直到嘉慶二十一年（1816）臺灣鎮總兵武隆阿巡閱臺灣北部，得悉此事而下令嚴辦，於是彰化縣令吳性誠請諭墾戶，驅逐眾佃出山，但墾民持臺府示不遵。臺灣鎮道遂飭臺灣府撤還府示。嘉慶二十二年（1817）6月傳郭百年等人至郡會訊，予郭百年以枷杖，其餘宥之。署鹿港同知張儀盛，彰化縣知縣吳性誠、呂志恆，赴沈鹿（今魚池鄉新城村）拆毀土城，將水、埔二社的耕佃全部盡撤，各社族人始返其社。官府於是又在集集、烏溪二口各立禁碑，嚴禁越界，北者豎於烏溪龜溝，刻「原作生番厲，不造漢民巢」，南者豎於風箆口，刻「嚴禁不容奸入，再入者斬」之告示（姚瑩 1957:34-35）。

從上述記載中，可以看出嘉慶十八年（1813）原任社丁首的黃林旺，在郭百年事件時改任為隘丁首，他處心積慮將目標放在水沙連六社廣闊土地，勾結官府和墾戶，以非法手段進行拓墾，最後雖被驅逐，但後來引發中部地區平埔族群的大遷徒。

（三）屯制的弊端及漢人的侵蝕

屯田分授屯弁及屯丁，原由屯弁及屯丁自行耕種，但平埔熟番本就不善耕種，加以資金短缺，原係各屯弁丁所配給之養贍埔地，在無法屯耕之下，不得不給佃開墾，而歲收其租稅；加上通事土目之詐欺，屯弁之舞弊，佃戶之抗租等問題，層出不窮，經由一段時日之後，這些埔地往往遭到侵吞，私相典賣，尤其通事、社丁首地位特殊，屯地招佃、換佃，都擁有主導權，無形之中，養贍埔地又成了另一形式的土地問題。

閩、粵兩籍漢人，大量渡臺拓墾，對西部地區平埔族群的傳統領域形成吞侵，造成土地的流失及文化根源的失根現象，使得平埔族群飢寒交迫，流離失所。西部地區平埔族群於道光三年（1823）正月，訂定《公議同立合約字》時，合約文內有如下的心聲表述：

> 各社番黎僻處臺灣，荷蒙皇仁入版圖，所有草地歸番掌管，聽

番開墾，或招漢人佃定納大租以贍養，于乾隆五十三年〔1788〕社番隨軍有功，設立屯丁，界外山埔歸屯墾種，劃定屯額，收管屯餉，而屯租實在缺額無如，番性愚昧，易瞞易騙，而漢佃乘機將銀餌借所有各社番，田園俱歸漢人買贖迨盡，其大租又被漢佃侵佔短折，隘糧屯餉有名無實，隘番屯番拐腹赴公，飢寒交迫，逃做四方。

閩、粵兩籍漢人渡臺拓殖趨之若鶩，移入人口不斷增衍，丁口已二百五十餘萬，而生熟社番不及二十分之一。[7] 如此懸殊的人口比例及平埔族群當時不善農耕，更不解珠算的經濟劣勢下，於是急於尋覓一處桃花園，希冀自備資斧往彼開墾，斬荊棘闢草萊，開荒成田，保有民族命脈及文化根源。

（四）周遭族群的出草獵首級

水沙連內山之泰雅、賽德克、布農諸族皆遵祖規，保有出草獵首級的習俗，使得周遭族群相當畏懼；「出草獵首級」除涉及各族群的泛靈信仰與律法（如 Gagarux、Gaya、Gawa）以外，亦是保衛家園與傳統領域的一種手段，故各族群因而保有其傳統領域和勢力範圍，外族亦因此難以越雷池一步。

埔里社因「郭百年事件」漢人的濫殺，勢力因而衰退，番丁稀微，無法與遠近的族群對抗，故屢遭欺凌。

檢視道光年間埔社的古文書，皆言及埔社的焦慮與處境，如道光四年（1824）《思保全招派開墾水耕字》所書：「緣因前年郭百年侵入開墾爭佔埔地，殺害社番死已過半，未幾再遭北來兇番窺我社慘微少番丁，遂生欺凌擾害難以安居。」《承管埔地合同約字》：「蛤美蘭社番親屢被北來兇番欺凌勒辱擾害，百般難安。」；道光三十年（1850）《立僉請隘丁怙併配給埔底字》亦言及：「然又遭兇番時常出沒，擾害佃人，難以安耕，故再托通事，請到阿四老馬下六，邀集伊社番壹百名，充當隘丁，把守隘口，以衛兇番。」

---

[7] 姚瑩〈埔里社紀略〉一文所載。

埔里社畏於泰雅、賽德克諸族的出草行徑，在邵族的鼎力招佃下，前來協防，冀求平安，和民族命脈的延續，因而促使埔里社引入平埔族群進入埔里盆地拓墾；《思保全招派開墾水耕字》所言，正是埔社對平埔族群入墾的期待：

> 而今此本社地廣番少，屢被北番擾投害慮，乏壯丁共守此土，如得該親打里摺來社同居墾耕，一則可以相助抗拒兇番，二則平埔打里摺有長久棲身之處，所謂一舉兩得而無虞矣。

（五）邵族的引介

邵族思猫丹社（Sibatan 或 Suwatanu），除其位於出入埔里盆地南路要衝之地理位置，且其曾為水沙連地區族群的要角，和埔社（蛤美蘭社）更有歷史、文化與地域的關連性，所以對平埔族群的移墾，扮演著舉足輕重的角色，邵族招墾平埔族群移入埔里盆地，斡旋功勞，居功至偉，在邵族土目毛蛤肉、郎觀、棹肉、加達四位的斡旋「為中招募」之下，開啟了西部平原平埔族群遷移埔里盆地的浪潮。

埔社經歷「郭百年事件」的濫殺無辜，倒致人丁微弱，勢力衰退，又時常遭到北番的侵擾，正苦心思慮如何自保之時，幸有邵族思猫丹社的力倡與協助，邀得平埔族群北投社、萬斗六社、阿里史社，南北大肚社等社，入墾埔里盆地。道光四年（1824）2 月埔社所立之《思保全招派開墾水耕字》有詳細的記載：

> 阿密、大舌等正在思慮保全，幸有思猫丹社番親來社相商，云及前日間上山捕鹿，偶遇該親打里摺亦入山捕鹿，相會敘出情因，言及在外被漢奸勒佔棲身無地，大慘難言。阿密、大舌以及思猫丹社番親等，竊思木有本、水有源，自我祖上以來原與打里摺一脈相生，同氣連枝，為昔日國勝攻取臺疆，以致我祖兄弟奔逸星散，分居內外山之所，聞此大慘，不得不為之悲哉，是故輾轉尋思，而今此本社地廣番少，屢被北番擾投害慮，乏壯丁共守此土，如得該親打里摺來社同居墾耕，一則可以相助抗拒兇番，二則平埔打里摺有長久棲身之處，所謂一舉兩得而

無虞矣,是以阿密、大舌率同眾子姪等,立即央托思猫丹社番土目毛蛤肉、郎觀、併伊耆番棹肉、加達等,前去招募平埔打里摺入社通行踐土,會盟通和社務,使諸兇番以及漢奸不致如前侵界,得以保全安居,散而復聚矣。

（六）平埔族群農耕技術的精進

埔、眉社群承有祖遺埔里盆地之廣闊領域,但族人「拙於治田,不能深耕灌溉,不諳耕種,多拋荒蕪,生養無資」[8]在平埔族群尚未入墾埔里盆地以前,埔、眉社群的經濟生產方式,以燒墾遊耕、漁撈和狩獵為主要生計,可說在經濟作物的耕作上本就拙劣,對於水稻定耕更是陌生,此係未脫離游耕與狩獵漁撈的型態,屬於次級原始採集經濟之低階段農業,故時常陷入生養無資的窘境。

自17世紀末期始,大批漢民前仆後繼移墾臺灣,平埔族群因此逐漸失去足夠容許狩獵與游耕的廣闊土地資源,前車可鑑,平埔族群在原社地與漢人社會之長期接觸過程中,實已吸收若干漢族的農耕技術,特別是水稻定耕,係華南漢人社會的主要生產方式,在有限的土地上,開鑿水利設施,以精進的農耕用具,利用獸力來進行深耕獲得量產,提供大量人口的口糧所需,平埔族群從漢人處學得此一精進的農耕技術和經濟形式,開展農業發展之途,亦促使平埔族群急於尋覓新的園地來加以滋生繁衍。

四、平埔族群入墾埔里社傳統領域的進程

有關平埔族群入墾埔里盆地的進程及聚落的形成,劉枝萬、洪敏麟、邱正略、簡史朗、鈴木滿男、鍾幼蘭等學者,皆曾為文或著書加以探討,為說明本文及平埔族群拓墾埔眉社群傳統領域的進程起見,仍依此一主題以簡表加以說明（表1）。

---

[8] 參見:《立僉請臨丁怙併配給埔底字》,橫山技師外二名《埔里社地方殖民地調查報告》。明治三十一年（1898）。國史館臺灣文獻館藏。

表1 平埔族群拓墾埔社時間順序，時間、及地點

開發順序	年代	拓墾地點	四界界址	拓墾社別
一	道光三年（1823）	福鼎金埔地	福鼎金守城份、柚仔林一帶，並以覆鼎金之一部分充為公存社場宅地。	萬斗六、貓兒干、阿束、貓霧捒、南大肚、北大肚、水裡、岸裡、日北、朴子仔籬、西勢尾、烏牛欄、北投、南投、柴坑仔、眉裡
二	道光五年（1825）	五索份	覆鼎金東部五索份埔地	北投、阿里史、南投、柴裡、日北、萬斗六、大肚、西勢尾、柴坑、阿束、水裡、東螺
三	道光七年（1827）	柚仔林	由四大份撥出柚仔林之地讓給東螺社（包括阿束社一份），共81份。	
四	道光十一年（1831）	四索份	覆鼎金東部四索份埔地。	北投、南投、阿里史、阿束、大肚、柴裡、貓裡、東螺、水裡、朴仔籬、貓兒干、萬斗六、日北
五	道光十一年（1831）	史荖塌埔地	東至山腳、西至四索份、南至山腳、北至番社溝。	北投、萬斗六、貓兒干、阿束、大肚、東柴里、阿里史、南投
六	道光十一年（1831）	北大埔	東至山腳，西至鐵砧山、恆吉城，與頂九社、八股毗連交界，南至番社溝，北至眉溪。	北投社、南投社、柴坑社、東眉社、阿里史社、西勢尾社、烏牛欄社、卜仔籬社、日北社、阿束社、萬斗六社、貓兒干社、東螺社、柴裡社、南大肚社、北大肚社、中大肚社、貓霧棟社、水里社、東柴裡社
七	道光二十五年（1845）	鐵砧山（烏牛欄臺地）北側埔地	北至赤崁、南抵鐵砧山、西起水尾，東至蘆竹南。	吞霄社、日北社、雙寮社、日南社、社寮社、大甲東社、西社（德化社）房里社、阿里史社、大馬璘社、烏牛欄社、水底寮社、岸里社、朴仔籬社、大肚社
八	道光三十年（1850）	虎仔山後埔地	東至水頭大橫屏界、西至虎仔山前界、南至鯉魚堀界、北至眉溪界。	朴仔籬代表人阿四老馬下六及社番100名

表1 平埔族群拓墾埔社時間順序，時間、及地點（續）

開發順序	年代	拓墾地點	四界界址	拓墾社別
九	咸豐元年（1851）	水尾鐵砧山北畔園地	東至鐵砧山角透五構楓、西至赤崁溪雙合水、南至庄腳崁、北至五愣楓中車路為界。	吞霄社、日北社、雙寮社、日南社、社寮社、大甲東社、西社（德化社）房里社、阿里史社、大馬璘社、烏牛欄社、水底寮社、岸里社、朴仔籬社、大肚社

註：本表依據劉枝萬（1958），簡史朗、曾品滄（2002）、簡史朗（2005），及參照劉枝萬（1958）、埔眉社古文書製成。

由表1中得知平埔族群拓墾埔社傳統領域的年代與進程，這其中值得注意的是道光二十五年（1845）4月，道卡斯族（吞霄社、日北社、雙寮社、日南社、社寮社、大甲東社、西社〔德化社〕房里社）、巴宰族（阿里史社、大馬璘社、烏牛欄社、水底寮社、岸里社、朴仔籬社）、巴布拉（大肚社）三族共15社族人，立了《仝立鬮簿合約字》，試圖拓墾鐵砧山北邊的園地，四界址北至赤崁、南抵鐵砧山、西起水尾，東至蘆竹南，計分八大股拈鬮均分。[9] 此乃三族15社族人，以跨族群異社別集約的共生集團，擬進行鐵砧山北邊草地的拓墾，並且備妥拓資共同完成了《仝立鬮簿合約字》的簽署，部分八大股拈鬮均分的15社先鋒墾民，已經先期在今八股建拓殖的寮房基地，但正當擬於進行拓墾時，平埔族群集體入墾埔里盆地，成了臺灣府的棘手問題，朝廷派遣閩浙總督劉韻珂專程前來處理，在這之前，理番同知先行「插標定界」，並予以口頭告戒不可再犯，所有開墾行動暫行禁止。咸豐元年（1851）埔眉社草地主，埔社篤律，眉社斗禮給平埔熟番潘文謙充當佃首招墾水尾鐵砧山北畔園地之《立招佃耕字》，對水沙連六社歸化獻土及封禁的情形如此寫道：

> 聖恩准我六社番黎歸化不准獻土，將前佃驅逐淨盡，草地仍然封禁，但我等既歸王化，雜髮易服，而草地拋荒，鋤口無資，飢餓難堪，無奈邀全各社番頭目恭議瀝敘慘倩赴郡呈懇列憲格外施仁深沐恩准自招佃租以供口食。

---

[9] 《仝立鬮簿合約字》影本由埔里鎮雙寮社區潘常武提供，收錄於簡史朗（2005:51-52）。

由於官府的「插標定界」有名無實，及臺灣兵備道徐宗幹的同意試墾，直到咸豐元年（1851）15社八大股的墾民始再拓墾鐵砧山北邊的園地。咸豐元年（1851）8月埔社草地主篤律、眉社草地主斗禮暨番等又立了《立招佃耕字》招佃耕字，踏出界內水尾鐵砧山北畔園地，由佃首潘文謙率帶平埔熟番前來開墾。[10]

> 茲踏出界內水尾鐵砧山北畔園地壹所，東至鐵砧山角透五構楓，西至赤崁溪雙合水，南至庄腳崁，北至五愕楓中車路為界，招外平埔熟番潘文謙充當佃首，率帶朴實番佃到地承耕，付其自開坡圳，引水流通灌溉，翻築成田，永遠管耕。

五、眉社群的歷史記載

眉社是一地理的概念名稱，分布於埔里盆地眉溪北岸的廣闊地域，即今埔里鎮牛眠里、史港里、福興里、廣成里、一新里等行政轄區內。眉番係一族群的稱呼，史載有眉社、水眉社兩社，通常被統稱為眉社，本文以「眉社群」稱之，其住民被漢稱為眉番，是埔里盆地的先住民族之一，但族群的定位向來模糊不清；紋面特徵是學界對泰雅族的族群識別之最主要的標記之一，從清道光以降的史載加以檢視，眉番保有紋面的習俗，被歸在「北港番」、「北番」是無庸置疑的，也就是後來被學者認定是泰雅族之一支。

清代的歷史記載眉社被歸於水沙連六社之一，雍正以迄道光年間，被視為「生番」、「山番」、「野番」、「王字番」、「北港番」、「北番」的一支，道光年間隨著中部地區平埔族群的入墾埔里盆地，開啟眉社群族人與外界的關係，道光末期，在埔眉社總通事的慫恿之下，曾有獻地投誠、請官治理的請願，其後被官方視為「化番」一族，但眉社的族人保有 Utux 的祖靈信仰、及恪遵 Gagarux 的祖規（如紋面、鑿齒、出草）、Gagarux 的社會

---

[10] 見黃望家所藏埔社古文書，咸豐元年（1851）8月埔社草地主篤律、眉社草地主斗禮暨番等《立招佃耕字》。

組織等固有文化特質,故被外界蔑為「生番」、「野番」、「化番」等諸多名稱,但這諸多名稱都無法說明其最正的族群名稱定位。

一般學界認為平埔族群尚未移入之前,此地有埔社、眉社(或稱埔眉兩社),因而學界的研究往往漏掉水眉社。眉社和水眉社皆屬泰雅族系統,顯然眉社和水眉社是一共盟的關係,眉社是兩社的領袖部落,所以文獻上大都僅記錄眉社而已。雍正二年(1724)《臺海使槎錄》即有「貓里眉社」一名的出現,雍正四年(1726)宮中檔奏摺又有「貓里眉內、外社」之名,這說明了文獻上早就有眉社群的名稱。

對於眉社群的記載,道光二十六年(1846)11月,淡水同知曹士桂《宦海日記校注》對眉社和水眉社有較詳細的記載:

> 眉社已墾熟田數百甲,新來熟番數十烟,現在披荊斬棘,築室乘屋。舊日生番不過二、三十戶,將來反客主眾寡不敵之勢見矣。水眉里社在眉社之西北隅山麓,亦二、三十戶,以日晡,遙望之相隔約五、六里間往返需一時,故未往,循道而歸,逾清溪,知眉、埔二社以溪分界,溪南埔,而溪北眉,實在共一局也。

淡水同知曹士桂《宦海日記校注》又對眉番的紋面和固有習俗有鑿齒如下之描述:

> 眉社王字生番也,與埔社等番不異而小異,男則同,婦女則額上刺王字,自耳下起至下唇腮刺方條約二寸寬,左右一致,刺莫知其文,惟星點羅列,涂以靛墨,終身不磨,遙望之如鳥喙然,是殆雕題之謂與?又各番男女將嫁娶,各拔去上下牙四枚,是殆鑿齒之謂與?埔社以南各社,鑿齒而不雕題,埔社以北各社,雕題鑿齒,人較凶悍,謂之王字生番云。

有關眉番,比較詳盡的是道光二十六年(1846),閩浙總督劉韻珂之〈奏勘番地疏〉六社番情中記載:

> 內有薙髮者衣履者,一之七、八,餘尚披髮跣足。男番以番布或鹿皮,護其下體前後,女番以番布數幅,裹其下體,上身亦被服番布,而襟袖粗具,亦有布質鑑縷不能蔽體者,其乳哺之

嬰番，多用布條，縛繫於胸背間，身無寸縷，形似羸蟲，窮蹙之狀，有令人目不忍觀者。

惟男番眉心間，有刺一王字者，體畫較粗，兩女番之眉心領頸，多各刺一小王字，且從口旁刺入兩頰至耳，又彎環刺下，如蝶翅狀，所刺行數，疏密不一，所塗顏色，黃白不同。詢知番女許字後，始刺兩頰遵祖制也。

當時劉韻珂親睹番情，對泰雅族體察入微，並詳詢之。泰雅族之紋面，為祖傳之成年標記，男性曾有獵首級成績之武勇表現，女性學會紡織技術，始能紋面，此段記載，可作為眉番屬於泰雅族系統的證據，亦可知清朝時期，對土著民族的泰雅族，有「王字番」的稱呼，以別於其他族群。

六、平埔族群入墾眉社群傳統領域的緣由

（一）埔里社傳統領域的開發趨於飽和

道光二十七年（1847）埔社僅有27丁口，眉社124丁口，共計151名，但西部平埔族群聚黨而居已有2,000丁口，[11] 平埔族群已成為埔里盆地的新主人，且平埔族群的各社仍然陸續移入，迄道光末年，廣闊的埔里社傳統領域，幾被平埔族群開發殆盡，而平埔族群族人又不斷移入，故前來尋求拓墾的平埔族群，不得不往山邊的草地處拓墾；如道光三十年（1850）2月埔社草地主督律，透過通事的介紹，給出虎仔山後埔地一處，東至水頭大橫屏界，西至虎仔山前界，南至鯉魚堀界，北至眉溪界，提供給巴宰族朴仔籬社代表人阿四老馬下六（水底寮社？）[12] 及社番100名，前來開墾並充當隘丁，把守隘口，以衛兇番，說明了平埔族群拓墾的窘境。《立僉請隘丁佔併配給埔底字》有如下記載：

---

[11] 引自劉韻珂〈奏勘番地疏〉文內之丁口數。

[12] 參見簡史朗（2005）87頁印記圖錄，巫（春榮）通事給埔眉社土目水底寮社潘阿老蚋哈長行圖記，與阿四老馬下六可能係同一人，待查。

爱托通事巫春榮代招，补實耕佃前來，暫行耕種納租，以資口糧，然又遭兇番時常出沒，擾害佃人，難以安耕，故再托通事，請到阿四老馬下六，邀集伊社番壹百名，充當隘丁，把守隘口，以衛兇番。前律等仝番眾妥議，踏出管下虎仔山後埔地壹所，東至水頭大橫屏界，西至虎仔山前界，南至鯉魚堀界，北至眉溪界，四至踏明，即付與阿四老馬下六等，前去自造隘寮安住。

（二）平埔族群侵墾眉社群的傳統領域

　　眉社群因未遭「郭百年事件」的影響，故勢力比埔里社強盛，眉社群的番目和族眾亦不願開禁拒墾，鄧傳安〈水沙連紀程〉有如此描述：「眉裏諸社之不願開，藉口於社仔社（邵族）之因招墾而亡，其理甚正」（鄧傳安1962），另眉社群係以祖靈信仰為核心，保有泛靈信仰的獵首祖規，亦因此阻擋了外族的移入，眉番雖然不願招佃開墾，但潛入私墾者仍絡繹不絕，道光二十一年（1841）臺灣道熊一本《條覆籌辦番社議》對於眉社群的傳統領域遭到平埔族群的侵墾，有此記載：「眉社有阿里山熟番百餘人新近潛入該社私墾數百甲」。道光二十一年（1841）平埔族群入墾埔里盆地的丁口數已達二千餘人，[13] 在人多勢眾的狀況下，埔里社已成為弱小族群，當然眉社群已經無法阻擋平埔族群的移入及土地遭到侵墾的命運。

　　平埔族群入墾埔里盆地有如過海之鯽，埔里社傳統領域的土地開發已呈現飽和狀態，在此環境下，另外覓地拓墾是必要的手段，而毗連的眉社群廣闊的草地正是平埔族群垂涎的目標。平埔族群開始入墾眉社群的傳統領域，係於道光二十七年（1847）間進行，在這之前，由於朝廷的躊躇，使得臺灣的官府不得不採取放任試墾的政策，原在北路內木柵地方所設立的稽查關卡，亦裁撤原有的兵勇丁役，故平埔族群進出埔里盆地未受阻擋，加上平埔族群在埔社群的傳統領域拓殖成功，足供安居樂業，遂吸引西部地區更多的社群移入。

　　道光二十七年（1847）新任的北路理番同知曹士桂在2月25日的日記上如此寫著：「眉社已墾熟田數百甲，新來熟番數十煙，現在披荊斬棘，築

---

[13] 熊一本，〈籌辦番社議〉，道光二十一年（1841）。

室乘屋」（曹士桂 1988:171），說明了平埔族群越界侵墾眉社群傳統領域的情形。道光二十七年（1847），閩浙總督劉韻珂之〈奏勘番地疏〉亦寫道：「眉裡社內私墾者，男婦大小，約共四五百人，俱係外來熟番。兩社內向俱無人私墾，該民人熟番等，均係本年（道光二十七年〔1847〕）正二月間，先後來社打寮墾種，並未議租，各番目等實無招佃情弊。」此一記載顯然與事實有所出入，依熊一本《條覆籌辦番社議》所載，眉社群的傳統領域於道光二十一年（1841）即遭到阿里山熟番的侵墾。[14]

檢視眉社古文書同治四年（1865）牛困山墾首茅格后蚋、守城份墾首潘永成，蜈蚣崙墾首潘有明，暨應份眾番等所立之《同立合約字蛤美蘭》，言及：「緣牛困山草地，前經我下九社番到處開墾成田後，為丁未年劉督憲到埔勘驗，將該處民番驅逐淨，田地置之荒蕪」，印證劉韻珂之〈奏勘番地疏〉記載，眉裡社內私墾者，男婦大小，約共四五百人，俱係外來熟番，此一外來熟番係指下九社番；包括有巴宰族的有水底寮社、社寮社、山冬冬社（即山頂社、茅烏噠社）、岸里社、阿里史社、大湳社（加勞佛社），洪雅族的北投社，及巴布薩族的東螺社等。顯然巴宰族是入墾眉社群的主力；巴宰族的社群又包括岸里社群、朴仔籬社群和阿里史社群。

（三）輸誠內附與招佃試墾

此時清廷對水沙連番地開禁與封禁的躊躇，水沙連六社逐集體向臺灣府的官員請願，情願薙髮易服，改為熟番，求准內附，並獻納各社輿圖，籲懇歸官經理。道光二十六年（1846）11月，閩浙總督劉韻珂〈奏開番地疏〉有詳細的記載：

> 田頭社番目擺典、水裏社番目毛蛤肉、貓蘭社番目六改二、審鹿社番目排搭毋、埔里社番目督律、眉裏社番目改弩等，率領六社番眾，男婦老幼共一千一百六十三人，葡匐前來苦訴，使等衰弱窮困，各社番地悉成曠土，使等不解耕種，以致生計日慼，無可謀食，情願薙髮易服，改為熟番，求准內附，並獻納各社輿圖，籲懇歸官經理。

---

[14] 侵墾眉社群的阿里山熟番，概指原居今雲林縣境之平埔族群，恐是柴裡社（斗六門社），待查。

道光三十年（1850）眉裡社草地主化番頭目斗禮、歹麼加非所立之《立出招佃契字》，對水沙連六社投誠歸化及文武員弁帶隊入埔，奉旨驅逐前佃淨盡，有詳細的記載：

> 緣我社眾承祖以來，原屬化外生番，飲血茹毛不諳耕種，先祖曾招平埔熟番認佃納租以資口糧，續後仍因熟番頭人誘掖獎勸，說合歸順，爰是邀全頭、水、蘭、鹿、埔番等計六社生番投誠歸化，然既歸王化，猶復請歸官墾業，經列憲會題，奏乞恩施，幸得渥荷皇恩，叨蒙聖旨准予歸化不准獻土，旋即文武員弁帶隊入埔，奉旨驅逐前佃淨盡，不許逗留，而我埔眉兩社番眾爰再參議，今既歸化薙髮易服，不敢返效故態，前佃盡逐，口糧無徵，若不赴官哀鳴再請招佃認耕，將來枵腹者嗷嗷，待哺者呱呱，勢必粗米如珠，野莩殆偏。妥議既洽遂，即邀全鄰社群赴郡垣，叩乞鎮道府憲，哀請招佃以資口糧。幸蒙列憲格外施恩，堂諭憐憫，不忍坐視化番餓莩，姑容六社自招佃租，郡回之日，六社頭目會全妥議，既蒙憲諭恩准招佃，我等各社各界各耕各管。

水沙連六社族眾獻地投誠，籲懇歸官經理的請願行動，蒙聖旨准予歸化但不准獻土，劉韻珂飭北路協副將葉長春、嘉義營參將呂大陞，協同史密，督帶兵勇，將該二社私插秧苗，全行劃除，間有已屆成熟者，交官暫時經理，俟數割後，勻給各番，並將草寮拆毀，仍飭嚴擎各逸犯，務獲究辦。此時六社族人恐因前佃盡逐，將來無法收租，口糧無徵，枵腹者嗷嗷，待哺者呱呱，勢必粗米如珠，野莩殆偏。六社番目復群至郡城，聚集道署前，環跪求見，稟請官府允准招佃墾耕，收租俾供養贍口糧，但此時水沙連的開禁尚未獲得北京清廷的允准，惟臺灣兵備道徐宗幹以為：[15]

> 前此六社之禁，因番未輸服歸官，不禁則番必相爭，禁則番守其土，今出於番之自請，揣度其心，固由謀食，亦因番族少而私入者多，恐地不歸官，必歸於賊，歸官尚可自存，故決意薙髮改熟，而獻其地。此時禁則必有事端，不禁則轉可綏靖。

---

[15] 徐宗幹〈水沙連六社番地請設屯丁書〉，道光二十八年（1848）。

臺灣兵備道徐宗幹體恤六社族眾的苦境，不忍坐視水沙連化番成為餓莩，又恐化番及入墾埔里盆地的平埔族群成為理番事務的障礙，在未經朝廷的定奪下，靜候辦理，首肯暫且招佃種地，以濟番飢，此乃權宜之計。咸豐元年（1851）9月眉社群所立之《立出招佃契字》有詳載：

> 緣我社眾承祖以來，原屬化外生番，飲血茹毛不諳耕種，先祖曾招平埔熟番認佃納租以資口糧，續後仍因熟番頭人誘掖獎勸，說合歸順，爰是邀全頭、水、蘭、鹿、埔番等計六社生番投誠歸化，然既歸王化，猶復請歸官墾業，經列憲會題，奏乞恩施，幸得渥荷皇恩，叨蒙聖旨准予歸化不准獻土，旋即文武員弁帶隊入埔，奉旨驅逐前佃淨盡，不許逗留，而我埔眉兩社番眾爰再參議，今既歸化薙髮易服，不敢返效故態，前佃盡逐，口糧無徵，若不赴官哀鳴再請招佃認耕，將來枵腹者嗷嗷，待哺者呱呱，勢必粗米如珠，野莩殆徧。妥議既洽遂，即邀全鄰社群赴郡垣，叩乞鎮道府憲，哀請招佃以資口糧。幸蒙列憲格外施恩，堂諭憐憫，不忍坐視化番餓莩，姑容六社自招佃租。

（四）粵籍漢民侵墾與徐鬺棋事件

埔里盆地的饒沃土地，不僅吸引西部地區平埔族群的入墾，閩、粵兩籍漢人亦垂涎三尺，嘉慶十九年（1814）「郭百年事件」正是明證，另道光二十六年（1846）史密更欲捐墾 2,000 里，以為民倡，乃詳稟〈籌辦番社議〉，先述番情而論及控制、撫綏、馭治、備禦等具體方案，力主開設。道光二十七年（1847）閩浙總督劉韻珂巡閱水沙連六社番情後，上奏〈奏勘番地疏〉，時史密以為水沙連番地的開禁事在必行，遂傳集紳商，出貲立股，招民墾闢。[16] 官方記載及眉社古文書皆未談論閩、粵兩籍漢人侵墾眉社群傳統領域的記載，但檢視眉社古文書，同治四年（1865）牛困山墾首茅格后蚋、守城份墾首潘永成，蜈蚣崙墾首潘有明，暨應份眾番等所立之《同立合約字蛤美蘭》載有：

---

[16] 參見林豪〈東瀛記事〉，收錄於劉枝萬（1958）。

緣牛困山草地，前經我下九社番到處開墾成田後，為丁未年（道光二十七年〔1847〕）劉督憲到埔勘驗，將該處民番驅逐淨，田地置之荒蕪。越明年粵人來，復疊又被凶番擾害，鎮守不住，仍置拋荒。

此一古文書言及粵籍客家裔係於道光二十七年（1847），進入眉社群的傳統領域進行侵墾，後因泰雅族的擾害，鎮守不住，乃拋荒逃避。惟道光二十七年（1847）閩浙總督劉韻珂之〈奏勘番地疏〉記載，處決道光二十七年（1847）春新來熟番徐戇棋一犯的情形：

> 眉裡社約可墾地二千餘甲，現住生番，大小男婦一百二十四丁口，……今春新來熟番徐戇棋一犯，倡墾番地，生番側目，積惡最稱，尚在眉裡社樹木內藏匿。臣嚴諭史密，葉長春等，將該犯設法拏獲，訊認倡率私墾，發掘番目改努幼侄墳塚，拋棄屍骸，及焚毀番寮，搶牛物等情不諱。質之改努，亦無異詞。臣以徐戇棋窮兇極惡，若不就地正法，既無以憮熟番之氣，又何能安生番之心，遂將徐戇棋恭請王命，在眉裡社處斬梟示，以為懲一儆百之計，一面出示曉諭，如敢再有私墾，凌迫生番者，與徐戇棋同罪。各社生番，並埔里社招佃之熟番，同深畏服，而改努更感激涕零，叩謝不已。

依筆者的看法與推論，徐戇棋並非平埔熟番，而是粵籍客家裔，因徐姓大都為客家姓，且當時入墾的平埔族群並未出現徐姓的熟番，顯然同時期侵墾眉社群傳統領域的族群除了平埔族群以外，尚有粵籍客家裔墾民，而徐戇棋亦或平埔族群的婚姻族裔則不得而知。

七、平埔族群拓墾眉社群的進程

埔眉社正通事巫春榮帶領埔眉番目自府城返回埔里盆地後，認為臺灣兵備道徐宗幹恩准招佃開墾六社番地，然此時埔社傳統領域幾已開發殆盡，旋即代表埔眉社頭人篤律、斗禮進行眉社群傳統領域的招佃開墾事宜，交由阿里史社潘永成進行招佃，備妥貨物，即課鹽 300 擔、色布 200 疋、朱

吱100丈、大豬10隻、水牛𣿁10隻、酒壹10甕，交送埔眉社番頭人篤律、斗禮、眉西弄、代毛甲非等，付其分發眾番，隨向給出招佃總墾字據。招墾的土地即牛眠山草地壹處，東至坑內松柏崙，西至赤崁油車坑，南至眉溪，北至大山後水流北。[17]即今埔里鎮牛眠里、史港里、福興里、廣成里、一新里等地的廣闊土地。

　　眉社群在與平埔族群簽訂《立出招墾字據》及《立出招佃契字》之前，平埔族群在眉社群的傳統領域已侵墾一段時日，簽訂此一招墾字據，主要是應付官方的「暫且試墾」，亦即道光三十年（1850）1月《立出招墾字據》所載：「該佃戶等須當靜候聖旨，准予六社生番歸化獻土之日，自當稟請官府賜給墾契，俾汝各佃永遠存照」。

　　平埔族群從侵墾到入墾眉社群的傳統領域，眉社群的族人一直處於被動狀態，任由通事、土目（墾首）所指使，道光三十年（1850）的《立出招墾字據》及咸豐元年（1851）9月《立出招佃契字》這兩份重要的字據，[18]係由埔眉社的正通事巫春榮及墾首（佃首）潘永成兩人出首簽訂，這與當年平埔族群拓墾埔社傳統領域所簽訂的字據呈現不同的面貌與時代背景；在埔社的土地招墾、招佃等字據皆以各社為單元，並且以集體方式進行，這反應了平埔族群拓墾埔社傳統領域時的社群共同意識，而拓墾眉社群傳統領域則是以利益共生的方式進行；這可能平埔族群的某些社群族人，在道光後期拓墾埔社傳統領域時，由於土地的開墾趨於飽和，故某些人越界侵墾眉社群的傳統領域，建立雛型的基礎後，再招墾民或佃戶，以「二度移民」的方式，進行拓墾並且建立牛眠山為核心聚落，並以此為中心，往東邊拓墾建立守城份聚落；往西邊拓墾再建立史港坑、四角城、福興庄等聚落，其中亦有部分的墾民，直接或間接參與蜈蚣崙聚落的拓墾行為。而這些聚落的形成，都非單一社群所建立。

---

[17] 即今埔里盆地眉溪以北地區，約今牛眠里、牛眠山、守城份、內埔、牛尾、福興、史港、廣成、一新諸地。

[18] 牛眠山林家古文書，收錄於簡史朗（2005:126-127, 474-475）。

（一）牛眠山

牛眠山聚落有許多稱呼，巴宰族語稱 Paiisia，巴宰族人亦有沿用眉社的漢譯稱為「Bai Sia」[19]，漢名則有牛眠山、牛睏（困）山、牛臥山、下城等稱呼；有關牛眠山聚落的開發史，眾說紛紜，莫衷一是，有學者謂：「牛眠山係由巴宰族岸裡大社（Lahodobool）之葫蘆墩社（Fuluton）、麻裡蘭社及樸仔離（Poalt）社群社寮角社諸社族人所建立的聚落」，亦有學者指出：「牛眠山的組成份子除了葫蘆墩社（Fuluton）、麻裡蘭社、社寮角社外，亦有巴宰族部分岸東、岸西、岸南、麻薯舊社的族人進入牛眠山拓墾。」

墾首潘永成後裔留有一份古文書，係清道光三十年（1850）西部地區平埔族群入墾眉社群的傳統領域，由平埔族群八社社群所立的《具甘結字據》，從中可以看出牛眠山聚落開基的端倪外，亦可說明牛眠山聚落係由多元族群所建立的聚落，而非由巴宰族所建立的單一族群聚落。道光三十年（1850）4月《具甘結字據》的字據原文如下：[20]

> 具甘結字牛眠山佃戶八社熟番等，今當埔眉社正通事巫春榮、埔眉土目潘水成二位尊前，結得牛眠山水田，眾佃分耕，各自搬眷前往居住，圍堡把守，如有玩佃，不遵約束，不力把守者，願將所耕之田轉眾充公，所獲之粟折半均分，不敢冒結全具結字據是實。
>
> 代筆人　　　張廷杰
> 東螺社番　　歐江河
> 水底寮社番　孝鳳
> 社寮社番　　茅格烏蚵
> 山冬冬社番　阿馬局龜乃
> 岸里社番　　阿四老六官
> 北投社番　　田眉秀
> 阿里史社番　老魯世老
> 大湳社番　　阿四老何老
>
> 道　光　參　拾　年　四　月　日　具　甘　結　字　據

---

[19] 今巴宰族人後裔仍沿用「Bai Sia」一名，如基督教牛眠長老教會稱為「Bai Sia su su ma tan」。
[20] 牛眠山林家古文書，收錄於簡史朗（2005:472-473）。

文中所述埔眉社正通事巫春榮係洪雅族人，而埔眉土目潘水成係巴宰族阿里社社的入墾埔里盆地的頭人之一，共同簽訂此一《具甘結字據》的族群和社別，包括有巴宰族的有水底寮社、社寮社、山冬冬社（即山頂社、茅烏噠社）、岸里社、阿里史社、大湳社（加勞佛社），洪雅族的北投社，及巴布薩族的東螺社。顯然巴宰族是入墾眉社群的主力；巴宰族的社群又包括岸里社群、朴仔籬社群、阿里史社群。

　　牛眠山聚落為平埔族群進入眉社群傳統領域拓墾最早建立的核心聚落，係由多族群與不同的社別所建立，所以未取原鄉的社名；當形成聚落時，其命名則以聚落後方的山崗地形有如牛臥狀，亦即酷似牛在睡（睏）狀，故取名牛眠山，亦稱牛睏山、牛困山、牛臥山，概取其音或其義。此一名稱的使用，說明了牛眠山為多族群和多社群所建立的，而非單一族群或單一社群所建立的聚落，其命名和平埔族群拓墾埔里社傳統領域所建立聚落的方式有別，在埔里社所建立的聚落名稱，大都以西部地區原居地的社名沿用，如大肚城、水裡城、日南、雙寮、大瑪璘、烏牛欄、阿里史、大湳……等。

　　伊能嘉矩在明治三十年（1897）為文指出牛臥（眠）山社係由葫蘆墩社、麻薯舊社、社寮角社的巴宰族人所建立，劉枝萬在民國四十三年（1954）亦持相同看法，民國六十二年（1973）洪敏麟認則為平埔族群是以「打里摺」（番親）的觀念合力拓墾，係以血緣、地緣相結合而形成，他總稱牛眠山為巴宰族人所建立。依上列《具甘結字據》而論，筆者認為在建立牛眠山聚落之初，係由巴宰族的水底寮社、社寮社、山冬冬社、岸里社、阿里史社、大湳社，洪雅族的北投社，及巴布薩族的東螺社等跨族群及多社群的族人所建立，並且按社別持股進行牛眠山城頂、牛眠山城腳、社寮股、水底寮股、田螺掘、公館、貓頭、大中心（中心仔）、丈五、八尺、崁腳、頂埔等地，其後隨著拓墾的歷程及範圍，擴及守城份、史港坑、四角城、福興庄、蜈蚣崙等聚落，各族群或社別，進行族群或社別的重組，進而將拓墾的土地買賣或典當，取得另墾的資金來源，拓墾新的墾地，因而分居在不同的聚落。以下的古文書正可說明此一現象。

　　咸豐七年（1857）3月東螺社番開墾牛眠山的字據寫道：「立杜賣墾契字人東螺社番親貓綢，有仝墾戶首潘永成合墾眉社牛眠山城西水田一份丈……」。

咸豐八年（1858）6月阿里史社番開墾牛眠山的字據寫道：「立杜退盡根田契字阿里史社番潘瓦怒阿四老、全女兒依底，自有向眉社草地主墾成得水田壹處，坐落土名牛眠山丈五……」。[21]

咸豐十年（1860）1月東螺社番開墾牛眠山的字據寫道：「立杜退儘根字東螺社番劉添等，自有向眉社草地主承墾得水田壹處，坐落土名牛眠山城　……」。[22]

咸豐十年（1860）4月東螺社番開墾牛眠山的字據寫道：「立杜退儘根字東螺社番婦猫門成嫂林氏，自有承向眉社草地主墾成得水田壹處，坐落土名牛眠山城頂……」。

光緒四年（1879）3月水底寮社在牛眠山的字據：「立招典田契字水底寮社番婦潘阿馬孝希全夫劉明，有承祖父遺下水田壹處，坐落土名牛睏山庄　……」。[23]

光緒七年（1882）11月蜈蚣崙庄在牛眠山的字據：「立出胎典田收銀契字人蜈蚣崙庄潘金香，有承祖父遺下水田壹段，坐落土名在牛眠山庄下……」。

光緒七年（1882）11月岸大社番立轉典田契字：「立轉典田契字牛眠山庄岸大社番親潘馬轄老番，有承祖父遺下換得岸裡大社屯外委潘維和官水田　埒，坐落土名在公館股內……」。[24]

光緒十四年（1889）1月牛眠山庄阿里史社番開墾牛眠山的字據寫道：「立杜賣出盡契字人阿里史社番潘打宇亨，今有承祖父遺下水田壹段，坐落土名牛眠山庄下水底寮股……」。[25]

光緒十七年（1892）11月牛眠山庄烏牛欄社番所立的字據寫道：「立出杜賣盡根找洗田契字人烏牛欄社番潘郡乃里秀，有自己應份水田壹段，坐落土名公館……」。[26]

---

[21] 同註20，頁150-151。
[22] 同前註，頁152-153。
[23] 此一字據由牛眠里守城份潘首燦提供。
[24] 同註17，頁290-291。
[25] 梁志忠提供，收錄於簡史朗（2005: 180-181）。
[26] 同註18，頁394-395。

類似的舉證，不勝枚舉，正可說明平埔族群入墾眉社群傳統領域的多元與複雜性，以及牛眠山聚落初期形成的脈絡。

（二）守城份

平埔族群入墾埔里盆地，依不同年代分別有兩次「守城份」名稱的出現；一者首見於道光三年（1823）10月，平埔族群初入到埔社址附近試墾時，在福鼎金社前的「守城份埔地」，界址東至未墾埔地，西至萬斗六，有水溝守城份界，南至未墾地，北至貞華成大車路為界，其取名「守成分埔地」（劉枝萬 1958:63），認為「當是時貴在有人保守，若是草地分定，人即逃出，必無成功」，這說明了當時平埔族群初墾時期的躊躇與守城分地的危險情形。二者的守城份名稱由來，係指位在埔里盆地東緣「兇番」出入孔道之地，若能對抗「兇番」、把守隘口，留在此地拓墾者，將可獲得較優沃的待遇及土地，故取名「守城份」。[27]

後者建立之守城份聚落，即今之牛眠里守城社區，又稱頂城（牛眠山為下城），其組成的族群或社別，學界認定不一，如伊能嘉矩在明治三十年（1897）認為守城份聚落係由山頂社族人所建立，劉枝萬在民國四十年（1951）指出係由山東東社（即山頂社、山冬冬社）、岸裡社、鯉魚潭所建立，民國四十三年（1954）經修正又認為由山頂、北斗、萬斗六、日北等社所建立。民國六十二年（1973）洪敏麟則認為守城份係由巴宰族、洪雅族、道卡斯族所建立，此係以族群的概念論及，不論社別。

平埔族群拓墾眉社址附近土地，並建立牛眠山聚落後，逐步往東邊草地拓墾，在新墾地城頂（今忠孝國小附近）建立守城份聚落，建庄初期亦由牛眠山的跨族群與多社群的平埔族人所建立，下列字據可以說明組成的份子的多元性及守城份聚落建立以後，原留在牛眠山聚落附近持有的土地進行重組的例子：[28]

---

[27] 現今有人謂「守城份」係守護大埔城，因而得名，顯然有誤，蓋大埔城建於光緒四年（1878），即先有守城份聚落，開山撫番後才有吳光亮建立大埔城（今埔里舊街區址）。
[28] 同註18，頁452-53。

同治八年〔1869〕五月守城份大湳社番在牛眠山社寮股的土地交煥的字據：「立杜換田盡根憑據契字守城份大湳社番打必厘毛干，有應份坐在社寮股田換守城份田，換社寮股二垺……茲因換田耕作，……前來向得牛眠山烏牛欄后那加甘出首換田……。」

同治十三年（1874）11月10日阿里史社番鬮分守城份的字據：「立杜退盡根字人阿里史社番親阿敦阿眉，茲因應份鬮額水田壹段，坐落土名守城份社后……」。[29]

光緒十五年（1890）12月守城份庄民潘大宇興，所立之胎借銀字據寫道：「立胎借銀字人潘大宇興，有承祖父遺下水田壹段，址在牛臥山庄下……」。[30]

光緒十七年（1892）2月東螺社番婦貓阿春娘立再找洗字據寫道：「立再找洗字東螺社番婦貓阿春娘，有承先父遺水田壹段，土名址在八尺……」。

光緒十八年（1893）11月守城份庄民潘大必里宇立杜賣盡根田字據寫道：「立杜賣出盡根田契字人守城份庄潘大必里、仝妻潘氏蜜亂斗肉，有承祖父遺下水田壹段，坐落在牛眠山庄腳……」。[31]

光緒十九年（1894）12月守城份庄民在守城份庄創業後，賣出牛眠山的祖業字據寫道：「立出杜賣盡根田契字人守城份庄潘大宇亨，有承祖父遺下水田壹段，坐落在丈五……」。[32]

光緒二十年（1895）11月守城份庄民在守城份庄創業後，賣出牛眠山的祖業字據寫道：「立杜賣盡根找洗田契字人守城份庄婦潘依底三乃、姪女金彩，有承祖父遺下建置水田壹段，坐落土名牛眠山頂八尺……」。[33]

守城份的聚落組成份子及土地拓墾，和土地重組的情況與牛眠山相當雷同，如守城份的墾首潘永成，即是當年與眉社群簽訂字據的墾首，也是開墾牛眠山的主力頭人。

---

[29] 同前註，頁162-163。
[30] 同前註，頁438-439。
[31] 同前註，頁198-199。
[32] 同前註，頁204-205。
[33] 同前註，頁204-205。

（三）內埔與牛尾庄

內埔位在眉溪北岸河階的狹長臺地上，後倚關刀山，西連守城份庄緣，前臨眉溪，昔時為眉社群最東緣地帶，亦是霧社地區原住民族群出入必經之地，又因臨眉溪河床，故其開發遲至「開山撫番」後，即光緒十三年（1887）始由佃首潘烏肉客人，向牛眠山的平埔族裔墾首潘日新、林逢春（阿里史總社長潘進生粵籍漢婿）潘英忠、黃阿敦（漢婿）等人《立主刊分墾地給出契字》，[34] 由於此處為兇番出沒之地，故在契字上載明：「墾戶、佃戶二比公議，面限五年紮駐庄內，如有某佃年限內搬移，遂將其業充公，倘或年限外，不得已家中蕭條，不能措手，情願其業出賣，切必向股內人依時值價買賣，不准混向外人出賣」，當時正是粵籍的客家裔，以「二度移民」的方式移入埔里盆地的時期，遂有部分客家裔充當佃戶，於此開墾，因而形成客家聚落。

牛尾庄地處牛睏山山崗的尾端處，俗名稱為「牛屎川」，即牛屁股之意，因音不雅，後稱「牛尾」，聚落位於關刀山下，介於牛眠山與守城份之間，原為牛眠山與守城份聚落居民的耕地之一部，為了就近照料耕地，遂有兩聚落的部分居民，於日治時期移居於此，建立「牛屎川」聚落。

（四）史港坑庄與四角城

位在眉溪北方，舊稱「西港」，地名由來與「西港溪」名稱有關，另有一說，謂開墾之初頭人名為「史港」，因而得名。史港一地正位於眉社群傳統領域當中較為低勢之地，故俗稱「史港坑」，昔時又分為頂史港坑與下史港坑。

史港坑的聚落位置，介於往昔眉社與水眉社之間，又與眉原群的傳統領域較為接近，故開發較晚，地方口碑謂史港坑係由日北社首先進入拓墾，伊能嘉矩在明治三十年（1897）指出下史港坑為移墾埔里社之日北社再分出所建立，劉枝萬亦持相同看法，並謂後期有粵籍客家人移入。

光緒元年（1875）有社書乃三進（北投社？）向史港坑番李九汪、李

---

[34] 同註18，頁444-445。

奇清兄弟並眉社草地主老麼等，買得荒所一所，址在竹仔林連赤崁頂坪，東至油車坑底，北至水蛙窟崙頂橫路，立墾丙據。迨至光緒十三年（1887）1月向代理埔里社撫民分府補用縣正堂林給照丞墾，並招佃承墾（劉枝萬1951-1952:2:128）。

光緒三年（1877）9月，分巡臺灣兵備道夏獻綸發給屯番陳眉生的墾照，載及：「今據彰化縣民陳眉生呈請，在眉裡社地方，坐落西港坑處，勘有荒埔一段，東至大山腳為界，西至西港社竹圍邊為界，南至湳仔城為界，北至山腳為界」（同上引:117）。此當在「開山撫番」推動之時，其後於翌年（1878），始有漢人黃阿七移居史港坑進行墾殖。

從上可知史港坑庄的建立亦非同血緣的平埔族群所建立，建庄的組成份子以道卡斯族的日北社為最早，其後則由不同族群移入，如洪雅族北投社。

另四角城聚落，地方口碑謂：「初開墾之地域似四角，種竹為圍如城般，故名」。埔社後裔黃望家所藏古文書之一，係光緒十八年（1892）4月烏牛欄社番潘阿敦斗肉，所立之典田契載：「立典田契烏牛欄社番潘阿敦斗肉，有承先父遺下自己應份旱田壹處，坐落土名四角城地方，東至潘郡乃開山田為界，西至潘添丁旺為界，南至庄前小溝為界，北至溝墘為界……又壹坵補厝地份，東至潘丹桂田為界，西至潘家田為界，南至潘大宇川田為界，北至潘后藍田為界……」，四角城雖屬小聚落，但開墾及聚落的組成份子，係以潘姓為主，推論與烏牛欄社的關係相當密切。

（五）福興庄

福興庄位處眉溪北側，關刀山沖積扁形的丘陵地上方，昔時為眉社群的傳統領域，因此地位在高階地，除泉水外，缺乏農耕灌溉用之河流，又處於兇番出沒之地，故開發年代較遲。未開發之前，屬於史港坑之一部分，地方口碑謂：「同治四年（1865）間，北投社田生者率弟四人，移住從事開墾，後來因其社長名福興，故定庄名為福興。另福興庄九欉楓聚落，係光緒十三年（1887）北投社裔巫阿成等十八戶由枇杷城移住於此，當時楓

樹繁茂，故取名為九欉楓」。[35] 推論此地係由北投社 18 佃戶所開墾，故又名「十八佃」。另一聚落名「十二佃」，係 12 佃戶所建立，惟由那一族群前來開墾則不得而知。

日治明治四十四年（1911）3月福興庄之開耕契字，[36] 有如下之記載：

> 全立招佃開耕契約字人，埔里社堡枇杷城庄巫阿城外拾人等，共承祖先連約墾契，墾得草地壹處，坐落埔里社堡福興庄，但前代舊契據皆稱為史港坑庄，係城等共承祖先向與埔眉兩社番給墾遺下之業，其境界照于墾契分明其內，抽出東至大坑為界，西至獅仔頭分水為界，南至曾居定畑為界，北至大山為界，四至界址面踏分明，而墾主佃人名義另列明于後，今因招得開耕佃首巫添丁、胡阿青、陳阿來、陳瓦厘、詹仲鑒等佃，自備工本，竭力開耕，闢成田畑，即日當場兩相明約，所有闢成田畑，則皈墾主巫阿城外拾名，申告為業主權，若調定課租登錄以後，由畑對半均分墾居半開耕佃人亦居半至時墾主巫阿城等將該田畑地目均平宜割分讓與各佃人，申請為業主權，迨其建物敷地墾主不得均分，若調定後墾主宜贈與各佃又為業主權，決不得刁難生端滋事，其開耕亦不拘年限，惟遵依土地臺帳登錄以後，墾佃互相守約立平均分，兩不得抗違，此乃仁情交接，二比允悅，各無反悔，口恐難憑，今欲有憑，全立招佃開耕契約字參紙共壹樣，巫添丁、陳阿來、陳瓦厘共執壹紙，胡阿青、詹仲鑒共執壹紙，墾主巫阿城外拾人共執壹紙，永遠為據，存炤。

枇杷城為北投社所建立之聚落，自枇杷城移墾福興，與前述之口碑符合，此一開耕契字亦說明了福興庄的開發比較晚期。

---

[35] 劉枝萬（1951-1952:1:91），引自昭和六年（1931）埔里公學故編鄉土調查。
[36] 文書來源：鄧相揚收藏古文書。

八、眉社群的遭遇與處境

清朝同治，光緒年間，史料上對眉社或眉番的記載幾乎闕如，當時清廷正力行「開山撫番」政策，漢人在此階段大量的入墾埔里盆地，眉番的命運，已不是當道者所關心的政務，六社化番總理黃玉振有這樣的記載：

> 眉社化番，在東角枇杷城庄，離城內有一里之遙者一戶五人。在本城內西門街者三戶八人，在東角水頭庄，離本城有四里之地理者一戶二人。在南角茄苳腳，離本城有半里之地者一戶二人。在五城堡入北畔新縣庄，離本城有三十六里之地者，二戶十人。計八戶二十七人。眉社化番於同治三年間，土地未闢之際，盡屬於披髮左衽之俗，是時該番約有六、七十戶之多，男女計有二百名之數，迨至同治十二、十三年〔1873、1874〕間，土地被其熟番每年愈來愈多，各將其土地盡行佔耕，以致眉社化番無田可耕，難以度日慘，莫可言由，是眉社化番不敢與敵，一概逃入眉貓呐社，以為北港充番。

日治初期，明治三十年（1897）8月間，日本學者伊能嘉矩曾抵埔里社，從事人類學的調查工作，他找到兩位眉番的後裔 Avon 和 Appa，Avon 年約六十餘歲，紋有鳥嘴，熟記往事，且解語，她說：

> 眉社位在牛眠山與史港坑之間，埔社即在枇杷城附近〔按：後來行政轄區改隸，屬於枇城里〕，熟番移多以後，埔眉兩社的田園，被熟番佔奪，埔番四方離散，眉番，往內山遷移，往北港溪及霧社內山，併入萬社罕〔按：平了萬社，萬天社，即萬大社〕。

當 Avon 十餘歲的時候，眉番的族人有一百多人，埔番僅有 5 戶十五、六人左右。Appa 是嫁給熟番阿束社（拍瀑拉族）社長林四季為妻，對眉社與眉番的記憶不多。當時伊能嘉矩在《臺灣踏查日記》記錄，認為六社化番總理黃玉振，對眉番的人口數有誤。伊能嘉矩同時也採集到 Avon 對眉番的古俗口述，Avon 說：

> 眉番的家屋是以木為柱，細木輪縱列成壁，屋頂覆蓋茸草，往

兩面傾斜，屋內是以細竹和籐編為床，家屋內的中央，族置三個石頭為灶。衣服的形式與北番〔即泰雅族〕同。男人黥有王字的面，女人則黥有王字及鳥嘴。以米粟和蕃薯為主食，並時常出草狩豬獵鹿。水田的農耕，耕農的方法是先作畦，再散植，待稻稍長時導水可入。

明治三十三年（1900）年7月間，日人學者鳥居龍藏，亦前來埔里社從事人類學的調查，他竭力搜尋，僅找到 Avon、阿生、阿金等三名眉番，除搜集口述外，感嘆眉番是將絕跡的種族，隨即拍照，以茲留念。

日治昭和七年（1932）《臺灣高砂族所屬系統之研究》記載有關萬大社的人口數，在511人中自稱 Murauts 的有22戶約70人，Murauts 恐其由來之地名，Marauts 或稱 Muriwas，早期居住在牛眠山附近，形成一社，稱為 Pittu，遭到平埔熟番的壓迫，遁入內山。是時霧社群的勢力大盛，對萬大群主力的 Plngawan 構成威脅，其毗鄰又有布農族系統的干卓萬群，因此 Plngawan 的族人，勸誘 Muratus 系統的眉社族人遷來，併入於萬大群，因此 Pittu 的族人也就在埔里盆地失去了蹤影。

泛泰雅族、賽德克族各亞族、或各社群皆保有清晰且獨特的祖靈信仰和歲時祭儀，此係以 Gagar（Gaya、Gagarux）的核心，且奉為圭臬。推論眉社群原居在埔里盆地時，相信仍保有其堅定祖靈信仰與服膺祖靈遺訓等，從眉社群的族人被稱為「王字番」，正可說明其文化特質，惟眉社群的傳統領域被平埔族群佔墾後，不得不遁入到霧社山區，雖然一部分的族人被霧社群（Tkdaya）的 Sipo、Tougan、Parlan 諸社所收留，但大部分的族人併入在萬大群當中，但眉社群的族人不得參與萬大群的歲時祭儀，研究埔里社的日人民間學者芝原太次郎，根據通蕃情的板本警部及 Parlan 社 Rumo Raru 的訪談資料，他在〈鄉土埔里社〉（稿本）一文中有如下之描述：

眉番約在百年前，漢人〔按：應是西部平原平埔族群〕陸續侵佔埔里平原，渠等漸失祖傳土地，開始逃避內山，最初暫住眉溪右岸之楓仔林，隨後入霧社，其中一部留居 Parlan〔按：霧社群主力部族〕，殘部則移住居 Parlan 社南方之溪底，後因不適居住，再移入萬大社山中。不久則與萬大社匯合，此後渠等新移

住者風俗習慣皆仿萬大社，但萬大社有傳統之慣例，例如播種或收穫等之祭祀事等，絕對不允許其仿行，據說 Parlan 社對移入者也是如此，至今兩社俱對新移來者來歷秩序劃然區別，新移來者動輒易被土著番所輕蔑，其他 Sipo 社、Tougan 社亦同樣有眉番移住者數戶。

蓋泛泰雅族、賽德克族及各亞族社群皆有其 Gaga（Gaya、Gagarux）的組織與規範，眉社群的族人加入到霧社群或是萬大群，其必有一套完整的 Gagarux 儀式請求加入，且加入者亦不得違反宗主社群的 Gagarux 規範。

九、結語

在歷史的進程中，水沙連地區的族群相當多元，特別道光年間以降，由於西部平埔族群的入墾埔里盆地，為臺灣史上重大的移民事件，使得此一地區的族群關係更形複雜，導致族群之間的競爭與擠壓，而各族群亦因此走入不同的民族命運。

中部地區平埔族群拓墾埔里社的傳統領域，於道光年間係以同血緣的部族集團、或是以原鄉社群為單位進行墾殖，不僅保有族群的文化認同與根源，因而建立同血緣或同族群的聚落，並取和原鄉的社名；入墾眉社群傳統領域的平埔族群，因為來自不同的社別，或為「再度移民」，故在取聚落的名稱時，則不再沿用原鄉的社名，正可說明平埔族群在眉社群傳統領域拓墾時，係多元族群以共同利益為主，因此形成了多元族群混居的聚落，而非單一族群或同一社的人所建立的，這有別於平埔族群在埔里社建立聚落的現象；筆者認為平埔族群拓墾眉社群傳統領域，即建立牛眠山聚落之初，係由巴宰族的水底寮社、社寮社、山冬冬社、岸里社、阿里史社、大湳社，洪雅族的北投社，及巴布薩族的東螺社等跨族群及多社群的族人所建立，並且按社別持股比例進行牛眠山城頂、牛眠山城腳、社寮股、水底寮股、田螺掘、公館、貓頭、大中心（中心仔）、丈五、八尺、崁腳、頂埔等地，其後隨著拓墾的歷程及範圍，擴及守城份、史港坑、四角城、福興庄、蜈蚣崙等聚落時，再次進行族群或社別的重組，並將拓墾的土地買賣

或典當，以取得另墾的資金來源，形成新拓墾地，因而分居在不同的聚落。

　　平埔族群入墾眉社群的傳統領域時，與泰雅族的土地競爭與文化上產生衝突，眉社群因信仰 Utux（泛祖靈、善靈、惡靈），[37] 為了恪遵 Gagarux，成為「Utux *tmninun*」，則放棄了祖遺的廣闊領域，遁入內山，加入到萬大、霧社等群；而原來連結眉原群、眉社群、萬大群的澤敖利 Ciuli 生活空間環帶，和部落聯盟關係，因平埔族群的拓墾而被切割，出現了中空狀態，故澤敖利 Ciuli 系統的萬大群 Plngawan 孤立於今霧社一帶，而「眉社」、「水眉社」、「眉番」終成為歷史名詞。

---

[37] 泛泰雅族的固有文化內涵與特質，有祭團、祭圑、共獵共牲，服膺 Utux（祖靈、泛靈）之意涵，澤敖利亞族稱 Gagarux，賽考列克亞族稱 Gaga，賽德克族稱 Gaya。

參考書目

伊能嘉矩
    1899   埔里社平原的熟番。番情研究會雜誌 2:31-55。
    1909   埔里社的平埔蕃聚落。東京人類學會雜誌 281:437-440。

周元文（清）
    1960   重修臺灣府志，臺灣文獻叢刊第 66 種，臺灣銀行經濟研究室編。臺北；臺灣銀行。

周璽（清）
    1962   彰化縣志，臺灣文獻叢刊第 156 種，臺灣銀行經濟研究室編。臺北；臺灣銀行。

邱正略
    1992   清代臺灣中部平埔族遷移埔里拓墾之研究。東海大學歷史研究所碩士論文。

郁永河（清）
    1959   番境補遺。刊於裨海紀遊，臺灣銀行經濟研究室編。臺北；臺灣銀行。

洪敏麟
    1975   南投縣住民志平埔族篇。南投文獻叢輯 21:1-80。
    1977   南投縣住民志。南投文獻叢輯 23:1-44。

姚瑩（清）
    1957   埔裡社紀略。刊於東槎紀略，臺灣銀行經濟研究室編。臺北；臺灣銀行。

高拱乾（清）
    1960   臺灣府志，臺灣文獻叢刊第 65 種，臺灣銀行經濟研究室編。臺北；臺灣銀行。

夏獻倫（清）
    1962   臺灣輿圖，臺灣文獻叢刊第 45 種，臺灣銀行經濟研究室編。臺北；臺灣銀行。

移川子之藏
    1931a   承管埔地合同約字より觀たる埔里の熟蕃聚落（一）。南方土俗 1(2):1-19。
    1931b   承管埔地合同約字を通じて觀たる埔里の熟蕃聚落（二）。南方土俗 1(3):37-44。
    1932   承管埔地合同約字を通じて觀たる埔里の熟蕃聚落（三）。南方土俗 2(1):1-5。

曹士桂
    1988   宦海日記校注。雲南；雲南人民出版社。

黃叔璥（清）
    1957   番俗六考。刊於臺海使槎錄，臺灣銀行經濟研究室編。臺北；臺灣銀行。

鈴木滿男
    1988   漢番合成家族的形成與開展。日本山口大學文學部博士論文。

溫吉 編譯
    1957   臺灣番政志。臺北；臺灣省文獻委員會。

劉枝萬
    1951-1952   臺灣埔里鄉土志稿。（未出版）
    1958   南投縣沿革志開發篇稿。南投文獻叢輯，6。南投；南投縣文獻委員會。

鄧相揚
    1990   平埔族古文書溯源。刊於臺灣史研究暨史蹟維護研討會論文集，成功大學歷史學系編，頁 375-425。臺南；臺南市政府。
    1995   埔里盆地平埔族群語言消失的原因——兼論臺灣南島語的保存問題。刊於臺灣南島民族母語研究論文集，李壬癸、林英津編，頁 257-298。臺北；教育部教育研究委員會。
    2001   水沙連地區的拓墾與邵族的處境。刊於契約文書與社會生活（1600–1900），陳秋坤、洪麗完主編，頁 257-298。臺北；中央研究院臺灣史研究所籌備處。
    2005   眉社群與牛眠山的歷史演替，刊於百年的遺落與重現：2005 南投縣平埔族群文化研討會論文集，黃美英主編。南投；南投縣文化局。

鄧傳安（清）
    1962   水沙連紀程。刊於蠡測彙鈔，鄧傳安著。臺北；臺灣銀行。

衛惠林
    1981   埔里巴宰七社志。臺北；中央研究院民族學研究所。

簡史朗
    2005   水沙連眉社古文書研究專輯。南投；南投縣政府。

簡史朗、曾品滄
    2002   水沙連埔社古文書選輯。臺北；國史館。

藍鼎元（清）
    1958   紀水沙連。刊於東征集，臺灣銀行經濟研究室編。臺北；臺灣銀行。

輕叩巴宰古歌謠之門——
悲壯的 Tapatnan 歌謠與 Taran 開國神話

賴貫一
文史工作者

一、前言

二、Ayan 歌謠翻譯

三、歌謠相關口述資料

四、相關背景簡述與關鍵字解析

五、歌謠年代判讀

六、結語

一、前言

　　當代學者所稱的「巴宰」，最早出現於 19 世紀末伊能嘉矩的文獻中：「……自稱 Pazzehe，稱呼同族中的 Daiyao'puru 小部族為 Kahabu……」（伊能嘉矩 1908b:89）。其中顯示巴則海（或拍宰海）是「岸裡大社」和埔里烏牛欄臺地社群的自稱；是相對於新社鄉山區樸仔籬社群，和後期埔里 Kahabu（噶哈巫，俗稱四庄番）的稱呼。[1]

　　1931 年，移川子之藏到埔里調查後，加入了地區性的區別：「烏牛欄、大馬璘、阿里史，……自稱 Pazzeh；大湳、蜈蚣崙（臺中州東勢角移住）、牛眠山、守城份，……自稱 Kahabu，……」（移川子之藏 1931:37-44）。兩者最大的差別在於，伊能嘉矩認為 Kahabu 為 Pazzehe 稱呼同族中的小部族；而移川子之藏則紀錄：「大湳、蜈蚣崙、牛眠山、守城份，……自稱 Kahabu」。

　　1969-71 年，衛惠林教授以埔里的「埔里七社」為研究對象，先後針對「烏牛欄社區」（烏牛欄、阿里史、大馬璘）和「眉溪四庄」（大湳、蜈蚣崙、牛眠山、守城份）進行田野調查，發表《埔里巴宰七社志》（衛惠林 1981:19）。將埔里的烏牛欄、阿里史、大馬璘、大湳、蜈蚣崙、牛眠山、守城份，統稱為「埔里巴宰七社」，並以「巴宰族」稱之。巴宰之拼音，也從伊能嘉矩的 Pazehhe（或 Pazzehe）改成 Pazeh。2001 年《巴宰語詞典》（李壬癸、土田滋 2001:231）記音為 *pazih*（讀音同 *pazeh*）。但「巴宰族」人卻無法回答「巴宰」是什麼意思？！

　　儘管如此，「巴宰族」之名在學界幾乎成為定論。近二十年來學界對臺灣西部平埔原住民族之分類，幾乎都是沿用日本學者之分類，以「巴宰」（或巴則海、拍宰海）來泛稱臺灣中部的：岸裡社群、樸仔籬社群、烏牛欄社和阿里史社。

　　衛惠林 1981 年的調查報告出爐至今，二十餘年來「巴宰」這種「族

---

[1] 本文以 Kahabu 稱眉溪聚落群，和荷蘭時代芬園、彰化地區 Kakar。衛惠林的調查紀錄中提到：「眉溪四庄聚落群：……另有 4 個與巴宰同族而自稱為 Kaxabu 的人口為主的 4 個聚落，分布在埔里盆地東北的眉溪南北兩〔原文：西〕岸。」衛惠林（1981:19）。

稱」，始終未能得到四庄噶哈巫（Kahabu）的認同。埔里之「四庄」（大湳、蜈蚣崙、牛眠山、守城份），仍保有 1931 年移川子之藏所聽、所聞的自稱——Kahabu。本文也針對該自稱的字義和沿革，提出自己的詮釋。

筆者曾擔任大社教會副牧師，在神岡教會傳道 8 年（1985-1993，牧師籍設在大社教會）。之後到埔里謝緯營地就職（1993-2008），15 年間清楚體認到：烏牛欄認同「巴宰」之名，且常把「巴宰」和「烏牛欄」並稱。能夠訴諸文字的證據是，潘榮章長老留給筆者的《潘再賜手稿》（潘榮章長老於封面註明：潘再賜先生提供 -Pazeh 語言，共 14 頁），內容為 Pazeh 語言、歌謠、傳說故事。

據潘再賜耆老（1910 年 2 月 15 日生，現住在臺北市南港區）表示，這些資料是他長年收集，退休後於 1966-1971 年間整理完成。在該份資料中，他所用的自稱是「Aulan Patze」（烏牛欄巴宰）。須強調的是，他收集資料的對象：他的父親潘茅格，耆老潘啟明、潘伊底、潘其宗（潘金玉之二哥）和潘萬恩等，都還是生存在族語能力很強的年代；都有強烈的「Aulan Patze」（烏牛欄巴宰）意識。

1971 年 12 月 30 日，愛蘭教會出版《幽谷芳蘭——愛蘭基督長老教會社教百週年紀念特刊》，當中潘勝輝長老在〈百週年感言——懷念祖先〉（12-13 頁）文中談到：「上帝如此加恩於先祖〔註：作者之祖父開山武干〕與我們的民族 Pajeh。」他不但表達出「巴宰民族」的意識，且清楚標記 Pajeh（Pazeh）的呼音，尤其是他還能用 Ayan 古調寫出百週年紀念歌。因為作者乃源自豐原「十八另雲社」，故而他沒用 Auran Pazeh 的稱呼。

1997 年 8 月，埔里地區簡史朗老師擔任召集人，和一群好友組織「打里摺文史工作群」。2000 年 12 月 9 日成立「臺灣打里摺文化協會」，中研院劉益昌老師擔任理事長，致力推展在地文史研究，與部落、社區發展。十餘年來，筆者和許多部落工作者，在「打里摺工作群」相互提攜、對話的氛圍中，得以依重「學術領域」的研究成果，積極尋找「巴宰族群」成長的養分和方向。

臺灣打里摺文化協會、新故鄉文教基金會，和暨南大學人類學研究所「水沙連區域研究中心」，合作開設論壇和研討會，更是部落工作者、民間的文史工作團隊和學術單位，「協力發展」的一個新的嘗試，會產生多少

影響很難斷言。但藉由劉益昌和潘英海等學者積極協助下,「我們」這群文史小兵,得以將自己的想法和心得,「定期」在這個「對話平臺」有發言空間,這絕對是「嶄新的體驗」。既然視之為「對話平臺」,我們也「勇於」提出自己的見解和主張。

2002年8月,為了不讓巴宰語在「臺灣文史」中消失,筆者毅然擔負政大林修澈教授所託,負責教育部、原民會編輯、出版的「巴宰語」和「噶哈巫語」教材。七年來,竟無法從相關文史研究或文獻,找到「巴宰」、「噶哈巫」字義的解釋和線索。卻必須天天面對「巴宰」為「族稱」!尤其「巴宰族裔」繼噶瑪蘭族之後,已向原民會申請恢復原住民身分,文化復振與族語教學正如火如荼展開。在此關鍵時刻,釐清「巴宰」意涵,並理解其社群關係,實有迫切性。

從《大水氾濫人民分居》歌謠指涉的1660年代至今,已將近350年;從嘉慶初年至今,也已經超過200年。從1908年伊能嘉矩(Ino)或小川(Ogawa)翻譯成日文,到今已歷經100年。百年來,這些歌謠被多少學者、專家、耆老探究過。但研讀他們的翻譯,總覺得「不像故事」(看不懂)!筆者在編輯族語教材二、三年後,2005年開始「初探」[2](嘗試發表譯文)這些歌謠。四年多來,只靠土田滋、李壬癸教授的《巴宰語詞典》等有限巴宰語資料。個人成長環境,和歌謠「文脈」的背景完全脫節!能夠解出某些具時代意涵的詞彙?請務必用謹慎的態度,自己嚴加判斷。

Tabanan遷徙(分居)三部曲,與《祭祖公之歌》、《同族分支》等5首歌謠。加上〈Pazehe族之開國神話〉、〈番仔城口碑〉與伊能嘉矩所採集〈部落名稱〉3份口述,共8份文獻資料。因為相關資料有限,加上族語能力和相關知識的限制,只能提出初略的結果。以下先整理歌謠譯文和相關口述資料,之後再陳述關鍵字和相關背景。以方便讀者理解、閱讀。本文處理之歌謠和相關口述資料如下:

《Patien版》:3首(大社庄之番歌)。

---

[2] 其中伊能嘉矩之麻薯(舊)社記音有Pazzehe-*amisan*和Pazefu-*amisan*,當時Pazzehe-*amisan*理解為Pazeh *a amisan* 巴宰的北方。但Pazefu-*amisan*,*u*是斜格,應解為Pazeh *u amisan* 亦即 *amisan a* Pazeh 北邊的巴宰。

〈番仔城口碑〉:[3] 伊能嘉矩採集鯉魚潭內社口述資料。(賴貫一 2005)

《祭祖公之歌》:岸裡社「初育人類 pakanahada-ay saw」(大社祭祖公之歌)。

《同族分支》:岸裡大社「Pinakapazan」同族分支歌謠。

〈開國神話〉:潘永安口述〈Pazehe 族之開國神話〉。(衛惠林 1981:23)

〈部落名稱〉:伊能嘉矩採集的〈Pazehe 部落名稱〉(潘永安口述)。(伊能嘉矩 1909:67-69)

二、Ayan 歌謠翻譯

　　日本時代,學者於岸裡大社採集了一些祭典歌謠,其中包括小川研究室所收藏,早期野村氏所採集的 3 首《大社庄之番歌》。1908 年伊能嘉矩(Ino)或小川(Ogawa)翻譯成日文,1934 年佐藤文一(Sato)整理了當中的 3 首歌謠,發表於《南方土俗》。中研院李壬癸、土田滋(Tsuchida)曾訪問愛蘭教會 Pan Jin-yu 和黃秀敏等耆老,重新以日文翻譯、註解,並由李壬癸教授譯成漢文和英文,登錄於 2002 年出版的《巴宰族傳說歌謠集》(頁 233-248)。2005 年筆者開始以潘榮章長老留下之《大社庄之番歌》影本,重新翻譯。

　　這 3 首歌謠,依標題看來,乃是採集於大社(含岸裡、阿勞社),但歌謠內容卻是鯉魚潭內社(含麻里蘭、Patien 崎仔社)的歷史記憶。《埔里巴宰七社志》中,記載了岸裡社的《祭祖公之歌》和《同族分支》,引用了潘永安的原始譯文。[4] 因為岸裡社這兩首歌謠,對判讀上述 3 首《大社庄之番歌》有所助益,故重新翻譯之。

---

[3] 伊能嘉矩〈番仔城——口碑〉(1996:132)。

[4] 參考打必里・大宇(1996:26):「這些辭句是由祖父潘元貞手筆保留」。同書,頁 136:潘元貞係潘永安長子「1886 年 7 月 19 日出生」。表示伊能嘉矩採訪時,潘元貞才 10 歲左右;且伊能在大社採集資料大都得自潘永安,故判定歌謠和翻譯係出自潘永安之口。

筆者之譯文拼音大都以李壬癸教授《巴宰語詞典》之拼音為依據。Ayan（憶祖歌謠）保留自己的理解和拼音，因非本文重點，不以解釋。歌謠譯文中之 Pazehe 是以伊能嘉矩的兩種拼音：Pazehhe、Pazzehe，和自己的理解 Pazeh、Pazehi，所採取的折中記音。為避免過於主觀，一些沒把握之詞彙先不譯成漢文。

（一）《Patien 版》遷徙三部曲

拼音系統主要參考巴宰語詞典，斜體字為筆者之判讀，少數有疑問的名稱保留原拼音；Pazehe 取自伊能嘉矩拼音 Pazzehe，讀音同 Pazehi。

1. 大水氾濫後人民分居之歌

(1) Aiyan nu aiyan. ta da-dwau manoh daudu-wai liahah.

ayan nu ayan. taduduaw maanu dauduway lia ha.
要來講古　久遠　要講古　了　喔
哀煙屬哀煙，來聽講古，要講古老的故事了喔！

(2) Ubach-pini Adapini paitul rahong.

Ubax Pini　Ada Pini　paitul raxung.
悔悟　已然　另一個　已然　在起來　溪流
Ubax Pini 和 Ada Pini 正從溪流起身

(3) abasan soadi maha makitaai.

abasan suazi maxa makita, ay.
兄姊　弟妹　引起　要看著
姊妹舉目觀望

(4) Tap-banan mataro maha makau-wasai.

Tabanan mataru maxa makawasay.
（區域）頭人　產生　說話
Tabanan 頭目開口問說

(5) mausai paimoh

 mausay pai mu?
 要去（疑問）你們
 你們要離去？

(6) lahai Tap-banna mataro. mahah makau-wasai

 lahai Tabanan mataru. maxa makawasay
 未確定（區域）　頭人　　產生　說話
 Tabanan 頭目疑惑地問著，（下文之姐妹）開口說：

(7) abasan soadi. mausai haiyamih.

 abasan suazi. mausay haiyami
 兄姊　弟妹　要去　我們
 （接上句）姊妹：我們要離開。

(8) mausai maha pajech.

 mausay maxa Pazehe [5]
 要去　成為　巴宰
 要去成為巴宰。

(9) pajech u sik-ki daiya tatung-ngap-ban nu lij-jach.

 Pazeh u sikidaya tatengaban nu lizax.
 巴宰（是）東勢　日出處．出來　　　屬 太陽
 在東勢（內山）日升之處的巴宰，

(10) manau amisan. manau rapbahan.

 manaw amisan. manaw rabaxan.
 向　　北邊　　向　　南方
 向北、向南

---

[5] 伊能嘉矩之拼音 Pazzehe 和 Pazehhe 兩種，未解讀前用此拼音。

(11) haudauduwai. tatu maumauwan tau maumauwan⁶ maha masik-kulaih

haw tauduay. tadu maumauan. tau maumauan maxa masikela i

好　受指示　安頓　拼鬥者　集　拼鬥者　產生　相遇

詳談之後。tadu maumauan（和）tau maumauan 迎向他來！

(12) Tap-ban na mataro mahah pabaruddai. rahal-lu hauliak

Tabanan mataru maxa pabareday. rahal u hauriak.

（區域）頭人　引起　翻身．轉身　話語（是）良好

Tabanan 頭目轉身和他們說好話

(13) mausai haiyami.

mausay haiyami

要去　我們

（說）：我們要離去

(14) mahadahoh. dahoh sarau-moh

maxazaaxu zaaxu Saraus-muh.

作生番　生番　魚網　工作者

要作生番，Saraus muh 生番

(15) ada mahah roaro. Tap-banan mat-taro inilau issia.

ada maxaruaru. Tabanan mataru. ini raux isia.

次一個　悲傷　（區域）頭人　不　涉水　那裏

Tabanan 頭目再度感到哀傷（說），那兒不必涉水（沒淹水）。

(16) mahah pau-sug-ngut-dai sug-ngut du mabit-da-bit. i Tatu maumauwan.

maxa pasunguday sungut u mabidabit ki Tadu maumauan.

---

[6] *tau maumauan* 和 *tadu maumauan* 這兩個稱呼「並非人名」。*mau-mau-an* 是稱奮力工作者，個人研判是戰士；*tau maumauan* 可稱統帥。*tadu maumauan* 乃放置 *maumauan* 者有關。個人傾向於解釋為隊長；或許是 Tausa Mato 的兵勇。因都是荷蘭時代的稱謂，先全部保留。

引起　要造橋　橋（是）搖晃的　者　安頓　拼鬥者
tadu maumauan 開始搭便橋（搖晃的橋）

(17) tau maumauwan pɪs-su lik-khit di sug-ngut.

tau maumauan pisurixit di sungut.

集　拼鬥者　滑落　在　橋
tau maumauan 從橋滑落

(18) alu-lai siah. Tatumaumauwan.

alu lai isia. tadu maumauan.

來　了　那裏　安頓　拼鬥者
tadu maumauan（喊）：從那裡過來！

(19) us-sa laisu mausaih-yakuh mahah luk-khut. luk-khut-tu noang.

usa la isiw. mausay yaku maxaluxut. luxut u nuang.

去　了　你，要去　我　成為鹿，　鹿　是　公的
（*tau maumauan*）：你去吧，我要去成為鹿，公鹿。

(20) Tatu maumauwan. mahah mausai mahah dakho.

tadu maumauan maxa mausay maxa zaaxu.

安頓　拼鬥者　產生　要去　成為　生番
（於是）*tadu maumauan* 要去成為番

(21) Aiyan nu aiyan. saisaiya wilan.

ayan nu ayan. saysay yawira.

所有　結束
哀煙屬哀煙，至此結束

2. 大水氾濫之歌

(1) Ai-yan nu ai-yan. dau-doai lai-tah.

ayan nu ayan. dauduay laita.

正要講古　咱們
哀煙屬哀煙，咱們來講古

(2) Tap-ba-nan nu mat-taro Sap-bung-nga-kai-sih
   Tabanan nu mataru Sabung a Kaisi[7]
   Tabanan 屬 大．頭人（名字）的（父名）
   Tabanan 屬於頭目 Sabung Kaisih

(3) ma-hah ki-kid-deh-haih tuppu du a lal-liuh
   maxa kiikitaay Tupuzualaliw[8]
   引起　巡視　　tupuzu 之震
   開始巡視岸裡山之震

(4) mahah ma-sak-ku-laih di ngu-ji-ngut da Bok-gi-jih
   maxa maasakup lai di nguzingut a Bukkizih[9]
   產生　聚集　了 在　尾端　的　雜木場
   尾端的 Bukkizih 群眾開始被聚集了

(5) mahah pau-su-ngut daih su-ngut du ma-bida-bit
   maxa pasunguday sungut u mabidabit
   引起　要搭橋　　橋（是）搖晃的
   正要開始搭便橋

---

[7] Sap-bung-nga-kai-sih 當中的 *nga* 是連接詞 *a*，讀音會重複前字的尾音。需要特別注意的是：Sabung 沙罔是女子名。其次；Sabung a Kaisi 和 Bana Kaisi，日後被潘永安在〈巴則海族之開國神話〉中描寫為 Maki'awas 直系後裔，是岸裡聚落的開國始祖。本文將 Kaisi 改稱 Kaisih，乃是根據語法的判斷（見本文：祖靈廟）。

[8] *uppu du a lal-liuh*，〈巴則海族之開國神話〉記 TUPOZUARARYUZ，採用此記音。*tu* 靜態前綴、*puzu* 鑽；刺，*tupuzu* 指「內山」祖居地 *tau-tupuzu*「老德不如」（溫吉 1954:73）。*laliw* 地震。TUPOZUARARYUZ 是造成族人流散的最重大原因。

[9] *buk* 雜木、*kizih* 放下；落下，堆放雜木之處。從大寫注音判斷是地名。

(6) di ma-rabahan rabong ini lau isiah.

　　di miarabaxan[10] *raxung. ini raux isia.*
　　在　南邊　　　溪流。不 涉水 那裡
　　在南邊的溪。那裡不用涉水（沒淹水）

(7) Tabanan mataro Sabong-nga-kaisih[11] mahah tau-malaai hommau a tutut.

　　Tabanan mataru Sabung a Kaisih maxa taumala, ay humaw a tudur.
　　（區域）頭人（名字）的（父名）引起 正要聽 驚叫著 的 鵪
　　Tabanan 頭目 Sabung Kaisih 要聆聽鵪 驚叫

(8) at-da mahah-roaro Tabanan mataro kah manah masakkul-lai

　　ada maxaruaru. Tabanan mataru ka maana masaken lai
　　次一個 悲傷 （區域） 頭人 是 等一下 到達 了
　　又一陣哀傷，Tabanan 頭目稍後到達了

(9) mau-jut-a Kat-jau-wan.

　　mauzet a Kazawan.
　　狹窄的 的 地區名
　　狹窄的 Kazawan。

(10) mahah masakul-lai di bun-nu-bun-na tau-man mit-da-lun di ribunan

　　maxa masaken lai di bunabunat tauman midalum di rimunan[12]
　　產生 到達 了 在 沙灘 集中處 喝水 在 蓄水處
　　到達了沙灘蓄水處喝水

---

[10] ma-rabahan，ma- 係靜態動詞前綴，尤其在 di 處格後面，應該是用指稱方向的 mia-rabahan。李壬癸、土田滋（2002:234）所採用 mia- 的理解是對的，*di mia-rabahan raxung* 在南邊的溪。麻薯舊社因清代大甲溪水患頻繁，至少有三分之一聚落現在在溪底。

[11] 此處有加入名物化後綴，發輕聲的 h 音。

[12] 參考李壬癸、土田滋（2001:252），*rimun* 含（水）。*-an* 處格；位格，*rimunan* 含水處，應在大甲溪畔。

(11) mahah kikitta-ai Ap-boah likkah yu-i ub-bach likkah
　　 maxa kiikita, ay Abua Lika iu i Ubax Lika
　　 引起　巡視　（名）（父名）和（名）（父名）
　　 巡視到 Abua Lika 和 Ubax Lika

(12) ya sia Kau-sah a-ba-san-na soa-jih
　　 yasia kausa abasan a suazi.
　　 她們　倆　　兄姊　　弟妹
　　 她們倆姊妹[13]

(13) ma-hah ma-kakau-wa-sai. rahal-lu hauliah
　　 maxa maakakawasay. rahan u hauriak.
　　 產生　要互相交談　　話語（是）很好
　　 開始相互交談，說很好的話（安慰的話）

(14) at-da mahah roaro. Ta-banan mata-ro ini lau is siya.
　　 ada maxaruaru. Tabanan mataru ini raux isia.
　　 次一個 悲傷　　Tabanan　頭人　不 涉水 那裡
　　 又一陣哀傷，Tabanan 頭目（說）那裡不用涉水 (沒淹水)

(15) Taban-na mataro kah mahah pau sung-ngudai di miamisan nu ra-hong
　　 Tabanan mataru ka maxa pausunguday di mia, amisan nu raxung.
　　 Tabanan　頭人 是 產生　正要使搭橋 在　北邊　屬 溪流
　　 Tabanan 頭目差派人在北方溪流搭橋

(16) sung-ngut du mabit-da-bit. ma-hah ma-sa-kul-lai di bai-yu au-was kah
　　 sungut u mabidabit. maxa maasaken lai di bayu awas ka
　　 橋（是）搖晃的　　引起　到達　了在 水邊　海　是
　　 搖晃的橋（便橋）。（大家）抵達了海邊，就

---

[13] *abasan a suazi* 兄弟姐妹，歌謠未表明男或女，但 Abua 和 Ubax 都是女子名，故譯為兩姐妹。

(17) mahah ki-kit-ta-ai ai-yam mu pa-su-kku-wan.
　　maxa kiikita, ay ayam mupasukuan.
　　產生　探查　鳥　說故事
　　開始探查鳥兒說故事（鳥占）

(18) lak-gu lak-gu dar-ru-pit
　　langulangu tarupit.
　　外面（處處）鳥名
　　處處都有 tarupit 鳥

(19) dar-ri bap-bu bap-bu-kah bu-bun-nat auwas.
　　dali babubabu ka bubunat awas.
　　日　心．花蕾　是　沙灘　海
　　陽光映照在沙灘（和）海

(20) mahah u ki-kit-ta-ai. kin-nu-hoh rik-ki-bul
　　maxa u kiikita, ay　kinuxus　rikibul.
　　產生　巡視　已被刮．刨．削皮　穀倉
　　開始探尋被沖刷過的穀倉

(21) ma-hah kikit-ta-ai. pia-hun ma-ri-his ini lau is-sia.
　　maxa kiikita, ay piaxun matixias. ini raux isia.
　　產生　探查　小米　戴新芽　不　涉水　那裡
　　巡視小米萌新芽，那裡不用涉水（沒淹水）。

(22) Tap-ban-nu mat-taro mahah u ma-tu-hu-mak-kai hum-mak
　　 par-ril
　　Tabanan mataru maxa u matuxumakay xumak parin.
　　（區域）頭人　產生（是）要蓋房子　房舍　廚房
　　Tabanan 頭目開始搭房舍、廚房

(23) mahah nahat-da-ai. piahun marihis di rubbu-rubbu a kau-was

maxa nahada, ay piaxun matixias di ruburubu a kawas.
產生　將會有　小米　萌新芽　在 下面　的　天
遍地將有小米發新芽

(24) as-su-un nu-uhuni. au-bil-la bat-doach.

asuen nu uhuni. aubil a bazuah.
被攜帶 屬　今　　後面 的 世代
留傳至今，(也將傳給) 後代

(25) ai-yia-nu nu ai-yan sai-sai ya-wi-lan.

ayan nu ayan. sayasy yawira.
所有　結束
哀煙屬哀煙，所言至此

3. 開基之歌

(1) aiyan nu aiyan dauduwai laitah

ayan nu ayan. dauduay la ita.
正要講 了 咱們
哀煙屬哀煙，咱們要來講古了
要論古代〔佐譯〕
要講咱們的根源〔潘譯〕

(2) apu tia maha tadupurai. rubuh rubh a kauwas

apu Tia[14] maxa tadepet lai ruburubu a kawas.
婆　向　產生　整理　了 下面　的　天
向婆已經開始整頓天下了
祖知仔是以視察地下〔佐譯〕
阿婆 Tia 視察天下的大地〔潘譯〕

---

[14] Pazehe 擅長「向」術，俗稱「散毛仔法」。參考：周璽 (1993:312-313)。愛蘭潘金玉 *apu* 說過：日本時代庄裡還有人在拜「向」。

(3) kitah kitah siaun. durrusippi lapilach.

　　kitakita sia, en dulusipi la pilas.

　　觀望　仔細地　遣夢　了　翻找

　　仔細觀望　遣夢翻找了（夢占）

　　看的是空虛〔佐譯〕

　　她仔細地視察著，發現大地是貧瘠如疥癬一般〔潘譯〕

(4) mahah dudul luwai. apu magiauwas.

　　maxa duduluay. apu Maki, awas.[15]

　　產生　要遣派　婆　Maki-awas

　　（那時）馬祖婆[16]開始要遣派，

　　則差遣祖馬堯日〔佐譯〕

　　於是 Magiauwas 阿婆〔潘譯〕

(5) matah lak-kang kauwas. papai rul-lung

　　mata lakang kawas. papai burung.

　　從　縫隙　天　騎著！雲彩

　　從天際（縫隙）駕馭著彩雲，

　　由天隙坐雲降下〔佐譯〕

　　就乘雲從天空的縫隙下來地面〔潘譯〕

(6) mahah kikiddehhai. rubbu rubbuh a kauwas.

　　maxa kiikita, ay. ruburutu a kawas.

　　產生　巡視　　下面　的　天

　　視察著大地

　　故隨降下地面〔佐譯〕

　　她降落到地面〔潘譯〕

---

[15] 伊能嘉矩（1908a）所採 MAGYAWAS，是較易辨識的記音。*maki* 伴著、*awas* 海，可理解為「伴海而來者」。

[16] 採用《海上紀略──武林郁永河滄浪稿天妃神》:「海神惟馬祖最靈，即古天妃神也。」名稱。

(7) kaduhu hauliak. ni apu Tiya.
　　kaduxu hauriak ni apu Tia.
　　巫術　很好　屬　婆　向
　　向婆有很高強的法術
　　好法術祖知仔所賜的〔佐譯〕
　　阿婆 Tia 唸咒〔潘譯〕

(8) maudadang daiya. mahah kaulah ngat-dai.
　　maudadang daya. maxa-kaw-langad-ay.
　　天正在亮　東方　開始――承受名號（要唸咒語）
　　當朝陽東升，開始唸咒語作法
　　黎明在東故要號名〔佐譯〕
　　東方漸漸泛白，然後他要命名了〔潘譯〕

(9) adamadang yi daiya. mahah kaulang ngat-dai.
　　atas maadang i daya. maxa-kaw-langad-ay.
　　山壁、絕崖改變（徙！）東方　開始――將承受名號（要唸咒語）
　　開始唸咒語作法，（號令）絕壁移去東方！
　　（人名）在東故要號名〔佐譯〕
　　adamadang 在東方，所以要以此命名〔潘譯〕

(10) dahah-mat-dang yi daiya. mahakaulang-atdai.
　　zaxat maadang i daya. maxa-kaw-langad-ay.
　　險地　變（徙！）東方　開始――將承受名號（要唸咒語）
　　開始唸咒語作法，（號令）崎陵地移到東方！
　　（人名）在東故要號名〔佐譯〕
　　dahamadang 在東方，所以要以此命名〔潘譯〕

(11) silapbang yi daiya. mahakau lang ngat-dai.
　　silabax i daya. maxa-kaw-langad-ay.
　　解開！　東方　開始――將承受名號（要唸咒語）
　　開始唸咒語作法，（號令）開東方！

是吶望在東故號名。〔佐譯〕
silabang 在東方，所以以此命名〔潘譯〕

(12) silapbang yi rahot. mahakaulangngat dai.

silabax i rahut. maxa-kaw-langad-ay.

解開！　西方　開始──將承受名號（要唸咒語）

開始唸咒語作法，（號令）開西方！

（別人也）在西故號名。〔佐譯〕

（另一個）silabang 在西方，故以此命名〔潘譯〕

(13) papakhah raruma-aih. mahah kaulang ngatdai.

papaxas raruma, ay. maxa-kaw-langad-ay.

修剪　桂竹　將 開始──將承受名號（要唸咒語）

開始唸咒語作法，（號令）修剪桂竹！

使彼作竹桂竹故要命名〔佐譯〕

使它成為桂竹，以此命名〔潘譯〕

(14) burruh mat-dang yi daiya.

buru maadang i daya.

箭竹　徒（去）！東方

（號令）箭竹移去東方！

軟竹黎明在東〔佐譯〕

嫩竹和黎明在東方〔潘譯〕

(15) burruh mat-dang yi daiya. au nu sasipudah rakihan tinnating.

buru maadang i daya. aunu sasibuzak rakihan tinating.

箭竹　徒（去）！東方　為了　斷臍帶竹片　孩子　幼小

（號令）箭竹移去東方！可作為幼嬰孩斷臍帶竹片。

軟竹黎明在東可以割臍帶，小孩赤子。〔佐譯〕

嫩竹和黎明在東方，此嫩竹可用來切斷新生嬰孩的臍帶〔潘譯〕

(16) haulliak kakatduhu ni Apu-Tia.

hauriak ka kaduxu ni apu Tia.

優異　是　巫術　屬　婆　向

向婆法術真高強！

好哉法術，祖知仔之賜。〔佐譯〕

幸好有阿婆 Tia 施咒〔潘譯〕

(17) nahhah-dah datduwa. di rubbuh rubbuh rubbuh a kauwas.

nahada dadua di ruburubu. rubu a kawas.

有　全部　在　下面　下　的　天

大地萬物齊全

俱各有在地下。〔佐譯〕

萬物在天空之下生存〔潘譯〕

(18) uka kakkahukahui. uka sasumusumul.

uka ka dahu kahuy. uka sasemesemer.

其他　多　樹　其他　草原

還有眾多樹木、還有青草原

眾樹木類及眾草類。〔佐譯〕

有各種樹和草〔潘譯〕

(19) aiyan nu aiyan. saisaih ya wilan.

ayan nu ayan. saysay yawira.

所有　結束

哀煙屬哀煙，至此結束

論至此可以也。〔佐譯〕

根源歌到此全部結束〔潘譯〕

（二）大社祭祖公之歌[17] 同族分支

衛惠林教授（1981:24-25）在《埔里巴宰七社志》中，收錄伊能嘉矩（1908）採集的兩首歌謠：《初育人類》、《祭祖公之歌》和《同族分支》。其漢文的註解應當是末代總通事潘永安寫的，展現了他相當優異的漢文造詣（本文略）。

1. pakanahada-ay[18] saw 初育人類（大社祭祖公之歌）

(1) Aiyen-u-aiyen aiyen u taisiau.[19]

Ayan u ayan. ayan u ita saw.
哀煙 屬 哀煙　屬 咱們 人
哀煙屬哀煙．咱們「人」的憶祖歌謠。
哀煙哀煙．思念求前〔潘譯〕

(2) Dauduai laita lahalu hauliak.

dauduay la ita. rahal u hauriak.
要講古　了咱們，話語　是　美好
要來講古了，美好的話語。
申明妙語．俚句敘緣．〔潘譯〕

---

[17] 衛惠林（1981:24-25）。

[18] *pakanahada-ay*，乃前綴 *paka-*（*maka* 之使役式）使結出……成果或狀態、*nahada* 有，和非現實式後綴 *-ay* 將會；將要，所組成。依漢字標註之：大社祭祖公之歌，和「開國神話」之內容研判，本首歌謠 *pakanahada-ay saw* 乃是「要使之有（做）Saw」（開始要做 Saw）的意思。歌謠中的主角：Bana-Kaisi Sabung-Kaisi，和祖靈廟、被安置、走標等情節，都顯示這原是在盛大的「安置神像」（儀式）；為確立 Bana-Kaisi Sabung-Kaisi 為「巴宰開國」的 Apu pialai（開基祖）地位之歌謠。雖然標題為「大社」祭祖公之歌，應是大社和內社的祭祖歌謠。

[19] 此處岸裡社稱 *saw* 為 *siaw*（蕭，岸裡打蘭社之古音），和 *pakanahada-ay saw*（大社祭祖公之歌）有不同的發音。這個線索需特別留意，很多遷徙之相關地名，須靠此音調解讀。個人初步認為，明鄭時期東勢巴宰和西勢巴宰，因個別來源和語音之差異，對於「人」有 Thaw（邵）、θow（鄒）、Saw（掃，取掃棟社之漢字「掃」）、Siaw（蕭）等呼音。然後分別有其 Kahabu 的來源（攻守同盟；事業夥伴），大體上可分為：蕭裡（大安溪蕭壢、罩蘭山區）、岸裡和掃裡（大甲溪北岸平原和苗栗到潭子山區，因山區部落位於 Saw 之東方，故被稱為 Daya-an 或 A-daya 東方人）、邵裡（水裡到沙連山區，包括部分布農族）、鄒裡（阿拔泉溪到玉山山區，包括部分布農族）等。鄭成功父子攻打之後，有些鄒裡（θow-ly）向北跑到岸裡和掃裡山區，今通稱澤奧列（至今仍保留 Su-wly、θo-wly 等不同語音）。

(3) Dudua haroaru makasilalutud.

Tudu-ah hadua la maka- sila-lutut.[20]

Tudu-ah　結束　了 產生效果 抖動　跳動（起乩；跳）

乩生已完成起乩儀式。

敘舊追遠．永世相沿〔潘譯〕

(4) Kidi pialai nahazaai sau.

kaidi pialay nahada, ay saw.

在　　起頭　要有　　人

在開始「要做 Saw」之際

(5) Apu pialai VANAHKAISI　SABUNGGAKAISI yasia kausah.

apu pialay Bana-Kaisih Sabung-Kaisih yasia kausa.

祖　起頭　Bana-Kaisih　Sabung-Kaisih　他們　兩人

開基祖 Bana Kaisih. Sabung Kaisih 他們兩人

(6) Hinatuan nasia VAVAOWA-RUTUI（〈開國神話〉：RUTUL）

kinaduan nasia Babaw a reten.

已安置處　他們的 上面 的 村落

已安置在他們的始部落

(7) Karisuvu kadahhu suvuzu talingoan.

karit subut ka dahu. subut u talingu, an .

田園　水泉 是 多　水泉斜格　祖靈廟

田園的水源充足，祖靈廟的甘泉

(8) Kinawasan diza viniluhut an nasia.

kinawasan dida piniluxudan nasia.

往年　那裡　鹿場　　他的

過往的歲月那裡是他的「鹿仔場」

---

[20] 採用《臺灣中部地方文獻資料》〈五岸社家訓・初有人類曲〉的注音：Du-dua xa-roa ra ma-ka-Si-la-lu-tud（*dudua hadua la makasilalutut*），見本文分析。

(9) Pauzoah ai u sau hau zoah a rumah.

pauzuahay u saw haw zuah a ruma.

正在走標　是 人　好　走標 的 桂竹仔

Saw 正在走標，好！走標的桂竹仔

(10) Lalaka pasulil rahal u hau riak.

lalah ka pasubil rahal u hauriak.

放　　是 留傳　話語 是　很好

傳給後代，美善的話語（如此美妙的語言，當放給後代）

(11) Aiyen-u-aiyen sai-sai yauilah.

Ayan u ayan saysay yawira.

哀煙屬哀煙至此結束

2. Pinakapazan 同族分支

(1) Aiyen-u-aiyen aiyen-u minah.

Ayan u ayan. ayan u minah.

哀煙屬哀煙　哀煙 是 本然

哀煙屬哀煙，本然（已完成）的哀煙

(2) Tadudu ao manuh rahai u pinasuvilan.

tadudu, aw maanu rahal u pinasubilan

要來講　　遠　話語 是　已留傳

要講述久遠的傳說

(3) Nahaza hiuwaz PINAKAPAZAN nita.

nahaza hiuwaz[21] Pinakapazan nita.

有　外戚；姻親　姻親社群　咱們的

有咱們〔姻親社群〕的姻親

---

[21] 參考《巴宰語詞典》hiwat 解釋為婚外情人，可能有誤，可能是「外家」（妻之娘家）的意思，本文先將 hiuwaz 譯為姻親；外戚。

(4) Malalung Di doa dahhu sikitaiyah.
   *malaleng di dua zaaxu sikitaiyah.*²²
   住　　在那裏 生番　sikitaiyah
   居住在泰雅生番那兒

(5) Mau joa-joa I doa mahariariak I doa.
   mauzuazuax, i dua maxariariaki dua.
   有在走標　　那裏　很富裕　　那裏
   在那兒繁衍著，在那兒過著富裕的生活

(6) Rangi a rutul kia manu dahhu.
   ragi a reten ki maanu zaaxu.
   親家 的部落 是 遠方　生番
   遠方生蕃是親家的部落

(7) Laji an u vinayu valakivak jilum.
   lazi, an u binayu walakiwak dalum.
   界線　是 山　分離　　水
   山的界線，水的隔絕

(8) Vavau a dali ma aisakupai.
   babaw a dali maaisakebay.
   上面 的 日子 會相聚
   回天家的時候將會相聚

---

22 這個辭彙應和「大水分居」Sikidaya 泛稱東方；東勢聚落不同，而且還指明日升之處，和社群在豐原可看到新社、東勢方面的日出吻合，可斷言 Sikidaya 就是指 Poali 山區。潘永安稱山番 Ataiyalu（日語，指泰雅）族，*sikitaiyah* 是指番界外（Pinakapazan）的姻親。有兩個可能性：1. 就是指居住在鯉魚潭 Taba 的族親。2.「遠方生蕃是親家的聚落」若是指潘永安夫人的牛眠山（Baisia）部落，或愛蘭臺地的岸裡、烏牛欄？因為這兩處都是岸裡的「姻親社群」，或許是同時存在吟唱者思念中的親戚社群！

(9) Laha ka mududu nai apu apu an.

rahal ka mududunay apu, apuwan.

話語 是　欲要講　　祖先

話語是祖先所教導

(10) Aiyen-u-aiyen sai-sai yauiloh.

Ayan u ayan saysay yawira.

任何　結束

哀煙屬哀煙，所言至此結束

三、歌謠相關口述資料

（一）巴宰族之開國神話[23]

　　往昔我祖 Magiyowas 自天下降，住在臺灣中央平原經年累月繁衍子孫。後因洪水氾濫，人畜全被湮滅。只有 Magiyowas 的直系後裔姊弟兩人，姐名 Savung-Kaisi、弟名 Vana-Kaisi 兩人逃避到 Tapozuaroryuz 山上倖免於難，經過 6 天後，水退了才從山下來（應是「從山上下來」之誤），在山麓丘陵地稱為 Paradan（葫蘆墩）[24]地方住下來一些時，再走下到平地建立 Vavao-a-Rudtel（上村之意）。姊弟兩人在那裡結了婚生下子女二人，夫妻兩人用刀把子女的身體切成小塊，每一塊都變成了人。這些人再繁衍後代，在各處建立了同族部落成了各部落的創社祖先，互稱為 Vavao-sau（上邑人）。當時創建的部落只有：Pahodopuru（Pahodobool 岸裡大社）、Dayaopuru（Dayao-bul）、Rarusai（La lusai 阿里史）與 Aorang（烏牛欄）四社。其後發展為 16 個部落，分布在臺灣中部平原，互稱為 Rubarubadohat（下邑人）。

---

[23] 衛惠林（1981:23）。

[24] 同前註。原文無此註解，係於後文解說出現。

（二）番仔城的「口碑」[25]

最古的祖先名叫 Magyawas，是從天上降臨的。他的後裔是一對夫妻，丈夫名字叫 Vanakaisi，妻子叫 Savongakaisi。當時臺灣島發生大水災，族人全部淹死了，只剩這一對夫妻預知大水災來臨，而逃到大甲溪源頭 Toopodararya 山的山頂避難。(……被視為神靈之境)水退以後才下山，在山下生了兩個小孩。後來子孫繁衍，遷到葫蘆墩北邊約十華里處的高地，地名叫內埔，形成 Hahao 社，Hahao 社是舊社。然後他們又遷到葫蘆墩西方一日里處，形成 Tooratoru 社。然後又遷到葫蘆墩東方一日里處，現在叫做岐仔腳的地方居住，形成 Paiten 社。這個時候，清人來了，我們被驅趕到 Taran 之地，形成 Taran 社。遷到 Taran 時，也就是 100 年前才歸附清廷的。不久，我們又被漢人驅趕到壢西坪高原，形成 Rasipin 社。因為這裡蕃害極多，20 年後全族遷回 Paiten 社舊址。很不幸，Paiten 社這裡又來了很多漢人，1 年後，社內 64 名壯丁冒險到番仔城這個地方拓殖，社名叫做 Tapvo（匏瓜）社。最後定居在 Tapvo 的時間，是距今 52 年前，也就是清道光二十五年（1845）之事。

（三）伊能嘉矩所採集 Pazehe 部落名稱[26]

由大甲溪北至今之葫蘆墩街附近為中心，北至同溪南岸，東至今東勢角附近，南限於至今之潭仔墘一帶，西以大肚山的橫岡為界，分布於此間的 Peipo 蕃族 Pazzehe 部族，岸裏大社即占居其之中心地一群的總名。蕃人自稱 Lahodobulu- 社，漢族因其位置為大甲溪北的岸裡之部落的意思，而稱為岸裏社（一寫為岸裡社），且用 Pazzehe 為總稱。此部族分為 4 群而形成多數的大小部落，其之區分如下。

1. Rahodopulu- 社即岸裏社

Daiyaudaran，漢族稱岸東社，今棟東上堡大社庄之地。Lahododaran，漢族稱岸西社，鄰在岸東社西方。Marivu，漢族稱岸南社，

---

[25] 伊能嘉矩，〈番仔城—口碑〉（1996:132）。
[26] 伊能嘉矩編註，程士毅譯，《大日本地名辭書續篇》，(1909:67-69)。

鄰在岸東、岸西二社的南方。Ruturatoe，漢族稱葫蘆墩社，今之棟東上堡葫蘆墩街之地。Vauwata，漢族稱西勢尾社，今之社皮庄（土名西勢庄）之地。Variran，漢族稱麻裡蘭社，今社皮庄之地（鄰在西勢尾社的南方）。Paitahon，漢族稱翁仔社，今棟東上堡翁仔社庄之地。

　　Paiten 漢族稱岐仔社（崎仔社），今棟東上堡下溪洲庄（土名內埔庄舊社）之地。

　　Pazzeh-amisan，漢族稱麻薯（舊）社，今苗栗三堡舊社庄之地。

2. Daiyaopulu- 社即樸仔籬社

　　Varrut，漢族稱社寮角社，今棟東上堡社寮角庄之地。Karahut，漢族稱大湳社，今棟東上堡大湳庄之地（註：大湳有兩處，一處在岸裡社之北，一處在新社鄉，安倍明義就以為前者是大湳社，然而應該是在新社鄉）。Tarawel，漢族稱水底寮社，今棟東上堡水底寮庄之地。Santonton，漢族稱山頂社，今棟東上堡馬力埔庄（土名山頂庄）之地。Papatakan，漢族稱大馬僯社，今棟東上堡東勢角街的南方，土名蕃社庄之地。

3. Rarusai 即阿里史社。今棟東上堡潭仔墘庄之地，分為北中南 3 部落。

4. Aoran 即烏牛欄社，今棟東上堡烏牛欄庄之地。

　　關於嘉慶、道光至咸豐之間的變遷如下。

　　（1）Lahodobulu- 社即岸裏社之內，Daiyaodalan（岸東）、Lahododalan（岸西）、[27] Malivu（岸南）社、Vuauwata（西勢尾）、Vualizan（麻裡蘭）、Paitahon（翁仔）之六小社合而為一，以 Lahodobulu- 社（岸裏）社之名，在岸東之地（今之大社庄）形成集團。

　　（2）Lahodobulu- 社即岸裡社之內 Paiten（岐仔）社，初稱 Hahao 社，乾隆之末年因大甲溪之水害，徙至葫蘆墩街的西方（土名圳寮庄），稱為 Douladolu 社，後移至同街的東方（土名岐仔腳），改

---

[27] 這兩個社名就是承襲 Taran u Gan（岸之打蘭社）語法，Daiyaodalan（Daya u Taran 打蘭的東社）、Lahododalan（Rahut u Taran 打蘭的東社）。

稱 Paiten 社。既而於嘉慶年間遭受漢族驅逐，越大甲、大安二溪入罩蘭峽谷；道光四年（1824）後又被漢族侵佔，徙居罩蘭溪北岸的河丘壢西坪（苗栗一堡），山蕃（Ataiyalu 族）的出沒加害極甚，居此 20 年之後，舉族再移至舊地岐仔腳的一部定住，在此一年後因既占漢族之不首肯，因此探求其他的良域，擇壯丁 64 人溯大安溪，於茲發現南東北三面山岡圍繞、西方一面開闊的自然城廓鯉魚潭之窪地，開拓並移住於此，稱 Tavua 社（漢族因其地勢稱蕃仔城），為道光二十五年（1845）之事。

（3）Lahodobulu- 社即岸裏社之內（省略）。Pazehe 部族保留其之舊位置者，獨有 Lahodobulu- 社即岸裏社的一部落，依此稱為岸裏大社，我領臺後明治三十六年（1903）土地查定之際，削岸裏二字稱大社庄。

四、相關背景簡述與關鍵字解析

（一）TUPOZUARARYUZ（岸裡山之震；岸裡山事件）

上述三份文件有一個很重要的線索，但卻記載的相當混亂。根據潘榮章影印之日文原版《大社庄之番歌》（以下簡稱：影版）和李壬癸《巴宰族傳說歌謠集》《岸裡大社番歌》（以下簡稱：李版）有一個關鍵字彙：「*tuppu du a lal-liuh*」。在其他資料中，也都提到相類似的字彙。衛惠林《埔里巴宰七社志》（以下簡稱：衛版）有：「兩人逃避到 Tapozuaroryuz 山上」之語，但是伊能嘉矩〈開國神話〉記載：「TUPOZUARARYUZ」，有明顯差別。[28]

筆者判斷，這個差別和採訪對象有關，（衛版）Tapozuaroryuz（Tapuzu a laliw）；（伊版）*tupozuararyuz*（Tupuzu a laliw）乃 Poali 系統呼音。（李版）*tuppu du a lal-liuh* 大水歌謠，乃屬岸裡社呼音。例如：「有」岸裡說

---

[28] 李壬癸、土田滋（2002）《岸裡大社番歌》：「*tuppu du a lal-liuh*」衛惠林（1981:23）。《巴宰族的起源神話與挨央祭祖歌曲》：「兩人逃避到 Tapozuaroryuz 山上」。伊能嘉矩（1908a:219）：「TUPOZUARARYUZ」。

nahada，Poali 說 nahaza。另一個和本文相關之例證：（影本）《同族分支》之 Pina-kapazan 應係潘永安所傳述，但在《臺灣中部地方文獻資料（三）》（臺灣省立臺中圖書館 1983a）《岸社家訓——初育人類曲》（同上引:169-170）的注音卻是：「pi-na-ka-par an」（pinakaparan），這份文獻也必當是出自岸裡大社。加上李壬癸教授《巴宰語詞典》注音為 kapadal（kapadan），當中就有 zan、ran 和 dan 的差別。可見 Tapuzu、Tupuzu 和 Tapudu 等之尾音 zu 和 du 之差別，乃是廣義岸裡社群和 Poali 社群之不同發音，不影響解讀。但是前綴 tu-（靜態動詞前綴）和 ta-（專門作……的；靜態前綴），就有小許差別。前者表示動作，後者稱執行該動作的人。本文採用伊能嘉矩原著記音 tupozuararyuz 夾辨識。

《臺灣番政志》有個相關的稱呼：「岸裡社自稱老德不如社」，[29] 有助理解此詞句的意義。「老德不如社」可判斷為 tau-tupuzu（或 tau-tapuzu）。既然是自稱，那麼，tupuzu 顯然是一個探討「岸裡社自稱」的重要線索。

tu- 靜態動詞前綴、puzu 鑽、鑿、刺，tupuzu 可解釋為刺仔、仔或獵人的標槍；若是 tapuzu，ta- 專門做……的；靜態前綴。可解釋為專門從事「刺、鑿、鑽」者，如：刺殺獵物的「獵人」，似乎也可用來稱軍工匠。tautupuzu 前面的前綴 tau 是：集中處或「負責任者」，例如：妻子 tau-xumak、首領 tau-punu、族長 tau-pungu、土官；通事 tau-kua 等。動植物的集中處也用 tau-，如：tau-ruhudan 鹿的集中處。Tau-tupuzu 可稱為 tupuzu 山勢力者；或獵人、蔗農、筍農、木工等集中處。必須注意的是：岸裡 Gan-ly 是社群的集合名詞，自稱 tau-tupuzu，應該是包括岸裡、Poali 等山系。

後面的句子：laliw（中間的 a 是連接詞 - 的）地震，tupuzu a laliw 是岸裡山的地震。既然是該山發生地震，〈開國神話〉怎麼會跑到山上避難？如果是 tapuzu a laliw，指獵人或蔗農、筍農、木工等 tapuzu（人）發生地震，該怎麼解釋？歌謠傳頌者和採集者，怎麼會留下特別強調「該字彙」（大寫）的記號？這種疑惑暫且保留，先探究與歌謠相關的岸裡山在何處？

1715 年《諸羅縣志》：「（水沙連內山）西隔一溪，為樸仔籬山。……

---

[29] 溫吉（1957:73）〈明鄭之討番〉。

東插乎沙轆、牛罵二山之間者，為岸裏山」；[30]《彰化縣志》所載：「樸仔籬山：⋯⋯下連岸裏社諸山。」（周璽 1993:13）；〈外紀〉中提到：「離貓霧揀二里許，有竹圍三匝，偽將劉國軒舊寨，云與岸裏內山諸番相拒之地⋯⋯」。這些文獻都指出，岸裡山在南岸，與樸仔籬山相連。

據〈開國神話〉相關解說：Babaw a reten 位於南岸葫蘆墩街東方 20 丁（約 2 公里）的觀音山，是在大甲溪畔淺山，到樸仔籬山之間。和〈臺博館岸裡社相關繪圖〉[31] 所繪的岸裡山位置相同。但是，雍正年間的〈雍正朝輿圖〉，把岸裡山畫在樸仔籬山後面，應該是另有意涵，表示當時岸裡社和樸仔籬社的勢力在乾隆年間有變動。岸裡社取得靠近平原的主導權。而從上述文獻「岸裡諸山」看來，岸裡山有可能是指上述山系。[32]

根據臺博館「乾隆三十四年（1769）李長匠差所繪東勢角一帶形勢圖」所繪，岸裡山（軍工寮）也是在大甲溪北岸；這個位置應該就是《大水氾濫之歌》所描述的「tuppu du a lal-liu」（tuppu du 應是和 Tupu zu 的不同發音）的位置，當 mataru Sabung Kaisih 到達尾端的 Bukgizih 時（舊社軍工寮囤積木料的地點），當地已經聚集了群眾（maasakup lai 乃是奪格，表示群眾已被聚集了）。

光緒二十三年（1897），蔡振豐所修輯的《苑裏志》記載：「埔上以北為苗栗管，埔下以南為苑裏管也⋯⋯岸里山在苑裏之東十四里⋯⋯岸里寮山在苑裏之東十四里」（林百川等 1993:17, 19）。這個記載更將岸裡山；從大甲溪南岸，向北推到苑裡山區。顯然岸裡勢力範圍，包括大安溪南岸到大甲溪南岸沿山地帶。

大水歌謠不斷強調的：「Tabanan nu mataru Sabung Kaisih」應該有很重要的關連。就當前所認知，在滿清朝乾隆十二年（1747），最遲在乾隆二十五年（1760）以後，岸裡社將軍工匠移往東勢角開採木料。乾隆三十年（1765）以後又增加對岸的水底寮。〈開國神話〉解說中提到：「葫蘆墩

---

[30] 周鍾瑄（1999:9）（卷一封域志——山川）。
[31] AH2233〈彰化縣隘防與聚落分布圖〉，岸裡峰的位置和開國神話的說法相符合。
[32] 根據開國神話之解說，理解岸裡山是在豐原山區觀音山。但根據內社之大水歌謠，事發地點的 tupuzu 似乎是在北岸舊社軍工寮（又稱岸裡山軍工寮）。這表示大甲西兩岸都有岸裡山；又稱為觀音山。

街東方二十丁的觀音山」，當然是稱大甲溪畔淺山，到樸仔籬山之間的岸裡山。但至少在「乾隆三十四年（1769）李長匠差所繪東勢角一帶形勢圖」（臺博館 AH2244）繪製時，北岸厚里還有一個岸裡山（軍工寮）；光緒年間苑裏還有岸里（寮）山。顯然岸裡山，是泛稱大甲溪兩岸和岸裡社相關山系。

　　是否岸裡社在軍工匠移往東勢角、水底寮後，阿睦和 Sabung 兩姊弟議定，舊社軍工寮歸大姊管理？才會出現大水歌謠不斷強調：Tabanan *nu mataru* Sabung Kaisi？到底 Tabanan 是什麼意思，在何處？和內社稱為 Taba 有沒有關係？而阿里史社（潘茅格、潘賢文父子）和敦仔、Sabung Kaisi 的關係到底如何？也是本文企圖解開的謎（見下文）。這麼複雜的問題，本文僅就歌謠和有限資料提出「觀點」，難免顧此失彼，故下文先將重點放在探究內社、Patien（崎仔社）和岸裡社的關係，來找答案。

　　無論如何，本文（歌謠）所稱「*tupuzu*」包含兩岸岸裡山、樸仔籬山系（含大坑舊社軍工寮）。Tautupuzu 乃是岸裡社群早期自稱。本文採「岸裡山」的稱呼，以保留更深遠的歷史事實。但是關鍵族群是岸裡、阿里史、崎仔、內社和烏牛欄、Poali 等社，但因 Poali 在熱蘭遮城日誌（以下簡稱：《日誌》）中，名稱較複雜；Auran 也和解讀本歌謠內容，沒有直接關聯（見下文，他似乎在東勢、西勢集團之間；尋找安身立命位置，是關鍵的第三者）。雖他們都和 Tupuzualaliw 有關，但本文先簡略觸及。

　　但還是一樣的疑惑，為何（伊版）「TUPOZUARARYUZ」和（開國神話）Tapozuaroryuz 都當成「專有名詞」用（尤其依版特別強調），應有該有特殊意涵。因此，這個字必須很慎重處理。筆者認為「岸裡山之震」，最接近大水氾濫歌謠「吟唱者的時間點」（大甲溪畔），乃是肇因於大甲西等社抗暴事件，這個政治地震（*laliw*），造成岸裡、阿里史、Poali 內戰和分裂。還有一個更深遠的年代，乃是鄭國姓父子連續攻打巴布薩地區，造成很大死傷的「歷史記憶」（參見下文：荷蘭時代 Aboan 社群，和鄭經東寧王國的掃蕩行動）。本文認為歌謠和傳說中的「岸裡山之震」不是自然界的地震，而是（社群）政治地震；之所以稱為大水氾濫，乃是因為「人被沖散了」（分居）。

（二）pauzuahay u saw. haw zuah a ruma
　　　Saw 正在走標，（老人家）：真好，走標的桂竹仔！

　　大社祭祖公的歌謠中，最重要的一句話，讓筆者幾年來最困惑的：*pauzuahay u saw. haw zuah a ruma*，不知道該如何用漢字解釋！但是，這段話雖很難理解，卻相當重要。可以影響我們對岸裡社「根源」的瞭解。

　　前面一句較沒有問題，*pauzuahay u saw* 很清楚。*pauzuahay* 字根 *zuah* 走標，*pu-* 加進行式中綴 *-a-*，*pau-* 正在從事；進行、*-ay* 期待式後綴、*u* 斜格，*saw* 人。有一點必須先提出的是，在歌謠中出現很多進行式和期待式併用的詞句，如出現好幾次的 *kiikita'ay* 就是如此，顯示一個非常立體的空間，故譯為巡視；探查。Pauzuahay 把正在走標的人和即將走標的梯隊，都一起包括在內。通稱正在走標、正要參加走標的不同人群，意思是「正在進行走標活動」。

　　但是後面這一句 *haw zuah a ruma* 很難理解！*haw*（好）讚歎詞，如：*hau-riak* 很好；很美麗；很優秀等意思。但是 *zuah a ruma* 卻感到困惑！*zuah* 走標、*a*（的）連接詞、*ruma* 桂竹。怎麼會有「走標的桂竹」？若把 *zuah* 用 *zuax*（繼承；傳承）來理解，*haw zuax a ruma* 好，繼承的桂竹（？），未交代格位標記 *-an*，到底是 *zuaxan a ruma*（繼承者的桂竹，*zuaxan* 繼承者）；或是 *zuax a ruma'an*（繼承的桂竹林，*ruma'an* 桂竹林，但是一般會稱桂竹林為 *rumaruma*）？

　　可能性較高的解釋：「桂竹仔」（年輕人或小孩），有一點臺灣人稱「蕃薯仔」的意思，是老人家 *hakezeng a saw* 看著年輕人 *pauzuah* 在走標，心生喜悅和感嘆：「真好，走標的桂竹仔！」*haw zuax a ruma* 也可以解釋為：「好，繼承的桂竹仔！很好，後繼有人（桂竹仔）！」無論如何，這聲嘆息，表達了牽田走標處「有一片桂竹林」；或他們稱走標的年輕人為「桂竹仔」的線索。

　　根據《臺灣中部地方文獻》資料，后里庄也有桂竹林「……竹林內埔園下節壹分后里庄桂竹林背并帶屋地租銀壹拾五元佃吳西……」。而且乾隆年間他們還賣竹：「合議所存大租水租舊社埔園犁分大租並竹林賣竹及浮

圳等埔犁分……」。³³ 基本上「大甲溪南岸」三個部落名稱和「竹」相關。最直接的 Patakan（大馬璘社）就是桂竹；其次是 *puali*（*pu* 使作、*ali* 筍仔）等。總之，他們稱走標的年輕人為「桂竹仔」。

（三）apu Magyawas（馬祖婆）

（開國版）開宗明義指出：Sabung Kaisi、Bana Kaisi 姊弟，乃是 *apu* Magiyowas 的直系後裔，似乎把 Magiyowas 當成「祖先」（*apu* 祖父母輩長者）名號。其實，在民間宗教這是很普遍的習俗：當神明的契子、女。之所以說是「直系後裔」，應該是突顯他們乃最早接受馬祖婆，並為之立廟的岸裡家族。是「一體內附」行動中，引進新政、經、文化秩序的奠基者（開基祖）。

Tabanan「開基之歌」描述 Magiauwas 從天際降臨，把她當成神祇般位階。學者採集文獻中 Magiyowas 和 Magiauwas 呼音稍有差異，而且不容易理解原義。參考伊能嘉矩《臺灣踏查日記——上》之記音 Magyawas，很明顯是「伴海而來；踏海而來」（*maki* 與；伴隨、*awas* 海，*apu* Magyawas 可稱為海靈婆或馬祖婆）的意思。這是在巴宰族傳統靠山生存的環境裡，不應出現的詞彙。應係和社口「萬興宮」（甚至北岸大甲馬祖廟）的馬祖崇拜有關。

這些不同的歷史時空，會使歌謠中 Magyawas 踏著彩雲巡視天下的情景，和隨之出現的 *apu* Tia 巫術來源，產生不同解讀。前者會把 Magyawas 和荷蘭時代；或同時期的「海商勢力」扯上關係。岸裡社群、Poali 社群和南部西拉雅一樣擅長「向」之術，俗稱「散毛仔法」（*samo-ah*）。或許是在歸順荷蘭時期，向西拉雅族人學來的。因荷蘭宣教師禁止他們的傳統祭儀，故這些善長向術的「*apu* Tia」（向婆；巫師），跟著到中部大肚山一帶「傳授巫術」（通婚）。否則就是在二林一帶的倭寇船，有來自暹羅的「外國番婦」所傳授：「岸裡內……結草一束於中柱為向。向者，猶云鬼神也……作法咒詛亦名向。……暹羅番婦多妖術，中國人（在臺漢人）娶之者，……是外國番婦，妖幻更甚。」³⁴

---

³³ 臺灣省立臺中圖書館（1983b: 125-129）《岸裡潘敦仔子孫鬮分田產定租簿》。

³⁴ 周璽（1993:312-313）「雜俗」。

有一個比較直接的關連；就是彰化地區的東螺、西螺社，《熱蘭遮城日誌》記載為 Oost Salmo、West Salmo。這東、西 Salmo 社，可能就是岸裡社巫術稱「散毛仔法」（salmo-ah）的根源。Salmo 緊鄰 Valapais；Ballebe（譯者按：可能即眉裏社），[35] 應和埔里「眉裏社」有關聯。而且牛眠、守城 salmo-ah 巫術最強（四庄自稱 Kahabu，牛眠教會至今仍稱呼 Baisia Sasumadan 眉社教會）。根據泰雅、賽德克山區耆老口述，都將 Kahabu 巫術，和會飛的人連在一起。尤其是，這種巫術竟成為 Zaaxu 懼怕 Kahabu 的重要原因。

第二個可能性：apu Magyawas 是指「媽祖婆」（maki 與；伴隨、awas 海）。根據潘永安手稿，雍正十二年（1734），潘敦在岸裡社口立「萬興宮」拜媽祖。[36]（開國版）稱 Sabung Kaisi、Bana Kaisi，乃是 apu Magyawas 媽祖婆直系後裔（契子、女）。判斷 apu Magyawas 就是指「媽祖婆」（稱 apu 婆，完全吻合）。開基之歌描述：apu Magyawas 從天駕彩雲下來，apu Tia（向婆）便開始作法唸咒。顯然，apu Magyawas 已然位居上風（西拉雅向壺，也成為壁腳佛）。

筆者認為，這首歌謠是潘敦，為了強調或紀念土官阿睦，率領族人脫離 Kahabu（勞動者）之地位，「一體內附」成為 saw 的歷史，而將阿藍和姐姐 Savong 刻成神像，「供奉」在始部落，讓族人牢記他們的貢獻。「岸裡王國」（巴宰族之開國神話）便是奠基在「歸化成為人」的歷史事件上。因為在《祭祖公之歌》標題下，「kinaduan nasia Babaw a reten」（已安置在他們的始部落），kinawasan dida piniluxudan nasia（過往的歲月那裡是他的「鹿仔場」）。顯示上述的研判應當是合理的。

大社祭祖公之歌有一句：「dudua haruaru makasilalutut」和此有關。依照本文引用之版本很難理解原意。當中無法解讀的 dudua，應不是指地點的 didua（那兒），應是另有涵義。dudu 乃是醬油池仔（小磁盤），可指

---

[35]《熱蘭遮城日誌》（第二冊），頁 249、251。位置在今彰化縣北斗鎮。
[36] 參考：林文龍（1998:34）。「據《臺中縣寺廟大觀》記載，創建於雍正十二年〔1734〕，緣起於……。潘永安『家藏祕本』……雍正十二年〔1734〕年夏，……赴北京朝覲……返回岸裡社後，即由張達京捐出土地，潘敦仔出資，在社口興建媽祖廟萬興宮……」。

乩童或桌頭手中拿的法器（毛筆沾墨汁用）。若以 *tudu*（食指；指示；教導）理解。Tudu-ah 可稱教導者、乩童或桌頭（傳述神喻者）。*haruaru* 可能係 *lualu*（蹲低；在下方、低處）加靜態前綴 *ha* 而成，是指將身體放低。*maka* 伴；結出 …… 成果、*sila* 抖動、*lutut* 跳動，*makasilalutut* 表達產生隨處抖跳的結果。總結這些詞句和前後相關文脈，將 *dudua* 最後的 *a* 當連接詞，沒有比「起乩」更合適的解釋了。*tudu a haruaru makasilalutut* 食指下垂，隨即（全身）抖跳；或乩童（教導者；傳述神喻者）將身體蹲低，隨即全身抖跳。

因這一句實在很難理解，特別參考《臺灣中部地方文獻資料》〈五岸社家訓・初有人類曲〉的注音：「Du-dua xa-roa ra ma-ka-Si-la-lu-tud」。該句乃是 *dudua hadua la makasilalutut*。Tuduah 指乩生（傳述神喻者）、*hadua* 表示事件已過。《巴宰語詞典》記音 *hadua* 和〈岸社家訓・初有人類曲〉記音 *xa-roa* 的差別（d 和 r 係發音的差異），應該和上述 Tupuzu、Tupudu 一樣，屬內社和大社發音之差異。*la* 了；已經（*lia* 的意思）。如此一來，更明確表達了上述：食指下垂，隨即（全身）抖跳；或乩生將身體蹲低，隨即全身抖跳之解釋。和「已被安置」等情結，非常清楚表達出這《初育人類》（初有人類曲）乃是立廟、立祖祠、立祖先神像時吟唱的歌謠。

這顯示出非常重要的「文化」訊息：Tabanan 大水歌謠，以傳統 *apu Tia* 的巫術（散毛仔法）整頓家園。而岸裡大社神話傳說，反而是已經仿「漢人」的宗教，刻造自己的神明（祖先神像），並沿襲「起乩」儀式（早期西拉雅向婆得神諭，也是祖靈附身唸咒語，起乩或許是漢人承襲自平埔母文化）。這個結果可反映岸裡等 Pazeh *saw*，在「漢統治勢力」（大環境）和「Saw 主體性」（民族尊嚴）之間的「文化調適」和「文化合成」吧！

早期閩、客移民都是以「祖籍神」（大道公、廣澤尊王、開漳聖王，和天妃、三山國王等）立廟。「雍正初年」（1723），臺灣府才特別尊崇「天后」的功績，[37] 而且許多馬祖廟都是官方涉入興建的，似乎是在鼓勵民間「拜

---

[37] 雍正三年（1725）9 月，巡臺御史禪濟布，〈奏請賜寫天后祠匾額〉，《臺灣研究資料彙編》（第一輯第四冊），頁 1281-1285。將施琅收復臺灣；康熙六十年（1722）藍廷珍、林亮帥水師入鹿耳門，甚至臺灣歸順數十餘年，官吏之往返將士之更替錢糧之輸挽，都和天后顯靈蔭庇有關。

馬祖」。倘若以社口「萬興宮」、埔里「恆吉宮」、大馬璘「醒靈寺」等，都和「熟（番）」有直接關係看來：馬祖信仰似乎成了熟番認同「統治者（祖國）」，最直接有效的管道。而且，從潘敦神主牌位，和巴宰族裔相關墓碑上所寫的祖籍——滎陽（中國河南？）也可看出端倪。

易言之，滿清朝馬祖崇拜的興盛，「起源」可能是來臺官吏、移民為渡海求平安，卻直接造成「教化熟番」的效果，讓熟番得以和「人」一樣，有自己的廟宇和神明。巴宰傳統的「散毛仔法」，便和馬祖廟的乩生、法師等「道法」結合，產生《祭祖公之歌》*dudua haruaru makasilalutut* 的情境。

諸羅知縣周鍾瑄尤其熱中此道：「天妃廟：一在城南縣署之左。康熙五十六年〔1718〕，知縣周鍾瑄鳩眾建。一在外九莊笨港街。三十九年〔1701〕，居民合建。一在鹹水港街。五十五年〔1717〕，居民合建。一在淡水干豆門。五十一年〔1713〕，通事賴科鳩眾建：五十四〔1716〕年重建，易茅以瓦，知縣周鍾瑄顏其廟曰『靈山』。」[38]

從歌謠內容判斷，Tabanan 歌謠中 *apu* Magyawas，和 *apu* Tia 向術結合的表述是清楚的。大水歌謠已將 Magyawas（馬祖）和 *apu* Tia 傳統巫術（散毛法）給了新的秩序，先有馬祖從天際巡視天下，然後差派 *apu* Tia 因而施展超高的法術。這也應是「一體內附」（被教化後）後才逐漸結出的果實。表示政治上對新統治者、新文化的「臣服」。

岸裡《大社祭祖公之歌》，則在馬祖婆神威下，有了直系後裔 Sabung Kaisih 和 Bana Kaisih。或許乾隆年間，馬祖已經成為大甲（郭金潤 1988:6-7, 12）、[39] 豐原、彰化地區「平埔仔」普遍接受的宗教。比較有趣的是，恆吉宮的馬祖是從彰化南瑤宮迎過來的（潘樵 2001:26-28），[40] 而且埔里和彰化一樣，都是在農曆9月「各庄社輪流拜馬祖」（俗稱：九月瘋馬祖）。埔里地區馬祖出巡「掃溪路」，乃是從牛睏山出發；似乎他們在原鄉已接受了馬

---

[38] 周鍾瑄（1999:281）〈卷十二雜記志——寺廟〉。

[39] 據〈鎮瀾宮介紹〉顯示，該廟宇乃源於乾隆三十五年（1770）興建之天后宮（有出土石碑為證）；而非通志所載「鎮瀾宮創建於乾隆五十二年（1787）」。廟中供有「功德業主副通事淡湄他灣、業主蒲氏本步、土目郡乃孟厘長生祿位」。

[40] 恆吉宮沿革寫的是漢人陳瑞芬從鹿港迎請來埔里；平埔大肚、房裡、牛睏山等，則說是同治十年（1871），從彰化南瑤宮迎請過來的。

祖，且互相拼館（輸人不輸陣）（同上引:132-135）。[41]《大社祭祖公之歌》和內社《開基之歌》相較之下，《大社祭祖公之歌》所展現的「漢文化認同」，和早期潘敦神主牌所寫的「榮陽堂」（祖籍認同），都成了岸裡社強化其政經地位的要素。

　　必須附帶一提的是，建議敦仔興建馬祖廟的，乃粵籍墾戶張達京。Pazeh *saw* 必須注意到：馬祖乃帶領北岸客家勢力，「踏進」大甲溪南岸的先行者。根據《臺灣中部地方文獻資料》〈岸裡社關係年表〉記載。嘉慶二年（1797），岸裡潘家在犁頭店街建文昌廟，嘉慶五年（1780），東大墩街建將軍廟；嘉慶十年（1805），葫蘆墩街建慈濟宮。嘉慶二年（1797）《岸裡等九社訴訟和解合約》有：「議有辦公館答應之時，其所用柴火，及辦祭文武廟牛、兔等項，遵照前規，照規社輪派，倘無牛隻可出，就著輪派之社備價辦出繳明，不得推諉。」的記載，可窺見他們對「祭祀」的用心。

（四）talingu'an（祖靈廟）

　　大社祭祖公之歌：「開基祖 Bana Kaisi、Sabung Kaisi 他們兩人，已安置在他們的始部落。祖靈廟（*talingu'an*）的甘泉，田園的水源充足。過往的歲月那裡是他的「鹿仔場」（獵場）。Saw 正在走標，好！走標的桂竹仔。」

　　talingu'an 前面的 *ta-* 專門做……的；靜態前綴、*lingu* 靈魂、*-an* 處所；位格。可理解為：靈魂安居之所或聚集之處，之所以譯為祖靈廟，乃是因為「副」標題：「初育人類」（大社祭祖公之歌），和開基祖 Bana Kaisi、Sabung Kaisi 他們兩人，已「安置」在他們的始部落。*kinaduan* 是已將東西放好了；放置在特定位置上了的意思，字根 *adu* 放置、*-an* 格位標記；後綴，可理解為放置處。但是，前面的前綴，卻不是用動詞；完成式的 *mina-*（主動）或 *pina-*（使役式），而是用名物前綴、完成式 *kina-*。因而 *kinaduan* 不能作動詞解，而是動名詞「安頓」、「供奉」之意。

---

[41] 根據筆者在大社、神岡牧會所得訊息：古早各庄社於「農曆3月間」輪流做戲、請客；而且會互相比較，看誰擺設宴席比較多、陣頭比較龐大。因此神岡、圳堵、社口等，每到慶祝媽祖生期間，都是水洩不通。各地族親、好友，連過路客都會被請進去「食桌」（參加流水席）。尤其，神岡（社皮）、圳堵（西勢尾社），和社口萬興宮（客家）的背景，更讓這種拼館有了族群意涵。

若然，名詞 Bana、Sabung 後面接的，不應該是指稱地點、方向的 Kaisi（*kai* 在、*si* 指稱方向），尤其歌謠把 Sabung nga Kaisi 加上連接詞 *a*；應該是 Bana 和 Sabung「的 *-a-*；*-nga*」Kaisih（神像）。*sih* 和 Saraus-*muh*、Saw-*sah* 一樣，乃是靜態名物化後綴。此處 *sih* 可解為「用以思索；得訊息」（卜卦、擲筊之對象）。因此，在文脈中本文將之解釋成 Kaisih：用以得神喻的神像。這裏面隱含了很有意義的意涵：祭祖公之歌把 Sabung 名字和 Kaisih 之間多了連接詞 *-nga-*，Kaisih 變成某某人的「東西」（物品），而 Bana Kaisih 卻沒有加連接詞！

安置番太祖，對熟番 Pazeh 而言，絕不會有自卑感，在當時乃是「封神」（出頭天）的意義；在天庭之中有了 Pazeh 代言人。當時漢人反而是 Pazeh 的 Tapuru（對佃農、長工等的稱呼，*ta-* 專門從事……、*pu-* 動詞使役式、*rubu* 低下）。[42]

有這個理解，才能解開「大水氾濫之歌」鋪陳情景：「Tabanan 的頭目 Sabung Kaisih，開始巡視……。Tabanan 頭目 Sabung Kaisih 聆聽……（鳥占），Tabanan 頭目心頭一陣哀傷……。」我所看到的是：潘兆開抱著母親；或潘賢文抱著祖母的「Kaisih」在大甲溪畔……淚下！然後 Tabanan 頭目差派人在北方溪流搭便橋「離開故鄉」（出埃及），那是這群 Saw 從 1630 年代開始，住了超過 150 年的家園。最後潘賢文父子在噶瑪蘭被滿清朝政府處死。

大水氾濫之歌顯示，避走罩蘭的隊伍中，Sabung Kaisih 和 Tapatnan *mataru* 在一起。最關鍵的是：Sabung 和 Bana（敦仔的父親）和 Tapatnan *mataru* 到底是什麼關係？

〈番仔城口碑〉：「最古的祖先名叫 Magyawas，是從天上降臨的。他的後裔是一對夫妻，丈夫名字叫 Vanakaisi，妻子叫 Savongakaisi。當時臺灣島發生大水災，族人全部淹死了」。〈開國神話〉「姊弟兩人，姐名 Savung-Kaisi、弟名 Vana-Kaisi 兩人逃避到 Tapozuaroryuz 山上倖免於

---

[42] 〈部落名稱〉稱 Poali 有兩種拼音：Daya *u puru*（東方佃農社）和 Daya *u buru*（東方箭竹社）；靠岸裡 Rahut *u puru*（西方佃農社）和 Rahut *u buru*（西方箭竹社），個人認為 *puru* 的可能性較高。荷蘭時代，Ganly、Poali 都是 Gan 的獵人、佃農（可稱為勞動者）；西勢尾（大浦）社、麻埔、後壠仔等，是西勢 Zang 的勞動者。巴宰語稱漢人為 Tapuru 也是這個意思，幾乎等於 Kahabu 一樣的地位。

難，……姊弟兩人在那裡結了婚……」。但問題出在於，Sabung 和 Bana 過世成為 Kaisih，乃是乾隆以後的事。而且上述口碑和神話，他們姐弟成為馬祖的直系後裔。那更應該是雍正年間的事情。前者直接說他們是夫妻；後者則說他們是姐弟，因在「Tapozuaroryuz」倖免於難結為夫妻。

大水氾濫之歌中的「Tapozuaroryuz」被遺忘了，反而在強調「大甲西社事件」後，族人的悲慘。這些歌謠勢必在嘉慶年間到 1879 年，是內社每年必唱的歌謠。當 1887 年他們再回到內社建教會，〈番仔城口碑〉和〈開國神話〉所架構出的共識（兩個家族的歷史詮釋）是「皇親國戚」。

根據歌謠所稱：「過往的歲月那裡是他的鹿仔場」，祖靈廟的地點可能在社口萬興宮[43]或鄰近之石頭公廟。也有可能自建祖祠，地點為岸裡國小圳溝旁土地公廟（舊南門內岸興宮）。筆者認為依名稱和相關地理位置，「岸興宮」為祖靈廟之可能性較大。若然，表示阿勞社舊址，不包括岸南土地（昔為鹿仔場）。道光年後，因為 Bana Kaisih 和 Sabung Kaisih 都已不在「岸興宮」；而 1871 年，岸裡大社建了教堂，岸興宮成了岸南土地公廟。

目前在埔里蜈蚣崙被供奉的「番太祖」（稱為 apu Tadawan，tadaw 番刀、Tadawan 可理解為刀匠；刀神；刀祖等，指善用刀者），就是 Bana Kaisih 的神像。[44]「他」卻是從神岡被請到埔里供奉的。以下資料係打里摺夥伴陳俊傑，在 1996-7 年間，於埔里採集番太祖相關之口述：

> 根據埔里烏牛欄耆老潘榮章所說：「以前我們巴宰所崇拜的祖靈信仰，也都跟西拉雅的阿立祖信仰一樣，並沒有雕刻成神像的偶像崇拜！番祖像都是後來才雕刻成神像！」（1996.12.10，愛蘭）

---

[43] 潘永安手稿稱萬興宮得名於士萬、士興應該是錯誤，因潘士興約乾隆二十四年（1757）出生，他和潘士萬差了將近 30 歲。雍正十二年（1733）興建的廟宇，不可能以他們的名字命名（還未出生）。反而應該是他們兄弟以萬興宮之名各取其一。萬興宮之名，應是表達張振萬興建。

[44] 「番太祖」就是潘敦的生父 Bana（阿藍），而且應該還有一尊 Sabung 神像。早期大社還有拜潘敦番刀，故在「阿霧安人的話語和腳蹤」書中，將番太祖和潘敦的番刀連在一起思考，認為番太祖是潘敦神像。如今歌謠清楚說明是 Bana 和 Savong 被供奉在始部落。

但是,將番太祖迎來埔里的家族有不同描述,蜈蚣崙潘新合說法是:「以前番祖就是我們家奉祀,在我曾祖那時就從神岡那裡請進來,那時我們會回到神岡那邊收租,那時候請回來的,我們是從曾祖那一代從神岡搬來這裡住的,⋯⋯以前是先到愛蘭,因為那時原住民都會下山來出草,埔里平原很不寧靜,所以我們家族就來這裡開墾,是當時最勇猛的才敢來這裡住。我小時候,番祖就已經我們這裡拜了!⋯⋯」(1996.10.11,蜈蚣崙潘宅)

從上述口述資料研判,番太祖就是從「神岡」的「*talingu'an*」請來埔里的 Bana Kaisih 神像(見圖1)。其地點可能在社口萬興宮(仍存有張達京長生祿位),或石頭公廟(緊鄰萬興宮)。筆者甚至懷疑,埔里蜈蚣崙潘新合家族,就是潘敦長子潘士萬的後代(打必里・大宇 1996:31, 88, 97, 135)。[45] 而被請到埔里烏牛欄的時間,應該是在明治四十五年(1912),潘士萬宅邸賣給廖氏;最遲不會超過明治四十六年(1913)10 月潘清洽過世。根據上述蜈蚣崙潘新合說法:「在我曾祖那時就從神岡那裡請進來⋯⋯ 我們是從曾祖那一代從神岡搬來這裡住的。」,那麼時間也應該在百年左右。

圖1　番太祖
註:陳俊傑拍攝。

---

[45] 潘士萬宅邸位於「大社村豐社路 57 號 ⋯⋯ 一直傳到潘清洽(1856-1913)手中;在明治四十五年(1912)由廖氏購得。⋯⋯ 」。潘新合的父親打毛里,曾祖父可能是潘清洽直系後裔,否則哪有權力帶走家族神像,並每年回神岡收租?因為潘士興孫子(潘永安父親潘纘華)接受基督教,番太祖隨著潘士萬子孫到埔里,如今在蜈蚣崙,成了四庄 Kahabu 番祖!潘清洽父親阿敦・四老,1884 年 4 月過世。潘清洽 1913 年 10 月過世。潘清洽之子,應於 1913 年之後才遷離開神岡鄉大社村。

（五）大社（同族分支）和 Tabanan 大水氾濫之歌

大社歌謠談到 PINAKAPAZAN（同族分支），也是和「TUPOZUARARYUZ」一樣，採集者（原文）都特別用大寫「強調」，應該是在指稱特定的時空：Nahaza *hiuwaz* PINAKAPAZAN[46] *nita*。*nahaza* 有、*hiuwaz*[47] 外戚；姻親、PINAKAPAZAN（同族分支）、*nita* 咱們的。Pina-kapazan 當中的 P-in-a 乃是使役式 *pa* 的完成式（*pa* 加中綴 -*in*-），*kapazan* 堆、疊在一起（建立姻親關係），Pina-kapazan 表達通過婚姻關係形成的結盟（攻守同盟）。

兩首歌謠漢字標題都提到「分支」；「分居」，應該是想表達「分離；分開」之意，但原義則應是「咱們的〔攻守〕同盟部落」。或許《同族分支》是在傳達岸裡社對「失落的盟友；崩離的姻親社群」的懷念之情。而內社《大水氾濫之歌》顯現出一個悲痛的情景：*mataru* 巡視群眾，一再的感到哀傷！而這些群眾也面對茫茫人海，各自選擇去路。這個線索，加強筆者對「TUPOZUARARYUZ」和 Tapozuaroryuz，應係有特殊意涵的認知。筆者深深懷疑，這是專指導致族人分裂；分居的「岸裡山之震」（大甲西社抗暴事件：阿里史篇）。

根據潘永安〈部落名稱〉顯示，岸裡「同族分支」所指的 Pinakapazan（姻親社群），似乎只是有血緣關係（*adadumut pungu xumak* 同族；同宗）的岸裡（Bana）、麻里蘭（Sabung）[48] 社群；可能包括埔里的岸裡社後裔。

---

[46] 參考《巴宰語詞典》*kapadal* 堆、疊石頭，-*dan* 和 -*zan* 也是不同系統發音之差異。但歌謠中指涉的乃是人或聚落，PINAKAPAZAN 應該是表達「已然使疊在一起」（因結為夫妻而建立的姻親關係）的意思。意思是便堆在一起的社群，指同一個。族語標題可理解為：咱們的（攻守）同盟部落，內文：「有咱們的族親」，亦反映此種「同盟、親屬」的關係，「如今散居各地_」，故漢文標題為「同族分支」。

[47] 參考《巴宰語詞典》*hiwat* 婚外情人，可能有誤。若 *hiwat* 真是稱呼「婚外情人」，就和（巴宰族之聚落名稱）將阿里史 Alisay 稱 Rarusay 或 Lalusay 相關。衛惠林《埔里巴宰七社志》採集一個辭彙 *maa-rarusain* 亂倫（*maa*- 相互地、*rarusain* 應當是 *rarusayen* 外遇；討客兄），*raru* 底下或 *lalu* 亂、*s-ay* 非現實式、-*en* 受事焦點；*rarusayen*，稱操守有瑕疵的女人。可見打蘭社將 Alisay 改稱 Rarusay 或 Lalusay 有特別意涵。個人認為：*hiuwaz* PINAKAPAZAN 並非指「婚外情人」的同族分支，先將 *hiuwaz* 譯為姻親；外戚。

[48] 從張素玢（2007）書中所見，下城所擁有的契約書，大都是稱麻里蘭社，可見他們在南岸時，是以麻里蘭社名出現。

Patakan（Pazehe u Sikidaya 東勢的巴宰）、阿里史社（被視為 Rarusay 變節者）、烏牛欄和 Puali，都不算在內。

（六）生蕃 zaaxu 和東勢的巴宰 Pazehe u Sikidaya

「同族分支」PINAKAPAZAN，緊接著幾個關鍵字：*malaleng didua zaaxu sikitaiyah* 他們住在 *zaaxu sikitaiyah*（寔其大要）那兒。歌謠中 *zaaxu* 和 Pazehe 乃相對的稱呼，[49] 前者係指「生番」，後者是指「熟（番）」。

「同族分支」：*ragi a reten ki maanu zaaxu* 遠方生蕃那親家的部落，*lazi'an u binayu walakiwak dalum* 山的界線，水的隔絕，*lazi'an* 很清楚出現「界線」。「同族分支」應該是已有「番界」（尤其是乾隆二十五年〔1758〕，劃定土牛紅線）之後的歌謠。

Pazehe u Sikidaya 是指番界外大馬璘（Patakan 祖居地）。從語意上來看，Sikidaya 和 *sikitaiyah* 明顯不同，*si* 去（方向）、*ki* 主格標記、*daya* 東方；上游；日升之處。Sikidaya 最得體的解釋為「東勢」。「大水氾濫後人民分居」歌謠中竟然沒有「分居的人民」，跑回大甲溪南岸（回家）！而是「隨人顧生命」，如鳥獸散各奔前途！這是最關鍵的情節；且出現「人民」的稱呼，需謹慎處理。

《大水氾濫人民分居》歌謠，出現「人民」（Sawsaw）和 Pazeh 的稱呼。[50] 這是很重要的訊息。*pazeh* 字根 *azeh* 熟（動詞 *mazeh* 煮熟）、*pazeh* 使熟、*pazehay* 會熟；要熟、*pazehi* 要熟！若是根據伊能嘉矩 Pazehhe、Pazzehe 和文獻「巴則海」等記音，比較有可能是 Pazehi（i 在 h 之後，變音讀 e），和 *pazehay* 會熟；將要熟。它有雙重義涵：

---

[49] *zaaxu* 生番，和土地；泥土 *daxe* 同義，是相對於 *pazehi* 的稱呼。耆老說：泰雅 *zaaxu*，是不洗澡的人；*zaazaxu*（布農族）更嚴重。布農族認為洗完澡後，容易遭受惡靈攻擊，稱布農族為 *zaazaxu*。最簡單的理解是：*pazeh* 已接受禮教、脫離傳統狩獵習性，開始穿鞋子和土地（*daxe*）有了距離。從這種依生活方式和外觀解答 *kahabu*，就是指崇尚自由；喜愛狩獵；不受禮教束縛的熟（歸化）番。這和四庄耆老說的：「抓魚打鳥，傢伙開了了」相符合。

[50] 伊能嘉矩（1996:36）：「相對於生蕃，他們自稱 Vazzehe，意思是『成熟的人』，似乎是只對生蕃才這樣稱呼自己的。」

1. 呼格：*pazehi* 熟的！是他稱或呼喚的用法。表示他的身分「Saw」，更表示他已不是生番 Zaaxu 或 Kahabu（原住民勞動者；漢人勞動者稱為 Tapuru）。
2. 祈使句：Pazehi 意思是「學卡熟哩！」（要聰明一點！）「熟」在漢人方言有：聰慧、成熟、熟識的意思。
3. 期待式：Pazehay 會熟；要熟。比較屬「自稱」的形式，*maxa Pazehay aku* 我要學成熟些。或 *yaku ka Pazehay a saw* 我是成熟的 Saw（人）；我是有將來性的人；我是個上進的人。

五、歌謠年代判讀

（一）《Patien 版》內社憶祖歌謠

基本上，原被學者稱為《大社庄之番歌》的三首歌謠，乃是崎仔、內社（含阿勞、岸南）社族人過年吟唱的 Ayan（憶祖歌謠，口述歷史教本）。最古老的 Ayen 憶祖歌謠《大水氾濫人民分居之歌》，是描寫永曆年間，鄭國姓（本名森，字大木。依大明賜姓，當改稱朱森；或朱大木。本文保留來自中國的漢人，習稱國姓爺的大明情感，稱為鄭國姓。）父子攻打巴布薩、斗尾龍岸，Pazeh Saw 流亡、分居的歷史悲歌。這是非常重要的「史料」，保留了東寧時期的臺灣原住民處境。除了向大甲溪北岸遷移的主力外，遷到內山（東勢 Patakan）成為巴宰。而要去當 Saraus muh 生番的那一群人，則下落不明。筆者認為，和水沙連思貓丹社、四庄 Kahabu 名稱的由來有關。

《大水氾濫之歌》乃嘉慶三年（1797），阿里史、崎仔、岸裡等社，與潘士興家族分裂，避走罩蘭的「壯士輓歌」。歌謠隱喻為逃避大水的勇士，在大甲溪畔北岸感人的離別曲。而歌謠中出現一位女長者，出面巡視受災勇士，並頻頻掉淚。她名叫沙岡（Sabung）；是后那（Bana）的姊姊；潘敦的姑媽。只是，該歌謠的年代沙岡（Sabung）已然去世，歌謠中稱為 Sabung Kaisi，可能是消失的「番太祖」（祖靈神像），和埔里的 Apu Tadawan（稱番太祖；番祖）乃是姐弟，岸裡社尊稱「開基祖」。

歌謠中的 Tupuzualaliw（岸裡山之震）已被當成專有名詞，他至少包含兩大事件：1. 永曆年間鄭國姓父子攻打巴布薩、斗尾龍岸，Pazeh Saw 流亡、分居的歷史悲歌。2. 乾隆末年，阿里史潘賢文與岸裡潘士興家族，為徵收公租之權力正面衝突。導致嘉慶年間，阿里史相關社群，兩度大遷徙。只可惜日本學者採集資料時，已經沒有人能夠述說相關的故事！幾乎所有受訪者都把它當成山名。以致於失去了「故事性」。

《大水氾濫之歌》：「Tabanan 頭目差派人在北方溪流搭便橋。」清楚表達已過了大安溪北岸。但是《開基之歌》卻呈現了不同的情景：「大家抵達了海邊，進行鳥占。到處都可見崩塌，陽光映照在沙灘、海面。尋視被沖刷過的穀倉，巡視小米萌新芽，那裡不用涉水。Tabanan 頭目開始搭房舍、廚房，遍地將有小米發新芽。」這個有著明媚風光和展望的新家園，應該不會是噶瑪蘭，而是歌謠吟唱者的「鯉魚潭」，這和歌謠被稱為《大社庄之番歌》的基調才能接的上。宜蘭阿里史並未回來大社唱過歌。

根據內社 Taba 族人口述：「我們被驅趕到 Taran 之地，形成 Taran 社。遷到 Taran 時，也就是 100 年前才歸附清廷的。不久，我們又被漢人驅趕到壢西坪高原，形成 Rasipin 社〔按：今稱壢西坪為 *pinahilutman* 灑過尿的地方〕。因為這裡蕃害極多，20 年後全族遷回 Paiten 社舊址。很不幸，Paiten 社這裡又來了很多漢人，一年後，社內 64 名壯丁冒險到番仔城這個地方拓殖，社名叫做 Tapvo（匏瓜）社。最後定居在 Tapvo 的時間，是距今 52 年前，也就是清道光二十五年〔1845〕之事。」明顯表示，《開基之歌》的地點不是「舊社」，而是 1845 年「冒險到番仔城這個地方拓殖」之鯉魚潭內社。顯然，《開基之歌》是相關三首歌謠最晚期的 Ayan。這更表示 1845 年代，他們的長輩還能在過年牽田的時候，訴說著祖先的悲慘故事。

《開基之歌》描述 *apu* Tia 施展法術，讓滿目瘡痍的土地，變成「搭房舍、廚房，遍地將有小米發新芽」的新家園。表達了巴宰族「傳統巫術」（散毛仔法）的沿革，應係出自 Patien 社，可能是習自西拉雅。吟唱開基之歌的地點，應該就是 Patien 後人吟唱 Ayan 歌謠懷念祖先的「鯉魚潭」（內社 Taba）。試想，在吃過 Atla 粿、糯米飯後，舉族環繞在營火堆旁吟唱著三首歌謠（一次又一次）……。之後，老人家伴著淚水，訴說著家園被「割地換水」的往事……。

1871 年他們興建了內社教會，成為苗栗地區最早的基督教徒。是由南部的宣教師設立，最後卻因為在大甲溪北岸，被歸給了北部大會。他們帶著悲悽的 Ayan，在 1879 年回到大社故鄉，竟被當成 Maribu 社！[51] 1887 年，他們又毅然回到內社。直到 2000 年，內社成立臺灣巴宰族群協會，Ayan 歌聲再度響起。

（二）岸裡大社憶祖歌謠

　　《初育人類》之族語 pakanahada-ay saw 原意為「要使之有人」（要成為 saw），和潘永安口述〈開國神話〉之詮釋，顯示乃為凸顯「歸化做人」（一體內附）行動中，Bana Kaisih、Sabung Kaisih 他們兩人的重要性。尤其是〈開國神話〉之詮釋，不但把他們當成「開基祖」，被雕刻成神像供奉，更是 Magyowas 的直系後裔。可見此歌謠應是乾隆十二年（1745）；敦仔回南岸阿勞社傍立打蘭新社後，興建祖靈廟時吟唱的歌謠。筆者判斷，祖靈廟應是乾隆二十三年（1756），岸裡社敦仔獲官方賜「潘」姓，並接掌岸裡社總通事時期建造。這首歌謠成了岸裡後人每年吟唱的《祭祖 Ayan》。

　　岸裡大社《同族分支 Pinakapazan》歌謠，則是岸裡後裔懷念「麻里蘭」姻親的歌謠。歌謠中有許多名詞，是很重要的觀念，例如 Pinakapazan 乃是攻守同盟的姻親部落，他的對象到底是哪些社群？〈部落名稱〉成了理解岸裡社末代總通事認定「巴宰族親」的重要依據。《同族分支》族語「Pinakapazan」（攻守同盟），歌謠內容乃是「分散的 Pinakapazan」，這裡似乎在強調岸裡和 Patien 的姻親關係，企圖緩和兩者的恩怨情仇。

六、結語

　　乾隆二十三年（1756），岸裡社敦仔獲官方賜「潘」姓；朝廷「許熟蕃從清俗辮髮」，[52] 敦仔並接掌岸裡社總通事。敦仔的兩個兒子，也改漢名潘士萬、潘士興。很可能是在此時，敦仔乃在「岸興宮」（岸南土地公廟），

---

[51] *maribu* 圍圍牆，*ribu* 圍牆、籬笆。
[52] 臺灣省立臺中圖書館（1984:109-111）〈岸裡社關係年表〉。

為父親（Bana）和姑媽（Sabung）建了「祖靈廟」；阿睦的一對子女 Bana 和 Sabung，成了岸裡社的「開基組」。[53] 岸裡打蘭社開始唱起〈大社祭祖公之歌〉；最重要的是「*pakanahada-ay saw*」（正式稱為 Saw）。

〈Pazehe 之開國神話〉應是岸裡社末代總通事潘永安，根據《大社祭祖公》、《同族分支》歌謠，所提出的「岸裡王國」觀點。而〈Patien 口碑〉則交代了相當悲慘的遷徙史，雖然對遷徙過程的原因，只記得「遭到漢人驅趕」（似乎針對福佬人，因客家一直跟在他們身邊）。但對於他們不論歷經多少波折，仍一再回到苗栗的情況看來，他們和苗栗的淵源頗深。尤其他們頂、下城 Pinakapazan 的緊密關係，竟能持續 400 年不變。尤其和客家人為伴三百餘年（從張達京和麻薯舊社南遷算起），卻又彼此保留文化特色，更是堪稱新臺灣族群倫理的楷模。尤其，「岸裡王國」的產生，麻里蘭也是開國元勳，當屬不爭的事實。

然而，〈開國神話〉當中，阿里史成了 Rarusai（變節者，或脫軌的女人），和 Aoran（烏牛欄）、Puali 都被排除在岸裡（Pinakapazan）陣營之外，麻里蘭成了圍籬笆 Maribu 的長工！

《大水氾濫人民分居》之歌清楚敘述有 *saw* 要去東勢日升之處當 Pazeh，這是非常重要的線索。顯示東勢大馬璘；甚至包括大湳、水底寮，乃是 *saw* 的聚集處。其次，有 *saw* 要去當 *saraus-muh* 生番，更是引起筆者的好奇，內容涉及鄭國姓攻打巴布薩、斗尾龍岸的年代遷徙到水沙連的社群。這群新移民可能和水社稱呼埔里番親為 Alisay 有關，值得繼續探究。

筆者研判《Patien 版》大水歌謠，是在 1874 年內社教會長老被泰雅出草殺害，1879 年「巴宰族內社人部份撤至大社」，成為岸南 *maribu*（意為圍籬笆）的「難民」，直到 1887 年「社民返回鯉魚潭，並重建內社教會」（張素玢 2007:10-11）。這段時期岸裡大社《同族分支》的歌謠，和《Patien 版》大水氾濫歌謠，勢必產生了「立場和詮釋的衝突」。最終（10 年後），這群岸裡的姻親社群（Pinakapazan）「再度」返回北岸重建家園。這三首

---

[53] 此事在上引〈岸裡社關係年表〉並未被記載。但嘉慶二年到十年（1796-1804），潘家在犁頭店街建文昌廟、東大墩街建將軍廟（合稱文武廟）、葫蘆墩街建慈濟宮，卻清楚記載。應該是因為兩尊祖神像「都不在了」，一尊隨著大水氾濫歌謠沖到北部；一尊跑到埔里了。

歌謠，則留在大社交根阿打歪家族（阿勞社郡乃大由仕後人）繼續吟唱。潘永安家族則仍舊吟唱《祭祖公之歌》、《初育人類》和《同族分支》Ayan 歌謠。雙方也各自述說著祖先的故事……。到了伊能嘉矩採集時，雖然不甚明白歌謠的內容。但是不論內社或大社的口述歷史，卻保留了相當程度的「共識」（Sabung 和 Bana 同源）。

〈Pazehe 之開國神話〉與鯉魚潭〈Patien 口碑〉，似乎已經取得某種層度的「共識」，尤其是兩份文本的前言部分。必須強調的是，日本學者採集資料之前，大社和內社都已經接受了基督教，而且潘永安還成為巴宰族第一位傳道者。這個基督宗教的氛圍和組織，似乎讓分裂的族裔，有了見面對話的機會。根據上述《苗栗縣鯉魚潭巴宰平埔族調查研究暨古文書彙編》所載年代，這個對話的機會、基礎，只維持 10 年。

岸裡王國的興起和開國神話，相對於鯉魚潭內社吟唱遷徙悲歌，兩者之間有著強烈的對比。若以歌謠內容和社群記憶，配合探究相關歷史，必然可以發現更多文獻以外的資訊。期待本文巴宰古歌謠之翻譯，能為學界帶來一些可參考的線索，繼續探究臺灣「平埔族群原住民」的辛酸血淚。

就文學形式來看：〈Pazehe 之開國神話〉有濃厚基督教聖經「創世紀」的影子，不論是 6 天（上帝 6 天創造，第 7 天休息）、犯罪（亞當、夏娃，挪亞方舟等）、洪水（審判之意）、始祖（亞當、夏娃）等都是。這可能和伊能嘉矩訪問時，岸裡大社的基督教背景有關。

有關 Magyawas（或 Magyawas、Magiyowas）的名號，應該不會是指基督教的宣教師（過海而來的宣教師，至今仍稱為 *xaraw mudus* 鬍鬚个；如今泛稱牧師、傳道人），更不會把上帝矮化成 *apu*（祖父母輩長者）。而且潘永安的漢學老師，都是當時的一時之選：吳子光、何行修之輩，除非該稱謂已在他記憶的範圍之外。否則，兩地歌謠、傳說都提到 *apu* Magyawas，至少在《開基之歌》看出，*apu* Magyawas 從天降臨，和 *apu* Tia 施展「向術」有關。但他們似乎已不知道（或不明說）*apu* Magyawas 是誰？這也讓當代學者，真的把 *apu* Magyawas 當成巴宰族的創始者（始祖）了！

相信在滿清朝、日治初期族人吟唱歌謠時，老人家還能講述 *tau maumauan* 和相關族人遷徙的故事。但因歷經大中華；滿清帝國堯舜禹湯、日本天照大神等教化，使歌謠失去了「故事性」（靈魂）。到了日本學者採

集內社的《大水氾濫人民分居》、《大水氾濫之歌》、《開基之歌》，和岸裡大社《同族分支》等歌謠時，歌謠吟唱者已然失去了「說故事」的能力，這可從他們翻譯的結果看出端倪。這些歌謠在1895年於大社採集，表示當時還有人會吟唱，卻已不甚明白歌謠的內容！

　　臺灣各原住民族群，要在叢林生存，必須表現英勇和毅力。當原住民土地和生存面臨威脅，男人必須有「馘敵首」的勇氣，不只為驅走凶暴之邪氣；安撫祖靈，也可增加己方氣勢，嚇止敵人入侵。當遇到強敵時，原住民會依血緣、姻親等關係，建立攻守同盟（Pazeh: Pinakapazan）。彼此間有共同的規範來源：祖靈，還有共同的價值：護衛土地、族人。但是當他們面對（文明國家）移墾勢力時，最大的衝突和矛盾在於「文明的假象」。外來侵略者在「弱肉強食」的情境中，會披上「文明的外衣」，強調五千年悠久文化、上帝的唯一代言人、天照大神的傳人……。然後以地痞流氓的手腕，取走你的一切所有；包括生命、土地、文化、尊嚴。兩者間只能說是人（文明；謀略）和番（自然；純真）的差別。

參考書目

打必里・大宇（潘稀祺）
  1996 潘睦派下潘氏族譜。臺中；潘啟南派下家族。

伊能嘉矩
  1908a Pazehe 之開國神話。東京人類學會雜誌 264。
  1908b 臺灣ピイポオ蕃の一支族ぱゼッヘ（PAZEHHE）の舊慣一斑。東京人類學會雜誌 273:405-419。
  1909 大日本地名辭書續篇。東京；富山房。
  1996 臺灣踏查日誌，楊南郡譯。臺北；遠流出版社。

林文龍
  1998 臺灣中部的開發。臺北；常民文化。

林百川（清）等
  1993 樹杞林志、苑裏志。臺灣文獻叢刊，第 48 種，臺灣銀行經濟研究室編。南投；臺灣省文獻委員會。

周鍾瑄（清）
  1999 諸羅縣志。臺灣文獻叢刊，第 14 種，臺灣銀行經濟研究室編。南投；臺灣省文獻委員會。

周璽（清）
  1993 彰化縣志十二卷。南投；臺灣省文獻委員會。

郭金潤 編
  1988 大甲媽祖進香。臺中；臺中縣立文化中心。

移川子之藏
  1931 承管埔地合同約字を通じて觀たる埔里の熟蕃聚落（二）。南方土俗 1(3):37-44。

張素玢
  2007 苗栗縣鯉魚潭巴宰平埔族調查研究暨古文書彙編。苗栗；苗栗縣文化局。

臺灣省立臺中圖書館 編
  1983a 臺灣中部地方文獻資料（三）。臺灣文獻 34(3):167-191。
  1983b 臺灣中部地方文獻資料（四）。臺灣文獻 34(4):83-152。
  1984 臺灣中部地方文獻資料（五）。臺灣文獻 35(1):87-152。

賴貫一
　　2005　大社庄之番歌試解——天子神話的建構與文化認同的難題。發表於「百年遺落與重現：2005南投縣平埔文化研討會」，南投縣政府文化局、暨南國際大歷史學系主辦，南投，12月17日。

衛惠林
　　1981　埔里巴宰七社志。臺北；中央研究院民族學研究所。

潘樵
　　2001　埔里祈安清醮一百年。南投；潘樵文化工作室。

日治時期「隘」與「隘勇線推進」初探（1895-1920）——以南投地區為例

鄭安晞
中興大學歷史學系專案助理教授

一、前言
二、日治初南投地區的隘與隘丁線
三、隘勇線推進制度緣由與相關防蕃工程
四、隘勇線推進時期
五、結論

一、前言

　　臺灣有關「隘制」與「隘墾」的研究，在歷史學界的研究與討論中非常興盛，研究成果也相當豐碩，多數學者討論的「隘」，都把研究重心放在土牛紅線、藍線、屯田制度與養贍埔地之間的關係，甚至是地權與地租的屬性與變化，甚至是研究清代如何透過制度管理番界內外的人與土地。包括：戴炎輝、施添福、柯志明、吳學明、林文凱等學者，其中又以桃園、新竹、苗栗、臺中4縣市的研究成果最多、也最為豐碩，其次是中部的南投與北部的宜蘭等地，不過大部分的研究時間段限都集中清光緒朝以前；同治、光緒年以降的廢除「番界」，加上又有「開山撫番」等措施，官方分別透過撫墾、撫番與開路等方式進入山區，一次、又一次的變更界線，其中最方便的方法則是透過「隘線」推進方式，去改變墾區的範圍；日治以降，日本官方更透過「隘勇線推進」制度，迅速的進入山區，進行討伐與控制原住民部落，取得土地使用的掌控權。

　　早期研究「隘制」的學者，如王世慶曾寫過〈臺灣隘制考〉（王世慶1994:373-414），此文是瞭解臺灣隘制的基礎；由南投縣文獻委員會所出版的《南投縣志稿》，裡面亦有由劉枝萬所寫的〈南投縣革命志稿〉（劉枝萬1983），文中的第3篇有〈高山族之抗日〉一文，非常詳細羅列了日本官方的「理蕃」經過，亦載明了隘勇線推進、抄沒原住民槍枝等過程、大正三年（1914）的「太魯閣戰役」、以及昭和五年（1930）的「霧社事件」，皆有所酌墨，對於文章的鋪陳與史料運用，亦非常嫻熟，且深入淺出，堪稱是研究南投隘制與原住民歷史的典範。

　　南投縣的埔里鎮是臺灣的地理中心所在，從古至今一直是多元民族與文化多樣性並存的一個區域，歷史上隨著不同民族定居與遷移，又是山區原住民族與平地住民的接觸地點，因此流下許多古文書與口述歷史資料，對平埔族或是漢人來說，這些都是研究埔里地區拓墾史與家族史不可缺少的材料。今之南投縣內與原住民鄉（仁愛鄉、信義鄉）接壤的鄉鎮，共計有：國姓鄉、埔里鎮、魚池鄉、集集鎮、鹿谷鄉與竹山鎮，這些鄉鎮的發展都與「隘」或「隘墾」脫離不了關係；其中，清末的「隘制」更影響了日治初期的發展。

筆者的博士論文主要討論清末到日治時期臺灣原住民領域的變化，其中有部分內容與「隘制」與「隘勇線推進」有關，因此希望試圖透過此文，瞭解日治初期臺灣中心地帶的南投，「隘」或「隘勇線」與原住民領域變化又有何關係，為研究上之方便，因此把時間斷限在 1895-1920 年之間；本文透過相關歷史研究與實地調查，亦結合相關南投地區的古地圖，如：《臺灣堡圖》[1]、《臺灣蕃地地形圖》[2]、《臺灣地形圖》[3]等，以及其他附錄於《臺灣總督府公文類纂》檔案的文末附圖，最重要的親自實地調查，再配合 GIS 地理資訊系統，重建定位與繪製新、舊隘勇線位置，讓大家更深入認識南投地區的「隘制」與「隘勇線推進」相互變化的關係。

二、日治初南投地區的隘與隘丁線

　　「隘勇線」制度起源最早可追溯至明、鄭時期的「屯田制」，以「土牛」、「紅線」等名稱，用來畫定民番交界，完整制度的建立可追溯至乾隆五十三年（1788）（臺中廳蕃務課 1914:148；伊能嘉矩 1991:398）。南投地區的隘線最早為清末所遺留下來的，當時曾有統領林朝棟所管理的水底寮到埔里社小埔社的中路隘線，此條隘線僅止於林朝棟所有地附近。日治初期，續由林朝棟之弟林紹堂所承管。不過鑒於臺灣改隸之初，全島匪亂四起，防隘設備與經費亦極度缺乏，當時官方對為此隘線對於防範原住民與土匪有功勞，因此認為有其存在之必要，繼續讓其沿襲使用。

　　明治二十九年（1896）9 月 19 日，日本政府將清代阿罩霧林朝棟所施設的水底寮至埔里社之間的隘路與隘丁歸臺中縣管轄，直屬於臺中辦務署，性質上是「民隘」，防番人員稱為「隘丁」（臺灣總督府 1900a），當

---

[1] 臨時臺灣土地調查局，《臺灣堡圖》，比例尺 1/20,000，明治三十一至三十七年（1898-1904），始完成測量，通稱《臺灣堡圖》（或臺灣堡圖的兩萬分之一地形原圖、堡圖原圖），臺灣日日新報社於明治三十九年（1906）對外發行。
[2] 明治四十一年（1908）開始測量，直到大正五年（1916）完成的《臺灣蕃地地形圖》，比例尺為 1/50,000，由臺灣總督府警察本署與蕃務本署共同測量，共有 68 張地圖，臺灣日日新報社正式對外發行。
[3] 大正十二年至昭和十三年（1923-38）才完成的《臺灣地形圖》，由日本陸地測量部負責，比例尺為 1/50,000，總共 117 張，臺灣日日新報社正式對外發行。

時官方曾每月補助 2,000 元，後隘線改由林紹堂管理，他亦在自己所有地與蕃界附近防備，爾後防禦蕃匪有功，官方則給予若干補助費，借予槍械彈藥，他擁有自己的私人武力，此舉為日方承認隘勇制度之嚆矢（陳金田 1997:24）。明治三十一年（1898）12 月，官方因林紹堂所主管的隘線，對於保護埔里街往來交通貢獻不少，增加每月補助金為 2,800 元，繼續供應火槍與彈藥。

明治三十三年（1900），南投當時的防隘如表 1。

南投辦務署所轄的「白菜坑嶺—鹿高仔」附近與「銃櫃庄」附近的蕃界警備，其經費則是由臺中縣樟腦局所辦理，性質上屬於「官隘」，警備人員被稱為「隘勇」。銃櫃庄附近的蕃界守備從頭社、社子庄到銃櫃庄附近（臺灣總督府 1900b）；當時詳細的隘勇與隘勇線資料如下：

一、從銃櫃庄到土地公按嶺（埔里社支署、集集支廳所轄界）的通道，設置銃櫃三所，配置隘勇七名，屬於埔里社支署頭社警察官吏派出所管。從土地公按嶺（集集支署、埔里支署所轄界）通水裡坑庄的通路，設置銃櫃四所，配置隘勇八名，屬於集集支署社仔庄警察官吏派出所所管。

二、雇入隘勇年齡滿十八歲以上的男子，從身體強健者的志願者中選拔，由知事向上申報，若有解雇的時候，知事也要詳具事情上報。

三、每一個派出所設置隘勇管理一人。（臺灣總督府 1900c）

表 1　明治三十三年（1900）南投一地的隘防表

縣廳	辦務署	隘勇人數	隘線	警備目的
臺中	臺中	225	水底寮－馬鞍龍－二櫃－三隻寮－水長流－三層埔	保護製造樟腦
		180	三層埔－北港溪大坪頂－小埔社－三層埔－內國聖－龜仔頭（支線）	保護交通及山地附近村落（間接保護製造樟腦）
	南投	14	白菜坑嶺－鹿高仔附近	保護交通及山地附近村落（間接保護製造樟腦）
		15	銃櫃庄附近	保護交通及山地附近村落（間接保護製造樟腦）

資料來源：陳金田（1997:192-193）。

官方也同時針對隘勇訂定管理規章包括：「直轄隘勇月手當及貸與品ニ關スル規程」、「直轄隘勇巡視監督規程」、「直轄隘勇勤務規程」等，逐漸規範了隘勇制度。

　　明治三十四年（1901）6月以降，埔里社民間多次陳情埔里支署，希望增設防隘設施並實行屯丁制度，當時官方有鑒於防蕃需要，計畫了新的蕃界防備計畫案，亦增加了隘勇配置數量及新設了幾條新隘丁線、隘勇線（如：南港溪線），詳細狀況如表2。

　　不久，由南投廳長小柳重道頒布了此一計畫，隘勇以及監督機關配置，誠如計畫書所規劃的內容，並把計畫書的說明變成「隘勇線區域及監督方法」，其中稍微更改了一些內容，包括：

（一）「監督巡查補駐在所」改為「隘勇監督巡查補駐在所」、「監督巡查駐在所改」為「隘勇監督巡查駐在所」、「監督警部補」改為「隘勇監督警部補」。
（二）確認將隘勇監督警部補，設置在北港溪警察官吏派出所中。
（三）土地公鞍安（鞍）嶺的管轄還是由埔里社與集集兩大支廳附近的派出所兼管與監督。
（四）北港溪線及南港溪線以外的隘勇線應由其各監視區監督的警部補來監督。
（五）銃櫃的位置及監督機關的駐在地點，得以依照蕃情與地形來變更。
（六）隘勇監督巡查、巡查補駐在所的名稱，冠上地名，稱為「何何隘勇監督警察官吏駐在所」。

　　根據上述史料，應可復原明治三十五年（1902）南投一地的「隘丁線」與「隘勇線」；而且透過史料可得知許多日治初隘勇線的設置工程與相關施行辦法，更有助於瞭解「隘勇線推進」時期的隘勇線，相關位置請參閱（圖1至圖3）。

表2　明治三十五年（1902）埔里社蕃界防備計畫案

區域	銃櫃數	監督機關駐在所 巡查	監督機關駐在所 巡查補	人員 警部補	人員 巡查	人員 巡查補	人員 隘勇
北港溪	42	4	8	1	49(3)	12(2)	84
南港溪	29	3	10		3	15(3)	58
自小埔社至魚池山麓	19		4				38
土地公鞍嶺	7		1				14
計	97	7	23	1	7(3)	32(5)	194

資料來源：臺灣總督府（1902）。

說明：
（一）北港溪線起於臺中廳管轄的水長流東，經過三層崎、北港溪、大坪頂，到小埔社，為現在隘丁線。
（二）南港溪線起於龜仔頭，沿著南港溪新道，到水尾庄，與南北兩港溪的合流點成一條線，經內國姓而出，會合北港溪線，為現在的隘勇線。
（三）從小埔社到魚池庄的線路，為蜈蚣崙附近現在是臨時的隘勇線以及白葉坑嶺現在的隘勇線，尤其在白葉嶺線的道路，從水頭庄沿南邊溪，出加道坑，到達木屐蘭，遷移是有利的。
（四）土地公安嶺為現在的隘勇線，據此路線的管理，分屬於埔里社集集兩支廳，此計畫實行之際，合併屬於埔里社管理。
（五）龜仔頭派出所，現今所屬於草鞋墩支廳，此計畫實行之際，移至埔里社支廳所屬，因為有必要，派出所的管轄區域應予以變更。
（六）南港溪線中，內國姓以北成為流隘，應該可充分保護腦業。
（七）表中的（　）數字，在總數字中包含了普通警察配置，作為兼用員額。
（八）銃櫃的數量，南港溪增加3個，也就是現在總數。
（九）此計畫的標準配備如下：
　　1. 銃櫃：間隔100間至150間之間，現在每櫃通常配置隘勇2人。
　　2. 監督巡查補駐在所：每5個銃櫃，其中央駐在的銃櫃稍大，前後各有2個銃櫃，此銃櫃有隘勇10人，可用來監督。
　　3. 監督巡查駐在所：巡查補駐在所2個，設置在其中間，應該附屬巡查補1人。
　　4. 監督警部補：駐在南港溪、北港溪二線中間方便地方，兩線路受龜仔頭派出所所監督。
　　5. 從小埔社到魚池以及土地公安嶺路線，應設置專任巡查監督，由附近的派出所掌管。
（十）此計畫實行之後，銃櫃通稱為隘寮。
（十一）此計畫實行後，總稱隘勇伍長、什長等階級。

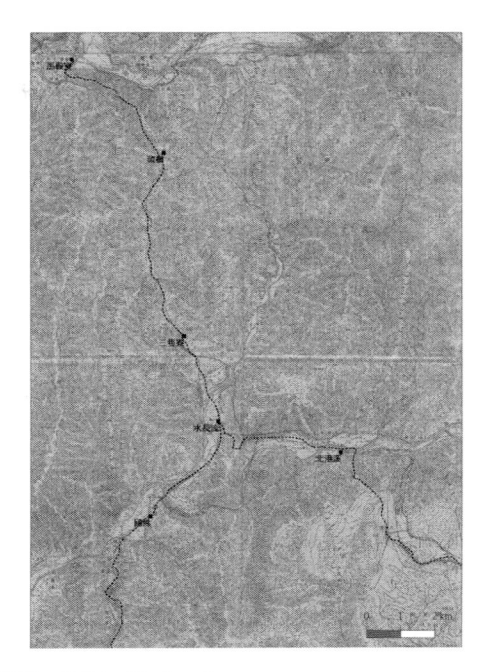

圖1　日治初期的隘勇（丁）線（一）

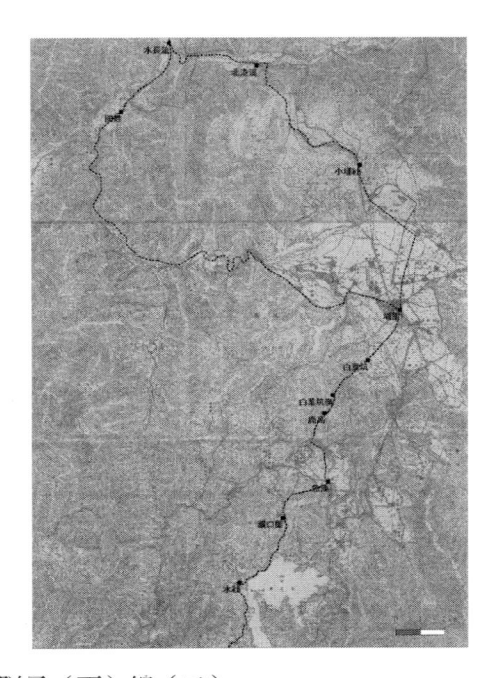

圖2　日治初期的隘勇（丁）線（二）

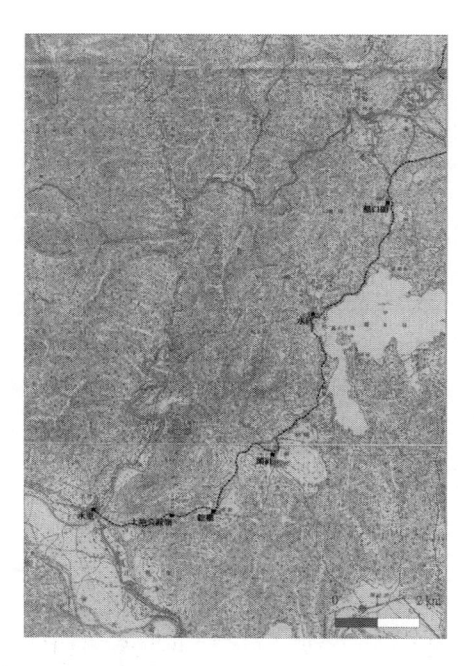

圖3　日治初期的隘勇（丁）線（三）

三、隘勇線推進制度緣由與相關防蕃工程

　　明治三十五年（1902）7月，臺灣北部因發生「南庄事件」，此事件有生蕃、隘勇等人參與，因此日本官方將主管「隘勇線」機關改為警察本署管理，為了防備原住民及積極擴張製腦地，認為「隘勇線」制度是一項積極且有效的政策，當年年底取消「補助隘勇制度」，並將隘勇全部改為官派，以便統一調度，如此可以漸次地隘勇線擴張（陳金田1997:147-148）。

　　何謂「隘勇線前進」？

> 所謂隘勇線前進，就是因為有開發利源及壓迫兇蕃之必要，故從現在線路向前推進，佔領新的地勢優良之處，而設置線路的意思。由於此新線之設置，而使得被包容的地區，成為安全的地區，不僅得以開發拓墾、伐木、採腦等利源，而且新線更可作為壓制其前面蕃社之工具。（持地六三郎1912:386）

可知其隘勇線實施之理念有二，第一是經濟利益，第二是為壓制蕃社。由於北臺灣盛產樟腦，因此可作為最早「隘勇線」推進的地區。

開鑿於蕃地險要山嶺溪谷之中的「隘勇線」，在隘線上配置有警備員，並築有「隘路」。隘路外面即是「兇蕃」棲息之地，因此必須刈除隘勇線上數十間（約18公尺以上）以內之草木，作為射界，以方便監視來襲蕃人，而且選擇隘路上的要衝的地點，來設置哨舍，稱為「隘寮」，在隘寮內配置「隘勇」。「隘寮」的構造多為木、竹、土、石等材料，儘量採取使用現地附近有的材料，以能耐子彈貫穿與防火材料[4]為主，利用槍眼（口）射擊，防備蕃人之來襲，在周圍厎木柵與掩堡防備。也在必要的地點設置有通高壓電流鐵絲網、埋設地雷，或設置副防禦工事等。

隘勇線上則架設需架設電話線，必要的地點配備野砲、山砲、臼砲等。然而，在斷崖、絕壁或是激流奔端等處等，不可使用普通橋樑與渡船方式，另架架設鐵線橋（吊橋），作為蕃界必要的設備之一（藤崎濟之助1930:553-554）。

又各隘寮間的距離依地勢與蕃情，而程度不一定，隘勇線分為三等級：

一等：每二里監督所一所，每一里分遣所六所、隘寮十二所。
二等：每二里監督所一所，每一里分遣所四所、隘寮八所。
三等：不設置隘寮，每二里至四里監督所一所，分遣所每一里
　　　四所。
在隘寮配置二乃至四名隘勇，隘寮四至五所內設置一個隘勇分遣所與配置巡查或巡查補，連接這些分遣所四至五個所，駐紮警部或警部補與若干巡查之處，則稱為隘勇監督所。在監督所內必要時配置醫師、所屬巡查及隘勇之外，又特別增加設置、作為補缺及其他應援之用。（同上引:555）

「隘勇線」上有警部、警部補、巡查、巡查補，像軍隊一樣，順序指揮與監督，隘勇則像卒兵一樣。當隘勇線新設置時，雖然有其他的職工與工人的施工，但平時隘寮、隘路、橋梁的修繕，射界的清掃及地雷埋設，

---

[4] 即是「夯土」構造。

鐵絲網、電話線的架設和修補與監視等，都屬於警備員的任務，因此這些行動像是步兵兼工兵，又部分兼砲兵。然而隘勇受警部以下監督，如普通軍隊的步哨，像：在隘寮監視，不准民蕃越過隘路，下令准許蕃人交通，或是直接制止指定外的地方通過的蕃人，警戒凶蕃來襲，取締秘密交換，都是其重要任務。

然而，蕃界平穩歸順後，漸漸的廢除鐵絲網及其他防備設備，如撤廢隘寮及隘勇線，以「警察官吏駐在所」取代「隘勇監督所」與「隘勇監督分遣所」，「隘勇」的名稱亦改為「警手」，警部以下警備員人數逐年裁減，在蕃社及其他特別重要的地點設置「警察官吏駐在所」。

當隘勇線推進時，需組織前進隊，前進隊的編成，由該地區的廳長擬定計劃部署，經由總督許可後實施之，蕃務本署創設後，廳長擔任前進隊長，警務課長任副隊長，明治四十三年（1910）5月2日各名稱及編成系統大要如下：

1. 在前進地設置前進隊本部，前進隊長指揮副長以下，處理前進事務。
2. 配置一定人員在本部、凡警部三至五名，警部補一至三名，巡查五至十名，隘勇若干名，還有設置輸送部隊，設置警部為部隊長，直屬於本部，掌管前進事業所必要物資的集積、搬運分配，文書的遞送與集配等；適當時宜，在前方派遣分隊，以警部補為分隊長，擔任物資之仲繼、人夫監督等事務。
3. 部隊依時宜一定隊數下編成，警部為部隊長，又警部補為分隊長，從事作業與戰鬥。又必要時編成一支別働隊，由蕃語精通的警部為隊長，指揮歸順的蕃人擔任偵察搜索等任務。
4. 需要特別的技術，如：砲擊、爆藥作業、鐵絲網、又電話線之架設等，由蕃務本署派遣警視、警部、技手、工人，選拔若干名巡查，設置特別作業班、鐵絲網班、電話班等，又當隘勇線前進之際，須於必要地點設置救護班，也在其附近設置分班，從事傷病者收容治療等，該班由蕃務本署組織、警察救護班或由赤十字社臺灣支部救護班派遣，依照當時一定的狀況，而班員接受前進隊長的指揮監督。
5. 總指揮官前往前進地，親自監督前進事務。（同上引:558-559）

「隘勇線」前進時，除須草擬前進計畫書與組織前進部隊外，針對相關隘勇線施設工程，亦有詳細的規範，包括：寮舍（監督所、警戒所、隘寮等）、鐵絲網、隘路、地雷等，相關工程茲可參考梅澤柾，《蕃地作業軌範》，以下就針對重要工事，作簡略說明。

（一）修築道路方面

「急造道路」的目的：為道路與下水設施所構成，在最少時間內所構築或改修，以方便交通與運輸。

> 道路的區別：在地面上堆積土，設置道路，即是「凸道」，挖掘地面下，設置道路即為「凹道」，在山腹設置即為「山腹道」。
> 路幅：道路的路幅視路況種類不一定，可單獨一人通行者三尺，車輛通過者需要七尺 ……（梅澤柾 1919:49-52）

除此之外，還需設置排水溝，以及利用最短距離的方式修築等。

（二）鋪設鐵絲網方面

鐵絲網為一列或數列的木柱，在上面纏繞網型鐵線，作為障礙物，又在鐵線上通過高壓電流形成障礙。有兩種，一種是有電流通過，另一種沒有電氣通過的鐵絲網，單稱鐵絲網。

1. 鐵絲網：鐵絲網離末端3、4寸，柱子的長度5-8尺，各柱子間隔約為6尺，需堅固的打入地中，用8號鐵線從柱子的底部到其他柱子的頭部，相互方向交叉，在每個柱子與地上約2握的距離，然後在各柱子間水平張開粗鐵線，鐵線之間的距離約1尺5寸乃至於2尺5寸，接著在各個方向張開細鐵線，形成網型。粗鐵線以回纏柱子或鐵線片，以容易的方法施作或用槌加以固定，細鐵線以柱子或是大鐵線的某點纏繞固定。以有刺鐵線和大鐵線並用，得以增加障礙的程度。鐵絲網的深度大，其效益越大，所以深度至少3間以上的是好的。時間與材料的少的時候，短柱植立在地上約1尺至2尺高，在縱橫及對角線應該張開鐵線作為障礙之用。

2. 電氣鐵絲網：電氣鐵絲網、針對地形應為一列或數列的木柱，在各木柱上植入礙子，在鐵線上通過電流。柱子、末端3、4寸長，選擇8尺乃至12尺的全直柱子，堅固地在地下植入柱子或運用生木與樹根，剪除其樹枝成為植柱，在同高處要鋸斷。礙子使用二層或三層礙子。除此在柱子頂點外，總柱的內面，規定間隔在一直線上與柱子約45度夾角，倘若以螺鑽穿孔後，打入裝礙子的凹棒，柱子的頂端用螺鑽鑽孔，在柱上直角打入裝著礙子，鐵線使用八號乃至十一號；架線數通常為四線，針對地形增加線數、或者在本柱上施設支柱，此外增加架線的深度。線的號碼，稱呼最上部為第一線，順序下面稱第二、第三、第四。在適當間隔架設四線，第四線從地面上起八吋，從第四線到第三線一尺，從第三線到第二線一尺五吋，從第二線到第一線兩尺。張線時使用張線器，到適當的鬆緊度。在礙子溝線上的嵌入電線，相對在電線上的線溝作細線，用電線纏繞兩端，反方向來回七、八次，捲成堅固的電線。網線上鐵線，每一間隔乃至於二間隔，用十四號乃至於十六號鐵線架設、聯絡各線與完全電路。電氣鐵絲網的電路稱為開電路式。開電路式在於電流的流動的標示，假如人畜或草木、導體的接觸，依照電流回線，形成閉電線，導致人畜死傷的情形，因此鐵絲網如果接觸物體，雖然停電，也不要隨意除去。

3. 線路引分：聯絡全部鐵絲網、架設的時候、線路的修補、接觸、物體的除去，當全線停電，電無法通過之時；因此當分遣所或監督所引分每個線路障礙之際，其部分的停電會影響其他部分，因此設置引分裝置。引分設置於應引分的地點，引分的密接與植立兩根電柱，兩柱裝著茶臺礙子，中止於各線端，隔絕兩線路。

4. 送電線：送電線平行架設於鐵絲網線；或利用鐵絲網第一線作為代用線，鐵絲網雖然可以節省材料，但是鐵絲網一部破損後，全部就要停電，是不利的，因此要架設別的送電線，排除障礙部分後，得以完全利用與送電。送電線與鐵絲網線的聯絡……

5. 副（擬）線：溪底或凹地等地方，時常受到水患，在上述這些場所設置，以防止敵人潛入，敵人來襲之時，馬上通電，與本線有同樣的效力，架設方法依照本線的架設標準。
6. 開閉器：電氣鐵絲網網路線的修補、除去與線路接觸的物體，容易關閉現場中的一部分線路或全部分，為此而準備的東西，雖然種類與形狀有很多，專門使用的東西有方是型開閉器及「洋刀型」開閉器兩種。（同上引:32-34）

以上，僅僅簡單描述「隘勇線」的施設工事，礙於篇幅，無法一一詳述隘勇線設施。明治三十七年（1904）以後甚至更晚，日本官方才廣為推廣「通電鐵絲網」（陳金田 1997:305）。

四、隘勇線推進時期

南投一地的隘勇線到幾有幾條呢？根據北野民夫編，《臺灣二》（現代史資料22）與田原委人子所寫的〈隘勇線小誌〉《蕃界》（三），經筆者考證與修正，綜合如下（表3）。

南投地區大規模的隘勇線推進時期，可從明治三十六年（1903）作為一個分界線點，此時間點之前的隘勇線，官方極力維持清末以來的隘線，也可視為平地與山區的蕃界線，往後的隘勇線則不再是慢條斯理的推進，而是透過武裝警察部隊，以大規模、大範圍的佔領原住民區域，也採取穿越式的隘勇線，通過原住民區域。

根據上述基本資料，以下就簡略南投地區重要的隘勇線推進過程以及隘勇線位置。

（一）埔里社隘勇線（阿冷山隘勇線）推進

明治三十六年（1903）10月3日，臺中與南投兩廳經過協議後，分別擴張其轄內的隘勇線（臺灣日日新報社 1903b），當時日本官方認為此處的原住民較為溫和，因此前進隘勇線目的在於防禦、兼以撫育，並非懲罰性的隘勇線推進，計畫從二拒（櫃）北港溪方面前進隘勇線，南投前進隊包含

表 3　南投地區隘勇線與隘勇線推進簡表

年次	州廳別	蕃社討伐及警備線前進方面	備註
明治三十三年（1900）	南投廳	土地公鞍嶺警備線前進	
		白葉坑方面警備線前進	
明治三十六年（1903）	南投廳	南投線連絡警備線前進	南投廳三隻寮、西水長流間
		阿冷山警備線前進	
明治三十七年（1904）	南投廳	過坑方面警備線前進	
明治三十八年（1905）	南投廳	猴洞山及山麓線警備線前進	北野民夫編，《臺灣二》（現代史資料 22）的「猴洞山警備線」時簡載為明治三十六年（1903），應是錯誤的。
明治三十九年（1906）	南投廳	埋石山警備線前進	
		霧社、眉原線警備線前進	4-5 月間
明治四十年（1907）	南投廳	埋石山一部警備線前進	
明治四十一年（1908）	南投廳	霧社、白狗方面警備線前進	明治四十二年（1909）1-5 月（田原委人子 1913）。
		三角峰方面警備線前進	
明治四十三年（1910）	南投廳	霧社方面討伐	
明治四十四年（1911）	南投廳	バイバラ蕃討伐	
		バイバラ山方面前進	南投廳境高地、田口原間
		南投廳三角峰追分遣所以西	
大正元年（1912）	南投廳	白狗方面前進	

資料來源：北野民夫（1986:406-410）；田原委人子（1913:144-148）。
說明：由於二書所載的里程數有所出入，因此並未列入。

警部、巡查、隘勇等 230 餘人，設置前進本部於北港溪，分為 4 部，到水長流 3 里（約 11.8 公里）處築砲臺，計畫佔領雙溪口與阿冷溪口，而臺中的前進隊亦有 140 餘名，在二櫃設立監督本部，預計佔領丸岡高地、無名雙溪口西岸以及附近的地方，兩隊各自佔領所期望的地區，南投隊有役夫千人，計畫每 120 間（約 218 公尺）築 1 座隘寮，築有 40 座，預計 2 星期完工；臺中隊的役夫 420 名，預計 1 星期將逐成 13 座隘寮（臺灣日日新報社 1903a）。

　　施工 24 天後，官方完成此隘勇線，合計 3 里（約 11.8 公里）多，共獲得 20 方里地域，途中遭遇南勢群阿冷社的攻擊，共有巡查、巡查補及隘勇 5 名戰死，2 名隘勇受傷（陳金田 1997:247）。

此條「阿冷山隘勇線」位於今日的北港溪中游以及支流阿冷溪、水長流溪一帶，至於詳細隘勇線長度與隘寮位置，並無法藉由實地調查得知，不過仍可藉由《臺灣堡圖》的〈阿冷社〉、〈水長流〉與〈北港溪〉三圖得知隘勇線的位置，其起點由北港溪為起點，往上游溯行一段阿冷溪後，上抵長崙山頂，再到阿冷山，從中川山的半山腰繞道西側稜線，通過丸山，沿著稜尾下抵水長流溪，接上臺中廳的「白毛隘勇線」。

由於「阿冷山隘勇線」相關資料的缺乏，目前可以找到較為完整的隘勇線警備單位，因此只能利用明治四十三年（1910）6月17日的《南投廳報》（第828號），整理出隘勇線警備單位，如表4。

隘勇線相關位置，請參閱圖4。

表4　阿冷山隘勇線隘防表

警備單位	成立年代	撤除年代	備註
中川山隘勇監督分遣所	1903	1912	
阿冷山隘勇監督所	1903	1912	改為「阿冷山蕃務官吏駐在所」，後又改為「阿冷山警察官吏駐在所」。
田邊岡隘勇監督分遣所	1903	1912	
長崙山隘勇監督分遣所	1903	1912	
阿冷溪隘勇監督分遣所	1903	1912	

資料來源：明治四十三年（1910）6月17日的《南投廳報》（第828號），大正元年（1912）8月25日，《南投廳報》（第5號）。

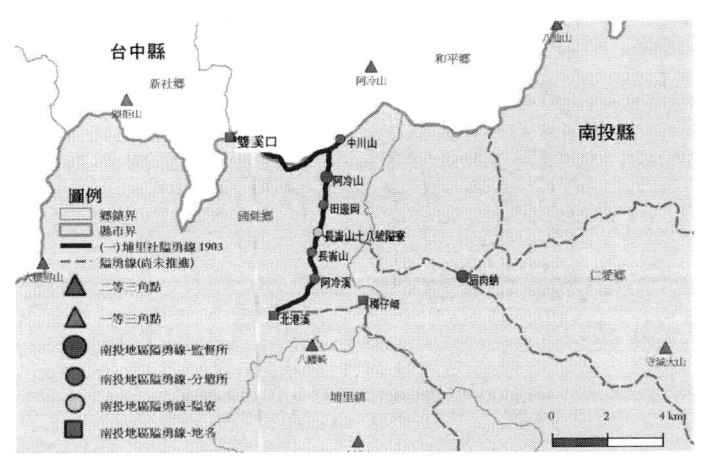

圖4　埔里社隘勇線（阿冷山隘勇線）

（二）埔里加道坑隘勇線推進

明治三十七年（1904）11月，南投廳埔里支廳擴張轄內加道坑方面隘勇線，同月25日開工，12月8日完工，長度約1里半（約5.9公里），包圍約4方里的山地（陳金田1997:302）。隔年3月，因為蜈蚣崙往過坑部分，因為平地部分以弦月型突出，不僅聯絡不便，而且由於在山麓地帶，原住民攻擊時較難以預防，如果施設從鯉魚潭直線連接過坑的隘勇線，則無此顧慮，亦可獲得豐富的林產，尤其是接近百甲原野，亦可以利用鯉魚潭的水灌溉，修築隘寮的費用由埔里社當地開墾者負擔，於10日動工，23日完成約1里16町（約）的隘勇線（同上引:312），此隘勇線從蜈蚣崙分遣所，通往內大林分遣所，是埔里社最東邊的隘勇線，總延長約2里（約7.9公里）多（臺灣日日新報社1905b）。

此隘勇線從蜈蚣崙開始，通過鯉魚潭南方，再穿過虎子山稜線後，經十一份、內大林，穿過水頭山鞍部，沿著過坑的山麓，抵達加道坑，至於詳細隘勇線警備資料，因缺乏，亦不甚清楚。

隘勇線相關位置，請參閱圖5。

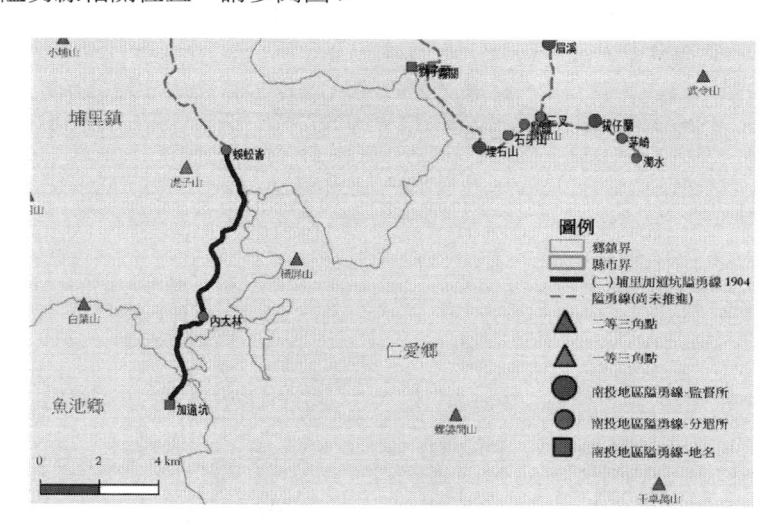

圖5　埔里加道坑隘勇線

（三）埔里猴洞山線及山麓隘勇線推進

明治三十八年（1905）12月8日，南投廳管內埔里社支廳，推進「猴洞山線及山麓隘勇線」，計畫從梅仔崎以南推進新隘線（臺灣日日新報社1905a），由於猴洞山附近樟樹林立，然而因為原住民出沒此地，腦業不甚發達，霧峰林紹堂曾秉請日本官廳准予採腦，且願意寄附推進隘勇線的經費，此線計畫延長6里（約23.6公里），配置隘寮70座（臺灣日日新報社1906a），不過亦有文獻記載為2里14町50間（約9.5公里）（田原委人子1913:145），其中隘線的距離數目不同，有待查證。

從清末以來，埔里社經小埔社到北港溪的舊隘線一直沒有變更過，此條隘勇線乃是日治初以來的一大轉變。此隘勇線從梅仔崎開始推進，沿著稜線往南經過三角嶺山、下猴洞山、頂猴洞山、然後轉下西南支稜，在五塊厝附近下抵山腳，沿著福興的山腳，經過牛眠抵達蜈蚣崙附近，不過礙於手中資料缺乏，亦無從得知詳細的隘線警備情形。

隘勇線相關位置，請參閱圖6。

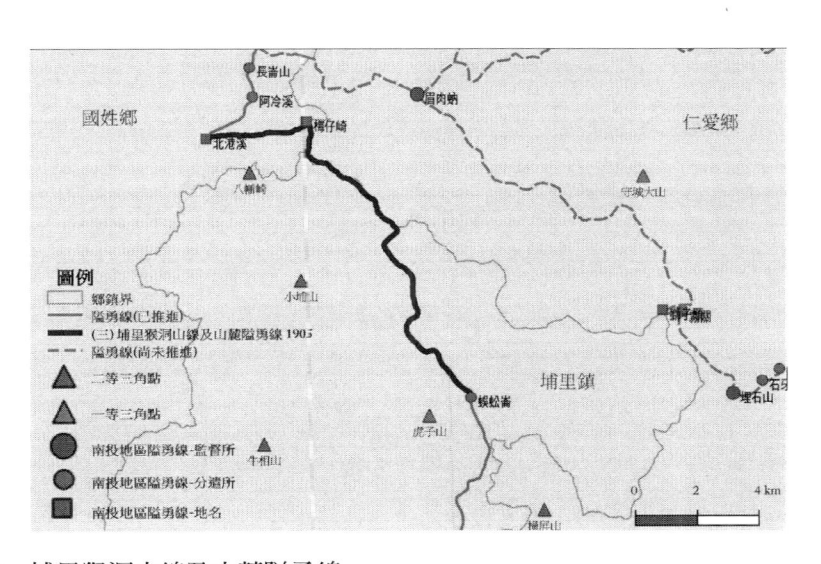

圖6　埔里猴洞山線及山麓隘勇線

（四）眉原、霧社隘勇線推進

明治三十九年（1906）4 至 5 月，南投廳埔里支廳管內的霧社群，因隘勇線封鎖關係，缺乏日用品，窮窘異常，屢屢向官憲提議歸順，官方藉此機會計畫推進隘勇線，計畫從 4 月 20 日開始施工，計有警部、警部補、巡查、巡查補與隘勇 450 名、人夫 570 名，共計 1,000 多名，計畫北從北港溪，經守城大山，橫斷濁水溪，置南蕃地界，延長約 9 里（35.3 公里），包容土地約有 20 方里，其工程之浩大，僅次於「深坑、宜蘭橫斷線」（臺灣日日新報社 1906b）。

前進部隊實際編成總人數 980 人，分成 7 個部隊，由南投廳警務課長擔任總指揮官，以埔里支廳長補佐之，另有巡查 2 名、巡查補 2 名擔任附屬，作為總部。各部隊長以警部補擔任，以及若干巡查與隘勇，本部設於埋石山，殿部設於蜈蚣崙，每隊皆在 140 人上下（臺灣日日新報社 1906e）。

「眉原、霧社隘勇線」於 5 月 26 日完成此隘線，若從埔里社為起點到霧社約有 5 里，沿著眉溪兩旁的道路上溯，可供開墾的原野很多。當時前進部隊集合於蜈蚣崙，分為兩路，第一、第二、第三與第四部隊，經大打石，涉東埔溪，向東方約相距 16、17 町的眉溪兩岸；第五、第六兩部隊，從此左轉而登佐野園、經杉仔林溪，向丁字山方面到賣覓納溪。從北自阿冷線中長崙山第 18 號隘寮開始（臺灣日日新報社 1906d），南至濁水溪岸萬大社的埋石山上為止，綿延約 10 里（臺灣日日新報社 1906c）。

此條隘勇線從長崙山開始，經過眉冷山，松樹山、眉原、丁字山、然後通過關刀山與守城大山鞍部，不登守城大山，從東南稜線下抵眉溪旁，往南下溯溪流一段，過眉溪後，沿著本部溪，往上續走北側稜線，登上埋石山，抵達「埋石山隘勇監督所」本部。此條隘勇線礙於資料缺乏，無從得詳細警備情形。

隘勇線相關位置，請參閱圖 7。

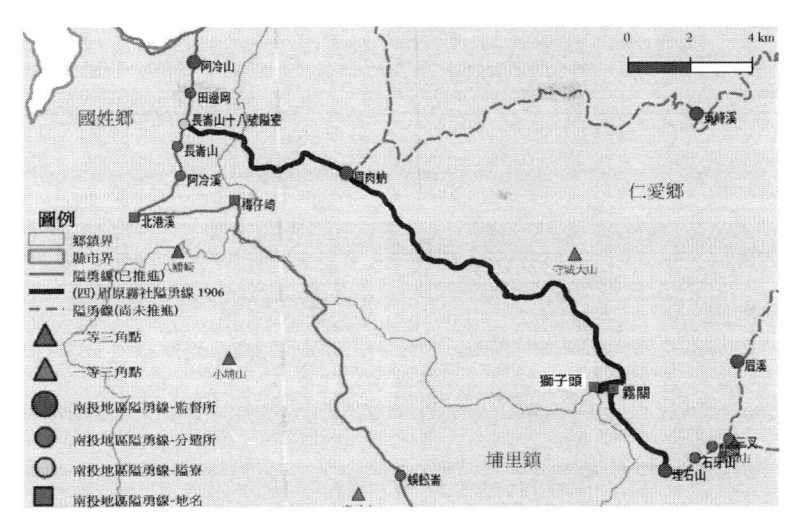

圖 7　眉原、霧社隘勇線

（五）萬大隘勇線（拔仔蘭隘勇線）

　　明治四十年（1907）3月2日，南投廳霧社支廳管內，從霧關隘勇監督所至濁水溪間，已經設有隘勇線，為了防範霧社、萬大等群，計畫從埋石山隘勇監督所對面，劃一直線，設置新隘線，隔開萬大與霧社群，剪斷他們的聯絡勢力（臺灣日日新報社1907），此隘勇線從「埋石山隘勇監督所」開始，通過對萬山、關頭山，從拔仔蘭一直下到濁水溪旁的「濁水隘勇監督分遣所」。

　　此隘勇線後來因為明治四十一年（1908）年底「內霧社隘勇線」推進，新的隘勇線從關頭山下抵眉溪溪旁，依照管理方便，官方又稱為「拔仔蘭隘勇線」，即是從「拔仔蘭隘勇監督所」下抵濁水溪，到濁水溪旁的萬大社為止，相關警備位置請參閱表5。

　　隘勇線相關位置，請參閱圖8。

表 5　萬大（拔仔欄）隘勇線警備措施表

警備單位	成立年代	撤除年代	備註
石牙山隘勇監督分遣所	1908	1912	
關頭隘勇監督分遣所	1907	1912	
三叉隘勇監督分遣所	1907	1912	

表5　萬大（拔仔欄）隘勇線警備措施表（續）

警備單位	成立年代	撤除年代	備註
拔仔蘭隘勇監督所	1907	1912	先改為「拔仔欄蕃務官吏駐在所」，再改為「拔仔欄警察官吏駐在所」，也增設了「拔仔欄砲臺」，昭和年間改為「高峰警察官吏駐在所」。
茅ケ崎隘勇監督分遣所	1907	1912	
濁水隘勇監督分遣所	1907	1912	

資料來源：明治四十三年（1910）6月17日的《南投廳報》（第828號），大正元年（1912）8月25日，《南投廳報》（第5號）。

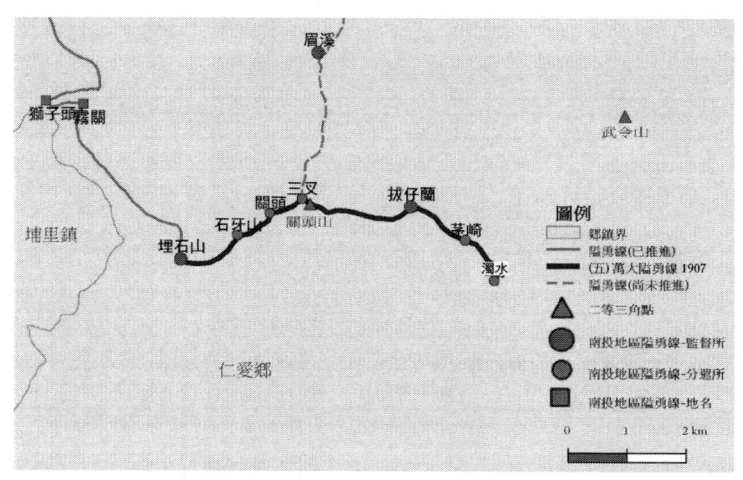

圖8　萬大隘勇線（拔仔蘭隘勇線）

（六）內霧社隘勇線推進

　　明治四十一年（1908）12月15日，南投廳鑒於埋石山與檜山的隘勇線未能防備道達群，因此官方採納霧社群族人希望，計畫從濁水溪岸到巴蘭（Baaran）分遣所經關頭分遣所，至眉溪與東眼（Toogan）溪合流點，溯至該溪無名雙溪口，越過東眼山脈，溯眉溪至於Habon分歧，一到達達卡奴罕（Tatakanoha），另一條沿著北港溪連接著現在隘勇線第三號隘寮之隘勇線，延長約8里（約31.4公里），並在霧社與道達兩社附近要地設置堡壘鉗制他們（陳金田1997:542），在此間設置5個隘勇監督所，24個隘勇分遣所，85個隘寮，設置警部1名，警部補4名，巡查31名，巡查補26名，隘勇365名，在此間延長與架設12里12町的電話線，供警備之用（臺灣日日新報社1908b）。

南投廳開始組織前進隊，開始施工隘勇線，此次隘勇線有分為 6 部隊，第一部隊由池田警部補統帥，第二部隊由宮川警部補統帥，第三部隊由伊藤警步補統帥，第四隊由青山警部統帥，第五部隊由竹中警步補統帥，第六部隊由仲本警部補統帥，其中第五與第六前進隊最容易遇敵，故前進指揮官由埔里社支廳長親率，以梅澤囑託為從，又準備預備隊由武久警部補充任，而糧餉部隊 3 隊，以庄司警部補為部長，藤崎與佐佐木警部補為第一、二班，供應糧食。

12 月 17 日，在「霧ケ關」設立本部（臺灣日日新報社 1908c），由南投廳長司令官部下齋藤警部及早瀨警部補留守本部，警察本署山本大尉暨賀來倉太警視均在本部裡。統計各隊人員有警部 5 名，警部補 8 名，巡查 75 名，巡查補 35 名，隘勇 548 名，人夫 625 名，共計 1,296 名，其使用火砲 12 拇臼砲 4 門，9 珊米臼砲 3 門，六珊米山砲 3 門，七珊米野砲 2 門（臺灣日日新報社 1908a）。

明治四十二年（1909）2 月 25 日，續延長隘勇線，由此變更線北港溪方面的 Tatakanoha 與三角峰的中間無名峰下到溪旁，長達 9 里 13 町（臺灣日日新報社 1909a）。3 月 3 日，住在山後的赫克社（Hoogo）人，忽然佔領北港溪的合水分遣所，並殺害 1 名巡查及 10 名隘勇，因此決定擴張中峰分遣所至三角峰橫貫其西南方摩西督巴旺（Mashidabawun）開墾地沿北港溪至合水分遣所的隘勇線，一方面可俯瞰左方的赫克社及馬烈坡（Mahebo）兩社人，另一方面可以鉗制太魯閣群與道達群，於 3 月 15 日由警部以下官吏 528 名，工人 480 名組織前進隊，同日奪回「合水分遣所」，佔領三角峰等要地，5 月 21 日解散前進隊，此間巡查與隘勇各 4 名以及 3 名工人戰死，巡查 4 名，巡查補 2 名，隘勇 10 名受傷，對方亦死傷數十名。又此兩隘勇線長達 12 里 31 餘町，包圍面積 14 方里，可獲得製腦原料 390 萬斤，以及濁水溪、眉溪與北港溪可開墾與放牧地很多（陳金田 1997:542）。

此次的南投廳隘勇線推進，前後約半年，一直到 5 月 21 日才舉行解隊式，爾後才能配置警備員（臺灣日日新報社 1909b），得以監視原住民。

經過此次隘勇線推進後，也撤廢了「眉原、霧社隘勇線」的相關的警備單位，僅留下「バイバラ山隘勇監督所」（後改為眉原山蕃務官吏駐在所），監視著舊的「眉原、霧社隘勇線」。改以新隘線警備配置，依照不同區域，隘勇線又可分為幾段，詳細情形如表 6。

「阿冷山隘勇線、眉肉蚋隘勇線」分別由「阿冷山隘勇線」加上「眉原、霧社隘勇線」的一段，兩者組合而成，中川山山腹的「中川山隘勇監督所」為最靠近臺中廳的警備單位，其位置從中川山開始，過「阿冷山隘勇監督所」，下到阿冷溪，登上眉冷山，再下到眉原溪（バイバラ溪），爬上到松樹嶺山，再下抵北港溪旁，渡過北港流，沿著溪北港溪左岸，接上表7的「東峰溪隘勇線」，最後上溯到北港溪上游，又連接上表8的「白狗隘勇線」。

「白狗隘勇線」從北港溪轉折點附近的「シバジヤン隘勇監督分遣所」開始，通過「合水隘勇監督分遣所」，沿著北港溪左岸的山腰，經過「白狗隘勇監督所」後的附近支稜，往上登爬到「躑躅岡隘勇監督分遣所」後，會合「三角峰隘勇線」。

表6　阿冷山、眉肉蚋隘勇線警備措施表

隘線名稱	編號	警備單位	成立年代	備註
阿冷山隘勇線、眉肉蚋隘勇線	1	中川山隘勇監督分遣所	1903	
	2	阿冷山隘勇監督所	1903	改為「阿冷山蕃務官吏駐在所」，後又改為「阿冷山警察官吏駐在所」。
	3	田邊岡隘勇監督分遣所	1903	
	4	長崙山隘勇分遣監督所	1903	
	5	阿冷溪隘勇監督分遣所	1903	
	6	小坪山隘勇監督分遣所	1908	
	7	眉冷山隘勇監督分遣所	1908	
	8	眉冷溪隘勇監督分遣所	1908	
	9	川中島隘勇監督分遣所	1908	
	10	松樹嶺隘勇監督分遣所	1908	
	11	眉肉蚋隘勇監督所	1908	
	12	田口原隘勇監督分遣所	1908	
	13	管原山隘勇監督分遣所	1908	
	14	茅野隘勇監督分遣所	1908	
	15	マカリシユ隘勇監督分遣所	1908	
	16	オピン隘勇監督分遣所	1908	
	17	望鄉隘勇監督分遣所	1908	

資料來源：明治四十三年（1910）6月17日的《南投廳報》（第828號）。

表 7　東峰溪隘勇線警備措施表

隘線名稱	編號	警備單位	成立年代	備註
東峰溪隘勇線	1	有勝山隘勇監督分遣所	1908	
	2	東峰溪隘勇監督所	1908	
	3	椿谷隘勇監督分遣所	1908	
	4	蕃路隘勇監督分遣所	1908	
	5	櫻木隘勇監督分遣所	1908	

資料來源：明治四十三年（1910）6月17日的《南投廳報》（第828號）。

表 8　白狗隘勇線警備措施表

隘線名稱	編號	警備單位	成立年代	備註
白狗隘勇線	1	シバジヤン隘勇監督分遣所	1909	
	2	合水隘勇監督分遣所	1909	
	3	無名溪隘勇監督分遣所	1909	
	4	瞰溪隘勇監督分遣所	1909	
	5	白狗隘勇監督所	1909	
	6	馬鞍嶺隘勇監督分遣所	1909	
	7	槻野隘勇監督分遣所	1909	
	8	厥野隘勇監督分遣所	1909	
	9	櫻岡隘勇監督分遣所	1909	
	10	躑躅岡隘勇監督分遣所	1909	
	11	一本松隘勇監督分遣所	1909	

資料來源：明治四十三年（1910）6月17日的《南投廳報》（第828號）。

　　「三角峰隘勇線」位於今日的翠峰附近，以「三角峰隘勇監督所」為中心，連接了「タッタカ隘勇線」與「白狗隘勇線」，相關警備措施請參閱表9。

　　「タッタカ隘勇線」在今日的立鷹附近，以「タッタカ隘勇監督所」為中心，也就是今日臺大農場附近（相關警備措施請參閱表10）。

　　「眉溪隘勇線」（相關隘勇線警備措施請參閱表11）以「眉溪隘勇監督所」為中心，從今日南山溪上溯，上到南東眼山的尾稜後，穿過1,200公尺右的鞍部後，接上「ハボン隘勇線」（相關警備措施，請參閱表12）的「頂上隘勇監督分遣所」，沿著眉溪右岸繼續上溯，最後下到眉溪上游的「ハボン隘勇監督所」，從這裡可以往北眺望白狗鞍部，渡過眉溪後，最後再接タッタカ山稜線（立鷹山），接上了「タッタカ隘勇線」，若是從眉溪往南的話，則接上「拔仔蘭隘勇線」。隘勇線相關位置，請參閱圖9。

表9　三角峰隘勇線警備措施表

隘線名稱	編號	警備單位	成立年代	廢止年代	備註
三角峰隘勇線	1	高嶺隘勇監督分遣所	1909	1913	
	2	森中隘勇監督分遣所	1909	1913	
	3	榧木隘勇監督分遣所	1909	1913	
	4	櫻岡隘勇監督分遣所	1909	1913	
	5	追分隘勇監督分遣所	1909	1913	
	6	三角峰隘勇監督所	1909	1913	改為三角峰監督所
	7	中鋒隘勇監督分遣所	1909	1913	

資料來源：明治四十三年（1910）6月17日的《南投廳報》（第828號）。

表10　タッタカ隘勇線警備措施表

隘線名稱	編號	警備單位	成立年代	廢止年代	備註
タッタカ隘勇線	1	トロック隘勇監督分遣所	1909	1913	
	2	鞍部隘勇監督分遣所	1909	1913	
	3	タッタカ隘勇監督所	1909	1913	改為立鷹監督所
	4	タウサ隘勇監督分遣所	1909	1913	改為「タウサー警察官吏駐在所」，繼續使用。
	5	見晴隘勇監督分遣所	1909	1913	
	6	ホウゴウ隘勇監督分遣所	1909	1913	

資料來源：明治四十三年（1910）6月17日的《南投廳報》（第828號）；大正三年（1914）4月5日《南投廳報》（第155號）。

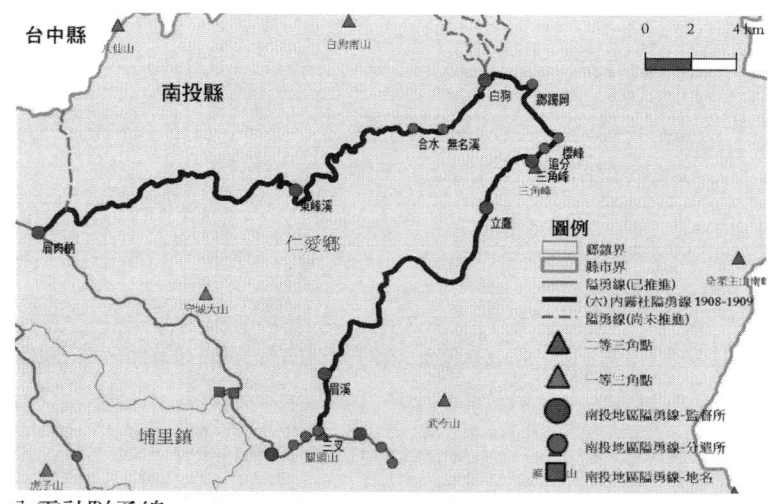

圖9　內霧社隘勇線

表 11　眉溪隘勇線警備措施表

隘線名稱	編號	警備單位	成立年代	廢止年代	備註
眉溪隘勇線	1	シーバウ　隘勇監督分遣所	1909	1913	
	2	溪上　　　隘勇監督分遣所	1909	1913	
	3	谷中　　　隘勇監督分遣所	1909	1913	
	4	トウガン　隘勇監督分遣所	1909	1913	
	5	眉溪　　　隘勇監督所	1909	1913	改為眉溪警察官吏駐在所
	6	白瀧　　　隘勇監督分遣所	1909	1913	

資料來源：明治四十三年（1910）6月17日的《南投廳報》（第828號）；大正三年（1914）4月5日《南投廳報》（第155號）。

表 12　ハボン隘勇線警備措施表

隘線名稱	編號	警備單位	成立年代	廢止年代	備註
ハボン隘勇線	1	中坂隘勇監督分遣所	1909	1913	
	2	梅木隘勇監督分遣所	1909	1913	
	3	ハボン隘勇監督所	1909	1913	
	4	崎腳隘勇監督分遣所	1909	1913	
	5	頂上隘勇監督分遣所	1909	1913	

資料來源：明治四十三年（1910）6月17日的《南投廳報》（第828號）；大正三年（1914）4月5日《南投廳報》（第155號）。

（七）拜巴拉隘勇線（1911）

　　南投廳轄埔里社支廳轄內之拜巴拉原住民群，當該廳討伐霧社方面各社時，為躲避官方砲擊，藏匿在溪流源頭，不接受招撫並侵犯隘勇線，也加害巡查與隘勇。總督府則予以彈壓，欲扣押其槍械彈藥，令該廳長久保通猶提出隘勇線前進陳報書，於明治四十四年（1911）6月22日予以核准，並命其蕃務總長大津麟平指揮從事之。後由久保通猶廳長再提出有關前進隊編成及方略變更之備忘錄，於9月13日才議定實行。

一、本部設於拜巴拉監督所。
二、部隊之編成為2個部隊、4個分隊。
三、第一部隊，集合於松樹嶺分遣所第四號隘寮附近，北進其稜線，再右折沿山路，占領馬達奧羅社（含其西北森林）。

四、〔原書缺〕

五、第二部隊第二分隊，集合於川中島分遣所，占領馬達奧羅社之分社，並與第一分隊取得連絡。

六、第一部隊第一分隊，溯迴北港溪右岸，經排特灣社，占領同舊社之發線，與第二部隊第一分隊取得連絡。

七、第一部隊第二分隊，續行於第一分隊，下其東方稜線，占領至北港溪為止。

八、訂於 9 月 23 日開始行動（其時間為夜半之 12 時前後。順序為第一部隊出發後二時間，著第二部隊出發）。

九、戰鬥員，應攜帶小十字鍋、方鏟及柴刀之類。

十、搬運工，除行動上特別需要者外，其餘人員應待占領目的地後，始行使用之。

十一、〔因不重要，故省略之〕

十二、〔因不重要，故省略之〕

十三、9 公分口徑臼砲一門、6 公分口徑山砲一門，配備於舊排特灣社西方高地之適當地點。

十四、〔原書缺〕

十五、隊長以下之姓名及人員如下：本部前進隊長廳長久保通猶，同副長警部長倉用貞，本部直屬警部武下袈裟一，警部補庄司安太郎、另巡查 12 名、巡查補 6 名、隘勇 35 名、技工 1 名、土木工 2 名、搬運工 120 名。部隊：第一部隊長警部伊藤泰作。第一分隊長警部補梶原正一、第二分隊長同竹中清太，另巡查 30 名、巡查補 7 名、隘勇 185 名、搬運工 80 名。第二部隊長警部依田盛勇、第一分隊長警部補長崎重次郎、第二分隊長警部補松本九一、另巡查 48 名、巡查補 7 名、隘勇 240 名、搬運工 100 名。救護班長另醫員 2 名、看護人 3 名。

（宋建和 1999:216-222）

行動期間為 9 月 23 日起 15 日間，隘勇線總長度為 2 里（約 7.9 公里）。派高塚彊警視、山本囑託赴拜巴拉監督所與長倉用貞副長商議。22 日，完成各項準備，前進隊長至本部，立即下達行動命令。藉由此舉，南

投廳掃蕩拜巴拉蕃，包容 2 方里餘之土地，預料可開墾地 63 町步（6,249.6畝）、林地 414 町步（41,058.8 畝）、製腦預估額約 50,000 斤，新設 12 分遣所：境高地、石楠花、夫由罕、牟卡咖旺、全勝山、眉原山、中峰、中阪、馬達奧羅、見晴、松林、排特灣，一方面可防萬一，另一方面可資開發。又因裁撤舊線，得以廢止監督所一處、分遣所 9 處：監督所為阿冷山，分遣所為中川山、長崙山、田邊岡、阿冷溪、小平山、眉冷山、川中島、眉原溪、松樹嶺（宋建和 1999:227），隘勇線相關位置圖，請參閱圖 10。

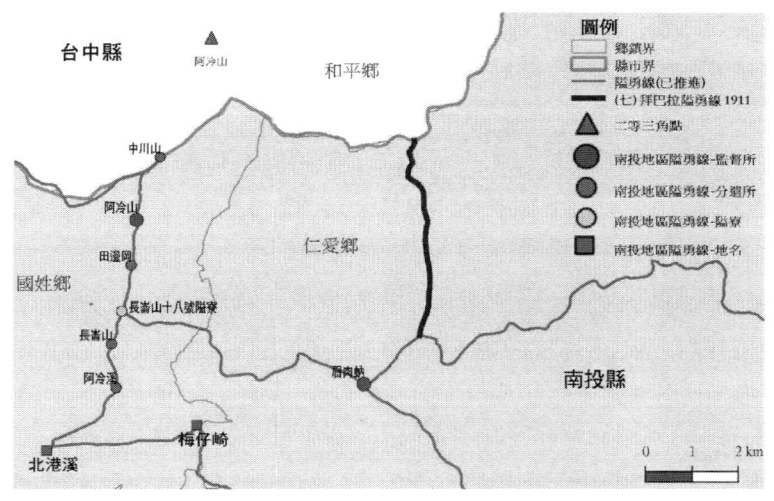

圖 10　拜巴拉隘勇線（1911）

（八）白狗隘勇線

明治四十五年（1912）4 月 18 日，臺灣總督府批准南投廳推進白狗隘勇線，計畫以躑躅岡為起點，新設經過馬卡那奇社（Makanagii）高地，繞其西北稜線，至莎拉毛（Salamao）鞍部的「袋型隘勇線」，推進計畫有 6 個部隊，加上砲隊與輸送部隊，本部設於躑躅岡，以南投廳長石橋亨為前進部隊長，長倉用貞蕃務課長為副長，蕃務本署高塚警視亦前往本部視察（臺灣日日新報社 1912）。

此隘勇線前進隊，以警部 4 人（9 人），警部補 13 人（14 人），巡查 350 名，巡查補 30 名，隘勇 590 名，醫員 2 名，囑託 2 名，看護人 5 名，

雇員 1 名，電話技工 2 名，土木工 2 名及搬運工 890 名，約 2,000 多人，編成前進隊，並分為 6 個部隊，砲隊、運輸隊、電話班級救護班（宋建和 1999:273）。相關隘勇線推進部隊編制，請參閱表 13。

此隘勇線意圖切斷白狗群與馬烈坡（Mareba）、西卡要（Shikayawu）與莎拉毛（Salamao）間的聯絡。在推進隘勇線時，除了興築新隘勇線外，當時也沒收了原住民的槍枝，所有前進隊於 6 月 5 日在埔里社舉行解隊式（同上引:295）。

此次隘勇線推進後，依照管轄區域設有三條隘勇線，最北的「サラマオ隘勇線」連接了今日臺中縣轄內的「シカヤウ隘勇線」（日治時期屬於南投廳管轄），因此暫不予討論。「サラマオ隘勇線」相關警備措施請參閱表 14，此線位於今日力行產業道路旁，在佳陽鞍部附近，從更孟山附近陡下北港溪上游，在合流附近接上「マリコワン隘勇線」後，「マリコワン隘勇線」（參閱表 15）與「マレッバ隘勇線」（參閱表 16）分為上、下兩條隘勇線，也就是所謂的「袋型隘勇線」，最後接回「白狗監督所」。

明治四十五年（1912）2 月，「白狗隘勇線」也合併了部分的「三角峰隘勇線」，統稱為「白狗隘勇線」，詳細狀況如表 17。

表 13　白狗隘勇線前進部隊編制表

前進隊長	石橋亨廳長		
前進副長	長倉用貞警部		
	部隊長	分隊長	分隊長
第一（依田部隊）	依田盛雄警部	梶原正一警部補	藏原仁一警部補
第二（伊藤部隊）	伊藤泰作警部	屋嘉比柴清警部補	佐佐木龍治警部補
第三（仲本部隊）	仲本政毅警部	河野通好警部補	菅原甚吉警部補
第四（進藤部隊）	近藤小次郎警部	松本警部補	竹中清太警部補
第五（內田部隊）	內田教四郎警部	森喜太郎警部補	石川周藏警部補
第六（大岡部隊）	大岡義詔警部	大岡義詔警部	吉田德次警部補
砲隊	豬股宗治警部	馬場要次郎警部補	
輸送隊	阪岡茂七郎警部	長崎重次郎警部補	安則三之助警部補

資料來源：臺灣日日新報社（1912）。

表14　サラマオ隘勇線警備措施表

隘線名稱	編號	警備單位	成立年代	備註
サラマオ隘勇線	1	石楠木分遣所	1912	
	2	サラマオ監督所	1912	
	3	樫木分遣所	1912	
	4	椚木坂分遣所	1912	
	5	萩岻分遣所	1912	
	6	鞍部分遣所	1912	
	7	吹上分遣所	1912	
	8	石坂分遣所	1912	
	9	大岡方遣所	1912	
	10	合流點分遣所	1912	
	11	突角分遣所	1912	

資料來源：明治四十五年（1912）2月15日《南投廳報》（第963號），「訓令第三號」、「第四號別冊」。

表15　マリコワン隘勇線警備措施表

隘線名稱	編號	警備單位	成立年代	備註
マリコワン隘勇線	1	再度分遣所	1912	
	2	マリコワン監督所	1912	
	3	歐社分遣所	1912	
	4	ムカタ分遣所	1912	
	5	瀧見分遣所	1912	
	6	二本松分遣所	1912	
	7	溪上分遣所	1912	
	8	中繼分遣所	1912	
	9	關門分遣所	1912	

資料來源：明治四十五年（1912）2月15日《南投廳報》（第963號），「訓令第三號」、「第四號別冊」。

表16　マレッパ隘勇線警備措施表

隘線名稱	編號	警備單位	成立年代	備註
マレッパ隘勇線	1	見晴分遣所	1912	
	2	溪岸分遣所	1912	
	3	關口分遣所	1912	
	4	テビルン分遣所	1912	
	5	左岸分遣所	1912	
	6	マレッパ監督所	1912	
	7	マカナジ分遣所	1912	
	8	中峰分遣所	1912	
	9	丸山分遣所	1912	
	10	川中島分遣所	1912	

資料來源：明治四十五年（1912）2月15日《南投廳報》（第963號），「訓令第三號」、「第四號別冊」。

表17　「白狗隘勇線」警備措施表

隘線名稱	編號	警備單位	成立年代	備註
白狗隘勇線	1	合水分遣所	1909	
	2	無名溪分遣所	1909	
	3	白狗監督所	1909	
	4	舊社分遣所	1909	
	5	茅原分遣所	1909	
	6	蹣躅岡分遣所	1909	
	7	一本松分遣所	1909	
	8	高嶺分遣所	1909	
	9	森中分遣所	1909	
	10	櫻峰分遣所	1909	
	11	追分分遣所	1909	

資料來源：明治四十五年（1912）2月15日《南投廳報》（第963號），「訓令第三號」、「第四號別冊」。

大正三年（1914）年中起，部分隘勇線名稱改為警備線，「監督所」改為「警戒所」，也持續裁撤「隘勇分遣所」與「隘寮」，相關警備資料仍在比對中，因此並未載明裁撤年代，不過根據大正十一年（1921）《南投廳報》〈臺中州訓令第十九號〉，[5]最後一次「隘勇線推進」的警備線與警備單位都仍然存在著，不過其功能慢慢的被「理蕃道路」所取代。

隘勇線相關位置，請參閱圖11。

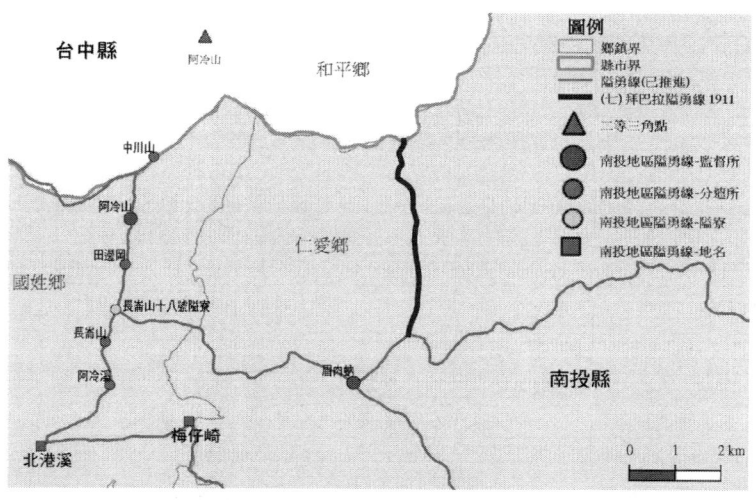

圖11　白狗隘勇線

---

[5]　南投廳役所，〈臺中州訓令第十九號〉，《南投廳報》大正十一年（1921）4月1日。

五、結論

　　日治時期，南投一地的「隘制」承襲著清末而來，日治初期明治二十八至三十六年（1895-1903）之間，南投境內的「隘線」，儘量維持清末以來的狀態，一直到明治三十六年（1903），官方逐漸透過武力採取「隘勇線」推進方式，從前是「防蕃」與「撫蕃」形式，以後則轉變為「剿蕃」形式，大規模透過武力方式佔領蕃地。另一方面，官方也從初期設置防隘制度為經驗，持續強化與改善後來的「隘勇線推進」制度下的警備設施。

　　明治三十六年（1903）起，日本官方先後大規模推進幾次的隘勇線，包括：「埔里社隘勇線（阿冷山隘勇線）推進」（1903）、「埔里加道坑隘勇線推進」（1904）、「埔里猴洞山線及山麓隘勇線推進」（1904-05）、「眉原、霧社隘勇線推進」（1906）、「萬大隘勇線（拔仔蘭隘勇線）推進」（1907）、「內霧社隘勇線推進」（1908-09）、「拜巴拉隘勇線推進」（1911）、「白狗隘勇線推進」（1912）等等。

　　本文除初步整理南投「隘」與「隘勇線」的文獻資料外，更希望透過實地調查，還原日治時期的歷史場景，作為交叉比對之用，也利用GIS地理資訊系統以及相關日治舊地圖，重建定位與繪製新、舊隘勇線位置，如此才能完整呈現與深入瞭解、南投地區的「隘制」與「隘勇線推進」相互變化的關係，相關位置請參閱圖12。

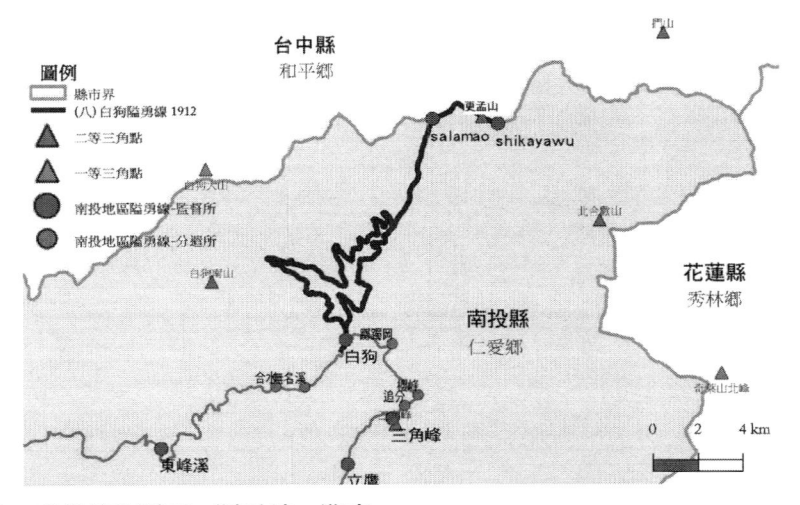

圖12　南投境內隘丁、隘勇線一覽表

最後，有鑒於行文倉促，還是有些問題並沒有討論。包括：（一）隘勇線相關制度的討論（如：隘的經費來源、隘的運作、隘勇招募、隘勇管理、隘勇彈藥管理、隘勇勤務等）。（二）隘勇線推進與原住民領域變化的問題（包括：原住民聚落與隘勇線的關係）。（三）相關警備施設與撤除年代的確認。（四）跨各縣市，比較不同區域的「隘」與「隘勇線」。

　　最後，筆者也希望在此文基礎上，將來能繼續研究上述議題。

參考書目

王世慶
    1994   清代臺灣社會經濟。臺北；聯經出版社。

田原委人子
    1913   隘勇線小誌。蕃界 3:144-148。

北野民夫 編
    1986   臺灣二，現代史資料，22。東京；株式會社みすず書房。

伊能嘉矩
    1991   臺灣文化志（中譯本），下冊，臺灣省文獻委員會編譯。南投；臺灣省文獻委員會。

宋建和 譯
    1999   日據時期原住民行政志稿，第二卷（下），臺灣總督府警察本署編。南投；臺灣省文獻委員會。

持地六三郎
    1912   臺灣殖民政策。東京；富山房。

南投廳役所
    1901-1922   南投廳報。

陳金田 譯
    1997   日據時期原住民行政志稿，第一卷，臺灣總督府警察本署編。南投；臺灣省文獻委員會。

梅澤柾
    1919   蕃地作業軌範。（未出版）

臺中廳蕃務課 編
    1914   臺中廳理蕃史。臺中；臺中廳理蕃課。

臺灣日日新報社
    1903a   埔里社隘勇線前進。臺灣日日新報（漢文版），三版，10月7日。
    1903b   埔里社隘勇線前進計畫。臺灣日日新報（漢文版），十版，10月4日。
    1905a   埔里社隘勇線前進。臺灣日日新報（漢文版），二版，12月12日。
    1905b   鯉魚潭の風景。臺灣日日新報，五版，7月16日。
    1906a   南投廳下雜況。臺灣日日新報（漢文版），三版，2月11日。
    1906b   霧社方面之新隘線。臺灣日日新報（漢文版），二版，4月25日。
    1906c   霧社前進線完成。臺灣日日新報（漢文版），二版，5月30日。
    1906d   霧社新隘線前進狀況。臺灣日日新報（漢文版），五版，5月17日。
    1906e   霧社編成前進部隊。臺灣日日新報（漢文版），二版，4月26日。

1907　隘線新設。臺灣日日新報（漢文版），二版，3月8日。
1907-1916　臺灣蕃地地形圖。
1908a　南投隘線前進。臺灣日日新報，二版，12月18日。
1908b　南投隘線前進續。臺灣日日新報，二版，12月20日。
1908c　隘線前進。臺灣日日新報（漢文版），二版，12月20日。
1909a　南投新隘勇線。臺灣日日新報，二版，3月4日。
1909b　南投蕃界情狀。臺灣日日新報（漢文版），二版，6月8日。
1912　白狗方面隘勇線前進開始。臺灣日日新報，二版，4月27日。
1923-1938　臺灣地形圖。

臺灣總督府
　　1900a　隘勇配置ニ關スル件。臺灣總督府公文類纂，第537冊，13號，永久追加，2月20日。
　　1900b　隘勇增設ニ關スル件設計等臺北、臺中縣及樟腦局ヘ通達。臺灣總督府公文類纂，第537冊，15號，永久追加，2月24日。
　　1900c　臺中縣增設隘勇ノ件報告。臺灣總督府公文類纂，第537冊，14號，永久追加，3月27日。
　　1902　南投廳隘勇配置及ノ件。臺灣總督府公文類纂，第750冊，7號，乙種永久，4月21日。

劉枝萬
　　1983　南投縣革命志稿。刊於臺灣省南投縣志稿，劉枝萬、石璋如等纂，頁229-289。臺北；成文出版社。

臨時臺灣土地調查局
　　1906　臺灣堡圖。

藤崎濟之助
　　1930　臺灣の蕃族。東京；國史刊行會。

初構賽德克族的口傳歷史——日治文獻與部落耆老口述歷史分析

郭明正 Dakis Pawan
文史工作者

一、前言
二、賽德克族的始祖起源說
三、紋面的由來
四、兩個太陽的故事
五、「人類與飛禽走獸」可以相互溝通的年代
六、洪水的故事
七、德克族進入吐嚕灣（Truwan）時期
八、結語

一、前言

　　臺灣原住民族有其族群類別之名稱始於日治時期，臺灣光復後逐定為「九大族」。近年來，隨著臺灣政治環境的日益民主、開放，在尊重多元文化並朝本土化發展的潮流中，於 2001 年 8 月間由行政院頒布邵族（Thao）為臺灣原住民族的第 10 族以來，相繼有噶瑪蘭族（Kavalan）、太魯閣族（Truku）及撒奇萊雅族（Sakizaya）成為臺灣原住民族的第 11、12、13 族，臺灣原住民族為「九大族」的傳統分類法即從此走入歷史。

　　本賽德克族（以下簡稱本族）於 2006 年 4 月 7 日，派員親赴行政院原住民族委員會（以下簡稱原民會）呈送「正名陳情書」及「族人連署名冊」，呈請核定本族為「賽德克族 Seediq Bale / Sediq Balay / Sejiq Balay」之後，在族人的努力及學術界、宗教界與關懷人士的鼎力相助之下，終於 2008 年 4 月 23 日獲行政院頒布正名為「賽德克族」，成為臺灣原住民族的第 14 族，自此由「泰雅族賽德克亞族」的分類系統中分出，恢復本族自古以來就自稱為 Seediq / Sediq / Sejiq 的族稱。

　　本文將透過賽德克族的始祖起源傳說、祖居地、紋面的由來、兩個太陽的故事與繡眼畫眉等口傳歷史來說明賽德克人核心價值建構的基石。

二、賽德克族的始祖起源說

（一）日治文獻紀錄中「賽德克族」的起源傳說

　　日治時期日本人的調查中，有如下的記載：

> 天地開闢之初，有一男神和女神，自天而降，來到最高的山上一塊大岩石上，忽然這個大岩石分裂為二：一變大自然，一變宮殿。二神便把此地叫做 Bnuhun，定居於此，並從此繁衍其子孫。（廖守臣 1984）

> 昔日，中央山脈之中，有個叫做 Bnuhun 的地方，長有一棵大樹。其樹名已失傳，只知道其半邊為木質，另半邊卻由岩石所

形成，確是一棵珍奇而難得一見的樹。也許是此樹之精終於靈化而為神吧！有一天樹幹裡走出男女二神來。二神同衾，生了很多子女，子女又生子女，不出幾代之後，就覺得地方太小了！
（佐山融吉 1985[1917]）

（二）賽德克族 Pusu Qhuni 的傳說地——「德固達雅群」的說法

上段所引述二則有關賽德克族的口傳故事，第一則流傳於賽德克族的德路固群（alang Sejiq Truku），屬「石生人」的起源傳說，傳述著賽德克族始祖的誕生與大岩石爆裂有關；第二則口傳故事則流傳於賽德克族的德固達雅群（alang Seediq Tgdaya），由其記載內容可知，賽德克族的始祖是由半木半岩石的奇石異木中，「木」精化為神而誕生，屬「樹生人」抑或「石、樹生人」的起源傳說。

有關賽德克族始祖的誕生，究竟是「石生人」、「樹生人」抑或「石、樹生人」一直以來就被國內的人類學者予以廣泛的討論（行政院原住民族委員會 1999）。約 18 年前，屬德固達雅群的仁愛鄉互助村中原、清流和南豐村眉溪部落的耆老們（今大多已相繼凋零），幾乎都能完整的、流暢地傳述賽德克族始祖起源的口傳故事，筆者有幸聆聽他們對賽德克族始祖起源的口傳故事，以下引述清流部落 Tiwas Pawan 傅阿有女耆老的說法轉述於後：

這是非常、非常古老的故事，
不是近代才廣為流傳的，
而是我們祖先代代口耳相傳的故事，
我們的始祖是誕生於 Bnuhun 山區的 Pusu Qhuni；
那 Pusu Qhuni 像一座小山那麼壯大，
「祂」（Pusu Qhuni）的胸膛呈斑白色，
祂的右臂已被颶風所摧毀，
如今僅剩其左臂；
祂的雙臂是由大樹所形成

> 其根基部有天然的大岩洞，
> 大岩洞後方有一潭池水，
> 那潭池水的水流會流經大岩洞的前面；
> 據說有一個女孩和一個男孩在這裡誕生，
> 他／她們就是我們賽德克人的始祖。

在德固達雅耆老們的口述裡，都非常一致的指出 Bnuhun 山中的 Pusu Qhuni 是賽德克族始祖的誕生地。Bnuhun 是指較大範圍的白石山與牡丹山區，Pusu Qhuni 則指賽德克族始祖的誕生處所。

（三）賽德克族裔相繼登臨 Pusu Qhuni

1. 祖居地——南投縣的賽德克族裔

現居住於祖居地南投縣及移居地花蓮縣境內的賽德克族裔，近年來不約而同的相繼登上 Bnuhun 探訪口傳的始祖發源地。民國九十一年（2002）12月間，於南投縣仁愛鄉公所舉辦的「尋根」系列活動中，仁愛鄉境內的賽德克族裔，包括德路固、都達及德固達雅各語群的族人組成了一支尋根隊伍，由當時仁愛鄉公所民政課長孫登春（都達人）先生擔任領隊前往中央山脈牡丹山區尋訪 Pusu Qhuni。於第四天的行程中不幸有隊員發生高山失溫症狀，因狀況危急只得放棄尋根之旅而功敗垂成，當時他們已登至知亞干山（dgiyaq Cneexan）的基點附近，雖未能親訪 Pusu Qhuni 卻拍得「祂」的近照而回。值得慶幸的是，發生意外的隊員獲仁愛分局空中救難隊的緊急救援，送醫急救後並未發生令人遺憾的事。

2. 移居地——花蓮縣的賽德克族裔

民國八十六年（1997）間，現居住於移居地花蓮縣屬德路固群的楊盛塗先生（國中校長退休），曾兩度試著登上 Bnuhun 山區尋訪 Pusu Qhuni，第二次在祖靈的庇祐下終能踏上我賽德克族人視為聖山的 Bnuhun，以下摘錄楊校長在實地勘查後對 Pusu Qhuni 的珍貴記錄：

> 為實地瞭解傳說中的發祥地……，於是在民國八十六年〔1997〕，約數位志同道合者兩次探勘「神石」（Pusu Qhuni）

活動。第一次於民國八十六年〔1997〕10 月 24 日至 11 月 1 日，由東部花蓮縣萬榮鄉西林上山，因氣候不佳，二十餘年前的獵徑不明，登至第四天就折回不成功。第二次於民國八十六年〔1997〕11 月 11 日至 11 月 19 日，由西部霧社上山就順利完成。牡丹岩（神石）位於花蓮縣秀林鄉文蘭村最西南方，在木瓜溪的支流清水溪上源與萬榮鄉西林村的岸豐溪支流恰堪（知亞干）溪上源之間，由中央山脈主脊於能高山南峰約 7 公里處；屬光頭山脈（3,100 公尺，舊稱知亞干山）往東延伸與牡丹山脈（3,005 公尺）往東南方的連綿脊線上，距光頭山約 3 公里，海拔 2,814 公尺。

神石的南、北、西三面為灰白色之峭壁岩面，高約 90 公尺，東面有岩石高約 40 餘公尺相連著，地基直徑約 60 公尺的寬度，頂部及東面岩壁長滿草木、高山箭竹、冷杉（臺灣鐵杉）、檜木等。……由西方觀看「神石」正好光面白色的部分完全看得很清楚。像一根長的圓形白色石柱矗立在山頂上，……。

對於楊校長所描述的本族發源地——「像一根長的圓形白色石柱矗立在山頂上」，與本族都達群的族人（Sediq Toda）稱 Pusu Qhuni 為 Rmdax Tasin 可互為印證，因 Rmdax Tasin 有「光亮、白色的巨石」之意。另由楊校長稱 Bnuhun 為「聖山」、稱 Pusu Qhuni 為「神石」的用心，可說充分表達了賽德克族人對其始祖起源地的崇敬與渴慕。

在本族語中，*pusu* 是「源頭、根基、原由」之意，*qhun* 是樹的統稱，*pusu qhuni* 就是一般所謂的樹頭、樹的根基部，若直譯成漢語即為「樹根」的意思，但係指長出地面或最接近地面的一截根基部，而非指埋在地面以下的縈根（*gamin*）。但正如楊校長實地勘查後所描述的，Pusu Qhuni 是一座矗立在中央山脈牡丹山鞍部的巨大岩石，而不是一顆巨大的神木，「祂」高約 90 公尺、根基部最大圍徑約 60 公尺，今被稱作「牡丹岩」，因此有關我賽德固族始祖的誕生，應屬「石生人」的傳說是不言可喻的。德路固群與德克達雅群的族人都稱該始祖的誕生地為 Pusu Qhuni，都達群的族人則稱之為 Rmdax Tasin，雖然在稱謂上的用語略有差異，但事實上他們所說的是同一件事物，所指的是同一個地方。（Pusu Qhuni 海拔 2,750 公尺；約位於東經 121°18'；北緯 23°57'）

三、紋面的由來

綜合賽德克族德固達雅群（Seediq Tgdaya）族老的說法，本族紋面的原因有三。

（一）為繁衍後代

於上文起源傳說章節中所引述的第二則文獻寫道：「昔日，中央山脈之中，有個叫做 Bnuhun 的地方，長有一棵大樹。……也許是此樹之精終於靈化而為神吧！有一天樹幹裡走出男女二神來……」；而當今德固達雅群的族老們，常於傳述本族「起源傳說」的口傳故事中會繼續說道：

- 當這一男一女長大成人後，因自幼相依為命已情同手足，猶如兄妹或姐弟。
- 女者左思右想，世上的人類就只有他倆而已，倘若他倆年邁逝去，那麼世上就沒有人類了，他倆該如何繁衍後代這件事讓她十分苦惱。
- 某日，她萌生一計，她對男者說：「我明天要出一趟遠門，為你尋找能為我們繁衍後代的伴侶，約十天後你到 Qtelun 之地的路上等她，你一定要娶她為妻。」
- 十天後，男者依約前去等候，果然遇見一位臉上擁有文面的女子，二人相逢，相顧相惜並結為夫妻。
- 原來臉上擁有文面的那位女子，就是與男者朝夕相處多年且情如兄妹的女者，我賽德克族自此即繁衍至今。

以上德固達雅群的口傳故事，在《蕃族慣習調查報告書：紗績前篇》的〈歷史傳說〉篇中，Toda 都達及 Truku 德路固二群也有類似的文獻紀錄，都達群的部分寫道：「……母親心生一計，走進老遠的深山裡，取樹汁染臉，若無其事的回家去。」；德路固群則寫道「……母親則逕自離家，踏入深山裡，自取樹汁塗臉，換一個相貌回家去……」。雖然故事的情節不盡相同，但故事中的女者，都為了繁衍人類的後代而絞盡腦汁改變自己的容貌，達到與故事中的男者結為夫妻綿延後代。

（二）懲罰欺瞞背信者

其口傳故事如下：

- 當本族在人口自然的增長下，祖先誕生繁衍之地已無法提供族人一般生活的需求，如耕地、築屋地都已不敷使用，遂有人提議要分出一半的族人遷離繁衍地，並往平地遷徙。
- 於是，部落族老者們依族人所願分別登上甲、乙兩座小山林，族老們圍坐兩座小山林之間，讓雙方族人輪番以最高的音量齊聲相互呼喊著。
- 族老們藉雙方呼喊音量的大小，來辨識雙方人數多寡的均等與否，若甲（或乙）山林的音量較大，則分出一些人添補到乙（或甲）山林，如此反覆聽辨音量以求均分雙方的人數。
- 在冗長的反覆聽辨音量之進程中，終於獲得族老們認定雙方的人數已相同；此時甲山林一方的族人則極力要求往平地遷移，在大家的協議、互道別離與祝福之下，甲山林一方的族人即開拔往山下移動。
- 當他們走到山腰之際，他們再次向山上齊聲呼喊時，其聲量卻能響徹雲霄，聲量的音波竟將樹葉也振落，留在山上的族人為之震駭與驚愕，心知他們被遷往平地的族人所矇騙。
- 震驚之餘，留在山上的族人即從此紋面以與遷往平地者有所區別，並囑咐其子孫們對不誠實、欺瞞狡詐者，進行嚴厲的懲罰手段——予以「獵首」。

雷同的故事亦出現於《蕃族慣習調查報告書：紗績前篇》的〈歷史傳說〉篇中，都達群：古有二社，中隔一河，有一次互以喊聲比較人數的多寡。結果，喊聲較大的一方告訴另一方說：「我們不願意跟你們共居一地，現在就要下山到平地去了！」說完，真的就走。臨行時，他們又撂下話說：「你們就刺青吧！以免以後分不清彼此。還有，反正我們的人比較多，你們隨時來砍走我們的頭都悉聽尊便！」這些去到平地的人，我們現在稱之為漢人。

德路固群：「自此之後，他們的子孫不停地增加，……終於分成願意前往平地者和仍希望續留山上者兩批人馬，各走各的路。擬下山赴平地者

就要開拔了！這時有人說，兩者的人數尚有不均，……於是兩對分別齊聲大喊，結果顯得續留山上者的聲音太大了，所以又撥出一批人給要下山者。下山者去到山下的時候，兩隊的人馬又再度喊叫一次，說來也真豈有此理，原來聲弱的一邊此次反而聲勢浩大……。續留者知道上了一個大當，忿恨難消，心想對方既然使出如此欺詐的手段，從此非去砍他們的頭，來削減他們的人口不可，於是紛紛刺青以別於平地人……」。

（三）為易於辨識敵我

口傳如下：

- 在本先祖的爭戰經驗裡，族中勇士於奮勇對敵之間，常因混戰而誤傷或誤殺我方的戰士，為了能夠清楚地分辨敵我，本族即以文面來區分我方與敵方。
- 另亦有族老表示，文面乃基於本族的審美觀，認為擁有文面的男女才會更美麗、更漂亮。

四、兩個太陽的故事

上古時期有兩個太陽，非但酷熱難當且天地間沒有日夜之分，五穀生長不易、牲畜難以飼養，族人們共商對策認為必須射下其中一個太陽，決定推舉身強體健、驍勇善獵的優秀青年執行射日行動。

某日，一位強健的青年除備妥弓箭、食物之外，揹負網袋中（tokan）還背著一個小男孩，起程前往日出的處所（hreyan hido），族人們認為日出時（hani pkriyak hido）較不炙熱，得手的機會最大。那位青年在走過的「射日」路上種植柚子（或說是橘子），日復一日、年復一年地走著，那位青年未到達目的地就衰老身亡，而他曾背著且一路教導的小男孩已長成，他承繼「射日」大業繼續向日出處行進，當他抵達日出處，見太陽緩緩升起，他拿起弓箭拉滿弓弦射向晨曦的太陽，太陽中箭迸裂四散成為天上的月亮和星星。

射日成功後，那男孩順著原背負他的那位青年所種植的柚子樹返回故

里，但那時他已是白髮蒼蒼的老人，部落的族人都已不認得他了。另一說是，被射中的太陽血流如柱，流到地面造成洪水，地表原是平坦的，經此太陽血水的沖擊才形成今日有山巒、有山溝的樣貌。

五、「人類與飛禽走獸」可以相互溝通的年代

關於人類與飛禽走獸的口傳，有如下的說法。

（一）取一粒或半粒小米下鍋即可煮得一鍋小米飯

《蕃族慣習調查報告書：紗績前篇》於〈歷史傳說——霧社蕃〉紀錄：

> 那是神的時代，所以無需現代人這麼麻煩，只要吞風便能果腹。有時，他們想要享受一下美味的時候，只要把一粒粟切成幾份，把其中一份放下去煮，就能煮成三尺直徑大鍋滿鍋子的粟飯。因為是這種情形，所以無需開闢耕種大片粟田，只要耕耘兩寸見方的地，得粟一穗，即能夠養活全社的人。

（二）拔下一根獸毛下鍋即可煮得一鍋獸肉

同《蕃族慣習調查報告書：紗績前篇》於〈歷史傳說——霧社蕃〉中又說道：「想吃肉的時候也很簡單，只要把野豬叫來，拔其一毛，切成幾段，將其一段投入鍋裡，便能煮成滿鍋子香噴噴的野豬肉」。

（三）「靈鳥」——Sisin（繡眼畫眉）

有關繡眼畫眉（靈鳥）的傳說故事，以下是德固達雅群（霧社群）族老們的說法，筆者曾於 2007 年間加以整理，以〈Kari Pnqtaan Na Beyax Sisin 繡眼畫眉靈力展現的傳說〉投稿至教育部舉辦的「第一屆原住民族語文學創作獎」，僥倖於賽德克語的「散文類」中獲為優選，願與大家分享。族老們表示，「Sisin」（繡眼畫眉）是賽德克族人與 Utux 溝通的橋樑、媒介，舉凡有關族務、家務及個人私事都要透過「祂」與 Utux 溝通。故事情節如下：

這是一則非常非常古老的故事,
究竟有多久遠至今已不可知,
在那個年代裡所有的飛禽走獸都能夠以言語與人類相互溝通。
有一次,
我們的祖先遭逢久旱不雨的災難,
致使作物枯死而陷入飢荒狀態,
族人們也因而感染疾病,
先祖們乃舉社遷離吐魯灣古聚落;
沿著斯固溪向東北方尋找遷移地,
族人們逐集結於濁水溪上游稱 pttingan(布渡堤岸)的溪畔,
求助於他們的益友——飛禽走獸們,
當牠們得知我先祖們的遭遇後也非常難過,
除感同身受外更為我先祖們共同思索消災除厄的方法。
他們的益友——飛禽走獸們認為,
我先祖們因沒有 Gaya(祖訓,族律／族規、社會規範)之故,
動輒得咎於祖靈才會頻受天災人禍所因,
飛禽走獸們提出建議說,
牠們之中倘若有誰能搬動布拉尤(Brayo)對岸山頂上的巨岩,
且將巨岩搬移到我們現在所聚集之處,
誰就成為你們族規、社會規範的根源,
並要你們世世代代的子孫們恪守遵循,
所有今日在此聚集的(人眾獸群)都是你們訂立族規的見証者。
就這樣,飛禽走獸們即展開搬移巨岩的競賽,
各類飛禽與走獸們輪番上陣競技
但都沒能搬動分毫,
最後尚有烏鴉、紅嘴黑鵯及繡眼畫眉等三組人馬尚待試舉,
烏鴉試著去搬移,
之後換紅嘴黑鵯試著去搬移,
但牠們都無法搬動,
最後僅存繡眼畫眉待試試,
在場的族人們噤聲不語,
臉上顯出絕望之色,

因繡眼畫眉屬體型很小的鳥類子呀,
族人們自忖繡眼畫眉怎麼有能力搬移巨岩呢,
但繡眼畫眉不以為意。
繡眼畫眉飛向布拉尤（Brayo）對岸的山頂上,
沒過多久,
眾觀者（人及鳥獸）聽到唏—唏—唏……的繡眼畫眉鳴叫聲由山頂而下,
那是既吵雜又喧嚷的鳴叫聲,
誰料想得到,
牠們竟然抬起了那座巨大的岩石,
牠們抬著那座巨岩由布拉尤對岸的山頂凌空越過杜路固（Truku）溪面上,
並將那座巨岩搬移到人獸聚集的杜路固溪畔。
從眼看著繡眼畫眉抬著那座巨岩凌空渡溪飛向人獸聚集的溪岸,
到繡眼畫眉將那座巨岩安放在人獸聚集處,
聚集圍觀且等候結果的族人和飛禽走獸們一片的鴉雀無聲,
猶如驚嚇過度頓時著魔似的目瞪口呆,
僅聽見繡眼畫眉不曾間斷地喧鬧鳴叫聲,
以及見到無數的繡眼畫眉合作無間地搬移著那座巨岩,
當牠們安放那座巨岩時地面都會震動,
眾觀者直至驚覺安放巨岩所產生的震波後才歡聲雷動,
並上前簇擁著凱歸的繡眼畫眉。
此時,當繡眼畫眉剛安放那座巨岩之際,
又有好幾波陸續趕抵現場的鳥獸,
牠們表示,實在是非常的遺憾,
我們沒能趕上搬移巨石的競賽,
而後來者又懇請繡眼畫眉是否能夠再搬移一座巨岩來,
繡眼畫眉不置可否的又飛上山頂,
同樣地再搬移另一座巨岩,
將它搬移到第一次所搬來的巨岩旁。
時至今日,繡眼畫眉搬移的那兩座巨岩,
依然並列在杜路固溪的溪畔,

自此繡眼畫眉成了我們賽德克族中規範的依歸。
我們的祖先親眼目睹繡眼畫眉能夠兩度搬移巨岩後,
咸信其神奇之能力是神靈所賦予的,
神靈是透過繡眼畫眉來傳遞「祂」對我們關愛的訊息,
因此我們的祖先再次向繡眼畫眉懇求,
說道:「我們是否因生吃食物之故,
而容易受到各種疾病的侵襲與感染,
這該如何解困呢?」,
於是繡眼畫眉委託烏鴉和紅嘴黑鵯,
委託她們去尋覓火之源,
因牠們也驚服於神靈賦予繡眼畫眉的神力,
所以牠們二話不說就即刻起程去尋覓火之源。
聚集在那兒的眾觀者等了一段時間後,
紅嘴黑鵯卻已先行飛返,
只見其頭部前端及腹部底下呈兩團鮮紅狀,
落地前將鮮紅之物先放下,
地面上乾枯的樹葉和雜草竟然燃燒了起來,
眾觀者無不為之震撼與驚奇。
待乾的樹葉及枯草燒盡熄滅之後,
那鮮紅之物卻成了晶瑩雪白的堅硬石塊,
族人們感到萬般婉惜,
大家為著何以會如此地議論紛紛,
這時候有一位族人,
或許是經繡眼畫眉之指點吧,
將晶瑩堅硬的石塊拾起並相互擦擊時,
竟能迸出火花,
族人們才恍然大悟地驚呼——「原來如此!」,
族人們可以欣喜若狂來形容,
並向紅嘴黑鵯表達能為他們尋得火源的誠摯感佩,
我們的祖先從此就懂得利用燧石點燃火源。

當 Tiwas 耆老說完本族《觀悟『繡眼畫眉』啟示的祖訓》故事之後，又教導我有關烏鴉與紅嘴黑鵯的故事，她是這麼說的：

> 在本族的傳說中紅嘴黑鵯原為黑嘴黑腳，自從協助我們賽德克人尋得火源後，牠的嘴腳才變為紅色狀，因當時牠為我賽德克人所尋獲攜回的火源是赤熱的，而且牠攜回火源的行程也很久，當時牠是以嘴啣與腳爪抓握將火源攜回的，牠的嘴腳就如遭受了長時間的高溫導熱，因而逐漸由黑色變為紅色，即使時至今日牠的嘴腳部位依舊鮮火不退。
>
> 至於烏鴉呢，也緊追在紅嘴黑鵯之後飛抵眾觀者的面前，但烏鴉落地後卻左右搖擺地跛行著，在本族群的傳說中烏鴉行走原非如此，原來烏鴉的跛行是慘遭紅嘴黑鵯所尋獲的火源所灼傷，傳說中說，牠們去尋覓火源的當時，紅嘴黑鵯先找到了火源，烏鴉思量著又將輸給紅嘴黑鵯而心有不甘，便一路欲搶奪紅嘴黑鵯所攜帶的火源，怎奈，牠無法搶奪紅嘴黑鵯所攜帶的火源，不但沒能如願其雙腳反被火源所灼傷，所以才造成今日烏鴉著陸行走時仍搖擺跛行的模樣。

本族群的另一則傳說是，紅嘴黑鵯所尋獲的火種，據說就在多岸巴洛（Tongan Baro）部落（今仁愛鄉北東眼山附近），本族人為何以 Tongan 做為多岸部落的部落名，因那一帶就是紅嘴黑鵯所尋獲火源的位置之故，本族語將那白色晶瑩的火源稱為 *ptungan*（意指以燧石點火）當我們的族人在那兒建立部落時，他們就以 Tongan（多岸）為部落名，Tongan 一詞即本族語 *ptungan* 的音變（訛音），即使是日治時期的「トガン」與今日漢語的「東眼」，都取自本族 *tongan* 一語的譯音。

六、洪水的故事

不知族中是否有觸犯 Gaya（祖訓、族規、社會規範）的人。很久很久以前，有一天，天下著大雨，接連數日其雨勢不減，雨水逐漸聚集終成洪水氾濫，淹沒了族人們居住的地方，大地是一片汪洋大海，僅剩稱作

dgiyaq Rqeda（指今南投與花蓮交界處的能高山）的山頂未被淹沒，族人便往該山頂避難。

因洪水滯溜不退，於是族人們集思商討退水的方法，首先將一對未曾交配過的中雞（*rodux giyas*）丟入洪水中，但洪水卻絲毫未退；接著丟入一對也是未曾交配過的中豬（*babuy giyas*），洪水依然不退；無可奈何之下，將一對族中聾啞的青年男女拋進洪水中，洪水不退還將那對聾啞的青年男女沖向岸邊。

之後，族人們挑選了族中俊美的一對青年男女，將他倆盛裝打扮後拋進洪水中，此時洪水就開始退潮，那一對俊美的青年男女隨著退却的水流流向他方，岸上的族人卻聽到他倆愉悅的歌聲伴隨著口簧琴聲漸漸遠去。當族人們由山頂回部落時，卻遇見一位老者正忙著曝曬因退潮擱淺下來的魚蝦，有人好奇地問他：「你是如何避過洪水的呢？」，老者回答說：「我是將 *btuku*（圓箕）翻轉過來蓋住自己，我躲在裡面避過洪水的」，接著他將已曬乾的魚蝦分送給回部落重建家園的族人們。直到今天，當德固達雅部落的族老在傳述《洪水的故事》時，對故事中這位老者的奇遇仍然不得其解；而對何以會釀成如此的大水患，咸認有部落族人違犯了 Gaya 所致。

《番族慣習調查報告書，第一卷：泰雅族》記載：從前臺灣的地勢全都平坦是一片大平原，然而有不守祖先之遺訓而敢做出亂倫行為的人，終於觸怒祖靈，一夜突然發生暴風雨。此風雨連續數日，而造成洪水，樹木折倒浮在水面，房屋流失不見踪影。人畜溺水的求救聲與狂風暴雨聲交加在一起，極為悽慘。Tayal 族的一部分好不容易由此慘劇中逃出，登上 Papak Waqa；然而山下充滿泥水，一望無際，何時水退難以預測。因此族人向祖靈祈求早日水退，卻都無效。於是次日捉住私通的男女，將他們投入水中，向祖靈謝罪後，方見水勢漸退，天氣轉晴，回復原狀。然而因連日的暴風雨及洪水，形成土地高低起伏，如今日般山嶽隆起各方，以致不能再看到大平原。

七、德克族進入吐嚕灣（Truwan）時期

於此筆者要大膽地推測，「賽德克族」與「泰雅族」最有可能一分為二的時段，就在洪水氾濫成災的年代，自此賽德克族即進入吐嚕灣（Truwan）時代，泰雅族則進入斯巴揚（Sbayan）時期。由賽德克族的傳說故事及口說歷史的脈絡中，其始祖誕生於 Pusu Qhuni 並繁衍後，不知過了多少年代才遷徙到吐嚕灣（Truwan）之地綿延茁壯，在抵達「吐嚕灣」之前的遷移史是賽德克族歷史的灰色地帶，幾乎可說是空白一片，銜接困難、循述不易。德固達雅的耆老，除本族 Pusu Qhuni 的起始傳說外，就常以吐嚕灣時期做為本族口傳歷史的參考點，以下是德固達雅群吐嚕灣的三則歷史典故。

（一）Mahawang 馬哈旺──布農族與杜固達雅人之初次戰役

布農族（Bunun）、鄒族（Tsou）、泰雅族（Tayan）及本賽德克族堪稱臺灣原住民中的高山民族。因此，不論是為了族群的遷徙或是為了開拓新獵區，常於交錯的領域裡引起衝突是無可避免的。今信義鄉的布農族同胞與阿里山鄉的鄒族同胞，過去多年的爭戰是大家所耳熟能詳的實例。其實，我賽德克族德固達雅群與布農同胞之間亦曾有類似之交戰經歷，只因戰事都沒有繼續蔓延擴大，以致被後世的兩方族人所淡忘，馬哈旺（Mahawang）戰役即為其中之一。

當本族居住於吐嚕灣地區而尚未擴散的年代裡。有一天，布農族的同胞一行近 50 人來到吐嚕灣部落附近之馬哈旺山頭，不知是獵首隊或是獵場新領域的探勘隊，他們白晝時遠離部落而藏匿著，夜裡則潛入部落裡四周查探（rumuyuk）。我原住民之間攻擊對方的策略，雖然不曾交流切磋，雙方卻都心知肚明；我方不動聲色，但禁止族人外出並停止一切日常工作事宜，尤其不得往對方的隱身處招搖挑釁。一來時間拖的愈久愈對其愈不利，因遠攻能攜帶的食物有限；二來我方對地形地物瞭若指掌，因這裡是我們生長的地方，再說他們是長途跋涉而來，我們是以逸待勞

果然，第三天破曉時分對方發動攻擊，交戰至當天正午左右（mbeyax hido），布農同胞已招架乏力，主要是後援無力之故。雙方除各有人員傷亡

之外，我首當前其衝的路固達雅部落，有五、六間住屋遭焚毀，但我方佔盡地利之便及可戰鬥人員數倍於對方，在採用包抄戰術之下，結果是略勝一籌。

經此一役，我德固達雅人初識布農族同胞的強悍難鬥，尤其布農同胞所穿戴的毛皮衣物（*lukus benac*），弓箭不易射穿、長矛難以刺破，猶如盾甲一般。這種現象令我先祖們嘖嘖稱奇、印象深刻，因而近身搏鬥的場面多於使用武器為該戰役較為特殊之處。另外，來自被族人們隔離的固那果合部落（*alang* Kunuguh）之壯士們，在此戰役中表現出勇猛過人的戰鬥力，戰績遠勝於其他部落的族人。因此，經馬哈旺之役，「固那果合」部落的族人不再受隔離制約的約束，重新融入吐嚕灣社會的正常作息。當時所謂的隔離制約包括：1. 不與之通婚。2. 不與之共用同一水源。3. 不與之共用同一出入部落、耕作地的道路。4. 不互借一切日常生活用具。

（二）「Dame Dorig」（達美多列）──「藍眼珠者」一詞之由來

很久以前，我們霧社地區來了一位（有稱兩位者）宣教師，傳教之餘並教導我族人們農具鍛造之術，另又指導傳統獵槍改造及彈藥之製作。在當時族人們皆以 Gaya 為依歸的社會規範之下，對宣教師傳播福音之事興趣缺乏，唯獨對狩獵用的火藥、子彈之製作情有獨鍾。

據說，族人們經那位宣教師之苦心指導後我族始擁有扣板機式的獵槍（*halung baang*），之前所使用的是點火式的獵槍（*halung putungun*）。點火式獵槍使用起來，常常會發生彈未射出獵物早已不見蹤影之窘態，因當你瞄定獵物後，得賴助手以火苗點燃引信；若不幸火苗熄滅，重新以燧石生火來點燃火苗，獵物是不會從旁觀賞的，而以燧石摩擦點火之卡擦、卡擦聲，野生動物也不會將它當作古典音樂來駐足聆聽的。即使順利點燃引信後，射擊者又須顧及引信爆烈之火花傷到眼睛，不但對使用者可能造成意外傷害，其命中率亦無法提升。

因此，我先祖們對那位宣教師的感激之心是難以筆墨來形容的。怎奈，他來到霧社地區宣教或許尚不滿一年，卻偏逢久旱不雨之災，致使農作物全面性的欠收，族人們的生活頓時陷入困境；在 Gaya 的壓力下，縱然族中

的領導人、長老及祭司們經過幾番激烈的爭辯，族人們終究無奈的犧牲了那位宣教師。理由是，放任她在部落裡妖言惑眾（宣教）觸怒了祖靈，旱災即為對祖靈不敬的一種懲罰。

這位堪稱對我德固達雅人有恩同再造之誼的宣教師，擁有一對藍色的眼珠及白皙的皮膚，是否為棕髮即不得而知。德固達雅語：*dame* 係指如貓眼珠般的，*dorig* 眼睛；*dame dorig*（達美多列）即指藍眼珠的人。日後族人們凡遇到眼珠是藍色的人，一律稱之為達美多列，不論他們是美國人、德國人、俄羅斯人……等等，今則多指美國人。

（三）Pucahu（不查服）──水源毒害事件

吐嚕灣水源毒害事件的歷史典故，在德固達雅的社會裡是非常普遍的故事，對今 80 歲上下的族中長者們而言，可說是無人不知無人不曉的歷史事件，亦常被當作德固達雅群由吐嚕灣擴散的原因之一。

據云：當時，吐嚕灣地區的人口已愈來愈多，多到其住屋之間的屋簷幾乎相連著（*asilux so muquqayu dunamux daha sapah*）。某一天，不知何故，突然之間部落有孩童死於不知名的病症之下，其症狀會發高燒、嘔吐不止，終至身體腫脹且臉色發青而亡，屍體的狀態有異於一般病故者。

起初約隔 4 至 5 天即有小孩因而身故，之後亦有成年人因同樣的症狀相繼身亡，並且是時隔 2 至 3 日甚或 1 至 2 日部落中即有身亡者。在本族巫醫各各束手無策之下，吐嚕灣地區的族人陷入空前浩劫之恐慌中，於是，部落的族人們陸續舉家遷居於各自耕地住屋以避禍。值得慶幸的是，移出吐嚕灣後疫情並未隨之蔓延開來，本族始得以續延族命。

經此巨變，吐嚕灣部落曾一度形同廢墟無人居住。直到有一天，族人們於吐嚕灣飲用水之水源頭內，赫然發現被人埋以各類不知名的金屬製品（*hiluy*），因金屬銹蝕所造成水質變化，被族人一致認定是該疫情的禍源。但究竟是何人所為，迄今眾說紛紜莫衷一是。以這般鄙劣、陰狠的手段去毒害他人，我們稱之為 *pucahu*（不查服）。於族人們拔除了水源頭之金屬製品的數年後，部分的遷出者又重回吐嚕灣部落居住，與遷居各耕作地者逐發展成日治時期所謂的「霧社番十二社」。本賽德克族之所以分別定居於 Truku、Toda、Tgdaya 等三個地區，逐形成後來賽德克族三語群並立的現

況，是否與德固達雅吐嚕灣時期的歷史典故有關，是賽德克族裔們值得探討的議題。

八、結語

　　約 400 年前本族大舉東遷是學者專家的推論，但筆者可以斷定的是本族東遷是在「吐嚕灣時代」之後，因移居地花蓮的族人都說──「他們的祖居地是南投縣境內的『吐嚕灣』之地」，雖然 Toda 群的族人並不能明確地指出屬於他們的「吐嚕灣」。

　　賽德克族三群的族人，於相近的年代不同的時段，翻越中央山脈逐次向今花蓮以及宜蘭地區擴散，其遷徙的路線不同、遷住的地區也不相同，這足以說明賽德克族東遷之前已「三群鼎立」的態勢。賽德克族大舉東遷的歷史與發展，應由移居地的族人來敘述，筆者無從置喙，於此謹誠摯地呼籲，移居地與祖居地的族人能夠攜手建構──「賽德克族」的文字歷史版本。

參考書目

行政院原住民族委員會
    1999   臺灣南島民族起源神話與傳說比較研究。臺北;行政院原住民族委員會。

佐山融吉
    1985[1917]   蕃族慣習調查報告書:紗績前篇,余萬居、中央研究院民族學研究所編譯。臺北;中央研究院民族學研究所。

廖守臣
    1984   泰雅族的文化:部落遷徙與拓展。臺北;世界新聞專科學校觀光宣導科。

從賽德克族的文化觀點及傳統信仰探討日治時期的衝突

沈明仁 Pawan Tanah
南投縣立同富國中校長

一、前言
二、*utux*（鬼、神、泛祖靈）、*gaya*（祖訓規範）、*smaniq*（犯禁忌）、*mwaliq*（馘首、出草）的定義及 *utux*、*gaya*、*smaniq* 對人（*sejiq*）的文化意義（meaning）
三、武力封建下的日治時期：*sejiq* 的 *pais*（戰爭、事變、文化衝突）與族群間的 *pais*
四、結語

一、前言

　　本篇文章試圖從霧社地區各族群的文化叢結（諸如 *utux*、*gaya*、*psmaniq*、*mwaliq* 等來探討 1895-1945 年間重大 *pais*（戰爭、事變、文化衝突）的原因是為何而起？希望透過耆老與研究者的田野紀錄中的觀點、分析，呈現族人在他們的文化觀點的堅持與為何必須照著祖先的 *gaya* 一路走下去的理由，並且從 *pais* 中探討為何必須對其信仰的 *utux* ——核心價值要以生命（*kndusang*）積極去實踐維護的必然性。也藉由耆老在其所記憶的 1895-1945 年間的 *pais*（戰爭、事變、衝突）等重要的歷史事件中，重整許多耆老的對 *utux*、*gaya*、*smaniq*、*ptasan*、*mwalaq* 等信仰堅持的對話紀錄，從對話中來連結部落老人的記憶與想法。個人也想從田野與學者的研究中，詮釋對 *utux*、*gaya*、*smaniq*、*ptasan*、*mwalaq* 為何會主導 *sejiq* 族群以「生命之不可輕」作為任何發生在他們生存領域的企圖心。並再次祈望建構族人的主體文化意識，帶領部落族人走向自己的未來，亦即以過去老人的經驗智慧與生命的焠鍊來思考當代部落族人要建構何種生活的可能性。

二、*utux*（鬼、神、泛祖靈）、*gaya*（祖訓規範）、*smaniq*（犯禁忌）、*mwaliq*（馘首、出草）的定義及 *utux*、*gaya*、*smaniq* 對人（*sejiq*）的文化意義（meaning）

（一）*utux*（鬼、神、泛祖靈）：*sejiq*（Tayal）對於 *utux* 的定義

1. 個人對 *utux* 的解釋：「*tminun utux*」、「*masoq tminun utux*」

　　賽德克族稱呼人的出生為「*tminun utux*」，*tminun* 在賽德克族中有「織」、「繼續」、「完成」的意思，人之死亡稱為「*masoq tminun utux*」、「*mhedu tminun utux*」（*utux*〔生靈〕織完了），稱狩獵物很多為「*miqutux*」、「*bniqan utux*」（*utux* 所給予），而全無獵獲或遇災害則稱「*msaang utux*」（*utux* 生氣）等等。表示「與其將它視為死者之靈魂，不如將它視作造人且支配人的命運之神」。

故 Pawan Tanah－Yakaw Dakis－Dakis Tanah－Tanah Sruc Rudan Balay，將新生兒取名為剛過世不久的長輩的名字，便反映著這樣的意味，賽德克族群稱此為 Gaya utux Rudan。世代循環的命名制藉由名字（snalu hangan）與人（sejiq）的結合，表示祖先的印象（Qbubur）還參與在活人（mudus sejiq）的記憶與生活中，透過連名制，人的靈魂轉化為生命的連續體，隱喻著靈魂不朽的可能。而賽德克族人埋葬死者（wada medan sejiq）時習慣將其生前用具一起陪葬（qqaya na）或將作夢（snepi）視為祖先來遇，皆是基於相同的靈魂不滅概念。

我們從泰雅人或賽德克族人的 Bqurus 與 Pslkotas（祖靈祭）的召喚祭詞（mlawa）：

we... yutas, yaki, mama, yata... uah maniq la...
oor... baki, pai, tama, bubu... iyah mkan da...
（喂，老祖父、老祖母，伯〔叔〕父，伯〔叔〕母……請都來吃吧！）

可以短窺目前學界對泰雅族或賽德克族人的社會在「祖先」人群分類上「外稱」和「自稱」中的知識差異。這些稱詞中的已逝人物主要是以死於「此部落」的祖先為主體，故祖靈崇拜才會以「集體」為對象，未必直接涉及召喚者或主祭者的血緣關係，若依「自家」或「父系」分類，那麼 Bqurus 與 Pslkotas（祖靈祭）是「公眾」的。

2. 學者的觀點

（1）日治時期小島由道（1915 年）所編撰的《番族慣習調查報告書》記載

泰雅語中 *utux*、*rutux*、*otox*、*lutuk* 主要是指死者的靈魂（生靈——*kndusan utux*、人影——*utux sejiq*、風——*brihun* 亦稱為 *utux*），有時也似指稱無形的神。

* Utux Sejiq、Brihun Utux 靈魂存在於人體的哪一部分？認為在眼睛、全身。*Ga mniq tuma driq mi kana hei balay*。（小島由道、河野喜六 1996[1915]:40）

（2）霧社群／小泉鐵（1933）、佐山融吉（1918）、小島由道、安原信三（1915）認為

邪惡的 utux 會讓人作喝毒藥、殺人的夢，而且會在半夜掐住人的咽喉，使人受窒息之苦。遇到生氣的 utux 人會死去或受傷。在賽德克族人的認知中，被人殺害、自殺、意外死亡，其他死於非命、臨終無人看護的人不得前往靈界，將永留該地對活人作祟，稱為「utux mnhuqil」。這些「不好」的死，也就是一般學者所認知的「橫死」的內容。橫死而作弄於人的靈，也就被稱之為「惡靈」。

（3）李亦園、徐人仁、宋龍山、吳燕和（1963）認為

人（Tayal、sejiq）是由靈魂（utux）與肉體（hei）共同形成，人在世時二者同在，死亡是指二者永遠分離。睡覺是靈魂暫時離開人體，人作夢是 utux 出遊，夢 snepi 見死去的人即是見到 utux。又驚又喜認為靈魂遍存於血液（dara）中，故脈搏（rutux kava、dara）與心跳（rutux lavun、lhebun）皆為靈魂的象徵，當二者停止時，靈魂離開身體，人即死亡。人死亡後肉體腐爛，靈魂卻不會消滅。

又認為泰雅族人超自然信仰是以祖靈為中心。「他們泛稱所有超自然的存在為 rutux，而沒有生靈、鬼魂、神祇或祖靈之分，更沒有個別的或特有的神名，rutux 即超自然的全體，也是其個別的存在」。

（二）對 gaya（祖訓規範）的定義

1. Pawan Tanah 對 gaya 的定義

個人在《崇信祖靈的民族賽德克人》書中認為是：「此一族群生活與生命中的信仰基礎」（沈明仁 1998:19-22）。就是一切行為規範的準則，也是 sejiq（人）族群無形與有形意識型態的文化內涵，是族群之間的習慣法與依據，是祖先的遺訓，更是整個賽德克族或泰雅族群生活之中，賴以規範其生命的標竿。習以為常的稱法是侵犯 gaya（原語以 smliq gaya 稱之）、吞食 gaya（原語以 mmokan gaya 稱之）等……；亦是 kana alang gaya sejiq（集團本體）共同遵守的規則。因此之故，稱謂 gaya 者，一方面是使習慣

制度蘊育於彼此的意念之間，同時在另一方面是使共通的習慣制度融入在彼此共同生活體的涵意，亦即全體 seediq 族群共同的意志。猶如目前流行「全方位生命共同體」的說詞，在思考上是一樣的；祇不過如此的意念，早在千年以前的 sejiq 族群中，就已形成其生活的指標與生命（精神）層次的核心了。

2. 賽德克裔學者廖守臣（1998:50）

認為「gaya 一詞，為『風俗習慣』或『習俗』的意思，一個泰雅族人一生中需依照傳統習俗所支配的生活規範、價值判斷等，以維繫該族群人的生存，並予以傳承或維護」。

3. iwan pering

賽德克族透過實踐祖靈所規範的風俗習慣而產生的祭儀（smiyus）、禁忌（smaniq）來理解 gaya、祖靈 utux、人 sejiq 三者之間如何維持平衡的關係。在族人的觀念裡，宇宙的建構是人 sejiq 跟祖靈 utux 這兩個層次，人跟祖靈之間基本上是生活在一起的，只是不在同一個空間。而祖靈被認為是宇宙的主宰，具有無上的權力，人類行為的規範都是來自於祖靈的訓示，賽德克族人就是靠著「gaya」來維持整個部落社會組織的穩定。德克族人 gaya 的信仰觀念之所以是維繫部落社會生活秩序的力量，乃是在於一人犯罪全體受懲罰的原則，即一個人觸犯 gaya，受到 rutux 的懲罰可能禍及整個部落人的生命安全或影響農漁獵的收穫。因此人類欲使社會安樂幸福，唯有遵守祖先所制定的禁則（gaya）。亦即在「祖靈」是主宰的信仰觀念及「gaya」的實踐之下，建築了賽德克族「人」和諧安樂的部落社會。所以 gaya 觀念的實踐有一種很清楚的秩序性，建構了 utux、罪（ruciq 污染）、獻祭除罪（mddahul）及寬恕的分層負責體系。有關家內秩序由家長負責制裁，涉及全體公益則由 gaya 及 qbsurang rudan balay 負責。

4. 部落文化耆老黑帶‧巴彥

即泰雅語對習俗與規範的稱呼：gaga 即是指一切規範的統稱。也是風俗習慣的總稱。gaga 就是指著各項的規範或規則。以下將列表呈現 gaga 的多義性格及其運用範圍下：

Gaga na atayal 泰雅族的風俗習慣：
gaga nia（自然現象）
gaga na ptasan（文面的風俗）
gaga na sslalu（命名的習慣）
gaga na sqaliq（人類的規範）
gaga na qqianux（生活的規範）
gaga na pslpiangan（結親習俗的規範）
gaga na kklahang laqi（生育習俗的規範）
gaga na ssatu-mnhuail（喪葬習俗的規範）
gaga na utux（神靈的規範）
1. *gaga na kkhzian*（人倫）2. *gaga na mphau*（懲戒）
1. *gaga na ppqumah*（農耕）2. *gaga na ttrgiax*（狩獵）
1. *ziuau na etuxan*（屬靈界的事）2. *gaga na psanig*（禁忌）
3. *gaga na smius*（各項祭典）

5. 學者對 *gaya* 的界定

gaya 的本意即祖訓或遺訓（*kali rudan sejiq*），很明顯這是集合一些較近的親族組成團體以便共同遵守祖先的遺訓 *gaya*，因此這種祭團的組織，在賽德克族人的社會構成中是很重要的功能群體，因為賽德克族人是偏重雙系的社會，其親族團結力極鬆懈，而這以共守祖訓的儀式團體，也就代替一般單系親族團體（*unilateral kin groups*），而發揮了規範行為、共勞合作、同負罪責、同享安樂的功能。

到底 *gaya* 是什麼？其與人、祖靈有何關係？有關泰雅族或賽德克族人 *gaya* 的文獻有：

（1）小島由道等撰《番族慣習調查報告書》第一卷（小島由道、河野喜六 1996[1915]）：*gaya* 是普遍存在賽德克族群的社會制度，不僅在社會維繫上扮演相當重要的角色，也是賽德克族文化的重要精神，稱為 *gaga*、*gaza*、*gaya*。由於賽德克族人分布廣闊，族群遷移繁衍，各社群 *gaya* 的意涵因而多樣化，有主張是遵守祖訓的社會群體。例如血緣團體、祭祀團體、共食團體、地緣團體、制約團體。

（2）森丑之助的《臺灣蕃族誌》（1917:145）：「它是血族的一團或加盟其中一團的人。」
（3）小泉鐵著《臺灣土俗誌》（1984[1933]）：「在這裡，我特別強調的是，gaza 就是血族共制的團體。」「共通戒律的團體叫做 gaza，而 gaza 也是習慣制度的意思，同時指的是共同生活一起且共通其習慣制度的團體。」「在泰雅族的社會中，除了稱番社之外也有稱作噶噶（gaga）的團體，其起源被認為是因一家族或血族的擴大所產生出來的血緣團體。」
（4）岡田謙認為：「在泰雅族有共同服從宗教、咒術、禁忌的祭祀團體。」
（5）移川子之藏認為：「不同 gaga 相結合在一起，自然形成一種地域化團體。」
（6）衛惠林認為：「一種地緣社會是 gaga 即泛血族祭團。」「有一種血親祭團曰『gaga』，常是可以包含同地域群內，是廣義同祖群或同祖居地群的共祭、共守禁忌的團體。」「本族習慣法或道德之總體稱為 gaga，被稱為族祖之遺訓。」
（7）李亦園等著《南澳的泰雅人》（1963）：「gaga 是一個儀式團體，同 gaga 的人共同舉行重要的祭儀；gaga 又是一個共同生產團體，同 gaga 的人在特定的時間共同參加狩獵，共同遵守主要穀物的種植規則；gaga 是一個共勞互助團體，同 gaga 的人在開墾、播種、除草、收割、築屋及其他事件時互相幫忙；同時最主要的 gaga 是一個共同行為規範團體，一個個人的犯禁，同 gaga 的人都蒙受其害，因此同 gaga 的人都互相負有規範行為的職責。」也認為 gaga 是抽象的意念，指血緣與祖訓、道德標準、禁忌、祭祀的意義。

「祖先所定制度規則稱為 gaga，涉及道德規則、祭祀禁忌等等；凡子孫能遵守 gaga 者，即賜予身體健康、農作豐收、多獵野獸，如未能遵守 gaga，而行為不端，則懲以病疾、歉收。」
（8）阮昌銳及其他學者認為：「gaga 是指一切規範的統稱，也是風俗習慣的總稱；gaga 這個詞在泰雅族的日常生活中用途甚廣。甚至語言方面也是在 gaga 的範圍中。只是對於團體和組織，就不能夠用 gaga 之名詞來使用，因為在泰雅族裡面並沒有這樣的東西。」

（9）山路勝彥指出 gaga 具有多義的性格，除了指稱習慣及禮法之外，獵首及懷孕也被稱為 ma gaga；此外，犯法時的共食單位及收穫祭時的共食單位，均可稱為 qotox gaga。以「法律」、「贖罪」、「共同體」、「祭祀」等四個語彙進一步討論 gaga：「就觀念層次而言，『不吉』、『不淨』、『被除』、『洗清』這些言語才是規定泰雅族習慣法之本質的重要關鍵概念。」

（10）王梅霞（2003:91）：gaga 是觀念而非社會組織本身，而且透過儀式的實踐過程，可能形成不同層次的社會範疇。基本上，gaga 是宇宙觀的一部分，指觀念上遵守同一規範或禁忌；而且 gaga 可以指涉個人的特質，當地人解釋這種特質為靈力。

更進一步解釋 gaga 的多重意涵，就觀念上遵守同一規範或禁忌這一個層面而言，gaga 包括戒律、儀式中的規則及禁忌、若干日常生活中的習俗，而在實踐這些 gaga 時，可能產生不同層次的社會範疇，這社會範疇不同於社會組織，它是鬆懈而有彈性的，因此個人可以自由選擇是否遵守同一個規範而造成加入或退出 gaga。

（11）黃國超在〈泰雅族的社會構成：gaga、niqan 與 qalang〉（2002）專文中說明，在宗教上 gaga 是泰雅人超自然信仰的道德型態，其內容分為律法、傳統和倫理三大類，其他還涵括泰雅人或賽德克族的生態智慧。這些具有律法形態的 gaga，可以說是祖靈（rutux）的命令，總的來說，gaga 是泰雅族或賽德克族知識的總體。

（三）對 smaniq（犯禁忌――mkan gaya）的定義

李亦園對 smaniq（犯禁忌――mkan gaya）所下的定義是：泰雅族人除了依照固有程序執行祭儀之外，在消極方面則要遵守各種禁忌，這種消極的儀式行為不但更能表現整個信仰系統，而且是維護社會體制存在的重要手段。

1. 有關生命禮俗的禁忌

在賽德克族人的觀念中生育子女（ptucing laqi）是來自於「神靈的賜予 bngay utux」。因為信仰祖靈，對祖靈所賜的孩子珍愛有加，所以遵守

gayga 舉行一些生命禮儀，祈求受到護祐不受惡靈侵擾。在「不潔」的信仰之下，對嬰兒而言，嬰兒出生 10 天到 12 天後必須由巫師進行禳祓法術之後才能抱出室外，避免招致惡靈侵擾。就產婦而言，分娩被視為不淨，當產婦臨盆時，除了助產者以外所有的家人都須迴避，尤其是男人；而且未經過一定時日，並舉行特定儀式前，不得外出。嬰兒經過禳祓儀式後，生育新生兒家中要釀酒製作米糕，邀請親友慶祝。尤其是男方要贈送禮物給產婦娘家兄弟、從兄弟，泰雅語稱之為 *Makalaus*，以表示因其姊妹生產而對彼等招來不潔的賠償。

2. 相關婦女身分的一些禁忌——有關狩獵、織布的禁忌（小島由道、河野喜六 1996[1915]）
   (1) 獵具和武器切忌為婦女觸摸或踐踏。
   (2) 有人上山打獵時，家中婦女不可摸觸麻線，也不得織布，否則對出獵人不利。
   (3) 打獵時不能有女人在旁，否則被視為不潔。
   (4) 男子上山打獵，所獵獲獸肉，自己應該少吃，要請年長者以及女性多吃，這樣才配作男子漢。
   (5) 男子不可織布，甚至不能碰觸織布機。

3. 有關生育禁忌
   (1) 孕婦不得食猴肉或斃死獸肉。
   (2) 妊娠中不向還沒子女的婦女或曾難產的婦女借貸或交換東西。
   (3) 要向子女多且順產的婦女借腰裙或腰帶穿在身上。
   (4) 母親難產致死，幼兒亦認為不吉，多與其母同埋。
   (5) 生產時之血污應由母親自己處理，否則兒童發育不良。
   (6) 男嬰臍帶致背袋中，女嬰臍帶棄置織機木桶中，象徵男者能獵，女者能織。
   (7) 婦女在旱田分娩，在河裏洗污血，則馬上會下雨。

（四）對 mwaliq（馘首、出草）的定義

1. 賽德克族的馘首

賽德克族人的馘首是為了獵取敵番或異族之首級而到社外。與戰鬥不同的是目的只在取得敵人之首級，並非為消滅敵人的勢力。賽德克族人的馘首雖掠奪敵人的財物，但並非其主要目的。獵取人頭主要理由是：為了決定爭議之曲直與是非，族人間尚無裁決爭議曲直的機構，故雙方各執一詞互不讓步時，就分別馘首，仰賴「Utux」（神靈）之審判。這是因為「Utux」必定會幫助理直者，故馘首時會給予理直者首級，而不給予理曲者。因此馘首時淂到首級者為直，未得到者為曲。馘首之次數及時日沒有特別限制，任何一方不堪繼續馘首而屈服時，勝敗才決定。馘首之勝敗未決定之前，加入之一方馘首之團員與加入另一方馘首之團員處於「pais」之關係，稱為「ini pqqita」，不得互相往來，路上相遇時，也不可交談，並且雙方均不得一起狩獵及耕作。聽說其中一方最後會因持續不下去，而向另一方屈服。為了決定爭議之曲直而馘首，稱為「Mgaya」。藉馘首決定是非並不限於外人之間。父子、夫妻、兄弟之間也會有須馘首之事。馘首不一定要雙方親自去進行，也可以委託其他有能力者代替馘首，並且代理者所獵到的首級與爭議者本人的效力相同。

2. 土魯閣群的馘首

馘首時先得吉夢，後聽鳥聲亦吉時再出發，攻擊時由頭目及勢力者在前。得到多數首級時，先走到安全的場所，用石頭打碎後腦部後，再用刀挖開一孔，以分叉的樹枝挖出腦漿；馘得首級者先將首級上的頭髮斬下，綁在武器上，蕃刀是綁在刀鞘的尖端，槍則綁在槍頭的根部，然後將首級之臉洗乾淨，再將其頭髮用繩綁好後放入「tokan」中背回。離家很近時，社中的人聽到喧鬧聲，就會一同盛裝出來迎接，病人會向攜帶首級的人乞求治癒他的病，此時獵到頭的人，就用刀在病人的頭上左右揮舞以祈消除其病，又據說如果喝了馘得首級者所帶的酒，無論何種疑難雜症都能痊癒。他社的人來要東西時，若沒有其他的東西，只分給他當時使用的松木火把，也有使病痊癒的功效。一行人回家之後，由馘得首級者的妻子或母親拿著

綁首級的繩子站在庭院中間，婦女在其周圍圍成一個圓圈開始跳舞，男子也在旁邊另外成一組跳舞，由拿首級的婦人先起音，其他的人再跟著唱歌，其歌聲清澄，令聽者深具快感；然後開始濾酒並殺豬，將其（豬）尾、爪、耳、鼻的尖端斬下，保存留供厭勝（smapuh）時之用，將肉串刺後獻祭於首級，並以蕃薯供於首級之前，以濾過的酒注入首級的口內，酒與血就會自斬口流出，此時就以便當盒盛而飲之。

在此期間不論何種食物，都要先供祭首級然後才能吃喝。馘首時的同行者，也都要各拿出一隻雞來充作飲酒時的菜餚。此時是將首級放在入口處的箱子上。第二天要搬到同行之勢力者家中擺一天，若頭目也有參加時，則要放在頭目的家中展示一天。同時建造首棚（baga），放上新舊首級 3 個，新的放在中央，舊的擺在左右，此方式與其他蕃族相同。第二天年輕人到山上取來蓮草，造「brqaya」，綁在高的樹的樹枝上，另外在竹子上綁上茅草作梯子的象徵，稱為神梯「sbalung tunux」，建於首棚之旁。這一天和前一天一樣的跳舞，如果是從遠方獵得首級時，大約跳 3 天舞，從近處取得時，大約跳 4 天舞，據說這與首級的腐爛發臭有關。其後經打獵數日後，再回到部落飲酒，並再度跳舞，同季打獵時若得到獵物都要跳舞，大約連續三年都是如此，獵物很多時，就繼續到第四年。

此時馘得首級者，須將此行所攜帶而未曾用完的物品，包括所使用的松木火把、頭髮、茅草、及濾過兩次的酒之酒糟，綑在一起保存下來，將來社內若有病人時，就會向他借來做為厭勝時的道具。另外，馘得首級者還要將所得首級之頭髮與茅草送給頭目，那是兩人各握頭髮和茅草的一端，然後用刀從中央割成兩段之後，再同樣做一次，然後將其束起來，由頭目將之放進吊在「brqaya」中的「tokan」內儲存起來，以便後日能隨時查知社人砍得人頭的總數。

以上為得以馘首時之事，若反有被馘首者時稱「bsaniq」，捨棄屍體後才回部落，回到部落附近時並不大聲喧嘩，默默的等到日落後才進入部落，向被殺者的穀倉和家屋放槍後將之拆毀，並將屋內所有東西都丟掉，等到下個月再由年輕人侵入敵地毀壞其家屋，稱之「payox」、「payus」、「smiyuk」（復仇），回到部落後飲酒，等到下個月再馘首。

三、武力封建下的日治時期：*sejiq* 的 *pais*（戰爭、事變、文化衝突）與族群間的 *pais*

（一）*Smliq hlmadan mi Gaya tn-anay Sejiq*：明治二十九年（1896）起日本「和蕃政策」與始亂終棄後的文化衝突

1. 談到日本「和蕃政策」與賽德克族人中 *gaya* 的有關婚姻禁忌，因始亂終棄後的 *smaniq* 而引起文化衝突，舉例諸如下列：
    - （1）不同性同胞之間絕對禁止有猥褻行為，在不同性同胞面前不得談論「性」的問題，更禁忌觸及異性同胞之身體。如有人故意有異性同胞在場時涉及性行為，常引起爭端甚至仇殺。
    - （2）是婚姻為「r，us」或「layi」，意為不潔，在女家之祭祀團體不可狩獵、出草或舉行祭典，因此女家在成婚之前，通常會暫時脫離祭祀團體。
    - （3）出嫁的婦女，即使離婚也不可復歸原來之 *gaya*。其若沒有可寄居的家，而不得已歸宗時，也要另築臨時小屋居住，不得與生家之 *gaya* 同火共食，亦不可接受獵肉的分配。
    - （4）青年男女未婚前可行愛撫，但不得發生性關係。如未婚與人有性行為，沒人肯為她文面。
    - （5）不與被離婚的宗族婦女共火。
2. 日本警察常犯賽德克族人有關祭儀禁忌而引起重大的文化衝突，舉例諸如下列：
    - （1）祭祀場所避免婦女打擾，即婦女不得靠近祭場。
    - （2）家中有人外出獵頭，全家不摸麻織布，不吃蔬菜。
    - （3）紋身施行時，孕婦及非親屬不得前來觀看。
3. 日本在「和蕃政策」下的例子：
    - （1）檜山鐵三郎與霧社群 Pihu sapu 頭目之女
    - （2）近藤勝三郎與荷歌社、巴蘭頭目之女
    - （3）近藤儀三郎與馬赫坡頭目 Mona Rudo 之妹 Tiwas Rudo
    - （4）中田安太郎與馬赫坡勢力者之女 Piray kuyang／Bilaq Liyu

（5）下山治平與馬烈霸頭目之女 peq alayi／Piqu Towrih

（6）日警與薩拉帽社頭目之女

（7）佐塚愛佑與 Mastbun 頭目之女 Yaway Taymu

在賽德克族的 *gaya* 中有許多的禁忌，這些禁忌或許來自於對崇拜對象的尊敬，例如男女分工的賽德克族社會狩獵及織布對賽德克族男女而言是很神聖的能力，是取得 Sejiq balay「真正男人」、Sejiq balay Mqriding「真正女人」的條件，所以男狩獵 *maduk* 時女人不可以去獵場，女人織布 *tuminun* 的機具或麻線男人不可觸摸等禁忌。或許代表倫理觀念中對「性」與「食」的一種約束力，男女的生育力，固然關係部落命脈的維繫，但如果男女違反倫理的姦淫，在賽德克族的 *gaya* 規範將會危及社會安全，因此之故就有關生育、性及婚姻的禁忌。

由上面分析可得而知，賽德克族人如果違反 *gaga/gaya* 的污染範疇，依污染性質而分，有生產禁忌與道德倫理兩類。再就其違反禁忌罪責的追究制度而論，有橫向的追究責任，一般與生產禁忌有關而無干於社會公共道德，受罰者通常不會殃及第三人，只要違犯者出面認錯，提供賠償或殺豬與同 *gayga* 的眾人共食（*dmahul supu mkan*），就可以除罪消災。另有縱向的追究責任，通常是觸犯社會安全的重大罪行，如殺人（*smipaq sejiq*）、不孝（*bsaniq rudan*）等，這時 *utux* 的處罰追究到當事人的子子孫孫，呈現以血緣關係為主的縱向責任。總之維繫賽德克族人的部落運作的主要機制乃是其「gaya」的制度，因為「gaya」及相關的禁忌與不成文法條是維持部落生存發展，以及強化社會團結和諧相當重要的一種力量。

（二）深崛大尉事件

1897 年（明治三十年）1 月，踏查臺灣橫貫鐵路路線的深崛陸軍大尉調查隊一行 14 人自臺北出發，22 日進入 Sadu 部落，28 日發出最後報告，但是到 Brayaw 的路途中，在 Brayaw 部落附近被殺，日人對霧社地區展開全面封鎖行動。同年 4 月至 5 月，經埔里社撫墾署派出調查隊進行調查後，證實已全數被殺。此一事件被稱為「深崛大尉事件」。

據玻拉瑤部落的長老們說：當時 Brayaw 玻拉瑤部落的各頭目 Walis Nawi、Umin Cihun、Takun Nawi、Awi Irang 皆認為深崛陸軍大尉一行 14

人要經過部落的祖靈地，應先向族人行 *dumahul* 的儀式，但不為踏查隊所接受，因而破壞部落 *gaya*，部落族人認為這等蠻橫的不尊重行徑會觸犯 *utux*（祖靈）而致 *smaniq*（犯禁忌）的禍患，一致決議協同 Sadu 的各部落頭目 Basaw Burang、Rudaw Burang、Dakis Burang 採取 *magaliq*（鹹首）決斷犯禁忌的日本人。我們的部落族人因此一事件，被日本的警察全面以武力監禁在德路固山谷中達三十四年餘無法自由活動。

直到 1930 年 10 月 27 日發生 Tkdaya 抗暴事件，部落族人與都達族人因為協助日本警察，加上當時整個仁愛鄉瀰漫著抗日的情勢，為了分散我部落族人可能也會趁勢反抗，在 1931 年（民國二十年）Tkdaya 的遺族被迫移至清流，波瓦倫部落此地荒廢後。日本人不久就將德路固群住在玻拉瑤全部落的族人，由頭目 Walis Nawi 率領下遷至 Bwarung、Mahebo、Tbuwan、等部落，以方便統治管理。

另一方面，日本警察也把住在 Sadu 與 Busi daya 部落的族人中，因「深崛大尉事件」有嚴重抗拒日本人情節者，遷住到松林舊部落（Alang Baraw 上部落），之後 Busi daya 的 Alang bubur、Alang brenux 等部落，又遷入松林舊部落（Qaycing 下部落），其目的皆在於隔開萬大群與布農族卓社群兩大族群對日本警力的威脅。

在此一族群大遷移的過程中，族人的不滿與騷亂是不言可喻，尤其是 Rudaw Burang、Dakis Burang、Doriq Nobus 及 Paras Tunngax 家族最為暴動，此時部落皆有一觸即發的戰亂可能，幸好總頭目 Basaw Burang 的居中仲裁與協調，才未釀成大事件。

（三）人止關事件：*snbalay mayus dhgan*

1902 年，臺灣平地的抗日事件大勢抵定，日本人開始想要整頓霧社地區的原住民事務，再次派出警備隊欲強行進入霧社山區。很可能是因為彼此的溝通不良，日本警備隊在人止關時開槍掃射舉 Pala 示好的 Tongan Mudu 社的 Tgdaya 人，引起了一場激烈的戰鬥，日本人不熟悉地形，加上人止關地勢險要，是易守難攻的天險，日本人死傷慘重，節節敗退，史稱「人止關之役」。由於此役的日本警備隊的服裝最明顯的是頭上紅色的帽沿，因此部落的人直到今日依然稱呼日本人為「Tanah Tunux」，意為「紅頭」（簡鴻模 2002）。

（四）干卓萬事件（又稱姐妹原事件）

人止關事件之後，日本人一方面實施經濟封鎖，徹底的斷絕了 Tgdaya 群到埔里交易火藥、鹽巴的可能，另一方面則透過平埔族及布農族以火藥及鹽巴交易為由，計誘 Tgdaya 群至兩族交界的姊妹原進行交易。結果 Tgdaya 群派出了上百個勇士赴約，干卓萬社的布農族拿出了準備好的鹹魚、地瓜和酒宴請這批客人，Tgdaya 的人不疑有詐，並在其勸說下卸下武裝，下午 3 點左右，一位疑似布農族頭目的長者出現，用布農族語說了些話，所有的布農族人即一擁而上，手持番刀衝進屋內，屋內的所有 Tgdaya 勇士，因為缺乏武器而盡數被殺害，無一人逃出屋外，布農族也有許多人被殺，史稱「姊妹原事件」，文獻資料記載的時間是明治三十六年（1903）10 月 5 日。

姊妹原事件對 Tgdaya 群的影響之鉅，直接影響到的是對日本的無條件歸順，進而影響到 27 年後的霧社事件。霧社事件的遠因與此有關，而為何霧社事件僅有 6 個社參與，有 6 個社未配合參加起義，其主要的拒絕原因也在於姊妹原事件傷害太深所導致。姊妹原事件百年後的部落族譜調查，中原部落許多家族都無法溯源，追溯所得的年代和以 Tongan 社後裔為主的眉溪部落相距兩代之遙，要解釋這種差異現象的原因恐怕也得歸咎於姊妹原事件所造成（同上引）。

（五）沙拉帽事件

日人中川浩一、和哥森民男兩人合編的《霧社事件──臺灣原住民的蜂擁群起》一書有較詳細的記載：「1920 年 9 月 18 日上午 1 時，60 名『沙拉茅番』向合流點分駐所發動襲擊，巡警守屋夫妻、菊池夫妻及其子、巡警小島等 6 人被馘首，警護員黃其武當場斃命，其他的人包括巡警 2 人（臺灣人）與警護員 4 人（臺灣人），紛紛逃到馬里可旺駐在所。得到急報的長崎警部（當時正在白狗）連忙命令下山警部補（在馬勒巴警戒所服勤）率領卅名『我方番』去支援。佐塚警部補（在白狗駐在所服勤）率領 16 名『我方番』，豬瀨警部率領巡警以下 7 名人員火速趕往合流點進行調查。這時候又接到捫岡駐在所遭襲的消息……。」為處理善後，並積極展開討

伐懲罰「沙拉茅番」的行動，日本人在霧社地區駐紮軍隊，並由鄰近之泰雅族各社組織討伐突襲隊，以准予獵頭邀功獎賞為誘餌，展開以夷制夷的討伐行動。該書記載，當時被日本人動員參與奇襲的部族含蓋了泰雅族的各族群，包括屬 Atayal 亞族 Sqoleq／Squliq 支系的白狗群、馬勒巴群，屬 Atayal 族 Tseole／Suuli 支系的萬大群，以及 Seediq 族的 Truku、Toda、Tgdaya 3 群，其中 Tgdaya 群被動員的部落有 Gungu、Mhebu、Boarung、Suku、Paran、Tongan 6 社，參予的次數超過 6 次。據該書的統計，日本討伐「沙拉茅番」共「出動次數 11 次，總計 998 人次，其中『霧社番』562 人次，約佔 56%，……由此可看出『霧社番』擔任的奇襲隊對日本方面的貢獻。」Tgdaya 群中則以 Paran 社參予的 4 次，動員人數超過 225 人為最多，最後一次的奇襲任務也是由 Paran 社完成的。

（六）*smtuku* 與 *snbarux*

賽德克族人社群的建構過程中，不僅確立了人和人之間的關係，而且確立了人和 *utux* 的關係。亦即賽德克族人的社會關係不只涉及人和人的關係，而且涉及人和 *utux* 的關係。社群成員間不僅分享彼此的特質，而且共同在儀式中與 *utux*、*utux* 建立關係，而祖靈的護祐又與 *gaya* 有關。人與 *utux*、*utux* 之間有不同性質的關係，有時人的世界和 *utux*、*utux* 的世界是相對的及互補的，兩者形成一個整體，而非彼此孤立或對立的，所以人和 *utux*、*utux* 之間不僅維持相對而且同時是平衡的關係。例如成員觸犯 *gaya*，除非不法行為只涉及觸犯者本人而已，對其私刑（如毆打、驅逐、殺死）並不涉及其父母、兄弟，否則社群成員之間共負罪責是一種相對的關係。在禳祓不淨儀式中，有屠宰犧牲見其鮮血的慣習，所以為了禳祓不潔，解除禁忌，必須宰殺豬並且分食給社群的人。

在日治時期，霧社地區的工事：
1. 埔裏武德殿建築工事（昭和五年〔1928〕5-11 月）
2. Inago 依那果駐在所建築工事（至昭和四年〔1929〕11 月）
3. Inago 依那果鐵線橋架設工事（昭和五年〔1930〕4 月）
4. Paran 霧社產業指導所建築工事（昭和五年〔1930〕4 月）
5. Sipo 櫻駐在所新建築工事（昭和五年〔1930〕5 月）

6. Kriro 斯庫駐在所改築工事（昭和五年〔1930〕5月）
7. Mhebu 馬赫坡鐵線橋架設工事（昭和五年〔1930〕4月）
8. Mhebu 馬赫坡駐在所修繕工事（昭和五年〔1930〕5月）
9. 埔裏蕃人宿泊所建築工事（昭和五年〔1930〕8月）
10. 霧社小學校寄宿舍建築工事（昭和五年〔1930〕8月）

即因不以賽德克族人社會這種共食與共罪的規範，即 gaya — smtuku 與 snbarux 的運作方式，引起族人 smiyuk（復仇）的情節。

（七）霧社事件昭和五年（1930）10 月 27 日與第二次霧社事件昭和六年（1931）4 月 25 日

1. 第一次霧社事件

依據鄧相揚（1998）在其所著《霧社事件》書中的描述，「昭和五年（1930）10月27日凌晨，馬赫坡社頭目莫那・魯道親率勇士首先發難，襲擊馬赫坡駐在所，殺害日警，……。在這次抗日行動中，各地駐在所、日人宿舍、運動會場，計有134名日人被抗日勇士殺害，被殺傷者26人，著日服漢民被流彈誤殺者2名。」

霧社事件爆發後，震驚全臺及日本，談灣總督府即下令調派日本人於10月31日上午發動了「軍警部隊協同總攻擊」，正式對抗日六部落的 Tgdaya 群展開攻擊行動，日本人「使用山砲、臼砲、曲射砲、榴彈砲彈、燒夷彈、機關槍，並出動飛機轟炸、投擲手榴彈，均無法攻。」最後，日本人故技重施，再次採以夷制夷的策略，脅迫敵對的道澤群及土魯閣群組成「番人襲擊隊」，並以優渥的賞金利誘，逼迫其投入戰場，因而改變了整個討伐的態勢。根據《霧社事件》一書的統計，為討伐霧社事件起義的300名 Tgdaya 勇士，日人共出動了警察1,305人，軍隊1,303人，官役人伕1,563人（其中1,048位漢人，331位原住民）。

2. 事件生還者的收容

事件後，日本人在 Drodux 及 Sipo 兩處設收容所，將這些人集中在收容所中，日人以嚴密的警力及防禦措施加以監管。「在收容所中，許多族人因親離子散、人倫破碎，極度悲傷而自縊者時有所聞，且長期奔馳於山林

間對抗日人的族人,因極度營養失調而病死於收容所者亦大有人在。從收容所脫逃的族人不是被槍殺,就是被送往霧社分室施以嚴罰。日人名為『保護番』收容所,事實上是集中營,亦即日夜都有警察嚴密監控,族人的行動皆被限制。」據第一次霧社事件後收容所人口統計表顯示,當時西寶收容所共有 319 人,羅多夫收容所有 195 人,另外散居在道澤、土魯閣群的有 47 人,合計 561 人,其中男的有 281 人。

3. 第二次霧社事件

因日本政府決定從輕處分霧社事件的參與者,都達群在前任總頭目被殺的復仇心理,以及日警的默許縱容下,乃於 4 月 25 日清晨時分,道澤群的壯丁組成襲擊隊,分批攻擊霧社事件餘生者居住之西寶、羅多夫二收容所,被殺死及自殺者共 216 人,達到報仇目的的道澤群襲擊隊員,共砍下 101 個首級,提回道澤駐在所向日警繳功。此一「保護蕃收容所襲擊事件」被稱作「第二次霧社事件」。

(八) 高砂義勇軍:*Mgaliq tunux sejiq*
日本人因尊重族人的 Gaya 與撫綏政策,致使高砂義勇軍投入南洋大戰──族人高舉番刀(*gaya*)走回祖靈橋(*hakaw utux*)的精神吶喊

隨著日本對華侵略的進展,日本的對臺政策也逐漸配合日本對外作戰上的需要,由壓迫轉而攏絡。1935 年開始,日本人將種族稱呼中的「熟蕃」改稱「平埔族」,「生蕃」則改稱為「高砂族」。1937 年開始鼓吹皇民化思想,灌輸臺灣住民為日本天皇效忠,進而在往後的戰爭中效忠日本,為日本所用。1940 年進而規定臺灣人全面改換日本姓名,Tgdaya 群也在此時開始更名,在霧社戶政事務所的日據時代戶籍資料中記載著 Tgdaya 群的更名年代為昭和十七年,即是 1942 年,是日本偷襲珍珠港發動太平洋戰爭後的隔年,日本基於在南洋作戰的需要,開始徵募「高砂義勇隊」投入戰場。

依筆者之見,「高砂義勇隊」的出征,有點像賽德克族過去的獵頭文化的延續,因此有的男人面臨生活中需要獵頭才能平息的爭端時,就以參加

「高砂義勇隊」能否回來做為其判準，就像昔日的獵頭文化一般。另一種獵頭文化的展現，則是藉此以凸顯自己的武勇，過去部落以獵頭多寡論英雄的傳統文化，似乎在「高砂義勇隊」的徵召與參戰過程中得以延續，或許這才是解讀賽德克族群投入「高砂義勇隊」的現象與心情的關鍵。只是「高砂義勇隊」所造成的死傷以及對許多新婚家庭的影響，一直到今天，還深深影響著賽德克族群部落的生命歷史。

四、結語

筆者從許多耆老與研究者的田野紀錄中的觀點，對過去部落老人的想像中，亦即從 Utux（祖靈）、kndusan sejiq（生活）、Smaniq（犯禁忌）、Mwaliq，討論到真正 sejiq 族群的社會實踐的架構。誠如 Iwan pering 在其研究〈Utux、空間、記憶與部落建構〉認為：（一）Utux 祖靈的國度是過去部落族人如何形塑部落內在的終極信仰，並實踐於生活中；（二）Rudan seediq bale 祖先過去不是儲存個人的財富，而是儲存共有的對山、自然永續的財富，這是傳統的部落面對土地的一種天生親近自然的態；（三）Alang kndusan seediq 是親屬關係，以及關係的實踐、命名的文化、分享的觀念、倫理的實踐與人格的統合，希望呈現個人生命與集體生活的緊密關係；人際關係的建立，不僅僅是建立部落中的人與人的和諧關係，也要與祖靈國度中的 Utux 建立和諧的關係，所以 seediq 真正的生活空間包含了人世間生活空間的和諧以及祖靈國度中與 Utux 的和諧關係，才能真正達到生命的圓滿；（四）Tnlangan utux baro 則從傳統部落具體的神聖空間說明過去部落神聖空間的具體範圍及其被區隔的原因，以及從夢、儀式、Gaya、聖俗的對話中來理解作用在人、自然與神聖之間的關係。

筆者想由這四個層次的討論，分析到族人在上列的戰事與衝突原因中：
（一）日本「和蕃政策」與始亂終棄後的文化衝突（Smriq hrmadan mi Gaya tn-anay Sejiq）。
（二）深崛大尉事件與 Sejiq Truku 的事件——因欺騙（qbling）而破壞 Sejiq Truku 的 Gaya 而引起 Burang 頭目家族 smaniq 與 mwaliq 的文化衝突）。

（三）中村幸十郎 Tanah Tunux 與人止關事件。

（四）Paran 部落族人與布農族人發生干卓萬事件（又稱姊妹原事件）。

（五）Pihu Sapu（比荷沙波）與 Pihu Walis（比荷瓦歷斯）污辱。

（六）1920 沙拉帽事件：賽德克族群（Tkdaya 德克達雅、Toda 都達、Truku 德路固）與泰雅族群（Mlepa、mstbun、mknaji、mkbubul）合力討伐 Salamow 群。

（七）敬酒風波：荷歌社──Puhuk Nokan、Tado Nokan 與荷歌駐在所巡查的語言衝突；馬赫坡社──Nowe 尾上駐在所的巡查吉村克己、岡田竹松參與馬赫坡社 Udo rubi／Pawan Lulu、Lubi Pawan 的婚禮未予尊敬引起破壞 Gaya 而使 Tado Mona 生氣。

（八）脅迫族人勞役：（1928-1930 間）族人在其 Qngepah 上對 Smtuku 與 Smbarux 未能取得平衡而被誣蔑的仇恨。

（九）霧社事件與第二次霧社事件（*pais* 與 *smiyuk* 的爭議）。

（十）為了魂歸 Hakaw *utux* 上的 Tnlangan（天堂）── *tminun utux baraw*：日本人尊重族人的 Gaya 與撫綏政策，致使高砂義勇隊以大和魂（*utux baraw*）投入南洋大戰──族人以番刀高舉首級走回祖靈橋的殿堂。由以上的戰事與衝突來探討 Utux、Gaya、Psaniq、Mwaliq 對 *sejiq* 族群的重要性。

由這些事件能清楚瞭解到在日治時期賽德克族人對自己的文化是如何的堅持，甚至於在番刀高舉下，不惜付出全部落的生命，也要維繫族人的文化根源與被可尊重的深層的文化內涵。最後希望部落的建構是一個從傳統老人所記憶的空間中去尋找，接續傳統的思維與當代的思潮，來創造適合當代部落族人需要的一個部落，亦即建構一個擁有 *seediq* 族群自己特徵的生活空間與主體意識。

透過 *pais* 事件的精神，祈盼我的族人與所有臺灣的原住民同胞們，在優渥的生活之中，要深思霧社事件的怒哄，是表達了臺灣原住民受壓迫、反奴役、爭主權、爭自主、爭尊嚴的訴求，更重要的是在嚴重表達文化存亡的綿延與否！而這種真諦，對於已逝的英魂──不管是反抗蕃或未方蕃或其他原住民或平埔族人，事件已成歷史，血淚交加的仇恨，不應遺害今天我們所共負的部落文化傳承的希望，應化悲滄之心為無限的力量，強化

我們的信仰，深耕我們的文化命根，改善生活品質，提升精神文化內涵與專業知識，以開拓原住民在此大時代應有的地位與尊嚴。而這種的契機，就像英勇的戰士說：「生前你是我的敵人，但是現在已不是，來喝酒吧！」賽德克族人對於自然與生命的看法認為原本是一共同體，只是角色立場不同，而呈現不同的面貌。而且賽德克族人的 Gaya 文化內涵之中，常常以「分享」的喜悅，融合彼此之間的分歧。從「分享」的喜悅之中，學習衝突後的合作，是族人力量重整的開始。是以，在酒後，常以赤誠之心與敵人分享彼此的誤解說：「來吧！不分前嫌，不分彼此，讓我們的心，在此文化祭儀之前，分享彼此不同的文化殊果，共串和諧合歡的天空。」

原住民需要重新看待自己傳統的文化根源，尊崇老人的智慧，學習部落生活中好的習慣，並且充實現代文明社會應有的知識，以因應大時代的朝流；不要學習目前惡質社會的現象，當作是文明的象徵意義。原住民需要有自主的觀念與信仰，作為生命與生活的動力與方向。如果今天的原住民能以相同的事物、相同的信仰、相同的觀念、相同的訴求，在無限的時空之中，周而復始的川流不息，像成千成萬的拱柱，彼此緊密交錯，生生不息。則不論我們的族人再弱小勢孤，加諸或發生在我們身邊的萬事萬物，皆能充滿生機，妙含情趣與生機；亦會洋溢出我們原住民族群生命的歡欣，就像賽德克族人的 Gaya 文化，亦能洋溢出自己的文化風格，即使面對幾代統治者的管理，他們卻無視於這些異族的存在，但若侵犯其領域，則誠如霧社事件之起義，必是血流成河，而這一切的掙扎，一切的奮鬥，一切的吶喊，在祖靈的眼中，卻是永恆的寧靜與魂魄共享的喜悅。

參考書目

小泉鐵
  1933 臺灣土俗誌。東京；建設社。
  1984[1933] 臺灣土俗誌，黃文新譯。臺北；中央研究院。（未出版）

小島由道、安原信三
  1915 蕃族慣習調查報告書，第一卷：泰雅族。臺北；臨時臺灣舊慣調查會。

小島由道、河野喜六
  1996[1915] 番族慣習調查報告書，第一卷：泰雅族，中央研究院民族學研究所編譯。臺北；中央研究院民族學研究所。

王梅霞
  2003 從 gaga 的多義性看泰雅族的社會性質，臺灣人類學刊 1(1):77-104。

佐山融吉
  1918 蕃族調查報告書：大么族前篇。臺北；臨時臺灣舊慣調查會。

李亦園、徐人仁、宋龍山、吳燕和
  1963 南澳的泰雅人——民族學田野調查與研究（上）。中央研究院民族學研究所專刊甲種，5。臺北；中央研究院民族學研究所。

沈明仁
  1998 崇信祖靈的民族：賽德克人。臺北；海翁出版社。

森丑之助
  1917 臺灣蕃族志第一卷。臺北；南天書局。

黃國超
  2002 泰雅族的社會構成：gaga、niqan 與 qalang。刊於田野詮釋：新生代人類學論文集，中央研究院民族學研究所編，頁 43-58。臺北；中央研究院民族學研究所。

廖守臣
  1998 泰雅族的社會組織。花蓮；慈濟醫學暨人文社會學院。

鄧相揚
  1998 霧重雲深：霧社事件後，一個泰雅家庭的故事。臺北；玉山社。

簡鴻模
  2002 人止關事件：百週年紀念專刊。臺北；永望文化出版。

狩獵、山林與部落「產業」——
走進一對賽德克父子的生命史[*]

邱韻芳
暨南國際大學人類學研究所助理教授

一、人類學與生命史
二、陌生又熟悉的賽德克
三、認同的混亂：Labi 還是 Robaw？太魯閣還是賽德克？
四、從 Gungu、Hogo、Sakula（櫻社）、春陽到 Snuwil（史努櫻）
五、住進一個賽德克家庭：初遇 Tapas
六、Powsa Wasil！（放陷阱去吧！）
七、為什麼喜歡用 *wasil*？
八、到山裡，除了打獵之外
九、茶與春陽
十、父子倆共同的場域：教會
十一、春陽是個好地方
十二、如何看待「泰雅」的狩獵
十三、生命史作為人類學題材的再思考

---

[*] 本文初稿〈走進一對賽德克父子的生命史〉於 2008 年 10 月 19 日，在暨南大學人類學研究所主辦的「水沙連區域研究學術研討會」發表，後修改投稿臺大《考古人類學刊》。會議當天評論人瓦歷斯・貝林給予許多寶貴的意見，特此致謝。這篇文章得以完成要由衷感謝 Piyang 一家人，Peyto 牧師、師母，以及春陽部落裡所有貼心照顧我的族人。另外，我要謝謝我的指導教授謝世忠老師，以及我的學生淑惠、啟明、教官與姿君，細心閱讀我的初稿，幫我作文字修改、畫系譜，並提供很專業的意見。他們讓我堅信，學生與老師之間能夠平等的互動、對話是一件很棒的事情。本文首次刊登於《民俗曲藝》第 169 期。

一、人類學與生命史

　　生命史（life history）的蒐集自從人類學成立之初，就是一個重要的資料來源。然而，針對生命史作有系統的分析與探討在人類學發展的過程中卻一直是個不受重視的課題（Mandelbaum 1973:178; Langness and Frank 1981:13-29）。一個關鍵的原因是，人類學者長期以來強調的文化是一個「集體」的概念，以致於生命史常因其「個人性」而遭受不夠科學，或是否具代表性等等的質疑（Mandelbaum 1973:178; Langness and Frank 1981:50-53, 68）。然而，就如同 L. L. Langness 和 Gelya Frank（1981:64-69）在 *Lives: An Anthropological Approach to Biography* 一書中所指出的，生命史的研究可以幫助我們理解個人如何與其身處的文化產生關連，使研究者能更清楚地掌握文化的動態性以及變遷的過程與作用力（also see Mandelbaum 1973:179）。

　　一個生命史不只是對於事件的詳述（recital），它更是經驗的組織（organization of experience）（Rosenwald and Ocheberg 1992:8）。在組織的過程中，自然就牽涉到選擇（selection）的問題（Akiwowo 1973:197; Mandelbaum 1973:177）。所謂的選擇包含了幾個面向，一個是報導人在陳述其生命史時選擇性地呈現某些事件，忽略其他；另一個面向則是研究者不可避免地會在訪談時引導報導人談論他所關注的議題；更重要的是，生命史最終所呈現（represent）的形式與內涵乃是掌握在研究者的手裡。

　　本文是藉由筆者與南投縣仁愛鄉春陽部落一對父子的互動與訪談，道出這兩個不同世代賽德克男子的生命故事。這對父子分別出生於 1937 與 1962 年，兩人都一直待在部落，未曾出外工作。透過他們的生命史，筆者企圖呈現出春陽部落文化與生計型態的變遷，進而聚焦在人類學「泰雅」[1]研究的幾個相關議題。

　　這篇文章所呈現的並非兩人完整的生命歷程，而是著重在他們與山的

---

[1] 在本文的討論裡，筆者以「泰雅」涵蓋如今官方所承認的泰雅、賽德克與太魯閣 3 個族群。之所以將他們放在同一個範疇並不涉及各族群的主觀認同問題，而是因為 3 個族群的文化相近，在過去的人類學分類中皆被歸在「泰雅」這個稱號之下。

關係,包括狩獵、採集與農作。然而這個主題並非筆者所預先決定的,而是在與他們的長期接觸中感受到這些議題乃是其生命的主旋律,因此在後期的訪談中持續以此為焦點。從這個層面來說,這篇文章可以視為是筆者與報導人「合作」(collaborative)(Langness and Frank 1981:86, 96)的一個產品。

在寫作的風格上,筆者特意採用了比較散文式的書寫,並且加入田野過程中與報導人互動的細節和自己的心情感受。如此選擇使得這篇文章看起來似乎不太學術,但這卻是筆者在參閱了 1970 年代末期以來,人類學有關書寫形式與田野經驗的種種反思之後(參考邱韻芳 2000;郭佩宜等 2006;Clifford and Marcus 1986),所作的一個嘗試。

接下來就請各位隨著筆者的腳蹤,進入賽德克,來到春陽,走進 Piyang Cibi 與 Serin Piyang[2] 這對父子的生命史⋯⋯

二、陌生又熟悉的賽德克

開始到春陽部落作研究,是 2005 年我到暨南大學教書 8 個月以後的事。我必須開始我的研究工作,可是原來的田野地——花蓮太魯閣族(Truku)的部落——隔著一座中央山脈,顯得遙不可及。這時,緊鄰著埔里的太魯閣人祖居處——南投縣仁愛鄉——成了最理想的新探索地。

賽德克(Sediq)是仁愛鄉人數最多的族群,含括了 3 個支群 Tgdaya、Toda,與 Truku。我原想研究靜觀部落,因為大約 300 年前,花蓮 Truku 人就是從這裡循著獵物的足跡,翻過奇萊山,往立霧溪流域擴展他們的勢力。但位在濁水溪上游,接近南投與花蓮交界的靜觀,對於開車技術有待磨練的我來說,路途實在遙遠又危險了些。幾番思量後,我選定了春陽,一個很實際的原因是,春陽就在霧社再進去不到 5 分鐘的車程,從埔里沿著寬闊的公路,約 40 分鐘就可以到達。比較學術的理由則是,春陽的族人

---

[2] 賽德克人的全名採父子連名制,意即在自己的名字之後加上父親的名字。但在一般生活中,除了有同名者需要特別釐清時,族人大多只以單名稱呼彼此,因此以下在文中均以 Piyang 和 Serin 分別指涉這對父子。

屬於 Toda 群,是賽德克人當中最少受到學術青睞的一群。再者,春陽的族人原本居住在平靜(Toda),霧社事件(1930)之後,日本人強迫春陽這個地區的 Tgdaya 人移居川中島(今日的清流部落),爾後勸說平靜部落約一半的 Toda 人搬到春陽。這個特殊的歷史淵源使得春陽部落增添了一些令人想要更進一步探究的魅力。

部落的人看到一個漢人女子隻身進駐,完全陌生卻能稍稍聽懂他們的語言,顯得有些驚訝,我住進一家民宿,就這樣開始了在春陽的田野。對我來說,賽德克是一個既陌生又熟悉的族群。他們不像花蓮的 Truku 那麼愛殺豬,殺豬時也不煮我愛喝的紅紅的豬血湯。在眾人聚餐大快朵頤的場合裡,桌上有我熟悉的、非常下飯的 *mqri*(醃漬的山胡椒),不過也有我在花蓮沒見過的 *qmasan siyang/kmasan qsurux*(醃肉╱醃魚)。人類學「泰雅」研究中最愛探討的 *gaga*,花蓮 Truku 人稱 *gaya*,春陽的 Toda 人則稱 *waya*。但不同的不只是發音,山的兩邊對這個詞彙的詮釋意涵也有所差異。在春陽族人口中,*waya* 是過去老人的習俗;但在我所研究的花蓮 Truku 部落,*gaya* 不只是祖先的話語、遺訓,更具體的是祖靈的懲罰,因此他們口中的 *gaya* 往往帶著負面的意涵(邱韻芳 2004:96)。兩個部落的族人現在絕大部分都信仰基督宗教的 Utux Baraw(上帝),但是,對 Truku 人來說,*utux rudan*(祖靈)仍是一個很親近的概念,常會透過夢和各種徵兆,來干預他們的生活(同上引:69, 136-137)。我在春陽,不論日常生活或訪談裡,很少聽到族人提 *utux rudan*;但相對地,在花蓮難以追尋的一些祭儀,包括播種祭(*smratut*)和求雨祭(*mlawa kuyuh*)卻是這裡的老人們腦中仍未消褪的兒時記憶。

三、認同的混亂:Labi 還是 Robaw?太魯閣還是賽德克?

在花蓮的田野經驗,縮短了我進入春陽這個有些熟悉的「異」文化的時間,但出乎意料的是,他們對我的 Truku 名字卻頗有意見。當我很高興地告訴部落的人我的原住民名字——Labi 時,得到的回應卻是一臉的疑惑:「我們沒有這個名字,是 Labay 吧!」「不是,我知道有 Labay 這個名

字，Labi 是另一個名字，不一樣的。」我企圖解釋。「不是 Labay？那就是 *qnhaqun*（泰雅）的名字了，我們沒有這個名字。」「不，泰雅的叫 Rabi，不是 Labi。花蓮那邊不管 Truku 或 Toda 的部落都有這個名字。」儘管我努力地為自己正名，族人卻始終難以接受，除了最早認識的 Peyto 牧師和師母叫我 Labi 外，其他人不是叫我 Labay，就是開玩笑地叫我 *rabic*（飛鼠）。

我不喜歡被叫 Labay，[3] 可是部落的人又無法對 Labi 這個名字產生認同，我於是決定找一個時機請部落的老人為我重新命名。在一次訪談後，我向在場的人說明我的困境，一個很會織布的老人說，「那叫妳 Robaw 好了，這個名字很好，以前那個 XX 大學來的，我也是幫她取這個名字」。在場的幾位老人點頭認同。從那天起，開始有人叫我 Robaw 了，我也試著去熟悉、接受這個名字，可是已習慣叫我 Labi 的 Peyto 牧師卻有不同的看法。他說，已經叫 Labi 了，幹嘛要再另外取名？在教會各個活動的場合中，牧師還是在眾人面前稱呼我 Labi。我開始進入一種認同的混亂，直到漸漸地長老教會的信徒們習慣了 Labi 這個名字，我又從 Robaw 變回了 Labi。

這個小小的「名字」事件，讓我對於「名稱」在認同上所佔有的意義與重要性，有了更深一層的體認。作為「符碼」（signifier），一個名字和其所指涉意義（signified）之間的關係，並不是任意的（arbitrary），它所負載的歷史深度與情感，使其成為一個無法輕易被置換的濃縮象徵（condensed symbol）。在太魯閣正名運動之初，原本是把南投與花蓮的族人設想為同一個族群的。然而，族名的爭議——該叫太魯閣還是賽德克——卻使得中央山脈兩邊的族人最終分道揚鑣，各自成為「太魯閣族」與「賽德克族」（參邱韻芳 2004:148-164）。從我自己與族人的互動中可以清楚感受到，在花蓮，「Truku」已經從一個祖居地的名稱演化成一個族群的稱

---

[3] 因為在花蓮，Truku 人習慣以 Labay 這個名字玩笑地指稱「到處跑來跑去的女人」，使得我對這個名字也有了負面的聯想。不過，當我在寫這篇文章時卻發現，因為南投的族人對 Labay 並無負面的指涉，漸漸地我也不再排斥這個名字。至今，春陽的村長仍堅持叫我 Labay。

號;[4] 但在南投,它雖然也會被用來指涉一個群體——Sejiq[5] Truku,但單單使用一個字時,族人最直接聯想到的就是「靜觀」這個部落。至於「Sediq」這個詞彙,在南投除了是「人」外,也是 3 個支群共同的自稱,儘管方言上有所差異,但他們都稱呼自己的母語為「kari Sediq」(賽德克語)。但對多數花蓮 Truku 人而言,「sejiq」只是單純的「人」,說自己是 sejiq 只能說明他們與動物——而非其他族群——的區別,他們是 Truku,所說的語言是「kari Truku」(太魯閣語)。

曾經有一些「泛泰雅」的知識份子們,非常憂心正名運動所造成的族群分裂,因而提議以一個泰雅、賽德克,與太魯閣人共有的字彙——「紋面」(Ptasan,不打散)作為新的族名。我同意,這是一個很理想的名字,然而,就如同我試圖改名 Robaw 卻失敗一樣,一個名稱不是那麼容易被轉換,進而在短時間內獲得認同的。

四、從 Gungu、Hogo、Sakula(櫻社)、春陽到 Snuwil(史努櫻)

春陽這個地方在族人最早的口述記憶中是 Tgdaya 人所居住的,稱之為「Alang Gungu」(固塢部落)。Gungu 由 4 個子聚落組成,但因 Gungu 是 Tgdaya 人遷移至此時所建立的第一個部落,且一向居於 4 個聚落的領導地位,因此族人對外習以 Alang Gungu 自居(郭明正 2005:95)。

霧社事件一年後,這裡的居民由 Tgdaya 人變成了 Toda 人,地名也由 Gungu 轉化成日語的「Hogo」(荷歌社)。[6] 因為此地遍處盛開著櫻花,皇民化時期更名為日語「Sakura」(櫻社)。戰後國民政府將此地命名為「春陽村」,但「Sakula」仍是族人慣用的稱謂(同上引)。

大約五、六年前,又有一個新的名稱「Snuwil」(史努櫻)出現在族人口中以及部落辦活動的場域裡。Snuwil 的名字來自於當地的長老教會。由

---

[4] 在花蓮,Truku 是族人的「自稱」,同時也是阿美族人對他們的稱呼,因此也是「他稱」。
[5] sejiq 是 Truku 群的發音,Toda 群則稱為 Sediq。
[6] Hogo 是 Gungu 的日語譯音(郭明正 2005:95)。

於本土化神學思潮的影響，臺灣基督長老教會鼓勵各地原住民教會找回自己的母語名稱。有趣的是，Snuwil 雖是母語，但並非春陽的原名，而是將日治時期所稱的 Sakula（櫻花），意譯成賽德克語。「Snuwil」（史努櫻）這個由本地特色——櫻花——轉譯而來的賽德克語，呼應了近年來臺灣大環境對原住民語和鄉土色彩的強調。因此，在「春陽教會」正式改名為「史努櫻教會」後，漸漸地不少村人也跟著使用這個稱呼。這些多重的轉折，使得 Snuwil 這個名字疊上了不同時期的族群與文化意象。

閱讀這一連串地名的變遷，也讓我們走過了春陽曲曲折折的歷史。

五、住進一個賽德克家庭：初遇 Tapas

結束約一個月的暑期田野初調後，我搬出民宿，思索開學後田野時的住宿問題。住民宿長期下來費用太高，也不是一個作田野的好方式，我於是請史努櫻教會的 Peyto 牧師幫我尋覓一個合適的寄宿家庭。牧師尚未回覆之前，一位教會的女執事 Tapas 便主動向我提出了邀請：「來住我家吧！」自此，我在春陽有了一個家。

Tapas 的娘家在平和（Rukudaya），是平靜（Toda）部落的一個子聚落。她在春陽的家裡開早餐店，不過自從 921 地震的隔年，長老教會舉辦國小學童的課後輔導班之後，她就擔任課輔班老師，直到現在。面對一群生龍活虎的原住民孩子，最有辦法的老師就是她。她認識春陽的每個孩子，孩子們也尊敬她，總以黃老師稱之。此外，這幾年在長老教會所舉辦的老人日託，Tapas 也是服務員之一。每次看她幫 *rudan*（老人）量血壓、帶他們跳舞、作手工藝，用流利的母語和他們聊天、噓寒問暖，總覺得她實在太厲害了，「老小通吃」。後來我才知道，Tapas 唸國小之前，有很長一段時間是和爺爺相處在一起的。她至今談起和爺爺一道去放牛卻走失的事，還是那樣地栩栩如生。爺爺重病時，要求 Tapas 的爸媽把她留在身邊陪伴，因此爺爺斷氣時，小 Tapas 是唯一在他身旁的親人。

不管處理部落或教會的事務，我發現只要 Tapas 認為自己有理，無論面對的是村長、牧師或長老，她總是直言不諱。Tapas 的先生——也是教會最年輕的長老 Serin 笑著跟我描述他的妻子：「如果有人在背後誣賴她，

她馬上會去和那個人當面對質，春陽沒人敢欺負她。」他說，Tapas 個性有些像男孩子，這也是當初他喜歡她的原因。一開始和 Serin 聊天的機會並不多，因為他絕大部分時間都是在工作，不然就是工作回來累了在休息。Serin 的性格比較內斂，不像 Tapas 那麼熱情直爽，然而隨著我們聊天泡茶的時間越來越長，我發現 Serin 其實是很能聊的，他的熱情尤其顯露在有關 Tapas 和打獵這兩個議題上。

六、Powsa Wasil!（放陷阱去吧！）

冬天是打獵的季節。

和 Serin 比較熟以後，我發現，每當採完冬茶，他的心就開始蠢蠢欲動，飛往山裡去了。2006 那年冬天，因為天候不佳加上教會工作的關係一直遲遲無法入山，他顯得有些焦躁不安，怕適合打獵的時光就這麼過去了。終於有一天，我到部落卻不見 Serin 的蹤影，Tapas 告訴我，Serin 留字條說上山打獵去了，而且一去就是好幾天。

在這之前，我總覺得夫妻相處上 Tapas 是比較強勢的。但這一刻我瞭解到，在打獵這件事上，Tapas 很尊重 Serin，也給他很大的空間。我想一個主要的原因是，Tapas 的父親生前也是獵人，所以能體會 Serin 對山的感情。Tapas 不只一次向我提起這個場景，她的 *tama*（爸爸）在山上發生意外的前兩天，帶著山肉去探望當時住在埔里讀高中的她，對她和姊姊說：「這是我最後一次煮給你們吃，以後要吃就要自己回山上拿了。」

Serin 出生於 1962 年，是史努櫻教會最年輕的長老，他主要的職業是茶農，但另一個跟著他更久的身分是獵人。在部落裡，和 Serin 年紀相當還會上山打獵的男子不少，但大多是拎著獵槍去打飛鼠，或是帶著金屬夾子去抓動物。像 Serin 一樣，仍會使用傳統陷阱，而且樂在其中的就不多見了。Serin 最早的打獵經驗是在國中，跟著外公 Watan，還有兩個姨丈 Temu、Hacu 一起上山。Serin 告訴我，他們一到獵寮外公就吩咐他，你是小孩子去拿木頭要起火，然後去取水，等下要煮飯，反正都是叫小孩子作。他剛去的時候連一隻山羊都揹不動，又不習慣挨餓，在那邊十天都沒有吃到豬肉、魚肉，差點受不了。好在部落的另一個獵人經過，送一條鹹魚給他們，他才有了力量。

回憶起外公，Serin 說，他是部落裡有名的獵山豬高手。聽老人講，以前碧湖那邊都是水田，外公兩三天就會在那兒抓到山豬。但山豬也不能連續抓，家裡會不好，所以如果連續抓到要停止一段時間，然後再去放陷阱，這是 waya，Serin 強調。外公本來是「*phuling*」（放狗打獵）的，跟另外一家人一起養狗，一起上山追獵物，後來才改放陷阱。起初他帶著兩個 *ama*（女婿），亦即 Serin 的姨丈一道，後來才又加上了 Serin。

Serin 跟外公去狩獵的地方是奧萬大山區的南溪流域，賽德克語稱之為「*mdanah*」，要走大約一天半的時間才抵達。外公告訴他，過去老人放第一個陷阱時，要把一根動物——通常是山豬——「*ngungu*」（尾巴）的毛放在陷阱底下，然後唸咒語，大意是：「不管你從東邊或西邊，就是要經過這條路就對了」。不過自從外公上教會之後，就沒有再用 *ngungu* 和咒語，他說：「放第一個陷阱時禱告就好了。」

在山上早餐可以吃，中餐不能吃，意思是要空著肚子去放陷阱才能夾到獵物，這也是一種習俗（*waya*）。通常一大早去，一直放到五、六點回來煮飯吃。放了幾天陷阱下山後，隔一個禮拜到 10 天左右，再上山看陷阱。和外公上山是不帶槍的。Serin 說，「外公很厲害，山豬夾到陷阱裡，刀那麼短而已，他可以直接刺。」Serin 直到現在還是不敢像外公那樣和獵物短兵相接。不過他告訴我，那個刀子可以兩用，除了當作「*pudin*」（山刀）外，需要時就近砍一根木頭，接到後面的把手上，就成了「*suku*」（矛）。

我問 Serin 有沒有抓過「*boyak*」（山豬），他說：「是有啦，不過都是小的。可是我特別會抓到「*miric*」（山羊）。」Serin 自己所放的陷阱抓到的第一個獵物就是山羊。他一直覺得奇怪，怎麼總抓不到大的山豬，每次大的山豬都從他預備抓山羌的陷阱經過，鋼絲無法支撐山豬的力量就斷掉。他想，可能是當初跟外公在一起放陷阱的那段時間，所抓的山豬也是小的，獵到比較多的也是山羊。「所以，他傳給我的可能不是山豬而是山羊吧。」Serin 下了這樣的結論。

Serin 跟著外公打獵約有一年多的時間，在他就讀仁愛高農時，一次外公到山上看陷阱，因血壓突然升高而身亡。當天他因為到校註冊，並沒有一起上山，和外公一道的是兩個姨丈，還有其中一個姨丈 Hacu 的兒子 Ukan。Serin 說，姨丈們回部落報消息後，三十幾個族人一起上山幫忙。他

因為熟悉路況，第一個到達外公身邊，把他的眼睛闔上。眾人拿一根木頭用布把遺體綁起來，輪流兩人一組，一前一後沿著崎嶇難行的山路，把外公揹下山來。

外公過世後，姨丈 Temu 不敢再上山。從此，打獵的隊伍成了 Serin、姨丈 Hacu 和表弟 Ukan 的三人行。從 Hacu 那裡，他學到了怎樣使用獵槍，以及製作火藥的方法。作火藥的木頭通常是「*qulit*」（杉木），「*brihuc*」（鹽膚木），或是「*hinoki*」（日語：扁柏），因為這些是易燃的木頭。先把木頭燒到跟炭一樣黑，打碎之後再用網子篩，篩到和麵粉一樣細。除了木炭粉外，還需要硫磺，和一種白色像鹽巴一樣的化學藥品。在一個厚鍋子裡放 3 碗水，然後放白色化學藥品讓它滾，滾到像稀飯一樣黏黏的，再放炭進去攪，一直攪到快乾了，再拿出來和硫磺攪在一起，曬兩天就可以用了。炒的當中要很小心，作不好的話，放槍的時候聲音很大，力量卻很小。Serin 說他也會作獵槍，做槍的木頭最好是用「*lacu rungan*」（野生的甜柿），[7] 一般的杉木也可以，只是比較輕容易爛。Serin 的獵槍（*buniq*）最早是請部落一位老人作的，他在旁邊看，以後就自己試著製作。

Serin 結婚後不久，部落裡一位擅長打獵的老人 Ukan Watan，知道 Serin 有打獵的經驗，邀他和自己跟兒子 3 個人一起上山放陷阱，就這樣 Serin 又多了一個狩獵的老師。Serin 跟著 Ukan 三年多的時間，他們去的地方是奧萬大的北溪流域。Serin 向我描述北溪和南溪的差異：南溪再往右就會接信義鄉丹大那，北溪的話就是往奇萊山的方向；南溪比較寬廣平坦，路也比較好；北溪這邊的山勢大多較陡，也不像南溪有一個賽德克語的統稱，而是有許多小地名。

Ukan 過去長期擔任長老教會的長老，[8] 所以他和 Serin 打獵時也沒有用 *ngungu* 和咒語。不過 Serin 從他那兒聽到很多過去有關老人打獵的故事和 *waya*。Serin 告訴我，其中一個最重要的 *waya* 就是絕對不可以拿別人陷阱裡的動物。關於這一點，有一個真實的部落故事。以前春陽這邊有 5 個人，帶狗往奇萊山去打獵，途中看到一個陷阱抓到水鹿，就把水鹿帶走。那個

---

[7] 還有一種更硬的木頭叫「*paras*」（中文名為厚殼樹），可以作槍柄或刀柄。
[8] Ukan 已經超過 70 歲，所以退休不再擔任長老，他現在是教會的名譽長老。

陷阱是隔壁部落一個老人放的，他發現自己的獵物被拿走，就追上他們說，「肉給你們沒關係，鹿茸[9]給我」。這五個人不肯，還差點把對方殺死。老人不死心地追到春陽，他們仍舊不歸還獵物，老人就講一句話：「我們等著看！」，意思是，我還沒死以前會看到你們先死。真的這 5 個人一個一個過世，一個脖子爛掉，一個肝爛掉……。

Serin 說，「我們在山上經過，Ukan 就會跟我講，就是在這裡，他們 5 個幾乎把那個老人殺死。」Ukan 怎麼會知道這個故事呢？因為他曾經跟著故事中 5 個人之中的一個老人上山打獵，這個老人是 5 人當中最晚過世的，過世時也沒那麼痛苦，因為他曾試圖勸說其他人歸還獵物，這就是他告訴 Ukan 的親身經歷。除了不能動別人的獵物外，至今仍有一些 *waya* 是很靈驗必須遵守的，如上山前家裡不能發生吵嘴不和的事；同樣地，放完陷阱回來後跟家人吵架，抓不到就抓不到；回部落後旁人問你那邊動物多不多，你炫耀說很多，下次就沒有了。過去還有更多繁瑣的 *waya*，像先生去打獵前，老婆不能碰織布用的「*nuqih*」（麻線），碰的話陷阱會斷掉；前一天起一直到先生去打獵之前，家裡的火都不能滅；上山前要觀察 *sisin* 鳥的動向，判斷是吉是凶，不吉利的話就不需要上山了。

另外，過去使用 *ngungu*（動物尾巴）是有學問的。Serin 說，通常你跟著一個獵人上山，兩年到三年之間就是要跟他，跟他的過程中你抓到了，他感覺說他的 *ngungu* 可能可以給你，他就會給你，不是說馬上給你，至少要兩年。可是就算 *ngungu* 給了你，如果 *ngungu* 不喜歡你的話，你還是抓不到，這表示你和這個 *ngungu* 不合（*ini au*），獵人就會把 *ngungu* 拿回去。如果一起去抓有的話，表示 *ngungu* 喜歡你，你就要殺一隻雞或豬給你跟著的那個人。Serin 還說，如果你傳承了山豬尾巴，專門抓山豬，卻一年都不去抓的話，嘴巴會受傷。

除了 Ukan 長老外，有一段時間他的打獵伙伴是另一個 Ukan——Ukan Hacu，也就是他的表弟（姨丈 Hacu 的兒子）。他們兩個人在非常年輕的時候，都曾跟著外公和 Hacu 上山，如今都已是成熟獨立的獵人。兩人一起上山，通常如果這座山比較不熟就一起放，第二年熟悉了環

---

[9] 以前一隻活的水鹿可以賣到二、三十萬，尤其鹿茸特別值錢。

境，便分開走不同的路線，各放各的陷阱。他們也是去北溪，不過比 Serin 跟 Ukan 長老去的地方再走進去一個山。Serin 說因為他的爸爸 Piyang 過去有一段時間在那兒種過香菇，所以他知道地方。Ukan 長老告訴 Serin，他自己還有 Serin 的爺爺從前也去過那邊打獵，還描述了他們的獵寮所在，Serin 就繼續在同樣的地點搭獵寮，因為他知道以前老人會選擇蓋獵寮之處一定是安全的地方。Serin 說，他和表弟去的那個地方真的很漂亮，尤其是瀑布，「奇怪怎麼會就沒想到要帶照相機？」他帶著遺憾的說。有一次碰到下雪也是在那，他和表弟牙齒凍得咯咯地發抖。「可是真的很美……」Serin 眼睛發亮地向我述說那個令他難忘的場景。

　　後來表弟到梅峰農場上班，時間比較沒有彈性，就沒有再和 Serin 一起上山。前年（2006）開始，Serin 在他的布農族[10]表哥 Cibi 邀請下，一起上山打獵。「他本來就一直要帶我去，像我們當獵人，一個人不能放兩個地方。如果我已經放一塊了，又去放另一塊，叫 *sntaku*，[11]會不好，兩個地方都抓不到……為什麼別人的要給它拿，那個叫 *sntaku*。除非你原來去的那個地方不去了，你才可以跟他去，但是你原來那個地方的陷阱都要收到獵寮裡面，不能擺在那邊不收讓它爛掉，這樣你跑到別的地方也抓不到……抓不到就是抓不到，奇怪。」Serin 這樣告訴我。

　　可是，不是隨便兩個人都可以一起去打獵的，「我們兩個現在去放陷阱，如果我們不合的話，不行喔，不是抓不到就是陷阱會斷掉。」在過去老人使用 *ngungu* 的年代，如果兩人一起上山抓不到的話，他們就會把陷阱全部拆掉，再重新放一次，重新放 *ngungu*，再唸一次咒語。如果還是抓不到的話，那就意味著兩人不合，不能在一起打獵。有意思的是，當 Serin 形容人與人不合，或是人跟 *ngungu* 不合時，用的都是同一個詞彙──*ini au*。

　　那麼，目前和表哥 Cibi 合作的狀況如何呢？Serin 說，還不錯。他們目前是三個人，Serin、表哥和表哥的岳父（也是布農族）一起上山。「不過，他們和我放陷阱的方式有點不一樣。我表哥和他岳父是兩個人一起放，

---

[10] 這個表哥是 Serin 的爸爸 Piyang 姊姊的孩子。Piyang 的姊姊嫁給信義鄉羅娜村的布農族人，不過後來因經濟的因素，全家搬到春陽居住。

[11] Serin 說這個詞彙也用在以下的情況，比如你的地是四方形這邊，但工作時砍到別人的地，對方就會說「*Ma su sntaku balay*」（你為什麼要 *sntaku*）？

挖洞一個人，放陷阱一個人，兩人合作完成每一個陷阱。他們 Bunun 是這樣，我們賽德克的話就是自己放自己的。」這看來小小的差異反映了兩個族群不同的性格，「賽德克族的喜歡獨力完成一件事，而布農族比較團結。」Serin 下了這樣的結論。[12]

七、為什麼喜歡用 wasil？

一開始對 Serin 打獵的經驗感到有興趣，除了因為他每每談到這個議題時所流露的熱情外，另一個重要的因素是，Serin 是目前少數仍會使用傳統陷阱的賽德克獵人。

前年（2006）年底我在春陽部落舉辦了一個名為「狩獵、植物與史努櫻」的座談會，邀請 Serin 擔任主持人，並且示範作陷阱的方式。籌備座談會之前，我開始和 Serin 比較深入地談到與打獵相關的植物，從這時起，我才發現我開啟了一個有關賽德克狩獵的寶庫，也自此開始對狩獵著迷。

Wasil 其實只是賽德克人使用的陷阱中最普遍的一種，它是一種套腳的裝置，由 5 個部分——「wasil」（線圈）、「plin」（一個小竹節）、「rglic」（一個ㄇ形的框框）、「qdinoh」（兩片木板）以及「bhniq」（吊桿）[13]所組成。plin 一定是用竹節，比較硬不容易爛。作 rglic 時要用濕的木頭，生火烤時木頭會變軟就很好折，如果沒有先烤再折，很容易一折就斷，[14]然後放到乾。濕的木頭折的時候有味道，動物聞到會有警覺性，一般山羊、山羌還無所謂，山豬因為鼻子比較靈敏，一定要放到乾再用。作 rglic 只要是好折的木頭就可以，如果去高山的話通常是用「bnuqih」（高山箭筍），如果去近的地方一般就會用竹子（jimc）。

動物踩的那塊平坦的部分叫 qdinoh，意思就是木板，通常是用 hinoki

---

[12] 「布農族比較團結。」這句話多次出現在我和 Serin 的訪談中，這是他對比自己族群和布農族的性格時，讓他印象深刻的族群意象。
[13] bhniq 除了是陷阱的「吊桿」，同時也是「弓」的意思。
[14] 燒到某一個程度就可以折，超過也不行會斷掉，要看經驗。

（扁柏）來作。*hinoki* 有公有母（*niqan tmilung bubu*），[15] 母的 *hinoki* 比較好切，切的時候一刀就下去；有筋比較硬不好切的，就是公的。[16] 以前 *Serin* 跟外公是在現場找乾的 *hinoki* 來削，因為它比較好削，切出來平均。現在家裡常有現成的板子，就可以直接帶去用，可是如果跑到比較遠的地方，還是在那邊作比較好。

　　wasil（線圈）的部分一般則是在家裡作。兩個人如果要一起去打獵的話就要一起作，不能各作各的。陷阱裡面那個會彈跳的吊桿——*bhniq* 也是在山上找，*Serin* 說他通常是砍「*btraw*」[17] 來作，因為它很會跳。如果沒有 *btraw*，在一般森林的話可以用「原木」，就是直接拉路旁的木頭來作吊桿。原木跳的力量比較大，而且只要是硬一點的木頭都可以，因為它是活的、自然的東西，動物不容易覺察出破綻，也不會失去彈性，抓到的機率相對就提高。

　　不過，用原木的必要條件是，它生長的地方正好是動物經過的路線。所以很多時候還是需要去砍適合的木頭來作吊桿，如果過了兩三個月沒什麼彈性了，就要換 *bhniq*，要不然把 *bhniq* 再往下拉一點，*wasil* 再多繞一圈，就又會有彈性了。一般在高山的話，*btraw* 最好，在森林裡比較沒有 *btraw*，就找比較硬的，像 *witu*（山枇杷）就很好用。[18]

　　除了 *wasil* 這種套腳的陷阱外，*Sling* 有時也會使用另一種套脖子的裝置，稱為「*duran*」。固定式的 *duran* 是綁在兩棵樹木之間，如果要放在懸崖邊的話，就要另外砍木頭插在那附近。*Serin* 說其實後面這種活動式的比較好，因為動物如果闖入了陷阱，脖子被套住，會拉著木頭一直跑，這樣「*wayaso*」（日語：鋼絲）比較不會斷；固定的話，碰到力氣比較大的動物 *wayaso* 就會斷。所以如果地形許可的話，他通常會用活動的方式來作 *duran*。

---

[15] 不是所有樹木都有分公母。像愛玉子也有分公和母，公的果實沒有辦法賣，母的就可以賣。

[16] *Serin* 說，還沒有切以前看不出來公、母，公的還是可以用，只是比較不好削。

[17] 中文稱毛果枹木。

[18] 而且 *witu* 的果實掉落的地方，會有很多山羌經過。*Serin* 說他有一次經過時撿起來吃，很甜。

可是相較起來，Serin 使用 wasil 的機會還是比 duran 多，因為用套腳的方式獵物活的比較久，套脖子的話不用半小時就死了，這時如果沒有及時去看陷阱，動物就會腐爛。所以 Serin 只在沒有木頭可作吊桿（bhniq），或是石壁、懸崖這些不好放 wasil 的地方，才會使用 duran。

既然製作傳統的陷阱要考慮這麼多複雜的因素，而夾子在五金行就可以買到，為什麼 Serin 還是比較喜歡用 wasil 呢？他說，夾子有比較重的金屬味道，所以嗅覺靈敏的動物尤其是山豬不容易上當，所以要在上面覆蓋一種有薑味的葉子。夾子是很方便，可是比較貴，而且到遠的地方不可能帶夾子，太重了，因為一趟要放二、三十個陷阱。以前還沒有鋼絲的時候，老人是用 nuqih（麻）來作陷阱的線圈。日本統治後，用黑色的電話線取代 nuqih，可是電話線很少，為了節省只有抓動物的那一圈使用電話線，連接木頭的部分還是用 nuqih。剛開始有夾子時很貴老人買不起，所以通常只買一兩個，大部分還是用 wasil。

「其實放夾子是很簡單啦，我放夾子也會抓到，可是不喜歡放夾子，喜歡放 wasil。」Serin 這樣表示。夾子抓到的機率比較高，因為不管什麼動物只要踏下去都會抓到，不像 wasil 放久了，bhniq 沒有了彈性，抓到的獵物可能會跑掉。雖然如此，但 Serin 覺得用 wasil 的感覺不一樣，比較人性化，因為動物有脫逃的機會，也考驗獵人真正的技術。所以如果到比較遠的地方，晚上他們就會在獵寮生火作 wasil，隔天再去放。

今年（2008）2月，有一個贊助史努櫻教會開設課輔班的漢人團隊，在課程開始前來到春陽。除了討論課輔班的事宜外，他們希望教會能安排有關賽德克文化的介紹，讓團員們有基本的認識。當天上午有一門課就是由 Serin 向這些外賓解釋賽德克狩獵的內涵和 waya。下午 Serin 帶著他們走 3 年前春陽社區營造時所完成的自然生態步道。當大家累的氣喘吁吁登上步道頂端時，Serin 已經悠閒地等在那兒，將步道旁的一棵樹拉近到身邊，當場示範起陷阱的作法。

兩三下的功夫陷阱就完成了，Serin 輕觸 wasil，bhniq 像變魔術般在眾人驚呼中奮力彈起，我的心跟著往上飛躍，有一種深深地與有榮焉的感覺。

八、到山裡，除了打獵之外

和 Serin 一家人熟識，與我長期以來研究部落長老教會的經驗有關（邱韻芳 1997，2004）。我剛到史努櫻教會時，Piyang 和 Serin 父子兩人同時是教會的長老。初接觸時他們給我的感覺都比較內向，尤其是 Piyang 長老不笑的時候看來有些嚴肅。可是去了幾次教會後，我發現禮拜完總有一群教友喜歡聚集在教會辦公室裡泡茶聊天，而 Piyang 就是其中出現頻率最高的長老。我漸漸地有機會和他交談，也見到他看似嚴肅面孔後靦腆的笑容。不過，我和 Piyang 之間的一個關鍵轉捩點卻是因為一趟力行[19]之旅。

2005 年年底，我到 Serin 家住，準備體驗他們口中很熱鬧的元旦。Piyang 長老說，他要騎車到力行去拜訪親戚，我問他是否可以一起同行，他說，「好啊，我一個人也無聊。」那是一個生命中難忘的經歷，Piyang 的小摩托車，載著我緩緩地顛簸在力行產業道路上，眼裡看著美得像圖畫的山與雲，屁股卻被碎石子震得發麻。一個多小時的路程，每到一個叉路口，我們便停下車來，Piyang 長老指著散落在我眼底下的部落，告訴我它的名稱，我幫他照相留念。Piyang 的外婆 Sumun Suyah 是力行（Mlipa）部落的人，每年元旦，他總會來到力行，和這些 Qnhaqun（泰雅）的 *dadan*（親戚）聚聚聊聊。

Piyang 長老出生於 1937 年，接受了一年多的日本教育後，部落就從 Tanah Tunux（日本人）轉到國民政府手中了。日本統治時，Piyang 沒有去過埔里，不過他曾聽老人家談起到埔里去的經歷。他說，「因為埔里有種甘蔗（*sibus*），爸爸媽媽有去幫日本人剝甘蔗皮賺錢……就是剛好現在酒廠那裡，以前種甘蔗。」關於埔里與甘蔗，還有一個特殊的家族淵源。Piyang 的奶奶到埔里剝甘蔗皮時認識了一個 Khabu，[20] 惹來一些流言流語，爺爺一生氣叫她不要回來。奶奶有一次去了埔里就真的沒有再回來，那時 Piyang 的爸爸才 3 個月。另外，Piyang 告訴我一般稱埔里為「*holi*」，那是日語。老人另外有一個稱呼，叫「*sapah qngrah*」（很亮的家），因為埔里很早就已經有電，連碗也是白白的，而部落一直到戰後才有電。

---

[19] 力行是仁愛鄉的一個泰雅部落。
[20] Piyang 說從前埔里都是 *khabu*，平地人很少。Khabu 是賽德克人對埔里平埔族群的泛稱。

Piyang 回憶道，日本人在的時候，霧社（Paran）差不多有 20 戶 Khabu，沒有 Kmukan（漢人）。他不知道 Khabu 何時到霧社的，應該已經很久了。霧社有衛生所、派出所和學校。霧社的學校是給日本人唸的，原住民的學校在部落。當時學校裡的老師有日本人也有原住民，原住民當中有兩個來自眉溪，[21] 另一個是靜觀的人，學校裡連校長共 3 個日本人，3 個原住民老師。他解釋說，那是因為當時已經在打仗，日本老師去當兵了，所以有原住民的警察來充當老師。

　　我問 Piyang 唸日本學校時都學些什麼，有沒有好玩的事。他說，才唸一年多，也搞不清楚自己在唸什麼，比較有印象的只有元旦的過年，還有畢業典禮。元旦要開運動會、跳舞，還有 sumu（日語，相撲）。跳舞有跳日本的舞也有原住民的舞，而且全部落要殺一隻豬一起慶祝。另外，年輕人 20 歲去當兵時也要殺豬，歡送他們上戰場。在 Piyang 的印象中，蕃童教育所一到六年級的學生都要參加 sumu，不論男女，青年也要。18 歲以上就開始練柔道，要到霧社去比賽。

　　日本統治時期，族人可以去打獵，但有時間限制，今天去明天就得回來。槍由日本人保管，要的時候先跟警察講，超過時間回部落會被處罰，很嚴格。為什麼這麼嚴格呢？Piyang 認為，那是因為當時要蓋部落前的那條大馬路，很忙沒有時間。族人自己的工作一星期只能作兩天，其他時間都要去開路。他那時才四、五歲，因為沒人照顧，跟著爸爸一起去工作。開路的都是男生，用鋤頭、畚箕等工具一鏟一鏟地慢慢挖。

　　小時候還有一項讓 Piyang 印象深刻的記憶，就是日本人到春陽拍攝「沙韻之鐘」，那是 1943 年的事，拍戲時動用了不少當時蕃童教育所的學生。「日本人來拍電影時我還小，沒有拍，那時路剛開好……拍 Sayun 嘛，那時候何貴林[22] 二年級，還有何照慶[23] 都有參加，還有的已經走了。」

---

[21] 眉溪是仁愛鄉 Tgdaya 群的部落，Piyang 說的其中一個原住民老師，就是立法委員林春德的阿公。

[22] 何貴林出生於 1935 年，是 Piyang 的太太 Robaw 的大哥，所以是 Piyang 的「anay」（指姊妹的丈夫，或太太的兄弟）。

[23] 何照慶出生於 1935 年，他的太太和 Piyang 的第一任太太是姊妹，所以算是 Piyang 的「mawan」（兩男子的妻子是姊妹，則互稱 mawan），在 2007 年過世。

戰後 Piyang 到霧社唸了兩年的國小，學校裡有 3 個外省（Telug）老師，3 個 kmukan。在霧社唸書時學生很多，原住民除了春陽的之外，還有從眉溪來的，也有 Khabu。Piyang 說，「Khabu 有時候用 Tgdaya 的話，有時候用我們的話，他們很會。」他還提到，當時老師曾告知他們發生了 228 事件，說臺灣的老百姓跟大陸的阿兵哥打起來。不過他們沒有影響到霧社這邊，只在平地，聽說有打到埔里愛蘭那裡。

　　Piyang 今年（2008）已經 71 歲，除了當兵兩年離開部落外，從不曾到家鄉以外的地方定居或工作過，「你都沒有想過去外面工作嗎？」我好奇地問他。「我很忙啊沒時間，山上的工作很多。」他理所當然地這樣回答。

　　2006 年在春陽籌畫「狩獵、植物與史努櫻」座談會的過程中，我也曾就狩獵以及相關植物對 Piyang 作過訪談。我發現他雖然對於這個議有一些基本的瞭解，也很主動地帶我到戶外，示範一些陷阱的製作，並指認出五、六十種植物的賽德克名稱，但他比較像在對外人作文化簡介，表述的方式是條列式的簡短說明，而不像 Serin 總是興奮地對我訴說一長串自己的親身經驗。

　　有一次我問 Serin，有沒有和父親 Piyang 一起打獵過，他搖頭說沒有，並向我解釋，Piyang 年輕時是專門 phuling（放狗打獵），而不是放陷阱的。然而當我興緻勃勃地去問 Piyang 有關 phuling 的事時，他的回答卻是，「我只有去 phuling 過一次。」那唯一的一次是因為他在花蓮的好朋友 Serin 牧師，聽說 Piyang 的 baki（岳父，亦即 Serin 的外公）很會打獵，因此遠道而來，請他們帶路，一起到信義鄉的山區 phuling，目標是當時價錢很好的山鹿，結果呢？Piyang 說：「在山上待了一個月都沒抓到半隻鹿，我就一個人先下山了。」

　　僅管如此，相對於 Serin 對狩獵的熱情與種種感受，我從 Piyang 長老這兒學習到原住民與山的關係中更實際的一個面向：採集與種作。他告訴我，日本時代碧湖那邊就有黃金，當時日本人就曾經找原住民用人工的方式開採。戰後，有一個霧社的老闆專門賣黃金，他找部落的族人去河流挖，很多人都去，當然也包括了他。Piyang 說，從部落第四班臺大農場那邊進

去裡面有一個小溪，往盧山那裡，挖一下就有金子。[24] 先挖，再用臉盆洗，然後賣給霧社那個老闆。不過，採金熱潮沒有持續多久，警察開始介入管制，不行挖了。

在傳統的作物「*macu*」（小米）、「*basaw*」之外，Piyang 早期還去山裡採收野生的香菇，不久他開始種植經濟作物，從玉米、紅肉李、高麗菜，用菌種培植的香菇，一直到最後的茶。Piyang 印象中他是 40 歲出頭開始種紅肉李，苗是從力行拿過來種的。種高麗菜是清境農場的榮民來了以後開始種，族人去幫他們工作，從翻地、挖洞、澆雞糞、下肥料，到揹高麗菜。走小路上去一個多小時，有時候會坐公車，工作 8 個小時，中午供應午餐。有了經驗後，部落的族人也紛紛開始在自己的地上種高麗菜。

最早種香菇[25] 的也是平地人，部落這邊是真耶穌教會的信徒先種。Piyang 第一次種是在霧社這邊，第二次就到梅木的對面去種，後來這附近沒有木材了，而且林務局會抓，所以去奧萬大一帶種，那裡是林班地，樹很多。來回通常要一個禮拜，要帶機器去打洞，還要用蠟燭烘。他記得那時候種下去差不多兩個月就長出來了，一公斤香菇可以賣五百塊，很不錯的價錢。「我和潘杰的爸爸 Temu[26] 公家種，別人有被抓，我們運氣好沒有被抓到過。」說到這兒，Piyang 露出他有些羞赧的笑容。

繼香菇之後來到部落的新作物是茶。民國七十年（1981）左右，當時知名的廠商天仁茶葉來仁愛鄉尋找合適種茶的耕地，開講習會，教族人種茶，最後分別和霧社、春陽，以及盧山共 7 戶原住民人家簽訂契約，在他們的土地上種茶，天仁收購所有茶青。Piyang 就是當時春陽部落和天仁簽約的兩家其中之一。茶葉在春陽歷經了十幾年的興盛期，那段期間許多平地茶販湧到部落來爭相收購，族人們紛紛在自己的土地上種茶，甚至自行開設製茶廠。不過，最近十多年來，茶的行情下滑，族人開始為茶的行銷傷腦筋，於是有不少人又放棄了種茶，或是把茶園租給他人管理。雖然經歷了價格的波動與一些轉型的挑戰，但從一開始到現在，Piyang 和 Serin 父子一直持續在種茶，茶葉的收入成為他們家最重要的經濟來源。

---

[24] Piyang 說，合歡山下面那裡也有黃金，不過他沒去那邊挖過。

[25] 不是野生的，而是用菌種栽培的。

[26] Temu 是 Piyang 的太太 Robaw 的舅舅的兒子。

当我問及 Piyang 有沒有走路到埔里的經驗，意外地引發他回憶起另一段和警察捉迷藏的經歷：

> 我有走路下去過，是偷林班地的竹筍（lhi），晚上下去賣，從這邊差不多六點，到埔里差不多天亮，怕被警察抓。那時已經有 Serin 了，很多人下去，歐巴桑也有，用揹的，只有竹筍，去圓環那裡市場賣。我們往河流走路，沒有經過馬路怕被抓，因為河流比較平，很多人一起走。河流對面很多，這附近也有，比較少，我們白天去揹，回來就煮，煮完放在麻袋。賣完就買東西，買米、買魚、買豬肉，什麼都要買，有錢了嘛，回來就坐公車。

除了這些，Piyang 還有另一個遠征山林的經歷，是去深山裡找一種他們稱作「rhiq qhuni」的黃色樹皮。他說，平地人跟他們講這個很珍貴，受傷擦一下就會好，可以賣得好價錢，他和幾個族人於是開始去山裡找。因為附近很快就沒有了，他們於是從屯原再進去，一直進到雲海那一帶去找，有時還越過界線到花蓮，跑到天池對面那邊。一去通常就是一個禮拜，Piyang 回憶道：

> 那時候還年輕，有力啊。我可以揹 105 公斤，不容易耶。從這裡走路到天池那裡一天，隔天早上去砍，這樣剝，用人工剝皮，曬一個晚上就乾了，用火烤……我們去兩個地方，都在能高山附近。從那邊揹下來到天池，晚上了。還要走到這裡，不好走會腰傷，因為很厚又很重。

Piyang 向我描述這五、六十年來在山上的種種經歷時，常常用下面的話作結論：「那時候生活很累，我從小就去工作，因為爸爸肺病 20 年，媽媽在我十幾歲的時候就走了，姐姐就兩個，一個嫁到羅娜……一個嫁給第四班的。」不過日子雖然辛苦，豐盈的山林資源，加上 Piyang 從年輕到現在從不休止的勤勉，讓他可以驕傲地說：「我沒有想過到都市工作，山上有很多事等著我去作呢。」

九、茶與春陽

　　Serin 很愛打獵，可是他是個專業的獵人嗎？錯了，打獵是嗜好與必須的休閒，他最主要的身分是茶農，大半的時間都花在他的茶園和茶廠上。根據春陽社區發展協會 2005 年的調查，茶是春陽最主要的經濟作物，部落裡總共有 9 家製茶廠，都是族人自己在經營（春陽社區發展協會 2005:55）。不過 Serin 的茶廠並沒有列在其中，可能是因為他沒有掛招牌的關係。[27]

　　其實 Serin 家是春陽部落最早種茶的兩個家庭之一。他 23 歲當兵回來後，開始和父親 Piyang 一起種茶，並且在一年後父子共同作了一個重大的決定，和天仁解約，自己經營茶園。Serin 說，原來和天仁簽的是 15 年的約，可是看不慣他們在採購茶青時一直找各種藉口扣錢，於是決定提前解約，並且到高峰一家平地人經營的茶廠去學作茶。一年有四季的茶，每到烘焙的時候，他就去茶廠學，他自己茶園的茶青也都賣給那個師傅。[28] Serin 和春陽另一個家裡種茶的青年一起去學，學兩、三個晚上那個人就跑掉了，因為製茶時幾乎是不眠不休的，太累了。其實在茶廠裡，師傅也沒有教什麼，就是叫他們掃地，主要還是得靠自己在一旁觀察、感受整個製茶的過程。

　　在 Serin 和當時懷著第一胎的妻子 Tapas 的共同努力下，一年以後他們在仁愛國中對面開闢了一個新的茶園，並且蓋了一個自己的小茶廠。Serin 記得剛請人採茶的時候，部落沒有人會，一次叫四十幾個人去採，採到的量卻很少，只好請外面有經驗的漢人來採，他們就在茶園睡，然後採到完。不過，要經歷的難關還有很多。

　　Serin 剛開始烘培茶葉的一、兩年，品質不穩定，一下子好一下子壞，常被客戶嫌。「作那麼累又被人家嫌，我下定決心一定要作到好。」，他這樣告訴我。從第 3 年開始 Serin 作茶的品質很穩定，只要客戶一來，茶全部

---

[27] Serin 說他早期是有掛招牌的，叫「詩羚茶園」，有一陣子太多客戶搶茶，他於是不再掛招牌。現在雖然茶的價格沒有以前好，但他已經有固定的客戶，所以覺得不需要再把招牌掛回去。

[28] Serin 記得當時 1 公斤春茶和冬茶是 500 元，秋茶、夏茶則是 350 元。

拿走，當時的盛況至今他仍印象深刻：「以前真的很多，最少 10 部茶行的車都在那邊等，而且去我工廠那條路那時候還很小，只要進去沒有辦法倒車……。」那幾年 Serin 才真正賺到一些錢，於是花了 3 年蓋自己的房子，也就是我現在到部落時住的這棟小樓房。

如今 Serin 已經是有 20 年以上資歷的茶農和烘茶師傅了。他一年的作息大致是這樣的。2 月開始管理春茶，4 月收成。雖然真正忙的時間只有幾天而已，但要找工人，[29] 又要自己熬夜烘焙，感覺好像作一個月的苦工一樣。夏茶的價錢不好，所以 Serin 不採，只是管理。秋茶要 9 月 20 號以前收，太晚的話冬茶就會比較少。11 月中，最晚 11 月底忙完冬茶後，Serin 就可以把茶園這個重擔暫時放下。除了元旦過後有一些剪枝、放肥料等零星的工作外，Serin 這時最心繫的事就是上山打獵了，天氣許可的話，他的陷阱可以一直放到 2 月，再開始下一個忙碌的輪迴。

製茶的辛苦非身在其中是難以想像的。Serin 說他有一次連續作茶作了 15 天，幾乎都沒有睡。中間有一次他受不了請人載他去霧社打針，回來差不多 9 點多，12 點又受不了想再去打針，醫生說不行，不能再打了。

雖然後來 Serin 有請助手幫忙，但整個過程還是由他在掌控。他說有時候作秋茶時，有一個小時空檔，就叫助手在茶廠看著，自己開車跑到高峰舅舅的茶園去打兔子。從茶園到那邊差不多 15 分鐘，一下車看到兔子，打一隻馬上就回來。我不解地問，「有一個鐘頭你不去休息跑去打兔子？」「我是怕我一睡就不會起來，那茶就報銷了。」Serin 這樣回答。

他的助手通常作個三、四年就受不了，這時就得再找新的助手。「我是不能不作，只要我不作一季的話，客戶都跑掉了，我去哪裡找客戶？還是要作啊，機器都擺在那邊就是要作啊……，而且現在不像以前很好，以前是很多客戶上來。」Serin 無奈地說，「真的是很累，有時候看到茶青真的是會怕。」

天仁來的時候 Serin 家的茶是種在春陽溫泉那邊，土很鬆又有充足的水源，剛開始種得很好。但是因為以前只要求量，都放化學肥料，五、六年之後茶就變質，因此 Serin 才會在仁愛國中這邊花了二十幾萬開闢新的茶

---

[29] 採春茶是在 4 月，有時候和外面茶園採茶的時間撞在一起，山上就會找不到工人。

園。「國中這邊是一出來就曬到太陽,日光照得久啦,一個地方一個地方山頭味道都不一樣,日間太陽照得越久的話,茶會很好,茶很香。」他說。今年開始,Serin 透過春陽另一位茶農憶程[30] 的引介,認識了中興大學一位農學院的教授,開始嘗試用有機肥料來改良土質。

革命尚未成功,Serin 仍在努力。

十、父子倆共同的場域:教會

Serin 不曾和父親 Piyang 一起打獵過,他從小印象中的父親,不是在山上工作好幾天沒回家,要不就是在忙教會的事。Piyang 的太太告訴我,他們結婚之後一年 Piyang 就當上長老,[31] 是當時春陽教會裡最年輕的長老,幾年前換 Serin 成為教會最年輕的長老,父子倆同時擔任這個職務,直到 2007 年,Piyang 七十歲退休,轉為榮譽長老。

那一年 3 月 3 日,是 Piyang 長老的 70 歲生日。Serin 想了很久,決定不用一般族人擺桌請客的方式慶祝,而是請牧師在教會為父親舉行一個感恩禮拜,然後殺一隻豬晚上在教會前烤全豬,邀請部落的族人一起來聚餐。感恩禮拜結束後,牧師請 Piyang 和 Serin 分別上臺講感言。我坐在臺下,耳裡聽著 Serin 說他是從小看著父親在教會裡忙碌的身影長大的,眼睛被講臺上穿著大了一號的西裝,哭得像個孩子般的 Piyang 長老深深吸引,心裡想起和 Piyang 同年卻無法過 70 歲生日的爸爸。

基督教長老教會的福音是在 1947 年傳到春陽,Piyang 記得當初最早來到部落的是埔里教會的羅文福牧師,他在派出所或學校前宣揚上帝的福音,不少族人,包括 Piyang,都因為好奇而去聽講。不過真正影響比較大的是一年之後,陸陸續續有一些從花蓮徒步越過中央山脈的 Truku 信徒來傳教,包括 Kumu Losing、Wilang Takuh、Harun……等。Piyang 朗朗上口地跟我提起這些開疆拓土的第一代 Truku 基督徒,並且特別強調:「他們不是傳教師,只是一般信徒喔。」因為語言相通,加上被他們的信仰熱誠所感染,不久,春陽就蓋起了第一間的茅草教會。

---

[30] 憶程的父親是江蘇人,他的外婆是 Piyang 媽媽的妹妹。
[31] Piyang 沒有經過執事就直接當長老,因為當時沒有很嚴格地執行教會法規。

和我博士論文中所探討的花蓮太魯閣人戲劇化的轉宗經歷相較（邱韻芳 2004），在春陽族人的描述中，這裡對長老教會信仰的接受沒有劇烈的轉折或精彩的故事，而是個相當平順的過程。不過，讓我驚訝的是，Piyang 為了教會的事工，有 20 年左右的時間經常性地往返南投與花蓮。

在 1997 年賽德克區會獨立以前，仁愛鄉這邊的賽德克長老教會是隸屬於「太魯閣中會」下的「南投區會」，因此花蓮與南投兩邊的傳教人員，以及教會事工是相互交流且有密切聯繫的。Piyang 一開始擔任教會的「代議長老」，每一年要代表春陽教會到花蓮的太魯閣中會開一次會，之後擔任三任的區會會計，一任的中會會計，十幾年的時間，每年要到花蓮開會七、八次之多。

早期 Piyang 是坐公車到臺北，再搭火車到花蓮。55 歲左右買了摩托車，他就常常騎車越過中央山脈到花蓮開會。他告訴我，從春陽騎到翠峰休息 10 分鐘，從翠峰到大禹嶺再休息 10 分鐘，然後一直騎到花蓮西寶那裡休息一會兒，再下去到天祥，這樣總共大約 3 個多小時，然後沒有休息就直接騎下山。開會的地點不一定，有時在秀林，有時在銅門或是更遠的紅葉。在山上騎車很冷一定要穿雨衣，因為神木那邊會下雨，到天祥通常雨就會停，不過常常有霧看不到路。有幾次他的太太 Robaw 跟他一起去，坐在摩托車後座打瞌睡，差點掉下車來。他記得有一回合歡山下雪，雪實在太厚，他只好用草席綁住後輪，車子才不會滑倒。

教會的歷練大大拓展了 Piyang 的視野與社會人脈。太魯閣中會裡所有的老牧師他都認得，其中一個長他幾歲叫 Serin，Piyang 剛當兵回來不久後，這位牧師曾經和另一位花蓮的長老到春陽來，邀 Piyang 和他的岳父一起到信義鄉那邊的山裡去放狗追山鹿。就因為是很要好的朋友，因此 Piyang 用他的名字為自己的第一個小孩命名，Serin 的名字就這樣和基督教信仰一樣，從花蓮傳到春陽。

記得我剛到春陽教會時，Peto 牧師就告訴我，Piyang 長老很喜歡到教會來找他聊天，有時候時針都已經要指向 12 點了，Piyang 還是談得興高采烈。我自己也發現，每次教會有外來的賓客時（不管是原住民、漢人還是外國人），其他年長的長老大多禮拜完，吃完午餐後就離去，只有 Piyang

一定會留下來陪牧師一起招待他們，和大家聊天。[32] 近年來一些推動賽德克正名的場合，包括在廬山溫泉舉辦的研討會，以及在平靜國小舉行的傳統祭典，因為長老教會都參與其中，Piyang 也很關心，幾次都是他盛裝代表 Toda 群的長老出席。

「像我爸爸他們那一代對教會那種奉獻的熱情和活力，我真的作不到。」Serin 這樣告訴我。不過，Serin 絕對也是一個認真負責的長老。除了教會例行的服事外，這幾年為了靈修館的興建，牧師組成了 7 人詩班（Serin 和 Tapas 夫妻都是其中的成員），到全省各地的長老教會獻詩募款。兩、三年的時間看著他們經常性地利用星期六、日花蓮、臺北、高雄這樣四處跑，我都替他們覺得疲倦。每次出去幾乎都是 Serin 負責開車，他告訴我，有一陣子小孩子的學費負擔很重，他在外面募款回家後不能休息，還要和部落的年輕人一起去揹高麗菜，補貼家用。

事實上，Serin 從來也不只是種茶而已。管理茶園之餘，他還會和 Ukan 長老一起去作水泥工，或是和教會另一位 Tadaw 長老[33] 一道幫人作裝潢，他們都是 Serin 工作上的老師和最佳伙伴。Serin 說，「我只要決定作一件事，就會努力去作到好。」這是他對自己的生活態度所下的最佳註解。

十一、春陽是個好地方

在我過去的印象中，部落的農作不振，導致嚴重的人口外流，似乎是臺灣原住民普遍的現象。因此，當我接觸 Piyang 和 Serin 父子之後不免感到好奇，為什麼他們可以一直留在部落，不需要到都市找工作？雖然他們兩人與山的密切關係不能作為春陽賽德克人的一般典型，但我在春陽的觀察與訪談顯示，這裡人口外流的情況的確不多，不少族人都告訴我，因為春陽是仁愛鄉工作機會最多的部落。在仁愛鄉農會服務十多年的 Abay 就這樣表示：「我去參訪過許多臺灣的原住民部落，發現春陽真的是個好地方，有很多的工作可以作，只要你願意努力，絕對可以在部落裡生活下去。」

---

[32] 我想這也是他國語很不錯的原因。不過 Piyang 告訴我，原本他不太會講國語，是在當兵的時候很努力地練習才進步的。

[33] Tadaw 是 Serin 外婆的姊姊的兒子。

除了茶葉是春陽族人重要的經濟作物外，揹高麗菜也是一項不可或缺的現金收入。因為距離清境農場近，當初民國五十幾年外省人開始種高麗菜時，最早就是找春陽的賽德克人去揹菜。從那時一直到現在，揹高麗菜成了春陽的一個「傳統」，因為他們可以去揹菜的地方從發祥、紅香、清境、華岡、翠巒，一直到平靜、靜觀，所以春陽的男子幾乎每個人都有去揹高麗菜賺錢的經驗，Piyang 和 Serin 也不例外。揹高麗菜一天可以有兩三千元的收入，但是需要體力，又得熬夜，因此主要是年輕人的工作。Serin 到現在偶而仍會去揹高麗菜補貼家用，他向我感嘆，現在很多春陽的年輕人揹完菜後，就拿著工錢聚在部落的小攤子裡喝酒。錢來的快去的也快，日夜顛倒的作息加上過多的酒精，使得他們不但無法有正常的家庭生活，往往把身體也搞壞了。

春陽之所以能有這麼多的工作機會，主要是與它所在的地理位置有關。春陽是仁愛鄉裡距離霧社最近的一個部落，車程不到 5 分鐘，而霧社從日治時期到現在一直是仁愛鄉行政、交通，與族群接觸的重要樞紐。Piyang 會去種高麗菜、種茶、採黃樹皮、種香菇，甚至採金子，都是透過霧社的平地人或原住民（包括賽德克人和 Khabu）得知這些訊息，再憑藉他對山林的瞭解，進而掌握了先機。這些新的作物，甚至基督教信仰[34]都是先在春陽紮下根基，再傳播到仁愛鄉其他部落。以茶葉為例，當初 Piyang 就是透過一位住在霧社，同屬長老教會的高長老（也是賽德克人）獲知這項新的作物，因而成為春陽部落最早和天仁簽約種茶的兩戶人家之一。

春陽是個好地方，Piyang 和 Serin 的生命史就是最好的例證。

十二、如何看待「泰雅」的狩獵

在臺灣的「泰雅」研究中，不論是人類學家或地方文史工作者的著作裡，狩獵是個常出現的主題（參曹秋琴 1998；張國賓 1998；沈明仁

---

[34] 長老教會和真耶穌教兩個基督教信仰都是由花蓮的 Truku 人傳到春陽，再從春陽傳到其他仁愛鄉的原住民部落。天主教在仁愛鄉最早的根據地則是眉溪部落（簡鴻模 2002）。

1998；廖守臣 1998；黃長興 2000；黃國超 2001；張藝鴻 2001；黑帶巴彥 2002；依婉貝林 2003，2006；簡鴻模編 2003；邱韻芳 2004；謝世忠 2007）。不過，學者們對於狩獵的意涵與組織卻有一些不同的意見。

在〈界定狩獵：泰雅與太魯閣族的山林行走〉一文中，謝世忠（2007）回顧了之前「泰雅」狩獵的相關文獻後，歸納出 4 種不同界定狩獵的論點。他指出，在傳統人類學的「泰雅」研究中，不是將狩獵視為次要活動，就是認為其目的是為了謀生，他將之分別稱作「邊緣打獵」與「維生出獵」。然而，在原住民社會運動思潮的影響下，近十幾年來臺灣原住族群重思狩獵，甚至真理性化狩獵的論述，因而出現了「正當獵人」與「真理狩獵」這兩種質疑國家山林管理，進而「正名」狩獵的觀點。

筆者認為，上述謝世忠有關「泰雅」狩獵的分析充分表現出一個具反思精神之人類學者的批判性，同時也延續其作品中一貫尊重原住民主體性的基調（參謝世忠 1987，1989，1992，2000）。然而，只強調狩獵為其「文化」，或「真理化」狩獵，仍然是停留在論述的分析層次，並不能充分呈顯出狩獵在族人「生活文本」（life text）（謝世忠 2007:88）中的豐富樣貌，本文對 Serin 狩獵經驗的描述正好補足了這個面向。

在筆者與 Serin 有關狩獵的訪談中，他也曾提及狩獵是賽德克的文化，政府不應該禁止等議題，但只是三言兩語帶過，真正讓他興致勃勃一談再談的是冬天到了就想入山的衝動，巧妙放置陷阱與動物鬥智的過程，透過狩獵親炙山林的種種感受，以及一些到現在仍然很靈驗的 waya 等。本文特意保留了許多 Serin 談論狩獵環境、用具以及行動的細節，就是希望透過這些描述，讓讀者理解狩獵作為「泰雅」文化的一部分，其性質不只是強調主體性的意識型態論述，更重要的是透過實踐與祖先遺留的山林，以及自身的生命經驗產生連結。

泰雅學者黑帶巴彥（2002:114）表示，一直以來外面的人，誤以為泰雅族以狩獵為主，乃是因為泰雅男人常常把狩獵掛在嘴邊談的緣故，事實上，農事才是生活的中樞，而狩獵是精神的支柱。從 Serin 的生命歷程來看，他的確某個程度依循著傳統「泰雅」人的模式在生活，在土地上耕作是他的主業，狩獵卻是其不可或缺的精神食糧。雖然從小在教會長大的他對祖靈的概念並不清楚，但卻透過狩獵從老人和山林習得了賽德克

的 waya。筆者在春陽的田野訪談中發現，除了少數文史工作者 waya「真理化」，在論述中強調其為賽德克最重要的文化核心外，對大多數的族人而言，waya 是過去老人的習俗（甚至迷信）早已消逝，唯有在打獵這個領域裡，在獵人的口中，waya 仍真實存在。同樣地，在花蓮太魯閣人的部落裡，一些仍保有打獵習慣的族人也往往保有最多有關傳統 gaya 的知識（邱韻芳 2004:85）。

此外，筆者認為過去人類學的「泰雅」研究並非如謝世忠所言，總是將狩獵邊緣化或生計化。近 10 年來有關花蓮太魯閣族的不少民族誌作品中，均指出狩獵的儀式性和神聖性，以及與 gaya 的關連（參曹秋琴 1998；張國賓 1998；張藝鴻 2001；邱韻芳 2004）。比較花蓮太魯閣族與南投賽德克族有關狩獵的 gaya（waya），筆者發現兩者有不少共同的習俗，如聽 sisin 鳥判吉凶、夢占、家人不和打不到獵物，不能動別人陷阱裡的東西等等。不過，花蓮太魯閣人會在出獵前一晚行犧牲的儀式（亦即殺一隻鴨或雞來祈求 utux 給予獵物），他們強調這是「傳統」，且至今仍有少數獵人奉行；但筆者在南投賽德克族部落卻遍尋不到有如此的「傳統」，因此認為這可能是太魯閣人從南投東遷至花蓮之後，與其他族群互動之下所建立出來的「新傳統」。[35] 如此偏好以動物犧牲為儀式內涵的現象，也同樣表現在花蓮太魯閣人其他的生活層面，如結婚平均要殺 10 頭以上的豬，遇到值得慶祝的事與家裡有意外、災難時都要殺豬[36] 等（參曹秋琴 1998；張藝鴻 2001；邱韻芳 2004）。黃應貴（2006）在其有關東臺灣的區域研究中指出，過去以為的「邊陲」卻往往是文化再創造的最佳場域，甚至形成「再中心化」的現象。筆者認為，花蓮太魯閣人的種種「新傳統」，以及與祖源地賽德克社群文化劃界，進而獨立為「太魯閣族」的正名運動，都可以放在這個脈絡下作更細緻的檢視。

---

[35] 筆者比較花蓮太魯閣與南投賽德克兩地的習俗後，發現像上述狩獵儀式這種花蓮的族人宣稱是「傳統」，但祖源地南投族人卻從不曾聽聞的例子不在少數。例如南投賽德克人告訴我，他們從來就不作竹筒飯，結婚時也沒有男子需到女方家服役的習俗，但這些都是花蓮太魯閣人認為的「傳統」。

[36] 在南投賽德克人眼中，花蓮太魯閣人殺豬實在殺得太誇張了，他們認為這並非「傳統」的習俗。

另一個有關「泰雅」狩獵的學術爭議，則是在組織的面向上。一些學者的研究指出，「泰雅」有「獵團」的組織（參藤崎濟之助 1930:71；小島由道、河野喜六 1996 [1915]:237；廖守臣 1998:55），針對這點，黃國超（2001:66-67）與黑帶巴彥（2002:114-116）都表示強烈的質疑，他們認為，泰雅只有「團獵」，亦即共同去打獵的行動，但沒有固定、形式化的獵團組織。

以筆者在春陽蒐集到的資料來看，是否存在獵團主要是定義的問題。這裡的賽德克人打獵時會形成一個個小團體，這個團體有它的持續性，亦即並非每次出獵都隨意尋找同行的人，然而，這個共同打獵的團體也不是非常固定不可變動的。以 Serin 三十年左右的狩獵經歷來看，他最早參加的是外公和兩個姨丈的打獵隊五，後來表弟 Ukan 也加入；外公去世後他和其中一個姨丈和表弟形成新的團體；結婚後他跟著 Ukan 長老和長老的兒子一起上山 3 年；有一陣子他和表弟 Ukan 兩人搭檔；目前他的打獵伙伴是布農族表哥和其岳父。雖然看來好像可以隨意組織狩獵隊伍，但其中還是有 *waya* 存在的，例如不能同一年參加兩個團體，去兩個地方打獵，若一直沒獵物表示打獵伙伴不合就要拆夥等。

上述對於獵團的討論其實凸顯了「泰雅」族社會鬆散而具有彈性的特質（王梅霞 2006:30）。因此，王梅霞主張以「社會範疇」來取代「社會組織」以理解「泰雅」社會（同上引:90-91）。基本上筆者認同她的看法，不過筆者認為，「泰雅」之支群與地區的差異性應該在這個原則之下更細緻地被釐清，而非用一個部落的素材去推翻或質疑另一個部落的研究。就以學界討論最多的 *gaga*（*gaya, waya*）概念來說，早在日治時期即有學者指出，它同時指涉了規範與社會組織雙重意涵（森丑之助 1917；小島由道、河野喜六 1966[1915]）。然而，若是進一步比較過去學界所分類的「泰雅亞族」和「賽德克亞族」之民族誌素材可以發現，一般而言，「賽德克亞群」的 *gaya*（*waya*）概念著重在祖訓的層次，組織的意涵不清楚；在「泰雅亞族」的研究中，*gaga* 可被用來指稱一個社會團體是較明確的，但其內涵組織化的程度卻會隨著各部落的文化、歷史環境而有所不同。

十三、生命史作為人類學題材的再思考

在本文初稿發表的「水沙連學術研討會」上，有另一篇探討口述歷史的文章，當筆者聆聽其作者與評論人針對歷史學的「口述歷史」性質進行對話時，清楚體會到「口述歷史」與人類學「生命史」兩個概念的差異。在歷史學的脈絡裡，「口述歷史」主要是相對於所謂的「文字歷史」，強調以被研究者口述的方式呈現不同於「大歷史」的史觀及內涵。在從事口述歷史的研究過程中，訪談是最重要的媒介，相關的社會文化脈絡則依賴文獻資料來補足（江文瑜 1996；葉漢明 1999）。

相對於此，人類學的「生命史」研究中，訪談雖也不可缺少但卻非孤立的研究元素，而是需將之放在強調參與觀察的田野工作（fieldwork）脈絡裡。筆者將本文副標題定為：「走進」一對賽德克父子的生命史，就是要以「走進」這個動作，凸顯人類學者參與當地人生活的研究特性。

此外，本文的書寫形式與內涵受到 1970 年代末期以來有關民族誌再現形式與田野經驗的反思所影響。在當時的風潮下，出現了不少所謂的「新民族誌」或「實驗民族誌」的作品（參邱韻芳 2000），其中 Marjorie Shostak 的 *Nisa: The Life and Words of a !Kung Woman*（1981），以及 Vincent Crapanzano 的 *Tuhami: Portrait of a Moroccan*（1985[1980]）皆是以生命史的形式，來挑戰過去強調「科學的」民族誌寫作。在這兩本作品中，人類學家與報導人的互動過程都相當比例地被放進其中，不過，在 Shostak 的書中，田野經驗與生命史陳述乃截然二分，而在 Crapanzano 的作品裡，他與報導人的互動歷程與生命史的再現卻是糾結在一起的，隨著他與 Tuham 日益密切的交往，生命史的內涵也隨之更加深入，甚至人類學者也成了報導人生命史的一部分。

本文採取的寫作模式比較接近 Crapanzano 的手法，因此在生命史的敘述中，穿插了筆者與報導人互動的過程，以及一些關鍵的事件，例如前年元旦和 Piyang 的力行之旅，在教會辦公室裡教友們的泡茶閒聊，Piyang 70 歲生日時的感恩禮拜，筆者辦理「植物、狩獵與史努櫻」座談會邀請 Serin 擔任主持人，以及參與觀察外來賓客到訪時，Serin 透過演講以及實地製作陷阱，再現其狩獵經驗與知識的過程。這些生活中的事件帶領筆者一步一

步走進這對父子的生命史,進而聚焦在他們與周遭山林的生命關連。而當他們向筆者述說其生命故事的同時,不僅回顧了自身與部落的過往,也漸漸不自覺地開始「建構」賽德克文化的意涵。

人類學者 Anjia Nygren（1999:267-68）,過去二十年來「地方知識體系」（local knowledge systems）不僅是越來越多人類學家研究的主題,也受到不少環境研究者、生物多樣性提倡者、發展專家,以及當地人自身的重視。然而,大多數相關的研究往往將所謂的地方知識再現為一個單一的、文化界線明確的體系,而少注意到其中的競爭性與混雜性。筆者相當同意 Nygren 的觀察,並且認為要理解、呈現有關「地方知識」或「原住民生態知識」[37]之實踐的面向,與非單一的多重內涵,從生命史著手是一個很恰當的起點。

就本文所呈現的素材可以發現,Piyang 和 Serin 父子兩人不同的生命經驗,發展出不同與山林之間的關係,進而呈現出內涵相異的「原住民生態知識」。年輕的 Serin 對山林的認知主要傳承於與外公、Ukan 長老一起上山狩獵的過程,其保有的知識可說相當的「傳統」;年長的 Piyang 則主要是透過親身的採集與耕作等生計活動,累積其對周遭生態的瞭解,當中卻是混雜了不少本土與外來的知識。

另外,在有關「原住民知識再現」這個議題上,本文的民族誌素材也提供了可進一步探討的空間。在這對父子的生命歷程中,長老教會是他們再現其原住民知識的一個很重要的場域和管道。教會長老的身分,讓他們時有機會主動或被動地向他者（others）去介紹、說明自己的文化,而其中一個很重要的他者就是筆者——一個想要瞭解賽德克文化的人類學家。

在史努櫻（春陽）教會所有的長老中,Piyang 是最常待在教會辦公室和外來客人喝茶、聊天的一位。因此,當我來到春陽作研究後,他很快就成為重要的報導人之一。Piyang 很喜歡我詢問他有關過去生活的種種,以及賽德克的文化、習俗。有時大家只是在閒聊,因此我並沒有拿出錄音筆或筆記本,但談到和過去或傳統知識相關的部分,Piyang 常會停下話來詢問我,「你記下來了嗎?」

---

[37] 有關「地方知識」或「原住民生態知識」這些概念的定義與討論,請參看林益仁、賴俊銘、蕭惠中（2006）,Antweiler（1998）,Posey（2002）。

年過七十，一生都待在部落中，國語又講的不錯，使得 Piyang 成為一個對他者表述賽德克（或 Toda）文化相當合宜的人選，因此近年來一些推動賽德克正名的場合，幾次都是 Piyang 盛裝代表 Toda 群長老出席。我在蒐集有關民族植物的資料時，曾獲得部落裡一位年近六十的報導人相當多的協助，他因為自身種作的經驗，加上年長在梅峰農場上班，對於山上的植物有很豐富的瞭解。Piyang 聽到我對這位報導人的稱讚，有些不以為然。我把同樣的一疊植物照片給 Piyang 辨認，但他所能提供的資訊相當有限。他一再對我說，照片看不清楚，應該要到外面實地去看比較好，我們於是約好某一個週日午後一去野外作民族植物的調查。當天我意外地發現，Piyang 作了充足的準備。他事先勘查過幾條路徑，用日語拼音寫下沿路他所知道的賽德克植物名稱，總共有五、六十種之多。

　　相對而言，Serin 在一開始和我的互動中，很少有相關於所謂傳統或文化的論述與表達，一個很主要的原因是他認為自己還年輕，不是 rudan（老人）。然而，關鍵的轉捩點發生在 2006 年底的「狩獵、植物與史努櫻」座談會。一開始，我只是邀 Serin 擔任主持人，作為我和老人之間溝通的橋梁，然而在事先籌畫的過程中，我卻意外發現他擁有相當豐富的傳統狩獵知識與經驗，因此臨時決定請他示範作陷阱的步驟，拍成短短的片段在座談會上播放。

　　當天座談會時 Serin 不僅發揮了主持人的功能，引導、翻譯並組織老人們你一句我一句的發言同時也在當中侃侃而談他的狩獵經驗，這是 Serin 第一次在公開場合「再現」（represent）其狩獵的知識。2008 年 2 月，他再度站在講臺上這一回是向一群漢人朋友解說賽德克狩獵的內涵和 waya。和第一次較臨場即興式的表述相較，我發現 Serin 對狩獵的述說越來越系統性，而「這就是我們賽德克的 waya」這一句話也一再地出現。但不變的是，他的親身經歷與體驗，始終是其狩獵知識最重的的憑藉。

　　「生命史」提供了人類學者什麼？本文透過 Piyang 和 Serin 有關山林經驗的生命史陳述，呈現出春陽部落「產業」發展的過程與歷史脈絡，以及狩獵作為賽德克文化重要的一部分，在當代社會中傳承及轉變的歷程。我們可以發現，當地族人以來自老人與自身體驗的山林知識（包括對動物、植物，以及地景的理解），揉合外來的文化概念，如可作中藥的黃樹皮，香

菇的栽種，以及茶的種植、烘焙等，建構出特殊的部落「產業」內涵。原住民知識不只存在菁英的論述、觀光的展演，與文史館的陳列架上，更重要的是，它乃是透過實踐，活在族人的日常生活裡。

參考書目

小島由道、河野喜六
    1996[1915]　番族慣習調查報告書，第一卷：泰雅族，中央研究院民族學研究所編譯。臺北；中央研究院民族學研究所。

尤巴斯・瓦旦
    2005　泰雅族的祖靈祭及其變遷。東華大學民族發展研究所碩士論文。

王崧興
    1986[1965]　非單系社會之研究：以臺灣泰雅族和雅美族為例，黃智慧譯。刊於臺灣土著社會文化研究論文集，黃應貴主編，頁 565-597。臺北；聯經出版。

王梅霞
    1990　規範、信仰與實踐：一個泰雅族聚落的研究。清華大學社會人類學研究所碩士論文。
    2003　從 gaga 的多義性看泰雅族的社會性質。臺灣人類學刊 1(1):77-104。
    2006　泰雅族。臺北；三民書局。

江文瑜
    1996　口述史法。刊於質性研究：理論、方法及本土女性研究實例，胡幼慧編，頁 249-269。臺北；巨流出版社。

沈明仁
    1998　崇信祖靈的民族賽德克人。臺北；海翁出版社。

林益仁、賴俊銘、蕭惠中
    2006　動中的理解：宜蘭泰雅族 Pyanan 部落的發展與生態研究初探與反省。宜蘭文獻叢刊 27:191-242。

依婉貝林
    2003　Pidu 家族生命史：賽德克的聯名制與最後的獵團。刊於 Alang Tongan（眉溪）口述歷史與文化，簡鴻模等編，頁 173-246。臺北；輔仁大學出版社。
    2006　Utux、空間、記憶與部落建構：以 alang Tongan 與 alang Sipo 為主的討論。東華大學民族發展研究所碩士論文。

邱韻芳
    1997　部落、長老教會與本土化：東光布農人的信仰與認同。臺灣大學人類學研究所碩士論文。
    2000　田野經驗、民族誌書寫，與人類學知識的建構文本的比較分析。臺灣大學考古人類學刊 56:77-99。
    2004　祖先、上帝與傳統：基督長老教會與 Truku 人的宗教變遷。臺灣大學人類學研究所博士論文。

春陽社區發展協會
    2005   自立、創新、永續：建構春陽環村自然生態登山步道計畫成果報告書。南投；春陽社區發展協會。（未出版）

郭明正
    2005   德固達雅時期的 Alang Gungu／固塢部落。刊於自立、創新、永續：建構春陽環村自然生態登山步道計畫成果報告書，吳永昌總編，頁 95-97。南投；春陽社區發展協會。（未出版）

郭佩宜、王宏仁 主編
    2006   田野的技藝：自我、研究與知識建構。臺北：巨流圖書。

曹秋琴
    1998   *gaya*：祭祀分食與太魯閣人的親屬關係。東華大學族群關係與文化研究所碩士論文。

張國賓
    1998   從紡織與獵首探討太魯閣人的兩性意象與性別邏輯。清華大學社會人類學研究所碩士論文。

張藝鴻
    2001   utux、gaya 與真耶穌教會：可樂部落太魯閣人的「宗教生活」。臺灣大學人類學研究所碩士論文。

森丑之助
    1917   臺灣蕃族誌。臺北；臨時臺灣舊慣調查會。

黑帶巴彥
    2002   泰雅人的生活形態深源：一個泰雅人的現身說法。新竹；新竹縣文化局。

黃長興
    2000   東賽德克群的狩獵文化。中央研究院民族學研究資料彙編 15:1-104。

黃國超
    2001   「神聖」的瓦解與重建：鎮西堡泰雅人的宗教變遷。清華大學人類學研究所碩士論文。

黃應貴
    2006   社會過程中的中心化與邊陲化。刊於人類學的視野，黃應貴著，頁 127-147。臺北；群學。

葉漢明
    1999   口述史料與婦女研究。刊於主體的追尋：中國婦女史研究析論，葉漢明著，頁 326-340。香港；香港教育圖書公司。

廖守臣
    1998   泰雅族的社會組織。花蓮；慈濟醫學暨人文社會學院。

謝世忠
    1987   認同的污名：臺灣原住民的族群變遷。臺北；自立晚報。
    1989   原住民運動生成與發展理論的建立：以北美與臺灣為例的初步探討。中央研究院民族學研究所集刊 64:139-177。
    1992   觀光活動、文化傳統的塑模、族群意識：烏來泰雅族 Daiyan 認同的個案研究。臺灣大學考古人類學刊 48:113-129。
    2000   傳統與新傳統的現身：當代原住民的工藝體現。宜蘭文獻雜誌 44:7-40。
    2007   界定狩獵：泰雅與太魯閣族的山林行走。臺灣風物 58(2):69-94。
簡鴻模
    2002   祖靈與天主：眉溪天主堂傳教史初探。臺北；輔仁大學出版社。
簡鴻模 編
    2003   Alang Tongan（眉溪）口述歷史與文化。臺北；輔仁大學出版社。
藤崎濟之助
    1930   臺灣の蕃族。臺北；南天書局。

Akiwowo, Akinsola A.
    1973   Comments. Current Anthropology 14(3):197-198.

Antweiler, C.
    1998   Local Knowledge and Local Knowing: An Anthropological Analysis of Contested Cultural Products? Anthropos 93:469-94.

Clifford, James, and George E. Marcus
    1986   Writing Culture: The Poetics and Politics of Ethnography. Berkeley, CA: University of California Press.

Crapanzano, Vincent
    1985[1980] Tuhami: Portrait of a Moroccan. Chicago, IL: University of Chicago Press.

Langness, L. L., and Gelya Frank
    1981   Lives: An Anthropological Approach to Biography. Novato, CA: Chandler & Sharp Publishers.

Mandelbaum, David G.
    1973   Study of Life History: Gandhi. Current Anthropology 14(3):177-196.

Nygren, Anja
    1997   Local Knowledge in the Environment-Development Discourse: From Dichotomies to Situated Knowledges. Critique of Anthropology 19(3):267-88.

Posey, Darrell
    2002   Upsetting the Sacred Balance. Can the Study fo Indigenous Knowledge Reflect Cosmic Connetedness? *In* Participating in Development: Apporaches to Indigenous Knowledge. Paul Sillitoe, Alan Bicker and Johan Pottier, eds. Pp. 24-42. London: Routledge.

Rosenwald, George C., and Ochberg Richard L.
    1992   Introduction: Life Stories, Cultural Politics, and Self-Understanding. *In* Storied Lives: The Cultural Politics of Self-understanding. George C. Rosenwald and Ochberg Richard L., eds. Pp.1-18. New Haven, CT: Yale University Press.

Shostak, Marjorie
    1981   Nisa: The Life and Words of a !Kung Woman. Cambridge, MA: Harvard University Press.

潭南村布農族 921 震災後的
社區發展與文化傳承：
文化多樣性的保護與促進

廖志輝
暨南國際大學人類學研究所兼任助理教授
王麗玲
靜宜大學生態人文學系組員

一、前言

二、潭南部落的布農族

三、潭南部落在 921 震災後的重建與社區發展

四、布農族傳統文化的傳承

五、原住民族傳統文化與文化多樣性的保護與促進

六、結語

一、前言

　　在一次的電視報導中,筆者無意間看到南投縣信義鄉潭南國小在 921 大地震後的重建歷程的紀錄報導。在報導中,記者訪問了潭南國小的設計者姜樂靜建築師,談及其設計的因緣與理念。除了滿足學校實際需求外,姜建築師更與潭南部落的布農族人透過充分的討論與意見交換,將布農族的傳統文化元素融入建築的規劃設計中,令人印象深刻。重建的潭南國小是設計者、學校與部落居民的共同產物,是一個尊重原住民文化的一個重建過程,這種透過討論與對話方式的規劃設計過程,深深的吸引筆者的目光,是一個很值得深入瞭解與探討的個案。因此,個人開始對潭南國小與潭南部落的災後重建展開探索。

　　本研究主要以實地調查與訪談的方式來進行,輔以相關文獻的研讀,希望能深入瞭解在 921 地震後潭南部落的重建、社區發展及文化傳承的現況,思考原住族的文化傳承的處境與可能。

　　2008 年初筆者與任職靜宜大學的王麗玲女士、建國科技大學林盛萱及施靜君教授首度造訪了潭南部落。為了深入瞭解潭南,筆者獨自或共同與諸位老師多次拜訪潭南部落,進行實地的調查。筆者與諸位老師,特別是與王麗玲女士曾針對潭南部落在震災後的社區發展與文化傳承進行深入討論。在田野調查時,為深入瞭解潭南部落災後的重建、社區發展與文化傳承的現況,筆者曾至信義鄉圖書館、鄉公所及戶政事務所查閱相關文獻資料,並訪談了信義鄉公所民政課伍聰仁課長;又多次至潭南部落探訪,訪問了村長幸得安先生、部落長老與社區發展協會前任理事長谷明順先生及其家人、現任社區發展協會理事長松英雄先生、潭南國小教務主任盧商林老師、潭南國小布農母語與傳統歌謠教師白健林長老、潭南互助會谷美玲女士、潭南布農村民甘學成及幸敏夫婦、松美玲、松美倫、谷阿蘭、谷阿玲女士以及潭南村民,原籍貴州省的退休老榮民陳維明先生。另外,也訪問來自潭南,擔任暨南大學人類學研究所行政助理的范文鶯小姐。[1]

---

[1] 筆者在此感謝所有提供資料、接受訪談等任何協助的人,特別是潭南部落的長老與族人。

二、潭南部落的布農族

對於布農族的研究,在日治時期有佐山融吉、馬淵東一、岡田謙、岡松參太郎、增田福太郎等日本學者(丘其謙 1966:1)。民國時期以來,早期對南投縣仁愛鄉及信義鄉布農族部落的調查研究,當推中央研究院民族學研究所丘其謙研究員最具代表。丘其謙將其在 1960 至 1962 年間的 4 次的實地調查研究結果與發表做一全面的整理,於 1966 年以專刊的方式出版了《布農卡社群的社會組織》一書,成為布農族研究的經典。其調查研究期間,居留潭南部落的時間較多,因此其蒐集的資料與書中的論述亦以潭南社為主。丘其謙在書中紀錄了珍貴的研究資料,也為後來的學者留下繼續探索的線索。此外,黃應貴、葉家寧、達西烏拉彎‧畢馬(田哲益)等的專書或論文,對相關布農族的文化、社會及歷史變遷都有詳實的敘述與談討。921 大地震後,亦有以潭南部落為研究主題的論文被撰寫,如范文鶯、李家源、張景舜及姜樂靜等人的論文。這些研究與著作提供我們對布農族,特別是潭南部落的布農族的認識基礎。

布農族世代居住於臺灣中央山脈的兩側,是典型的高山民族,最早的居住地是在現今臺灣中部的南投縣,後經大遷徙,東至花蓮,南至高雄及臺東,皆有布農族的部落,目前總人口數約有四萬多人,為阿美族、排灣族與泰雅族之後,臺灣南島語族的第四大族群。布農族原分為卡社群、郡社群、卓社群、丹社群、巒社群以及被鄒族同化的蘭社群等 6 個大族群,如今只剩下 5 個社群(達西烏拉彎‧畢馬〔田哲益〕2003:4)。卡社溪流域為布農族卡社群原居地,目前已無布農聚落的分布。依據文獻記載,卡社群約於距今 300 年前自巒社群分出,最初住在寄味子社,後來移至卡社(Taki-Bakha)。在日治時期,因集團移住政策,將卡社群遷至以濁水溪本流兩岸為主的河階地帶居住,其原有之 7 個舊社在集團移住後廢社。光復後,其行政區域重新規劃為臺中縣地利村及潭南村,原本的部落也在重整的情況下合併為潭南、青雲及雙龍 3 部落,也就是現今南投縣信義鄉地利、潭南二村為主的地帶。潭南現址原是邵族人的居住地,卡社群人在「川中島事件」後,日人強迫邵族人遷返日月潭,而要布農族人至潭南居住(葉家寧 2002:46-47)。現今布農族卡社群主要分布於信義鄉之地利村、雙龍村

及潭南村。潭南部落位於南投信義鄉北邊偏西的方位，土地面積有 63.78 平方公里，北與魚池鄉日月村，同時也是聞名國際觀光景點日月潭為界；東、南邊與地利村相鄰；西與水里鄉民和村為界。潭南村因位於日月潭之南，故名「潭南」（范文鶯 2006:24, 32）。潭南部落，布農語稱為 *malav* 或 *ualavi*，布農語 *ualavi* 是一種蕨類植物的名稱，因以前此地有很多這種蕨類，所以這個地方就叫做 *ualavi*（瓦拉米）（達西烏拉彎・畢馬 2003:19）。

依丘其謙 1996 年的調查，1960/61 年潭南社的人口有 381 人，其中 27 人屬於布農族卓社群，2 人為平地漢人，其餘 349 人皆為布農族卡社群。筆者於 2008 年 10 月初造訪信義鄉公所，並至戶政事務所查詢信義鄉及潭南村的人口資料，所獲得的資料（2008 年 9 月 30 日止）為：潭南村人口總計 713 人，其中原住民為 688 人，其餘為平地漢人。據戶政事務所 2007 年 12 月 31 日的統計資料，信義鄉計有人口 17,258 人，男性 9,403 人，女性 7,855 人，其中，原住民有 9,487 人，男性 5,087 人，女性 4,400 人；潭南村人口計有 709 人，男性 385 人，女性 324 人，其中，原住民人口計有 682 人，男性 362 人，女性 315 人，其中，布農族有 672 人，男性 363，女性 309 人。以 2008 年的人口資料與丘其謙 1960/62 年的調查資料相比較，潭南部落人口仍以布農族為主，其人口族裔結構並無極大改變，但人口總數增加三百多人。[2]

為了瞭解 921 地震前與後潭南村的人口移動，筆者也查詢信義鄉戶政事務所的相關資料。依戶政事務所於 1999 年 8 月 31 日的統計資料，潭南村人口於 921 地震前共有 4 鄰 155 戶，男性 356 人，女性 342 人，共 698 人，其中原住民有 148 戶，男性 328 人，女性 319 人，共 647 人。於 921 地震後人口與戶數有些許增加趨勢，人口高峰出現在 2002 年，計有村民 752 人，其中原住民 700 人，之後呈現逐年遞減的現象，至 2007 年，2008 年起又微增；戶數亦逐年增加，於 2004 年底出現高鋒，計有 197 戶，之後逐年遞減至 2007 年，2008 年又微增。目前潭南村總人口計有四鄰 189 戶，男性 381 人，女性 332 人，共 713 人，其中，原住民 183 戶，男性 365 人，

---

[2] 信義鄉與潭南村，無論總人口數或原住民人口數，都有男性多於女性的現象，其人口比例不平均的成因，有待深入探討。

女性323人,共688人。由此統計數字,潭南人口總數於地震年(1999)至2008年並無明顯的變動,但其戶數由155(148)戶增至189(183)戶,增加了30多戶,依信義鄉的戶籍事務所的承辦人員的解釋,其變動與政府近年的國民年金、低收入戶等社會福利政策有關。潭南村的布農卡社群有 *tasi-baqaudan*(幸、谷)、*taloman*(幸)、*tasikavan*(幸)、*usjongan*(谷)、*malasilasan*(谷)、*sjoqunoan*(谷)、*tasi-nunan*(松)及 *mitiyanan*(谷)等姓氏(葉家寧2002:47)。其中,谷姓及幸性為潭南布農族的主要姓氏。除此,筆者亦曾於部落中偶遇一老榮民,其於1949年隨政府播遷來臺後,因娶原住民為妻,定居於潭南。老榮民表示,在部落除了他以外,還有幾位與他相似的榮民家戶。

潭南村村民的生計方式以農作和零工為主。部落中種植的主要農作物為龍鬚菜、檳榔及敏豆等,另有水稻、麻竹及杉木、油桐、相思樹及苦茶籽等具有經濟價值的樹木。[3] 921地震前,部落土地尚未遭受到大幅度的地質改變及土石流滿佈時,村民約有90%以務農為生。震災後,可耕種土地減少,因此目前約只有50%村民從事農事生產。其餘村民則從事臨時工,或前往他村從事服務業的工作,或遠赴外地工作(范文鶯2006:34)。在訪談中,筆者瞭解到有些村民至日月潭附近從事觀光旅遊相關工作或至外地從事農作、採收蔬果,或於建築工地工作等以謀求生計。

村民的信仰以基督教長老教會和天主教為主,另有基督教曠野教會及少數漢人信仰。教會在村民的日常生活及婚喪節日時具有重要的影響。聖誕節是部落最大的節日,每逢其時,村民都會踴躍參與,共襄盛舉。布農族傳統的祭儀,如打耳祭等,近年在文化復振的思潮與運動中,也慢慢被重視。

潭南村設有村辦公室、社區活動中心、派出所、衛生單位、幼托所等公共部門外,另有村中唯一的小學:潭南國小。除了政府公共部門外,亦有村民組織,其中有「潭南社區發展協會」和「潭南儲蓄互助社」等。「潭

---

[3] 筆者於潭南部落田野調查時,曾遇見有居民於其住屋前曝曬苦茶籽,亦曾隨村民至部落的耕種地,看見龍鬚菜、敏豆等農作物,在筆者開車入潭南部落時,沿途的山坡地皆種滿檳榔樹,亦有村民種植山胡椒,並詢問筆者是否知道有人要購買山胡椒。

南儲蓄互助社」成立於民國六十一年（1972），早期以服務教會的成員為主，從事村民間的借貸與資金週轉，現在更走入社區，只要是村民都可以入社尋求協助，目前的社長為谷仁英長老。「潭南社區發展協會」，是村民可以對社區發展著力的主要組織之一，921 地震後由部落長老谷明順擔任了 4 年的理事長，目前由松英雄先生擔任理事長，總幹事為谷正男先生。「潭南社區發展協會」於震災後對社區重建、布農母語、傳統藤編、染織與歌謠、舊部落尋根、傳統領域調查、植物調查與傳統生態知識等文化傳承做了許多努力，也獲得許多成果，但對於部落的未來仍處於摸索與發展階段，面對的仍是不同挑戰與問題，更要克服不同的困難與瓶頸。

三、潭南部落在 921 震災後的重建與社區發展

南投縣信義鄉潭南部落在地震後成為重建的焦點，獲得相當多的外來支援，在不同的學術團隊、企業、社團及基金會的協助下進行重建。同時，其部落族人也透過部落組織與教會協助，致力社區發展與傳統文化的傳承，許多文化活動也蓬勃發展。有些村民也接受輔導，希望發展部落的生態與文化旅遊。

（一）社區學習中心——潭南國小

潭南國小位於潭南村和平巷 49 號，座落於社區中央。該校創建於 1951 年，原為地利國小分校，1958 年獨立成為潭南國民學校，1968 年改名潭南國民小學，校地面積 0.33 公頃。在訪問潭南國小任職長達 17 年的資深教師，現任教務主任盧商林老師後，得知學校現有學生共有 78 人，國小計有 6 班 73 人，幼稚園 5 人，學校編制有校長 1 名、教師（含代課老師）12 名，工友及護士各 1 名。[4]

921 大地震時，潭南國小校舍倒塌全毀。震災後，由「浩然基金會」認養重建，以 4,500 萬捐建該校重建工程，於 2000 年 7 月 11 日開工動土，由時任南投縣縣長彭百顯、潭南國小李旻廣校長、「浩然基金會」執行長林

---

[4] 2008 年 10 月的資料，盧商林老師口述。

明宏先生、欣祥營造公司總經理羅大德先生等共同主持這所仿傳統布農家屋型式設計校舍的啟建典禮，2001 年 10 月 5 日，潭南國小重建工程竣工，時任總統陳水扁先生及「浩然基金會」董事長殷琪女士等貴賓親臨見證落成典禮。

整建期間的潭南國小實踐整合性重建模式，重建團隊各項工作，由「浩然基金會」執行長林明宏擔任總策劃；東海大學關華山、陳世國、張錦榮等進行建築工程，姜樂靜主導校園實體空間設計；「果然文化工作室」負責自然生態；傳統織布由李建國 (Is-fakisvalanan)、翁立娃 (Hundiv) 規劃；還有，臺南藝術大學應用藝術研究所纖維組進行植物染與纖維方面的工作。

2001 年「浩然基金會」整合上述複合式的軟硬體重建經驗，出版《潭南四書》文化教材，著述者包括參與在地經驗的學者以及布農族人：李天送、翁立娃、李建國合著《阿媽的織布箱》，陳景林等著《植物的煉金術》，林玉琴、施宏明、林柏壽合著《潭南山林記事》，以及陳世國著《布農小朋友 ba bin 和 qu bu tadh 的家》等珍貴文化資料，傳承在地的布農文化經驗。

潭南國小的校舍設計，曾榮獲第 2 屆遠東建築獎第 1 名，也是 921 災後重建計劃「新校園建築」的代表（黃國治 2008）。建築師姜樂靜融入布農族家屋元素，取法大自然素材與顏色，轉以現代建材來詮釋布農族傳統石板屋頂，也在校園的花臺和牆垣上鮮明呈現，校舍兼具節能、排水、防災、綠建築等永續校園的觀念（姜樂靜 2002）。

煥然一新的潭南國小，是村落中唯一的一所學校，重建後納入更多元的內容，成為潭南村社區的學習中心。為落實傳承布農族傳統文化，學校開設有母語教學及布農歌謠傳唱等。依照潭南國小印製的潭南國小的簡介的描述，學校為發揚布農文化特色，聘任部落長老協助布農歌謠傳承教學，並結合社區推動母語教學、布農傳統編織、植物染等文化教學活動。也聘請部落長老教導山林知識，學習搗小米、打杵音、編藤籃、製作弓箭及捕獸陷阱，並將編織、家屋模型製作分別列為男女學生畢業必備技能之一。學校亦編輯布農卡社母語教材、瓦拉米傳奇與布農傳奇故事書。潭南國小是南投縣推廣布農族卡社母語的中心，曾辦理全線布農族卡社語教學觀摩會。

（二）國際義工DIO佳話——協力造屋「德國之家」

2003年3月3日起，在小小的潭南村一場受到媒體關注的「協力造屋國際合作工作營」正式開鑼，德國「汗得學社」胡湘玲、韋仁正夫婦以及臺灣謝英俊建築師建築團隊邀請德國匠師Hubert等3位來臺，以德國工法進行節能建築，在不靠現代機械施作的前提下，發起徵募義工徒手造屋活動，藉由工作營喚醒個人愛心無償付出，彼此成長學習是最大的回饋。如此的做法得到潭南國小校長陳茂德、潭南村長幸得安、長老谷明順和白健林、潭南社區發展協會總幹事松英雄等地方耆老、文教人士的重視，許多來自各地學校老師、學生、企業老闆、勞工、職員、醫師、記者、家庭主婦等義工約140位自願投入協力造屋，在短短4個星期工作天裡，未經組織，先後分別抵達，奉獻假期、心力，一起DIO蓋一棟友善的房子，共同完成一幢節能概念房舍給震災後獨居的村民幸老先生居住（胡湘玲2004:12）。

現代社會思潮個人主義掛帥，主張Do it by Myself（DIO）的獨立精神，而此間因為胡湘玲等的動員讓臺灣親炙德國「汗得學社」的DIO理念，強調大家一起合作進行人文關懷實踐，是一樁值得思考借鏡的典範。「汗得學社」（HAND Initiative e.V.）主張：所有「獲得」的喜悅，必先經過「汗水」的洗禮。胡湘玲認為，蓋這幢黏土牆木架屋，「起家」的內涵更甚於「起厝」的形式行為，因為它涵蓋了人道救援、健康生態綠色主義、人本生活、互敬互助的多元價值，如此的豐富性，是一種「非投入性的社會運動」（同上引:12-26）。

胡湘玲認為，DIO協力造屋過程中，保持彼此應有的空間，不過度干預，隨時準備放下，目的在於幫助別人，也成就自己；共同努力思考與實踐的一群伙伴，其重要性高於具有高能力的單一個體；大家一起現場學習的在地知識勝於學院體系下的知識傲慢，實踐中獲致的知識，沒有能源爭議、人我對立，替代的是在彼此互助中找到自我：一個友善的自己。因此，潭南的案例裡「一起做一件事」合蓋無形的心中房子，比蓋一間有形的房子重要（同上引）。協力造屋的「德國之家」的價值，不只是提供一位地震後獨居老人遮風避雨棲身所而已，更是自立自強，協力合作的一個典範。

（三）傳統石板屋──布農族文物紀念館

在潭南國小簡介資料中，可以發現潭南社區特色標榜的是，以基督教和天主教為主的信仰、「瓦拉米」蕨類眾多以及螢火蟲繁盛季的自然生態環境、還有幾處具代表性的文化建築景點。

「潭南布農族文物紀念館」是921震災後由「獅子會」捐贈經費，由東海大學團隊協助與村民提供勞力共同興建。這棟坐落在村落中、具有布農族石板屋特色的建築體，目前因為地權不清而無法使用。在與部落長老的訪談中，得知此文化會館的土地所有權屬於村中某村民所有，地上建築物屬於「潭南社區發展協會」所有，由於產權不清無法過戶，目前不能興辦任何社區活動，幾乎成為一座廢棄空屋，讓人為此感到可惜。

（四）私人創意小舖──「獵人之家」

潭南村民布農族人甘學成、幸敏夫婦兩人以藤蔓纖維等傳統編織自力經營一幢具布農文化特色的「獵人之家」，儼然成為村落觀光必經之處。「獵人之家」為左右橫向拉開的松木色木造房屋，有布農族菱形圖騰的刻飾，屋前一座竹編亭棚，可供遊人休息與用餐，其旁有利用山間溪邊拾回的各式大小石頭，堆疊出的瀑布水池造景，周邊種植許多蕨類及其他植物，散發著樸素自然的生機。

當我們2008年5月至潭南時，造訪了「獵人之家」，本名幸敏的甘太太熱情招待。「獵人之家」陳列各種不同的布農傳統手工藝品，其中大部分的工藝品多是其兒子幸泰然的作品。甘太太接受地利天主堂郭修女的輔導，亦種植香茅、山胡椒等香草植物，交由地利天主堂銷售或自力販售。在言談中，可知甘家希望能發展原住民飲食、手工藝品及觀賞螢火蟲等生態觀光。2008年10月初，筆者造訪潭南時，在與甘學成、幸敏夫婦的談話中，瞭解其「獵人之家」中的編織藝品目前並無銷售管道，而其主要生計仍以農作為主，種植的農作物以龍鬚菜、檳榔及敏豆等為主。而甘學成因從小隨其父親在山上打獵，在舊部落祖居地尋根的活動中，積極參與，多次帶領族人至丹大林場中的祖居地尋根。目前由於颱風及土石流，原來通往舊社的路徑已封山，但仍可循其他路徑到達。

筆者認為，訪客進入原鄉旅遊，想要看見的便是具有特色的原住民文化以及未受污染的自然生態環境。地方文化創意產業必須結合在地文化才能有所發展。但因潭南交通不便，且村中文化觀光景點的缺乏，發展文化創意產業及生態與文化觀光目前似乎有其需要突破的瓶頸。

（五）部落的頂端——潭南天主堂

　　潭南天主堂位於部落的頂端，建於 1990 年，1999 年在 921 地震中倒塌，2004 年重建完成（范文鶯 2006:34）。震災後，村民在部落搭蓋一座簡易樸素的竹製臨時教堂（丁立偉、詹嫦慧、孫大川 2005:269）。認為臨時教堂由教友出錢出力，親自搭蓋，多了一份親切感，這是本位化重要的精神。重建後的新教堂，呈現都會區的現代主義風格，整體造型頗似文化活動中心，教堂建築採用大量透明玻璃，景觀視野良好，可一覽教堂外的檳榔樹，但缺少靈修氛圍，由於教堂坐落於部落的最高處，與居民有一段距離，少了融入的歸屬感。新教堂的重建，從設計到完成，均沒有部落村民的參與，缺少了在地參與的本位化意義（同上引）。

四、布農族傳統文化的傳承

　　為深入瞭解潭南部落布農族傳統文化的傳承現況，筆者曾至信義鄉圖書館、鄉公所及戶政事務所查閱相關文獻資料，並訪談了信義鄉公所民政課伍聰仁課長；又多次至潭南部落探訪，訪問了村長幸得安先生、部落長老與社區發展協會前任理事長谷明順先生及其家人、現任社區發展協會理事長松英雄先生、潭南國小教務主任盧商林老師、潭南國小布農母語與傳統歌謠教師白健林長老、潭南互助會谷美玲女士、潭南布農村民甘學成及幸敏夫婦、松美玲、松美倫、谷阿蘭、谷阿玲女士以及潭南村民，原籍貴州省的退休老榮民陳維明先生。另外，也訪問來自潭南，擔任暨南大學人類學研究所行政助理的范文鶯小姐。

（一）布農族文物紀念館

潭南部落的建築多為現代建築，少數建築的外牆及村中的駁坎牆上飾有布農文化圖騰元素。921 地震後，由獅子會捐建的「布農族文物紀念館」是村中唯一較完整的、具代表性的布農族傳統的石板屋建築。另有甘學成、幸敏夫婦私人所建有的木造屋「獵人之家」，亦頗有布農特色。重建的潭南國小，是姜樂靜建築師將布農族家屋的文化元素融入學校建築的好典範，例如將圖書室對比小米倉的功能，置於學校建築的中央，是資源中心，也是神聖中心。學校就像是布農的青少年會所，是部落的學習中心。

地震後獅子會捐建的「布農族文物紀念館」，因為土地的問題不能解決，荒廢不能使用。「布農族文物紀念館」原可發揮文物保存與舉辦文化傳承活動的功能，如今卻成為一棟沒有生命的建築物。部落長老表示，目前館內堆放著社區發展協會的物件，在土地問題沒有解決前，文物館不能使用。

信義鄉公所民政課伍聰仁課長表示，他曾擔任過潭南村的村幹事，像「布農族文物紀念館」的土地問題，在信義鄉的原住民村都有類似的土地問題。他說，這種產權不清的土地問題，長久以來就存在，以前原住民買賣土地時，常常只有口頭承諾，無書面的合約書，其後代若不承認有交易行為，就會造成困擾，而且過戶的法令與程序相當繁雜，因此所有權不清的土地問題一直以來就存在，這是光復初期所留下來的地政問題。伍聰仁陳述說，在信義鄉 14 個村，有 20 個社區，所有的 12 個原住民的社區活動中心的土地都有類似相同的問題。

921 震災後，獅子會捐建此建築物，為潭南村帶來了良好的硬體條件。建成迄今，建築物雖未能正式使用，但沒有遭遇到任何人為破壞，沒有其他都市角落失意居民洩恨的塗鴉行為，這表示什麼呢？這似乎隱含著潭南部落的布農族人對這棟建築物的期待，也許有一天這棟具有布農文化元素的建築物可以成為潭南布農族的文化傳承的中心。

（二）潭南國小：母語教學與歌謠傳唱

潭南國小教務主任盧商林老師在筆者訪問時表示，學校自民國八十九年（2000）開始有鄉土教學，目前有布農母語與歌謠教學。布農母語教學由谷明順長老（一、二、三年級）與白健林長老（四、五、六年級）擔任，每週1節，每節40分鐘。白健林長老亦擔任布農傳統歌謠與舞蹈的教學。谷明順長老表示，其最近才剛完成布農卡社群母語教學課本的重新編訂。谷明順長老表示，由於學生父母不重視母語，在家不以母語與子女交談，且學校母語教學時數少，學生因此對布農母語不能掌握，學習成效不彰。潭南國小是部落唯一的小學，也是社區的學習中心，除了具有基礎教育的功能外，也肩挑布農傳統文化的傳承教育，為文化扎根進行最基礎的奠基工作。

（三）潭南社區發展協會：文化傳承的推手

潭南社區發展協會在社區發展與布農文化傳承上具有重要的意義。筆者訪問了前理事長谷明順長老及現任理事長松英雄先生，得知潭南社區發展協會於震災後對社區重建、布農母語、傳統藤編、染織與歌謠、舊部落尋根、植物調查與傳統生態知識等文化傳承做了許多努力。潭南社區發展協會在傳統文化的重建與傳承上，扮演著推手的角色。

現任理事長松英雄表示，社區發展協會舉辦過振興布農母語的活動，也曾接受文建會的經費補助，金額約60萬元，於民國九十一年至九十二年（2002-2001）底執行了傳統織布、藤編、部落觀摩、部落尋根及傳統歌謠傳唱等5項子計畫。部落觀摩曾至屏東霧臺鄉和臺東布農之家參觀。舊部落尋根活動約有5、6次、至卡社群祖居地，[5] 村民、國高中及國小的小朋友皆有參與，其中一次與鄉公所共同舉辦。對於布農傳統歌謠的傳唱，協會曾錄製過CD片，但未做最後的整理；也參加過歌謠比賽獲得第1名。協會也曾執行過林務局的計劃，有生態導覽解說及環境資源調查，目前協會剛通過林務局的一個計劃，「巡山計劃」，經費17.5萬，將接受報名，名額

---

[5] 現今丹大林場14林班附近。

30 人。這是與林務局合作的計劃，在巡山的同時，找尋可能的路徑，希望能與先前生態導覽解說及環境資源調查的成果結合，瞭解更完整的傳統生態知識，作為往後生態旅遊的基礎，發展觀光旅遊。松英雄先生目前在日月潭附近的「聖愛營區」工作，他表示，推動會務需要投入很多時間和精力，個人因工作忙碌，所以籌辦活動時顯得相當辛苦與疲累，而村民的參與度常常不高。會務推行的困難在於沒有人投入與沒有服務的心態與犧牲奉獻的精神。

在訪問前社區發展協會理事長時谷明順長老時，依其記憶，協會舉辦過幾次的部落尋根活動，也舉辦過母語教學、傳統編織及歌謠的活動，但目前沒有編織的活動。談及布農族知名的「八部合音」時，他表示，合音的特質是來自仿效大自然界中蜜蜂振翅的聲音與瀑布聲。谷長老表示，協會希望有相關單位、專家學者給予協會協助，來推動社區發展與傳統文化傳承，但因部落年輕人外流，使得相關活動的籌辦、執行不易。

（四）教會：傳統文化與教會活動的融合

潭南村的村民的宗教信仰中，信仰基督教長老教會的有 50%，信仰天主教的有 40%，其於屬於基督教曠野教會及漢人民間信仰（范文鶯 2006:34-35）。基督教長老教會與天主教在潭南村民的日常生活扮演重要的角色。在訪談中，筆者得知布農族的許多傳統文化都會在教會的活動中被融入，例如在婚禮、喪禮或聖誕節日等節慶中，許多布農的文化元素就會被加入活動與儀式中。

（五）潭南部落布農文化傳承的挑戰與困境

在與村長，部落長老、社區協會理事長及村民的多次訪談後，筆者將潭南村布農文化傳承的所遇到困難與問題綜合整理如下：
1. 村民參與意願不高。
2. 村民經濟條件差，為生計忙碌，無暇參與。
3. 年青人外流，無法組織和參與社區的文化活動。
4. 耆老凋零，傳統文化與生態知識消失。
5. 村民意見紛歧，沒有共識，不夠團結。

從訪談中，我們理解到潭南布農文化傳承的根本問題是在於「人」與「生計」的問題，本地就業機會少，青年人返鄉居住與工作比例偏低，自然的，參與社區活動的可能性也相對的少。永續經營在地文化傳承，少了新生代的參與，就顯得缺少活力與幹勁。而文化傳統、傳統生態知識及工藝技術，若無人傳承，一旦耆老凋零，其原有的文化傳統也會隨著消失。另外，部落的族人，若各有主張，沒有共識，不同心協力，那社區的活動也不能順利圓滿的推行。

　　除了「人」與「生計」的問題外，「土地問題」也是一個因素。原住民居住的地方，多為山區林地，有些地方是水源地、保留地、林地或國家公園的部分，基本上，不能開發使用或只能低度開發使用。又有時土地所有權不清，造成糾紛，甚是不能使用，間接影響部落發展，也連帶的影響文化的傳承。例如，921地震後由獅子會捐建的「布農族文物紀念館」，因為土地的問題不能解決，荒廢不能使用。「布農族文物紀念館」原可發揮文物保存與舉辦文化傳承活動的功能，如今卻只一棟沒有生命的建築物。谷明順長老表示，目前館內堆放著社區發展協會的物件，在土地問題沒有解決前，文物館不能使用。

　　筆者訪問信義鄉公所民政課伍聰仁課長時，他表示，他曾擔任過潭南村的村幹事，像「布農族文物紀念館」的土地問題，在信義鄉的原住民村都有類似的土地問題。他說，這種產權不清的土地問題，長久已來就存在。他表示，以前原住民買賣土地時，常常只有口頭承諾，無書面的合約書，其後代若不承認有交易行為，就會造成困擾，而且過戶的法令與程序相當繁雜，因此所有權不清的土地問題一直以來就存在，這是光復初期所留下來的地政問題。伍聰仁說，在信義鄉共有14個村20個社區，所有的12個原住民的社區活動中心的土地都有類似相同的問題。遇到這樣的問題，一般以協調、補償與說服的方式解決，如果地主不接受，提出告訴，就會延生初法律的問題。

五、原住民族傳統文化與文化多樣性的保護與促進

(一) 國際對原住民族傳統文化的重視

聯合國為保護與促進原住民族的權利,經過多年的研議,於 2007 年通過《聯合國原住民族權利宣言》,這是近年來聯合國有關原住民族最重要的宣言,也標誌著國際社會對原住民族傳統文化的保護與傳承的重視,而原住民族的主體性也在此被呈現出來。除了《聯合國原住民族權利宣言》外,聯合國也在 2005 年於巴黎通過《保護和促進文化表達多樣性公約》,簡稱《文化多樣性公約》,此公約並於 2007 年 3 月 18 日開始生效。這是聯合國為了保護和促進文化多樣性而制定的。聯合國 1972 年《世界遺產公約》(World Heritage Convention)、2003 年《保護非物質文化遺產公約》(Convention for the Safeguarding of the Intangible Cultural Heritage) 和《保護和促進文化表達多樣性公約》等 3 個國際公約,為國際社會保護文化多樣性提供一個有利的行動框架。近年聯合國更倡導以文化產業(Cultural Industry)[6] 來促進文化多樣性,透過經濟與產業使文化多樣性得以被保存下來,成為生活的一部分。文化多樣性是人類共同的遺產,而原住民族的多樣文化更豐富了人類的文明,展現千百年來的智慧結晶。

相對於國際社會對文化多樣性和原住民族傳統文化的保護與促進的努力,近年臺灣對於原住民族傳統文化的重視與努力也方興未艾的進行著。無論公部門的法規制定與政策推動,或是原住民自我組織的協會或團體對自我文化的復振,都可以看見原住民族的傳統文化受到重視。但同時,在全球化與主流文化的衝擊下,原住民族的傳統文化也在快速的流失。

(二) 臺灣原住民族主體性的呈現

在臺灣,1983 年原住民刊物《高山青》創刊,標誌著原住民運動的開始,隨後「原住民族權利促進會」於 1984 年成立,一連串的原住民社會運動如火如荼的進行著,如「還我土地」、「爭取正名權、土地權、自治權入憲」等主張成為重要的討論議題。1994 年,國代修憲,將「山胞」的稱謂

---

[6] 文化產業常常是具有創造性的,因此,一般也被統稱為文化創意產業。

修正為「原住民」,1996 年,「原住民族委員會」成立。政府也隨著社會的潮流,制訂通過了相關的法案,如《原住民族教育法》(1998)。《原住民族基本法》的立法通過(2005)與「原住民族電視臺」的開播(2005),更標誌著臺灣社會對原住民族的重視。原住民族的主體性,別是文化主體性逐漸被強調,其傳統的文化、生態知識及藝術創作也逐漸被重視。

近年,國際上對於原住民族傳統智慧的保護的思潮風起雲湧,在臺灣,無論政府或民間也積極參與。臺灣原住民族擁有豐富而多樣的文化藝術內涵,近年更強調其傳統文化的復振、傳統生態知識的重建與藝術創作,展現其文化主體性與文化多樣性。基於社會發展的需求,對原住民智慧財產權的保護日趨重要,政府也積極的擬定相關的法令,其中《原住民族傳統生物多樣性知識保護條例》與《原住民族傳統智慧創作保護條例》是最近政府有關原住民族傳統智慧與智慧財產權最重要的 2 項法規擬定(陳淑美 2007)。

除了法規的制定、委員會的成立、電視臺的開播等相關作為外,政府對文化遺址的保護也採取許多措施,其中建成博物館的有臺灣史前文化博物館(臺東)與十三行博物館(臺北)。臺中七期新市政開發區中「惠來遺址」是近年較具代表性的考古發現,而遺址目前正朝著遺址公園的方向發展,希望未來能興建為文化博物館,體現臺灣文化多樣的社會樣貌。

(三)文化多樣性的保護與促進

國家地理頻道駐會探險家維德‧戴維斯(Wade Davis)[7]表示,世界上許多的族群語言與文化正在快速的凋零。他說:「在我這一代,全球約有六千多種語言,但一半以上現在都沒有交給他們的孩子,每兩個星期就有一種語言從地球消失。」這意味著,每過一個世代,人類可能喪失一半的智慧、社會與精神遺產。戴維斯用紀錄片說故事,希望透過說故事來改變世人對文化的看法,喚起人們珍視不同的文化(吳錦勳 2007)。

在北極零下 80 度的惡劣環境裡,戴維斯遇過一位北極區的原住民依

---

[7] 維德‧戴維斯,1953 年出生於加拿大魁北克省,哈佛大學民族植物學博士,為國際知名人類學者與民族植物學者。

努特人（俗稱埃斯基摩人），他在雪天迷路，後來走出冰屋，脫下褲子，拉了一坨屎，趁著屎還沒乾時，把它捏成一把刀，用口水把刀舔利，再用這把刀殺了一隻狗，再用狗的肋骨和皮毛做了簡易的雪橇，最後從冰天雪地裡成功逃生。戴維斯讚歎依努特人在這麼險惡的環境裡所展現的智慧。戴維斯表示，古代玻里尼西亞人乘坐雙獨木舟，在沒有全球衛星定位系統（GPS）下，完全依靠海浪反彈在船首的波紋特徵，就可以精確辨認遠方島嶼，建立廣達地表面積五分之一大的海洋帝國。這樣的成就，不輸給把人類送上月球。

　　以上這兩個例子代表了原住民族千年累積的智慧。戴維斯相信：「說故事，可以改變人的想法，進而也能改變世界。」他認為歷史的重大變革，不是哪一位總統或哪個法律出現，「最深刻的變化，源自人們觀念的改變。」戴維斯認為「人類可以是文化的毀滅者，也可以是文化的再興者。」他透過紀錄片為說帖，希望能激起人們珍視不同的文化，用嶄新的角度，重新認識它們。[8]

六、結語

　　在此對潭南村震災後的社區發展與布農族文化傳承的探討中，姜樂靜建築師在潭南國小設計過程中，與部落平等對話和尊重部落主體性的理念，是值得重視的。這種沒有權力高下的，跨文化的、平等的、協商式的溝通，展現了文化相對論的平等觀，是對「他者主體性」的尊重。潭南國小、布農族文物紀念館、潭南天主堂都標誌著震災後的潭南社區發展的里程碑。潭南社區發展協會、潭南國小、教會等也在布農的傳統文化扮演重要的推手，推動著潭南布農傳統文化的振興與發展。

　　原住民族的傳統文化豐富人類的文明內涵。文化多樣性是人類共同的文化資產。臺灣原住民族的文化豐富了臺灣的文化多樣性，我們應該重視多元文化的價值。原住民族傳統文化與文化多樣性的保護與促進是目前國

---

[8] 國家地理頻道拍攝完成《世界盡頭的光明》（The Light at the Edge of the World），2007 年戴維斯曾至臺灣宣傳此民族紀錄片。

際社會所重視的議題,臺灣也不能置身事外。我們期待,在保護與促進原住民族的傳統與文化的同時,亦能建構多元的、自由公平的和諧社會,使文化多樣性、文化主體性與多元文化不再只是政府的虛浮的政策或學術會議上的名詞,而是我們日常生活中的經驗與實踐。

臺灣原住民的文化主體性的展現與文化多樣性的實踐,不只是原住民族的事,也是每一位臺灣人的事。生活在臺灣的每一個人,都有保護、促進和實踐「文化多樣性」的責任,為建構一個多元文化的永續臺灣而努力的責任。

參考書目

丁立偉、詹嫦慧、孫大川
  2005 活力教會：天主教在臺灣原住民世界的過去現在未來。臺北；光啟文化。

丘其謙
  1966 布農族卡社群的社會組織。臺北；中央研究院民族學研究所。

吳錦勳
  2007 哈佛博士放棄教職，用紀錄片說故事。商業周刊 1015:82-84。

范文鶯
  2006 布農族卡社群之氏族（Sidoq）研究——以潭南部落為例。政治大學民族研究所碩士論文。

胡湘玲
  2004 DIO：一起蓋起一棟友善的房子。刊於技術、文化與家：潭南協力造屋之省思研討會論文集，王玉豐、黃明玉編，12-26。高雄；科學工藝博物館。

姜樂靜
  2002 反芻與絮叨——潭南國小重建始末與設計解析。東海大學建築學系碩士論文。

陳淑美
  2007 論臺灣對原住民傳統民俗文化及傳統知識智慧財產權保護之實踐。發表於「2007 年南島民族論壇」，行政院原住民族委員會主辦，臺北，12 月 11-14 日。

黃國治
  2008 面對山，建築是卑微的——姜樂靜。臺灣光華雜誌 2:78。

達西烏拉彎・畢馬（田哲益）
  2003 布農族神話與傳說。臺北；晨星出版社。

葉家寧
  2002 臺灣原住民史：布農族史篇。南投；臺灣文獻館。

從全球化脈絡下的「原住民知識」論述探討原住民族教育資源教室之實施——以德化國小邵族民族資源教室為例

潘英海
暨南國際大學人類學研究所副教授兼所長

一、前言
二、關於全球化脈絡下的「原住民知識」的論述
三、原住民族教育資源中心與資源教室：以德化國小為例
四、原住民知識與原住民教育的對話
五、結語

一、前言

　　1990 年代以來,隨著人群的遷徙與媒體科技的不斷發展,全球化現象日益加深(Appadurai 1996)。聯合國教科文組織指出:世界文化多樣性正受到全球化的影響,世界上 50% 的語言瀕臨滅絕,世界語言的 90% 都無法在互聯網上找到。除此以外,5 個國家壟斷了世界的文化市場。如何防止全球化對在地文化的衝擊,使世界所有文化都能生存,並且得到充分的承認,成為國際社會普遍關心的問題。通過制訂和實施文化／教育政策以保護文化多樣性,成為國際社會的主流思想。

　　1992 年,於巴西里約熱內盧召開的地球高峰會(Earth Summit)上,世界各國體認到生物滅絕的威脅,共同簽署《生物多樣性公約》(Convention on Biological Diversity, CBD),是目前除聯合國外,最多參與國的國際條約,也可說是最重要的保育公約。[1] 該公約的主要目標包括:保育生物多樣性、永續利用其組成、公平合理的分享由於利用生物多樣性遺傳資源所產生的惠益等等。與過去環保相關條約不同的地方,在於生物多樣性公約揭示保育政策不只涉及生態學的問題,更密切與「人」及其「文化」相關。

　　2001 年 11 月 2 日,「911」事件之後不到兩個月,聯合國教科文組織在第 31 屆大會通過《世界文化多樣性宣言》(Universal Declaration on Cultural Diversity)。[2] 該宣言揭櫫:如同生物多樣性對生命存續的影響,文化多樣性是一個關係到人類文明續存的根本問題。每一種文明和文化都擁有自己的歷史精神和人文傳承,有獨特的美麗和智慧。一種文化如同一種基因,多基因的世界具有更大的發展潛力。

　　接著,2002 年 9 月,在聯合國約翰內斯堡「永續發展首腦會議」上,法國總統希拉克提出,文化是「與經濟、環境和社會並列的可持續發展的第四大支柱。」會議宣言指出,文化多樣性是人類的集體力量,在可持續發展思想體系中具有重要價值。

---

[1] 有關《生物多樣性公約》(Convention on Biological Diversity, CBD)的內涵與意義,及其與智慧財產權的關係請參考郭華仁(2000)、李國光、張睿哲(2005)。

[2] 資料來源:http://72.14.235.104/search?q=cache:cR-uiAlDWu4J:tlh.de-han.org/ chuliau/toiunnseng/tis-en.doc+%E6%96%87%E5%8C%96%E5%A4%9A%E6%A8%A3%E6%80%A7%E5%85%AC%E7%B4%84&hl=zh-TW&gl=tw&ct=clnk&cd=55。2006 年 7 月 26 日。

2003 年 10 月，第 32 屆聯合國教科文組織大會上，決定針對文化多樣性問題制定一項具有約束力的國際準則性文件，即《公約》。在國際社會的廣泛支持下，與會成員通過決議，授權教科文組織啟動起草一個保護文化多樣性國際公約的工作。其中，法國與加拿大為文化多樣性公約的努力最多。

　　之後，歷經 2003 年 12 月、2004 年 3 月及 5 月的三度討論，教科文組織終於完成《保護文化內容及藝術表現多樣性公約》（Convention on the Protection of the Diversity of Cultural Contents and Artistic Expression）的草案版本。教科文組織秘書長隨即在 2004 年 7 月致函通知各會員國（人民日報 2005）。

　　2005 年 10 月，在巴黎舉行的第 33 屆聯合國教科文組織大會以 148 票對 2 票（美國和以色列反對）、4 票棄權的壓倒多數通過了《保護文化內容和藝術表現形式多樣性國際公約》。同年 12 月 26 日，加拿大首先批准了聯合國教科文組織通過的《世界文化表達多樣性公約》（簡稱《文化多樣性公約》）。

　　2007 年 9 月 13 日聯合國通過以 143 票通過「原住民族權利宣言」（Declaration on the Rights of Indigenous Peoples），宣示原住民權益為各國政府應該注重之政策（Wikipedia, n.d.）。

　　要之，原住民族在人類文明史上，其多樣而深具特色的山地、平原、海濱及海洋文化覆蓋整個世界。此外，原住民族多樣的知識與經驗、多元的部落歷史與文化都是本世紀所不可忽視的知識體系與無形文化資產。

　　就國內發展趨勢而言，解嚴以來臺灣民主運動的歷程，讓臺灣在面對國際社會與兩岸關係時，更深刻地體認到本土文化深深地與原住民族的文化牽連在一起。各界菁英、傳播媒體、政要名人、學界專家不但紛紛重申臺灣多族群、多文化的社會文化事實，也都肯定國家對原住民族的義務。政府除了重新思考原住民族與國家間權利義務的關係，並積極在法律基礎、政策制度、社會福利、原住民教育性進行改革的工程。由於本文的目的並非說明臺灣所有原住民運動或文化政策，因此僅就原住民族教育在「民族教育資源教室」的實施方面著墨。

自 1998 年起，行政院原住民族委員會（以下簡稱「原民會」）依據《原住民教育法》之第十四條、十五條及《原住民教育法施行細則》第十一條、十二條，建立《原住民族教育資源中心及資源教室設立基準》，提撥經費，鼓勵各縣市之國中小學於學校內設置原住民民族教育資源教室暨民族教育資源中心，迄今 10 個年頭。

原民會並於 2003 年開始規劃「原住民民族教育資源中心暨資源教室輔導與評鑑計畫」，委託臺東大學原住民研究中心針對已設置民族教室暨民族中心之學校進行業務評鑑與輔導，期以瞭解實際運作狀況，並作為日後推動原住民民族教育業務之參照。

筆者因緣際會，負責暨南國際大學「原住民文化教育暨生計發展中心」業務，於 2007 年及 2008 年配合原民會與執行該計畫的臺東大學原住民教育中心，針對南投縣與臺中縣設置原住民民族教育資源教室暨民族教育資源中心的國中小學，參與相關訪視與評鑑之工作。

由於 1990 年代以降，「原住民知識體系」風起雲湧，在探討全球各地原住民族發展相關議題時，備受國際學者之重視。因此，本文擬以當代有關全球化脈絡下的「原住民知識」之論述，參酌原民會進行 10 年的原住民民族教育資源教室之計畫，以南投縣魚池鄉德化國小邵族民族資源教室之實地訪查為例，提出個人對「原住民族教育資源教室」的觀察與思考。

二、關於全球化脈絡下的「原住民知識」的論述

「原住民知識」（indigenous knowledge, IK），自人類學成為一門科學知識以來就受到人類學者的重視，但只是附屬於「西方 vs. 非西方」的論述脈絡中。1950 年代，關心民族生態（ethnoecology）的學者在探索資然資源管理（resource management）的過程中逐漸突顯「原住民知識」的重要性。1960、1970 年代，主張原住民環境論（indigenous environmentalism）的學者開始以「原住民知識」挑戰、批判以西方社會為主的主流知識建構（Dove et al. 2007:129-30）。到了 1990 年代，「原住民知識」已蔚然成為西方學術界的熱門語詞，然而這個語詞也一直與「地方知識」（local knowledge）、「市民科學」（citizen science）、「傳統知識」

（traditional knowledge, TK）[3]、「傳統生態知識」（traditional ecological knowledge, TEK）[4]、「民俗科學」（folk science）、「常民知識」（people's knowledge）等語詞混淆使用（Sillitoe 2002:108）。

那麼，什麼是「原住民知識」？「原味」（indigeneity）又是什麼？一直是學者們爭論不休的問題。有些學者認為，「原住民知識」是相對於「國際性知識體系」（international knowledge system），後者屬於一種全球化脈絡下的學院知識體系。學者認為：

> Indigenous knowledge -- the local knowledge that is unique to a given culture or society -- contrasts with the international knowledge system which is generated through the global network of universities and research institutes.（Warren et al. 1995:xv，引自 Sillitoe 2002:109）
>
> The unique, traditional, local knowledge existing within and developed around specific conditions of women and men indigenous to a particular geographic area.（Grenier 1998:1，引自 Sillitoe 2002:109）

很明顯地，上述兩則對「原住民知識」的定義視「原住民知識」是一種「地方性」的知識體系，相對於「全球性」的學院或科學知識。換言之，原住民的「地方知識」（在地性）與學院的「科學知識」（全球性）是一種相對性的知識體性（Sillitoe 2007）。此外，前述對「原住民知識」的定義也顯示：西方學者企圖以「知識」（knowledge）取代「傳統」（tradition），因為「知識」通常被認為是變動的和動態的（changing and dynamic），而「傳統」則常被認為是沒有時間性的（timeless），對原住民文化容易產生負面的印象（同上引:109）。

要之，「原味」從人類學的知識傳統而言，是「西方」與「非西方」

---

[3] 「傳統知識」的討論，請參考李國光、張睿哲（2005）；郭華仁、陳昭華、陳士章、周欣宜（2005）。

[4] 「傳統生態知識」（traditional ecological knowledge, TEK），請參考林益仁、褚縈瑩（2004）。

對立、辯證關係下所產生的另一個「世界」,並被稱為「第四世界」(謝世忠 2004)。就此而言,「原住民知識」有別於以西方為主體的「科學知識」(science)與以第三世界為主的傳統知識(TK)。Wolfe 等人在 1990 年代初期以「科學知識」相對於「原住民知識」,說明兩者間的差異(引自 Sillitoe 2002:110)。

表 1 顯示,Wolfe 等人眼中的「原住民知識」是屬於從屬地位的,是一種直覺的思考模式,是一種主觀的與經驗的理解,是依賴口耳相傳、從做中學習的傳承模式。Wolfe 等人對「原住民知識」的理解很明顯地是相當偏頗的。近年,對「原住民知識」概念化不遺餘力的 Paul Sillitoe 教授在〈原住民知識全球化〉(Globalizing Indigenous Knowledge)一文,以 4 個面向的知識理論,提出全球面向模式(global domains model)說明「原住民知識」的全球化脈絡及其全球化影響(Sillitoe 2002:110-133)。[5]簡要地說,「原住民知識」雖然屬於一種地方性知識,但在全球化的脈絡下,各知識體系相互影響,一方面知識「全球化」,另方面國際性知識「在地化」,其論點與 Arjun Appadurai(1996)在《放任的現代性:全球化的文化面向》(*Modernity at Large: Cultural Dimensions of Globalization*)一書中論及全球性與地方性的交互影響以及地方性的生產(the production of locality)相呼應。

弔詭的是,上面的論述顯示出:「原味」的存在,是一種「被建構的他者」(constructed alterity),而此「他者」的建構其實又是一個「文化合成」(hybridization)的過程(Dove et al. 2007:132)。換言之,「原味」是

表 1 原住民知識與科學知識特質比較

特色	原住民知識	科學知識
關係	從屬性	支配性
溝通方式	口傳/做中學	文字/教導的
主要思維模式	直覺的	分析的
特質	實用的/主觀的/經驗的	演繹的/客觀的/實證的

---

[5] Paul Sillitoe(2002)的知識 4 個面向包括:知識的軸線(lines of knowledge)、知識的輪轉(wheels of knowledge)、知識立體球(globes of knowledge)以及時間與知識(time and knowledge)。

在與「全球化」對話、互動之下被建構出來的。許多學者認為，在全球化的過程中，人群的移動以及電子媒體的傳播機制，促使「原住民知識」成為一種「合成知識」（hybrid knowledge or hybrid systems of knowledge or hybridized knowledge system）（Appadurai 1996; Dove et al. 2007; Sillitoe 2007:9）。因此，學者同時提醒道：在此互動過程中，「原住民知識」的自我知覺（self-conscious）是非常關鍵的，因為一個不小心，「原住民知識」就會被全球化的脈絡給吞噬掉。

前述有關「原住民知識」的討論，是西方學術界在反省源起西方的「國際性科學知識」對全球生態環境保護以及第四世界開發等問題下的論述。這些論述其實並不是為了原住民教育。然而，筆者認為，前述有關「原住民知識」的論述中，有幾點觀察是值得特別「抽」出來，反省臺灣當前的「原住民教育」。

首先，前述有關「原住民知識」的論述，其基本上的前提是將「原住民知識」視為一種知識體系，並將之提升至與西方世界性知識（全球化知識、學院之科學知識）同等地位，進行對話與論述。我們應該體認到，「原住民知識」是一種全球化脈絡下的知識體系，一方面原住民知識全球化，另方面國際性知識也「在地化」。「原住民知識」做為一種在地化知識，與全球化之學院知識分庭抗禮，並非一種弱勢知識，也非一種附屬性知識。

其次，如同 Paul Sillitoe 所言，「原住民知識」所強調的是知識的動態性與合成性，而非傳統文化的「復古」與「一成不變」。「原住民知識」在全球化脈絡下也同步進行知識的現代化與國際化，換言之，「原住民知識」透過人群的移動與資訊科技的傳播，迅速地傳達到其他角落與地球村的任何一個成員，並因互動過程產生「知識合成」的現象。就此而言，「原味」其實並非一成不變的，「原味」也是一種「合成」。

其三，「原住民知識」挑戰傳統學院派的人類學知識體系，認為學院派的知識體系不能只是「利用」原住民文化／傳統／知識建立學院之知識，而應付諸行動，參與當代人類面臨的重要課題以及原住民開發重要議題，並做出貢獻。就人類學的立場而言，「原住民知識」的立場是一種應用人類學的立場，包括行動人類學、批判人類學、發展人類學、生態人類學、護理人類學、醫療人類學……等等。

最後，雖然人類學知識體系一直具有「文化相對觀」的態度，並以相對同等位置來對待任何社會或文化單位，但是所有的知識論述基本上都有「權力」、「政治」的結構性因素。如果原住民不能自覺地處理好「原住民知識」的發言位置、發言的人、發言的脈絡、發言的結構，那麼正如同學者所言，「原住民知識」會被吞噬、被矮化、被污名化。

三、原住民族教育資源中心與資源教室：以德化國小為例

臺灣的「原住民教育」，近年備受重視，是原民會歷年施政重點之重，也是原住民菁英視為原住民文化保存、傳承、永續的關鍵性基石。在全球化的脈絡下，因應國際潮流，臺灣的《原住民族教育法》（1998 年 6 月 17 日公布、2004 年 9 月 1 日修正）、《原住民族教育法施行細則》（1999 年 9 月 1 日公布、2005 年 9 月 13 日修正）、《原住民族基本法》（2005 年 2 月 5 日公布）、《原住民族傳統智慧創作保護條例》（2007 年 12 月 26 日公布），在過去 10 年來陸續完成（1998-2007）。本文所討論的「原住民族教育資源中心及資源教室」（1998），不僅僅只是此脈絡下的產物，更是此脈絡下整體原住民族主體意識的磐石。[6]因此，「原住民族教育資源中心及資源教室」的設置是具有特殊意義的。

簡單而言，本文所討論的「原住民族教育資源中心與資源教室」，是行政院原住民族委員會（原民會），依據《原住民教育法》及《原住民族教育法施行細則》，自 1998 年起公告《原住民族教育資源中心及資源教室設立基準》，鼓勵各縣市國中小學於校內設置的原住民族教育資源中心與資源教室。此計畫迄今（截至 2007 年底）執行的 10 個年頭，原民會已設置 158 處「原住民族教育資源中心暨資源教室（26 處原住民族教育資源中心、132 處民族教育資源教室）（王前龍 2007），不僅對原住民語言與文化的保存、傳承、永續具有必要性，同時也對臺灣主體意識的形構具有關鍵性的意義。

---

[6]「民族教育資源中心與資源教室」的設置，另有「行政院原住民族委員會補助辦理民族教育活動計畫」搭配，以期相輔相成。

雖然原民會於 2003 年開始規劃「原住民民族教育資源中心暨資源教室輔導與評鑑計畫」，並委託臺東大學原住民研究中心，針對已設置民族教室暨民族中心之學校進行業務評鑑與輔導，期以瞭解實際運作狀況，並作為日後推動原住民族教育業務之參照，但是有關學術研究或學術論文迄今仍然付諸闕如。

因此，本文根據筆者於 2007 年、2008 年幾度配合臺東大學原住民教育中心於中部地區（臺中市、臺中縣、南投縣）進行訪視「民族教育資源中心與資源教室」的經驗與現場觀察，放在前述的「全球化脈絡下的原住民知識體系」下進行對話與討論。換言之，本文的目的「不是」對原民會有關民族教育或是民族教育資源中心暨資源教室進行評鑑或評論或批判，也「不是」對相關政策或實施方式之檢討與建議，更「不是」對各學校民族教育資源中心與資源教室實施成效之評估與評鑑。

（一）從南投縣「原住民族教育資源中心與資源教室」概況談起

截至 2008 年 9 月 30 日，南投縣境內的原住民總計 27,682 人，其中男性 14,104 人，女性 13,578 人（行政院原住民族委員會 2008b）。此原住民人口統計數字不包括平埔原住民（表 2）。

根據《原住民族教育法》第十五條，「直轄市、縣（市）主管機關應擇定一所以上學校，設立民族教育資源中心，支援轄區內或鄰近地區各級一般學校之民族教育。」另，《原住民族教育法》第十四條規定：「高級中等以下學校於原住民學生就讀時，均應實施民族教育；其原住民學生達一定人數或比例時，應設立民族教育資源教室，進行民族教育及一般課業輔導。」

目前，南投縣境內計有 41 所國中小學有原住民學生，其中僅有 11 所國中小學設有原住民族教育資源中心或資源教室。表 3 顯示，「原住民族教育資源中心與資源教室」設置，是先有民族教育資源中心（2001 年），然後再有「民族資源教室」（2003 年）。南投縣的 2 所原住民族教育資源中心主要設在原住民分布為主的仁愛鄉（仁愛國中）與信義鄉（同富國中），皆設置於 2001 年。至於原住民族教育資源教室，在信義鄉有 2 所，在仁愛鄉有 6 所，在魚池鄉有 1 所，皆設置於國小，設置年代主要 2005 年以後（除

表2 南投縣各鄉鎮原住民人數統計表

地區別	男	女	總計
仁愛鄉	6,328	5,791	12,119
信義鄉	5,063	4,406	9,469
埔里鎮	1,615	1,949	3,564
南投市	309	405	714
魚池鄉	245	259	504
草屯鎮	150	231	381
水里鄉	157	187	344
竹山鎮	77	114	191
名間鄉	55	75	130
集集鎮	38	62	100
國姓鄉	36	47	83
中寮鄉	19	32	51
鹿谷鄉	12	20	32
總計	14,104	13,578	27,682

資料來源：行政院原住民族委員會（2008b）。

表3 南投縣之「原住民族教育資源中心與資源教室」

鄉鎮	學校名稱	族名	設置年代	設置金額（單位：千元）
信義鄉	同富國中	布農族	2001	150
	信義國小	布農族	2003	100
	潭南國小	布農族	2007	80
仁愛鄉	仁愛國中	賽德克族	2001	150
	力行國小	賽德克族	2008	80
	法治國小	布農族	2008	80
	南豐國小	賽德克族	2005	80
	春陽國小	賽德克族	2005	80
	發祥國小	賽德克族	2007	80
	中正國小	布農族		
魚池鄉	德化國小	邵族	2007	80

資料來源：原住民族教育資源中心與資源教室資訊網（n.d.）。

了信義國小在 2003 年）。整體觀之，雖然南投縣是原住民族分布最多元的區域，但是南投縣境內原住民族教育資源教室的普遍設置是晚近不到 5 年的事。

另外，需要說明的是魚池鄉德化國小的特殊情形。根據訪視的瞭解，德化國小同時設有原住民族教育資源中心暨資源教室的學校，其原因在於

當年設置原住民族教育資源中心的經費來自教育部鄉土教育相關計畫,而原住民教育資源教室的設置經費則是來自原住民族委員會的「原住民族教育資源中心與資源教室設置計畫」(2007)。

(二) 德化國小的理念與實踐

南投縣魚池鄉德化國小（以下簡稱「德化國小」），學校面積19,190平方公尺，學區範圍以魚池鄉日月村（邵族德化社），於1961年8月1日獨立創校。之後，因為德化社區總體營造，於1988年2月26日喬遷至現址。在此之前，德化國小為魚池國民學校的「水社分校」（1949年6月7日）、日月潭國民學校的「水社分校」（1952年4月4日），後更名為「德化分校」（1958年9月1日）（南投縣魚池鄉德化國小 n.d.）。

德化國小現有教師員額10人（含校長），其中原住民教師2人（賽德克族與排灣族各1人）；學生總計57人，原住民學生22人（邵族），非原住民之學生35人。[7] 根據原民會原住民人口統計資料，邵族全臺總人口數為643人，居住在南投縣的有403人（行政院原住民族委員會 2008a），其中居住在魚池鄉的有290人、水里鄉的有56人（行政院原住民族委員會 2008a），其餘散布在全臺各地。

根據2008年9月11日訪視的瞭解，德化國小原先在教育部鄉土教育計畫相關經費補助之下設有「原住民族教育資源中心」。2007年8月為了延續學校的原住民族教育，申請「原住民族教育資源中心與資源教室設置計畫」經費，以「原住民教育資源教室」的面貌加入南投縣「原住民族教育資源中心與資源教室」，成為南投縣境內唯一同時擁有「原住民族教育資源中心」與「原住民教育資源教室」的學校，不過，就原民會「原住民族教育資源中心與資源教室設置計畫」被定位為「原住民族教育資源教室」。

德化國小「原住民族教育資源中心與資源教室」在原住民族教育實施的最主要特色是除了擁有一個「邵族文物館」作為實施原住民教育的資源教室之外，整體學校的環境也是配合邵族原住民教育而設計。此外，在課

---

[7] 資料來源：南投縣魚池鄉德化國小網路（n.d.）。57名學生中國幼生9名，一年級7名，二年級7名，三年級6名，四年級11名，五年級8名，六年級9名。

程設計上同時採取「融入式」，而非「附加式」之教學方式，將邵族原住民教育融入正式的一般教學課程之中。[8]

雖然德化國小晚近（2007 年）才加入原住民教育資源教室的行列，根據德化國小於訪視所提供的資料顯示，該校早於 87 學年度（1998）即展開邵族的原住民教育，其項目包括：舞蹈、母語、手工藝品製作、傳統美食品嚐、傳統技藝競賽、母語教材製作、以及母語教學影帶製作等等（參見表4）。

從表4，我們可以看出，德化國小歷年的原住民教育，一方面配合邵族德化社社區總體營造，將校內學習步道社區化，俾使學校與社區文化（邵族）融合在一起。同時，在課程設計上亦將邵族生態環境（日月潭）、文物、相片、史蹟、以及文化各個面向（語言、飲食、工藝、舞蹈、音樂、歌謠、祭儀、宗教）融入於課程設計中。換言之，德化國小融入式的原住民教育是以邵族文化為本位的課程設計。根據 2008 年 9 月 11 日現場所提供的簡報資料顯示，邵族文化本位的課程設計包括兩大項目：一是，日月潭的自然生態，包括健康步道、遊艇環湖導覽、參訪發電廠、日月潭生態

表4　德化國小歷年原住民教育活動

年度	重點活動
87	舞蹈、母語、手工藝品製作、傳統美食品嚐、傳統技藝競賽、母語教材製作、以及母語教學影帶製作
88	傳統舞蹈與音樂、母語教學、錄製邵族沿承教學錄影帶
89	編輯原住民鄉土教材、傳統舞蹈與音樂、母語教學、試教觀摩會、研討會、邵族跨世紀守歲活動、參與邵族祭祀活動（播種祭／狩獵祭／收割祭）、興建邵族文物館
90	蒐集（購買）邵族古文物、古老照片、史蹟資料、傳授邵族舞蹈、歌謠、編織、母語、規劃學校社區化之學習步道
91	蒐集（購買）邵族古文物、古老照片、史蹟資料、母語教學、日月潭生態教學
92-97	母語教學、舞蹈教學、邵族文物教學、樂壇生態教學

資料來源：2008 年 9 月 11 日訪視之德化國小簡報資料。陳奕帆老師製作。

---

[8] 簡單地說，「附加式教學」是在正規課程之外，從有限的課程時間中挪出數小時實施原住民教育，而「融入式教學」則是在將原住民教育與正規課程「合成」，成為一體式之教學。

教學（植物、昆蟲、兩棲爬蟲、魚類、鳥類）；二是，邵族社會文化，包括邵族概述、邵族故事、風俗習慣、經濟生活、社會組織、歌謠舞蹈、生命禮俗、歲時祭儀、宗教信仰、工藝技術以及歷史社會之變遷。其各年級邵族文化本位的課程設計如表 5。

在邵族文化本位的課程引導之下，德化國小將邵族文化融入各個教學領域，包括：語文、數學、社會、自然與生活科技、健康教育、藝術人文以及綜合活動。在語言領域方面，課程融入邵族語言、多元的語言文化、口傳文學（神話故事、歷史沿革等等）；在數學領域方面，則融入邵族傳統有關座標、路程、流水方面的知識；在社會領域方面，則融入地理分布特色、歷史文物、歷史淵源、口述歷史、族群認同、宗教文化、節慶祭祀、神話故事等等；在自然與生活科技領域方面，則融入植物、昆蟲（蝴蝶、鍪形蟲、螢火蟲）、爬蟲（蛙類、蛇類）、魚類（奇力魚、曲腰魚）、鳥類（鳥、孔雀）、資訊能力、生命教育等等；在健康與體育領域方面，則融入邵族舞蹈、狩獵活動、游泳、步道健行等等；在藝術人文領域方面，則包括邵族杵音、邵族歌謠、邵族舞蹈、邵族文物欣賞美術（版畫設計、雕刻、素描）；最後，在綜合活動方面，則進行統整或主題活動，並訓練學生作為小小導覽員。[9] 自 91-97 學年度，德化國小在邵族文化課程之融入式教學之授課時數可從下面的表 6 窺知實施情形。

表 5　德化國小各年級邵族文化本位之課程設計

年級	主題	實施項目
1-2	認識文物	狩獵工具：漁獵文物、狩獵文物、生活文物 生活用品：紡織用品、家庭用品 雕刻圖騰：象徵性圖騰、人物雕刻、景物雕刻
3-4	認識文化	神話故事：逐鹿傳奇、茄苳樹、貓頭鷹的故事、祖靈籃之由來、占卜鳥 文化溯源：邵族源流、邵族文化、杵石音營新年、氏族與漢姓、化番 節慶祭祀：豐年祭、播種祭、狩獵祭、拜鰻祭、邵族宗教概況、飲酒祝壽
5-6	導覽活動	邵族文化：狩獵工具、邵族服飾、邵族編織、生活用品、照片回顧 校園導覽：學習步道、建築之美、邵族圖騰 日月潭生態：還潭步道、潭中生態、湖邊景點

資料來源：2008 年 9 月 11 日訪視之德化國小簡報資料。陳奕帆老師製作。

---

[9] 資料來源：2008 年 9 月 11 日訪視之德化國小簡報資料。陳奕帆老師製作。

表 6　德化國小邵族文化課程授課時數表

年級年度 \ 項目	母語（每週） 1	2	3	4	5	6	舞蹈（每週） 1	2	3	4	5	6	杵音（每週） 1	2	3	4	5	6	文化（每週） 1	2	3	4	5	6
91 上	1節	1節	1節	x	x	x	x	x	x	x	x	x	x	x	x	x	x	x	x	x	x	x	x	x
91 下	1節	1節	1節	x	x	x	x	x	x	x	x	x	x	x	x	x	x	x	x	x	x	x	x	x
92 上	1節	1節	1節	x	x	課餘集訓				x	x	x	x	x	x	各年級每學期 10 節					
92 下	1節	1節	1節	x	x	晨光活動 1 節				x	x	x	x	x	x	各年級每學期 10 節					
93 上	1節	1節	1節	晨光活動 1 節						x	x	x	x	x	x	各年級每學期 15 節					
93 下	1節	1節	1節	晨光活動 1 節						x	x	x	集訓			各年級每學期 7 節					
94-97	1節	1節	1節	x	x	x	x	x	x	x	x	x	部分時間			3-6 年級每週 1 節					

資料來源：2008 年 9 月 11 日訪視之德化國小簡報資料。陳奕帆老師製作。

　　整體而言，德化國小的原住民教育充分地利用了學校外的生態環境（日月潭及周邊景點），並在學校內建置與邵族文化為主題的邵族文物館與文化學習步道（例如：中廊的口傳故事浮雕、邊坡的傳統文化圖騰浮雕、文物館的邵族文化之馬賽克圖騰）、設置教學與推廣邵族文化的多媒體資源教室、購買與原住民教育相關的民族教育資源（例如：圖書與有聲資料、邵族相關論文等等）。同時，德化國小的融入式民族教育課程設計在各個學習領域上，設法運用各類型的邵族文化資源，並與社區總體營造結合，將學校社區化以融入在地的邵族文化。

四、原住民知識與原住民教育的對話

上節有關南投縣魚池鄉德化國小在民族教育資源教室方面的敘述,不是用來代表原民會在民族教育與民族教育資源教室的實施狀況,也不是用來代表採取融入式教學的民族資源教室,更不是用來代表整體民族教育資源教室的實施成效。如前言所說,德化國小的案例並非用來評估原民會的原住民族教育政策,更非用來評鑑原住民族教育資源教室的實施成效。

筆者主要的目的是:透過德化國小案例的實施情況,做為「對話」的文本——全球化脈絡下(全球化以及被全球化)的「原住民知識」與(臺灣)「原住民族教育」(資源教室)的對話。或許有人會問到:全球性的「原住民知識」與臺灣在地性的「原住民族教育」有何關係?問者會懷疑:雖然原住民族的教育場所(資源教室)是知識傳遞的場所,但是在臺灣的「原住民族教育」是指廣義的原住民族文化傳統的保存與傳承,而非狹義的原住民族知識體系。

關於這點,前文第二節中有關「原住民知識」的討論,筆者已經指出:許多學者認為,「知識」是動態的、是合成的、是變異的,而「傳統」隱含一成不變的、靜態的、過去的,在全球化的論述中是不符合社會或文化事實的(social or culturalreality)。在「全球化脈絡下」(全球化以及被全球化)的理論意涵中,原住民族文化傳統,包括臺灣原住民,被視為一種知識體系——一種與西方知識體系分庭抗禮的知識體系,且此知識體系在全球化的脈絡下一直在變動、一直在合成。

要之,全球化脈絡下的「原住民知識」指的是「全球化脈絡」與「原住民知識」的雙向相互影響:一方面,地方性的(例如:臺灣的)「原住民知識」透過多元管道(移民、媒體、資訊等)全球化,從甲地到乙地、丙地、丁地等等;另方面,全球性的知識、時尚、疾病等等,也透過多元管道與地方性的「原住民知識」在地化(例如:在臺灣「在地化」)。

因此,本文所論述的「原住民族教育資源教室」,在全球化脈絡下的原住民知識之視野下,一方面是指「在臺灣在地化的」原住民族教育資源教室,另方面是指被全球化的「臺灣原住民族教育資源教室」。無論是哪一種語意情境,「原住民族教育資源教室」是「原住民族教育」(請注意,這裡

的「教育」是以「知識」的視野來解讀）實踐的最小場域，而「全球」則是最大場域。全球、臺灣、資源教室三者的空間場域顯示如圖1所呈現的關係。

從「臺灣在地化的」原住民族教育資源教室而言，「原住民教育資源教室」與臺灣主體意識建構之間隱藏著密切的關係。如眾所周知，原住民族屬於南島語民族，是解嚴以來臺灣主體意識建構的核心，特別是近20年來平埔原住民族的血統論戰與正名運動。[10] 孫大川在〈被綁架的主體？臺灣原住民族當前法政發展的檢討〉一文指出：

> 經過這幾十年政治和選舉文化的薰染，原住民也愈來愈熟練於各式各樣的綁架技術。八年來，若干政策或措施的推動、執行，很難分出是民進黨綁架原住民或原住民綁架民進黨。至於原住民政治人物或知識精英對部落的綁架，亦逐漸有惡質化的傾向。自己綁架自己的主體性，實在是一件買櫝還珠的事。（孫大川 2008:8）

換言之，原住民族主體性的被綁架（或說「建構」）的過程，同時也建構了臺灣的主體意識。用前文第6頁提到「被建構的他者」（constructed

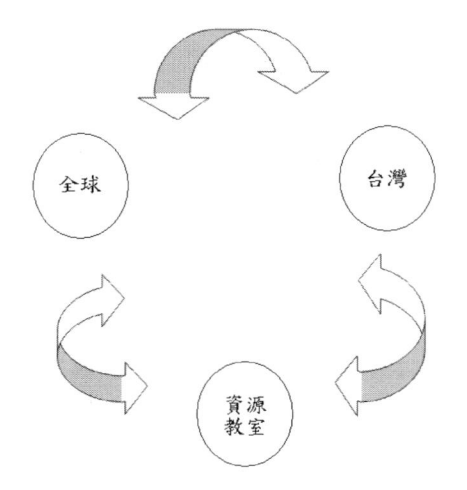

圖1 全球、臺灣、資源教室三者的空間場域之關係

---
[10] 有關平埔原住民族正名運動參見潘英海（2008:8-14）

alterity）的概念而言（Dove et al. 2007:132），毫無疑問，這是一個「雙重的被建構的他者」（double constructed alterity）。也就是說，臺灣主體意識與原住民主體意識是相互共構的「在地化」歷程，我們可以正面地說「互為主體」，也可以弔詭地說「相互綁架的主體」。那麼，這又與「原住民族教育資源教室」有何關係？

在這裡，先讓我們回顧一下「原住民族教育資源教室」設置的目的與功能。從原民會的「原住民族教育資源中心及資源教室設立基準」來看，「原住民族教育資源教室」具有 5 項目的及 8 項功能。5 項目的包括：
（一）提供民族教育及一般課業輔導。
（二）實施民族教育，以正式授課為原則，並輔以相關課程及其他與原住民族文化有關之教育活動。
（三）成為學校教師、學生及家長學習原住民族文化之場所。
（四）擔負傳承及保存原住民族傳統技藝、體能等文化交流之場所。
（五）負責學區內之原住民族文物收藏、整理、保存及展示之場所。

對「原住民族教育資源教室」所期待的功能有 8 項：
（一）支援教師推動原住民民族教育教師研習活動、蒐集資料、編輯教材。
（二）支援社區推廣原住民族文化的教育活動、培育傳統技藝人才。
（三）發展原住民民族教育之課程、推動具學校或社區特色之本位課程。
（四）蒐集學區部落文化與文物資訊，以支援教學。
（五）辦理原住民學生一般課業輔導。
（六）與學生家長建立互動機制及推展社區生活教育活動。
（七）定期舉辦鄉土教學、學者演講及相關原住民族教學觀摩活動。
（八）擬定社區資源結合計畫，利用當地之資源、舉辦各族群生態體驗營、歲時生命祭儀、傳統競技及體育活動。

前述的 5 項目的及 8 項功能所依據的主要法源是《原住民族教育法》第十四條、十五條以及《原住民族教育法施行細則》第十一條、十二條。簡單地說，「原住民族教育資源教室」最主要的目的就是為了原住民文化的保存、傳承與永續生存。更簡潔地說，就是維護、發展原住民的主體性（文化認同），即原住民族的主體意識，而此主體意識的啟發、培育、發展

都於全球化脈絡下的第四世界之原住民主體意識相呼應，而這種呼應不是偶然的，而是解嚴以來原民會暨原住民菁英與全球各地的第一國族（First Nations People）、原住民族（Indigenous Peoples）在全球化脈絡下互動學習，並辛苦經營的成果。換言之，臺灣原住民與第四世界原住民，在全球化與在地化的雙重互動歷程下（一種「文化合成」），共同建構了所謂的「原味」（indigineity），而「原住民族教育資源教室」是最小的實踐場域。

然而，「原住民族教育」仍有玄機。在原住民族教育資源中心及資源教室設立基準」中的頭兩項目的值得我們注意：第一項，提供民族教育及一般課業輔導；第二項，實施民族教育，以正式授課為原則，並輔以相關課程及其他與原住民族文化有關之教育活動。「一般課業輔導」以及「以正式授課為原則」是什麼意思？

《原住民族教育法》的第四條對相關用詞做了如下的定義：「（一）原住民族教育：為原住民族之一般教育及民族教育之統稱。（二）一般教育：指依原住民學生教育需要，對原住民學生所實施之一般性質教育。（三）民族教育：指依原住民族文化特性，對原住民學生所實施之傳統民族文化教育。」也就是說，一般課業輔導與正式授課都是一般教育。因此，「原住民族教育資源教室」必須同時兼顧教育部與教育局規定的正式教育（一般教育）與具有民族文化特性之傳統民族文化的教育。如果學校支持融入式課程設計，「原住民族教育資源教室」就可以充分發揮具有民族文化特性之傳統民族文化的教育。如果學校考量一般教育為主，則「原住民族教育資源教室」就是原住民族傳統文化「附加課程」實施的場域，而具有民族文化特性之傳統民族文化的教育，也只能在資源教室實施。

以上的討論，我們可以看出，「原住民族教育資源教室」的實施，或說，原住民族傳統文化的教育實踐，是被臺灣的教育體制給綁架了。原住民族的傳統文化，一方面在臺灣教育體制的軌道上，形塑臺灣歷史文化的特殊性，並建構文化差異，生產臺灣的主體意識，而此主體意識也是一種「被建構的他者」（相對於中國，也相對於全球）。同時，因為在教育體制上、課程實施中，存在著一般教育與民族教育的對立辯證關係，雖然製造了兩個他者（原住民 vs. 非原住民），卻也同時「轉化」出超越兩個他者的新的主體意識，也就是臺灣主體意識，而圖1所呈現的「全球—臺灣—資源教室」的整體性、全球性、在地性之互動關係也因此完成。

五、結語

「原住民知識」是當代發展人類學看待地方性知識暨傳統知識與全球知識之間關係的重要概念（Spencer 2004; Little 2005; Mosse and Lewis 2006）。本文在「原住民知識」的討論，提醒我們重新思考知識結構的「在地化 vs. 全球化」、「合成 vs. 原味」、「知識 vs. 傳統」、「行動 vs. 學院」等對話的重要元素。本文以之探討原住民族教育中「一般教育 vs. 原住民教育」、「附加式教育 vs. 融入式教育」、「原住民知識」與「原住民傳統文化」的弔詭性與隱晦性。

當我們重新回到原住民知識與原住民教育的「對話」原點，我們發現全球化脈絡下的「原住民知識」與臺灣「原住民族教育資源教室」對大的不同在於：雖然兩種脈絡下的「原味」都是「被建構的他者」，但是臺灣原住民族的「原味」基本上是一種「意識的建構」，而非「文化」或「傳統」或「傳統文化」的建構，更非原住民知識體系的建構。更重要的是，在經歷「全球化 vs. 在地化」的「合成」的歷程後，新的臺灣主體意識由是誕生，而原住民族教育資源教室就是此意識「育成」的場域。

參考書目

人民日報
    2005   聯合國教科文組織通過文化多樣性公約。網路資源，http://big5.xinhuanet.com/gate/big5/news.xinhuanet.com/world/2005-10/22/content_3665952.htm，2005年10月22日。

王前龍
    2007   原住民族教育資源中心暨資源教室長期追蹤輔導機制說明。會議資料。（未出版）

行政院原住民族委員會
    2008a   97年08月臺閩縣市鄉鎮市區原住民族人口——按性別族別。網路資源，http://www.apc.gov.tw/chinese/docDetail/detail_TCA.jsp?docid=PA000000002030&linkRoot=4&linkParent=49&url=，2008年10月1日。
    2008b   97年09月臺閩縣市鄉鎮市區原住民族人口——按性別族別。網路資源，http://www.apc.gov.tw/chinese/docDetail/detail_TCA.jsp?docid=PA000000002030&linkRoot= 4&linkParent=49&url=，2008年10月15日。

李國光、張睿哲
    2005   遺傳資源及傳統知識與智慧財產權保護之研究。網路資源，http://pcm.tipo.gov.tw/pcm/ pro_show.asp? sn=181，2008年10月5日。

林益仁、褚縈瑩
    2004   有關「傳統生態智慧」（Traditional Ecological Knowledge）的二、三事。網路資源，http://ecology.org.tw/publication/magazine/m-4all/11-1.。2008年10月1日。

南投縣魚池鄉德化國小
    n.d.   學校簡介。網路資源，http://163.22.145.141/school/web/goodjob/1130-%E5%BE%B7%E5%8C%96%E7%B0%A1%E4%BB%8B2.jpg，2008年10月1日。

孫大川
    2008   被綁架的主體？臺灣原住民族當前法政發展的檢討。發表於「打里摺高峰論壇：族群『話』臺灣」。暨南國際大學人類學研究所、臺灣打里摺文化協會主辦，南投，5月3-4日。

原住民族教育資源中心與資源教室資訊網
    n.d.   民族教育資源中心／教室，設置基準。網路資源，http://210.240.178.18/plan/95/nacenter95/class_2.html，2008年10月1日。

郭華仁
    2000   原住民的植物遺傳資源權與傳統知識權。刊於生物多樣性與臺灣原住民族發展，蔡中涵編，頁165-185。臺北；臺灣原住民文教基金會。

郭華仁、陳昭華、陳士章、周欣宜
 2005 傳統知識之保護初探。清華科技法律與政策論叢 2(1):49-99。

潘英海
 2008 近二十年來臺灣平埔原住民族的研究與發展現況，發表於「第一屆臺日原住民族論壇」，政治大學原住民研究中心主辦，臺北，8月29-30日。

謝世忠
 2004 族群人類學的宏觀探索 —— 臺灣原住民論集。臺北；臺灣大學出版中心。

Appadurai, Arjun
 1996 Modernity at Large: Cultural Dimensions of Globalization. Public Worlds, Vol.1. Minneapolis, MN: University of Minnesota Press.

Dove, Michael R., et al.
 2007 Globalisation and the Construction of Western and Non-Western Knowledge. In Local Science Vs. Global Science: Approaches to Indigenous Knowledge in International Development. Paul Stilltoe, ed. Pp. 129-154. New York: Berghahn Books.

Little, Peter D.
 2005 Anthropology and Development. In Applied Anthropology: Domains of application. Satish Kedia and John van Willigen, eds. Pp. 33-60. Westport, CT: Praeger.

Mosse, David, and David Lewis
 2006 Theoretical Approaches to Brokerage and Translation in Development. In Development Brokers and Translators: The Ethnography of Aid and Agencies. David Lewis and David Mosse, eds. Pp. 1-26. Bloomfield, CT: Kumarian Press.

Sillitoe, Paul
 2002 Globalizing Indigenous Knowledge. Participating in Development: Approaches to Indigenous Knowledge. In Paul Sillitoe, Alan Bicker and Johan Pottier, eds. Pp. 108-138. London: Routledge.
 2007 Local Science Vs. Global Science: An Overview. In Local Science Vs. Global Science: Approaches to Indigenous Knowledge in International Development. Paul Sillitoe, ed. Pp. 1-22. New York: Berghahn Books.

Spencer, Paul
 2004 Keeping Tradition in Good Repair. In Development and Local Knowledge: New Approaches to Issues in Natural Resources Management, Conservation, and Agriculture. Alan Bicker, Paul Sillitoe and Johan Pottier, eds. Pp. 202-217. London: Routledge.

Wikipedia
> n.d. Declaration on the Rights of Indigenous Peoples. Electronic document, http://en.wikipedia.org/wiki/ Declaration_on_the_Rights_of_ Indigenous_ Peoples. Accessed October 10, 2008.

龍華派普渡儀式之研究——
以埔里地母廟為例[*]

梅慧玉
暨南國際大學人類學研究所助理教授

一、前言

二、寶湖宮天地堂地母廟

三、7月普施

四、龍華科儀專家陳龍慶

五、再論普施

六、結語

---

[*] 初接觸教授龍華科儀的陳龍慶老師是在今年3月，得知地母廟將作60週年慶法會，每晚有老師帶領誦經團練習，我因而造訪並參與學習的過程。本文感謝陳龍慶老師與我分享他個人生命經驗中與這個主題相關的點點滴滴，並且不吝賜教，解答我在瞭解龍華科儀過程中的困惑。在地母廟教授誦經團的老師除了陳龍慶先生外，尚有王雲騰先生。本文因限於篇幅與議題的取向，未對王雲騰老師多加著墨。本文為國科會計畫「埔里宗教社會的儀式實踐與性別書寫」（NSC 100-2410-H-260_046）研究成果之一。

一、前言

　　埔里的普渡科儀是筆者開始有系統地對這個地區的宗教現象進行瞭解時所觀察的年度儀式之一。這個儀式除了充分反映埔里人對孤魂信仰的重視外，更是瞭解龍華科儀在地化表現的重要儀式。普渡的儀軌安排不但實現了龍華科儀的基本精神，儀軌的操演更烙印著社會個體生命經驗的實踐。本文即以宗教儀式專家陳龍慶對今年地母廟7月普渡法會的操演為例，說明此觀點。

　　龍華派與金幢派、先天派被合稱為「齋教」的三派，雖然傳自中國大陸，但「齋教」一詞是日本政府治臺期間對臺灣在家持齋修行的民間宗教型式所給予的稱呼與歸類。大正八年（1919）總督府編修官丸井圭治郎1993年的《臺灣宗教調查報告書》沿用此名稱，視齋教為臺灣佛教。[1]根據學者的研究調查，齋教龍華派傳播最多的地方在臺中、彰化一帶，其他如新竹、苗栗、雲林、臺南等地也有（林美容1995；張崑振、徐明福1998:54；張崑振1999:10）。由於其「制度化宗教」（institutional religion）色彩濃厚，[2]不少學者對於齋教的研究主題集中於教派的歷史淵源、教義思想的轉變影響，與齋教（堂）的社會功能性探討上（宋光宇1981；鄭志明1985，1988；莊吉發1987，1995；江燦騰、王見川1994；王見川1996a，1996b；王志宇1997）。但目前研究的素材已從偏重文獻、經卷擴及採用人類學式的參與觀察蒐集資料，研究主題因而納入了更多非歷史類議題的探討（林美容、祖運輝1994；張崑振1999）。

---

[1] 根據王見川（1996a:61），日本時代對臺灣齋教作初步登錄研究的時間可以推至明治三十五年（1902）的《南部臺灣誌》一書；到了明治末期刊行的臨時臺灣舊慣調查會報告中，岡松參太郎1907年強調齋教在家傳法的獨特性而主張在分類上與佛教分立，但到了1908年總督府編修官丸井圭治郎的《臺灣宗教調查報告書》中反而強調它與佛教相近的特質，因而有齋教為臺灣佛教一說。關於齋教與佛教的相互影響與發展，有多篇文章收錄《臺灣的齋教與鸞堂》（1994）與《臺灣齋教的歷史觀察與展望──首屆臺灣齋教學術研討會論文集》（1996）二書。

[2] C. K. Yang 的一組宗教分類概念「制度化宗教（institutional religion）與普化的宗教（diffused religion）」常被學者用來指涉漢人宗教的兩個面向。前者強調的是具有明確「教義、崇拜方式與組織」三元素的宗教，後者則強調信仰與儀式融於生活實踐之中的宗教特質（Yang 1994[1961]:294-95）。

根據既有的調查報告，埔里鎮與鄰近的國姓鄉、魚池鄉的齋堂數有 18 間之多（林美容 1995:32），[3] 但現今埔里人對齋堂的印象卻是模糊與陌生的，調查報告中所記錄埔里的 2 間齋堂（導化堂與良善堂）已被當地人認定是鸞堂（導化堂）或地方大廟（良善堂）。或許在筆者進行田調之前這些齋堂就已空門化，所以沒有一間能像林美容研究的彰化朝天堂般，是一個「堅持早晚課，擁有固定信徒，為鄰近社區的個人與團體提供儀式服務，又與其他齋堂、佛寺、以及私人廟壇保持一定關係的宗教團體」（林美容、祖運輝 1994:192）。但埔里廟宇誦經團的組織總是普遍存在，當地人也會告之「誦經團屬於龍華派」的訊息。根據筆者多次訪談經驗裡，只有一位報導人提到他所學的龍華科儀屬於「臨濟宗」，但進一步的資訊闕如。相對而言報導人較普遍的認識是把「龍華」當成一種「韻調」，誦經流行著龍華／沙門韻調的區別，沙門的韻調較慢，「像出家人唱的那樣」。

　　雖然這個地區沒有適當的齋堂例子說明齋堂／儀式之間對應的關係——例如，儀式空間的問題，或是各類儀式如何在齋堂結合與串連的制度性意義（張崑振 1999），但埔里的現象反而提供了探討齋堂「在地化」議題很好的素材。埔里居民對於廟宇的誦經團組織並不陌生，由於位處齋教龍華派活動最盛的中部，埔里的誦經團大部分操演龍華科儀。事實上根據筆者的參與觀察，儀式上的「龍華化」與「鸞堂化」已為埔里廟宇主流文化的兩大在地特色。原本只為鸞堂所使用的「請誥」（請神降臨）和以龍華韻調所進行的「作佛讚」（讚美神佛）現今已為埔里廟宇、甚至私壇的普遍活動

---

[3] 林美容調查表上與此相關的齋堂登記應有 20 間，其中在魚池大林村登記 2 間的齋堂名稱相同，皆為「金天堂」，而埔里番仔田的齋堂亦名「金天堂」。由於埔里並無番仔田的地號名，根據報導人的資訊，魚池大林村的舊名為番仔田，筆者因而懷疑這部分齋堂的調查有誤，故「金天堂」僅以 1 間計算，位魚池的大林村。這些齋堂在國姓鄉有 7 間（清德堂、靈光寺、明德堂、協天堂、奉善堂、明善堂、清德堂），魚池鄉有 1 間（金天堂），埔里有 10 間（久靈寺、善天堂、德生堂、德華堂、覺靈堂、良善堂、導化堂、天德堂、性天堂、紹德堂）。

之一。[4] 本文地母廟的例子將呈現龍華科儀的元素如何與鸞堂的儀式元素搭配，操演於普渡的年度祭儀中。

近期的研究肯定宗教專家在地方傳統中所扮演的重要角色，並主張地方社會的研究必須擴展與涵蓋宗教面向。[5] 筆者曾以安平的2位乩童生命經驗為例，說明儀式專家的知識如何成為社會記憶的一部分（梅慧玉 2006:77-132），本文的研究亦呈現這個切點在埔里的適切性。

二、寶湖宮天地堂地母廟

地母廟（圖1）最初發跡自一間很小的私人神壇，民國30年代有了「寶湖宮天地堂」的名號，濟世也從武乩轉變成文乩扶鸞。根據當時第一代的執事人員所言，他們覺得以文乩扶鸞出詩句的形式比較典雅，參與服

圖1　地母廟

---

[4] 除了「請誥」外，「鸞堂」成為埔里人的廟宇泛稱，人們認為文乩（用桃柳枝在沙盤上出字進行人神溝通，即「扶鸞」）的表現風格比乩童（武乩）優……等。至於以龍華韻調誦經的組織（即所謂的誦經團）已為廟宇發展的必要條件。林怡資對埔里廣成里受鎮安取乩儀式的觀察（林怡資 2008），與鄭育陞的埔里鸞堂碩士論文田調中也有類似的發現（鄭育陞 2008）。

[5] 關於這方面的研究意義，請參見《民俗曲藝》在 2006 年出版的《神職人員與地方社會》專號（153-54 期）。

務的人員可以順便習字,而且當時地方的耆老也鼓勵,所以「寶湖宮天地堂」便以鸞堂廟宇定位。過程中漸有名聲,規模擴大,陸續完成建造不同的神明殿。民國八十八年〔1999〕的921大地震毀損了地母廟,幸得臺灣某知名電腦集團1億元的捐款,反而如魚得水地促成了更多的建設。

但就在此時,扶鸞因人事糾葛而宣告停止,信徒必須改用執笈的方式與神明溝通,原本扶鸞所需的執事人員(男鸞)因而日漸減少,但自創廟以來女鸞前往地母廟誦經的風氣依然不減。用以維繫廟宇香火與產生信徒的儀式設置(扶鸞)雖然停止,但信徒的人數卻因臺灣宗教界流行的通靈風氣增加——埔里地母廟成為外地「走靈山」的宗教團體最愛參訪的廟宇之一。[6] 於是這間廟變得愈來愈有名氣,民國九十五年(2006)被全省崇拜地母的廟宇聯誼組織推為總廟,[7]「地母至尊總廟」或「地母廟」成了正式的書寫名稱,逐漸取代了「寶湖宮天地堂」的扶鸞記憶。

地母廟目前的信眾以女性為多。埔里的廟宇一般逢週末、初一、十五才會有較多的人潮,平常也只有晚間舉行濟世活動時才能聚集較多的信眾。但地母廟在這方面已經不分時日地經常吸引各類宗教表現型式的團體前來參拜、靈修、打坐……等,成為埔里地區活動最多的廟宇。

三、7月普施

地母廟的7月普渡一般舉行於當月上旬,在去年(民國九十六年〔2007〕)之前都是委託給別間廟宇的專業人員負責,日期與規模必須視對方行程的方便性而定。隨著廟務蒸蒸日上,地母廟的執事希望有自己的儀式班底支援所需,因此乃有組織人員,聘請老師教授科儀的構想。他們鼓勵女信眾組成誦經團,學習科儀。埔里的廟宇雖普遍流行誦經的風氣,不

---

[6] 走靈山(或稱會靈山)大致是臺灣在1980年代後興起的宗教活動,這個宗教活動強調每個人皆可透過起乩的方式與自己的「本靈」相會,並且透過修行獲得現世的幸福與永世的救贖。所以信者經常到臺灣各地公認靈氣旺盛的地方「會靈」,以幫助個人本靈的成長。地母廟就是在這個思考脈絡下成為埔里最具有靈動能力的廟宇,有許多傳說故事增加這個意象。有關會靈山的代表性研究,請參考丁仁傑(2005)。

[7] 這個地母的廟宇聯誼會於第2年申請立案,名為「中華地母至尊道教會」,成為合法的民間團體。

分男女、個人自行前往、跪於神明座前誦經,相信誦經能消業障。但各廟間致力把誦經的人員組織起來,形成能執行科儀的誦經團,恐是近四十多年來的變化。地母廟的執事是在這樣的氛圍中、經過三、四年的嘗試,於去年終於如願。地母廟的 7 月普渡正式定調為跨兩天的法會,於每年農曆 7 月 6 日、7 日進行。目前埔里廟宇的 7 月普渡規模大致以當日完成為主;跨 2 日的除地母廟外,還有青天堂;3 日的僅一間廟宇。其中地母廟與青天堂的普渡版本皆出自同一位老師之手,他是本文稍後將提及的陳龍慶老師。

(一)「起鼓、普施、化帛與酬謝諸真」——廟方的公告

在廟方的公告內文中除提醒信眾廟方提供普渡桌的登記,替那些無法準備普渡供品的人們服務外,普渡的起迄分別以「起鼓」、「普施」、「化帛」與「酬謝諸真」4 個活動流程標示出,每個活動皆註明了時辰。其中「起鼓」與「酬謝諸真」代表普渡的開始與結束;而廟方所強調、同時也是贊普的民眾所關心的普渡重點有二——何時「普施」與「化帛」。這樣他們就可以配合著時間,在普施開始時與全體執事一同點香,並把香枝一一插在供品上邀請「好兄弟」來赴盛宴;同時在兩個多小時候再度來到普渡場,燒化紙錢並取回牲品。

這 4 個活動的進行時間對廟方的宗教執事人員也是同樣重要。依據地母廟的傳統,普渡過程必須請神明來鑑壇(圖 2),所以不但在「起鼓」之前要迎請廟內的神尊,之後還要送神尊回座,接著,執事們在「酬謝諸真」中,除感謝玉帝外,也將一併答謝這些神明。除了對神的酬謝,地母廟的主事者在「化帛」之前也會透過麥克風對贊普信眾公開表達廟方的謝意。

透過執筊選出、負責廟方每年 7 月普渡鑑壇的神明組合可能與前次略有不同。鑑壇神明組一共 4 尊:一般會由代表東西南北中五方的 5 尊地母中一尊作主,搭配負責普渡的觀音,另在廟方公認的 3 尊護法神明——王天君、齊天大聖、玄天上帝中再選出 2 位。除了鑑壇神明組外,執事們也要在事前設法取得封廟門與封爐的符令共 9 張,在請神明組入座三寶壇時,順便封廟門與封爐。昔日符令的取得透過本廟的扶鸞儀式,今日則透過廟方執事的私人關係向別間鸞堂取得。參與著對於以符封廟門與神明爐原因

的看法不一：有人認為這是地母廟執事對廟宇的保護——之前儀式都交外人去作，深怕過程中施以符法，以此避免之。也有人說這是預防好兄弟不小心闖入廟內，同時也怕信徒誤將拜好兄弟的香枝插到廟內的神明爐內，不潔淨。

「酬謝諸真」（圖3）是埔里地區廟宇在舉行重要活動時的收尾儀式，執事們在「酬謝諸真」中謝天。「酬謝諸真」時除了需要在廟內進門處搭架

圖2　神明鑑壇

圖3　酬謝諸真

起3層臺子擺放供品外,過程中誦《玉皇真經》答謝神恩。這個收尾儀式普遍流行在埔里的鸞堂廟宇間,從「請誥」(請神)開始,誦《玉皇真經》答謝作結,地母廟也依此流程,並在請神(「請誥」)之前先由誦經團「作佛讚」(讚美神明)。

事實上誦經團負責的部分不止於「酬謝諸真」中的「作佛讚」,地母廟一日半的普渡法會得全靠誦經團20位婦女們分工完成,執事們的工作則是輪流陪拜。誦經團的婦女從農曆6月1日開始每晚來地母廟的會議室複習所學,前後三十餘日。她們在普渡前一晚(農曆7月5日)還來廟埕協助設壇——主壇(三寶壇)與分壇(大士爺壇、丹霖大帝壇、灶君公壇、地基主壇、男女孤魂壇)的位置與供桌的基本擺設必須準備完畢,第二天早上才好放鮮花供品與相關的法器等。根據老一輩所言,昔日吊掛於主壇前的飛簾與對聯等都由廟裡的人員在普渡之前分工完成,有人負責剪裁、有人負責寫、負責貼,好不熱鬧。地母廟在這方面仍維繫著手工裁製飛簾的傳統。

(二)「聞經直入逍遙池、受懺早登極樂天」——飛聯的題字

「誦經拜懺」(圖4)為誦經團所主導普渡法會的主要內容。三寶壇前一幅對聯的句子「聞經直入逍遙池、受懺早登極樂天」點出普渡的精神——透過誦經懺,幫助亡魂脫離六道輪迴、早登西方極樂世界。二日的普渡法會,除了1天3次的以香花茶果供養佛外(即早、午、晚「獻敬」),大半的時間用於誦經拜懺上,鋪陳出以下的儀軌(表1)。

儀軌上除(頭)「發表」與(尾)「謝壇」為整個普渡說明原委與辭謝圓滿外,在請主壇的佛(「請佛」)與分壇的神(「安位」)就位後,法會的主軸都與經懺相關。其中「普施」之前的「交經懺」是相對於前一日「開懺」的收尾,而第二日下午簡短的「完經懺」則是針對「普施」科儀中誦經懺的收尾。不論是「交經懺」或是「完經懺」,其收受的對象為地基主與男女孤魂,分別有牒文為憑,這些牒文在儀式的適當時機燒化,確保彼等收到經懺的功德。

圖 4　誦經懺

表 1　地母廟七月誦經團普渡法會科儀表

科儀名稱	進行時間	備註
發表	13:10	7月6日
請佛、安位	13:40	
開懺	14:40	
誦經懺	15:10	
* 拜藥師懺（主壇）	15:10	
* 誦經懺（分壇）	15:10	
晚敬、晚獻	17:00	
* 金剛對卷（上）	18:00	20:30 結束
早敬、早獻	06:30	7月7日
* 金剛對卷（下）	08:00	
午敬、午獻	10:30	
交經懺	11:30	
普施	14:00	
完經懺	16:30	
謝壇	16:30	17:00 結束

　　誦經團在普渡法會中所誦的經懺主要為藥師懺與金剛經。在負責主壇拜藥師懺（「拜藥師懺」）的同一時間裡，其餘的團員會在各分壇一起念誦自己所選的經本或懺文（「誦經懺」）；誦金剛經則是以寶卷的形式進行，

這段名為「金剛對卷」的科儀，經文本的全稱為《金剛科儀寶卷》，進行時是由 24 名團員分 4 組輪流說唱對答《金剛經》。法會個人所誦的經懺，雖沒有什麼特定的限制，但被選誦者必須在「交經懺」時各以一份作代表，放置於紅盤內，隨碟文上呈地基主與男女孤魂。此外廟方在碟文中也會附上信眾平日來廟誦經的記錄（表 2），戊子年的援經共有 31 類之多，其中以《往生咒》最普遍（誦念超過 3 萬遍），廟主神代表性經典《地母經》次之（誦念超過 1 萬次），而觀世音相關的經文也有 6 千次之多。勾勒出信眾對地母的堅定信仰以及對普渡的普遍認識。

（三）「普施幽魂」、「超拔孤魂」——普渡五方旗上的題字

普渡法會最為人所熟知的部份是「普施」科儀（圖 5），而普渡場上代表五方的五色旗所寫的詞句「普施幽魂」、「超拔孤魂」點出了儀式的對象與方式。人們對於「普施」的一個常識性的認識在宴請「好兄弟」（孤魂、幽魂），所以不論是廟方或信眾都會關心「普施」與「化帛」的時間，以便

表 2　地母廟 7 月普渡信眾援經記錄

經懺名	遍／卷數	經懺名	遍／卷數
1. 往生咒	30,309 遍	17. 太陽經	65 卷
2. 地母經	13,107 卷	18. 太陰經	64 卷
3. 救劫真經	4,444 卷	19. 東斗經	61 卷
4. 觀世音救劫真經	1,585 卷	20. 西斗經	39 卷
5. 大悲咒	760 遍	21. 福德經	38 卷
6. 佛說阿彌陀經	489 卷	22. 中斗經	34 卷
7. 玉皇真經	465 卷	23. 藥師經	25 卷
8. 城隍經	380 卷	24. 天上聖母經	22 卷
9. 金剛經	340 卷	25. 黃庭經	20 卷
10. 南斗經	326 卷	26. 道德經	10 卷
11. 北斗經	292 卷	27. 清靜經	7 卷
12. 心經	275 卷	28. 九天玄女救世真經	7 卷
13. 觀世音普門品	240 卷	29. 金剛對卷上下	6 卷
14. 三官大帝經	109 卷	30. 消災吉祥經	6 卷
15. 瑤池金母經	84 卷	31. 藥師懺	2 卷
16. 五穀經	81 卷		

獻上牲禮與供品。普施過程中另一個能吸引人潮掀起高潮的段落為「化食」（或稱「變食」）——由負責的人員持咒把普渡品的數量變大，化給好兄弟。這時不只是好兄弟受惠，同時連在場的人都能分到主壇桌上的食物或零錢，他們相信吃下／保存這些在普渡中經過加持的物品，會讓人平安順事賺大錢。

兩個半小時的普施除中尊透過麥克風唱念完科儀本，誦經團全數的成員都坐上了主壇位在同一時間誦經懺協助，而普施的收尾也以「完經懺」作結，並燒化寫著經懺名稱的碟文。代表好兄弟的男女孤魂壇位在請佛、淨壇儀式後被搬移到了主壇的對面，成為普施關注的焦點，這點從科儀本的《孤魂偈》內容可反映出：

> 孤魂帶魄最堪傷，臥底眠沙歲月長；
> 春去秋來無祭祀，飢餐渴飲絕喉糧。
> 悲風凜凜廣私切，夜雨濛濛哭斷腸；
> 佛今賜你甘露食，頓除苦海得清涼。
> 南無盡虛空遍法界，召請本境無祠男女眾孤魂臨法會。

接著在唱誦聲中孤魂沐浴頂禮，被帶領到三寶壇前聞經拜懺；最後飽餐、領受經懺的功德並離開，「謝壇」旋即自主壇位開始。

圖 5　普施

而人潮在「化帛」後逐漸散去，廟方1名工作人員站在出入口發給贊普民眾每一家戶2張符，一張用來清淨洗身，除去象徵性的不潔，另一張保平安，是廟方的答謝禮，這組符很快地被一取而空。散去的人潮也帶走了普渡的供品，偌大的廟埕剩下普渡架逐一卸下。快5點，地基主、丹霖大帝、灶王、大士爺等各分壇一一完成辭謝，拆除的人員已在旁等候，待主壇的科儀完成，旋即卸下神明掛圖，搬離供桌。前後半小時不到，偌大的臺子就這樣消失在廟埕前，整個普施場域完全被淨空，廟口又恢復了平日的樣貌。

　　這是地母廟自己辦理普渡法會的第二年，而法會第一日（農曆7月6日）適逢廟方定期開放八卦九龍池供人消災解厄的日子，外客絡繹不絕，因而駐足旁觀聆聽者不少，其中有以入乩的方式回應二日法會不同時段誦經懺的磁場感應，甚至對科儀的進行讚不絕口，而法會在進行「金剛對卷」時廟方自己的某位委員也有入乩的感應。好奇的執事、或是從別間廟宇來請益、比較、觀摩的人員陸續出現，偶見教授誦經團老師在場邊解答疑問困惑。執事人員多半認為科儀進行得很莊嚴，其中一位談起之前地母廟請老師訓練可作普渡的誦經團，但驗收成果時擲筊卻未獲地母娘娘的應允，廟方不得不再聘老師重新訓練的經過。他的談話點出了地母廟7月普施的意含不只是一間廟宇年度性地超度與宴饗孤魂，同時對誦經團員，對教科儀的老師陳龍慶而言，更是人、神共同驗收龍華科儀學習成果的機會。

四、龍華科儀專家陳龍慶

　　民國三十一年次（1942）的陳龍慶（圖6）出身於魚池鄉番仔田（大林村），陳家在他退伍前算是富裕人家，經商賣瓷碗。祖父那一輩在魚池開墾不少地，山地、田地加起來有10甲之多。當時所種的稻子都是自用的，家中雞鴨上百隻，豬隻也不少，豬隻每年賣2次，一次賣8隻，但豬販只付7隻的費用，另一隻則用於折抵半年當中豬肉的用量。陳家經常協助貧困的人，若是有人沒錢來借米，陳龍慶的父親陳忠會讓他自行到穀倉取米，爾後用勞力折抵。親戚若是沒有吃的也會來陳家，事實上陳家的伙食經常吸引一些附近別戶雇工上門或是成為上山砍柴工人過路的休息站。陳龍慶

的祖母十分好客,從未拒絕這些登門的食客,所以她總是提醒陳龍慶的母親「要煮飯要看田地」,意思是煮飯時要先估算當日田地中有多少自己的與別人的工人,否則飯會不夠吃。由於廣結善緣,家中農忙的時候總能聚集足夠人力,以最短的時間完成收成。在陳龍慶的心中,祖母留了好典範,身教影響了母親,所以兩人都很會持家,自己的妻子也懂得融入,目前三媳婦也與婆婆搭配得很好,這些都是傳家的風氣。

陳忠為了小孩的教育問題在埔里置產,陳龍慶國中以後就住到了埔里,並且爾後經常往來於埔里魚池之間。陳龍慶的個性好強,學習新事物的時候總是對自我的要求很高,「程度上不是第一二,最差也有第三」,可是一但學會之後就會推居幕後,並不想要出風頭,他說:「事情有人做就好了」,陳龍慶做事的模式喜歡採大家分工合作完成。由於是長子,他在當兵前就已娶妻,為陳家添生力軍照顧家計,一生從事過的職業有務農、作工,甚至到大陸協助親戚經商 …… 等。但這些職業相對他的志業而言都是短暫的。

由於老家附近就有間古老的菜堂——靈峰寺金天堂(簡稱金天堂),祖母經常去廟裡念經,因此也會要兒子陳忠跟著廟裡供養的出家師父學習科

圖 6　陳龍慶

儀，服務村民。金天堂的堂主是陳家的同宗，後來傳給陳忠。當出家師父還在的時候，他們有一群人跟著師父學習龍華科儀，但師父過世後人群漸散，陳忠夫婦繼續照顧這間廟宇，最後在陳龍慶母親過世後因人手不足，金天堂終於轉讓給佛教界維持。雖然如此，陳忠在魚池的廟宇教了四十多年的龍華科儀，除了自己的工作之外，幾乎所有的時間都貢獻給廟宇。這點影響陳龍慶頗大，加上自己的際遇，他學會了龍華科儀及法術、地理風水等知識，成為宗教專家。與陳龍慶初次見面時，他就簡短提及「我25歲學法術、30歲學誦經」的資歷，之後筆者逐漸體會他將這兩件事銘記在心的意義。

陳龍慶25歲退伍後，因故家道中落，對前途感到茫然之際到了當時正發跡的青天堂包公廟（簡稱青天堂）問運途。神明的指示與法術老師的帶領，他入鸞成為該廟的信徒，白天打拼賺錢、維持家庭生計，每晚則忙於廟務，當時的青天堂只有兩三年的歷史，正需要到處募款建廟。陳龍慶跟著老師學習法術，有時會被指派出外處理乩童的受禁事宜。30歲那一年祖母過世，父親陳忠從外地返家，利用百日守喪期間的空檔與另一位老師（陳龍慶的叔叔）共同在青天堂教授龍華科儀，陳龍慶也參與學習的行列。之前他只有18歲那年在魚池跟父親學過短暫的佛讚，當時村子裡的人晚上沒事可幹，不少人利用學誦經的機會識字，順便打發時間。

祖母的過世對陳龍慶志業的發展是個關鍵點。根據他的描述，當時剛好完成一位乩童的訓練過程，這個功績讓他的祖母在過世前有機會遊了一趟地府，並且回神講述所見所聞、一一會過親人後才安詳地過世。陳龍慶在講述這一段的時候順便提及他的祖母後來做了某廟的土地婆。對於祖母遊地府的見聞陳龍慶覺得那是很不可思議的事情，自此對於科儀本描述死後世界的種種深信不疑，也是在那一年他完全肯定、接受自己志業的方向。同時由於父親與兩位老師都對他抱著很深的期待，更加重了責任感，希望傳承所學。學會龍華科儀後，陳龍慶曾隨著青天堂同伴到處替人處理喪葬，替廟方籌募不少緣金，那時候他也跟老師們在幾間廟宇訓練誦經團。後來離開過埔里一陣子，隨地理師南下替人看墓地做風水，學習得更多。目前除了為五術學會的會員繼續鑽研外，也為地母廟誦經團的老師。在埔里的大作醮活動他已擔任數次祭典組組長，負責醮儀進行時東柱醮壇跨廟宇法

會的籌劃安排。[8]能夠參與一個地區最大型的祭典活動,並在其中擔負責任,是對執事者宗教專業能力的肯定,陳龍慶視為莫大的殊榮。

在至今三十多年學習與教授誦經的過程中,陳龍慶陸續保存了不少龍華科儀的版本,總類上除了他自己在學習過程不同階段的手抄外,還有父親、老師、師兄、以及父親的師父所遺留下來的傳本。其中有一本是他的老師花了數年時間整理龍華科儀的實作類目,一一寫出留下的「手尾仔」。而目前陳龍慶在教授誦經團時的用本也是他父親當年在世時,根據青天堂的科儀版本補漏整理後請人重新抄寫而成。陳忠在 61-65 歲之間被日月潭的文武廟聘作廟祝,才擔任不久他的搭檔(也就是陳龍慶的老師)過世,陳忠因而萌發及時整理傳本的念頭,當時三十多歲的陳龍慶一邊作科儀、一邊教誦經團,忙碌得無暇顧及此事。不過陳龍慶跟兩位同門、老師、陳忠等師生 5 人組曾錄製了一套科儀的唱本錄音帶,協助誦經教學的進行。

除了科儀的手抄本外,陳龍慶也用臺中瑞成書局出版的《龍華科儀》作為校正手邊抄本錯字的參考。另一本大正九年(1920)的《大乘正教科儀寶卷》是草屯朋友送給陳忠的,簽名的時間是民國四十四年(1955)。《龍華科儀》的內容分「佛前科儀」與「明宗寶卷科儀」(「午夜科儀」)兩部分,而《大乘正教科儀寶卷》的內容則只涵蓋「佛前科儀」。[9]根據陳龍慶的認識,有些這兩本書中所載的科儀在埔里並沒有操演,《龍華科儀》是臺中方面誦經團的版本,而《大乘正教科儀寶卷》用不到的內容更多——像是儀式性地請師父出場,或是皈依的程序都是他從未見過的。相對這兩份出版品,那些手抄本更實用、更具意義,陳龍慶常在相關的言談中提及這些傳本是師長們深深的委託與期待,所以進行科儀時戒慎恐懼,對於不明白的地方也一定設法探究清楚。

---

[8] 埔里地區最大型的宗教儀式活動為每 12 年舉辦一次的祈安清醮,醮區涵蓋的範圍包括埔里鎮的 33 個與昔日漢移民搬遷到鄰近原住民部落仁愛鄉的兩三個聚落。祈安清醮的起源與發起和埔里的媽祖廟(恆吉宮)有關,醮儀的進行是透過主壇與四柱(東西南北)醮壇的設置共同完成,醮區被劃分成 4 份,所屬的里各自支持自己的柱區,配合主壇進行宗教性與世俗性的活動。雖然作醮的科儀在主壇進行,但各柱的醮壇也會由該區的廟宇聯合組人員舉辦法會,共襄盛舉。

[9] 根據淺井紀的研究,《大乘正教科儀寶卷》與臺中明德堂出版的《龍華科儀》皆是瞭解清末靈山正派的教義和歷史的重要經典(淺井 1994:29)。因無親自走訪民德堂,在此筆者並不完全確定瑞成書局所出版的《龍華科儀》就是臺中民德堂的版本,因民德堂版本的上冊名稱為《大乘正教佛供寶卷》,與瑞成版本的名稱略有出入。

他的這些大大小小的抄本可進一步細分為教學的課本與科儀的法事本。教本的部分集結成冊，名稱初為《大乘正教科儀》上下兩冊，後改為《大乘佛前科儀》、《大乘冥路科儀》與《大乘普施科儀》3本。相反地，法事本卻根據用途而分成多個小本（圖7），雖然有些封面無名稱，但參照內容共計有2類，一類是以科儀的各科目為主的手本，例如《請佛安位》、《冥路》、《作百日科》、《過王作七科》、《獻敬》、《齋壇》與《普施》，另一類為具歌本性質的手本，例如《十奉獻十供養》、《南海讚曲》與《唱曲》。根據陳龍慶的經驗，龍華科儀一般在口語中被分作「佛前（科儀）」與「冥路（科儀）」。這個用法與（瑞成書局的）《龍華科儀》一書中分法「佛前科儀／午夜科儀」是類似的。筆者也曾聽過埔里其他誦經團的人用「喜事／喪事」介紹龍華科儀的類別，或是看過別地區的抄本以「陰陽法事」[10] 為名。因此《大乘普施科儀》從陳忠的教學課本中獨立出來似乎隱含著編者對此分類的特殊理由，同時法事本中集結大量讚曲註明韻調的做法似乎也訴說著這個科儀的特質與操演的環境，而這些答案都必須從儀式專家陳龍慶的龍華科儀實踐與教學中來理解。

圖7　科儀抄本

---

[10] 這個抄本也出自陳龍慶的蒐藏，抄本封面註明著「齋明堂陰陽法事」，由於是長輩留下來的，他不清楚齋明堂相關事宜、位於何處，以及此抄本的來源。

五、再論普施

　　7月普渡過後的兩個月、一場工作人員討論埔里12年清醮東柱法會醮壇的聚會裡，筆者再度聽到地母廟執事對這次7月普渡誦經團科儀的觀點。一位資深者提起地母廟過去誦經團的狀況，因為先後曾有兩位老師被廟方聘來教授誦經，兩批學生所習的韻調有所出入，無法搭配在一起，最後分成甲乙兩班，輪流負責廟方的儀式。這位執事表示，雖然地母廟參與誦經的人數不算少，但科儀一直都無法精進，結果造成十幾二十年來長期依賴別間廟宇替地母廟作7月的「普廟口」（普渡），委員已經漸感不便。再則過去幾年內地母廟陸續因廟宇落成、60週年慶而有作法會的需求，民國九十二年（2003）間廟方人員尋求適當人選時曾前往日月潭文武廟，觀摩陳龍慶這團的法事工夫，進而邀請他主持九十四年（2005）初地母廟的落成法會。結果彼此合作愉快，才有九十六年（2007）初陳龍慶正式教授誦經，同年7月誦經團在普渡時正式上場，於今年（民國九十七〔2008〕）3月間的60週年慶中又擔當大任。而筆者所見地母廟的7月普渡，已是誦經團第3次執行科儀。在座的執事對陳龍慶訓練的誦經團提出兩點觀察感想，反映廟方人員普遍對他的印象。一是（普渡）在內容方面比以前增加了許多，而且成員在進行每一段落時都能提前就位，並準時進行，「就好像上下課一樣有規律」。另一點是各壇位的敬果更換頻繁，工作人員忙得不可開交，「但這是好的，代表對神明的尊敬」。這兩點不但肯定陳龍慶做事時的認真態度，也指出了目前廟宇執行龍華派普渡科儀的現況。

　　埔里地區龍華派的科儀類型有「佛前」與「冥路」之別。「佛前科儀」多半在廟裡進行，內容包括為神祝壽、向神祈福、延壽、消災、還願……等。而「冥路科儀」進行的地點多半在喪家，內容包括作七、作百……等。「佛前科儀」普遍操演於埔里的廟堂之內，但相反地，會「冥路科儀」的廟宇在數量上就相對少許多。雖然埔里喪葬的風俗習慣是採龍華科儀的型式，但因喪事涉及較敏感的收費議題，執事者易落人賺錢的意象，所以大部分的廟宇無此服務，也幾乎無一相關業者以廟宇的名號作生意。

　　一間廟宇若有意將誦經的人員組織培養成誦經團學習龍華科儀，必須經過階段性的訓練過程，在學習上最大的困難在於如何由單純「唱誦」佛

讚的階段進到「作」法會的程度。作「佛讚」屬於佛前科儀的類項，最普遍用於神明祝壽的場合，進行的時間從 40 到 120 分鐘（包括休息時間）不等。但遇到廟宇較大的熱鬧或年度祭儀時，地方上習慣舉辦法會慶祝，這時作「佛讚」的內容與型式已不足應付。因此龍華科儀若以因應廟宇的需求而論，誦經團員必須經歷「作佛讚」、「一天法會」與「三天法會」3 種學習上的門檻。埔里人口中慣稱的「一天法會」指的是「普廟口」，即 7 月普渡，而「三天法會」指的是包含普施與超度 2 種科目在內的科儀。從筆者所蒐集到各類廟宇紀念性或週年性的法會內容項目來看（詳見附錄），大部分的法會以舉辦超度亡魂、普施好兄弟的目的居多，形成頗具地方特色的廟宇文化。[11]

根據陳龍慶的經驗，「一天法會」包含誦經、獻敬與普施 3 種科目，其中獻敬進行 3 次，鋪陳出儀式的時間與節奏，早中晚 3 次獻敬構成儀式上的「一日」，誦經與普施則為基本內容，三元素缺一不可，有其完整性。這個基礎儀軌在「三天法會」中同樣出現，差別在於所誦的經本增多，普施好兄弟外也超度祖先與亡魂。但不論一天或三天的法會，其精神在於透過誦經拜懺的方式協助孤魂與祖先脫離苦海，往生西方淨土。三天法會則是在這個議題上作更細緻的處理，例如對象聚焦在自己的祖先身上更能滿足信徒的期盼，同時也使廟宇增加緣金的來源。雖然感覺上在法事裡增加超度比普施更齊全、更周到，但陳龍慶認為農曆 7 月不宜進行超度，超度會因好兄弟太多而不容易作好，「有時好兄弟會作弄人，（超度）引魂擲筊的時候讓人誤以為亡魂被引來了，其實沒有。」

雖然陳龍慶認為廟方 7 月的普施沒有加作超度的必要性，但他在青天堂與地母廟所傳的普渡科儀卻比一般廟宇多出許多內容，從（半天多的）一般作法變成了（跨越兩日的）一天法會。這個普渡版本始自陳龍慶 30 歲習誦經時在青天堂同班團員的決議。當時他們一團 12 名男性，好強好面子，學誦經時總要學習最完整的，也希望老師傳授所有作的科儀本領，因

---

[11] 自去年 10 月展開埔里田調起，從不同報導人的口中筆者得此印象，從隨機所蒐集 4 間不同廟宇（凌霄殿、良善堂、受鎮宮、地母廟）的法會科目單中也反映了此意象（詳見附錄）。

此在請教了兩個版本的差異性後選擇了他們認為較完整的普渡做法。兩者最大的差別在於「誦經懺」的細緻度與「獻敬」的有無（詳見表3）。一般的普渡約始於早上10點，或許「開懺」起個頭（也可省略）後下午作「普施」時才「誦經懺」，但陳龍慶所傳與所習的版本額外增加了一日3次向神明壇位的敬茶果（「獻敬」），以及除了「普施」外，其餘時段的拜懺、特別是完成「金剛對卷」的「誦經懺」。換言之，「一天法會」更強化了誦經拜懺給孤魂的作法，而半天的一般普施則比較偏重宴饗孤魂的訴求。目前地母廟7月普渡延續了陳龍慶在青天堂的科目，在效果上廟方更覺莊嚴。

由於獻敬神明時的「午供」與經懺類的「金剛對卷」都屬於需要多位團員邊唱邊動作的科目，能夠操演普渡的「一天法會」，代表地母廟的誦經團程度已從「唱誦」佛讚進入到具有「作」法會的能力。雖然基本目的相同，但比起一刻鐘左右的早晚敬（獻），一個半小時的「午供」被認為更具功力與可看性。作「午供」（圖8）需要9位團員一同邊背唱讚文、邊踩步伐變換隊伍完成。不同的讚文有著不同的韻調，也搭配著不同的步伐，若是其中一人在動作上出了差錯，其餘的團員必須要能很有默契地穩住節奏，否則將會影響整個隊伍的秩序，為此參與者壓力都很大。作「午供」被誦經團員公認是最難學的科目，曾經有一位婦女描述當初學作「午供」的經

表3 埔里7月普渡版本比較

普渡一般作法	普渡一天法會
發表（10:00）	發表（13:00）
請神安位	請佛、安位
（開懺）	開懺
中午休息準備	誦經懺
普施／誦經懺	拜藥師懺（主壇）
完經謝壇	誦經懺（分壇）
	晚敬（主壇）、晚獻（分壇）
	金剛對卷（上）
	早敬（主壇）、早獻（分壇）（6:00）
	金剛對卷（下）
	午敬（主壇）、午獻（分壇）
	交經懺
	普施／誦經懺
	完經謝壇

圖 8　午供

過,隊員們利用課餘的時間連續練了半年之久,她們不但自己發明口訣記憶步伐,並且用攝影機記錄練習的過程,後再邊看邊討論糾正彼此的動作,此外,也曾到日月潭文武廟觀摩別團如何進行,這段學習過程的點點滴滴在她心中很難抹滅。

　　除了作「午供」外,「金剛對卷」(圖9)的部分也需要參與者彼此搭配才能進行。進行時分 4 組人員坐在桌前相互說唱對答《金剛科儀寶卷》,在動作上時而拱手作揖,時而恭請經本,而所唱的韻調也有不少變化,必須熟記。完成一部《金剛科儀寶卷》需要 5 小時,所以一般會分成 2 個時段進行,以「獻敬」區隔開。「金剛對卷」是埔里廟宇進行法會時的必作科目,也常見於喪葬的作公德之中,藉以消災、超度亡魂。根據陳龍慶的觀點,在普渡時安排「金剛對卷」是比較細緻的作法,因為誦一部《金剛經》的功德很大,很適合在 7 月迴向給從四面八方湧入的好兄弟。也因此,參與對卷的人員必須持齋,就算平日的練習也需遵守此規定。筆者曾見地母廟誦經團在練習這部份時,若是為了方便大家而無特別吃素時,就只進行對卷中唱誦與動作的搭配,而不念經文,即便如此,練習時的氣氛也都格外嚴肅。地母廟的法會在進行「金剛對卷」時是動員所有的團員約 20 人左右,坐滿法會的三寶壇區。陳龍慶認為誦經拜懺時人數愈多愈好,進行起來更加莊嚴。所以他在安排作「普施」科目時也是讓所有的團員坐上了主

圖9　金剛對卷

壇位一起進行各自的誦經懺,結果參與者多表示感受到現場莊嚴疏盛的氣氛。

習會「獻敬」與「金剛對卷」後不只能用於自己廟宇的普渡法會,也能代表廟方與其他的廟宇進行交流。在埔里地區,「援經」、「讚揚」與「作法會」是廟宇間支援彼此宗教活動所流行的3種宗教行為。不論是年度儀式、大型的數十週年慶或紀念法會,聯誼的廟宇會為主事的廟宇誦經卷,並且將所誦經卷名稱與數目註明寫成經卷表送上作為禮數,有些更安排在活動期間派代表前往「讚揚」,即參拜神明。「讚揚」的一般作法是以唱佛讚表達,更細緻的就會選擇「作午供」,不但虔敬神明,精彩的演出也可博取名聲。陳龍慶的老師當年為了讓自己的團隊表現出跟別人不一樣的「讚揚」,還創了一種融合佛讚與午供的唱誦內容,搭配特殊步伐變化(「五湖四海」)。若當主事廟宇作法會的人數或科目無法周全時,聯誼廟宇也會出動自己的誦經團支援,特別是法會的時間長達5或7天時,更需要這類的協助。協助者參與的項目以「獻敬」居多,因為除非出自同一老師的教授,各團的韻調多少會有出入,所以安排上以每場次由單一誦經團負責較妥當。陳龍慶說在他父親陳忠的時代裡,埔里與魚池間有幾陣彼此熟識的合作夥伴,經常搭配著四處進行「金剛對卷」,足跡遍及埔里、草屯、臺中、彰化等地,但目前這樣出外交流的機會已不多見。

龍華科儀的科目一方面可用來作為廟際間發展關係的媒介，同時在法會的場域中也會讓不同團體間進行良性競爭，較勁彼此的科儀功力，其中最常的做法就是比較能唱佛讚或曲的數量多寡，這是陳龍慶、他的父親與老師珍藏一堆佛讚或曲（並附韻調提示）的抄本，其背後的脈絡與考量。此外，這些讚曲也有讓科儀在進行時多些變化的用途，「不要讓人家說你只會唱這一條，老是一成不變」。不過地母廟的誦經團還沒有學到這些讚曲的變化，陳龍慶認為目前還用不到。倒是他自己在教學的過程中，偶爾會遇到一些已有基礎的學生在他剛開始上課時故意唱不同的曲調或內容挑戰老師的功力，這時陳龍慶不但要能穩住自己的音調，同時還要會唱對方所會的，才能有效地掌控教學的場面，此時這些讚曲的集子就變得十分有用。

陳龍慶認為他所訓練地母廟的這團不再是甲班或乙班，而是「法會組」（圖10），是為了訓練能作法會的科儀人員而來，由原先甲乙班誦經團中願意參與者與新進的成員組成。第一個星期的參與者44位，後來許多人無法承受天天練習的負荷，人數銳減至20人左右。目前這一班清一色均為女性，年齡在45至50歲上下。她們之中有不少人珍惜這個參與的機會，一致認為這是人生中孩子已撫養長大但又尚未成家生子前最有空的時期。事

圖10　誦經團練習

實上目前埔里的其他廟宇要能像地母廟這樣組出 20 人的誦經團並不容易，一來受限於婦女的生命週期，二來記憶力與學習能力也都會影響整體的表現。筆者甚至聽聞其他廟宇的執事談論誦經團團員的外型問題，「誦經團最好是由 30 到 40 多歲的婦女組成，歌喉好、身材也好，走午供時也比較好看，等到了五、六十歲就都不行了。」

除了團員本身的條件外，教授誦經老師的科儀能力以及自身的修維也決定了整個團隊的素質。許多接觸過陳龍慶的人，對他的認真與溫和都會留下深刻的印象。陳龍慶以他三十多年豐富的科儀見聞談起執行儀式的基本態度，舉了非常多的例子說明中尊[12]作科儀，特別是誦經卷時偷工減料，結果或病或亡、家庭事業都受牽連影響而無好下場的故事，他描述自己科儀作到後來愈戒慎恐懼，因為那些不好的聽聞，讓他「作到會驚」，所以堅持任何科儀進行時必須「準時開始、誦足經卷、任何新科目必不省略換茶果（敬神）的步驟」。他的父親、老師也是如此。

然而，陳龍慶對科儀中某些設置不是墨守成規，而會視狀況而作增減。例如地母廟三寶壇內的神像掛圖就與青天堂的有所不同，反映他個人主觀的感受與詮釋。青天堂的神像掛圖一如其他廟宇一般，是將十殿閻王與兩大護法神（韋馱菩薩、伽藍菩薩）共 12 張掛圖分兩邊掛上。但地母廟的做法是將十殿閻王分作 2 張圖（一張畫有五位閻王），兩大護法外新增四大金剛共 6 張圖（一位神尊一張）分兩邊掛上。陳龍慶認為這樣的設置可以把原來十殿閻王掛圖太多所給人陰森的氣氛轉變成比較陽剛，適合大廟的風格。

雖然會因為看不慣同業的偷工減料而解除合作關係，但在與人相處上陳龍慶總是以溫和的態度相待，避免說重話，融洽相處。這點讓他的人緣極佳，頗受學生的喜愛。受到父親以及自己老師的影響，陳龍慶特別重視作老師的身教，凡是需要動手的事情他都帶頭先作榜樣。今年 7 月的普渡法會前一晚有不少學生加入搭壇準備的行列，參與者的理由是前次法會並沒有協助老師搭壇，心中感到十分過意不去。在普渡法會進行中，由於「獻敬」採分組的方式到各壇位同時進行，負責最高位置乾元殿的小組花了不

---

[12] 科儀進行時站立在中間負責起調、執行儀式動作的人稱「中尊」。

少時間才姍姍歸隊,結果在知道老師等著一起用餐後,因而警覺時間管理的重要性。陳龍慶回憶他的老師當年也會延遲自己吃飯的時間等最後一批學生做完工作,廚房因而不會太早收餐讓他們餓肚子,同時作學生的也能感受到老師的關心。陳龍慶說:「因為我的老師是這樣教我的,所以我也這樣做。」農曆 7 月 7 日傍晚普渡科儀完成,大家開齋吃飯,有幾位團員心存感恩地對陳龍慶表達了她們的敬意。

一個多月後地母廟誦經團又再度聚集,將進行一個多月 1 週 3 天的複習與練習,為年底的埔里作醮法會準備。陳龍慶在第一堂上課時說明了參與作醮的法會對科儀執行者資歷上的重要性,他拿出了自己事先擬好的小抄,對大家說出了他的提醒:[13]

> 戊子年請醮真是很難得的機會,希望大家一起來勉力(勵)。放下雜念用清淨(靜)的心情。高興、愉快來復(複)習(,)準備這次的清醮,不要有其他的想法和壓力來。所以希望大家用最清淨(靜)及歡喜的笑容參加復(複)習(,)把要學的事,從(重)新整理好放在自己的心中。先把自己的心安好,一切多(都)會萬事如意,心想事成了(,)共勉之。九十七年(農曆)9 月 1 日。

六、結語

地母廟 7 月的普施科儀在儀軌的組合上雖然以龍華一日法會的方式進行,但是廟方所添加的步驟——請神鑑壇、貼符封門封金爐,與晚上的酬謝諸真,都帶有昔日鸞堂時期的色彩。再則,一日法會的儀軌雖屬龍華派型式,但科目的安排與如何操演同時也反映出儀式專家的傳承與創新——一日法會是陳龍慶沿用三十多年前在青天堂師生的一個選擇,但儀式的設置卻不是一成不變的,三寶壇神像掛圖的變化就是一例。而當貼近陳龍慶

---

[13] 陳龍慶的小抄中有許多錯別字與標點符號的遺漏,為尊重文本,筆者在此僅將正確的寫法與用法以括弧標示出。

的生命經驗，體會他成長與人生哲學的點點滴滴時，儀軌的操演也正烙印著社會個體生命經驗的實踐。

地母廟7月普施的操演過程清楚地呈現了廟宇儀式的在地意含，此脈絡與地母廟在臺灣「會靈山」風氣影響下信仰者「去地域化」的特質成了鮮明的對比。一方是來自臺灣各處絡繹不絕的香客在地母廟進行彼等生活世界中所熟知的儀式形式，一方則是廟方所操演的龍華化與鸞堂化的埔里儀軌。「會靈山」的現象被認為對於傳統強調地域性特質的宗教實踐產生很大的衝擊，可能瓦解原屬祭祀圈內信仰生活之完整性與正當性，或是產生適應新社會情境的宗教實踐（丁仁傑 2005:57），埔里地母廟的發展則支持了第二種可能性。[14]

---

[14] 筆者近期內剛完成地母廟主神地母至尊聖誕的田野調查（2008/11/12-17），地母聖誕的例子比本文7月普渡更適合用來說明地母廟如何產生新的宗教實踐，以適應新社會情境的議題，將另為文說明。

參考書目

丁仁傑
    2005   會靈山現象的社會學考察：去地域化情境中民間信仰的轉化與再連結。臺灣宗教研究 4(2):57-111。

丸井圭治郎
    1993   臺灣宗教調查報告書，第一卷，臺灣總督府編。臺北；捷幼出版社。

王見川
    1996a   臺灣的齋教與鸞堂。臺北；南天出版社。
    1996b   龍華派齋堂的個案研究。刊於臺灣的齋教與鸞堂，王見川著，頁 115-131。臺北；南天出版社。

王志宇
    1997   臺灣的恩主公信仰：儒宗神教與飛鸞勸化。臺北；文津出版社。

江燦騰、王見川 編
    1994   臺灣齋教的歷史觀察與展望：首屆臺灣齋教學術研討會論文集。臺北；新文豐出版社。

宋光宇
    1981   試論「無生老母」宗教信仰的一些特質。中央研究院歷史語言研究所集刊 52(3):559-590。

林怡資
    2008   武乩的產生——埔里受鎮安採乩儀式分析。暨南國際大學人類學所學期報告。（未出版）

林美容
    1995   臺灣齋堂總表。臺灣史料研究 6:26-41。

林美容、祖運輝
    1994   在家佛教——彰化朝天堂所傳的龍華派齋教。刊於臺灣齋教的歷史觀察與展望——首屆臺灣齋教學術研討會論文集，江燦騰、王見川編，頁 191-249。臺北；新文豐出版社。

淺井紀
    1994   臺灣齋教的《龍華科儀》與靈山正派的教義演變。刊於臺灣齋教的歷史觀察與展望——首屆臺灣齋教學術研討會論文集，江燦騰、王見川編，頁 27-44。臺北；新文豐出版社。

莊吉發
    1987   清代民間宗教的寶卷及無生老母信仰（上）。大陸雜誌 74(4):23-32。
    1995   真空家鄉，無生父母：民間祕密宗教的社會功能。歷史月刊 86:50-55。

張崑振
  1999 臺灣傳統齋堂神聖空間之研究。成功大學建築學系博士論文。
張崑振、徐明福
  1998 臺灣龍華派齋堂儀式空間之研究——齋堂神聖空間模型的建構。中央研究院民族學研究所集刊 85:53-111。
梅慧玉
  2006 社會記憶的書寫與實踐：一個地方版廟誌的產生。民俗曲藝 154:77-132。
鄭志明
  1985 無聲老母信仰淵源。臺北；文史哲出版社。
  1988 中國善書與宗教。臺北；學生出版社。
鄭育陞
  2008 勸化與關懷——埔里鸞堂的研究。手稿。（未出版）
Yang, C. K.
  1994[1961] Religion in Chinese Society. 臺北；南天書局。

附錄：埔里地區廟宇法會科目舉例

2007/01/25 凌霄殿 921 重建法會	2008/04/20 地母廟六十週年慶典法會	2008/02/27 受鎮宮五十週年慶典法會	1993/03/10 良善堂謝土落成慶典法會
第一天	第一天	第一天	第一天
07:00 稟告上蒼	05:00 起鼓	06:20 起師奏表	09:00 發表
起鼓	上表	祈安禮斗	請佛
發表	安斗	豎幡大士旗	安神位
請佛	玉皇經	獻午供	祈安禮斗
安位	引魂	梁皇寶懺	引魂超拔祖宗
引魂	開懺	焚化灶君疏	誦經禮懺
開懺	轉斗	獻晚供	第二天
午供	誦經懺	梁皇寶懺	07:00 誦經禮懺
誦金剛懺	第二天	第二天	謝土落成典禮
晚供	05:30 早課	06:30 演淨	金剛對卷
第二天	玉皇經	祈安禮斗	引魂超拔祖宗
07:00 早供	開梁皇懺	誦經禮懺	金剛對卷
開懺	開水懺	獻午供	第三天
金剛對卷	引魂	引魂超拔祖宗	07:00 開水懺
超拔祖宗	五斗經	金剛寶卷（上）	普施孤魂
晚供	第三天	獻晚供	化帛送孤
第三天	05:30 早敬	金剛寶卷（下）	謝壇
07:00 早供	誦玉皇經	第三天	謝諸真
開懺	金剛對卷	06:30 演淨	
午供	送祖宗	祈安禮斗	
繳經卷	普施	誦經禮懺	
普施	離幽冥	獻午供	
填庫	化帛	引魂超拔祖宗	
完懺	謝壇	金剛寶卷（上）	
化帛	謝諸真	獻晚供	
謝壇		金剛寶卷（下）	
謝諸真		第四天	
		06:30 演淨	
		祈安禮斗	
		誦經禮懺	
		獻午供	
		引魂超拔祖宗	
		誦經禮懺	
		獻晚供	
		誦經禮懺	
		第五日	
		06:30 演淨	
		誦經禮懺	
		繳庫錢	
		謝斗	
		獻午供	

2007/01/25 凌霄殿 921 重建法會	2008/04/20 地母廟六十週年慶典法會	2008/02/27 受鎮宮五十週年慶典法會	1993/03/10 良善堂謝土落成慶典法會
		普施	
		化帛送孤	
		謝壇	
		22:00 謝諸真	

鸞務再興——
戰後初期埔里地區鸞堂練乩、著書活動

康豹（Paul R. Katz）
中央研究院近代史研究所研究員
邱正略
暨南國際大學歷史學系兼任助理教授

一、前言
二、埔里地區的鸞堂
三、戰後初期各鸞堂練乩活動
四、堂際互助與交流
五、結語

一、前言

（一）研究源起

　　埔里地區的鸞堂最早創設於日治初期，經過 50 年的殖民統治之後，戰後初期，突然興起一股鍛鍊新乩、著造善書的風潮，從民國三十四年（1945）到三十八年（1949）5 年間，所著善書包括《破迷針》（埔里育化堂 1947）、《引悟線》（埔里育化堂 1949）、《醒化金編》（日南醒化堂〔年代不詳〕）等，有些當時的降筆資料也陸續刊載於後來出版的《參贊碎錦集》（蔡錦川 1972）、《參贊碎錦第三集》（蔡錦川 2002）、《打痴鞭》（高紹德 1950）、《宣平宮醒覺堂誌》（陳松明 2004）、《醒靈集錦》（醒靈寺 1978）等書當中。這段時期可以稱得上是埔里地區鸞堂的興盛期，熱潮退去之後，這些鸞堂仍在地方上穩定發展，也繼續協助新設立的鸞堂練乩、著書，今日埔里地區的民間信仰，鸞堂仍佔有極重要的分量。

　　戰後初期，臺灣民間信仰剛剛經歷一段「皇民化運動」的政策打壓，許多民間信仰活動因此停辦，或是轉為地下化，鸞堂的降筆活動也不例外。適值改朝換代之際，經濟動盪、政治不安、人心惶惶的社會環境下，提供一個鸞堂活動及其所代表的傳統漢人文化再興的好時機。但是，經過「皇民化運動」打壓所造成扶鸞降筆的斷層，到底這股「再興」的力量起源自何處？是地下化的活動轉為檯面化？還是重新開辦的練乩過程？同一個風潮當中，哪些主要的參與者扮演著推手的角色，各宮堂之間的互動關係又如何？這是引發本文探討的動因。

　　在臺灣民間信仰當中，人神溝通儀式非常多元，舉凡擲筊、抽籤、靜坐、聽香以及藉由靈媒（或稱乩童、尪姨等神職人員）問神等等皆是。依賴靈媒問神的方式最主要有兩大類，一類是神明藉由扶鸞降筆指示，負責的人可以稱為文乩、乩筆或乩生。另一類則是讓神明直接降臨在靈媒的身上，以動作或言語直接為信眾解答疑難，有時也會摻雜降筆、畫符等方式，負責的人可以稱為武乩、乩童或尪姨（黃有興 1992:80-122；林富士 2005）。此二類靈媒問神相同的功能在於為信眾解決舉凡家庭、學業、事業、疾病、擇日、冤親債主等各方面生活上的疑難，略有不同的在於前者除了透過降筆來為信眾解答包括判三世、擇吉日、家庭、學業、事業等各

類疑難，以及施予藥方之外，還傳遞勸善訓文，可稱之為「飛鸞勸化」，所留下的文字資料可以通稱為善書。

所謂「扶鸞」，是指「藉由桃技柳枝組合成鸞筆，聖佛仙神經由鍛鍊功成之正乩生題字砂盤，傳真聖藻現出詩文，闡明天道玄機真理，以啟發鸞下生修身立德之心」（宣平宮醒覺堂管理委員會 2006:11）。所謂「飛鸞」，有一種說法是指「一隻被鴻鈞老祖收為腳力的靈鸞，飛落在沙地上，以嘴尖寫字於沙上，因而啟發靈覺，上通玄機秉承天命，以靈鸞傳真天意，筆錄其詩文，字字金玉，句句珠璣，均是勸世渡眾之文。……，後因有時靈鸞請而不來，乃叩請上天准予採用桃枝柳枝合製成鸞狀，……，揮鸞於砂盤之上」（同上引:11-12）。

有關練乩的方式，是先「選定有靈者一人，加以鍛鍊四十九天，期使人靈通神靈，以傳真天意是為『正鸞』，另選一人任『副鸞』以助正鸞扶住鸞筆啟請福靈，揮鸞於砂盤之上」（同上引:12）。[1]

扶鸞降筆雖然是古老的宗教活動，在臺灣則是從 19 世紀末開始蓬勃發展，20 世紀初期與中葉分別有兩波較明顯的發展時期，一是起源於日治初期鴉片禁煙運動的擴展，一是因應戰後局勢的改變而激增，至今日依然相當盛行。

（二）研究回顧

有關臺灣的鸞堂研究，國內主要有王世慶、鄭志明、宋光宇、王志宇、王見川、李世偉等人。王世慶以〈日據初期臺灣之降筆會與戒煙運動〉一文探討臺灣降筆會的傳入及在各地的發展概況，並對鸞堂組織、經費及戒煙方法及影響進行詳細的說明（王世慶 1986）。鄭志明所撰《臺灣扶乩與鸞書現象──善書研究的回顧》一書是以善書為中心，探討鸞堂及善書的社會教育功能（鄭志明 1993）。宋光宇於民國八十一年（1992）執行國科會補助的研究計畫「儒宗神教──扶乩在臺灣的綜合研究」，先後發表〈清代臺灣的善書與善堂〉（宋光宇 1994）、〈臺灣的善書及其社會文化意義〉（宋光宇 1995）等文。王志宇《臺灣的恩主公信仰：儒宗神教與飛鸞勸

---

[1] 一種說法認為當時所選定之正鸞是子路。

化》一書是針對所謂「儒宗神教」的恩主公信仰，探討其活動、參與者、教化與社會救濟等各方面。也嘗試比較儒宗神教與一貫道、慈惠堂之間的差異（王志宇 1997）。王見川《臺灣的齋教與鸞堂》一書中除了探討日治初期鸞堂的發展，也對臺灣鸞堂研究做回顧。並且指出一些未來研究的方向，包括對於鸞堂系統的微觀研究、對於扶鸞著造過程的關注、善書內容的探討等，都是很值得參考的方向（王見川 1996:215-216）。李世偉〈日據時期臺灣的儒教運動〉（李世偉 1999a）、〈從中國到臺灣——近代儒教研究的回顧與展望〉（李世偉 1999d）等文除了對儒教結社組識及活動進行分類整理，也指出未來儒教研究應該做更多個案的考察。《日據時代臺灣儒教結社與活動》一書，不但探討鸞堂的歷史與善書的著作及流通，對於鸞堂的濟世活動及儒教運動的發展也有詳細的討論（李世偉 1999b）。另外，李豐楙也注意到，有一部分的儀式專家同時也會扶乩，他們通常被稱為鸞生，透過降乩宣講寫成的善書致力於發揚「儒家」倫理（李豐楙 1991）。

　　國外學者較重要的著作有沈雅禮（Gary Seaman）的博士論文〈中國鄉村中的寺廟組織——醒覺堂與珠仔山〉（Temple Organization in a Chinese Village），完成於 1978 年，內容是探討南投縣埔里鎮珠格里（舊稱珠仔山庄）的鸞堂醒覺堂與當地珠仔山庄的關係（Seaman 1978）。還有焦大衛（David K. Jordan）與歐大年（Daniel L. Overmyer）合著的《飛鸞：中國民間教派面面觀》（*The Flying Phoenix: Aspects of Chinese Sectarianism in Taiwan*），出版於 1986 年，內容主要探討奧法堂、慈惠堂、一貫道等 3 個民間教派的組織發展與扶鸞儀式，是一部運用實地調查與資料的研讀分析所撰寫的代表性作品（Jordan and Overmyer 2005[1986]）。石井昌子於〈澎湖地区における鸞堂と寺廟〉一文中除了簡介光緒晚期澎湖地區陸續成立的 12 間鸞堂外，也較詳細介紹馬公市內的一新社與北極殿的現況（石井昌子 1992）。近年來，柯若樸（Philip A. Clart）透過臺中聖賢堂的個案研究，說明戰後臺灣善書的重要性以及儒宗神教的特徵（柯若樸 2002；Clart 2003a, 2003b）。筆者也以臺北指南宮為例，探討鸞堂的歷史與演變（康豹 1995）。

　　綜觀暨有的研究成果，較受關注的焦點仍放在善書的研究，尤其是勸化功能方面。不過，多位學者也都認為鸞堂信仰研究仍有很大的空間，並

且指出一些很值得參考的研究方向。例如李世偉指出，儒教知識份子除了進一步組織各種的宗教結社外，也利用著作善書，或宣講教化，或行慈善救濟，將儒教的價值推展到民間，因此具有相當的群眾基礎，也展現出其文化生命力，未來的儒教研究應該作更多的個案考察（李世偉 1999d:270-271）。王見川認為應利用田野調查和文獻資料，著重鸞堂系統的微觀研究（王見川 1996:215-216）。

臺灣漢人宗教研究方面，也透過具體的民族誌或微觀的歷史個案，研究地方社會的實際運作、地方菁英的角色、以及國家與地方社會間複雜的權力流動與交互影響。[2] 這些研究大多是藉由地方公廟及其相關祭祀組織來說明地方菁英與地方社會的關係，雖然王見川於〈李望洋與新民堂〉一文中已經提到宜蘭地區的鸞堂多由士人所組成，還有李望洋、楊士芳等士人在鸞堂發展過程中的重要角色（王見川 1995:1-14）。宋光宇與李世偉於〈臺灣的書房、書院及其善書著作活動——從清代到現在〉一文中也提到臺灣的鸞堂主其事者多半為受過儒家教育的地方士紳文人，也指出清末至日治末期 60 年間臺灣地區的鸞堂具有「鸞堂數量眾多」與「大多由地方士紳所組成」等兩點特色（宋光宇、李世偉 1997:2-3, 7），都同樣指出代表地方菁英之一的士紳文人在鸞堂中的重要角色，陳文添於〈淺釋日治時期的降筆會事件〉一文中，利用日治時期舊縣檔案來分析官方對於降筆會所採取的政策如何轉變，並且強調降筆會是由地方鄉紳階所主導的一股自發性的戒風潮（陳文添 1999a，1999b）。但是對於鸞堂在地方社會所扮演的角色似乎未加探究。

（三）研究方法

本文所謂的「鸞堂」，是指具有一群信徒進行扶鸞降筆儀式，並且造出包括善書在內的降筆資料之廟宇。鸞堂大體可區分為兩大類，一類是以奉祀關聖帝君為主的恩主公信仰之鸞堂，有學者將之統稱為「恩主公崇拜叢」（李亦園 1983）。此類可以適度延伸，涵蓋包括奉祀文昌帝君、玄天上帝、

---

[2] 更多這方面的討論，請參見江燦騰、張珣（2001，2003）；Sangren（1987）；Wang（1974）；Weller（1999）。

觀世音菩薩、地母娘娘等其他有扶鸞降筆儀式的鸞堂。另一類鸞堂則是屬於民間教派，如奧法堂、慈惠堂、一貫道等所設立的鸞堂。這兩類團體於戰後如雨後春筍般激增，成為臺灣民間信仰的重要特色，也引起許多中外人類學、宗教學、歷史學者的研究興趣，以下先簡要說明相關研究概況。

　　本文所探討的對象是指第一類的鸞堂，而且限縮在戰後初期5年間（1945-49）有降筆、著書的鸞堂。希望透過對於戰後初期埔里地區鸞堂的練乩、著書活動，探討各鸞堂之間的網絡關係，以及地方菁英參與鸞務的概況，藉以瞭解鸞堂在埔里地區的民間宗教組織所扮演的重要角色與地位。介紹的順序是依育化堂、懷善堂、醒化堂（醒靈寺）、參贊堂、醒覺堂的順序。前4堂是日治初期以來陸續創設的鸞堂，也都曾經訓練乩生；或者有外地或友堂前來協助的乩生，至於醒覺堂，則是戰後新創設的鸞堂，也先後接受醒化堂、育化堂等友堂協助訓練乩生。埔里地區的鸞堂並非只有這5堂（參考表1、圖1、圖2），另有民國三十九年（1950）開設的衍化堂、民國四十年（1951）的昭德堂，天地堂地母廟也於同年3月6日（以下所提到的日期全部為農曆，若為國曆時，會特別註明）開始練乩（王永賢〔年代不詳〕:1），[3] 導化堂雖然也是成立於戰後初期（1946年），廟中開始降筆已是民國四十年（1951）以後的事，而且都是暫借其他宮堂的乩生，直到民國五十四年（1965）才開練正乩（曾保明 2006:7-10）。由於本文討論的重點在於戰後初期的5年間（1945-1949）埔里地區鸞堂鍛鍊新乩與著造善書的過程，因此，上述鸞堂暫未納入討論。在用詞上，主要是依據各宮堂的記錄資料撰寫，提到訓練新乩、練乩……等詞，主要都採用「練」字，若提到「鍛鍊」新乩時，仍保留「鍊」字，暫不刻意將二字統一。

　　地方菁英的角色是研究地方史不可忽略的一個主題。凡能夠運用「策略」在地方上建構某些「主導模式」（或支配模式）來發展影響力的個人與家族，都可以被視為地方菁英。換言之，「影響力」就成為判斷一個人（或家族）是否為社會菁英的參考指標（陳世榮 2006:137）。

　　地方菁英在地方社會與國家之間扮演的重要角色，逐漸受到研究者的重視，例如 Esherick 與 Rankin 對於地方菁英支配角色的討論（Esherick

---

[3] 首任正乩是余清旗。

and Rankin 1990:9-13），蔡淵絜所撰〈清代臺灣社會領導階層性質之轉變〉（蔡淵絜 1983:4-64）、吳文星《日據時期臺灣社會領導階層之研究》（吳文星 1992）都指出地方菁英的社會「功能」不限於政治，也延伸到經濟、文教與地方祭祀活動等領域，康豹〈日治時期新莊地方菁英與地藏庵的發展〉特別指出地方菁英在地方廟宇發展過程中扮演著重要的影響角色（康豹 2000），陳世榮的〈清代北桃園的開發與地方社會建構（1683-1895）〉（陳世榮 1999）與王興安的〈殖民地統治與地方菁英：以新竹、苗栗為中心〉等學位論文都是關注地方菁英在地方社會發展過程中的角色與影響力（王興安 1999）。

表1　埔里地區鸞堂簡表

名稱	別稱	地點	村里別	創建年代	主祀神	主要善書（出版年代）	乩日
懷善堂	城隍廟	市區	南門里	1900	三恩主 城隍尊神	打痴鞭（1950） 懷善（1972）	2003年停止。
真元宮 參贊堂	刣牛坑 帝君廟	刣牛坑	一新里	1902	三恩主	參贊碎錦集（1971） 參贊碎錦集續集（1984） 參贊碎錦集第三集（2002）	1、11、21
昭平宮 育化堂	孔子廟	市區	清新里	1911	關聖帝君 孔子	破迷針（1947） 引悟線（1949） 滄海遺珠（共三冊，1968、1996、1997） 頌春仙藻（2006）	7、17、27
玉衡宮 通天堂		市區	杷城里	1919	三恩主	鐙光六十年（1979）	1998年停止。
宣平宮 醒覺堂		珠仔山	珠格里	1946	三恩主	宣平宮醒覺堂誌（2004） 覺醒鸞聲（2006）	2、12、22
麒麟閣 導化堂		梅仔腳	北梅里	1946	觀世音菩薩 三恩主	麒麟閣導化堂簡史（2006）	1、11、21
醒化堂 醒靈寺		大瑪璘	愛蘭里	1917 1949	三恩主	醒化金篇（不詳，1947以後） 醒靈集錦（1978） 綠湖之秋（1980）	3、13、23
寶湖宮 天地堂	地母廟	寶湖崛	枇杷里	1950	地母	寶湖瓊章（2004）	1995年停止
恒山宮 衍化堂		牛眠山	牛眠里	1950	三恩主	鸞乩鍛訓記（1998）	3、13、23
昭德堂		史港	史港里	1951	三恩主	埔里昭德堂丙戌年煅練新乩專輯（2007）	3、13、23
受鎮宮		小埔社	廣成里	1959	玄天上帝	悟徹世針（1978）	1、11、21 5、15、25
玉清宮 良顯堂		崎下	大城里	1974	五顯大帝	無	1、11、21 6、16、26

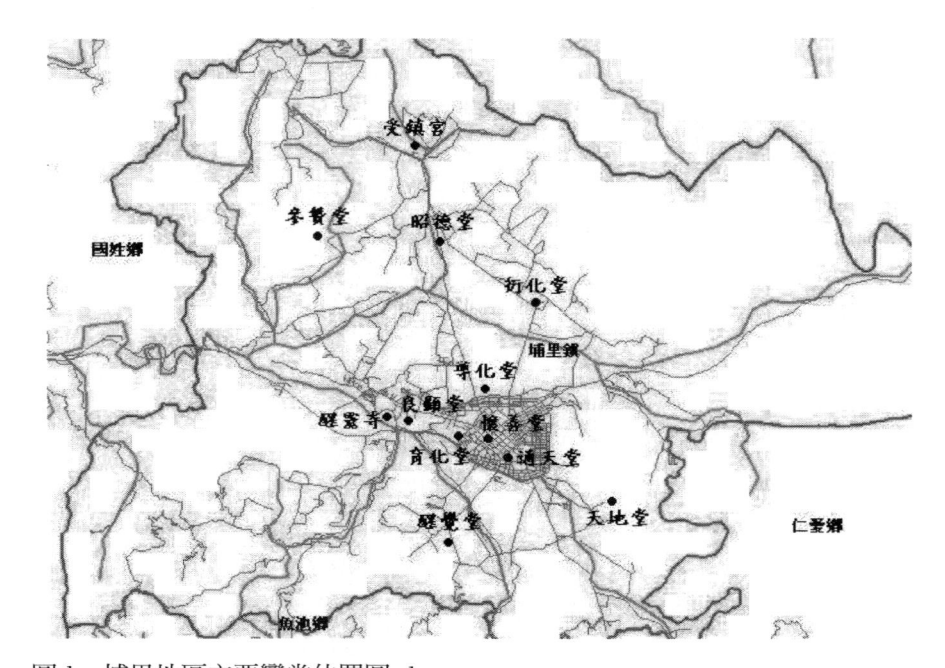

圖 1　埔里地區主要鸞堂位置圖 -1
說明：本圖以「臺灣歷史文化地圖核心應用系統」繪製完成。

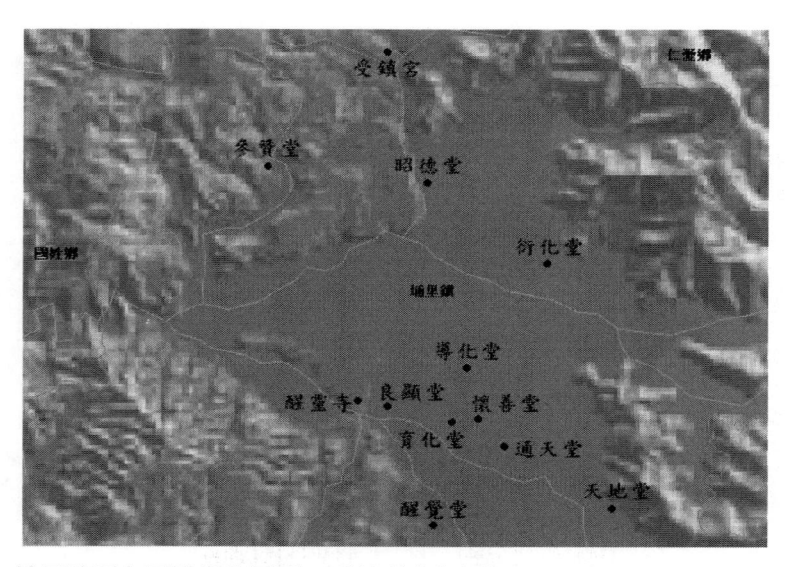

圖 2　埔里地區主要鸞堂位置圖 -2（地形高程圖）
說明：本圖以「臺灣歷史文化地圖核心應用系統」繪製完成。

本人從初步匯集的埔里地區鸞堂資料中發現，地方菁英在許多鸞堂的興起及發展過程中都扮演著重要角色，例如埔里第一間鸞堂懷善堂的創建者是埔里街士紳施百川[4]（1876-1919），曾擔任保正的許清和[5]、埔里街協議會員的羅銀漢[6]，都是積極參與廟務的地方菁英。

本文除了透過當時出版的善書，以及其他相關出版品來拚湊這段鸞務再興的過程，也透過口述訪問，填補一些遺漏的事蹟。為能讓讀者明瞭這些鸞堂當時練乩、著書的主要參與者，以及負責堂務的主事者的簡歷資料，本文參考幾本主要的善書與《埔里區寺廟弘道協會紀念特刊》，透過日治時期的戶口調查簿及戰後戶籍，整理出「戰後初期埔里地區主要鸞生簡表」（見表2）與「育化堂等五間鸞堂歷屆管理人簡表」（見表3）。

表2　戰後初期埔里地區主要鸞生簡表

鸞生姓名	本名	所屬宮堂	職稱	出生年（西元）	死亡年（西元）	享年	族群別	村里別／土名	職業	出處	善書出版時年齡	備註
蘇瞳鶴	蘇樹木	育化堂	堂主	明治三十五年（1902）	民國六十八年（1979）	78	福	茄苳腳	木材業	破	46	蘇新伙之子。
			堂主、副鸞生							引	48	
黃鎮輝	黃振飛	育化堂	副堂主	明治三十年（1897）	民國五十七年（1968）	72	不詳	茄苳腳		破	51	
林福麟	林來福	育化堂	協理鸞務	明治三十七年（1904）	民國七十年（1981）	78	福	桃米坑	精米業	破	44	林石德之子。
			協理鸞務兼副鸞生							引	46	
林再添		育化堂	正鸞生	大正二年（1913）	民國七十六年（1987）	75	福	埔里	無	破	35	懷善堂正鸞生。
										引	37	

---

[4] 施百川為埔里社街的雜貨商，商號名稱為「瑞源號」，是漢醫兼米商，也投資其他事業，包括埔里社電燈會社、埔里社開源會社等。

[5] 許清和為大肚城的米商，曾經擔任埔里街方面委員，熱心參與廟務，曾先後擔任過地母廟首屆董事長、醒靈寺董事長、育化堂主任委員、日月潭文武廟董事長等職。

[6] 羅銀漢為日治後期埔里地區活躍的政治人物，曾擔任埔里青年會會長、埔里實業協會會長、埔里街協議會員等職，晚年熱心參與育化堂鸞務，曾擔任副主委及顧問等職。

表 2　戰後初期埔里地區主要鸞生簡表（續）

鸞生姓名	本名	所屬宮堂	職稱	出生年（西元）	死亡年（西元）	享年	族群別	村里別／土名	職業	出處	善書出版時年齡	備註
許聰槁	許聰槁	育化堂	正鸞生	明治四十一年（1908）	民國五十五年（1966）	59	福	埔里		破	40	
										引	42	
劉國賓	劉旺進	育化堂	正鸞生	明治十九年（1886）	民國五十八年（1969）	84	不詳	茄苳腳		破	62	
										引	64	
鄭錦修	鄭錦水	育化堂	副鸞生	明治四十年（1907）	民國七十七年（1988）	82	熟	生番空	木材業	破	41	鄭奕奇庶子男。
			副堂主、副鸞生							引	43	
施能秀		育化堂	副鸞生	大正七年（1918）	民國八十三年（1994）	77	福	埔里		破	30	
										引	32	
潘坤珠	潘火珠	育化堂	副鸞生	明治三十七年（1904）	民國五十九年（1970）	67	熟	埔里		破	44	私塾老師莊美三之女婿。
										引	46	
白金城		育化堂	副鸞生	昭和二年（1927）	存		福	埔里		破	21	
										引	23	
陳石鍊		育化堂 懷善堂	協理鸞務 記錄生	明治三十三年（1900）	民國六十三年（1974）	75	福	茄苳腳	醫生	引	50	陳進之弟，醫師。
										打	51	
王碧龍	王梓性	育化堂	正鸞生	大正三年（1914）	民國八十六年（1997）	84	福	魚池木屐囒	公務員	引	36	民俗醫療堪輿、擇日。
施耀亭		育化堂	副鸞生	大正十年（1921）	民國四十一年（1952）	32	不詳	埔里		引	29	
王紹仁	王紹章	育化堂	副鸞生	昭和四年（1929）	存		不詳	梅仔腳		引	21	
江榮宗		育化堂	副校正生兼記錄宣講	明治三十五年（1902）	民國六十年（1971）	70	福	埔里	被傭稼	破	46	埔里區寺廟聯誼會發起人之一。曾任育化堂主委。
			副堂主兼參校生							引	48	
羅春綢	羅氏阿綢	育化堂	女鸞總監	明治二十六年（1893）	民國四十二年（1953）	61	不詳	埔里		引	57	陳光明之母。

表2 戰後初期埔里地區主要鸞生簡表（續）

鸞生姓名	本名	所屬宮堂	職稱	出生年（西元）	死亡年（西元）	享年	族群別	村里別／土名	職業	出處	善書出版時年齡	備註
李金塗		懷善堂	總理鸞務正堂主	明治三十年（1897）	民國五十三年（1964）	68	福	梅仔腳	無	打	54	
陳南要		懷善堂	協理鸞務兼記錄副堂主	大正五年（1916）	民國七十七年（1988）	73	福	埔里	木材業	打	35	縣議員。
陳光明		懷善堂	協理鸞務兼經理兼督鸞副堂主	大正二年（1913）	民國九十二年（2003）	91	不詳	埔里	無	打	38	陳秋全長男。
許金爐		懷善堂	正鸞生	大正五年（1916）	民國九十三年（2004）	89	福	水尾	雜貨商	打	35	
高丁財	高登財	懷善堂	正鸞生	明治四十五年（1912）	民國六十一年（1972）	61	福	埔里	豆腐商	打	39	
黃振淵	黃振燕	懷善堂	正鸞	大正十年（1921）	歿年不詳	不詳	廣	茄苳腳	製餅業	打	30	
柯永祥		懷善堂	正鸞生	大正十四年（1925）	存		福	埔里	米商	打	26	
劉長芳		懷善堂	副鸞生				不詳			打		查不到。
曾金水		懷善堂	副鸞生	明治二十二年（1889）	民國九十二年（2003）	78	不詳	枇杷城	無	打	62	
莊金鈴		懷善堂	副鸞生	昭和五年（1930）	存		福	埔里	輪胎業	打	21	
黃其欽		懷善堂	副鸞生	昭和三年（1928）	民國五十三年（1964）	37	福	埔里		打	23	
林永乾		懷善堂	副鸞生	昭和六年（1931）	民國九十二年（2003）	73	福	埔里		打	20	戰後家中奉祀帝爺供信徒求問。
劉萬通		懷善堂	記錄生	大正十三年（1924）	存		福	埔里		打	27	戰後城隍廟重建功勞者。
蔡清攀	王蔡氏清攀	懷善堂	女鸞監督	明治三十七年（1904）	民國七十七年（1988）	96	福	茄苳腳		打	47	

表 2　戰後初期埔里地區主要鸞生簡表（續）

鸞生姓名	本名	所屬宮堂	職稱	出生年（西元）	死亡年（西元）	享年	族群別	村里別／土名	職業	出處	善書出版時年齡	備註
葉扶蓉	林葉氏芙容	懷善堂	女鸞監督	明治二十九年（1896）	民國六十五年（1976）	81	福	枇杷城		打	55	地母廟董事長林秋堂之母。
林阿四老		醒化堂		明治二十二年（1889）	民國四十八年（1959）	71	熟	房里				1946年新練的正乩（醒靈寺專刊頁4）。
林廉恩		醒化堂	正堂主副鸞生	大正四年（1915）	存		熟	房里		醒	33	林李金水次男。
林義寄	林李清寄	醒化堂	副堂主正鸞生	明治四十二年（1909）	民國七十一年（1982）	74	熟	房里		醒	39	林李金水長男。
潘智東	潘清東	醒化堂	副堂主	明治二十五年（1892）	民國五十九年（1970）	79	熟	房里		醒	56	
羅義芳	羅芳	醒化堂	正經理	明治三十三年（1900）	民國六十七年（1978）	79	不詳	烏牛欄		醒	48	
王信煙	王煙	醒化堂	副經理	大正一年（1912）	民國九十二年（2003）	92	福	烏牛欄		醒	36	王隆中養子鐵山里長。
李海炭		醒化堂	副經理	明治四十四年（1911）	民國八十七年（1998）	88	福	房里		醒	37	陳秋全之雇人。房里里長。
蔡錦川		參贊堂		大正九年（1920）	存		廣	水尾	農	參	29	1948年率領堂下鸞生12名開乩鍊筆。蔡堃祥次男。
徐春龍		參贊堂	正乩（第二任）	明治四十年（1907）	民國八十年（1991）	85	廣	小埔社	農	參	42	隨蔡錦川鍊乩鸞生。
黃松順		參贊堂	正乩（第一任）	昭和五年（1930）	存		福	水尾	農	參	19	隨蔡錦川鍊乩鸞生。

表 2　戰後初期埔里地區主要鸞生簡表（續）

鸞生姓名	本名	所屬宮堂	職稱	出生年（西元）	死亡年（西元）	享年	族群別	村里別／土名	職業	出處	善書出版時年齡	備註
葉雲浪		參贊堂	正乩（第五任）	大正十年（1921）	民國六十五年（1976）	56	廣	水尾	農	參	28	隨蔡錦川鍊乩鸞生。
蔡維賢	蔡克賢	參贊堂	副乩（第一任）	大正十五年（1926）	民國九十四年（2005）	80	廣	水尾	農	參	23	隨蔡錦川鍊乩鸞生。蔡錦琦次男。
游好修		參贊堂	副乩（第二任）	昭和三年（1928）	存		廣	史港坑	農	參	21	隨蔡錦川鍊乩鸞生。
游景常		參贊堂		昭和二年（1927）	存		福	小埔社	農	參	22	隨蔡錦川鍊乩鸞生。
游象創	游象釗	參贊堂		昭和二年（1927）	存		福	小埔社	農	參	22	隨蔡錦川鍊乩鸞生。
曾清泉		參贊堂		大正十年（1921）	民國八十一年（1992）	72	廣	水尾	農	參	28	隨蔡錦川鍊乩鸞生。
徐春榮		參贊堂	副乩（第三任）	昭和七年（1932）	存		廣	小埔社	農	參	17	隨蔡錦川鍊乩鸞生。
鍾樹林		參贊堂		昭和三年（1928）	存		廣	水尾	農	參	21	隨蔡錦川鍊乩鸞生。
黃進益		參贊堂		大正十五年（1926）	存		福	小埔社	農	參	23	隨蔡錦川鍊乩鸞生。
范梅英		參贊堂		大正四年（1915）	民國五十年（1961）	47	廣	水尾	農	參	34	隨蔡錦川鍊乩鸞生。
黃刊		醒覺堂	正乩生（第一代）	明治四十四年（1911）	民國九十二年（2003）	93	廣	珠仔山	農	覺	37	1947年鍊筆。
王水林		醒覺堂	副乩生（第一代）	昭和三年（1928）	民國八十四年（1995）	68	福	珠仔山	農	覺	20	1947年鍊筆。
潘明河		醒覺堂	正乩生（第二代）	明治四十三年（1910）	歿年不詳		熟	房里	製茶場	覺	39	1948年鍊筆。

表2　戰後初期埔里地區主要鸞生簡表（續）

鸞生姓名	本名	所屬宮堂	職稱	出生年（西元）	死亡年（西元）	享年	族群別	村里別／土名	職業	出處	善書出版時年齡	備註
潘燈欽		醒覺堂	副乩生（第二代）	昭和四年（1929）	民國九十三年（2004）	76	熟	生番空	農	覺	20	1948年鍊筆。潘清結四男。

說明：
1. 本名與鸞生姓名相同者，「本名」欄空白。
2. 「出生年」與「死亡年」大致採戶籍資料所登錄的年份，因此，有少數出生於1895年以前者，「出生年」仍以「明治紀年」，「死亡年」則以「1945年」劃分，1945年（含）以前者，採日本紀年，以後皆採民國紀年，「出生年」與「死亡年」下方加註西元年。
3. 「出處」欄中代號指的是下列書籍：
   (1)「破」是指《破迷針》（埔里育化堂1947）。
   (2)「醒」是指《醒化金篇》（日南醒化堂〔年代不詳〕）。
   (3)「引」是指《引悟線》（埔里育化堂1949）。
   (4)「打」是指《打痴鞭》（高紹德1950）。
   (5)「參」是指《參贊碎錦集》（蔡錦川1972），本表「善書出版時年齡」欄中年齡以1948年開乩鍊筆起算）。
   (6)「覺」是指《宣平宮醒覺堂誌》（陳松明2004），本表「善書出版時年齡」欄中年齡以該乩生開乩鍊筆年代起算）。
4. 本表僅抄錄堂主、副堂主、正鸞生、副鸞生及少數較重要的鸞生姓名，此外尚有「司鐘生」、「司鼓生」、「接駕生」、「奉茶生」、「奉菓生」、「淨壇生」、「獻花生」、「誦經生」、「接駕生」、「班員」……等，暫未收錄。
5. 陳石鍊為唯一身兼兩堂鸞生職務者。
6. 「村里別」欄住要引自日治時期戶籍資料，因此，應屬日治末期的「大字」，例如「埔里」，即埔里街管內的「埔里」大字，也就是埔里街，並未再一一追查所居住地點的戰後村里別。
7. 「職業」欄空白者為職業不詳。

表3　育化堂等五間鸞堂歷屆管理人簡表

寺廟別	堂主	主委	董事長	屆別	姓名	村里別	生年	卒年	享年	職業	經歷／備註
昭平宮育化堂		✓		1	江榮宗	北門里	明治三十五年（1902）	民國六十年（1971）	70	豬肉商	埔里區寺廟聯誼會發起人之一。
		✓		2	鄭錦水	珠格里	明治四十年（1907）	民國七十七年（1988）	82	富紳	曾任副乩生。
		✓		3	蘇樹木	薰化里	明治三十五年（1902）	民國六十八年（1979）	78	米店	里長。曾任副乩生。
		✓		4	許元發	北門里	大正二年（1913）	民國六十七年（1978）	66	營造業	里長。
		✓		5	許清和	大城里	明治二十九年（1896）	民國七十一年（1982）	87	米店、富紳	保正。地母廟董事長。醒靈寺董事長。育化堂主委日月潭文武廟董事長。
		✓		6	林耀輝	南門里	大正十二年（1923）	民國七十年（1981）	59	米店	日治時期教員。調解委員會主席。
			✓	1	蔡明煌	南門里	大正七年（1918）	民國九十六年（2007）	90	布店	
			✓	2	詹元和	大城里	昭和十四年（1939）	民國七十九年（1990）	52	米店	鎮民代表會主席。
			✓	3-6	黃冠雲	南門里	昭和十八年（1943）	存		中醫師	
			✓	7	蔡茂亮	北門里	昭和五年（1930）	存		酒廠職員	曾任正乩生。
懷善堂城隍廟	✓			1	施百川	南門里	明治九年（1876）	大正八年（1919）	44	漢醫、米業	
	✓			2	施雲釵	南門里	明治三十四年（1901）	民國四十九年（1960）	60	漢醫、米業	
	✓			3	李金塗	北門里	明治三十年（1897）	民國五十三年（1964）	68	無	
	✓			4-5	陳光明	西門里	大正二年（1913）	民國九十二年（2003）	91	裝簧業	
		✓		1	周平忠	南門里	明治四十二年（1909）	民國八十年（1991）	83	金飾業	里長。
		✓		2-3	劉萬通	南門里	大正十三年（1924）	存		教師、飼料業	
		✓		4	蒲魏傳	大城里	大正六年（1917）	民國八十年（1991）	75	雜貨商	里長。
		✓		5	廖榮壽	西門里	昭和十一年（1936）	存		農	
		✓		6	陳光明	西門里	大正二年（1913）	民國九十二年（2003）	91	裝簧業	與4-5任堂主同一人。

表3　育化堂等五間鸞堂歷屆管理人簡表（續）

寺廟別	堂主	主委	董事長	屆別	姓名	村里別	生年	卒年	享年	職業	經歷／備註
懷善堂城隍廟		V		7	翁式卿	南門里	昭和八年（1933）	存		香舖、飲食店	
		V		8	魯義成	杷城里	大正十一年（1922）	民國九十三年（2004）	91	客運司機	
		V		9	林吉男	泰安里	昭和十八年（1943）	存		土木業	曾任正乩生。
		V		10	吳進春	廣成里	昭和三年（1928）	存		農	里長。
醒靈寺			V	1	廖阿相	房里里	大正二年（1913）	民國七十六年（1987）	75	農	
			V	2-5	王河松	愛蘭里	大正五年（1916）	民國八十四年（1995）	80	碾米業	
			V	6	邱石頭	愛蘭里	大正五年（1916）	民國八十一年（1992）	77	水泥業、營建業	
			V	7	葉蒼為	南村里	大正五年（1916）	民國八十三年（1994）	75	農	南村里長。
			V	8	梁水在	南村里	大正十五年（1926）	存		工程業	
			V	9	林文雄	大城里	大正十三年（1924）	民國九十五年（2006）	83	紙廠、刻印	懷淳宮兩屆主委。
			V	10	莫其誠	鐵山里	民國三十五年（1946）	存		營建業	
			V	11	張伸二	大城里	昭和十九年（1944）	存		退休教師	
真元宮參贊堂		V		1-5、8	張振春	史港里	明治二十四年（1891）	民國六十二年（1973）	83	農	
		V		6	張建光	一新里	明治四十二年（1909）	民國八十三年（1994）	86	農	村長。
		V		7	張以利	一新里	明治二十八年（1895）	民國六十五年（1976）	82	農	村長。
		V		9-10	劉坪	合成里	明治三十八年（1905）	民國七十七年（1988）	84	農	
		V		11-14	徐欽漢	向善里	昭和二年（1927）	民國九十二年（2003）	77	農	
		V		15	陳敢當	向善里	昭和十二年（1937）	存		農	
		V		16	曾雲乾	一新里	昭和八年（1933）	存		農	

表3 育化堂等五間鸞堂歷屆管理人簡表（續）

寺廟別	職稱 堂主	主委	董事長	屆別	姓名	村里別	生年	卒年	享年	職業	經歷／備註
醒覺堂		∨		1	劉阿才	溪南里	明治三十四年（1901）	民國六十五年（1976）	76	農	保正。
		∨		2-6	黃清允	珠格里	大正五年（1916）	民國七十三年（1984）	69	農	里長（5任）。
		∨		7	鍾火琳	珠格里	明治四十一年（1908）	民國八十一年（1992）	85	農	鄰長。
		∨		8	黃其東	珠格里	大正九年（1920）	存		農	
		∨		9-10	潘清傳	溪南里	昭和九年（1934）	存		農	里長（4任）。
		∨		11	白金章	大城里	大正十三年（1924）	存		酒廠會計	鎮長。
		∨		12	陳新傳	溪南里	昭和十二年（1937）	存		農	鄰長。

說明：2008年8月製表。

二、埔里地區的鸞堂

　　埔里地區鸞堂的緣起，《破迷針》有一段「臺中縣城隍尊神」臨堂時話：「昔年三相臨凡勸世。因你埔中街民一點信心，請駕臨埔，亦曾一番振起神威。初到埔中，那時並未建立鸞堂，無奈暫借施家，立為懷善堂。斯時眾仙神甚然勞力，顯出神通，煉丹解煙，造書勸世，度多少鸞徒。自煉丹及造書完竣之後，鸞門暫暫冷淡，而鸞生亦暫暫離散。故斯後各聖神亦不常到斯堂也」（埔里育化堂1947:37-38）。這段話提到埔里地區鸞堂興起及衰微的原因，信徒的需求功能減退固然是埔里地區鸞堂式微的因素之一，殖民統治的管制也是另一個可能因素。

　　依據《埔里瀛海城隍廟沿革》記載，懷善堂於明治三十三年（1900）由本地善士赴阿罩霧大里杙迎請三恩主劍令駐駕史港里，翌年（1901）5月5日迎遷於施百川宅，舉行鎮座，並立堂號為懷善，朝夕誦經，施方濟

世。當時由於吸食鴉片者眾多,於是借助神力,幫助居民戒除煙癮。次年(1902)承奉恩主賜冠號為「彩鳳閣」,並且降筆著書,編成《懷心警世金編》[7]、《醒悟金編》[8],當時的正乩為李春生(潘祈賢 1996:21)。

明治三十四年(1902)10月,懷善堂恩主指示刣牛坑永興莊有一處吉地,可供建廟之用於是由正鸞生李春生前往主持創設,即今日之參贊堂(同上引:21-22)。

醒化堂的前身是明治四十年(1907)於林李金水自宅所設之「解化堂」,由於林李金水母親染患煙癮,於是在家中設置香案,將煙具排放在桌案上,焚香祝告,叩求三恩主幫忙戒除煙癮,發誓戒毒,然後將煙具當場燒化,毒癮復發時,只祈求香灰沖茶飲之,其母煙癮果然戒除。立堂當時就鍛鍊文、武兩組乩筆。大正六年(1917)埔里大地震之後重新再建,改堂號為「醒化堂」繼續揮鸞闡教。戰後初期尚有一組乩筆,由於鸞務日繁,於是在民國三十五年(1946)再練一組文乩,由林阿四老擔任正乩(醒靈寺 1978:1-4)。

育化堂所奉之三恩主是原本安奉於附近民家的神祇,早期由當地居民集資,於王國財耕作的園圃簡單創設茅廬,由林有定從臺中大墩迎來武聖關公金像及香爐,取號為「修化堂」,於明治四十四年(1911)舉行安座,大正五年(1916)移至童阿里家宅正廳奉祀,日治時期由埔里街長林其祥、地方望族謝仕開出面,邀集地方人士磋商創建武廟事宜,於大正十五年(1926)擇定今日廟址創建文廟兼祀武聖,同年底落成,易號為「育化堂」(育化堂編輯委員會 2001:12-14)。原根據育化堂董事長蔡茂亮所言,育化堂於日治時期即練乩生,當時由於殖民政府禁止扶鸞降筆活動,因此,降筆活動一直是在蘇樹木宅中進行,[9] 戰後一陣子才改回到育化堂進行。

通天堂的創設,可以追溯至大正八年(1919),巫阿昌於家宅正廳設

---

[7] 陳火炎、陳靜庵(1972),〈第一輯,懷心警世金編〉,頁 1-179。內容包括匏、土、革、木、石、金、絲、竹等 8 卷。

[8] 陳火炎、陳靜庵(1972),〈第二輯,醒悟金編〉,頁 1-238。內容包括孝、弟、忠、信、禮、義、廉、恥等 8 卷。

[9] 蘇樹木為米商,父為蘇新伙,是東埔地區主要拓墾者之一,弟蘇樹發為辦護士。日治末期育化堂的降筆活動於其家中進行,戰後初期回到堂中進行,當時擔任堂主職務,恩主賜名為「蘇瞳鶴」

堂,奉祀關聖帝君為主神,兼奉玄天上帝、孚佑帝君、司命真君、保生大帝等屬神,扶鸞闡道(埔里通天堂 1979:1-11;鄧鏗揚、賴敏修 2006:36)。到了昭和十七年(1942)遷移至位於枇杷城鹽土的現址,此廟地原本是埔里首富羅金水(1850-1922)家舊宅,由地方人士捐資購買建廟。不過,因為通天堂是到了民國四十六年(1957)才恢復了扶鸞儀式,所以不在本文的討論範圍之內。

由以上簡介可知,埔里地區最早的鸞堂是日治時期設於施百川家宅的懷善堂,懷善堂也被其他幾處鸞堂當作是母堂,包括醒化堂、參贊堂等。日治時期先後共創設上述 5 間鸞堂,但仍有一些私人家中奉祀的神祇,戰後也陸續創建公廟,並且開乩練筆與著書。例如枇杷城的地母廟(鄧鏗揚、賴敏修 2006:62)[10]、梅仔腳的導化堂(曾保明 2006:7-10)[11]等皆是。珠仔山的醒覺堂則是由戰後初期(民國三十四年〔1945〕農曆 9 月)奉祀於辜添泉家宅的呂恩主分靈創設的地方公廟(陳松明 2004:29)。

三、戰後初期各鸞堂練乩活動

(一)育化堂

育化堂原本是安奉於民家的小廟,早期於王國財耕作的園圃簡單搭建茅屋,後來改移至童阿里家中正廳(育化堂編輯委員會 2001:12-13)。這段期間已開始鍛鍊新乩,包括大正元年(1912)第一代正乩劉旺進、大正八年(1919)第二代正乩楊阿和(同上引:23)。大正十五年(1926)遷移至現廟址之後,於昭和四年(1929)鍛練第三代正乩王梓聖(1914-97)、副乩蘇樹木,昭和十九年(1944)第四代正乩許聰稿、副乩黃福壽,昭和二十年(1945)第五代正乩林金海、副乩鄭錦水(1907-88)(同上引:24)。

---

[10] 地母廟的主祀神地母尊神於日治時期原本奉祀於溪南梁氏傳興家中,昭和十二年(1937)遷移至今址,民國三十六年(1947)重建,命名為「寶湖宮天地堂」,民國四十年(1951)請旨煆乩。

[11] 導化堂的主神觀世音菩薩,原本是福興甲龍空一位佛堂住持葉金蓮居士所奉祀,到了民國三十五年(1946)才迎奉至梅仔腳今廟址,民國四十年(1951)以後曾暫借其他宮堂的乩生降筆,直到民國五十四年(1965)才正式開練正乩。

不過，這段期間降筆的詩文並未編輯出版。值得一提的是第一代正乩劉旺進於遷居埔里之前，已於苗栗大湖神農廟煆筆，遷居埔里之後，便到育化堂效勞（同上引:23）。以其原鄉位於苗栗大湖來推測，劉旺進應該是是客家人，[12] 換言之，育化堂的扶鸞活動可以說是由客家人所傳入。

民國三十六年（1947）所著造的《破迷針》是育化堂開堂以來所著造的第一本善書（埔里育化堂 1947:3）。分為松、竹、梅三部（同上引:1），[13] 從 10 月 15 日開始啟造，至民國三十七年（1948）元旦完成（同上引:3, 435）。《引悟線》是繼《破迷針》之後，民國三十八年（1949）繼續著造的善書，[14] 奉旨助造者為李太白（李白）（埔里育化堂 1949:3），著造完成時，由顏回撰序（同上引:16-16-2）。

從《破迷針》與《引悟線》的鸞生名單可以看到，包括劉國賓（本名劉旺進）、王碧龍（或王梓聖，本名王梓性）、許聰稿等第一、三、四、任的正乩都參與著書行列（埔里育化堂 1947:7-8，1949:9-10）。[15] 也正由於育化堂鍛鍊新乩的傳承不斷，戰後初期不管是再練新乩、著造善書，都能得心應手，甚至有餘力協助其他宮堂練乩、著書等工作，育化堂儼然成為埔里地區鸞堂的龍頭地位，也是容易理解的事。接受協助練乩的宮堂也不僅限於埔里地區，亦擴及魚池、國姓、仁愛、草屯、南投，甚至遠到臺南佳里

---

[12] 雖然戶籍資料因遭塗黑而無法確定屬於哪一族群，不過，筆者向育化堂董事長蔡茂亮請教，也確認劉旺進是客家人。

[13] 《破迷針》分為松、竹、梅三部，內容主要有律詩 127 首、絕詩 466 頁、連環體詩 10 首、迴文體詩 15 首、行述 11 則、案 20 件等（參考目錄頁 11），借用許多審判陰魂的事例來勸人勿做惡，也引用許多修善者死後被拔擢為神的現身說法，其中較特別的是擔任陝西省城隍的施啟東（即施百川）前來降筆（頁 361），施百川為埔里第一間鸞堂懷善堂的創立者。另外還有擔任「本堂福神」的蘇新伙也降筆結緣（頁 321-322），蘇新伙是育化堂堂主蘇樹木之父。藉此達到「賞善罰惡」的勸善目標。

[14] 《引悟線》並未分部、卷，內容主要包括律詩 440 首、歌 3 首、詞 7 首、行述 8 則、案 5 件等（參考目錄頁 8），較特別的是所記錄的「案」都很長，例如最長的「謀財害命惡報證」就長達 58 頁（頁 277-334），「貪淫慘報案」有 24 頁（頁 343-366），「霸業害命案」也有 20 頁（頁 369-388）。所有的「行述」都不是本地人，有幾位是後來遷入埔里者。另有一則較特別的降筆，是西土高賢「萊釋雲氏」用英文來降筆，由於當時在場鸞生無人識得，最後由「主席」擔任翻譯（頁 337），這是善書中較少見的降筆尊神。

[15] 依據育化堂董事長蔡茂亮口述，林金海並未練成。林再添是懷善堂的正乩生，前來協助著書。

的分堂育善堂（育化堂編輯委員會 2001:30-33）。參與練乩的重要地方菁英包括鄭錦水[16]、陳石鍊（1900-1974）[17]等人。

依據育化堂本身的記錄，日治時期曾經於昭和六年（1931）協助黃佛緣建設文華堂、昭和九年（1934）協助改建魚池庄大林啟化堂，並協助訓練新乩，昭和十一年（1936）協助魚池庄新城著造善書《七政金篇》。戰後於民國三十四年（1945）協助國姓鄉大石村開設清德堂（即原來的齋堂清德堂），並於兩年後（1947）助練乩完成。民國三十七年（1948）應辜添泉之請，協助於辜家開設聖堂及扶鸞（當時尚未有「醒覺堂」堂號）。民國三十八年（1949）協助懷善堂著造《打痴鞭》，民國三十九年（1950）協助開設牛眠山衍化堂，民國四十年（1951）協助史港將葉進德私設忠聖堂改設為鸞堂，改堂號為昭德堂，並協助練筆。民國四十六年（1957）協助籌建導化堂等（同上引:30-32）。

（二）懷善堂

懷善堂於明治三十五年（1902）迎遷至施百川宅之後，有一位正乩李春生（潘祈賢 1996:21）。雖無法確定其後是否持訓練新乩，不過，戰後初期已有幾位乩生，可能是開始鍛鍊的新乩，也可能是日治末期延續下來的乩生，包括施家子弟施教豪也曾擔任正乩（劉萬通 1989:84）。[18] 民國三十七年（1948）由劉萬通負責接收埔里小學校與日產弘法寺，於是將弘法寺移做城隍廟之用，將奉祀於施雲釵（1901-1960）家中的城隍與恩主移至新址，也開始著手再練新乩，分為三梯次，首梯是柯永祥，第二梯是吳東海（兄，又名吳東亮）及吳東山（弟），第三梯為張江源、林吉男（同上

---

[16] 鄭錦水為生番空首富鄭奕奇煮子，曾擔任木材商組合副組合長，見《臺灣日日新報》，1935年11月18日第八版，曾擔任育化堂第2屆主任委員、醒覺堂籌建委員會主委。其異母兄鄭阿金曾擔任壯丁團長、保正、埔里街協議會員，鄭火炎曾擔任埔里米穀統制組合總代，皆為地方上有影響力的人物。

[17] 陳石鍊為醫師，日治時期曾擔任埔里街協議會員，戰後參與埔里、國姓地區包括參贊堂、育化堂、懷善堂、通天堂、醒靈寺、靈光寺等廟宇的重建及廟務。先後擔任過醒靈寺總經理、育化堂委員及顧問、懷善堂籌建委員會主委等職。

[18] 施教豪為施雲釵長男。

引:84)。[19] 當時由於施家並不同意將城隍尊神及恩主遷至新址,因此,遷移之後正乩施教豪就未再參與懷善堂的練乩、降筆活動。[20]

《打痴鞭》是懷善堂於戰後所著造的第一本善書,於民國三十七年(1948)請求著造,民國三十八年(1949)年底奉准著造,限期60天完成,到了民國三十九年(1950)正月10日完成(高紹德1950:2)。[21]

就「練乩」而言,懷善堂與育化堂各有系統,分別鍛鍊,並無互相協助,不過,懷善堂著造《打痴鞭》的過程,育化堂的乩生有前來參與(育化堂編輯委員會2001:31)。相同地,育化堂著造《引悟線》、《破迷針》時,懷善堂的正乩生林再添也參與其事(埔里育化堂1947:8,1949:10;劉萬通1989:84)。

(三)醒化堂(醒靈寺)

醒化堂於戰後初期尚有一組乩筆,由於鸞務日繁,於是在民國三十五年(1946)再練一組文乩,由林阿四老擔任正乩(醒靈寺1978:2-4)。次年(1947)2月開始著造《醒化金篇》共計4卷,書中收錄之詩文是該年2月3日至12月14日之間降筆的詩文(日南醒化堂〔年代不詳〕:14, 325)。[22]

醒化堂原本兼有文乩、武乩(同上引:2),日治末期並未留下詩文資料,文昌帝君於《醒化金篇》的〈記〉當中寫道:「至感烈 聖神仙開設已

---

[19] 此三梯次練乩過程引用劉萬通先生口述。
[20] 本段過程根據劉萬通的訪問口述。
[21] 本書從民國三十八年(1949)11月10日至12月2日止,23天著成,次年(1950)5月出版。內容除了各尊神的降筆詩文及勸化外,也有2則引冥魂到堂審判的案例(頁95-98, 133-134),另有更多則因生前積善,死後被拔為神職的現身說法,其中還不乏本地人士,例如陳國賡(頁87,育化堂鸞生陳景賢之父)、黃利用(頁108-109,黃敦仁之父)……等,充分表達「賞善罰惡」的用意。
[22] 內容除了各尊神的降筆詩文及勸化外,有1則引冥魂到堂審判的案例(頁128-133),也有外地城隍來敘述「持齋作惡慘報」的例證(189-190)、東嶽大帝前來敘述一段「善報證」(頁194-197)。另有許多則因生前積善,死後被拔為神職的現身說法,其中如為該堂神祇者,多為外地人士,時代也較早些,包括王天君(頁238-239)、城隍尊神(280-281)、關聖帝君(頁295-297)、孚佑帝君(頁302-306)、司命真君(頁316-320)、福神(頁325-327)等。前來降筆的尊神也不乏本地人士,例如自稱是該堂「舊堂主」的「九天使者」(頁191-192),可能即是林李金水,與參贊堂、覺靈堂有密切關係的游朝安,也以「嘉義城隍」的身分前來降筆(頁243-245),也是充分表達「賞善罰惡」的用意。

有二年，旨造醒化金篇，頒行能勸世，……。」、「今為醒化堂，請法 旨有二年，……，丁亥（1947）子春，造金篇，興醒奇化，名曰『醒化金篇』」（同上引:8-9）。著書初期的旨諭也提到：「房里里日南醒化堂就以丙戌年請旨，臨堂修練桃乩柳筆，應用勸世已有二年來，……　」（同上引:23）。這幾段話都述明戰後初期才剛重新鍛鍊新乩。之後，才著手著造善書《醒化金篇》。

民國三十六年（1947）醒化堂例行遶境時，神明選中現址，次年（1938）經眾人商議後決定遷建，改稱為「醒靈寺」（醒靈寺 1978:4-6）。醒靈寺於民國三十八年（1949）元月 6 日動土興工，經歷 3 年興建完成。建廟之初，奉祀關聖帝君、鄭成功為主神，開鸞設教。[23] 多年來練筆煉丹、化世救世並行，二十餘年累積的降筆詩文並未整理出版，到了王河松擔任董事長，經該寺文昌帝君諭示，將之編輯成《醒靈集錦》。[24]

民國三十八年（1949）11 月 26 日，該寺主席降詩：「南天有意選乩才，異日揚名藉筆開，新舊鸞徒齊協步，悠悠妙義自玄來。」[25] 開練初期，南天關聖帝君臨堂時話：「寺內諸生有勤修德，在練乩期間各人效勞不可退志，本寺文筆請復練日期候張天師臨壇指示可。」[26] 接著由張天師到寺話：「今夜來寺無有別事，為修練文乩擇日吾示庚寅年桂月十七日亥刻開練之可。」[27] 即 1950 年 9 月 28 日開練。

本次訓練兩位新乩，[28] 練乩的主教神為顏淵夫子，文昌梓潼帝君降臨時話：「吾奉：玉皇至尊勅令送旨到寺，就此開讀。玉旨詔曰：『據臺灣島埔里鎮醒靈寺三相請旨練乩事，朕心喜悅；為考慮將來醒民化世，准練武筆，應就本月廿六日戌刻開始訓練；別令顏淵夫子主教此筆外；各界神仙聖佛

---

[23] 醒靈寺（1978），序，頁上 2。
[24] 同前註，序，頁上三 3、上 4。《醒靈集錦》共分為上、中、下三冊，主要是收錄諸神的降筆詩文，最早的降筆詩文為民三十八年（1949）11 月 26 日，其中包括許多賜給鸞生的詩，也有些賜給他堂鸞生的詩。內容並無「引冥魂審判」的案例，但有 1 則臺東孝子的勸化實證（上 34-36）。
[25] 同前註，序，頁上 5。
[26] 同前註，序，頁上 11。
[27] 同前註，序，頁上 11。
[28] 同前註，序，頁上 64。

亦應助教，爾諸鸞下宜勉旃盡力；限期四十九天期到完乩繳旨；切勿負天命。欽哉勿忽』」[29]

參與練乩的重要地方菁英包括許清和（1896-1995）[30]、張以時（1892-1953）[31]、黃結尾（1896-？）[32]、陳石鍊[33]、鄭錦水[34]、陳南要（1916-1988）等。[35]

（四）參贊堂[36]

參贊堂又稱為刣牛坑帝君廟，是由懷善堂正乩生李春生（生卒年不詳）與游朝安（1843-1909）找到建廟聖地，經由當地士紳張世昌（1862-1927）、蔡堃祥（1862-1931）等人商議建廟，明治三十五年（1902）著手興建，落成之後，揮鸞濟世、施方救眾（蔡錦川 2002:1-2）。雖然依廟方記載，明治三十九年（1906）曾經訓練新乩，至於是否練成，並無確切記載，僅知新竹飛鳳山的正乩生楊福來曾到訪此廟，甚至曾經想前來此廟效勞（鄭寶珍 2008:19-26）。戰後初期，醒化堂的乩生前來協助練乩（蔡錦川 2002:6）。[37]

民國三十七年（1948）奉准再練新乩，6月21日由鸞下生蔡錦川率領堂下徐春龍、黃松順、葉雲浪、蔡維賢、游好修、游景常、游象釧、曾清泉、徐春榮、鍾樹林、黃進益、范梅英等共13人開始練筆（蔡錦川 1972:45），初期開練兩組，即第一組正乩黃松順、副乩蔡克賢，第二組正乩徐春龍、副乩游好修。當時是由醒化堂正乩生林阿四老及其他鸞生等前來協助練乩（蔡錦川 2002:289）。經過大約半年時間，遲遲無法練成，於是借用育化堂場所繼續再練一個星期。民國三十八年（1949）2月25日參

---

[29] 同註28，序，頁上22。
[30] 參考註5。
[31] 同註23，序，頁上28。張以時是水尾大地主張世昌的次男。
[32] 同前註，序，頁上49。黃結尾是愛蘭黃家黃利用的五男。
[33] 參考育化堂編輯委員會（2001:30-33）。
[34] 參考註15。
[35] 同註23，序，頁上126-127。
[36] 有關此鸞堂的歷史，請參見 Paul R. Katz（2008）。
[37] 據育化堂的說法，醒化堂的乩生前往參贊堂協助練乩，久久難成，於是派乩生前往育化堂再練至完成，簡言之，並非醒化堂與育化堂同時前往協助。

贊堂主席於育化堂中話：「茲為吾堂練乩事，多勞貴堂，吾甚歉焉，因諸民沒甚極力，故事難濟，……，願高堂助一鞭之力，看事可成耶」（蔡錦川1972:49）。育化堂主席也回一席話：「參贊堂乩生教練乙件，今受彼堂主席重托，准在本堂學練一個星期，自明夜成刻起可共力扶助一贊之勞可矣」（同上引:49）。從2月26日開練，到了3月2日已經返回參贊堂繼續再練（同上引:51），直到4月14日孚佑帝君聖誕當日才舉行完乩儀式（同上引:53）。完乩前三天，醒化堂主席臨堂話：「吾今宵臨堂，喜見參贊堂和醒化堂，聯盟共樂配千秋，吾甚為欣喜」（同上引:52）。簡言之，醒化堂的乩生是前往參贊堂協助練乩，久久難成，於是參贊堂再將乩生送至育化堂繼續練至完成，並非醒化堂與育化堂都派乩生前往參贊堂協助。

雖然順利練成兩組，不過，參贊堂主席於民國三十八年（1949）8、9月間臨堂時，指示宜再練一組新乩，以配調應用，於是繼續練第三組，正乩生劉蒼松、副乩生葉昌水（後來因故改為徐彭榮），於10月18日開練（同上引:66-67）。由於新乩神竅未開，曾經一度暫時停練（同上引:72-75），到了民國三十九年（1950）7月18日舉行褒忠義民神祭典及普施孤魂，同時舉行完乩典禮（同上引:76）。完乩當天，參贊堂主席為了感謝育化堂的協助，特別降詩一首：「育世英才慧眼開，化成德業大道培，眾多吉士錚錚輩，生就文華大學才」（同上引:78）。這些降筆詩文後來刊載於《參贊碎錦集》（同上引:45-80）。

（五）醒覺堂

民國三十四年（1945）辜添泉從臺北回鄉，彫一尊呂恩主奉祀於家中，次年（1946）6月，辜添泉全家遷往臺北經商，經村民黃刊、黃其東、辜金鑾、曾樹、黃其山等人協助辜添泉搬家至臺北，並彫回三恩主等7尊聖像，鎮座於辜家（陳松明2004:29）。民國三十五年（1946）創立的醒覺堂就安奉在辜家，開始鍛鍊乩生，除正月外，每逢農曆2、12、22，定期扶鸞施方濟世（宜平宮醒覺堂管理委員會2006:7）。創立當時為了配合扶鸞闡化需要，由當時協助建廟、鍛筆之醒化堂（即醒靈寺的前身）及育化堂的鸞生前來指導鸞生傳統詩詞吟唱（同上引:120）。

民國三十五年（1946）10月12日開堂時，是由醒化堂林阿四老、潘朝陽、林清寄、林廉恩暨鸞下生等協助成立（陳松明2004:29）。育化堂的江

榮宗也前來傳經數載，廟宇改建時，神選的新建委員會，其中許多重要職務也是育化堂的鸞生。包括主任委員鄭錦水、經理江榮宗、顧問陳南要、王梓聖等（同上引:30）。

民國三十六年（1947）3月1日鍛鍊第一代正乩生黃刊（號天吏），副乩生王水林，主教為齊天大聖。當時的練法是持齋，每日誦讀派定的經文，從3月1日起，每夜睡在內堂，並依所賜靈符依法化飲，依刻扶筆，育化堂的鸞生也前來協助，主要參與者包括蘇樹木（副乩）、林來福（副乩）、陳景賢（陳克忠）[38]、王梓聖（正乩）、潘坤珠（副乩）、鄭錦水（副乩）等（育化堂編輯委員會 2001:31）。到了3月11日新乩開筆，5月9日煉乩告竣（陳松明 2004:58-59）。

民國三十七年（1948）7月16日鍛鍊第二代正乩生潘明河（號鏡壺），副乩生潘燈欽，主教為柳天君，9月7日教練期滿，暫時停練，原因是「潘家先靈不能同意」（同上引:60）。[39] 直到次年（1949）閏7月8日再重新啟練，9月19日煉乩告竣（同上引:60-61）。[40]

四、堂際互助與交流

（一）友堂主神、乩生協助

在練乩的過程，往往需要其他宮堂的乩生前來協助，甚至其他宮堂的神祇前來協助，例如醒靈寺於開練乩生初期，參贊堂的主神也會前來協助。該堂主席降臨時所話：「今夜吾欣得參贊堂主席駕臨，未能遠接，諸多失禮，尚祈原諒。本寺訓練文乩所願貴堂前來支持，今得駕臨不勝沾光，銘甚感甚。」[41] 本地宮堂前來協助者還有懷善堂司命真君、醒覺堂關太子[42]、昭

---

[38] 陳景賢於善書中姓名為陳克忠，於《破迷針》的職務是「校正生兼記錄請詁宣講」（頁8），於《引悟線》的職務是「校正生兼記錄生兼膳真生」（頁10）。

[39] 馬天君話：「吾今宵奉南天諭文帶旨繳回南天，總是潘家先靈不能同意實是苦嘆也。但願生等斯後再竭力，乃吾所囑。」

[40] 另外，Gary Seaman 的書關於當時之所以會停練的種種複雜因素有相當生動的描述，值得參考；請見 Seaman（1978:106-117）。

[41] 同註23，序，頁上12。

[42] 同前註，序，頁上38。

平宮柳星君[43]、衍化堂主席[44]、天地堂主席等。[45]甚至連外地宮堂諸神也前來協助，例如文武廟主席[46]、朝天宮的天上聖母[47]、南瑤宮天上聖母[48]、士林慎修堂福神也都前來協助。[49]張仙大帝降臨醒靈寺時，留下一段話：「幸哉，佳宵五堂群英不惜路遙，過臨援筆，實使吾神喜氣如綿矣。」[50]這「五堂」指的應是育化堂、參贊堂、懷善堂、醒覺堂、衍化堂、天地堂其中的五堂。

練乩告成之後，醒靈寺主席也賜二詩感謝友堂之協助：「天地無私覆載公，堂參妙道振儒風。贊經大典求成果，醒覺神人協佐功。」、「昭懷衍化助吾堂，平善修真援寺風。宮訓為公頒聖教，謝恩匡輔造奇功。」[51]從這兩首詩的內容來看，上述6間鸞堂皆有協力。

降筆諸神聖當中，也包括部分齋堂的仙佛，例如久靈堂佛祖（埔里育化堂1949:158）、清德堂觀音大士（同上引:145）、德華堂觀音大士等（同上引:257）。不僅降筆的時候有齋堂的仙佛前來協助，有些女性齋友也同時是鸞生身分，於善書編造過程擔任誦經生，例如育化堂編造《引悟線》時，誦經生當中有包括傅普秋、江普清、廖普眉、林普秀等人（同上引:15-16）。

（二）分進合擊的網絡關係（參考圖3）

練乩並非無中生有，總需有所憑藉，交接世代傳承，或者是仰賴友堂的協助。從以上5間宮堂於戰後初期的練乩過程大致可以看出「分進合擊」的脈絡。練乩的過程主要有3條分別發展的主線，即醒化堂、懷善堂與育化堂，這3條練乩路線並不需要外界協助，接下來成立的醒覺堂，一方面由於建堂之初主要接受醒靈寺的前身醒化堂的協助，因此與醒靈寺建立起如同「母廟與分廟」的關係，接下來的練乩過程卻又由育化堂的乩生前來

---

[43] 同註42，序，頁上41。
[44] 同前註，序，頁上95。
[45] 同前註，序，頁上97。
[46] 同前註，序，頁上94。
[47] 同前註，序，頁上60。
[48] 同前註，序，頁上89。
[49] 同前註，序，頁上79。
[50] 同前註，序，頁上66。
[51] 同前註，序，頁上112-113。

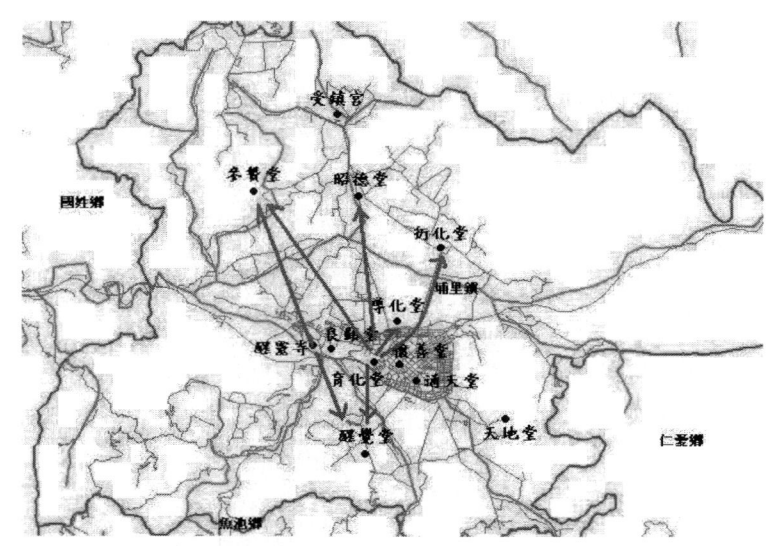

圖3　戰後初期埔里地區協助練乩宮堂關係圖

協助，於是又和育化堂產生類似「養母廟與子廟」的微妙關係。[52] 參贊堂的情形更是盤根交錯，日治初期建廟是懷善堂的正乩生前來協助，因此與懷善堂具有鈕帶關係，到了戰後初期鍛鍊新乩，基於地緣上的接近，是由醒化堂的乩生前去協助，練乩遲遲無法完成，於是又借用育化堂的場地補練，先後與這3條主線都掛上鉤。

　　廟宇之間的傳承關係有時候也並不是清晰明確的，各廟宇也有不同說法，以母廟與分廟為例，懷善堂的分廟主要有醒化堂、參贊堂，育化堂的分廟主要有衍化堂、昭德堂、醒覺堂等。但是依懷善堂的資料，分廟除了涵括衍化堂、昭德堂、醒覺堂以外，就連育化堂也被視為分廟之一（劉萬通 1989:81）。[53]

　　從屬淵源或許說法不一，不過，堂際關係大致形成「分進合擊」的良好互動，以懷善堂與育化堂為例，練乩過程各自發展，但在著造善書的風

---

[52] 本段敘述引用自育化堂董事長蔡茂亮的描述。「母廟與分廟」的關係是指醒覺堂為醒化堂分出來的分靈廟，醒化堂形同醒覺堂的「生母」。「養母廟與子廟」的關係是指醒覺堂後續的練乩及堂務運作皆有育化堂的協助，育化堂如同養母的角色，撫育醒覺堂的成長，形同類似養母與養子的關係。
[53] 本處引用「蟠龍殿懷善堂城隍廟鸞生分創各寺廟芳名」的系統。

潮也產生些許連動關係，懷善堂於著造《打痴鞭》之初，該堂主席便於律詩中提到「著書振動大羅天，五島三山降佛仙，育化已成引悟線，本堂繼造打痴鞭」（高紹德 1950:4）。著造過程中，育化堂的乩生也前來協助。

埔里地區鸞堂間的網絡關係，除了母堂與分堂的基礎網絡之外，也形成資深的鸞堂協助新創的鸞堂訓練新乩、著造善書，建立起亦師亦友的關係。

再把網絡關係更放大一些，鸞堂與齋堂之間也存在著祀神與信徒之間的互動關係。鸞堂與齋堂雖然是不一樣的信仰，不過，有些齋堂的信徒也參與鸞堂活動，鸞堂的降筆諸神也常出現齋堂的神祇，甚至有些齋友也會助印善書，例如醒化堂的《醒化金篇》，印送者芳名中的「吳神金」就是德華堂（茄苳腳菜堂）創建者吳朝宗之子，也是德華堂的第二代堂主，還有「李普裕」也是齋友。[54] 懷善堂的《打痴鞭》捐印者名單中的馮普逢、吳普珍也都是齋友。[55]

不僅如此，埔里地區更進一步產生地域性信仰網絡組織，從民國五十年（1961）的「埔里區寺廟聯誼會」接續到民國九十四年（2005）的「埔里區寺廟弘道協會」（鄧鏗揚、賴敏修 2006:1），延續著一股廟際之間的良好互動關係，與其他地區相較，這也是埔里地區的民間信仰值得稱道之處。

推動與維繫這分廟際之間情誼耕耘者，主要都是鸞堂的主事者，尤其是懷善堂與育化堂。「埔里區寺廟聯誼會」所推選出來的 7 位發起人，許清和曾擔任醒靈寺與天地堂的董事長，陳石鍊曾擔任醒靈寺董事，也先後參與城隍廟、育化堂、參贊堂、通天堂、導化堂的鸞務，陳南要曾擔任醒靈寺董事，江榮宗曾擔任育化堂主委，蘇樹木曾擔任育化堂主委，羅銀漢曾擔任育化堂副主委，謝添丁也是懷善堂的鸞生。「埔里區寺廟弘道協會」的兩位副理事長，鄧鏗揚是衍化堂主委，賴敏修是育化堂常務董事，都是鸞堂的主事者。

---

[54] 日南醒化堂〔年代不詳〕，最末頁。
[55] 高紹德（1950），版權頁旁。

五、結語

　　戰後初期，是時代更替的不穩定期，從民國三十四年（1945）10 月 25 日正式接收，民國三十六年（1947）發生 228 事件，大陸持續的國共鬥爭，直到民國三十八年（1949）國民政府播遷來臺，幾年來時局不穩的氣氛也充斥於臺灣社會。興起於戰後初期的埔里地區鸞堂鍛鍊新乩、著造善書的興盛期也正是這段期間，因此，在善書中也多少顯露出時局氣氛，以及種種神示叮嚀。例如醒化堂剛著手著造《醒化金篇》之初，農曆 2 月 10 日（即國曆 3 月 2 日），正好是 228 事件發生後的情況不明時期，監堂柳天君臨堂時即示諭：「今宵訓告生等知之，時逢末劫之秋，今造新書，欲解天災下穰地禍，今日起，諸生不可離堂，回家要稟明，待　吾指示則可回家，若不聽者，恐有禍生不測」（日南醒化堂〔年代不詳〕:24）。民國三十八年（1949）5 月 4 日醒覺堂主席臨堂時話：「未雨綢繆、關於時局事，各位鸞生扶乩登鸞若無停者，誠恐受無辜之累。總是時局事、官吏注目結黨集合，各位小心，休言時戰事」（陳松明 2004:65）。

　　改朝換代的時空背景為練乩扶鸞提供了發展的空間，時代的不安也讓鸞堂中的有志之士更趨積極，著造善書是展現神佛教化的重要方式之一。

　　善書一方面匯聚了眾神之力所積累出來的教化詩篇，也集合本堂及友堂鸞生信眾之力所營造出來的信仰表現。為能使善書更廣泛地流傳，臨堂的神聖除了留下詩文，也增添許多白話的勸戒，並且利用對於罪魂的審判做為引領信眾改惡向善的例証，例如《醒化金編》（日南醒化堂〔年代不詳〕:128）、《破迷針》（埔里育化堂 1947:91-95, 114-119, 142-147, 203-210）、《打痴鞭》等皆有之（高紹德 1950:133-135）。為了讓本地的信眾瞭解生前積善會換來死後的福報，有時也會援引本地人修練成神的實例，例如《宣平宮醒覺堂誌》當中就提到日治時期埔里大善人劉阿梧升任導化堂副主席、黃富擔任城隍尊神、陳金章擔任總轄福神……等例（陳松明 2004:16-26），《醒化金編》當中提到小埔社庄民游朝安從屠宰業轉變為持齋念佛而獲派為嘉義城隍的行述（日南醒化堂〔年代不詳〕:243-245），《破

迷針》當中有蘇新伙成為育化堂福神（埔里育化堂 1947:321-322），[56] 以及施啟東（施百川）擔任陝西省城隍的現身說法（同上引:360-361）。《打痴鞭》當中也有陳國賡獲拔擢為九曲堂福神（高紹德 1950:87），[57] 以及黃利用擔任石龜坑感化堂關太子的概述（同上引:4）。[58]

話說回來，雖然戰後初期埔里地區形成一股鍛鍊新乩、著造善書的風潮，也並不是每組乩生都順利練成，有些是中途停止，例如醒覺堂，有些則是幾經波折，遲遲才練成，例如參贊堂第一、二組乩生。

有關地方菁英參與鸞務或廟務問題，以本文所探討的 5 間鸞堂為例，醒覺堂就是從當地保正辜煥章家中所奉祀的神祇分靈而來（陳松明 2004:29）、參贊堂的倡建者之一張世昌是平埔族雙寮日北吞霄三社總社長張大陸之子，當地人稱「張大老」（簡史朗、曾品滄 2002:60-61）。[59] 積極參與育化堂廟務的地方菁英包括鄭錦水[60]、蘇樹木[61]、許清和[62]、陳石鍊[63]、羅銀漢[64] 等多位（育化堂編輯委員會 2001:19-21），再看戰後情形，從民國五十年（1961）的「埔里區寺廟聯誼會」接續到民國九十四年（2005）的「埔里區寺廟弘道協會」（鄧鏗揚、賴敏修 2006:1），延續著一股廟際之間的良好互動關係。推動與維繫這分廟際之間情誼耕耘者，主要都是鸞堂的主事者。「埔里區寺廟聯誼會」所推選出來的 7 位發起人，許清和曾擔任醒靈寺、天地堂與日月潭文武廟的董事長，陳石鍊曾擔任醒靈寺董事，也先後參與城隍廟、育化堂、參贊堂、通天堂、導化堂的鸞務，陳南要曾擔任醒靈寺董事，江榮宗曾擔任育化堂主委，蘇樹木也擔任育化堂主委，羅銀漢

---

[56] 蘇新伙即育化堂堂主蘇樹木之父。
[57] 陳國賡為陳景賢之父，日治時期擔任埔里社支廳雇，職業為藥種商，其子景賢於日治時期曾擔任埔里街街協議員，戰後曾於民國四十一年（1952）與施文彬合著明聖經註解刊行，詳見育化堂編輯委員會（2001:27）。
[58] 黃利用為黃敦仁之父，番秀才望麒麟之親家。
[59] 埔里戶政事務所保存《戶口調查簿》編號 127 冊，頁 85，張世昌的「父」欄為張大陸。
[60] 參考註 15。
[61] 參考埔里通天堂（1979:1-11）；鄧鏗揚、賴敏修（2006:36）
[62] 參考註 5。
[63] 參考育化堂編輯委員會（2001:30-33）。
[64] 參考註 6。

曾擔任育化堂副主委，謝添丁也是懷善堂的鸞生。「埔里區寺廟弘道協會」的兩位副理事長，鄧鏗揚是衍化堂主委，賴敏修是育化堂常務董事，都是鸞堂的主事者，足見地方菁英在鸞堂研究中不可忽略的重要性。探討地方菁英在「鸞務再興」的風潮中所扮演的角色，也是本文關切的要點之一。

此外，從表2、3可以看出幾個現象，族群別方面，從表2所列主要鸞生的族群別可以清楚看出，位於市區的育化堂、懷善堂的以閩南人佔絕大部分，[65]醒化堂位於平埔族聚落房里，平埔族的佔半數以上，[66]屬於客家聚落公廟的參贊堂，便以客家人為主，[67]位於珠仔山的醒覺堂，族群別比較平均。[68]城鄉差異方面，從表3歷屆管理人的職業別可以發現，位於市區的育化堂、懷善堂的寺廟管理人的職業比較多樣化，絕大部分從商，尤其是米商、雜貨商。位於郊區的參贊堂、醒覺堂的寺廟管理人的職業幾乎清一色是務農的。此4間鸞堂的負責人多為住在該堂附近的人，至於醒靈寺則略有不同，雖然也算位於郊區，但寺廟管理人的職業也呈現多樣化，原因可能在於參與的信徒分布範圍較廣，不僅限於愛蘭里，還包括鐵山里、南村里、房里里、大城里。

參與鸞務較積極的地方菁英包括陳石鍊、陳南要、鄭錦水等人，參與廟務較積極的地方菁英則有許清和、羅銀漢，兩人不但有親家關係，而且都是米商，也曾經與施雲釵3人共同奉獻一組能高社的神燈（劉澤民2005:319）。[69]這些負責人當中，職業為米商者特別多，顯示早期從事碾米、賣米的人相對較有財力，也較有尊望來承接廟務。此外，因為鸞書的內容是用漢文撰寫的，同時也標榜傳統倫理與價值觀，所以鸞堂一直吸引不少文人與教育界的人士，[70]前面常常提到的王梓聖是一個典型的案例。王梓聖於大正三年（1914）出生，曾於魚池庄役場任職，遷到埔里之後，除了曾

---

[65] 育化堂所列16人當中，9名為閩南人，2名為平埔族，5名族群別不詳。懷善堂所列15人當中，11名為閩南人，1名為客家人，3名族群別不詳。

[66] 醒化堂所列7人當中，4名為平埔族，2名為閩南人，1名族群別不詳。

[67] 參贊堂所列13人當中，9名為客家人，4名為閩南人。

[68] 醒覺堂所列4人當中，2名為平埔族，1名為閩南人，1名為客家人。

[69] 許清河女兒嫁給羅銀漢之子。

[70] 關於這點，請參見李世偉（1999b:5-12, 316-346, 369-396, 1999c）、Jordan and Overmyer（2005[1986]:10, 68, 188）。

經於守城木材行擔任總務外,也從事民俗醫療,以及幫人堪輿擇日。王梓聖也熱衷於傳統漢人文化活動,日治時期參加埔里的漢詩社「櫻社」(當時的櫻社成員包括徐雲騰、林再添、林來福、陳景賢、施文彬等人),並於民國四十幾年也開辦私塾近 20 年。扶鸞方面,他 17 歲時(1930)即在魚池代化堂練乩,遷居至埔里之後,到育化堂擔任正乩生(王梓聖 1997)。[71] 除了文人之外,職業為漢醫、印刷業、營建業者,也是熱心參與鸞堂的活動,並且相對比較有能力(或財力)擔任寺廟管理人。這些地方菁英中,曾擔任過地方首長的有醒覺堂主委白金章(埔里鎮長)、育化堂董事長詹元和(埔里鎮民代表會主席)。其他曾擔任村里長(含日治時期的保正)者有 11 人之多(見表 2)。就當時參與練乩的乩生來看,年齡大多在 20 至 50 歲之間,較年老的乩生比較少一些(見表 3)。這些年輕的乩生也有幾位後來擔任寺廟管理人,例如曾經擔任正乩的育化堂董事長蔡茂亮、懷善堂主委林吉男,還有曾經擔任過副乩的育化堂主委鄭錦水、蘇樹木。曾經擔任民意代表者有懷善堂的陳南要(縣議員)。

　　本文是對於戰後初期埔里地區 5 間鸞堂的練乩、著書過程所做的初步考察,其中除了可以看出埔里鸞堂發展過程的互動關係,也可以發現一些地方菁英熱心參與鸞務的事例,這股鸞風並未因這段著造鸞書風氣暫歇而中斷,返而默延續發展,協助更多的鸞堂開堂練乩,諸如牛眠山衍化堂、枇杷城地母廟、小埔社受鎮宮、史港昭德堂等等,也儼然形成一個跨堂際的互助組織,不定期舉辦堂際之間的「群真會」,這些新興的鸞堂帶動埔里地區的鸞務發展,也進一步促使埔里地區的廟宇建立區域性的聯誼組織。有關埔里地區的鸞堂研究,本文只是嘗試的開始,未來若能夠對於其他陸續成立的鸞堂進行探索比較,將能夠刻劃出埔里地區鸞堂發展更清楚的圖象。

---

[71] 本段也根據王梓聖之子王世英的口述。

參考書目

日南醒化堂
〔年代不詳〕 醒化金篇。南投；醒化堂。(未出版)

王世慶
1986 日據初期臺灣之降筆會與戒煙運動。臺灣文獻 37(4):111-151。

王永賢 輯錄
〔年代不詳〕 聖神仙佛降筆金篇。手抄本。(未出版)

王志宇
1997 臺灣的恩主公信仰：儒宗神教與飛鸞勸化。臺北；文津出版社。

王見川
1995 李望洋與新民堂——兼論宜蘭早期的鸞堂。宜蘭文獻 15:1-14。
1996 臺灣的齋教與鸞堂。臺北；南天書局。

王梓聖
1997 王梓聖詩集。南投；文慈電腦打字排版社。(未出版)

王興安
1999 殖民地統治與地方菁英：以新竹、苗栗為中心。臺灣大學歷史學研究所碩士論文。

石井昌子
1992 澎湖地区における鸞堂と寺廟。刊於台湾の宗教と中国文化，酒井忠夫編，頁 91-122。東京；風響社。

江燦騰、張珣 編
2001 臺灣本土宗教研究導論。臺北；南天書局。
2003 臺灣本土宗教研究的新視野和新思維：研究典範的追尋。臺北；南天書局。

吳文星
1992 日據時期臺灣社會領導階層之研究。臺北；正中書局。

育化堂編輯委員會 編
2001 昭平宮育化堂簡史。南投；財團法人昭平宮育化堂董事會。

李世偉
1999a 日據時期臺灣的儒教運動，刊於臺灣的宗教與文化，王見川、李世偉著，頁 153-252。臺北；博揚文化事業有限公司。
1999b 日據時代臺灣儒教結社與活動。臺北；文津出版社。
1999c 振筆權、揚儒教——日據時代彰化「崇文社」的結社與活動，刊於臺灣的宗教與文化，王見川、李世偉著，頁 279-306。臺北；博揚文化。

  1999d 從中國到臺灣——近代儒教研究的回顧與展望，刊於臺灣的宗教與文化，王見川、李世偉著，頁 253-278。臺北；博揚文化。

宋光宇
  1994 清代臺灣的善書與善堂。刊於民間信仰與中國文化國際研討會論文集，上冊，漢學研究中心編，頁 75-95。臺北；漢學研究中心。
  1995 臺灣的善書及其社會文化意義。刊於第一屆臺灣本土文化學術研討會論文集，許俊雅編，頁 781-807。臺北；臺灣師範大學文學院、人文育研究中心。

宋光宇、李世偉
  1997 臺灣的書房、書院及其善書著作活動——從清代到現在。刊於第一屆臺灣儒學研究國際學術研討會論文集，成功大學中國文學系主編，頁 1-76。臺南；臺南市文化中心。

李亦園
  1983 傳統民間信仰與現代生活。中華文化復興月刊 16(1):62-73。

李豐楙
  1991 禮生與道士：臺灣民間社會中禮儀實踐的兩個面向。刊於社會、民族與文化展演國際研討會論文集，王秋桂、莊英章、陳中民編，頁 331-364。臺北；漢學研究中心。

林富士
  2005 醫者或病人：童乩在臺灣社會中的角色與形象。中央研究院歷史語言研究所集刊 76(3):511-568。

宣平宮醒覺堂管理委員會 編
  2006 覺醒鸞聲。南投；財團法人醒覺文教基金會。（未出版）

柯若樸
  2002 「民間儒教」概念之試探：以臺灣儒宗神教為例。近代中國史研究通訊 34:31-38。

埔里育化堂
  1947 破迷針。南投；埔里育化堂。（未出版）
  1949 引悟線。南投；埔里育化堂。（未出版）

埔里通天堂
  1979 鐙光六十年。南投；通天堂。（未出版）

高紹德 編
  1950 打癡鞭。南投；懷善堂。（未出版）

陳火炎、陳靜庵 編
  1972 懷善。臺中；鸞友雜誌社。

陳文添
    1999a 淺釋日治時期的降筆會事件（上）。臺灣源流 13:71-83。
    1999b 淺釋日治時期的降筆會事件（下）。臺灣源流 14:84-94。
陳世榮
    1999 清代北桃園的開發與地方社會建構（1683-1895）。中央大學歷史研究所碩士論文。
    2006 國家與地方社會的互動：近代社會菁英的研究典範與未來的研究趨勢。中央研究院近代史研究所集刊 54:129-168。
陳松明 主編
    2004 宣平宮醒覺堂誌。南投；宣平宮醒覺堂管理委員會。
康豹
    1995 臺灣的呂洞賓信仰——以指南宮為例。新史學 6(4):21-43。
    1997 慈祐宮與清代新莊街地方社會之建構。臺北縣立文化中心季刊 53:71-78。
    2000 日治時期新莊地方菁英與地藏庵的發展。北縣文化 64:83-100。
黃有興
    1992 澎湖的民間信仰。臺北；臺原出版社。
曾保明 主編
    2006 麒麟閣導化堂簡史。南投；麒麟閣導化堂管理委員會。（未出版）
劉萬通 編
    1989 懷善藻思。南投；埔里城隍廟。（未出版）
劉澤民
    2005 石燈照古人——醒靈寺保存的能高神社殘蹟。臺灣文獻 56(3):297-330。
鄭志明
    1998 臺灣扶乩與鸞書現象——善書研究的回顧。嘉義；南華管理學院。
潘祈賢 編
    1996 埔里瀛海城隍廟沿革。南投；埔里城隍廟管理委員會。
蔡淵絜
    1983 清代臺灣社會領導階層性質之轉變。史聯雜誌 3:34-64。
蔡錦川 編著
    1972 參贊碎錦集，南投；參贊堂。
    2002 參贊碎錦第三集。南投；埔里鎮真元宮參贊堂。（未出版）
鄧鏗揚、賴敏修 主編
    2006 埔里區寺廟弘道協會紀念特刊。南投；埔里區寺廟弘道協會。（未出版）

鄭寶珍
　　2008　日治時期客家地區鸞堂發展——以新竹九芎林飛鳳山「代勸堂」為例。中央大學客家社會文化研究所碩士論文。

醒靈寺
　　1978　醒靈集錦。南投；醒靈寺。（未出版）

簡史朗、曾品滄 主編
　　2002　埔社古文書選輯。臺北；國史館。

Clart, Philip A.
　　2003a Chinese Tradition and Taiwanese Modernity: Morality Books as Social Commentary and Critique. *In* Religion in Modern Taiwan: Tradition and Innovation in a Changing Society. Philip A. Clart and Charles B. Jones, eds. Pp. 84-97. Honolulu, HI: University of Hawaii Press.
　　2003b Confucius and the Mediums: Is there a 'Popular Confucianism'? T'oung Pao 89(1-3):1-38.

Esherick, Joseph W., and Mary B. Rankin, eds.
　　1990　Chinese Local Elites and Patterns of Dominance. Berkeley, CA: University of California Press.

Jordan, David K., and Daniel L. Overmyer 歐大年、焦大衛
　　2005[1986]　飛鸞：中國民間教派面面觀，周育民譯。香港；中文大學出版社。

Katz, Paul R.
　　2008　Spirit-writing and Hakka Migration in Taiwan -- A Case Study of the Canzan Tang 參贊堂 in Puli 埔里, Nantou 南投 County. Paper presented at the International Conference on Comparative Study of Ritual in Chinese Local Society, Hong Kong, May 5-7.

Sangren, P. Steven
　　1987　History and Magical Power in a Chinese Community. Stanford, CA: Stanford University Press.

Seaman, Gary
　　1978　Temple Organization in a Chinese Village. Taipei: Chinese Association for Folklore, Orient Cultural Service.

Wang, Shih-ch'ing
　　1974　Religious Organization in the History of a Chinese Town. *In* Religion and Ritual in Chinese Society. Arthur P. Wolf, ed. Pp. 71-92. Stanford, CA: Stanford University Press.

Weller, Robert P.
　　1999　Alternate Civilities: Democracy and Culture in China and Taiwan. Boulder, CO: Westview Press.

附錄一：劉枝萬先生年表

1 歲　　大正十二年（1923）
　　　　• 12月12日出生於埔里，父陳順良，母劉順娘。

8 歲　　昭和五年（1930）
　　　　• 4月，入讀埔里公學校。
　　　　• 10月，霧社事件。

13 歲　　昭和十年（1935）
　　　　• 10月，臺灣使政40周年紀念博覽會在臺北舉行。埔里公學校六年級畢業旅行至臺北觀摩博覽會。

14 歲　　昭和十一年（1936）
　　　　• 3月，自埔里公學校畢業。
　　　　• 4月，入讀埔里公學校高等科（就讀1年）。

15 歲　　昭和十二年（1937）
　　　　• 7月，七七事變。
　　　　• 9月，至日本東京留學先入研數學館補習。

16 歲　　昭和十三年（1938）
　　　　• 4月，插班考入日本東經府立精思中學三年級就讀。

19 歲　　昭和十六年（1941）
　　　　• 3月，自日本東京府立精思中學畢業。
　　　　• 4月，高等學校入學考試未如理想入東京城北預備校補習。
　　　　• 12月，太平洋戰爭。

20 歲　　昭和十七年（1942）
　　　　• 4月，考入日本中央大學預科就讀。

22 歲　　昭和十九年（1944）
　　　　• 9月，自日本中央大學預科畢業。

23 歲　　昭和二十年（1945）
　　　　• 4月，考入日本早稻田大學文學部史學科就讀專修東洋史。
　　　　• 5月，接獲學徒勤勞動員令至東京日比谷之保險會社參與戰事後援。
　　　　• 8月，日本無條件投降，戰爭結束。

24 歲　民國三十五年（1946）
- 2 月，日本早稻田大學肄業，於橫須賀港乘坐冰川丸號客船返回臺灣。
- 4 月，任臺中縣立埔里初級中學歷史教員（任期至 1949 年 7 月）。同時展開埔里鄉土研究，當年結識金關丈夫、宮本延人、宋文薰等人。

25 歲　民國三十六年（1947）
- 2 月，228 事件。
- 11 月，試掘埔里大馬林遺址。

27 歲　民國三十八年（1949）
- 5 月，臺灣實施戒嚴。
- 7 月，參與戰後第一個田野調查團「林氏學田山地調查團」瑞岩民族學調查。團員有陳紹馨、李濟、董作賓、芮逸夫、石璋如、林衡立、陳奇祿、林瑞昌、何廷瑞、宋文薰等人。
- 11 月，參與中國學者來臺第一次考古發掘工作，協助挖掘埔里大馬璘遺址。成員有石璋如、高去尋、潘愨、何廷瑞、宋文薰、劉斌雄等人。
- 12 月，國民黨政府撤退來臺。

29 歲　民國四十年（1951）
- 3 月，《臺灣埔里鄉土誌稿》油印出版。
- 8 月，《臺灣日月潭史話》油印出版。

30 歲　民國四十一年（1952）
- 7 月，任南投縣文獻委員會兼編纂組員（任期至 1956 年 10 月）。同年，《臺中彰化史話》油印出版。

32 歲　民國四十三年（1954）
- 1 月，取得銓敘部「工務人員儲備登記證書」。
- 4 月，與劉斌雄發掘集集洞角遺址。
- 5 月，與劉斌雄進行日月潭湖畔遺址首次調查。
- 6 月，主編《南投文獻叢輯（一）》。
- 12 月，主編《南投文獻叢輯（二）》。
- 12 月，《臺灣中部古碑文集成》出版。

33 歲　民國四十四年（1955）
- 1 月，參加陳奇祿主持的日月潭邵族卜吉社人類學調查，參加成員尚有李亦園、唐美君、李卉、余錦泉、鄭聰明、同時進行日月潭湖畔遺址第二次調查。
- 3 月，與劉斌雄進行日月潭湖畔遺址第三次調查。

34 歲　民國四十五年（1956）
- 3 月，與劉棠瑞合編之《南投縣生物志植物篇稿》出版。
- 6 月，主編《南投文獻叢輯（四）》。
- 11 月，任臺灣省文獻委員會編纂（任期至 1958 年 5 月）。

35 歲　民國四十六年（1957）
- 9 月，與劉斌雄編之《日月潭考古報告》出版。
- 12 月，《清代臺灣方志職官年表》出版。

36 歲　民國四十七年（1958）
- 1 月，《南投縣沿革志開發篇稿》出版。
- 2 月，任臺灣省文獻委員會採集組長兼編纂組長（任期至 1962 年 7 月）。
- 7 月，展開戰後臺灣首次宗教調查。

37 歲　民國四十八年（1959）
- 1 月，與許品蓮女士結婚。
- 4 月，率臺灣省文獻委員會採集組發覺南投鎮軍功寮遺址。
- 6 月，《南投縣革命志稿》出版。
- 11 月，長子劉孔旿出生。

38 歲　民國四十九年（1960）
- 6 月，《南投縣教育志稿》出版。
- 9 月，《南投縣軍功寮遺址調查報告》出版。
- 12 月，金關丈夫來臺訪問，臺灣省文獻委員會臺北市文獻委員會合辦歡迎座談會，擔任座談會紀錄。

39 歲　民國五十年（1961）
- 10 月，受聘為臺北市文獻委員會駐會委員，主編《臺北文獻》第 1 至第 6 期（任期至 1964 年 12 月）。
- 6 月，《南投縣風俗志宗教篇稿》出版。

40 歲　民國五十一年（1962）
- 6 月，《南投縣人物志稿》出版。
- 8 月，任臺灣省立博物館陳列組副研究員（任期至 1965 年 1 月）。
- 論文〈The Belief and Practice of Wen-Shen 瘟神 Cult in South Chine and Formosa〉。

41 歲　民國五十二年（1963）
- 臺灣銀行經濟研究室復刻出版《淡水廳築城案卷》（原載於《臺北文獻》）。
- 10、11 月間，調查松山慈祐宮祈安慶成醮典正式展開臺灣建醮祭典研究。

42 歲　民國五十三年（1964）
- 1月，長女劉明昭出生。
- 1月，兼任中央研究院民族學研究所助理研究員（任期至1964年11月）。
- 12月，專任中央研究院民族學研究所助理研究員（任期至1968年7月）。

44 歲　民國五十五年（1966）
- 宮本延人任臺灣大學客座教授，為期一個學期，任隨堂翻譯，為臺灣大學考古人類學系兼任講師。

45 歲　民國五十六年（1967）
- 12月，《臺北市松山祈安建醮祭典》出版。

46 歲　民國五十七年（1968）
- 8月，任中央研究院民族學研究所副研究員（任期至1975年7月）。
- 9月，參加第8屆國際人類學民族學會議於東京，發表論文〈The Bronze Mirror in Chinese Belief〉。

47 歲　民國五十八年（1969）
- 11月，獲國家科學委員會補助，赴日訪問研究，為期1年。為日本東京大學東洋文化研究所外國人研究，東京教育大學民俗學者直江廣治為指導教授。

47 歲　民國五十九年（1970）
- 5月，參加第15屆國際東方學者會議於東京，發表論文〈中國におはる龍船競渡の本質についこ〉。
- 9月，應韓國民俗學者周籌根邀請訪韓考察，於韓國京畿大學發表演講。

52 歲　民國六十三年（1974）
- 《中國民間信仰論集》出版。同年成為早稻田大學文學部推薦校友。

53 歲　民國六十四年（1975）
- 8月，代表臺灣出席於日本召開之「柳田國男生誕百年紀念國際學術研討會」，並參加龜山慶一帶領之岩手縣遠野民俗調查團，團員有松崎敏雄、山下久男、雨宮夏雄、玄容駿等人。
- 8月，任中央研究院民族學研究所研究員（任期至1989年1月）。

55 歲　民國六十六年（1977）
- 3月，獲東京教育大學文學部民俗學科文學博士學位，博士論文題目為〈中國道教の祭りと信仰〉。

56 歲　民國六十七年（1978）
- 4月，參加「第3屆國際民俗學學術會議」於日本奈良，發表論文〈中國の死喪葬儀禮におはる死靈觀〉。

	• 8月,參加「第1屆漢學國際會議」於臺北,發表論文〈中國殯送儀禮所表現之死靈觀〉。
57歲	民國六十八年(1979)
	• 12月,美麗島事件發生,同年政府開放觀光。
60歲	民國七十一年(1982)
	• 6月,應日本新嘗研究會邀請,至慶應義塾大學演講,講題為〈中國におはる稻米信仰〉。
61歲	民國七十二年(1983)
	• 12月,《臺灣民間信仰論集》出版。
62歲	民國七十三年(1984)
	• 2月,〈中國道教の祭りと信仰〉,由日本櫻楓社分上下兩冊出版。
63歲	民國七十四年(1985)
	• 10月,應日本道教學會邀請,至青森縣弘前大學演講,講題為〈雷神信仰と雷法の展開〉。
64歲	民國七十五年(1986)
	• 8月,應邀至日本仙臺參加東北大學主辦之「日本文化與東亞細亞國際學術研討會」,發表論文〈中國の農耕禮儀〉。
65歲	民國七十六年(1987)
	• 7月,臺灣解嚴。
66歲	民國七十七年(1988)
	• 2月,日本電台NHK第2次放送籌劃「世界の祈りの歌」專題節目,應邀解說道教音樂。應日本慶應義塾大學地域研究中心邀請,演講〈台灣研究の歷史と現狀〉。應明治神宮邀請,演講〈中國の春祈習俗〉。
67歲	民國七十八年(1989)
	• 1月,自中央研究院民族學研究所退休。開始遊歷各國。
	• 2月,任中央研究院民族學研究所兼任研究員(任期至2001年7月)。
	• 3月,任美國亞利桑那大學人類學系客座教授,聘期1年。
68歲	民國七十九年(1990)
	• 4月,應中央研究院臺灣史田野研究室邀請,演講〈我的田野調查經驗〉。
	• 7月,北美洲臺灣人教授協會(MATPA)第10屆年會於臺北召開,表彰對臺灣文化有特殊貢獻者,獲頒「嘉惠臺灣」獎。
	• 9月,出席「早稻田大學文學部創設100周年紀念國際學術研討會」,以〈台灣と日本の海洋性民間信仰についこ〉為題發表演說。應早稻田大學東洋哲學邀請,演講〈台灣におはる中國學研究の現況〉。

70 歲	民國八十一年（1992）

- 6月，應邀至日本東京參加慶應義塾大學主辦之「東亞細亞的薩滿教國際學術研討會」，發表演講〈台灣におはるシャーマニズムの變容〉。
- 12月，與早稻田大學藝能史名譽教授郡司正勝於臺北清明會館舉行「臺灣神祇與道教科儀」對談會。

72 歲	民國八十三年（1994）

- 11月，應邀至日本東京參加早稻田大學主辦之「東亞細亞的民俗與藝能國際學術研討會」，發表論文〈台灣におはる酬神劇についこ〉。
- 12月，〈台灣の道教と民間信仰〉由日本風響社出版。

73 歲	民國八十四年（1995）

- 10月，擔任中央圖書館臺灣分館主辦之「臺閩地區現存碑碣計劃」顧問，獲頒感謝狀。
- 11月，應日本道教學會、慶應義塾大學地域研究中心及早稻田大學演劇博物館之邀請，於東京舉行〈民俗學から見た道教儀禮〉等3場演講。

75 歲	民國八十六年（1997）

- 10月，應邀至日本岡山大學參加林原論壇主辦之「中國人與道教學術會議」，發表論文〈台灣人の道教的信仰〉與〈台灣の法教〉。

78 歲	民國八十九年（2000）

- 5月，政黨輪替，民主進步黨執政。

83 歲	民國九十四年（2005）

- 10月，獲頒國史館臺灣文獻館「終生文獻貢獻獎」。

84 歲	民國九十五年（2006）

- 4月，接受林美容等人口述歷史訪問，國史館委託計畫。

附錄二：劉枝萬先生著作目錄

專著

1951　臺灣埔里鄉土誌稿。著者發行。（鋼版）

1951　臺灣日月潭史話。臺灣史話第一輯。著者發行。（鋼版）

1952　臺中彰化史話。臺灣史話第二輯。著者發行。（鋼版）

1954　臺灣中部古碑文集成。文獻專刊第 5 卷第 3、4 期。臺北；臺灣省文獻委員會。（1962 年臺灣銀行經濟研究室復刻於《臺灣文獻叢刊》第 151 種）

1957　清代臺灣方志職官年表。臺灣文獻第 8 卷第 3、4 期。臺北；臺灣省文獻委員會。

1958　南投縣沿革志開發篇稿。南投文獻集叢 6。南投；南投縣文獻委員會。（1983 年臺北成文出版社復刻於《南投縣志稿》，卷一）

1959　南投縣革命志稿。南投文獻集叢 7。南投；南投縣文獻委員會。（1983 年臺北成文出版社復刻於《南投縣志稿》，卷十一）

1960　南投縣軍功寮遺址調查報告。臺灣文獻第 11 卷第 3 期另冊。臺北；臺灣省文獻委員會。

1960　南投縣教育志稿。南投文獻集叢 8。南投；南投縣文獻委員會。（1983 年臺北成文出版社復刻於《南投縣志稿》卷七）

1961　南投縣風俗志宗教篇稿。南投文獻集叢 9。南投；南投縣文獻委員會。（1983 年臺北成文出版社復刻於《南投縣志稿》卷六）

1962　南投縣人物志稿。南投文獻集叢 10。南投；南投縣文獻委員會。（1983 年臺北成文出版社復刻於《南投縣志稿》卷九）

1967　臺北市松山祈安建醮祭典。中央研究院民族學研究所專刊 14。臺北；中央研究院民族學研究所。

1974　中國民間信仰論集。中央研究院民族學研究所專刊 22。臺北；中央研究院民族學研究所。

1983　中國道教の祭りと信仰，上卷。東京；楓櫻社。

1983　臺灣民間信仰論集。臺北；聯經出版事業公司。

1984　中國道教の祭りと信仰，下卷。東京；楓櫻社。

1994　台灣の道教と民間信仰。東京；風響社。

合著

1952　貓霧棟社番曲。文獻專刊 3(1):1-20。（與宋文薰合著）
1956　南投縣生物志植物篇稿。南投文獻集叢 3。南投；南投縣文獻委員會。（1983 年臺北成文出版社復刻於《南投縣志稿》卷五，頁 1361-1611）（與劉堂瑞合著）
1957　日月潭考古報告。南投文獻集叢 5。南投；南投縣文獻委員會。（1983 年臺北成文出版社復刻於《南投縣志稿》卷二，頁 497-605）（與劉斌雄合著）

期刊、專刊論文

1952　南投縣地名考。南投文獻集叢 1:5-42。（1954 年臺灣風物復刊《南投文獻集叢》1）
1953　南投縣修志始末。南投文獻集叢 2:5-12。
1953　南投縣人文景觀。南投文獻集叢 2:13-31。
1953　南投縣名勝古蹟。南投文獻集叢 2:32-92。（同時刊印於臺灣風物 4(6/7):5-42。）
1955　臺中縣開發史，上。中縣文獻 1:29-41。
1956　南投縣考古誌要。南投文獻集叢 4:7-89。（1983 年臺北成文出版社復刻於《南投縣志稿》卷二，頁 363-445）
1960　臺中縣谷關史前遺址。臺灣省立博物館科學年刊 3:7-22。
1960　臺灣省寺廟教堂（名稱、主神、地址）調查表。臺灣文獻 11(2):37-236。
1962　淡水廳築城案卷。臺北文獻 1:137-183。（1963 年臺灣銀行經濟研究室復刻於《臺灣文獻叢刊》第 171 種）
1962　臺北平埔番印譜。臺北文獻 2:97-114。
1963　清代臺灣之寺廟。臺北文獻 4:101-120；5:45-110；6:48-66。（其中有關清代臺灣佛教寺廟之部分，收錄於《中國佛教史論集——臺灣佛教篇，張曼濤編，頁 187-232。臺北；大乘文化出版社，1979。）
1963　臺灣之瘟神信仰。臺灣省立博物館科學年刊 6:109-113。
1966　臺灣之瘟神廟。中央研究院民族學研究所集刊 22:53-92。
1967　臺灣的寺廟調查。臺大考古人類學系專刊第 4 種，臺灣研究研討會紀錄。
1970　中國に於はる龍船競渡の本質についこ。國際東方學者會議紀要 15:104-105。

1970　台灣の民間信仰。月報《四次元譜》9:3-5。京都；淡交社。
1971　臺灣桃園縣龍潭鄉建醮祭典。中國東亞學術研究計畫委員會年報 10:1-42。
1972　臺灣臺北縣中和鄉建醮祭典。中央研究院民族學研究所集刊 33:135-163。
1975　童乩の世界。日本 Ethnos in Asia 3:56-67。下關；新日本教育圖書株式會社。
1978　台灣民間醮祭に關する若干の考察。刊於日本祭祀研究集成，第一卷，祭りの起源と展開，蒼林正次編，頁 412-435。東京；名著出版社。
1978　台灣のシャーマニム。刊於シャーマニズムの世界，櫻井德太郎編，頁 81-116。東京；春秋社。
1978　原興寺文化財研究所編，頁 233-315。東京；吉川弘文館。
1978　中國殯送儀禮所表現之死靈觀。刊於中央研究院第一屆國際漢學會議論文集，頁 117-127。臺北；中央研究院。
1979　清代臺灣之佛教寺廟。現代佛教學術叢刊 89:187-232。
1979　臺灣臺南縣西港鄉瘟醮祭典。中央研究院民族學研究所集刊 47:73-169。
1979　中國におはる巫俗の系譜。刊於日本の民俗宗教 4：巫俗と信仰，頁 86-99。東京；弘文堂。
1981　道教與祭典。益世雜誌 2(3):18-21。
1983　道教から見た年中行事。刊於日本民俗研究大系第三卷周期傳承，日本民俗研究大系編輯委員會編，頁 451-493。東京；國學院大學。
1983　台灣道士の服裝。刊於道教第一卷道教とは何か，福井康順等監修，卷頭。東京；平河出版社。
1983　台灣道教の法器。刊於道教第三卷道教の傳播，福井康順等監修，頁 2-9。東京；平河出版社。
1983　台灣の道教。刊於道教第三卷道教の傳播，福井康順等監修，頁 129-171。東京；平河出版社。
1985　靈魂離脫の諸相。國學院雜誌 86(11):114-127。
1986　台灣歲時記。刊於禮儀文化ニュース，禮儀文化學會編，29-40 號。
1987　天蓬神と天蓬呪についこ。刊於道教と宗教文化，秋月觀暎編，頁 403-424。東京；平河出版社。

1988 中國の農耕儀禮。刊於日本文化研究所研究報告シンポジウム──「日本文化と東アヅア」，東北大學文學部日本文化研究施設編，頁 307-314。仙台；東北大學文學部附屬日本文化研究施設。
1989 臺灣的民間信仰。臺灣風物 39(1):79-107。（余萬居中譯）
1994 烏頭、火神、冠巾、吃齋、高功、紅頭、穀神、五通神、五斗星君、五雷、三官大帝、溜門、手訣、手爐、燒香、進香、正醮、清水祖師、中壇元帥、趙玄壇、朝天寶懺、農神、廟會、法器、法師、法主公、步罡、雷法、羅天大醮、閭山法共三十一詞條。刊於道教事典，野口鐵郎、坂出祥伸，福井文雅、山田利明共編，頁 25-26, 66-67, 74, 92-93, 141-142, 155-156, 168, 176-177, 179-180, 184, 203, 237, 251-252, 265, 271-272, 296-297, 320-321, 323-324, 395-396, 401, 410, 483-484, 501, 532-533, 537, 538, 548, 584-585, 587, 603-604。東京；平河出版社。
1994 臺灣民間信仰之調查與研究。臺灣風物 44(1):15-29。收錄於臺灣史與臺灣史料（二），張炎憲、陳美蓉、黎中光編，頁 43-64。臺北；吳三連臺灣史料基金會，1995。
1994 台灣におはる酬神劇についこ。刊於東アヅアにおはる民俗と藝能，國際シンポジウム預稿集，國際シンポジウム組織委員會編，頁 26-71。東京；早稻田大學。
1997 臺灣民間信仰的神職。刊於觀清湄映西甲，頁 87。臺南；漚汪西甲清湄宮。
1997 臺灣的醮祭。刊於觀清湄映西甲，頁 113。臺南；漚汪西甲清湄宮。
1998 台灣人の道教的信仰。刊於中國人と道教，中村樟八編，頁 15-32。東京；汲古書院。
1998 台灣の法器。刊於中國人と道教，中村樟八編，頁 128-134。東京；汲古書院。
2003 臺灣之 Shamanism。臺灣文獻 54(2):1-31。
2006 臺灣之法教。臺灣文獻 57(3):1-8。（1998 一文之翻譯）
2007 台灣の法教資料──閭山教科儀本（その一）。一般教育部論集 31:200-231。東京；創價大學。（劉枝萬述，石井昌子編）
2007 關於臺灣的酬神劇。臺灣文獻 58(2):159-166。

會議論文

1962　The Belief and Practice of the Wen-Shen 瘟神 Cult in South China and Formosa。發表於「第二屆亞細亞歷史學者會議」，臺北。

1968　Bronze Mirror im Chinese Belief。發表於「第八屆國際人類學民族學會議」，日本東京。

1970　中國におはる龍船競渡の本質についこ。發表於「第十五屆國際東方學者會議」，日本東京。

1978　中國の死喪葬儀禮におはる死靈觀。發表於「東アヅアにおはる民俗と宗教國際シンポジウム」，日本奈良。

1978　中國殯送儀禮所表現之死靈觀。發表於「第一屆國際漢學會議」，臺北中央研究院。

1986　中國の農耕儀禮。發表於「日本文化と東アヅア國際シンポジウム」，日本仙台。

1992　台灣におはるシャーマニズムの變容。發表於「慶應大學東アヅアのシャーマニズム國際シンポジウム」，日本東京。

1994　台灣におはる酬神劇についこ。發表於「東アヅアにおはる民俗と藝能國際シンポジウム」，日本東京。

1997　台灣人の道教的信仰。發表於「中國人と道教學術會議」，日本岡山。

1997　台灣の法教。發表於「中國人と道教學術會議」，日本岡山。

演講稿

1970　醮祭についこ。國學院大學日本文化研究所報 7(3):1-3。（大津武久記錄整理）

1970　瘟祭についこ。國學院大學日本文化研究所報 7(4):4。（大津武久記錄整理）

1970　中國におはる民間祭祀。國學院大學日本文化研究所報 7(4):5-6。（大津武久記錄整理）

1970　日本民間信仰中之中國文化遺俗。中國民俗學通訊 10:1-2。

1975　南投縣寺廟與祭祀圈之研究。民族學研究所演講綱要。

1976　柳田民俗學の倫理。刊於柳田國男生誕百年紀念國際シンポジウム・民俗調查報告書，頁 81-84。東京；柳田國男生誕百年紀念會。

1981 臺灣的靈媒——童乩。臺灣風物 31(1):104-115。收錄於歷史、文化與臺灣——臺灣研究研討會五十回記錄，張炎憲編，頁 99-108。臺北；臺灣風物雜誌社。

1983 中國道教の祭りと信仰。禮儀文化 3:42-55。東京；禮儀文化。

1986 雷神信仰と雷法の展開。東方宗教 67:1-21。東京；日本道教學會。

1987 台灣の民間信仰。創大アヅア研究 8:3-32。東京；創價大學。

1988 台灣研究の歷史と現況——劉枝萬博士を圍む研究會。CAS ニューズレタ 19:1-3。東京；慶應義塾大學地域研究センター。(可兒宏明記錄整理)

1989 中國の春祁習俗。儀禮文化 12:12-21。東京；儀禮文化學會。

1991 台灣におはる中國學研究の現況。東洋の思想と宗教 8:97-104。

1992 台灣の神さまとふり。自然と文化 43:16-47。東京；日本ナショナルトラスト。(劉枝萬、郡司正勝對談)

1994 台灣におはるシャーマニズムの變容。刊於東アヅアのシャーマニズムと民俗，宮家準、鈴木正崇編，頁 3-47。東京；勁草書房。

1995 民俗學から見た道教儀禮。講於日本道教學會。

1995 道教儀禮におはる藝能的要素。講於早稻田大學演劇博物館。

1995 道教儀禮におはる民間信仰。講於慶應義塾大學地域研究センター。

1999 臺灣民間信仰的典與面。講於中央研究院民族學研究所。

2004 台灣と日本の海洋性民間信仰についこ。刊於傳統と革新（早稻田大學大學院文學研究科紀要別冊），早稻田大學大學院文學研究科編，頁 98-151。東京；早稻田大學大學院文學研究科。

報紙文章

1951 埔里大肚城平埔族之頌祖祭。公論報，第一三六期第六版「臺灣風土」，6月1日。(與宋文薰合著)

1954 重修臺灣通志的經費。公論報，第一六三期第六版「臺灣風土」，3月9日。

1954 關於雲林縣採訪冊及其他。公論報，第一六四期第六版「臺灣風土」，3月15日。

1954 楊本縣敗地理。公論報，第一六六期第六版「臺灣風土」，3月28日。

1954 張天球墓誌銘。公論報，第一六七期第六版「臺灣風土」，4月5日。

1954　林杞埔屠殺案（一）。公論報，第一六八期第六版「臺灣風土」，4月12日。

1954　林杞埔屠殺案（二）。公論報，第一六九期第六版「臺灣風土」，4月19日。

1954　林杞埔屠殺案（三）。公論報，第一七〇期第六版「臺灣風土」，4月26日。

1954　林杞埔屠殺案（四）。公論報，第一七一期第六版「臺灣風土」，5月3日。

1954　林杞埔屠殺案（五）。公論報，第一七二期第六版「臺灣風土」，5月10日。

1954　林杞埔屠殺案（六）。公論報，第一七三期第六版「臺灣風土」，5月17日。

1954　嘉慶遊臺灣。公論報，第一七七期第六版「臺灣風土」，6月14日。

1954　余氏祈雨。公論報，第一七九期第六版「臺灣風土」，6月28日。

1955　廖添丁托夢。公論報，第一九二期第六版「臺灣風土」，1月3日。

書評

1966　新版河童駒引考。中國民族學通訊 5:19-20。（石田英一郎著）

1970　台灣の民俗。民俗學評論 5:93-95。（國分直一著）

校訂

1968　雲林採訪冊（倪贊元纂輯），國防研究院臺灣叢書第一輯，臺灣方志彙編第十一冊（與臺灣採訪冊、嘉義管內採訪冊、安平縣雜記合冊）。臺北；國防研究院。（1959年臺灣銀行經濟研究室復刻於《臺灣文獻叢刊》第37種）

主編刊物

1952-1956　南投文獻叢輯（第1輯～第4輯）。

1962-1964　臺北文獻（第1期～第6期）。

書序

1994　序《臺灣民間信仰小百科》,劉還月著。臺北;臺原出版社。

1997　序《人類學與臺灣》,林美容著。臺北;稻香出版社。

2003　序《媽祖信仰的發展與變遷——媽祖信仰與現代社會國際研討會論文集》,林美容、張珣、蔡相煇主編。臺北;臺灣宗教學會。

2007　序《白話圖說臺風雜記——臺日風俗一百年》,林美容編譯。臺北;臺灣書房。

著作評論

Gaspardone, Emile

　　1955　Liu Chi-Wan "Tai-Wan Pou-Li Hiang-Tou Tche-Kao 臺灣埔里鄉土誌稿" and "Tai-Wan Je-Yue Tan Che Houa 臺灣日月潭史話". Journal Asiatique 1955:121-123。

小川博

　　1975　劉枝萬著《中國民間信仰論集》。史觀 90:65-67。

龍澤俊亮

　　1984　劉枝萬著《中國道教の祭りと信仰》。早稻田學報復刊 29(2):39。

大淵忍彌

　　1984　劉枝萬著《中國道教の祭りと信仰》。東方宗教 64:65-74。

丁大衛

　　1991　《臺灣民間信仰論集》簡介。上海道教 9:41。

櫻井德太郎

　　1994　《中國道教の祭りと信仰》。月刊しにか 5(5):31。

小川博

　　1995　劉枝萬著《台灣の道教と民間信仰》。南島史學 46:70-72。

葉春容

　　1995　埔里與地方誌——介紹劉枝萬著《臺灣埔里鄉土志稿》。臺灣史料研究 5:59-65。

高橋晉一

  1996 《台灣の道教と民間信仰》。年刊藝能 2:108-109。

Masako, Igarashi

  1996 Daoism and Folk Belief in Taiwan. Asian Folklore Studies LV(1):166-168.

小川博

  2003 《台灣の道教と民間信仰》。歷史研究 500:69。

專訪與介紹

王詩琅

  1978 劉枝萬兄的業績和近著。臺灣風物 28(1):50-53。（轉載 1980 年埔里鄉情 6:52-54）

張炎憲

  1989 臺灣民俗學的奠基者：劉枝萬先生。臺灣風物 39(1):109-112。

詹素娟 記錄整理

  1990 我的田野調查經驗。臺灣史田野研究通訊 14:40-43。

陳美蓉 記錄整理

  1995 民俗、信仰與宗教——劉枝萬先生專訪。臺灣史料研究 6:142-152。

許麗玲 記錄整理

  1999 臺灣鄉土民俗與文人傳統——專訪劉枝萬博士。臺灣宗教學會通訊 創刊號:20-23。

張炳榮、楊惠仙 訪談整理

  2005 漫談臺灣史研究——訪劉枝萬博士。（未出版稿件）

林文 採訪

  2007 臺灣民俗學的奠基者劉枝萬。臺灣學通訊 6:2。臺北；中央圖書館臺灣分館。

林美容、丁世傑、林承毅 訪問記錄

  2008 學海悠遊——劉枝萬先生訪談錄。臺北；國史館。

```
國家圖書館出版品預行編目（CIP）資料

劉枝萬與水沙連區域研究 / 潘英海主編. -- 初
版. -- 新北市：華藝學術出版：華藝數位發行,
 2014.10
 面；公分
 ISBN 978-986-5792-54-1（平裝）
 1. 區域研究 2. 文集 3. 南投縣埔里鎮
 733.9/119.9/115                    102027021
```

劉枝萬與水沙連區域研究

主　　編／潘英海
責任編輯／施鈺娟
美術編輯／林玫秀

發 行 人／鄭學淵
總 編 輯／范雅竹
發行業務／楊子朋
出版單位／華藝學術出版社（Airiti Press Inc.）
　　　　　234 新北市永和區成功路一段 80 號 18 樓
　　　　　電話：(02)2926-6006 傳真：(02)2923-5151
　　　　　服務信箱：press@airiti.com
發行單位／華藝數位股份有限公司
　　　　　戶名（郵政／銀行）：華藝數位股份有限公司
　　　　　郵政劃撥帳號：50027465
　　　　　銀行匯款帳號：045039022102（國泰世華銀行中和分行）
法律顧問／立暘法律事務所　歐宇倫律師
ISBN ／ 978-986-5792-54-1
DOI ／ 10.6140/AP.9789865792541
出版日期／ 2014 年 10 月初版
定價／新台幣 720 元

版權所有・翻印必究　　Printed in Taiwan
（如有缺頁或破損，請寄回本社更換，謝謝）